I0257469

EDITION DE J. BRY AINÉ

— 1 FRANC LE VOLUME —

OEUVRES COMPLÈTES

DE

J.-J. ROUSSEAU

RÉIMPRIMÉES D'APRÈS LES MEILLEURS TEXTES

SOUS LA DIRECTION DE

LOUIS BARRÉ

Illustrées par Tony Johannot, Baron et Célestin Nanteuil

TOME DOUZIÈME

CORRESPONDANCE

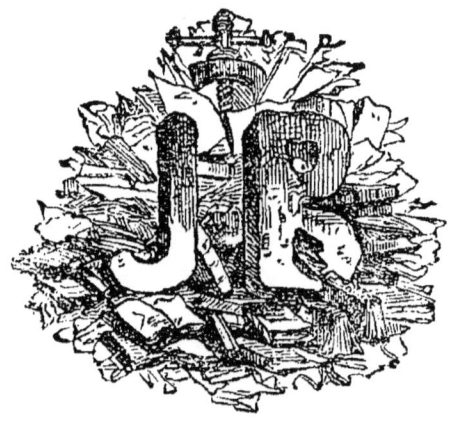

PARIS
J. BRY AINÉ, LIBRAIRE-ÉDITEUR
17, RUE GUÉNÉGAUD, 17
1857

ŒUVRES COMPLÈTES
DE
J.-J. ROUSSEAU

Paris. — Typ. GAITTET et C., rue Gît-le-Cœur, 7.

ŒUVRES COMPLÈTES

DE

J.-J. ROUSSEAU

RÉIMPRIMÉES D'APRÈS LES MEILLEURS TEXTES

SOUS LA DIRECTION DE

LOUIS BARRÉ

illustrées par T. Johannot, Baron C. Nanteuil et C. Mettais

—

ÉDITION J. BRY

—

TOME DOUZIÈME

CORRESPONDANCE

PARIS

J. BRY AINÉ, LIBRAIRE-ÉDITEUR

17, RUE GUÉNÉGAUD, 17

1857

CORRESPONDANCE

— SUITE —

A M. DU PEYROU.

A Paris, le 1ᵉʳ janvier 1765.

Je reçois, mon cher hôte, votre lettre du 24, n° 13; je pars demain pour le public, et samedi réellement. Toujours embarrassé de mes préparatifs et de mes continuelles audiences, je ne puis vous écrire que quelques mots rapidement.

N'ayant pas le temps suffisant pour relire vos lettres avec attention, je ne les ferai pas imprimer, d'autant que c'est la chose la moins nécessaire. On ne peut rien ajouter au mépris et à l'horreur qu'on a ici pour vos ministres; et cette affaire commence à être si vieille, que, selon l'esprit léger du pays, on ne pourrait se résoudre à y revenir sans ennui. J'apprends que la cour vous donne un gouverneur; j'imagine que cette nouvelle ne fait pas un grand plaisir au sicaire et à ses satellites.

Je ne sais quel parti aura pris mademoiselle Le Vasseur. On l'attend ici; mais le froid est si terrible que je souffre à imaginer cette pauvre fille en route, seule, et par le temps qu'il fait. Dirigez tout pour le mieux, soit pour accélérer son départ, soit pour le retarder jusqu'après l'équinoxe. Il faut nécessairement l'un ou l'autre; le pis serait de temporiser.

Tâchez, je vous en prie, de m'envoyer par mademoiselle Le Vasseur toutes les lettres, mémoires, brouillons, etc., depuis 1758 jusqu'à 1762, mois de juin inclusivement, c'est-à-dire jusqu'à mon départ de Paris, attendu que la première chose que je vais faire sera de mettre au net toute cette suite de pièces, de peur d'en perdre la trace. Mon voyage ici ne m'a pas été tout-à-fait inutile pour mon objet. J'y ai acquis sur la source de mes malheurs des lumières nouvelles, dont il sera bon que le public à venir soit instruit. Je vous recommande mes plantes sèches. Ce recueil fait en Suisse me sera bien précieux en Angleterre, où j'espère m'en occuper. Si vous pouvez remettre à mademoiselle Le Vasseur une copie du *Lévite*, ou un brouillon qui doit être parmi mes papiers, je vous en serai fort obligé. Vous savez qu'il y a parmi mes estampes une épreuve d'une petite fille qui baise un oiseau, et que cette épreuve vous était destinée. Je vous en parle, parce que cette estampe est charmante, et qu'elle ne se vend point. Il doit y en avoir deux en noir et une en rouge; choisissez. M. Watelet a ranimé ici mon goût pour les estampes, par celles dont il m'a fait cadeau. Je veux vous faire faire connaissance avec lui. Lorsque vous ferez imprimer mes écrits, il se chargera volontiers de la direction des planches, et c'est un grand point que cet article soit bien exécuté.

J'ai cherché le moment pour écrire à M. de Vautravers, à qui je dois des remercîments; je n'ai pu le trouver dans ce tourbillon de Paris, où je suis entraîné; je suis ici dans mon hôtel de Saint-Simon, comme Sancho dans son île de Barataria, en représentation toute la journée. J'ai du monde de tous états, depuis l'instant où je me lève jusqu'à celui où je me couche, et je suis forcé de m'habiller en public. Je n'ai jamais tant souffert; mais heureusement cela va finir.

On écrit de Genève que vous êtes en relation avec M. de Voltaire; je suis persuadé qu'il n'en est rien; non que cela me fît aucune peine, mais parce que vous ne m'en avez rien dit. Je suis obligé de partir sans pouvoir vous donner aucune adresse pour Londres; mais, par le moyen de M. de Luze, j'espère que notre communication sera bientôt ouverte. J'ai le cœur attendri des bontés de madame la commandante, et de l'intérêt qu'elle prend à mon sort. Je connais son excellent cœur, elle est votre mère; je suis malheureux, comment ne s'intéresserait-elle pas à moi? Quand je pense à vous, j'ai cent mille choses à vous dire; quand je vous écris, rien ne me vient, j'achève de perdre entièrement la mémoire. Grâces au ciel, ce n'est pas d'elle que dépendent les souvenirs qui m'attachent à vous. Je vous embrasse tendrement.

A MADAME DE CRÉQUI.

Au Temple, le 1ᵉʳ janvier 1766.

Le désir de vous revoir, madame, formait un de ceux qui m'attiraient à Paris. La nécessité, la dure nécessité, qui gouverne toujours ma vie, m'empêche de le satisfaire. Je pars avec la cruelle certitude de ne vous revoir jamais : mais mon sort n'a point changé mon âme; l'attachement, le respect, la reconnaissance, tous les sentiments que j'eus pour vous dans les moments les plus heureux, m'accompagneront dans mes richesses jusqu'à mon dernier soupir.

A MADAME LATOUR.

Le 2 janvier 1766.

Je pars, chère Marianne, avec le regret de n'avoir pu vous revoir. Je n'ai pas plus oublié que vous ma promesse; mais ma situation la rendait conditionnelle : plaignez-moi sans me condamner. Depuis que je vous ai vue, j'ai un nouvel intérêt de n'être pas oublié de vous. Je vous écrirai, je vous donnerai mon adresse. Je désire extrêmement que vous m'aimiez, que vous ne me fassiez plus de reproches, et encore plus de n'en point mériter. Mais il est trop tard pour me corriger de rien; je resterai tel que je suis, et il ne dépend pas plus de moi d'être plus aimable, que de cesser de vous aimer.

A MADAME LA COMTESSE DE BOUFFLERS.

Londres, 18 janvier 1766.

Nous sommes arrivés ici, madame, lundi dernier, après un voyage sans accident; je n'ai pu, comme je l'espérais, me transporter d'abord à la campagne. M. Hume a eu la bonté d'y venir hier faire une tournée avec moi, pour chercher un logement. Nous avons passé à Fulham, chez le jardinier auquel on avait songé; nous avons trouvé une maison très malpropre, où il n'a qu'une seule chambre à donner, laquelle a deux lits, dont l'un est maintenant occupé par un malade, et qu'il n'a pas même voulu nous montrer.

Nous avons vu quelques endroits sur lesquels nous ne sommes pas encore décidés; mon désir ardent étant de m'éloigner de Londres, et M. Hume pensant que cela ne se peut sans savoir l'anglais, je ne puis mieux faire que de m'en rapporter entièrement à la direction d'un conducteur si zélé. Cependant je vous avoue, madame, que je ne renoncerais pas facilement à la solitude dont je m'étais flatté et où je comptais nourrir à mon aise les précieux souvenirs des bontés de M. le prince de Conti et des vôtres.

M. Hume m'a dit qu'il courait à Paris une prétendue lettre que le roi de Prusse m'a écrite. Le roi de Prusse m'a honoré de sa protection la plus décidée et des offres les plus obligeantes; mais il ne m'a jamais écrit. Comme toutes ces fabrications ne tarissent point, et ne tariront vraisemblablement pas si tôt, je désirerais ardemment qu'on voulût bien me les laisser ignorer, et que mes ennemis en fussent pour les tourments qu'il leur plaît de se donner sur mon compte, sans me les faire partager dans ma retraite. Puissé-je ne plus rien savoir de ce qui se passe en terre-ferme, hors ce qui intéresse les personnes qui me sont chères! J'apprends, par une lettre de Neuchâtel, que mademoiselle Le Vasseur est actuellement en route pour Paris; peut-être au moment où vous recevrez cette lettre, madame, sera-t-elle déjà chez madame la maréchale : je prends la liberté de la recommander de nouveau à votre protection, et aux bons conseils de miss Beckett. Je souhaite qu'elle vienne me joindre le plus tôt qu'il lui sera possible ; elle s'adressera à Calais à M. Morel Disque, négociant; et à Douvres, à M. Minet, maître des paquebots, qui l'adressera à M. Steward, à Londres.

Je ne puis rien vous dire de ce pays, madame, que vous ne sachiez mieux que moi; il me paraît qu'on m'y voit avec plaisir, et cela m'y attache. Cependant j'aimerais mieux la Suisse que l'Angleterre, mais j'aime mieux les Anglais que les Suisses. Votre séjour chez cette nation, quoique court, lui a laissé des impressions qui m'en donnent de bien favorables sur son compte. Tout le monde m'y parle de vous, même en songeant moins à moi qu'à soi. On s'y souvient de vos voyages comme d'un bonheur pour l'Angleterre, et je suis sûr d'y trouver partout la bienveillance, en me vantant de la vôtre. Cependant, comme tout ce qu'on dit ne vaut pas, à mon gré, ce que je sens, je voudrais de l'hôtel de Saint-Simon avoir été transporté dans la plus profonde solitude : j'aurais été bien sûr de n'y jamais rester seul. Mon amour pour la retraite ne m'a pourtant pas fait encore accepter aucun des logements qu'on m'a offerts en campagne. Me voilà devenu difficile en hôte.

Lorsque vous voudrez bien, madame, me faire dire un mot de vos nouvelles, soit directement, soit par M. Hume, permettez que je vous prie de m'en faire donner aussi sur la santé de madame la maréchale.

Après avoir écrit cette lettre, j'apprends que M. Hume a trouvé un seigneur du pays de Galles, qui, dans un vieux monastère où loge un de ses fermiers, lui fait offre pour moi d'un logement précisément tel que je le désire. Cette nouvelle, madame, me comble de joie. Si dans cette contrée, si éloignée et si sauvage, je puis passer en paix les derniers jours de ma vie, oublié des hommes, cet intervalle de repos me fera bientôt oublier toutes mes misères, et je serais redevable à M. Hume de tout le bonheur auquel je puisse encore aspirer.

A M. DU PEYROU.

A Londres, le 27 janvier 1766.

Je reçois, mon cher hôte, votre n° 16. Je vous écrivis, il y a quelques jours; mais comme il y eut quelque quiproquo sur l'affranchissement de ma lettre, et qu'elle pourrait être perdue, je vous en répéterai les articles les plus importants, avec les changements que de nouvelles instructions m'engagent d'y faire.

Rey me marque qu'il désirerait bien d'avoir un exemplaire de vos lettres et des pièces pour et contre; faites en sorte de les lui envoyer. On ne connaissait ici que votre première lettre; Beckett et de Hondt la faisaient traduire et imprimer, je leur ai fourni le reste. Mais M. Hume serait d'avis qu'on fît encore une lettre sur ma retraite à l'île de Saint-Pierre, puis à Bienne, et enfin en France et ici. Vous devriez, mon cher hôte, faire cette lettre adressée à M. Hume qui en sera charmé, et auquel vous aurez des choses si honnêtes à dire sur les tendres soins qu'il a pris de moi, et sur l'accueil distingué qu'il m'a procuré en Angleterre. L'éloge de la nation vient là comme de cire; en vérité elle le mérite bien, et c'est une bonne leçon pour les autres. Il me semble que vous pouvez traiter l'affaire de Berne sans vous compromettre, et, même, en louant la majeure et plus saine partie du gouvernement, qui a désapprouvé assez hautement ce coup fourré; mais pour ces manants de Bienne, ils méritent en vérité d'être traînés par les boues. Vous pourrez joindre pour nouvelles pièces justificatives les nouveaux rescrits de la cour, les arrêts du Conseil d'état, et même les certificats donnés au sicaire, commentés en peu de mots, ou sans commentaire, et vous pourrez parler d'une prétendue lettre du roi de Prusse, à moi adressée, et sûrement de fabrication genevoise, qui a couru Paris, et qui est en opposition parfaite avec les sentiments, les discours, les rescrits, et la conduite du roi dans toute cette affaire. Si vous voulez entreprendre ce petit travail, il faut vous presser, car nous avons fait suspendre l'impression du reste pour attendre ce complément que vous pourriez envoyer aussi à Rey, au moyen de quoi Félice et les autres fripons seraient assez penauds, voyant vos lettres, qu'ils prennent tant de peine à supprimer, publiques en Hollande et traduites à Londres. Le sujet est assez beau, ce me semble, et le correspondant que je vous donne ne fournit pas moins. Je vous recommande aussi les deux baillis qui m'ont protégé, chacun dans son gouvernement, M. de Moiry et M. de Graffenried. M. Hume croit que ma lettre à ce dernier doit entrer dans les pièces justificatives. Vous pourrez faire adresser votre paquet bien au net à M. Hume, dans *York-Buildings, Buckingham-street, London.* S'il arrivait que vous ne voulussiez pas vous charger de cette nouvelle besogne, il faudrait l'en avertir. Au reste, priez-le de revoir et de retoucher; il écrit et parle le français comme l'anglais, c'est tout dire.

Je suis absolument déterminé pour l'habitation du pays de Galles, et je compte m'y rendre au commencement du printemps. En attendant l'arrivée de mademoiselle Le Vasseur, je vais habiter un village auprès de Londres, appelé Chiswick, où je l'atteindrai et où nous prendrons quelques semaines de repos, car on n'en peut avoir ici par l'affluence du monde dont on est accablé. Cependant je ne rends aucune visite, et l'on ne s'en fâche pas. Les manières anglaises sont fort de mon goût; ils savent marquer de l'estime sans flagorneries; ce sont les antipodes du babillage de Neuchâtel. Mon séjour ici fait plus de sensation que je n'aurais pu croire. M. le prince héréditaire, beau-frère du roi, m'est venu voir, mais incognito, ainsi n'en parlez pas. Louez, en général, le bon accueil, mais sans aucun détail. Je vous écris sans règle et sans ordre, sûr que vous ne montrez mes lettres à personne.

Je vous avoue que je n'aime pas trop votre correspondance avec M. Misoprist, et surtout l'impression dont vous vous chargez. Je ne reconnais pas là votre sagesse ordinaire. Ignorez-vous que jamais homme n'eut avec Voltaire des affaires de cette espèce qu'il ne s'en soit repenti! Dieu veuille qu'ainsi ne soit pas de vous!

Je vous remercie de vos bons soins au sujet de MM. Guinaud et Hankey. Je ne serai pas à portée, vivant à soixante lieues de Londres, de leur demander de l'argent quand j'en aurai besoin. Il vaudra mieux que vous preniez la peine de m'envoyer périodiquement des billets, ou lettres sur eux, que je pourrai négocier dans la province. Puisque mademoiselle Le Vasseur n'a pas pris les trente louis que je vous avais laissés, vous m'obligerez de m'envoyer sur ces messieurs un papier de cette somme, déduction faite des divers déboursés que vous avez faits pour moi. M. Hume me fera parvenir votre lettre. Je ne vois plus M. de Luze, et malheureusement nous avons perdu son adresse. Je vous embrasse tendrement. Mille respects à la bonne maman, et amitiés à tous vos amis.

Comme M. Hume ne résidera pas toujours à Londres, vous pourrez faire adresser ou remettre vos lettres à M. *Steward, York-Buildings, Buckingham-street.*

Je rouvre ma lettre pour vous dire qu'après y avoir mieux pensé, je ne suis point d'avis que vous écriviez cette nouvelle lettre pour éviter toute nouvelle tracasserie, surtout avec vos voisins. Restons en paix, mon cher hôte, cultivez la philosophie, amusez-vous à la botanique, laissez nos ministres pour ce qu'ils sont, et surtout ne vous mêlez point de faire imprimer les écrits de Voltaire, car infailliblement vous en auriez du chagrin; mais ramassez toujours les pièces qui regardent mon affaire pour l'objet que vous savez.

A M. D'IVERNOIS.
Chiswick, le 29 janvier 1766.

Je suis arrivé heureusement dans ce pays : j'y ai été accueilli, et j'en suis très content : mais ma santé, mon humeur, mon état, demandent que je m'éloigne de Londres; et, pour ne plus entendre parler, s'il est possible, de mes malheurs, je vais dans peu me confiner dans le pays de Galles. Puissé-je y mourir en paix! C'est le seul vœu qui me reste à faire. Je vous embrasse tendrement.

A MADAME LA COMTESSE DE BOUFFLERS.
A Chiswick, le 6 février 1766.

J'ai changé d'habitation, madame, depuis que j'ai eu l'honneur de vous écrire. M. de Luze, qui aura celui de vous remettre cette lettre, et qui m'est venu voir dans ma nouvelle habitation, pourra vous en rendre compte : quelque agréable qu'elle soit, j'espère n'y demeurer que jusqu'après l'arrivée de mademoiselle Le Vasseur, dont je n'ai aucune nouvelle et dont je suis fort en peine, ayant calculé, sur le jour de son départ et sur l'empressement que je lui connais, qu'elle devrait naturellement être arrivée. Lorsqu'elle le sera, et qu'elle aura pris le repos dont sûrement elle aura grand besoin, nous partirons pour aller, dans le pays de Galles, occuper le logement dont je vous ai parlé, madame, dans ma précédente lettre. Je soupire incessamment après cet asile paisible, où l'on me promet le repos, et dont, si je le trouve, je ne sortirai jamais. Cependant M. Hume, plus difficile que moi sur mon bien, craint que je ne le trouve pas si loin de Londres. Depuis l'engagement du pays de Galles, on lui a proposé d'autres habitations qui lui paraissaient préférables, entre autres une dans l'île de Wight, offerte par M. Stanley. L'île de Wight est plus à portée, dans un climat plus doux et moins pluvieux que le pays de Galles, et le logement y sera probablement plus commode. Mais le pays est découvert; de grands vents; des montagnes pelées; peu d'arbres; beaucoup de monde; les vivres aussi chers qu'à Londres. Tout cela ne m'accommode pas du tout. Le pays de Galles ressemble entièrement à la Suisse, excepté les habitants. Voilà précisément ce qu'il me faut. Si je me logeais pour mes amis et que M. Hume restât à Londres, je serais tenté d'y rester aussi. Mais comme lui-même, en suivant ce principe, a choisi Paris, et que je ne puis pas l'y suivre, je suis réduit à me loger pour moi. En ce cas, c'est en Galles qu'il faut que j'aille; car enfin, quoi qu'on puisse dire, personne ne connaît mieux que moi ce qui me convient. C'est beaucoup, sans doute, de trouver sur la terre un endroit où l'on me laisse : mais si j'en trouve en même temps un où je me plaise, n'est-ce pas encore plus? Si je vais dans l'île de Wight, j'en voudrai sortir; mais si je vais au pays de Galles j'y voudrai mourir. Pensez-y bien, madame, je vous en supplie. M. Hume m'a menacé de vous mettre dans son parti. Je vous avoue que je meurs d'envie de gagner de vitesse; et je sens que je ne serais jamais assez bien pour moi-même, si vous ne me trouvez bien aussi. J'en dirais presque autant à M. Hume pour tous les soins qu'il a pris et qu'il prend de moi. Je n'imagine pas comment, sans lui, j'aurais pu faire pour me tirer d'affaire.

A M. DU PEYROU.

A Chiswick, le 15 février 1766.

J'ai reçu presque à la fois deux bien grands plaisirs, mademoiselle Le Vasseur et votre n° 17; j'apprends par l'une et par l'autre combien vous êtes occupé de vos affaires, et encore plus des miennes. La nouvelle arrivée n'a rien eu de plus pressé que d'entrer avec moi dans les détails de vos bontés pour elle, qui m'ont touché, sans doute, mais qui ne m'ont pas surpris. Je n'ajoute rien là-dessus; vous savez pourquoi. Je n'attends plus, pour me mettre en route avec elle pour le pays de Galles, qu'un peu de repos pour elle, et un temps plus doux pour tous les deux. La Tamise a été prise, la gelée a été terrible; nous avons eu l'un des plus rudes hivers dont j'aie connaissance; il semble que la charité chrétienne de messieurs de Berne l'ait choisi tout exprès pour me faire voyager.

Mademoiselle Le Vasseur ne m'a point apporté la petite caisse, qui n'a dû arriver à Paris que le jour qu'elle en est partie. J'espère que madame de Faugnes aura la bonté d'en prendre soin; je l'ai recommandée aussi à M. de Luze, qui partit samedi dernier en bonne santé, mais fort peu content de Londres. Au moyen de toutes vos précautions, j'ai lieu d'espérer que ces papiers me parviendront sains et saufs. Cependant je ne puis me défendre d'en être un peu inquiet, vu l'importance dont ils sont pour les recueils dont je vais m'occuper.

Dans mes deux précédentes lettres, j'entrais dans de longs détails sur l'envoi de mes livres et papiers. J'ai quelque lieu de craindre que la première n'ait été perdue; mais la deuxième suffit pour vous guider dans l'envoi que vous voulez m'en faire, et qui réellement me fera grand plaisir dans ma retraite; ce qui m'en ferait bien plus encore, serait l'espoir de vous y voir un jour. Si jamais M. de Cerjeat vous y attire, j'aurai bien des raisons de l'aimer. Je n'ai pas ouï parler de lui, et je ne cherche pas de nouvelles connaissances; mais, s'il cherche à me voir, je le recevrai comme votre ami, et j'oublierai qu'il croit aux miracles.

Je ne vois pas sans inquiétude votre commerce avec M. Misoprist; j'ai peur qu'il n'en résulte enfin quelque chagrin pour vous. Je ne vous conseille point de faire imprimer son manuscrit; quant à la *lettre véritable*, ce peut être une plaisanterie sans conséquence. Cependant, je trouve qu'il est au-dessous de vous de vous occuper de ce cuistre de Montmollin, et de sa vile séquelle. Oubliez que toute cette canaille existe; ces gens-là n'ont du sentiment qu'aux épaules, et l'on ne peut leur répondre qu'à coups de bâton. Je ne sais ce qu'a dit le moine Bergeron, et ne m'en soucie guère. Quand vous aurez prouvé que tous ces gens-là sont des fripons, vous n'aurez dit que ce que tout le monde sait. Cependant, n'oubliez pas de rassembler toutes les pièces qui me regardent, et de me les envoyer quand vous en aurez l'occasion. Je n'ai vu qu'une seule des lettres de Voltaire dont vous me parlez; c'est, je crois, la dix-septième ou dix-huitième lettre. Je n'ai point vu non plus la prétendue lettre du roi de Prusse, à moi adressée; et pourquoi vous l'attribuez à M. Horace Walpole, c'est ce que je ne sais point du tout.

On travaille ici à traduire vos lettres, et j'ai donné pour cela mon exemplaire corrigé comme j'ai pu; mais l'ouvrage va si lentement, et la traduction est si mauvaise, que j'aimerais, je crois, presque autant que tout cela ne parût point du tout. Rey aurait désiré les avoir pour les imprimer, et je vous avoue que je suis surpris que vous ne vous serviez pas de lui pour toutes ces petites pièces, dont vous pourriez vous faire envoyer des exemplaires par la poste, plutôt que des imprimeurs autour de vous, qui, environnés des piéges de nos ennemis, y sont infailliblement pris, soit comme fripons, soit comme dupes. Il me paraît certain que Félice a supprimé vos lettres avec autant de soin qu'il a répandu celles de ce misérable. On trouve partout les siennes; on n'entend parler des vôtres nulle part, et assurément ce n'est pas la préférence du mérite qui fait ici celle du cours. Ou n'imprimez rien, ou n'imprimez qu'au loin, comme j'ai fait.

J'attends aujourd'hui M. Guinaud, avec qui je prendrai des arrangements pour notre correspondance. J'espère vous écrire encore avant mon départ; cependant je ne puis causer tranquillement avec vous que de ma retraite.

Je ne sais pas trop ce que signifie Misoprist; il me paraît qu'il signifie ennemi de je ne sais quoi, quoique je m'en doute et vous aussi.

A M. D'IVERNOIS.

Chiswick, le 23 février 1766.

Je reçois, monsieur, votre lettre du 1er de ce mois. Je sens la douleur qu'a dû vous causer la perte de madame votre mère, et l'amitié me la fait partager. C'est le cours de la nature, que les parents meurent avant leurs enfants, et que les enfants de ceux-ci restent pour les consoler. Vous avez dans votre famille et dans vos amis de quoi ne vous laisser sentir d'une telle perte que ce que votre bon naturel ne lui peut refuser.

Vous n'avez pas dû penser que je voulusse être redevable à M. de Voltaire de mon rétablissement. Qu'il vous serve utilement, et qu'il continue au surplus ses plaisanteries sur mon compte; elles ne me feront pas plus de chagrin que de mal. J'aurais pu m'honorer de son amitié s'il en eût été capable; je n'aurais jamais voulu de sa protection : jugez si j'en veux, après ce qui s'est passé. Son apologie est pitoyable; il ne me croit pas si bien instruit. Parlez-lui toujours de ma part en termes honnêtes; n'acceptez ni ne refusez rien. Le moins d'explication que vous aurez avec lui sur mon compte sera le mieux, à moins que vous n'aperceviez clairement qu'il revient de bonne foi; mais il a tous les torts, il faut qu'il fasse toutes les avances; et voilà ce qu'il ne fera jamais. Il veut pardonner et protéger : nous sommes fort loin de compte.

Je ne connais point M. de Guerchi, ambassadeur de France en cette cour; et, quand je le connaîtrais, je doute que sa recommandation ni celle d'un autre fût de quelque poids dans vos affaires. Votre sort est décidé à Versailles. M. de Beauteville ne fera qu'exécuter l'arrêt prononcé. Toutefois je tente de lui écrire, quoique je sois très peu connu de lui. Je voudrais qu'il vous connût et qu'il vous aimât, ce qui est à peu près la même chose. Une lettre sert au moins à faire connaissance : vous pourrez donc lui rendre la mienne après l'avoir cachetée, si vous le jugez à propos. Je vous l'envoie à Bordeaux pour plus de sûreté; mais surtout n'en parlez ni ne la montrez à personne. Je vous en ferai peut-être passer à Genève un double par duplicata pour plus de sûreté.

Je vous suis obligé de votre lettre de crédit : je serai peut-être dans le cas d'en faire usage. Selon mes arrangements avec M. Du Peyrou, il a écrit à son banquier de me donner l'argent que je lui demanderais. Je lui ai demandé vingt-cinq louis; il ne m'a fait aucune réponse. Je ne suis pas d'humeur de demander deux fois : ainsi, quand j'aurai découvert l'adresse de MM. Lucadou et Drake, que vous ne m'avez pas donnée, je les prierai peut-être de m'avancer cette somme, et j'en ferai le reçu de manière qu'il vous serve d'assignation pour être remboursé par M. Du Peyrou.

J'aurais à vous consulter sur autre chose. J'ai chez madame Boy de La Tour trois mille livres de France, et mademoiselle Le Vasseur quatre cents. L'augmentation de dépense que le séjour d'Angleterre va m'occasionner me fait désirer de placer ces sommes en rentes viagères sur la tête de mademoiselle

Le Vasseur. Le petit revenu de cet argent doublerait de cette manière, et ne serait pas perdu pour cette pauvre fille à ma mort. Il se fait, à ce qu'on dit, un emprunt en France; croyez-vous que je pourrais placer là mon argent sans risque? y serais-je à temps? pourriez-vous vous charger de cette affaire? à qui faudrait-il que je remisse le billet pour retirer cet argent, et cela pourrait-il se faire convenablement sans en avoir prévenu madame Boy de La Tour? Voyez. Dans l'éloignement où je vais être de Londres, les correspondances seront longues et difficiles; c'est pour cela que je voudrais, en partant, emporter assez d'argent pour avoir le temps de m'arranger. D'ailleurs, j'écrirai peu; j'attendrai des occasions pour éviter d'immenses ports de lettres, et je ne recevrai point de lettre par la poste. J'aurai soin de donner une adresse à M. Casenove avant de partir; ce que je compte faire dans quinze jours au plus tard. Bon voyage, heureux retour. Je vous embrasse.

Je suppose que vous avez reçu la lettre que je vous ai écrite de Londres, il y a environ trois semaines ou un mois.

Il me vient une pensée. Une histoire de la médiation pourrait devenir un ouvrage intéressant. Recueillez, s'il se peut, des pièces, des anecdotes, des faits sans faire semblant de rien. Je regrette plusieurs pièces qui étaient dans la malle, et qui seraient nécessaires. Ceci n'est qu'un projet qui, j'espère, ne s'exécutera jamais, au moins de ma part. Toutefois, de ma part ou d'une autre, un bon recueil de matériaux aurait tôt ou tard son emploi. En faisant un peu causer Voltaire, on en pourrait tirer d'excellentes choses. Je vous conseille de le voir quelquefois; mais surtout ne me compromettez pas.

Je ne comprends pas ce que j'ai pu vous envoyer à la place de cette lettre que je vous écrivais, en vous envoyant celle pour M. de Beauteville. Je me hâte de réparer cette étourderie. Voici votre lettre. Vous pourrez juger si ce que j'ai pu vous envoyer à la place demande de m'être renvoyé. Pour moi, je n'en sais rien.

A M. LE CHEVALIER DE BEAUTEVILLE.

A Chiswick, le 23 février 1766.

Monsieur,

C'est au nom, cher à votre cœur, de feu M. le maréchal de Luxembourg, que j'ose rappeler à votre souvenir un homme à qui l'honneur de son amitié valut celui d'être connu de vous. Dans la noble fonction que va remplir votre excellence vous entendrez quelquefois parler de cet infortuné. Vous connaîtrez ses malheurs dans leur source, et vous jugerez s'ils étaient mérités. Toutefois, quelque confiance qu'il ait en vos sentiments intègres et généreux, il n'a rien à demander pour lui-même; il sait endurer des torts qui ne sont point réparés; mais il ose, monsieur, présenter à votre excellence un homme de bien, son ami, et digne de l'être de tous les honnêtes gens. Vous voudrez connaître la vérité, et prêter à ses défenseurs une oreille impartiale. M. d'Ivernois est en état de vous la dire et par lui-même et par ses amis, tous estimables par leurs mœurs, par leurs vertus, et par leur bon sens. Ce ne sont point des hommes brillants, intrigants, versés dans l'art de séduire; mais ce sont de dignes citoyens, distingués autant par une conduite sage et mesurée, que par leur attachement à la constitution et aux lois. Daignez, monsieur, leur accorder un accueil favorable, et les écouter avec bonté. Ils vous exposeront leurs raisons et leurs droits avec toute la candeur et la simplicité de leur caractère, et je m'assure que vous trouverez en eux mon excuse pour la liberté que je prends de vous les présenter.

Je supplie votre excellence d'agréer mon profond respect.

A M. LE COMTE ORLOFF

Sur l'offre à lui faite par ce seigneur d'une retraite dans une de ses terres en Russie.

Halton, le 23 février 1766.

Vous vous donnez, monsieur le comte, pour avoir des singularités : en effet, c'en est presque une d'être bienfaisant sans intérêt; et c'en est une bien plus grande de l'être de si loin pour quelqu'un qu'on ne connaît pas. Vos offres obligeantes, le ton dont vous me les avez faites, et la description de l'habitation que vous me destinez, seraient assurément très capables de m'y attirer, si j'étais moins infirme, plus allant, plus jeune, et que vous fussiez plus près du soleil : je craindrais d'ailleurs qu'en voyant celui que vous honorez d'une invitation, vous n'y eussiez quelque regret : vous vous attendriez à une manière d'homme de lettres, un beau diseur, qui devrait payer en frais d'esprit et de paroles votre généreuse hospitalité; et vous n'auriez qu'un bonhomme bien simple, que son goût et ses malheurs ont rendu fort solitaire, et qui, pour tout amusement, herborisant toute la journée, trouve dans ce commerce avec les plantes cette paix si douce à son cœur, que lui ont refusée les humains.

Je n'irai donc pas, monsieur, habiter votre maison; mais je me souviendrai toujours avec reconnaissance que vous me l'avez offerte, et je regretterai quelquefois de n'y être pas pour cultiver les bontés et l'amitié du maître.

Agréez, monsieur le comte, je vous supplie, mes remercîments très sincères et mes très humbles salutations.

A M. DU PEYROU.

A Chiswick, le 2 mars 1766.

Depuis votre n° 17, mon cher hôte, je n'ai rien reçu de vous, et, comme vous m'avez accoutumé à des lettres plus fréquentes, ce retard m'alarme un peu sur votre santé. Je vous ai écrit deux fois par M. Guinard : si vous eussiez reçu mes lettres, vous ne les auriez pas laissées sans réponse. Comme la conduite de M. Guinard me le rend un peu suspect, je prends le parti de vous écrire par d'autres voies, jusqu'à nouvel avis de votre part. En général, je serai plus tranquille sur notre correspondance, quand personne de Neuchâtel, ni qui tienne aux Neuchâtelois, n'y aura part.

Mademoiselle Le Vasseur m'a remis le paquet que vous lui avez confié; j'y ai trouvé les papiers cotés, dans la lettre, et entre autres celui que vous me priez de ne pas décacheter; vous serez obéi fidèlement, mon cher hôte; et, comme le cas que vous exceptez n'est pas dans l'ordre naturel, j'espère que ni elle, ni moi, ne serons pas assez malheureux pour que le paquet soit jamais décacheté.

Je n'entends plus parler ni de Hondt ni de vos lettres, dont je lui ai donné le seul exemplaire qui me restait, pour le faire traduire et imprimer. Il serait singulier que vos taupes, qui travaillent toujours sous terre, eussent poussé jusque-là leurs chemins obscurs. Rey est le seul libraire à qui je me fie; il y a du malheur que jamais vous ne vous soyez adressé à lui : il est sûr et ardent; l'ouvrage aurait couru partout, malgré le sicaire et les brigands de sa bande; c'est maintenant une vieille affaire qu'il est inutile de renouveler. Mais ne manquez pas, je vous prie, de m'envoyer avec mes livres un exemplaire de vos lettres, et deux ou trois de *la Vision*.

Certaines instructions m'ont un peu dégoûté, non du pays de Galles, mais de la maison que j'y devais habiter. Je ne sais pas encore où je me fixerai; chacun me tiraille de son côté, et quand je prends une résolution, tous conspirent à m'en faire changer. Je compte pourtant être absolument déterminé dans moins de quinze jours, et j'aurai soin de vous informer de la résolution que j'aurai prise. En attendant, vous pouvez m'écrire sous le couvert de *MM. Lucadou and Drak, marchants, in Union-Court, Broad street, London*. Donnez-moi de vos nouvelles. Je vous embrasse.

Recevez mille remercîments et salutations de mademoiselle Le Vasseur, qui vous prie aussi de joindre ses respects aux miens près de madame la Commandante.

CORRESPONDANCE.

AU MÊME.

A Chiswick, le 14 mars 1766.

Enfin, mon cher hôte, après un silence de six semaines, votre n° 18 vient me tirer de peine. Je vois que mes lettres ne vous parviennent pas fidèlement. Tâchons donc d'établir une règle plus lente, puisqu'il le faut, mais plus sûre. Je vous écrirai sous l'adresse de Paris que vous me marquez, et vous pourrez, par la même voie, m'écrire sous celle-ci :

To MM. Lucadou and Drak, Union-Court, London.

En quelque lieu de l'Angleterre que je sois, ces messieurs auront soin de m'y faire passer vos lettres ; mais ne vous chargez d'aucunes et ne donnez mon adresse à personne.

J'ai reçu les trente livres sterling dont vous m'avez envoyé l'assignation, et vous voyez que cette voie est la plus prompte pour cet effet. Je ne voulais pas m'éloigner de Londres que je ne fusse bien pourvu d'argent, à cause du temps qu'il me faudra pour m'ouvrir des correspondances sûres et commodes pour en recevoir. En attendant, j'ai été faire une promenade dans la province de Surrey, où j'ai été extrêmement tenté de me fixer ; mais le trop grand voisinage de Londres, ma passion croissante pour la retraite, et je ne sais quelle fatalité qui me détermine indépendamment de la raison, m'entraînent dans les montagnes de Derbyshire, et je compte partir mercredi prochain pour aller finir mes jours dans ce pays-là. Je brûle d'y être pour respirer après tant de fatigues et de courses, et pour m'entretenir avec vous plus à mon aise que je n'ai pu faire jusqu'à présent. Je décrirai mon habitation, mon cher hôte, dans l'espoir de vous y voir quelque jour user de votre droit, puis user davantage du mien dans le vôtre. Si cette douce idée ne me consolait dans ma tristesse, je craindrais que l'air épais de cette île ne prît à la fin trop mon humeur.

M. Hume m'a donné l'adresse ci-jointe pour son ami, M. Walpole, qui part de Paris dans un mois d'ici ; mais par des raisons trop longues à déduire par lettres, je voudrais qu'on n'employât cette voie que faute de toute autre. On m'a parlé de la prétendue lettre du roi de Prusse, mais on ne m'avait point dit qu'elle eût été répandue par M. Walpole ; et quand j'en ai parlé à M. Hume, il ne m'a dit ni oui ni non.

Je n'entends point parler des traductions de vos lettres : M. Hume m'a pourtant dit qu'elles allaient leur train ; mais on ne m'a rien montré. Ces relations ne peuvent faire aucune sensation dans ce pays, où l'on ne sait pas même que j'ai eu des affaires à Neuchâtel, dont les prêtres ne sont connus que par le sort du pauvre Petit-Pierre. Ces misérables sont partout si méprisés, que s'occuper d'eux, c'est grêler sur le persil. Croyez-moi, oubliez-les totalement ; à quelque prix que ce soit, ils sont trop honorés de notre souvenir. On sait ici que j'ai été persécuté à Genève, et l'on en est indigné. Le clergé anglais me regarde à peu près comme un confesseur de la foi. Du reste, il se tient ici comme dans toute grande ville, beaucoup de propos ineptes, bons et mauvais. Le public en général ne vaut pas la peine qu'on s'occupe de lui.

Comment va votre bâtiment? Est-il confirmé que vous aurez de l'eau? Quoique absent, je m'intéresserai toujours à votre demeure, et mon cœur y habitera toujours.

A M. HUME.

Wootton, le 22 mars 1766.

Vous voyez déjà, mon cher patron, par la date de ma lettre, que je suis arrivé au lieu de ma destination ; mais vous ne pouvez voir tous les charmes que j'y trouve ; il faudrait connaître le lieu et lire dans mon cœur. Vous y devez lire au moins les sentiments qui vous regardent, et que vous avez si bien mérités. Si je vis dans cet agréable asile aussi heureux que je l'espère, une des douceurs de ma vie sera de penser que je vous les dois. Faire un homme heureux, c'est mériter de l'être. Puissiez-vous trouver en vous-même le prix de tout ce que vous avez fait pour moi! Seul, j'aurais pu trouver de l'hospitalité peut-être; mais je ne l'aurais jamais aussi bien goûtée qu'en la tenant de votre amitié. Conservez-la-moi toujours, mon cher patron; aimez-moi pour le bien que vous m'avez fait. Je sens tout le prix de votre sincère amitié; je la désire ardemment; j'y veux répondre par toute la mienne, et je sens dans mon cœur de quoi vous convaincre un jour qu'elle n'est pas non plus sans quelque prix. Comme, pour des raisons dont vous avons parlé, je ne veux rien recevoir par la poste, je vous prie, lorsque vous ferez la bonne œuvre de m'écrire, de remettre votre lettre à M. Davenport. L'affaire de ma voiture n'est pas arrangée parce que je sais qu'on m'en a imposé : c'est une petite faute qui peut n'être que l'ouvrage d'une vanité obligeante, quand elle ne revient pas deux fois. Si vous y avez trempé, je vous conseille de quitter, une fois pour toutes, ces petites ruses qui ne peuvent avoir un bon principe quand elles se tournent en pièges contre la simplicité. Je vous embrasse, mon cher patron, avec le même cœur que j'espère et désire trouver en vous.

AU MÊME.

Wootton, le 29 mars 1766.

Vous avez vu, mon cher patron, par la lettre que M. Davenport a dû vous remettre, combien je me trouve ici placé selon mon goût. J'y serais peut-être plus à mon aise si l'on y avait pour moi moins d'attentions; mais les soins d'un si galant homme sont trop obligeants pour s'en fâcher : et, comme tout est mêlé d'inconvénients dans la vie, celui d'être trop bien est un de ceux qui se tolèrent le plus aisément. J'en trouve un plus grand à ne pouvoir me faire bien entendre des domestiques, ni surtout à entendre un mot de ce qu'ils me disent. Heureusement mademoiselle Le Vasseur me sert d'interprète, et ses doigts parlent mieux que ma langue. Je trouve même à mon ignorance un avantage qui pourra faire compensation, c'est d'écarter les oisifs en les ennuyant. J'ai eu hier la visite de M. le ministre, qui, voyant que je ne lui parlais que français, n'a pas voulu me parler anglais; de sorte que l'entrevue s'est passée à peu près sans mot dire. J'ai pris goût à l'expédient; je m'en servirai avec tous mes voisins, si j'en ai; et dussé-je apprendre l'anglais, je ne leur parlerai que français, surtout si j'ai le bonheur qu'ils n'en sachent pas un mot. C'est à peu près la ruse des singes qui, disent les Nègres, ne veulent pas parler, quoiqu'ils le puissent, de peur qu'on ne les fasse travailler.

Il n'est point vrai du tout que je sois convenu avec M. Gosset de recevoir un modèle en présent. Au contraire, je lui en demandai le prix, qu'il me dit être d'une guinée et demie, ajoutant qu'il m'en voulait faire la galanterie, ce que je n'ai point accepté. Je vous prie donc de vouloir bien lui payer le modèle en question, dont M. Davenport aura la bonté de vous rembourser. S'il n'y consent pas, il faut le lui rendre et le faire acheter par une autre main. Il est destiné pour M. Du Peyrou, qui depuis longtemps désire avoir mon portrait, et en a fait faire un en miniature qui n'est point du tout ressemblant. Vous êtes pourvu mieux que lui; mais je suis fâché que vous m'ayez ôté par une diligence aussi flatteuse le plaisir de remplir le même devoir envers vous. Ayez la bonté, mon cher patron, de faire remettre ce modèle à MM. Guinand et Hankey, Little-Saint-Hellen's, Bishopsgate, street, pour l'envoyer à M. Du Peyrou par la première occasion sûre. Il gèle ici depuis que j'y suis : il a neigé tous les jours; le vent coupe le visage; malgré cela, j'aimerais mieux habiter le trou d'un des lapins de cette garenne que le plus bel appartement de Londres. Bonjour, mon cher patron; je vous embrasse de tout mon cœur.

A M. DU PEYROU.

A Wootton en Derbyshire, le 29 mars 1766.

Après tant de fatigues et de courses, j'arrive enfin dans un asile agréable et solitaire, où j'espère pouvoir respirer en paix. Je vous dois la description de mon séjour et le détail de mes voyages; jusqu'ici je n'ai pu vous écrire qu'à la hâte, et toujours interrompu. Sitôt que j'aurai repris haleine, mes premiers soins seront de m'occuper de vous et avec vous. Quant à présent, un voyage de cinquante lieues avec tout mon équipage, les soins d'un nouvel établissement, les communications qu'il faut m'assurer, et surtout le besoin d'un peu de repos, me font continuer de ne vous écrire, mon cher hôte, que pour les choses pressantes et nécessaires, et tel était, par votre amitié pour moi, l'avis de mon arrivée au refuge que j'ai choisi.

Par le prix excessif des ports, et par l'indiscrétion des écrivains, je suis forcé de renoncer absolument à rien recevoir par la poste. Cela, et l'éloignement des grandes routes, retardera beaucoup nos lettres; mais elles n'en arriveront pas moins sûrement, si l'on suit bien nos directions. Dans un mois ou cinq semaines d'ici, le maître de cette maison vient de Londres y faire un voyage. Il m'apportera tout ce qu'on lui remettra jusqu'à ce temps-là. C'est un homme de distinction et de probité, auquel on peut prendre toute confiance.

Je vous destine un petit cadeau qui, j'espère, vous fera plaisir; c'est mon portrait en relief très bien fait et très ressemblant. J'écris aujourd'hui à vos banquiers, pour qu'ils aient la bonté de s'en charger et de vous le faire parvenir. Si j'étais à portée de prendre ce soin moi-même, je ne les en chargerais pas; mais l'impossibilité de mieux faire est mon excuse auprès de vous. Un bon peintre d'ici m'a aussi peint à l'huile pour M. Hume; le roi a voulu voir son ouvrage, et il a si bien réussi qu'on croit qu'il sera gravé. Si l'estampe est bonne, j'aurai soin qu'elle vous parvienne aussi. Ne croyez pas que ce soient des cadeaux. Si jamais il passe à Neuchâtel un bon peintre, je meurs d'envie de vous vendre bien cher mon portrait.

Le besoin de vous voir augmente de jour en jour; je ne me flatte pas de le satisfaire, cette année, mais marquez-moi si, pour l'année prochaine, je ne puis rien espérer. Si vous ne voulez pas venir jusqu'ici j'irai au-devant de vous à Londres, et il ne faut pas moins que cet objet pour m'y faire retourner; mais je pense que vous ne serez pas fâché de voir un peu l'Angleterre et la retraite que je me suis choisie : je crois que vous en serez content. Je sens tous les jours mieux que je n'ai que deux amis sûrs : mon cœur a besoin de se consoler avec l'un de l'absence de l'autre. En attendant, ne donnez, à mon sujet, votre confiance à personne au monde qu'au seul mylord maréchal. Quoi qu'on vous dise, quoi qu'on vous écrive pour mes intérêts, tenez-vous en garde, et, sans montrer de défiance, ne vous livrez point. Cet avis peut devenir important à votre ami. J'ai dit à tout le monde mes arrangements; ce secret m'eût trop pesé sur le cœur; mais que personne que vous seul ne s'en mêle, ni ne sache même où et quand vous avez l'intention d'exécuter l'entreprise qui regarde mes écrits.

J'attends avec ardeur mes livres de botanique; pour les autres, quand vous en différeriez l'envoi jusqu'à l'autre année, il n'y aurait peut-être pas un grand mal. Je n'entends plus parler de l'impression de vos lettres ; cela, et d'autres choses, me rend de Hondt un peu suspect. Je crois cependant qu'on peut se servir de lui pour l'envoi de mes livres. Le comte de Bintinck s'attend qu'ils lui seront adressés, et ensuite à son fils qui est ici : mais je n'aime pas avoir obligation à ces grands seigneurs. Je me remets de tout à votre prudence.

Mylord maréchal me marque qu'il écrit à ses gens d'affaires de vous remettre les trois cents guinées, s'ils ne l'ont pas encore fait. A cause du grand éloignement, je prends le parti de numéroter mes lettres, à votre exemple, à commencer par celle-ci. La dernière de vous que j'ai reçue était le n° 19. Mes tendres respects à la bonne maman. Je vous embrasse de tout mon cœur.

Ne m'envoyez avec mes livres aucun de mes papiers, qu'à mesure que je vous les demanderai, et que je vous renverrai les autres. Je vous prie de ne pas oublier mon livre de musique vert, car j'ai ici une épinette. Du reste, tout est déjà rassemblé ici, moi, ma gouvernante, mon bagage, et jusqu'à Sultan, qui m'a donné des peines incroyables. Il a été perdu deux fois, et mis dans les papiers publics. Est-il confirmé que vous avez de l'eau? Votre maison s'avance-t-elle? Le temps d'herboriser approche, en profiterez-vous? Je vous le conseille extrêmement. Si les attaques de goutte ne vous font pas grâce, du moins elles viendront plus tard, et ce serait toujours un grand avantage de gagner une année en dix. Mais il faut oublier que vous êtes encore jeune, jusqu'à ce que vous preniez le parti de vous marier.

A M. J. F. COINDET,
Chez MM. Thélusson et Necker, à Paris.

A Wootton en Derbyshire, le 29 mars 1766.

J'ai reçu vos lettres, cher Coindet, et celle de madame de Chenonceaux. J'ai différé de vous répondre jusqu'au moment où j'arriverais en lieu de repos où je puisse respirer. J'en avais grand besoin, je vous jure, et le voisinage de Londres m'était aussi importun que Londres même par l'extrême affluence des curieux. J'ai répondu sur-le-champ à la dernière lettre de madame de Chenonceaux; le sujet le demandait absolument. Il m'importe extrêmement de savoir si ma lettre lui est parvenue et si elle n'a pas essuyé de retard, pour juger de la fidélité des gens à qui je l'ai confiée. J'ai aussi reçu indirectement des nouvelles de M. Watelet et de nouvelles preuves de ses soins bienfaisants par ses recommandations en ma faveur. Un des plus doux emplois de mes loisirs sera de lui écrire quelquefois. Je voudrais qu'il fût tenté de venir voir ma solitude; elle ne serait pas indigne, à quelques égards, d'occuper ses regards et ses talents. Je suis fâché de ne pouvoir faire aucun usage de l'adresse que vous m'avez donnée; mais je suis à cinquante lieues de Londres, et bien résolu de n'y retourner que quand je ne pourrai faire autrement. Me voilà régénéré comme par un nouveau baptême, ayant été bien mouillé en passant la mer. J'ai dépouillé le vieil homme, et, hors quelques amis parmi lesquels je vous compte, j'oublie tout ce qui se rapporte à cette terre étrangère qui s'appelle le continent. Les auteurs, les décrets, les livres, cette âcre fumée de gloire qui fait pleurer, tout cela sont des folies de l'autre monde auxquelles je ne prends plus de part et que je vais me hâter d'oublier. Je ne puis jouir encore ici des charmes de la campagne, ce pays étant enseveli sous la neige; mais, en attendant, je me repose de mes longues courses, je prends haleine, je jouis de moi, et me rends le témoignage que, pendant quinze ans que j'ai eu le malheur d'exercer le métier d'homme de lettres, je n'ai contracté aucun des vices de cet état; l'envie, la jalousie, l'esprit d'intrigue et de charlatanerie, n'ont pas un instant approché de mon cœur. Je ne me sens pas même aigri par les persécutions, par les infortunes, et je quitte la carrière aussi sain de cœur que j'y suis entré. Voilà, cher Coindet, la source du bonheur que je vais goûter dans ma retraite, si l'on veut bien m'y laisser en paix. Les gens du monde ne conçoivent pas qu'on puisse vivre heureux et content vis-à-vis de soi; et moi, je ne conçois pas qu'on puisse être heureux d'une autre manière. De quoi sera-t-on content dans la vie si l'on ne l'est pas du seul homme qu'on ne quitte point? Voilà bien de la morale pour un homme du monde, mais pas trop pour un ermite. Au lieu de vous parler de vous, je vous parle de moi; cela n'est pas fort poli, sans doute, mais cela est tout naturel. Usez-en de même avec moi, parlez-moi de vous à votre tour, et soyez sûr de me faire grand plaisir. La difficulté est de me faire parvenir vos lettres, car, pour plusieurs bonnes raisons, je n'en reçois aucune par la poste, qui ne vient pas jusqu'au village voisin de cette maison. En attendant d'autres arrangements plus commodes, faites remettre votre lettre à Londres, chez M. Davenport, *Next door lord Egremont, Piccadilly*. Par ce moyen elle me parviendra. Je vous embrasse de tout mon cœur.

Rappelez-moi quelquefois, je vous prie, au souvenir de M. et madame d'Azincourt.

Je serais bien aise de savoir exactement votre adresse, afin de pouvoir vous écrire par occasions quand elles se présenteront.

AU ROI DE PRUSSE.

Wootton, le 30 mars 1766.

Sire,

Je dois au malheur qui me poursuit deux biens qui m'en consolent : la bienveillance de mylord maréchal, et la protection de Votre Majesté. Forcé de vivre loin de l'état où je suis inscrit parmi vos peuples, je garde l'amour des devoirs que j'y ai contractés. Permettez, sire, que vos bontés me suivent avec ma reconnaissance, et que j'aie toujours l'honneur d'être votre protégé, comme je serai toujours votre plus fidèle sujet.

A M. LE CHEVALIER D'ÉON.

Wootton, le 31 mars 1766.

J'étais, monsieur, à la veille de mon départ pour cette province, lorsque je reçus le paquet que vous m'avez adressé; et, ne l'ayant ouvert qu'ici, je n'ai pu lire plus tôt la lettre que vous m'avez fait l'honneur de m'écrire. Je n'ai même encore pu que parcourir rapidement vos Mémoires. C'en est assez pour confirmer l'opinion que j'avais des rares talents de l'auteur, mais non pas pour juger du fond de la querelle entre vous et M. de Guerchi. J'avoue pourtant, monsieur, que, dans le principe, je crois voir le tort de votre côté; et il ne me paraît pas juste que, comme ministre, vous vouliez, en votre nom et à ses frais, faire la même dépense qu'il eût faite lui-même; mais, sur la lecture de vos Mémoires, je trouve dans la suite de cette affaire des torts beaucoup plus graves du côté de M. de Guerchi; et la violence de ses poursuites n'aura, je pense, aucun de ses propres amis pour approbateur. Tout ce que prouve l'avantage qu'il a sur vous à cet égard, c'est qu'il est le plus fort, et que vous êtes le plus faible. Cela met contre lui tout le préjugé de l'injustice; car le pouvoir et l'impunité rendent les forts audacieux; le bon droit seul est l'arme des faibles; et cette arme leur crève ordinairement dans les mains. J'ai éprouvé tout cela comme vous, monsieur; et ma vie est un tissu de preuves en faits que la justice a toujours tort contre la puissance. Mon sort est tel que j'ai dû l'attendre de ce principe. J'en suis accablé sans en être surpris; je sais que tel est l'ordre, plus moral, mais naturel des choses. Qu'un prêtre huguenot me fasse lapider par la canaille, qu'un Conseil ou qu'un parlement me décrète, qu'un Sénat m'outrage de gaîté de cœur, qu'il me chasse barbarement, au cœur de l'hiver, moi malade, sans ombre de plainte, de justice ni de raison, j'en souffre sans doute; mais je ne m'en fâche pas plus que de voir détacher un rocher sur ma tête, au moment que je passe au-dessous de lui. Monsieur, les vices des hommes sont en grande partie l'ouvrage de leur situation ; l'injustice marche avec le pouvoir. Nous, qui sommes victimes et persécutés, si nous étions à la place de ceux qui nous poursuivent, nous serions peut-être tyrans et persécuteurs comme eux. Cette réflexion, si humiliante pour l'humanité, n'ôte pas le poids des disgrâces, mais elle en ôte l'indignation qui les rend accablantes. On supporte son sort avec plus de patience, quand on le sent attaché à notre constitution.

Je ne puis qu'applaudir, monsieur, à l'article qui termine votre lettre. Il est convenable que vous soyez aussi content de votre religion que je le suis de la mienne, et que nous restions chacun dans la nôtre en sincérité de cœur. La vôtre est fondée sur la soumission, et vous vous soumettez. La mienne est fondée sur la discussion, et je raisonne. Tout cela est fort bien pour gens qui ne veulent être ni prosélytes ni missionnaires, comme je pense que nous ne voulons l'être, ni vous ni moi. Si mon principe me paraît le plus vrai, le vôtre me paraît le plus commode ; et un grand avantage que vous avez, est que votre clergé s'y tient bien, au lieu que le nôtre, composé de petits barbouillons, à qui l'arrogance a tourné la tête, ne sait ni ce qu'il veut ni ce qu'il dit, et n'ôte l'infaillibilité à l'Église qu'afin de l'usurper chacun pour soi. Monsieur, j'ai éprouvé, comme vous, des tracasseries d'ambassadeurs : que Dieu vous préserve de celles des prêtres ! Je finis par ce vœu salutaire, en vous saluant très humblement, monsieur, et de tout mon cœur.

A M. D'IVERNOIS.

Wootton, le 31 mars 1766.

Je vous écrivis avant-hier, mon ami, et je reçus le même soir votre lettre du 15. Elle avait été ouverte et recachetée. Elle me vint par M. Hume, très lié avec le fils de Tronchin le jongleur, et demeurant dans la même maison ; très lié encore à Paris avec mes plus dangereux ennemis, et auquel, s'il n'est pas un fourbe, j'aurai intérieurement bien des réparations à faire. Je lui dois de la reconnaissance pour tous les soins qu'il a pris de moi dans un pays dont j'ignore la langue. Il s'occupe beaucoup de mes petits intérêts, mais ma réputation n'y gagne pas ; et je ne sais comment il arrive que les papiers publics, qui parlaient beaucoup de moi, et toujours avec honneur avant notre arrivée, depuis qu'il est à Londres n'en parlent plus, ou n'en parlent que désavantageusement. Toutes mes affaires, toutes mes lettres passent par ses mains ; celles que j'écris n'arrivent point ; celles que je reçois ont été ouvertes. Plusieurs autres faits me rendent tout suspect de sa part, jusqu'à son zèle. Je ne puis voir encore quelles sont ses intentions, mais je ne puis m'empêcher de les croire sinistres, et je suis fort trompé si toutes mes lettres ne sont éventées par les jongleurs qui tâcheront infailliblement d'en tirer parti contre nous. En attendant que je sache mieux sur quoi compter, voyez de cacheter plus soigneusement vos lettres, et je verrai de mon côté de m'ouvrir avec vos correspondants une communication directe, sans passer par ce dangereux entrepôt.

Puisqu'un associé vous était nécessaire, je crois que vous avez bien fait de choisir M. Deluc. Il joint la probité avec les lumières et l'activité dans le travail : trouvant tout cela dans votre association, et l'y portant vous-même, il y aura bien du malheur si vous n'avez pas lieu tous deux d'en être contents. J'y gagnerai beaucoup moi-même si elle vous procure du loisir pour me venir voir. J'imagine que si vous préveniez de ce dessein M. Du Peyrou, il ne serait pas impossible que vous fissiez le voyage ensemble, en l'avançant ou retardant selon qu'il conviendrait à tous deux. J'ai grand besoin d'épancher mon cœur, et de consulter de vrais amis sur ma situation. Je croyais être à la fin de mes malheurs, et ils ne font que de commencer. Livré sans ressource à de faux amis, j'ai grand besoin d'en trouver de vrais qui me consolent et qui me conseillent. Lorsque vous voudrez partir, avertissez-m'en d'avance, et mandez-moi si vous passerez par Paris ; j'ai des commissions pour ce pays-là que des amis seuls peuvent faire. Je ne saurais, quant à présent, vous envoyer de procuration, n'ayant point ici aux environs de notaire, surtout qui parle français, et étant bien éloigné de savoir assez d'anglais pour dire des choses aussi compliquées. Comme l'affaire ne presse pas, elle s'arrangera entre nous lors de votre voyage. En attendant, veillez à vos affaires particulières et publiques. Songez bien plus aux intérêts de l'état qu'aux miens. Que votre constitution se rétablisse, s'il est possible ; oubliez tout autre objet pour ne songer qu'à celui-là ; du reste pourvoyez-vous de tout ce qui peut rendre votre voyage utile autant qu'il peut l'être à tous égards.

Vous m'obligerez de communiquer à M. Du Peyrou cette lettre, du moins le commencement. Je suis très en peine pour établir de lui à moi une correspondance prompte et sûre. Je ne connais que vous en qui je me fie, et qui soyez posté pour cela; mais un expédient aussi indiscret ne se propose guère, et ne peut avoir que la nécessité pour excuse. Au reste, nous sommes sûrs les uns des autres; renonçons à de fréquentes lettres que l'éloignement expose à trop de frais et de risques; n'écrivons que quand la nécessité le requiert; examinons bien le cachet avant de l'ouvrir, l'état des lettres, leurs dates, les mains par où elles passent. Si on les intercepte encore, il est impossible qu'avec ces précautions ces abus durent longtemps. Je ne serais pas étonné que celle-ci fût encore ouverte et même supprimée, parce que, la poste étant loin d'ici, il faut nécessairement un intermédiaire entre elle et moi; mais avec le temps je parviendrai à désorienter les curieux; et, quant à présent, ils n'en apprendront pas plus qu'ils n'en savent. Je vous embrasse de tout mon cœur.

A MYLORD STRAFFORD.

Wootton, 3 avril 1766.

Les témoignages de votre souvenir, mylord, et de vos bontés pour moi, me feront toujours autant de plaisir que d'honneur. J'ai regret de n'avoir pu profiter à Chiswick de la dernière promenade que vous y avez faite. J'espère réparer bientôt cette perte en ce pays. Je voudrais être plus jeune et mieux portant, j'irais vous rendre quelquefois mes devoirs en Yorkshire; mais quinze lieues sont beaucoup pour un piéton presque sexagénaire; car dès que je suis une fois en place, je ne voyage plus pour mon plaisir autrement qu'à pied. Toutefois je ne renonce pas à cette entreprise, et vous pouvez vous attendre à voir quelque jour un pauvre garçon herboriste aller vous demander l'hospitalité. Pour vous, mylord, qui avez des chevaux et des équipages, si vous faites quelque pélerinage équestre dans ce canton, et quelque station dans la maison que j'habite, outre l'honneur qu'en recevra le maître du logis, vous ferez une œuvre pie en faveur d'un exilé de la terre ferme, prisonnier, mais bien volontaire, dans le pays de la liberté. Agréez, mylord, je vous supplie, mes salutations et mon respect.

A MADAME LA COMTESSE DE BOUFFLERS.

A Wootton, le 5 avril 1766.

Vous avez assurément, madame, et vous aurez toute ma vie, le droit de me demander compte de moi. J'attendais, pour remplir un devoir qui m'est si cher, qu'arrivé dans un lieu de repos j'eusse un moment à donner à mes plaisirs. Grâce aux soins de M. Hume, ce moment est enfin venu, et je me hâte d'en profiter. J'ai cependant peu de choses à vous dire sur les détails que vous me demandez. Vivant dans un pays dont j'ignore la langue, et toujours sous la conduite d'autrui, je n'ai guère qu'à suivre les directions qu'on me donne. D'ailleurs, loin du monde et de la capitale, ignorant tout ce qu'on y dit, et ne désirant pas l'apprendre, je sais ce qu'on veut me dire et rien de plus. Peu de gens sont moins instruits que moi de ce qui me regarde.

Les petits événements de mon voyage ne méritent pas, madame, de vous en occuper. Durant la traversée de Calais à Douvres, qui se fit de nuit et dura douze heures, je fus moins malade que M. Hume; mais je fus mouillé et gelé, et j'ai plutôt senti la mer que je ne l'ai vue. J'ai été accueilli à Londres, j'ai eu beaucoup de visites, beaucoup d'offres de service, des habitations à choisir. J'en ai enfin choisi une dans cette province: je suis dans la maison d'un galant homme dont M. Hume m'a dit beaucoup de bien qui n'a été démenti par personne. Il a paru vouloir me mettre à mon aise: j'ignore encore ce qu'il en sera, mais ses attentions seules m'empêchent d'oublier que je suis dans la maison d'autrui.

Vous voulez, madame, que je vous parle de la nation anglaise; il faudrait commencer par la connaître, et ce n'est pas l'affaire d'un jour. Trop bien instruit par l'expérience, je ne jugerai jamais légèrement ni des nations, ni des hommes, même de ceux dont j'aurai à me plaindre ou à me louer. D'ailleurs je ne suis point à portée de connaître les Anglais par eux-mêmes : je les connais par l'hospitalité qu'ils ont exercée envers moi, et qui dément la réputation qu'on leur donne. Il ne m'appartient pas de juger mes hôtes. On m'a trop bien appris en France pour que je puisse l'oublier ici.

Je voudrais vous obéir en tout, madame; mais de grâce, ne me parlez plus de faire des livres, ni même des gens qui en font. Nous avons des livres de morale cent fois plus qu'il n'en faut, et nous n'en valons pas mieux. Vous craignez pour moi le désœuvrement et l'ennui de la retraite : vous vous trompez, madame, je ne suis jamais moins ennuyé ni moins oisif que quand je suis seul. Il me reste, avec les amusements de la botanique, une occupation bien chère et à laquelle j'aime chaque jour davantage à me livrer. J'ai ici un homme qui est de ma connaissance, et que j'ai grande envie de connaître mieux. La société que je vais lier avec lui m'empêchera d'en désirer aucune autre. Je l'estime assez pour ne pas craindre une intimité à laquelle il m'invite; et, comme il est aussi maltraité que moi par les hommes, nous nous consolerons mutuellement de leurs outrages, en lisant dans le cœur de notre ami qu'il ne les a pas mérités.

Vous me dites qu'on me reproche des paradoxes. Eh! madame, tant mieux. Soyez sûre qu'on me reprocherait moins de paradoxes, si l'on pouvait me reprocher des erreurs. Quand on a prouvé que je pense autrement que le peuple, ne me voilà-t-il pas bien réfuté! Un saint homme de moine, appelé Cachot vient en revanche de faire un gros livre pour prouver qu'il n'y a rien à moi dans les miens, et que je n'ai rien dit que d'après les autres. Je suis d'avis de laisser, pour toute réponse, aux prises avec sa révérence ceux qui me reprochent, à si grands cris, de vouloir penser seul autrement que tout le monde.

J'ai eu de vous, madame, une seule lettre : aucune nouvelle de madame la maréchale, depuis l'arrivée de mademoiselle Le Vasseur, pas même par M. de La Roche; j'en suis très en peine, à cause de l'état de sa santé. Les communications avec le continent deviennent plus difficiles de jour en jour. Les lettres que j'écris n'arrivent pas; celles que je reçois ont été ouvertes. Dans un pays où, par l'ignorance de la langue, on est à la discrétion d'autrui, il faut être heureux dans le choix de ceux à qui l'on donne sa confiance, et, à juger par l'expérience, j'aurais tort de compter sur le bonheur. Il en est un cependant dont je suis jaloux et que je ne mériterai jamais de perdre; c'est la continuation des bontés de M. le prince de Conti, qui a daigné m'en donner de si éclatantes, de la bienveillance de madame la maréchale, et de la vôtre, dont mon cœur sent si bien le prix. Madame, quelque sort qui m'attende encore, et dans quelque lieu que je vive et que je meure, mes consolations seront bien douces, tant que je ne serai point oublié de vous.

A MYLORD ***.

Le 7 avril 1766.

Ce n'est plus de mon chien qu'il s'agit, mylord, c'est de moi-même. Vous verrez par la lettre ci-jointe pourquoi je souhaite qu'elle paraisse dans les papiers publics, surtout dans le Saint-James Chronicle, s'il est possible. Cela ne sera pas aisé, selon mon opinion, ceux qui m'entourent de leurs embûches ayant ôté à mes vrais amis et à moi-même tout moyen de faire entendre la voix de la vérité. Cependant il convient que le public apprenne qu'il y a des traîtres secrets qui, sous le masque d'une amitié perfide, travaillent sans relâche à me déshonorer. Une fois averti, si le public veut encore être trompé, qu'il le soit; je n'aurai plus rien à lui dire. J'ai cru, mylord, qu'il ne serait pas au-dessous de vous de m'accorder votre assistance en cette occasion. A notre première entrevue, vous jugerez si je la mérite, et si j'en ai besoin. En attendant, ne dédaignez pas ma confiance; on ne m'a pas appris à la prodiguer; les trahisons que j'éprouve doivent lui donner quelque prix.

A L'AUTEUR DU SAINT-JAMES CHRONICLE.

Wootton, le 7 avril 1766.

Vous avez manqué, monsieur, au respect que tout particulier doit aux têtes couronnées en attribuant publiquement au roi de Prusse une lettre pleine d'extravagance et de méchanceté, dont par cela seul vous deviez savoir qu'il ne pouvait être l'auteur. Vous avez même osé transcrire sa signature comme si vous l'aviez vue écrite de sa main. Je vous apprends, monsieur, que cette lettre a été fabriquée à Paris, et, ce qui navre et déchire mon cœur, que l'imposteur a des complices en Angleterre.

Vous devez au roi de Prusse, à la vérité, à moi, d'imprimer la lettre que je vous écris et que je signe, en réparation d'une faute que vous vous reprocheriez sans doute si vous saviez de quelles noirceurs vous vous rendez l'instrument. Je vous fais, monsieur, mes sincères salutations.

A MADAME LA COMTESSE DE BOUFFLERS.

Wootton, le 9 avril 1766.

C'est à regret, madame, que je vais affliger votre bon cœur; mais il faut absolument que vous connaissiez ce David Hume, à qui vous m'avez livré, comptant me procurer un sort tranquille. Depuis notre arrivée en Angletere, où je ne connais personne que lui, quelqu'un qui est très au fait, et fait toutes mes affaires, travaille en secret, mais sans relâche, à m'y déshonorer, et réussit avec un succès qui m'étonne. Tout ce qui vient de m'arriver en Suisse a été déguisé; mon dernier voyage de Paris et l'accueil que j'y ai reçu ont été falsifiés. On a fait entendre que j'étais généralement méprisé et décrié en France pour ma mauvaise conduite, et que c'est pour cela principalement que je n'osais m'y montrer. On a mis dans les papiers publics que, sans la protection de M. Hume, je n'aurais osé dernièrement traverser la France pour m'embarquer à Calais; mais qu'il m'avait obtenu le passe-port dont je m'étais servi. On a traduit et imprimé comme authentique la fausse lettre du roi de Prusse, fabriquée par d'Alembert, et répandue à Paris par leur ami commun Walpole. On a pris à tâche de me présenter à Londres, avec mademoiselle Le Vasseur, dans tous les jours qui pouvaient jeter sur moi du ridicule. On a fait supprimer, chez un libraire, une édition et traduction qui s'allait faire des lettres de M. Du Peyrou. Dans moins de six semaines, tous les papiers publics, qui d'abord ne parlaient de moi qu'avec honneur, ont changé de langage, et n'en ont plus parlé qu'avec mépris.

La cour et le public ont de même rapidement changé sur mon compte; et les gens surtout avec qui M. Hume a le plus de liaisons sont ceux qui se distinguent par le mépris le plus marqué, affectant, pour l'amour de lui, de vouloir me faire la charité plutôt qu'honnêteté, sans le moindre témoignage d'affection ni d'estime, et comme persuadés qu'il n'y a que des services d'argent qui soient à l'usage d'un homme comme moi. Durant le voyage il m'avait parlé du jongleur Tronchin comme d'un homme qui avait fait près de lui des avances traîtresses, et dont il était fondé à se défier : il se trouve cependant qu'il loge à Londres avec le fils dudit jongleur, vit avec lui dans la plus grande intimité, et vient de le placer auprès de M. Michel, ministre à Berlin, où ce jeune homme va, sans doute, chargé d'instructions qui me regardent. J'ai eu le malheur de loger deux jours chez M. Hume, dans cette même maison, venant de la campagne à Londres. Je ne puis vous exprimer à quel point la haine et le dédain se sont manifestés contre moi dans les hôtesses et les servantes, et de quel accueil infâme on y a régalé mademoiselle Le Vasseur. Enfin je suis presque assuré de reconnaître, au ton haineux et méprisant, tous les gens avec qui M. Hume vient d'avoir des conférences; et je l'ai vu cent fois, même en ma présence, tenir indirectement les propos qui pouvaient le plus indisposer contre moi ceux à qui il parlait. Deviner quel est son but, c'est ce qui m'est difficile, d'autant plus qu'étant à sa discrétion et dans un pays dont j'ignore la langue, toutes mes lettres ont passé jusqu'ici par ses mains; qu'il a toujours été très avide de les voir et de les avoir; que de celles que j'ai écrites, peu sont parvenues; que presque toutes celles que j'ai reçues avaient été ouvertes; et celles d'où j'aurais pu tirer quelque éclaircissement, probablement supprimées. Je ne dois pas oublier deux petites remarques; l'une, que le premier soir depuis notre départ de Paris, étant couchés tous trois dans la même chambre, j'entendis au milieu de la nuit David Hume s'écrier plusieurs fois à pleine voix : *Je tiens J.-J. Rousseau!* ce que je ne pus alors interpréter que favorablement; cependant il y avait dans le ton je ne sais quoi d'effrayant et de sinistre que je n'oublierai jamais. La seconde remarque vient d'une espèce d'épanchement que j'eus avec lui après une autre occasion de lettre que je vais vous dire. J'avais écrit le soir sur sa table à madame de Chenonceaux. Il était très inquiet de savoir ce que j'écrivais, et ne pouvait presque s'abstenir d'y lire. Je ferme ma lettre sans la lui montrer : il la demande avidement, disant qu'il l'enverra dès le lendemain par la poste; il faut bien la donner; elle reste sur sa table. Lord Newnham s'offre de l'envoyer par le paquet de l'ambassadeur de France; j'accepte. David rentre; tandis que lord Newnham fait son enveloppe, il tire son cachet; David offre le sien avec tant d'empressement qu'il faut s'en servir par préférence. On sonne, lord Newnham donne la lettre au domestique pour l'envoyer sur-le-champ chez l'ambassadeur. Je me dis en moi-même : Je suis sûr que David va suivre le domestique. Il n'y manque pas, et je parierais tout au monde que ma lettre n'a pas été rendue, ou qu'elle avait été décachetée.

A souper, il fixait alternativement sur mademoiselle Le Vasseur et sur moi des regards qui m'effrayèrent et qu'un honnête homme n'est guère assez malheureux pour avoir reçus de la nature. Quand elle fut montée pour s'aller coucher dans le chenil qu'on lui avait destiné, nous restâmes quelque temps sans rien dire : il me fixa de nouveau du même air : je voulus essayer de le fixer à mon tour, il me fut impossible de soutenir son affreux regard. J'en sentis mon âme se troubler, j'étais dans une émotion horrible; enfin le remords de mal juger d'un si grand homme sur des apparences, prévalut; je me précipitai dans ses bras tout en larmes, en m'écriant : Non, David Hume n'est pas un traître, cela n'est pas possible; et s'il n'était pas le meilleur des hommes, il faudrait qu'il en fût le plus noir. A cela mon homme, au lieu de s'attendrir avec moi, ou de se mettre en colère, au lieu de me demander des explications, reste tranquille, répond à mes transports par quelques caresses froides, en me frappant de petits coups sur le dos, et s'écriant plusieurs fois : Mon cher monsieur! Quoi donc, mon cher monsieur? J'avoue que cette manière de recevoir mon épanchement me frappa plus que tout le reste. Je partis le lendemain pour cette province, où j'ai rassemblé de nouvaux faits, réfléchi, combiné et conclu, en attendant que je meure.

J'ai toutes mes facultés dans un bouleversement qui ne me permet pas de vous parler d'autre chose. Madame, ne vous rebutez pas par mes misères, et daignez m'aimer encore, quoique le plus malheureux des hommes.

J'ai vu le docteur Gatti en grande liaison avec notre homme : et deux seules entrevues m'ont appris certainement que, quoique vous en puissiez dire, le docteur Gatti ne m'aime pas. Je dois vous avertir aussi que la boîte que vous m'avez envoyée par lui avait été ouverte, et qu'on y avait mis un autre cachet que le vôtre. Il y a presque de quoi rire à penser combien mes curieux ont été punis.

MM. BERET ET DE HONDT,
libraires à Londres.

Wootton, le 9 avril 1766.

J'étais surpris, messieurs, de ne point voir paraître la traduction et l'impression des lettres de M. Du Peyrou, que je vous ai remises et dont vous me paraissiez si empressés : mais en lisant dans les papiers publics une prétendue lettre du roi de Prusse à mon adresse, j'ai d'abord compris pourquoi celles de M. Du Peyrou ne paraissaient point. A la bonne heure, messieurs, puisque le public veut être trompé, qu'on le trompe ; j'y prends quant à moi fort peu d'intérêt, et j'espère que les noires vapeurs qu'on y excite à Londres ne troubleront pas la sérénité de l'air que je respire ici. Mais il me paraît que, ne faisant aucun usage de cet exemplaire, vous auriez dû songer à me le rendre avant que je vous en fisse souvenir. Ayez la bonté, messieurs, je vous prie, de faire remettre cet exemplaire à mon adresse, chez M. Davenport, demeurant près du lord Egremont, en Piccadilly. Je vous fais, messieurs, mes très humbles salutations.

A M. F. H. ROUSSEAU.

Wootton, le 10 avril 1766.

Je me reprocherais, mon cher cousin, de tarder plus longtemps à vous remercier des visites et amitiés que vous m'avez faites pendant mon séjour à Londres et au voisinage. Je n'ai point oublié vos offres obligeantes, et je m'en prévaudrai dans l'occasion avec confiance, sûr de trouver toujours en vous un bon parent comme vous le trouverez toujours en moi. Je n'ai pas oublié non plus que j'avais compté parler de vos vues à un certain homme au sujet du voyage d'Italie. Sur la conduite extraordinaire et peu nette de cet homme, il m'est d'abord venu des soupçons et ensuite des lumières qui m'ont empêché de lui parler, et qui, je crois, vous en empêcheront de même, quand vous saurez que cet homme, à l'abri d'une amitié traîtresse, a formé avec deux ou trois complices l'honnête projet de déshonorer votre parent ; qu'il est en train d'exécuter ce projet, si on le laisse faire. Ce qui me frappe le plus en cette occasion, c'est la légèreté, et, j'ose dire, l'étourderie avec laquelle les Anglais, sur la foi de deux ou trois fourbes dont la conduite double et traîtresse devrait les saisir d'horreur, jugent du caractère et des mœurs d'un étranger qu'ils ne connaissent point, et qu'ils savent être estimé, honoré et respecté dans les lieux où il a passé sa vie. Voilà ce singulier abrégé de mon histoire, où l'on me donne entre autres pour fils d'un musicien, courant Londres comme une pièce authentique. Voilà qu'on imprime effrontément dans leurs feuilles que M. Hume a été mon protecteur en France, et que c'est lui qui m'a obtenu le passe-port avec lequel j'ai passé dernièrement à Paris. Voilà cette prétendue lettre du roi de Prusse, imprimée dans leurs feuilles, et les voilà, eux, ne doutant pas que cette lettre, chef-d'œuvre de galimatias et d'impertinence, n'ait réellement été écrite par ce prince, sans que pas un seul s'avise de penser qu'il serait pourtant bon de m'entendre et de savoir ce que j'ai à dire à tout cela. En vérité, de si mauvais juges de la réputation ne méritent pas qu'un homme sensé se mette fort en peine de celle qu'il peut avoir parmi eux : ainsi je les laisse dire, en attendant que le moment vienne de les faire rougir. Quoi qu'il en soit, s'il y a des lâches et des traîtres dans ce pays, il y a aussi des gens d'honneur et d'une probité sûre auxquels un honnête homme peut sans doute avoir obligation. C'est à eux que je veux parler de vous si l'occasion s'en présente, et vous pouvez compter que je ne la laisserai pas échapper. Adieu, mon cher cousin ; portez-vous bien et soyez toujours gai. Pour moi, je n'ai pas trop de quoi l'être ; mais j'espère que les noires vapeurs de Londres ne troubleront pas la sérénité de l'air que je respire ici. Je vous embrasse de tout mon cœur.

A LORD ***.

Wootton, le 19 avril 1766.

Je ne saurais, mylord, attendre votre retour à Londres pour vous faire les remercîments que je vous dois. Vos bontés m'ont convaincu que j'avais eu raison de compter sur votre générosité. Pour excuser l'indiscrétion qui m'y a fait recourir, il suffit de jeter un coup d'œil sur ma situation. Trompé par des traîtres qui, ne pouvant me déshonorer dans les lieux où j'avais vécu, m'ont entraîné dans un pays où je suis inconnu et dont j'ignore la langue, afin d'y exécuter plus aisément leur abominable projet, je me trouve jeté dans cette île après des malheurs sans exemple. Seul, sans appui, sans amis, sans défense, abandonné à la témérité des jugements publics, et aux effets qui en sont la suite ordinaire, surtout chez un peuple qui naturellement n'aime pas les étrangers, j'avais le plus grand besoin d'un protecteur qui ne dédaignât pas ma confiance; et où pouvais-je mieux le chercher que parmi cette illustre noblesse à laquelle je me plaisais à rendre honneur, avant de penser qu'un jour j'aurais besoin d'elle pour m'aider à défendre le mien?

Vous me dites, mylord, qu'après s'être un peu amusé votre public rend ordinairement justice; mais c'est un amusement bien cruel, ce me semble, que celui qu'on prend aux dépens des infortunés, et ce n'est pas assez de finir par rendre justice quand on commence par en manquer. J'apportais au sein de votre nation deux grands droits qu'elle eût dû respecter davantage; le droit sacré de l'hospitalité, et celui des égards que l'on doit aux malheureux : j'y apportais l'estime universelle et le respect même de mes ennemis. Pourquoi m'a-t-on dépouillé chez vous de tout cela? Qu'ai-je fait pour mériter un traitement si cruel? En quoi me suis-je mal conduit à Londres, où l'on me traitait si favorablement avant que j'y fusse arrivé? Quoi! mylord, des diffamations secrètes, qui ne devraient produire qu'une juste horreur pour les fourbes qui les répandent, suffiraient pour détruire l'effet de cinquante ans d'honneur et de mœurs honnêtes! Non, les pays où je suis connu ne me jugeront point d'après votre public mal instruit; l'Europe entière continuera de me rendre la justice qu'on me refuse en Angleterre; et l'éclatant accueil que, malgré le décret, je viens de recevoir à Paris à mon passage, prouve que, partout où ma conduite est connue, elle m'attire l'honneur qui m'est dû. Cependant si le public français eût été aussi prompt à mal juger que le vôtre, il en eût eu le même sujet. L'année dernière on fit courir à Genève un libelle affreux sur ma conduite à Paris. Pour toute réponse, je fis imprimer ce libelle à Paris même. Il y fut reçu comme il méritait de l'être, et il semble que tout ce que les deux sexes ont d'illustre et de vertueux dans cette capitale ait voulu me venger par les plus grandes marques d'estime des outrages de mes vils ennemis.

Vous direz, mylord, qu'on me connaît à Paris et qu'on ne me connaît point à Londres : voilà précisément de quoi je me plains. On n'ôte point à un homme d'honneur, sans le connaître et sans l'entendre, l'estime publique dont il jouit. Si jamais je vis en Angleterre aussi longtemps que j'ai vécu en France, il faudra bien qu'enfin votre public me rende son estime; mais quel gré lui en saurai-je lorsque je l'y aurai forcé?

Pardonnez, mylord, cette longue lettre : me pardonneriez-vous d'être indifférent à ma réputation dans votre pays? Les Anglais valent bien qu'on soit fâché de les voir injustes, et qu'afin qu'ils cessent de l'être, on leur fasse sentir combien ils le sont. Mylord, les malheureux sont malheureux partout. En France, on les décrète; en Suisse, on les lapide; en Angleterre, on les déshonore : c'est leur vendre cher l'hospitalité.

A M.....

Avril 1766.

J'apprends, monsieur, avec quelque surprise, de quelle manière on me traite à Londres dans un public plus léger que je n'aurais cru. Il me semble qu'il vaudrait beaucoup mieux refuser aux infortunés tout asile que de les accueillir pour les insulter, et je vous avoue que l'hospitalité vendue au prix du déshonneur me paraît trop chère. Je trouve aussi que pour juger un homme qu'on ne connaît point, il faudrait s'en rapporter à ceux qui le connaissent; et il me paraît bizarre qu'emportant de tous les pays où j'ai vécu l'estime et la considération des honnêtes gens et du public, l'Angleterre, où j'arrive, soit le seul où on me la refuse. C'est en même temps ce qui me console : l'accueil que je viens de recevoir à Paris, où j'ai passé ma vie, me dédommage de tout ce qu'on dit à Londres. Comme les Anglais, un peu légers à juger, ne sont pourtant pas injustes, si jamais je vis en Angleterre aussi longtemps qu'en France, j'espère à la fin n'y être pas moins estimé. Je sais que tout ce qui se passe à mon égard n'est point naturel, qu'une nation tout entière ne change pas immédiatement du blanc au noir sans cause, et que cette cause secrète est d'autant plus dangereuse qu'on s'en défie moins : c'est cela même qui devrait ouvrir les yeux du public sur ceux qui le mènent : mais ils se cachent avec trop d'adresse pour qu'il s'avise de les chercher où ils sont. Un jour il en saura davantage, et il rougira de sa légèreté. Pour vous, monsieur, vous avez trop de sens et vous êtes trop équitable pour être compté parmi ces juges plus sévères que judicieux. Vous m'avez honoré de votre estime, je ne mériterai jamais de la perdre; et comme vous avez toute la mienne, j'y joins la confiance que vous méritez.

A MADAME DE LUZE.

Wootton, le 10 mai 1766.

Suis-je assez heureux, madame, pour que vous pensiez quelquefois à mes torts et pour que vous me sachiez mauvais gré d'un si long silence? J'en serais trop puni si vous n'y étiez pas sensible. Dans le tumulte d'une vie orageuse, combien j'ai regretté les douces heures que je passais près de vous! combien de fois les premiers moments du repos après lequel je soupirais ont été consacrés d'avance au plaisir de vous écrire! J'ai maintenant celui de remplir cet engagement, et les agréments du lieu que j'habite m'invitent à m'y occuper de vous, madame, et de M. de Luze, qui m'en a fait trouver beaucoup à y venir. Quoique je n'aie point directement de ses nouvelles, j'ai su qu'il était arrivé à Paris en bonne santé; et j'espère qu'au moment où j'écris cette lettre, il est heureusement de retour près de vous. Quelque intérêt que je prenne à ses avantages, je ne puis m'empêcher de lui envier celui-là, et je vous jure, madame, que cette paisible retraite perd pour moi beaucoup de son prix, quand je songe qu'elle est à trois cents lieues de vous. Je voudrais vous la décrire avec tous ses charmes, afin de vous tenter, je n'ose dire de m'y venir voir, mais de la venir voir; et moi j'en profiterais.

Figurez-vous, madame, une maison seule, non fort grande, mais fort propre, bâtie à mi-côte sur le penchant d'un vallon, dont la pente est assez interrompue pour laisser des promenades de plain-pied sur la plus belle pelouse de l'univers. Au devant de la maison règne une grande terrasse, d'où l'œil suit dans une demi-circonférence quelques lieues d'un paysage formé de prairies, d'arbres, de fermes éparses, de maisons plus ornées, et bordé en forme de bassin par des coteaux élevés qui bornent agréablement la vue quand elle ne pourrait aller au-delà. Au fond du vallon, qui sert à la fois de garenne et de pâturage, on entend murmurer un ruisseau qui, d'une montagne voisine, vient couler parallèlement à la maison, et dont les petits détours, les cascades, sont dans une telle direction, que des fenêtres et de la terrasse l'œil peut assez longtemps suivre son cours. Le vallon est garni, par places, de rochers et d'arbres où l'on trouve des réduits délicieux, et qui ne laissent pas de s'éloigner assez de temps en temps du ruisseau pour offrir sur ses bords des promenades commodes à l'abri des vents et même de la pluie ; en sorte que par le plus vilain temps du monde je vais tranquillement herboriser sous les roches avec les moutons et les lapins ; mais hélas, madame, je n'y trouve point de *scordium* !

Au bout de la terrasse à gauche sont des bâtiments rustiques et le potager ; à droite sont des bosquets et un jet-d'eau. Derrière la maison est un pré entouré d'une lisière de bois, laquelle, tournant au-delà du vallon, couronne le parc, si l'on peut donner ce nom à une enceinte à laquelle on a laissé toutes les beautés de la nature. Ce pré même, à travers un petit village qui dépend de la maison, à une montagne qui en est à une demi-lieue, et dans laquelle sont diverses mines de plomb que l'on exploite. Ajoutez qu'aux environs on a le choix des promenades, soit dans des prairies charmantes, soit dans les bois, soit dans des jardins à l'anglaise, moins peignés, mais de meilleur goût que ceux des Français.

La maison, quoique petite, est très logeable et bien distribuée. Il y a dans le milieu de la façade un avant-corps à l'anglaise, par lequel la chambre du maître de la maison et la mienne, qui est au-dessus, ont une vue de trois côtés. Son appartement est composé de plusieurs pièces sur le devant, et d'un grand salon sur le derrière : le mien est distribué de même, excepté que je n'occupe que deux chambres, entre lesquelles et le salon est une espèce de vestibule ou d'antichambre fort singulière, éclairée par une large lanterne de vitrage au milieu du toit.

Avec cela, madame, je dois vous dire qu'on fait ici bonne chère à la mode du pays, c'est-à-dire simple et saine, précisément comme il me la faut. Le pays est humide et froid ; ainsi les légumes ont peu de goût, le gibier aucun ; mais la viande y est excellente, le laitage abondant et bon. Le maître de cette maison la trouve trop sauvage et s'y tient peu. Il en a de plus riantes qu'il lui préfère, et auxquelles je la préfère, moi, par la même raison. J'y suis non-seulement le maître, mais mon maître, ce qui est bien plus. Point de grand village aux environs : la ville la plus voisine en est à deux lieues ; par conséquent peu de voisins désœuvrés. Sans le ministre, qui m'a pris dans une affection singulière, je serais ici dix mois de l'année absolument seul.

Que pensez-vous de mon habitation, madame ? la trouvez-vous assez bien choisie, et ne croyez-vous pas que pour en préférer une autre il faille être ou bien sage ou bien fou ? Hé bien, madame, il s'en prépare une peu loin de Biez, plus près du Tertre, que je regretterai sans cesse et où, malgré l'envie, mon cœur habitera toujours. Je ne la regretterais pas moins quand celle-ci m'offrirait tous les autres biens possibles, excepté celui de vivre avec ses amis. Mais au reste, après vous avoir peint le beau côté, je ne veux pas vous dissimuler qu'il y en a d'autres, et que, comme dans toutes les choses de la vie, les avantages y sont mêlés d'inconvénients. Ceux du climat sont grands ; il est tardif et froid ; le pays est beau, mais triste, la nature y est engourdie et paresseuse ; à peine avons-nous déjà des violettes, les arbres n'ont encore aucunes feuilles ; jamais on n'y entend de rossignols ; tous les signes du printemps disparaissent devant moi. Mais ne gâtons pas le tableau vrai que je viens de faire ; il est pris dans le point de vue où je veux vous montrer ma demeure, afin que vos idées s'y promènent avec plaisir. Ce n'est qu'auprès de vous, madame, que je pouvais trouver une société préférable à la solitude. Pour la former dans cette province, il y faudrait transporter votre famille entière, une partie de Neuchâtel, et presque tout Yverdun. Encore après cela, comme l'homme est insatiable, me faudrait-il vos bois, vos monts, vos vignes, enfin tout jusqu'au lac et ses poissons. Bonjour, madame, mille tendres salutations à M. de Luze. Parlez quelquefois avec madame de Froment et madame de Sandoz de ce pauvre exilé. Pourvu qu'il ne le soit jamais de vos cœurs, tout autre exil lui sera supportable.

A M. DE LUZE.

Wootton, le 10 mai 1766.

Quoique ma longue lettre à madame de Luze soit, monsieur, à votre intention comme à la sienne, je ne puis m'empêcher d'y joindre un mot pour vous remercier et des soins que vous avez bien voulu prendre pour réparer la banqueroute que j'avais faite à Strasbourg sans en rien savoir, et de votre obligeante lettre du 10 avril. J'ai senti, à l'extrême plaisir que m'a fait sa lecture, combien je vous suis attaché et combien tous vos bons procédés pour moi ont jeté de ressentiments dans mon âme. Comptez, monsieur, que je vous aimerai toute ma vie, et qu'un des regrets qui me suivent en Angleterre est d'y vivre éloigné de vous. J'ai formé dans votre pays des attachements qui me le rendront toujours cher, et le désir de m'y revoir un jour, que vous voulez bien me témoigner, n'est pas moins dans mon cœur que dans le vôtre : mais comment espérer qu'il s'accomplisse ? Si j'avais fait quelque faute qui m'eût attiré la haine de vos compatriotes, si je m'étais mal conduit en quelque chose, si j'avais quelque tort à me reprocher, j'espérerais, en le réparant, parvenir à le leur faire oublier et à obtenir leur bienveillance; mais qu'ai-je fait pour la perdre ? en quoi me suis-je mal conduit ? à qui ai-je manqué dans la moindre chose ? à qui ai-je pu rendre service que je ne l'aie pas fait ? Et vous voyez comme ils m'ont traité. Mettez-vous à ma place, et dites-moi s'il est possible de vivre parmi des gens qui veulent assommer un homme sans grief, sans motif, sans plainte contre sa personne, et uniquement parce qu'il est malheureux. Je sens qu'il serait à désirer, pour l'honneur de ces messieurs, que je retournasse finir mes jours au milieu d'eux : je sens que je le désirerais moi-même; mais je sens aussi que ce serait une haute folie à laquelle la prudence ne me permet pas de songer. Ce qui me reste à espérer en tout ceci est de conserver les amis que j'ai eu le bonheur d'y faire; et d'être toujours aimé d'eux quoique absent. Si quelque chose pouvait me dédommager de leur commerce, ce serait celui du galant homme dont j'habite la maison, et qui n'épargne rien pour m'en rendre le séjour agréable; tous les gentilshommes des environs, tous les ministres des paroisses voisines ont la bonté de me marquer des empressements qui me touchent, en ce qu'ils me montrent la disposition générale du pays : le peuple même, malgré mon équipage, oublie en ma faveur sa dureté ordinaire envers les étrangers. Madame de Luze vous dira comment est le pays; enfin j'y trouverais de quoi n'en regretter aucun autre, si j'étais plus près du soleil et de mes amis. Bonjour, monsieur, je vous embrasse de tout mon cœur.

A M. DU PEYROU.

A Wootton, le 10 mai 1766.

Hier, mon cher hôte, j'ai reçu, par M. Davenport, vos n°˚ 20, 21, 22 et 23, par lesquels je vois avec inquiétude que vous n'aviez point encore reçu mon n° 1, que je vous ai écrit d'ici, et où je vous priais de ne m'envoyer que mes livres de botanique, avec mon calepin, et d'attendre pour le reste à l'année prochaine; prière que je vous confirme avec instance, s'il en est encore temps. Je suis surtout très fâché que vous m'envoyiez aussi des papiers que je ne vous ai point demandés, et sur lesquels j'étais tranquille, les sachant entre vos mains, au lieu qu'ils vont courir des hasards que vous ne pouvez prévoir, ne sachant pas comme moi tout ce qui se passe à Londres. Retirez-les, je vous en conjure, s'il est encore temps, et pour Dieu, ne m'en envoyez plus désormais que je ne vous les demande. Ce n'était pas pour rien que j'avais numéroté les liasses que je vous laissais.

Ceux que vous avez envoyés à madame de Faugnes sont en route, et je compte les recevoir au premier jour. C'est un grand bonheur qu'ils n'aient pas été confiés à M. Walpole, que je regarde comme l'agent secret de trois ou quatre honnêtes gens de par le monde qui ont formé entre eux un complot auquel je ne comprends rien, mais dont je vois et sens l'exécution successive de jour en jour. La prétendue lettre du roi de Prusse est certainement de d'Alembert; en y jetant les yeux, j'ai reconnu son style, comme si je la lui avais vu écrire : elle a été publiée, traduite dans les papiers, de même qu'une autre pièce du même auteur sur le même sujet. On a aussi imprimé et traduit une lettre de M. de Voltaire à mon adresse, auprès de laquelle le libelle de Vernes n'est que du miel. Mais cessons de parler de ces matières attristantes, et qui ne m'affligeraient pourtant guère, si mon cœur n'eût été navré par de plus sensibles coups. Mon cher hôte, je sens bien le prix d'un ami fidèle, et que ma confiance en vous redouble de charmes, par la difficulté de la placer aussi bien nulle part.

Je suis très en peine pour établir notre correspondance d'une manière stable et sûre; car la résolution où je suis de rompre tout autre commerce de lettres ne me rend le vôtre que plus nécessaire. Ah! cher ami, que ne vous ai-je cru, et que n'ai-je resté à portée de passer mes jours auprès de vous! Je sens vivement la perte que j'ai faite, et je ne m'en consolerai jamais. Je suis en peine de plusieurs lettres que j'ai fait passer par MM. Lucadou et Drake, et dont je ne reçois aucune réponse. J'espère cependant qu'ils n'ont pas des commis négligents; il faut prendre patience, et continuer. M. Lucadou est un honnête homme, et ami de mes amis : je ne crains pas qu'il abuse de ma confiance, mais je crains de lui être importun.

Mon intention est bien de parler à mylord maréchal de M. d'Escherny, et de faire usage de sa petite note; mais ce n'est pas en ce moment de commotion que cela peut se faire. S'il est pressé, il faut, malgré moi, que je laisse à d'autres le plaisir de le servir. J'ai pour mylord maréchal le même embarras que pour vous de m'ouvrir une correspondance sûre; je me suis adressé à M. Rougemont, je n'en ai aucune réponse; j'ignore s'il a fait passer ma lettre, et s'il veut bien continuer.

Quant à ce qui regarde ma subsistance, nous prendrons là-dessus les moyens que vous jugerez à propos; et puisque vous pensez que je puis fournir de six mois en six mois des assignations sur vos banquiers de Paris, je le ferai; mais, de grâce, envoyez-moi le modèle de ces assignations : car je ne vois pas bien, je vous l'avoue, en quels termes elles doivent être conçues sur des banquiers que je ne connais pas, et qui ne me doivent rien.

Je finis à la hâte, en vous saluant de tout mon cœur. Mille respects à la chère et bonne maman.

A MADAME DE CRÉQUI.

Mai 1766.

Bien loin de vous oublier, madame, je fais un de mes plaisirs dans cette retraite de me rappeler les heureux temps de ma vie. Il ont été rares et courts; mais leur souvenir les multiplie : c'est le passé qui me rend le présent supportable, et j'ai trop besoin de vous pour vous oublier. Je ne vous écrirai pas pourtant, madame, et je renonce à tout commerce de lettres, hors les cas d'absolue nécessité. Il est temps de chercher le repos, et je sens que je n'en puis avoir qu'en renonçant à toute correspondance hors du lieu que j'habite. Je prends donc mon parti trop tard, sans doute, mais assez tôt pour jouir des jours tranquilles qu'on voudra bien me laisser. Adieu, madame. L'amitié dont vous m'avez honoré me sera toujours présente et chère; daignez aussi vous en souvenir quelquefois.

A. M. DE MALESHERBES.

Wootton, le 10 mai 1766.

Ce n'est pas d'aujourd'hui, monsieur, que j'aime à vous ouvrir mon cœur et que vous me le permettez. La confiance que vous m'avez inspirée m'a déjà fait sentir près de vous que l'affliction même a quelquefois ses douceurs; mais ce prix de l'épanchement me devient bien plus sensible depuis que mes maux, portés à leur comble, ne me laissent plus dans la vie d'autre espoir que des consolations, et depuis qu'à mon dernier voyage à Paris j'ai si bien achevé de vous connaître. Oui, monsieur, avouer un tort, le déclarer, est un effort de justice assez rare; mais s'accuser au malheureux qu'on a perdu, quoique innocemment, et ne l'en aimer que davantage, est un acte de force qui n'appartenait qu'à vous. Votre âme honore l'humanité, et la rétablit dans mon estime. Je savais qu'il y avait encore de l'amitié parmi les hommes; mais sans vous j'ignorerais qu'il y eût de la vertu.

Laissez-moi donc vous écrire mon état une seconde fois en ma vie. Que mon sort a changé depuis mon séjour de Montmorency! Vous m'avez cru malheureux alors, et vous vous trompiez; si vous me croyez heureux maintenant, vous vous trompez davantage. Vous allez connaître un genre de malheurs digne de couronner tous les autres, et qu'en vérité je n'aurais pas cru fait pour moi.

Je vivais en Suisse en homme doux et paisible, fuyant le monde, ne me mêlant de rien, ne disputant jamais, ne parlant pas même de mes opinions. On m'en chasse par des persécutions, sans sujet, sans motif, sans prétexte, les plus violentes, les moins méritées qu'il soit possible d'imaginer, et qu'on a la barbarie de me reprocher encore, comme si je me les étais attirées par vanité. Languissant, malade, affligé, je m'acheminais, à l'entrée de l'hiver, vers Berlin. A Strasbourg, je reçois de M. Hume les invitations les plus tendres de me livrer à sa conduite, et de le suivre en Angleterre, où il se charge de me procurer une retraite agréable et tranquille. J'avais eu déjà le projet de m'y retirer; mylord maréchal me l'avait toujours conseillé; M. le duc d'Aumont avait, à la prière de madame de Verdelin, demandé et obtenu pour moi un passe-port. J'en fais usage; je pars le cœur plein du bon David, je cours à Paris me jeter entre ses bras. M. le prince de Conti m'honore de l'accueil plus convenable à sa générosité qu'à ma situation, et auquel je me prête par devoir, mais avec répugnance, prévoyant combien mes ennemis m'en feraient payer cher l'éclat.

Ce fut un spectacle bien doux pour moi que l'augmentation sensible de bienveillance pour M. Hume, que cette bonne œuvre produisit dans tout Paris : il devait en être touché comme moi; je doute qu'il le fût de la même manière. Quoi qu'il en soit, voilà de ces compliments à la française, que j'aime, et que les autres nations ne savent guère imiter.

Mais ce qui me fit une peine extrême fut de voir que M. le prince de Conti m'accablait en sa présence de si grandes bontés, qu'elles auraient pu passer pour railleuses si j'eusse été moins à plaindre, ou que le prince eût été moins généreux : toutes les attentions étaient pour moi; M. Hume était oublié en quelque sorte, ou invité à y concourir. Il était clair que cette préférence d'humanité dont j'étais l'objet en montrait pour lui une beaucoup plus flatteuse : c'était lui dire : *Mon ami Hume, aidez-moi à marquer de la commisération à cet infortuné.* Mais son cœur jaloux fut trop bête pour sentir cette distinction-là.

Nous partons. Il était si occupé de moi qu'il en parlait même durant son sommeil ; vous saurez ci-après ce qu'il dit à la première couchée. En débarquant à Douvres, transporté de toucher enfin cette terre de liberté, et d'y être amené par cet homme illustre, je lui sautai au cou, je l'embrassai étroitement sans rien dire, mais en couvrant son visage de baisers et de pleurs. Ce n'est pas la seule fois ni la plus remarquable où il ait pu voir en moi les saisissements d'un cœur pénétré. Je ne sais pas trop ce qu'il fait de ces souvenirs, s'ils lui viennent, mais j'ai dans l'esprit qu'il en doit quelquefois être importuné.

Nous sommes fêtés arrivant à Londres ; dans les deux chambres, à la cour même, on s'empresse à me marquer de la bienveillance et de l'estime. M. Hume me présente de très bonne grâce à tout le monde ; et il était naturel de lui attribuer, comme je faisais, la meilleure partie de ce bon accueil. L'affluence me fait trouver le séjour de la ville incommode : aussitôt les maisons de campagne se présentent en foule ; on m'en offre à choisir dans toutes les provinces. M. Hume se charge des propositions ; il me les fait, il me conduit même à deux ou trois campagnes voisines ; j'hésite longtemps sur le choix ; je me détermine enfin pour cette province. Aussitôt M. Hume arrange tout, les embarras s'aplanissent ; je pars ; j'arrive dans une habitation commode, agréable et solitaire : le maître prévoit tout, rien ne me manque ; je suis tranquille, indépendant. Voilà le moment si désiré où tous mes maux doivent finir : non, c'est là qu'ils commencent plus cruels que je ne les avais encore éprouvés.

Peut-être n'ignorez-vous pas, monsieur, qu'avant mon arrivée en Angleterre elle était un des pays de l'Europe où j'avais le plus de réputation, j'oserais presque dire, de considération ; les papiers publics étaient pleins de mes éloges, et il n'y avait qu'un cri d'indignation contre mes persécuteurs. Ce ton se soutient à mon arrivée ; les papiers l'annoncèrent en triomphe ; l'Angleterre s'honorait d'être mon refuge, et elle en glorifiait avec justice ses lois et son gouvernement. Tout à coup, et sans aucune cause assignable, ce ton change, mais si fort et si vite que dans tous les caprices du public on n'en vit jamais un plus étonnant. Le signal fut donné dans un certain magasin, aussi plein d'inepties que de mensonges, et où l'auteur, bien instruit, me donnait pour fils de musicien. Dès ce moment, tout part avec un accord d'insultes et d'outrages qui tient du prodige ; des foules de livres et d'écrits m'attaquent personnellement, sans ménagement, sans discrétion, et nulle feuille n'oserait paraître si elle ne contenait quelque malhonnêteté contre moi. Trop accoutumé aux injures du public pour m'en affecter encore, je ne laissais pas d'être surpris de ce changement si brusque, de ce concert si parfaitement unanime, que pas un de ceux qui m'avaient tant loué ne dît un seul mot pour ma défense. Je trouvais bizarre que précisément après le retour de M. Hume, qui a tant d'influence ici sur les gens de lettres et de si grandes liaisons avec eux, sa présence eût produit un effet si contraire à celui que j'en pouvais attendre ; que pas un de ses amis ne se fût montré le mien ; et l'on voyait bien que les gens qui me traitaient si mal n'étaient pas ses ennemis, puisqu'en faisant sonner haut sa qualité de ministre, ils disaient que je n'avais traversé la France que sous sa protection ; qu'il m'avait obtenu un passe-port de la cour de France ; et peu s'en fallait qu'ils n'ajoutassent que j'avais fait le voyage à ses frais. Une autre chose m'étonnait davantage. Tous m'avaient également caressé à mon arrivée ; mais à mesure que notre séjour se prolongeait, je voyais de la façon la plus sensible changer avec moi les manières de ses amis. Toujours, je l'avoue, ils ont pris les mêmes soins en ma faveur ; mais, loin de me marquer la même estime, ils accompagnaient leurs services de l'air dédaigneux le plus choquant : on eût dit qu'ils ne cherchaient à m'obliger que pour avoir droit de me marquer du mépris. Malheureusement ils s'étaient emparés de moi. Que faire, livré à leur merci dans un pays dont je ne savais pas la langue ? Baisser la tête et ne pas voir les affronts. Si quelques Anglais ont continué à me marquer de l'estime, ce sont uniquement ceux avec qui M. Hume n'a aucune liaison.

Les flagorneries m'ont toujours été suspectes. Il m'en a fait des plus basses et de toutes les façons ; mais je n'ai jamais trouvé dans son langage rien qui sentît la vraie amitié. On eût dit même qu'en voulant me faire des patrons il cherchait à m'ôter leur bienveillance : il voulait plutôt que j'en fusse assisté qu'aimé ; et cent fois j'ai été surpris du tour révoltant qu'il donnait à ma conduite près des gens qui pouvaient s'en offenser. Un exemple éclaircira ceci. M. Penneck, du Muséum, ami de mylord maréchal, et pasteur d'une paroisse où l'on voulait m'établir, vient me voir; M. Hume, moi présent, lui fait mes excuses de ne l'avoir pas prévenu. *Le docteur Maty, lui dit-il, nous avait invités pour jeudi au Muséum, où M. Rousseau devait vous voir; mais il préféra d'aller avec madame Garrick à la comédie : on ne peut pas faire tant de choses en un jour.*

On répand à Paris une fausse lettre du roi de Prusse, qui depuis a été traduite et imprimée ici. J'apprends avec étonnement que c'est un M. Walpole, ami de M. Hume, qui fait courir cette lettre : je lui demande si cela est vrai; au lieu de me répondre, il me demande froidement de qui je le tiens; et quelques jours après, il veut que je confie à ce même M. Walpole des papiers qui m'intéressent et que je cherche à faire venir en sûreté. Je vois cette prétendue lettre du roi de Prusse, et j'y reconnais à l'instant le style de M. d'Alembert, autre ami de M. Hume, et mon ennemi d'autant plus dangereux qu'il a soin de cacher sa haine. J'apprends que le fils du jongleur Tronchin, mon plus mortel ennemi, est non-seulement un ami de M. Hume, mais qu'il loge avec lui; et quand M. Hume voit que je sais cela, il m'en fait la confidence, m'assurant que le fils ne ressemble pas au père. J'ai logé deux ou trois nuits avec ma gouvernante dans cette même maison, chez M. Hume; et à l'accueil que nous ont fait ses hôtesses, qui sont ses amies, j'ai jugé de la façon dont lui, ou cet homme qu'il dit ne pas ressembler à son père, leur avait parlé d'elle et de moi.

Tous ces faits combinés, et d'autres semblables que j'observe, me donnent insensiblement une inquiétude que je repousse avec horreur. Cependant les lettres que j'écris n'arrivent pas; plusieurs de celles que je reçois ont été ouvertes, et toutes ont passé par les mains de M. Hume : si quelqu'une lui échappe, il ne peut cacher l'ardente avidité de la voir. Un soir je vois encore chez lui une manœuvre de lettre dont je suis frappé. Voici ce que c'est que cette manœuvre, car il peut importer de la détailler. Je vous l'ai dit, monsieur; dans un fait je veux tout dire. Après souper, gardant tous deux le silence au coin de son feu, je m'aperçois qu'il me regarde fixement, ce qui lui arrive souvent et d'une manière assez remarquable. Pour cette fois son regard ardent et prolongé devient presque inquiétant. J'essaie de le fixer à mon tour; mais en arrêtant mes yeux sur les siens je sens un frémissement inexplicable, et je suis bientôt forcé de les baisser. La physionomie et le ton du bon David sont d'un bon homme; mais il faut que, pour me fixer dans nos tête-à-tête, ce bon homme ait trouvé d'autres yeux que les siens.

L'impression de ce regard me reste : mon trouble augmente jusqu'au saisissement. Bientôt un violent remords me gagne; je m'indigne de moi-même. Enfin dans un transport que je me rappelle encore avec délices, je me jette à son cou, je le serre étroitement, je l'inonde de mes larmes; je m'écrie : *Non, non, David Hume n'est pas un traître; s'il n'était le meilleur des hommes, il faudrait qu'il en fût le plus noir.* David Hume me rend mes embrassements, et tout en me frappant de petits coups sur le dos, me répète plusieurs fois d'un ton tranquille : *Quoi! mon cher monsieur! Eh! mon cher monsieur! quoi donc! mon cher monsieur!* Il ne me dit rien de plus; je sens que mon cœur se resserre; notre explication finit là; nous allons nous coucher, et le lendemain je pars pour la province.

Je reviens maintenant à ce que j'entendis à Roye la première nuit qui suivit notre départ. Nous étions couchés dans la même chambre, et plusieurs fois au milieu de la nuit je l'entendis s'écrier avec une véhémence extrême : *Je tiens J.-J. Rousseau!* Je pris ces mots dans un sens favorable qu'assurément le ton n'indiquait pas; c'est un ton dont il m'est impossible de donner l'idée, et qui n'a nul rapport à celui qu'il a pendant le jour, et qui correspond très-bien aux regards dont j'ai parlé. Chaque fois qu'il dit ces mots, je sentis un tressaillement d'effroi dont je n'étais pas le maître : mais il ne me fallut qu'un moment pour me remettre et rire de ma terreur; dès le lendemain, tout fut si parfaitement oublié, que je n'y ai pas même pensé durant tout mon séjour à Londres et au voisinage. Je ne m'en suis souvenu que depuis mon arrivée ici, en repassant toutes les observations que j'ai faites, et dont le nombre augmente de jour en jour; mais à présent je suis trop sûr de ne plus l'oublier. Cet homme, que mon mauvais destin semble avoir forgé tout exprès pour moi, n'est pas dans la sphère ordinaire de l'humanité, et vous avez assurément plus que personne le droit de trouver son caractère incroyable. Mon dessein n'est pas aussi que vous le jugiez sur mon rapport, mais seulement que vous jugiez de ma situation.

Seul dans un pays qui m'est inconnu, parmi des peuples peu doux, dont je ne sais pas la langue, et qu'on excite à me haïr, sans appui, sans ami, sans moyen de parer les atteintes qu'on me porte, je pourrais pour cela seul sembler fort à plaindre. Je vous proteste cependant que ce n'est ni aux désagréments que j'essuie, ni aux dangers que je peux courir que je suis sensible : j'ai même si bien pris mon parti sur ma réputation, que je ne songe plus à la défendre; je l'abandonne sans peine, au moins durant ma vie, à mes infatigables ennemis. Mais de penser qu'un homme avec qui je n'eus jamais aucun démêlé, un homme de mérite, estimable par ses talents, estimé par son caractère, me tend les bras dans ma détresse, et m'étouffe quand je m'y suis jeté; voilà, monsieur, une idée qui m'atterre. Voltaire, d'Alembert, Tronchin, n'ont jamais un instant affecté mon âme; mais quand je vivrais mille ans, je sens que jusqu'à ma dernière heure jamais David Hume ne cessera de m'être présent.

Cependant j'endure mes maux avec assez de patience, et je me félicite surtout de ce que mon naturel n'en est point aigri : cela me les rend moins insupportables. J'ai repris mes promenades solitaires, mais au lieu d'y rêver, j'herborise, c'est une distraction dont je sens le besoin : malheureusement elle ne m'est pas ici d'une grande ressource; nous avons peu de beaux jours; j'ai de mauvais yeux, un mauvais microscope; je suis trop ignorant pour herboriser sans livres, et je n'en ai point encore ici : d'ailleurs mes nuits sont cruelles, mon corps souffre encore plus que mon cœur; la perte totale du sommeil me livre aux plus tristes idées; l'air du pays joint à tout cela sa sombre influence, et je commence à sentir fréquemment que j'ai trop vécu. Le pis est que je crains la mort encore, non-seulement pour elle-même, non-seulement pour n'avoir pas un de mes amis qui puisse adoucir mes dernières heures; mais surtout pour l'abandon total où je laisserais ici la compagne de mes misères, livrée à la barbarie, ou, qui pis est, à l'insultante pitié de ceux dont les soins ne sont qu'un raffinement de cruauté pour faire endurer l'opprobre en silence. Je ne sais pas, en vérité, quelles ressources la philosophie offre à un homme dans mon état. Pour moi, je n'en vois que deux qui soient à mon usage, l'espérance et la résignation.

Le plaisir, monsieur, que j'ai de vous écrire est si parfaitement indépendant de l'attente d'une réponse, que je ne vous envoie pour cela aucune adresse, bien sûr que vous ne vous servirez pas de celle de M. Hume, avec qui j'ai rompu toute communication. Vos sentiments me sont connus, il ne m'en faut pas davantage; j'aurai l'équivalent de cent lettres dans l'assurance où je suis que vous pensez à moi quelquefois avec intérêt. Je prends le parti de supprimer désormais tout commerce de lettres, hors le cas d'absolue nécessité, de ne plus lire ni journaux ni nouvelles publiques, et de passer dans l'ignorance de ce qui se dit et se fait dans le monde les jours paisibles qu'on voudra me laisser.

Je fais, monsieur, les vœux les plus vrais et les plus tendres pour votre félicité.

A M. LE GÉNÉRAL CONWAY,
secrétaire d'état.

Le 22 mai 1766.

Monsieur,

Vivement touché des grâces dont il plaît à sa majesté de m'honorer, et de vos bontés qui me les ont attirées, j'y trouve dès à présent ce bien précieux à mon cœur d'intéresser à mon sort le meilleur des rois et l'homme le plus digne d'être aimé de lui. Voilà, monsieur, un avantage que je ne mériterai point de perdre. Mais il faut vous parler avec la franchise que vous aimez : après tant de malheurs je me croyais préparé à tous les événements possibles; il m'en arrive pourtant que je n'avais pas prévus, et qu'il n'est pas même permis à un honnête homme de prévoir. Ils m'en affectent d'autant plus cruellement, et le trouble où ils me jettent m'ôtant la liberté d'esprit nécessaire pour me bien conduire, tout ce que me dit la raison, dans un état aussi triste, est de suspendre ma résolution sur toute affaire importante, telle qu'est pour moi celle dont il s'agit. Loin de me refuser aux bienfaits du roi par l'orgueil qu'on m'impute, je le mettrais à m'en glorifier; et tout ce que j'y vois de pénible est de ne pouvoir m'en honorer aux yeux du public comme aux miens propres. Mais lorsque je les recevrai, je veux pouvoir me livrer tout entier aux sentiments qu'ils m'inspirent, et n'avoir le cœur plein que des bontés de sa majesté et des vôtres : je ne crains pas que cette façon de penser les puisse altérer. Daignez donc, monsieur, me les conserver pour des temps plus heureux : vous connaîtrez alors que je n'ai différé de m'en prévaloir que pour tâcher de m'en rendre plus digne.

Agréez, monsieur, je vous supplie, mes très humbles salutations et mon respect.

A M. DU PEYROU.

A Wootton, le 31 mai 1766.

J'ai reçu, mon cher hôte, votre n° 24 par M. d'Ivernois, et je reçois en ce moment votre n° 25. Je vous remercie de l'inquiétude que vous y marquez sur mon état; excepté pourtant ce mot : *M'auriez-vous oublié ?* qu'un plus long silence ni rien au monde n'autoriserait jamais. J'aurais cru qu'entre vous et moi nous n'en étions plus, depuis longtemps, à de pareilles craintes. Je vous écris rarement, je vous en ai prévenu; mais je vous écris régulièrement; et, lorsque vous vous livriez à ce cruel doute, vous avez dû recevoir mon n° 2. De grâce, entendons-nous bien. Je ne puis souvent écrire, surtout à présent que mon hôte et sa famille sont ici. Il y a, ce dont je gémis, trois cents lieues de distance entre nous; il faut plusieurs entrepôts à nos lettres, qui les retardent, et qui peuvent les retarder davantage. Enfin, vous pouvez au pis vous dire : Il est mort ou malade; mais jamais : M'a-t-il oublié ?

Autre grief. M. Hume vous apprend, dites-vous, que la province de Derby m'a nommé un des commissaires des barrières, et vous me reprochez de ne vous en avoir rien dit. Vous auriez raison, si cela était vrai; mais je n'ai jamais ouï parler de pareille folie; je vous ai prévenu d'être en garde contre tout ce qui pouvait venir de M. Hume, et de n'ajouter aucune foi à tout ce qu'on vous dirait de moi. De grâce, une fois pour toutes, n'en croyez que ce que je vous dirai moi-même; vous vous épargnerez bien des jugements injustes sur mon compte. Par une suite de cette même facilité à tout croire, vous voilà persuadé, sur le rapport de M. de Luze, que je désire voir mes écrits imprimés de mon vivant; j'ignore sur le rapport de qui M. de Luze lui-même a pu le croire; ce n'est sûrement pas sur le mien, et je vous déclare et vous répète, pour la dernière fois, dans la sincérité de mon âme, que mon plus ardent désir est que le public n'entende plus parler de moi de mon vivant. Une fois pour toutes, croyez-moi sincère; ne vous gênez jamais sur cette affaire; mais soyez persuadé que, toute chose égale, j'aime mieux qu'elle ne se fasse qu'après ma mort. Il est vrai que j'ai cru que les planches auraient pu se graver d'avance, et qu'elles auraient pu s'exécuter mieux de mon vivant.

Je me flatte que vous aurez reçu ma précédente assez à temps pour ne faire partir que mes livres de botanique et herbiers, et retenir le reste, quant à présent. Je suis très content de mon habitation, de mon hôte, de mes voisins, à quelques inconvénients près; mais, puisqu'il y en a pourtant, le sage ne les fuit pas, il les supporte, et il m'en coûte peu d'être sage en cela. Mais je vous avoue (et que ceci soit à jamais entre nous deux sans aucune exception) que je sens cruellement votre absence, et que j'ai peine à me détacher de l'espoir de retourner un jour mourir auprès de vous. Mon cœur ne peut renoncer aux douces idées qu'il s'était faites; plus j'aime le recueillement et la retraite, plus l'intimité de l'amitié m'est nécessaire, surtout vers la fin de ma carrière et de mes jours, où je n'ai plus d'autre projet à former que l'usage du présent. Je pense aussi, et votre dernière lettre me le confirme, que je ne vous serais pas tout-à-fait inutile pour la douceur de la vie, surtout si vous ne vous mariez pas encore, comme j'y vois peu d'acheminement. C'est pourtant une chose à laquelle il est temps de songer ou jamais. Il y aurait là-dessus trop de choses à dire pour une lettre; c'est un beau texte que j'aurai lorsque vous viendrez me voir. Quoi qu'il en soit, nous avons en tout état de cause assez de goûts communs pour les cultiver ensemble avec agrément, et je ne doute pas qu'un jour ou l'autre l'entreprise du *Dictionnaire de botanique* ne se réveille, et ne nous fournisse pour plusieurs années les plus agréables occupations. Je vous conseille de ne pas abandonner ce goût; il tient à des connaissances charmantes, et il peut les étendre à l'infini. Voilà, mon cher hôte, un château en Espagne, le seul qui me reste à faire, et auquel je n'ai pas la force de renoncer. Et pourquoi ne s'exécuterait-il pas un jour? Laissons au public le temps de m'oublier, à vos gens de Neuchâtel de s'apaiser, peut-être de se repentir : préparons à loisir toutes choses dans le plus profond silence, et sans que personne au monde pénètre nos vues : rien ne nous presse, nous sommes les maîtres du temps. Dans quatre ou cinq ans, quand votre maison sera faite, et que vous l'habiterez, je ne vois point d'impossibilité que vous redeveniez dans le fait mon cher hôte. En attendant, je suis tranquille dans ma retraite; le pis sera d'y rester; j'espère au moins vous y voir quelquefois. Pensez à tout cela, et dites-m'en votre avis, mais surtout entre vous et moi sans aucun confident quelconque. Tout est manqué, si âme vivante vient à pénétrer ce projet.

Je ne sais ce qu'est devenu le portrait que je vous avais destiné; j'ai rompu toute correspondance avec M. Hume, et je suis déterminé, quoi qu'il arrive, à ne lui récrire jamais. Je regarde le triumvirat de Voltaire, de d'Alembert et de lui comme une chose certaine. Je ne pénètre point leur projet, mais ils en ont un. Je ne m'en tourmenterai plus; je n'y songerai pas même, vous pouvez y compter. Mais, en attendant que la vérité se découvre, je ne veux avoir aucun commerce avec aucun des trois; puissent-ils m'oublier comme je les oublie! Quant au portrait, vous l'aurez, vous pouvez y compter; mais je vous demande du temps pour me mettre au fait de toute chose. Je veux, s'il se peut, me faire oublier à Londres comme ailleurs. Cela est très nécessaire au repos de ma vie, et surtout à l'exécution de mon projet. Je vous embrasse.

Je voudrais bien que *la Vision* ne fût pas perdue; n'en pourrait-on pas du moins avoir une copie de quelque façon? Il suffirait de me l'envoyer cet automne par M. d'Ivernois.

Je dois vous avertir que je n'ai rien écrit à personne de semblable à ce que vous me marquez, et que depuis près de deux ans je n'ai plus de correspondance avec M. Moultou, ne sachant pas même où il est.

A M. D'IVERNOIS.

Wootton, le 31 mai 1766.

M. Lucadou aura pu vous marquer, monsieur, combien j'étais en peine de vous, et votre lettre du 28 avril m'a tiré d'une grande inquiétude. Je suis dans la plus grande joie du projet que vous avez formé de me venir voir cette année; je suis fâché seulement que ce soit trop tard pour jouir des charmes du lieu que j'habite; il est délicieux dans cette saison, mais en novembre il sera triste; il aura grand besoin que vous veniez en égayer l'habitant. Il faudra prévenir M. Du Peyrou de votre voyage, au cas qu'il ait quelque chose à m'envoyer. J'aurais souhaité que vous pussiez venir ensemble pour que le voyage fût plus agréable à tous les deux; mais je trouverai mon compte à vous voir l'un après l'autre; je serai tout entier à chacun des deux, et j'aurai deux fois du plaisir.

Si mes vœux pouvaient contribuer à rétablir parmi vous les lois et la liberté, je crois que vous ne doutez pas que Genève ne redevînt une république; mais, messieurs, puisque les tourments que votre sort futur donne à mon cœur sont à pure perte, permettez que je cherche à les adoucir en pensant à vos affaires le moins qu'il est possible. Vous avez publié que je voulais écrire l'histoire de la médiation : je serais bien aise seulement d'en savoir l'histoire; mais mon intention n'est assurément pas de l'écrire; et, quand je l'écrirais, je me garderais de la publier. Cependant si vous voulez me rassembler les pièces et mémoires qui regardent cette affaire, vous sentez qu'il n'est pas possible qu'ils me soient jamais indifférents; mais gardez-les pour les apporter avec vous, et ne m'en envoyez plus par la poste, car les ports en ce pays sont si exorbitants, que votre paquet précédent m'a coûté de Londres ici quatre livres dix sous de France. Au reste, je vous préviens, pour la dernière fois, que je ne veux plus faire souvenir le public que j'existe, et que de ma part il n'entendra plus parler de moi durant ma vie. Je suis en repos, je veux tâcher d'y rester. Par une suite du désir de me faire oublier, j'écris le moins de lettres qu'il m'est possible; hors trois amis, en vous comptant, j'ai rompu toute autre correspondance, et, pour quoi que ce puisse être, je n'en renouerai plus. Si vous voulez que je continue à vous écrire, ne montrez plus mes lettres et ne parlez plus de moi à personne, si ce n'est pour les commissions dont votre amitié me permet de vous charger.

Je voudrais bien que votre associé, que je salue, eût le temps d'en faire une avant votre départ. J'ai perdu presque tous mes microscopes; et ceux qui me restent sont ternis et incommodes, en ce qu'il me faudrait trois mains pour m'en servir : une pour tenir le microscope, une autre pour tenir la plante en état à son foyer, et la troisième pour ouvrir la fleur avec une pointe, et en tenir les parties soumises à l'inspection. N'y aurait-il point moyen d'avoir un microscope auquel on pût attacher l'objet dans la situation qu'on voudrait, sans avoir besoin de le tenir, afin d'avoir au moins une main libre et que l'objet ne vacillât pas tant? Les ouvriers de Londres sont si exorbitamment chers, et je suis si peu à portée de me faire entendre, que je crois qu'il y aurait à gagner de toutes manières à faire faire mes petits instruments à Genève, surtout sous des yeux comme ceux de M. Deluc : il faudrait plusieurs verres au microscope, et tous extrêmement polis. Il me manque aussi quelques livres de botanique; mais nous serons à temps d'en parler quand vous serez sur votre départ, de même que de quelques commissions pour Paris, où je suppose que vous passerez, à moins que vous n'aimiez mieux vous embarquer à Bordeaux.

Voltaire a fait imprimer et traduire ici par ses amis une lettre à moi adressée, où l'arrogance et la brutalité sont portées à leur comble, et où il s'applique, avec une noirceur infernale, à m'attirer la haine de la nation. Heureusement la sienne est si maladroite, il a trouvé le secret d'ôter si bien tout crédit à ce qu'il peut dire, que cet écrit ne sert qu'à augmenter le mépris que l'on a ici pour lui. La sotte hauteur que ce pauvre homme affecte est un ridicule qui va toujours en augmentant. Il croit faire le prince, et ne fait en effet que le crocheteur. Il est si bête qu'il ne fait qu'apprendre à tout le monde combien il se tourmente de moi.

L'homme dont je vous ai parlé dans ma précédente lettre a placé O fils chez l'homme de B, qui va près de C. Vous comprenez de quelles commissions ce petit barbouillon peut être chargé; j'en ai prévenu D.

Vos offres au sujet de l'argent qui est chez madame Boy de la Tour sont assurément très obligeantes; le mal que j'y vois est qu'elles ne sont pas acceptables : on ne place point au dix pour cent sur deux têtes. Sur celle de mademoiselle Le Vasseur passe, cela se peut accepter. A cette condition, je vous enverrai le billet pour retirer cet argent, ou bien nous arrangerons ici cette affaire à votre voyage. Je vous embrasse de tout mon cœur.

A M. DU PEYROU.

Le 14 juin 1766.

C'est bien mon tour d'être inquiet de votre silence, et je le suis beaucoup, tant à cause de votre exactitude ordinaire, que des approches de la goutte que vous avez paru craindre. Veuille le ciel que vous n'ayez pas une si bonne excuse à me donner! Mais, si vous êtes pris en effet, ce dont je tremble, je vous prie en grâce de me faire écrire un mot par M. Jeannin; car j'aime encore mieux être sûr d'un mal que d'en redouter mille autres. Votre n° 25 est du 12 mai; mais depuis lors je n'ai rien reçu; et je ne sais pas encore si vous avez fait partir quelque chose par Mandrot, dont vous m'annonciez le départ pour le 24. Mon hôte (non pas l'hôte de mon cœur par excellence), M. Davenport, est venu passer ici trois semaines avec sa famille. C'est un très galant homme, plein d'attentions et de soins. Je suis convenu avec lui de l'adresse suivante, sous laquelle vous pouvez m'écrire sans enveloppe, et sans que mon nom paraisse. Pourvu que vous mettiez très exactement l'adresse comme elle est marquée, ni plus ni moins, et que vous fassiez mettre vos lettres à la poste à Londres ou à Paris, en les affranchissant jusqu'à Londres, elles me parviendront sûrement, promptement, et personne ne les ouvrira que moi. M. Davenport, à Wootton Arsbornbag. *Derbyshire.*

Adieu, mon cher et très cher hôte, je vous embrasse mille fois de tout mon cœur.

AU MÊME.

Wootton, le 21 juin 1766.

J'ai reçu, mon cher hôte, votre n° 26 qui m'a fait grand bien. Je me corrigerai d'autant plus difficilement de l'inquiétude que vous me reprochez, que vous ne vous en corrigez pas trop bien vous-même quand mes lettres tardent à vous arriver; ainsi, médecin, guéris-toi toi-même; mais non, mon cher ami, cette tendre inquiétude et la cause qui la produit est une trop douce maladie pour que ni vous ni moi nous en voulions guérir. Je prendrai toutefois les mesures que vous m'indiquez pour ne pas me tourmenter mal à propos; et, pour commencer, j'inscris aujourd'hui la date de cette lettre en recommençant par n° 1, afin de voir successivement une suite de numéros bien en ordre. Ma première ferveur d'arrangement est toujours une chose admirable; malheureusement elle ne dure pas.

Je vous suis bien obligé des ordres que vous avez donnés à vos banquiers à mon sujet. Ma situation me force à me prévaloir des seize cents livres par an, même avant que vous ayez reçu les trois cents louis de mylord maréchal, qui, j'espère, ne tarderont pas beaucoup encore. Je n'ai point de scrupule sur cet arrangement, par rapport à vous dont je connais le cœur, et dont je suppose la fortune en état d'y répondre : je n'en ai pas non plus par rapport à moi, dont le cœur répond au vôtre, et qui crois pouvoir vous fournir de quoi ne rien perdre avec moi, pourvu que vous puissiez attendre. S'il arrivait que les tracas d'affaires d'intérêt dont vous m'avez parlé influassent sur votre situation présente, j'exige qu'en pareil cas vous me le disiez franchement, parce que je puis trouver d'autres ressources, auxquelles je préfère le plaisir de tenir de vous ma subsistance, mais qui peuvent au besoin me servir de supplément. J'ai bien des choses à vous dire que je ne puis confier à une lettre qui peut s'égarer. Quand vous viendrez, je vous dirai ce qui s'est passé, et je crois que vous conviendrez que j'ai fait ce que j'ai dû faire; mais ce que je dois sur toute chose est de ne vous pas laisser mettre à l'étroit pour l'amour de moi. Ainsi, promettez-moi de me parler sans détour dans l'occasion, et commencez dès à présent si vous êtes dans le cas.

J'aurais fort souhaité que vous n'eussiez pas fait partir mes livres; mais c'est une affaire faite : je sens que l'objet de toute la peine que vous avez prise pour cela, n'était que de me fournir des amusements dans ma retraite; cependant vous vous êtes trompé. J'ai perdu tout goût pour la lecture, et hors des livres de botanique, il m'est impossible de lire plus rien. Ainsi je prendrai le parti de faire rester tous ces livres à Londres, et de m'en défaire comme je pourrai, attendu que leur transport jusqu'ici me coûterait beaucoup au-delà de leur valeur, que cette dépense me serait fort onéreuse, que quand ils seraient ici je ne saurais pas trop où les mettre ni qu'en faire. Je suis charmé qu'au moins vous n'ayez pas envoyé les papiers.

Soyez moins en peine de mon humeur, mon cher hôte, et ne le soyez point de ma situation.

Le séjour que j'habite est fort de mon goût; le maître de la maison est un très galant homme, pour qui trois semaines de séjour qu'il a fait ici avec sa famille ont cimenté l'attachement que ses bons procédés m'avaient donné pour lui. Tout ce qui dépend de lui est employé pour me rendre le séjour de sa maison agréable. Il y a des inconvénients, mais où n'y en a-t-il pas? Si j'avais à choisir de nouveau dans toute l'Angleterre, je ne choisirais pas d'autre habitation que celle-ci : ainsi j'y passerai très patiemment tout le temps que j'y dois vivre; et si j'y dois mourir, le plus grand mal que j'y trouve est de mourir loin de vous, et que l'hôte de mon cœur ne soit pas aussi celui de mes cendres; car je me souviendrai toujours avec attendrissement de notre premier objet, et les idées tristes, mais douces, qu'il me rappelle valent sûrement mieux que celle du bal de votre folle amie. Mais je ne veux pas m'engager dans ces sujets mélancoliques qui vous feraient mal augurer de mon état présent, quoique à tort : et je vous dirai qu'il m'est venu cette semaine de la compagnie de Londres, hommes et femmes, qui tous, à mon accueil, à mon air, à ma manière de vivre, ont jugé, contre ce qu'ils avaient pensé avant de me voir, que j'étais heureux dans ma retraite; et il est vrai que je n'ai jamais vécu plus à mon aise, ni mieux suivi mon humeur du matin au soir. Il est certain que la fausse lettre du roi de Prusse et les premières clabauderies de Londres m'ont alarmé dans la crainte que cela n'influât sur mon repos dans cette province, et qu'on n'y voulût renouveler les scènes de Motiers. Mais sitôt que j'ai été tranquillisé sur ce chapitre, et qu'étant une fois connu dans mon voisinage j'ai vu qu'il était impossible que les choses y prissent ce tour-là, je me suis moqué de tout le reste, et si bien, que je suis le premier à rire de toutes leurs folies. Il n'y a que la noirceur de celui qui sous main fait aller tout cela, qui me trouble encore : cet homme a passé mes idées; je n'en imaginais pas de faits comme lui. Mais parlons de nous. Il me manque de vous revoir pour chasser tout souvenir cruel de mon âme. Vous savez ce qu'il me faudrait de plus pour mourir heureux, et je suppose que vous avez reçu la lettre que je vous ai écrite par M. d'Ivernois; mais comme je regarde ce projet comme une belle chimère, je ne me flatte pas de le voir réaliser. Laissons la direction de l'avenir à la Providence. En attendant, j'herborise, je me promène, je médite le grand projet dont je suis occupé; je compte même, quand vous viendrez, pouvoir déjà vous remettre quelque chose ; mais la douce paresse me gagne chaque jour davantage, et j'ai bien de la peine à me mettre à l'ouvrage ; j'ai pourtant de l'étoffe assurément, et bien du désir de la mettre en œuvre. Mademoiselle Le Vasseur est très sensible à votre souvenir : elle n'a pas appris un seul mot d'anglais ; j'en avais appris une trentaine à Londres, que j'ai tous oubliés ici, tant leur terrible baragouin est indéchiffrable à mon oreille. Ce qu'il y a de plaisant est que pas une âme dans la maison ne sait un mot de français : cependant sans s'entendre on va et l'on vit. Bonjour.

J'écrirai à Berlin la semaine prochaine, et je parlerai de M. d'Escherny. Mille salutations de ma part à tous ceux qui m'aiment, et mille tendres respects à la bonne maman.

A M. HUME.

Le 23 juin 1766.

Je croyais que mon silence, interprété par votre conscience, en disait assez ; mais puisqu'il entre dans vos vues de ne pas l'entendre, je parlerai.

Je vous connais, monsieur, et vous ne l'ignorez pas. Sans liaisons antérieures, sans querelles, sans démêlés, sans nous connaître autrement que par la réputation littéraire, vous vous empressez à m'offrir dans mes malheurs vos amis et vos soins ; touché de votre générosité, je me jette entre vos bras : vous m'amenez en Angleterre, en apparence pour m'y procurer un asile, et en effet pour m'y déshonorer : vous vous appliquez à cette noble œuvre avec un zèle digne de votre cœur, et avec un art digne de vos talents. Il n'en fallait pas tant pour réussir ; vous vivez dans le grand monde, et moi dans la retraite : le public aime à être trompé, et vous êtes fait pour le tromper. Je connais pourtant un homme que vous ne tromperez pas, c'est vous-même. Vous savez avec quelle horreur mon cœur repoussa le premier soupçon de vos desseins. Je vous dis, en vous embrassant les yeux en larmes, que si vous n'étiez pas le meilleur des hommes, il faudrait que vous en fussiez le plus noir. En pensant à votre conduite secrète, vous vous direz quelquefois que vous n'êtes pas le meilleur des hommes ; et je doute qu'avec cette idée vous en soyez jamais le plus heureux.

Je laisse un libre cours aux manœuvres de vos amis et aux vôtres, et je vous abandonne avec peu de regret ma réputation durant ma vie, bien sûr qu'un jour on nous rendra justice à tous deux. Quant aux bons offices en matière d'intérêt, avec lesquels vous vous masquez, je vous en remercie et vous en dispense. Je me dois de n'avoir plus de commerce avec vous, et de n'accepter, pas même à mon avantage, aucune affaire dont vous soyez le médiateur. Adieu, monsieur : je vous souhaite le plus vrai bonheur ; mais comme nous ne devons plus rien avoir à nous dire, voici la dernière lettre que vous recevrez de moi.

A M. D'IVERNOIS.

Wootton, le 28 juin 1766.

Je vois, monsieur, par votre lettre du 9, qu'à cette date vous n'aviez pas reçu ma précédente, quoiqu'elle dût vous être arrivée, et que je vous l'eusse adressée par vos correspondants ordinaires, comme je fais celle-ci. L'état critique de vos affaires me navre l'âme ; mais ma situation me force à me borner pour vous à des soupirs et des vœux inutiles. Je n'aurai pas même la témérité de risquer des conseils sur votre conduite, dont le mauvais succès me ferait gémir toute ma vie si les choses venaient à mal tourner, et je ne vois pas assez clair dans les secrètes intrigues qui décideront de votre sort, pour juger des moyens les plus propres à vous servir. Le vif intérêt même que je prends à vous vous nuirait si je le laissais paraître ; et je suis si infortuné que mon malheur s'étend à tout ce qui m'intéresse. J'ai fait ce que j'ai pu, monsieur ; j'ai mal réussi ; je réussirais plus mal encore : et, puisque je vous suis inutile, n'ayez pas la cruauté de m'affliger sans cesse dans cette retraite, et, par humanité, respectez le repos dont j'ai si grand besoin.

Je sens que je n'en puis avoir tant que je conserverai des relations avec le continent. Je n'en reçois pas une lettre qui ne contienne des choses affligeantes; et d'autres raisons, trop longues à déduire, me forcent à rompre toute correspondance, même avec mes amis, hors les cas de la plus grande nécessité. Je vous aime tendrement, et j'attends avec la plus vive impatience la visite que vous me promettez; mais comptez peu sur mes lettres. Quand je vous aurai dit toutes les raisons du parti que je prends, vous les approuverez vous-même; elles ne sont pas de nature à pouvoir être mises par écrit. S'il arrivait que je ne vous écrivisse plus jusqu'à votre départ, je vous prie d'en prévenir dans le temps M. Du Peyrou, afin que, s'il a quelque chose à m'envoyer, il vous le remette; et en passant à Paris, vous m'obligerez aussi d'y voir M. Guy, chez la veuve Duchesne, afin qu'il vous remette ce qu'il a d'imprimé de mon *Dictionnaire de Musique*, et que j'en aie par vous des nouvelles, car je n'en ai plus depuis longtemps. Mon cher monsieur, je ne serai tranquille que quand je serai oublié : je voudrais être mort dans la mémoire des hommes. Parlez de moi le moins que vous pourrez, même à nos amis; n'en parlez plus du tout à ***, vous avez vu comment il me rend justice; je n'en attends plus que de la postérité parmi les hommes, et de Dieu qui voit mon cœur dans tous les temps. Je vous embrasse de tout mon cœur.

A M. GRANVILLE.

1766.

Quoique je sois fort incommodé, monsieur, depuis deux jours, je n'aurais assurément pas marchandé avec ma santé, pour la faveur que vous vouliez me faire, et je me préparais à en profiter ce soir : mais voilà M. Davenport qui m'arrive; il a l'honnêteté de venir exprès pour me voir : vous, monsieur, qui êtes si plein d'honnêteté vous-même, vous n'approuveriez pas qu'au moment de son arrivée je commençasse par m'éloigner de lui. Je regrette beaucoup l'avantage dont je suis privé; mais du reste je gagnerai peut-être à ne pas me montrer. Si vous daignez parler de moi à madame la duchesse de Portland avec la même bonté dont vous m'avez donné tant de marques, il vaudra mieux pour moi qu'elle me voie par vos yeux que par les siens, et je me consolerai par le bien qu'elle pensera de moi de celui que j'aurai perdu moi-même.

Je dois une réponse à un charmant billet; mais l'espoir de la porter me fait différer à la faire. Recevez, monsieur, je vous supplie, mes très humbles salutations.

AU MÊME.

Puisque M. Granville m'interdit de lui rendre des visites au milieu des neiges, il permettra du moins que j'envoie savoir de ses nouvelles et comment il s'est tiré de ces terribles chemins. J'espère que la neige qui recommence pourra retarder assez son départ pour que je puisse trouver le moment d'aller lui souhaiter un bon voyage. Mais, que j'aie ou non le plaisir de le revoir avant qu'il parte, mes plus tendres vœux l'accompagneront toujours.

AU MÊME.

Voici, monsieur, un petit morceau de poisson de montagne qui ne vaut pas celui que vous m'avez envoyé; aussi je vous l'offre en hommage et non pas en échange, sachant bien que toutes vos bontés pour moi ne peuvent s'acquitter qu'avec les sentiments que vous m'avez inspirés. Je me faisais une fête d'aller vous prier de me présenter à madame votre sœur, mais le temps me contrarie. Je suis malheureux en beaucoup de choses, car je ne puis pas dire en tout, ayant un voisin tel que vous.

AU MÊME.

Je suis fâché, monsieur, que le temps ni ma santé ne me permettent d'aller vous rendre mes devoirs et vous faire mes remercîments aussitôt que je le désirerais; mais en ce moment, extrêmement incommodé, je ne serai de quelques jours en état de faire ni même de recevoir des visites. Soyez persuadé, monsieur, je vous prie, que sitôt que mes pieds pourront me porter jusqu'à vous, ma volonté m'y conduira. Je vous fais, monsieur, mes très humbles salutations.

AU MÊME.

Je suis très sensible à vos honnêtetés, monsieur, et à vos cadeaux; je le serais encore plus s'ils revenaient moins souvent. J'irai le plus tôt que le temps me le permettra vous réitérer mes remercîments et mes reproches. Si je pouvais m'entretenir avec votre domestique, je lui demanderais des nouvelles de votre santé; mais j'ai lieu de présumer qu'elle continue d'être meilleure. Ainsi soit-il.

AU MÊME.

J'ai été, monsieur, assez incommodé ces trois jours, et je ne suis pas fort bien aujourd'hui. J'apprends avec grand plaisir que vous vous portez bien; et si le plaisir donnait la santé, celui de votre bon souvenir me procurerait cet avantage. Mille très humbles salutations.

A MADEMOISELLE DEWES.
aujourd'hui madame Port.

1766.

Ne soyez pas en peine de ma santé, ma belle voisine; elle sera toujours assez et trop bonne tant que je vous aurai pour médecin. J'aurais pourtant grande envie d'être malade pour engager, par charité, madame la comtesse et vous à ne pas partir sitôt. Je compte aller lundi, s'il fait beau, voir s'il n'y a point de délai à espérer, et jouir au moins du plaisir de voir encore une fois rassemblée la bonne et aimable compagnie de Calwick, à laquelle j'offre en attendant mille très humbles salutations et respects.

A M. DAVENPORT.

Wootton, le 2 juillet 1766.

Je vous dois, monsieur, toutes sortes de déférences; et puisque M. Hume demande absolument une explication, peut-être la lui dois-je aussi : il l'aura donc, c'est sur quoi vous pouvez compter. Mais j'ai besoin de quelques jours pour me remettre, car en vérité les forces me manquent tout-à-fait. Mille très humbles salutations.

A M. DAVID HUME.

Wootton, le 10 juillet 1766.

Je suis malade, monsieur, et peu en état d'écrire; mais vous voulez une explication, il faut vous la donner. Il n'a tenu qu'à vous de l'avoir depuis longtemps; vous n'en voulûtes point alors, je me tus; vous la voulez aujourd'hui, je vous l'envoie. Elle sera longue, j'en suis fâché; mais j'ai beaucoup à dire, et je n'y veux pas revenir à deux fois.

Je ne vis point dans le monde; j'ignore ce qui s'y passe; je n'ai point de parti, point d'associé, point d'intrigue; on ne me dit rien, je ne sais que ce que je sens; mais comme on me le fait bien sentir, je le sais bien. Le premier soin de ceux qui trament des noirceurs est de se mettre à couvert des preuves juridiques; il ne ferait pas bon leur intenter procès. La conviction intérieure admet un autre genre de preuves qui règlent les sentiments d'un honnête homme. Vous saurez sur quoi sont fondés les miens.

Vous demandez, avec beaucoup de confiance, qu'on vous nomme votre accusateur. Cet accusateur, monsieur, est le seul homme au monde qui, déposant contre vous, pouvait se faire écouter de moi; c'est vous-même. Je vais me livrer sans réserve et sans crainte à mon caractère ouvert : ennemi de tout artifice, je vous parlerai avec la même franchise que si vous étiez un autre en qui j'eusse toute la confiance que je n'ai plus en vous. Je vous ferai l'histoire des mouvements de mon âme, et de ce qui les a produits, et nommant M. Hume en tierce personne, je vous ferai juge vous-même de ce que je dois penser de lui : malgré la longueur de ma lettre, je n'y suivrai pas d'autre ordre que celui de mes idées, commençant par les indices et finissant par la démonstration.

Je quittais la Suisse, fatigué de traitements barbares, mais qui du moins ne mettaient en péril que ma personne, et laissaient mon honneur en sûreté. Je suivais les mouvements de mon cœur, pour aller joindre mylord maréchal, quand je reçus à Strasbourg, de M. Hume, l'invitation la plus tendre de passer avec lui en Angleterre, où il me promettait l'accueil le plus agréable, et plus de tranquillité que je n'y en ai trouvé. Je balançai entre l'ancien ami et le nouveau, j'eus tort; je préférai ce dernier, j'eus plus grand tort; mais le désir de connaître par moi-même une nation célèbre dont on me disait tant de mal et tant de bien, l'emporta. Sûr de ne pas perdre George Keith, j'étais flatté d'acquérir David Hume. Son mérite, ses rares talents, l'honnêteté bien établie de son caractère, me faisaient désirer de joindre son amitié à celle dont m'honorait son illustre compatriote; et je me faisais une sorte de gloire de montrer un bel exemple aux gens de lettres dans l'union sincère de deux hommes dont les principes étaient si différents.

Avant l'invitation du roi de Prusse et de mylord maréchal, incertain sur le lieu de ma retraite, j'avais demandé et obtenu, par mes amis, un passeport de la cour de France, dont je me servis pour aller à Paris joindre M. Hume. Il vit, et vit trop peut-être, l'accueil que je reçus d'un grand prince, et, j'ose dire, du public. Je me prêtai par devoir, mais avec répugnance, à cet éclat, jugeant combien l'envie de mes ennemis en serait irritée. Ce fut un spectacle bien doux pour moi que l'augmentation sensible de bienveillance pour M. Hume, que la bonne œuvre qu'il allait faire produisit dans tout Paris. Il devait en être touché comme moi; je ne sais s'il le fut de la même manière.

Nous partons avec un de mes amis qui, presque uniquement pour moi, faisait le voyage d'Angleterre. En débarquant à Douvres, transporté de toucher enfin cette terre de liberté, et d'y être amené par cet homme illustre, je lui saute au cou, je l'embrasse étroitement sans rien dire, mais en couvrant son visage de baisers et de larmes qui parlaient assez. Ce n'est pas la seule fois ni la plus remarquable où il ait pu voir en moi les saisissements d'un cœur pénétré. Je ne sais ce qu'il fait de ces souvenirs, s'ils lui viennent; j'ai dans l'esprit qu'il en doit quelquefois être importuné.

Nous sommes fêtés arrivant à Londres, on s'empresse dans tous les états à me marquer de la bienveillance et de l'estime. M. Hume me présente de bonne grâce à tout le monde : il était naturel de lui attribuer, comme je faisais, la meilleure partie de ce bon accueil : mon cœur était plein de lui, j'en parlais à tout le monde, j'en écrivais à tous mes amis; mon attachement pour lui prenait chaque jour de nouvelles forces : le sien paraissait pour moi des plus tendres, et il m'en a quelquefois donné des marques dont je me suis senti très touché. Celle de faire faire mon portrait en grand ne fut pourtant pas de ce nombre; cette fantaisie me parut trop affichée, et j'y trouvai je ne sais quel air d'ostentation qui ne me plut pas. C'est tout ce que j'aurais pu passer à M. Hume, s'il eût été homme à jeter son argent par les fenêtres, et qu'il eût eu dans une galerie tous les portraits de ses amis. Au reste, j'avouerai sans peine qu'en cela je puis avoir tort.

Mais ce qui me parut un acte d'amitié et de générosité des plus vrais et des plus estimables, des plus dignes en un mot de M. Hume, ce fut le soin qu'il prit de solliciter pour moi de lui-même une pension du roi, à laquelle je n'avais assurément aucun droit d'aspirer. Témoin du zèle qu'il mit à cette affaire, j'en fus vivement pénétré : rien ne pouvait plus me flatter qu'un service de cette espèce, non pour l'intérêt assurément : car, trop attaché peut-être à ce que je possède, je ne sais point désirer ce que je n'ai pas; et ayant par mes amis et par mon travail du pain suffisamment pour vivre, je n'ambitionne rien de plus : mais l'honneur de recevoir des témoignages de bonté, je ne dirai pas d'un si grand monarque, mais d'un si bon père, d'un si bon mari, d'un si bon maître, d'un si bon ami, et surtout d'un si honnête homme, m'affectait sensiblement; et quand je considérais encore dans cette grâce que le ministre qui l'avait obtenue était la probité vivante, cette probité si utile aux peuples, et si rare dans son état, je ne pouvois que me glorifier d'avoir pour bienfaiteurs trois des hommes du monde que j'aurais le plus désirés pour amis. Aussi, loin de me refuser à la pension offerte, je ne mis, pour l'accepter, qu'une condition nécessaire; savoir, un consentement dont, sans manquer à mon devoir, je ne pouvais me passer.

Honoré des empressements de tout le monde, je tâchai d'y répondre convenablement. Cependant ma mauvaise santé et l'habitude de vivre à la campagne me firent trouver le séjour de la ville incommode : aussitôt les maisons de campagne se présentent en foule; on m'en offre à choisir dans toutes les provinces. M. Hume se charge des propositions, il me les fait, il me conduit même à deux ou trois campagnes voisines : j'hésite longtemps sur le choix; il augmentait cette incertitude. Je me détermine enfin pour cette province; et d'abord M. Hume arrange tout; les embarras s'aplanissent; je pars; j'arrive dans cette habitation solitaire, commode, agréable : le maître de la maison prévoit tout, pourvoit à tout; rien ne manque; je suis tranquille, indépendant. Voilà le moment si désiré où tous mes maux doivent finir; non, c'est là qu'ils commencent, plus cruels que je ne les avais encore éprouvés.

J'ai parlé jusqu'ici d'abondance de cœur, et rendant avec le plus grand plaisir justice aux bons offices de M. Hume. Que ce qui me reste à dire n'est-il de la même nature! Rien ne me coûtera jamais de ce qui pourra l'honorer. Il n'est permis de marcher sur le prix des bienfaits que quand on nous accuse d'ingratitude; et M. Hume m'en accuse aujourd'hui. J'oserai donc faire une observation qu'il rend nécessaire. En appréciant ses soins par la peine et le temps qu'ils lui coûtaient, ils étaient d'un prix inestimable, encore plus par sa bonne volonté : pour le bien réel qu'ils m'ont fait, ils ont plus d'apparence que de poids. Je ne venais point comme un mendiant quêter du pain en Angleterre, j'y apportais le mien; j'y venais absolument chercher un asile, et il est ouvert à tout étranger. D'ailleurs je n'y étais point tellement inconnu, qu'arrivant seul j'eusse manqué d'assistances et de services. Si quelques personnes m'ont recherché pour M. Hume, d'autres aussi m'ont recherché pour moi; et, par exemple, quand M. Davenport voulut bien m'offrir l'asile que j'habite, ce ne fut pas pour lui, qu'il ne connaissait point, et qu'il vit seulement pour le prier de faire et d'appuyer son obligeante proposition. Ainsi, quand M. Hume tâche aujourd'hui d'aliéner de moi cet honnête homme, il cherche à m'ôter ce qu'il ne m'a pas donné. Tout ce qui s'est fait de bien se serait fait sans lui à peu près de même, et peut-être mieux; mais le mal ne se fût point fait. Car pourquoi ai-je des ennemis en Angleterre? pourquoi ces ennemis sont-ils précisément les amis de M. Hume? qu'est-ce qui a pu m'attirer leur inimitié? Ce n'est pas moi, qui ne les vis de ma vie, et qui ne les connais pas; je n'en aurais aucun si j'étais venu seul.

J'ai parlé jusqu'ici de faits publics et notoires, qui, par leur nature et par ma reconnaissance, ont eu le plus grand éclat. Ceux qui me restent à dire sont non-seulement particuliers, mais secrets, du moins dans leur cause, et l'on a pris toutes les mesures possibles pour qu'ils restassent cachés au public; mais, bien connus de la personne intéressée, ils n'en opèrent pas moins sa propre conviction.

Peu de temps après notre arrivée à Londres, j'y remarquai dans les esprits, à mon égard, un changement sourd qui bientôt devint très sensible. Avant que je vinsse en Angleterre, elle était un des pays de l'Europe où j'avais le plus de réputation, j'oserais presque dire de considération ; les papiers publics étaient pleins de mes éloges, et il n'y avait qu'un cri contre mes persécuteurs. Ce ton se soutint à mon arrivée; les papiers l'annoncèrent en triomphe; l'Angleterre s'honorait d'être mon refuge; elle en glorifiait avec justice ses lois et son gouvernement. Tout à coup, et sans aucune cause assignable, ce ton change, mais si fort et si vite que dans tous les caprices du public on n'en voit guère de plus étonnant. Le signal fut donné dans un certain *magasin*, aussi plein d'inepties que de mensonges, où l'auteur bien instruit, ou feignant de l'être, me donnait pour fils de musicien. Dès ce moment les imprimés ne parlèrent plus de moi que d'une manière équivoque ou malhonnête: tout ce qui avait trait à mes malheurs était déguisé, altéré, présenté sous un faux jour, et toujours le moins à mon avantage qu'il était possible : loin de parler de l'accueil que j'avais reçu à Paris, et qui n'avait fait que trop de bruit, on ne supposait pas même que j'eusse osé paraître dans cette ville, et un des amis de M. Hume fut très surpris quand je lui dis que j'y avais passé.

Trop accoutumé à l'inconstance du public pour m'en affecter encore, je ne laissais pas d'être étonné de ce changement si brusque, de ce concert si singulièrement unanime, que pas un de ceux qui m'avaient tant loué absent, ne parût, moi présent, se souvenir de mon existence. Je trouvais bizarre que précisément après le retour de M. Hume, qui a tant de crédit à Londres, tant d'influence sur les gens de lettres et les libraires, et de si grandes liaisons avec eux, sa présence eût produit un effet si contraire à celui qu'on en pouvait attendre; que, parmi tant d'écrivains de toute espèce, pas un de ses amis ne se montrât le mien ; et l'on voyait bien que ceux qui parlaient de moi n'étaient pas ses ennemis, puisqu'en faisant sonner son caractère public, ils disaient que j'avais traversé la France sous sa protection, à la faveur d'un passeport qu'il m'avait obtenu de la cour; et peu s'en fallait qu'ils ne fissent entendre que j'avais fait le voyage à sa suite et à ses frais.

Ceci ne signifiait rien encore et n'était que singulier; mais ce qui l'était davantage, fut que le ton de ses amis ne changea pas moins avec moi que celui du public : toujours, je me fais un plaisir de le dire, leurs soins, leurs bons offices ont été les mêmes, et très grands en ma faveur; mais loin de me marquer la même estime, celui surtout dont je veux parler, et chez qui nous étions descendus à notre arrivée, accompagnait tout cela de propos si durs, et quelquefois si choquants, qu'on eût dit qu'il ne cherchait à m'obliger que pour avoir droit de me marquer du mépris. Son frère, d'abord très accueillant, très honnête, changea bientôt avec si peu de mesure, qu'il ne daignait pas même, dans leur propre maison, me dire un seul mot, ni me rendre le salut, ni aucun des devoirs qu'on rend chez soi aux étrangers. Rien cependant n'était survenu de nouveau que l'arrivée de J.-J. Rousseau et de David Hume; et certainement la cause de ces changements ne vint pas de moi, à moins que trop de simplicité, de discrétion, de modestie, ne soit un moyen de mécontenter les Anglais.

Pour M. Hume, loin de prendre avec moi un ton révoltant, il donnait dans l'autre extrême. Les flagorneries m'ont toujours été suspectes, il m'en a fait de toutes les façons(1), au point de me forcer, n'y pouvant tenir davantage, à lui en dire mon sentiment. Sa conduite le dispensait fort de s'étendre en paroles ; cependant, puisqu'il en voulait dire, j'aurais voulu qu'à toutes ces louanges fades il eût substitué quelquefois la voix d'un ami : mais je n'ai ja-

---

(1) J'en dirai seulement une qui m'a fait rire; c'était de faire en sorte, quand je venais le voir, que je trouvasse toujours sur sa table un tome de l'*Héloïse* : comme si je ne connaissais pas assez le goût de M. Hume pour être assuré que de tous les livres qui existent, l'*Héloïse* doit être pour lui le plus ennuyeux.

mais trouvé dans son langage rien qui sentît la vraie amitié; pas même dans la façon dont il parlait de moi à d'autres en ma présence. On eût dit qu'en voulant me faire des patrons il cherchait à m'ôter leur bienveillance, qu'il voulait plutôt que j'en fusse assisté qu'aimé; et j'ai été quelquefois surpris du tour révoltant qu'il donnait à ma conduite près des gens qui pouvaient s'en offenser. Un exemple éclaircira ce i. M. Pennech, du Muséum, ami de mylord maréchal, et pasteur d'une paroisse où l'on voulait m'établir, vint nous voir. M. Hume, moi présent, lui fait mes excuses de ne l'avoir pas prévenu. Le docteur Maty, lui dit-il, nous avait invités pour jeudi au Muséum, où M. Rousseau devait vous voir ; mais il préféra d'aller avec madame Garrick à la comédie : on ne peut pas faire tant de choses en un jour. Vous m'avouerez, monsieur, que c'était là une étrange façon de me capter la bienveillance de M. Pennech.

Je ne sais ce qu'avait pu dire en secret M. Hume à ses connaissances : mais rien n'était plus bizarre que leur façon d'en user avec moi, de son aveu, souvent même par son assistance. Quoique ma bourse ne fût pas vide, que je n'eusse besoin de celle de personne, et qu'il le sût très bien, l'on eût dit que je n'étais là que pour vivre aux dépens du public, et qu'il n'était question que de me faire l'aumône, de manière à m'en sauver un peu l'embarras. Je puis dire que cette affectation continuelle et choquante est une des choses qui m'ont fait prendre le plus en aversion le séjour de Londres. Ce n'est sûrement pas sur ce pied qu'il faut présenter en Angleterre un homme à qui l'on veut attirer un peu de considération : mais cette charité peut être bénignement interprétée, et je consens qu'elle le soit. Avançons.

On répand à Paris une fausse lettre du roi de Prusse à moi adressée, et pleine de la plus cruelle malignité. J'apprends avec surprise que c'est un M. Walpole, ami de E. Hume, qui répand cette lettre; je lui demande si cela est vrai; mais, pour toute réponse, il me demande de qui je le tiens. Un moment auparavant, il m'avait donné une carte pour ce même M. Walpole, afin qu'il se chargeât de papiers qui m'importent, et que je veux faire venir de Paris en sûreté.

J'apprends que le fils du jongleur Tronchin, mon plus mortel ennemi, est non-seulement l'ami, le protégé de M. Hume, mais qu'ils logent ensemble; et quand M. Hume voit que je sais cela, il m'en fait la confidence, m'assurant que le fils ne ressemble pas au père. J'ai logé quelques nuits dans cette maison chez M. Hume avec ma gouvernante; et à l'air, à l'accueil dont nous ont honoré ses hôtesses, qui sont ses amies, j'ai jugé de la façon dont lui, ou cet homme qu'il dit ne pas ressembler à son père, ont pu leur parler d'elle et de moi.

Ces faits combinés entre eux et avec une certaine apparence générale me donnent insensiblement une inquiétude que je repousse avec horreur. Cependant les lettres que j'écris n'arrivent pas : j'en reçois qui ont été ouvertes, et toutes ont passés par les mains de M. Hume. Si quelqu'une lui échappe, il ne peut cacher l'ardente avidité de la voir. Un soir, je vois encore chez lui une manœuvre de lettre dont je suis frappé (1). Après le souper, gardant tous

(1) Il faut dire ce que c'est que cette manœuvre. J'écrivais sur la table de M. Hume, en son absence, une réponse à une lettre que je venais de recevoir. Il arrive, très curieux de savoir ce que j'écrivais, et ne pouvant presque s'abstenir d'y lire. Je ferme ma lettre sans la lui montrer; et comme je la mettais dans ma poche, il la demande avidement, disant qu'il l'enverra le lendemain, jour de poste. La lettre reste sur la table. Lord Newnham arrive, M. Hume sort un moment; je reprends ma lettre, disant que j'aurai le temps de l'envoyer le lendemain. Lord Newnham m'offre de l'envoyer par le paquet de M. l'ambassadeur de France ; j accepte. M. Hume rentre tandis que lord Newnham fait son enveloppe; il tire son cachet : M. Hume offre le sien avec tant d'empressement, qu'il faut s'en servir par préférence. On sonne; lord Newnham donne la lettre au laquais de M. Hume pour la remettre au sien, qui attend en bas avec son carrosse, afin qu'il la porte chez M. l'ambassadeur. A peine le laquais de M. Hume était hors de la porte, que

deux le silence au coin de son feu, je m'aperçois qu'il me fixe, comme il lui arrivait souvent, et d'une manière dont l'idée est difficile à rendre. Pour cette fois, son regard sec, ardent, moqueur et prolongé, devient plus qu'inquiétant. Pour m'en débarrasser, j'essayai de le fixer à mon tour; mais en arrêtant mes yeux sur les siens, je sens un frémissement inexprimable, et bientôt je suis forcé de les baisser. La physionomie et le ton du bon David sont d'un bon homme, mais où, grand Dieu! ce bon homme emprunte-t-il les yeux dont il fixe ses amis?

L'impression de ce regard me reste et m'agite; mon trouble augmente jusqu'au saisissement; si l'épanchement n'eût succédé, j'étouffais. Bientôt un violent remords me gagne; je m'indigne de moi-même; enfin, dans un transport que je me rappelle encore avec délices, je m'élance à son cou, je le serre étroitement; suffoqué de sanglots, inondé de larmes, je m'écrie d'une voix entrecoupée : « Non, non, David Hume n'est pas un traître; s'il n'était le meilleur des hommes, il faudrait qu'il en fût le plus noir. » David Hume me rend poliment mes embrassements, et, tout en me frappant de petits coups sur le dos, me répète plusieurs fois d'un ton tranquille : « Quoi! mon cher monsieur! Eh! mon cher monsieur! Qui donc! mon cher monsieur! » Il ne me dit rien de plus; je sens que mon cœur se resserre; nous allons nous coucher, et je pars le lendemain pour la province.

Arrivé dans cet agréable asile où j'étais venu chercher le repos de si loin, je devais le trouver dans une maison solitaire, commode et riante, dont le maître, homme d'esprit et de mérite, n'épargnait rien de ce qui pouvait m'en faire aimer le séjour. Mais quel repos peut-on goûter dans la vie quand le cœur est agité? Troublé de la plus cruelle incertitude, et ne sachant que penser d'un homme que je devais aimer, je cherchai à me délivrer de ce doute funeste en rendant ma confiance à mon bienfaiteur; car, pourquoi, par quel caprice inconcevable, eût-il eu tant de zèle à l'extérieur pour mon bien-être, avec des projets secrets contre mon honneur? Dans les observations qui m'avaient inquiété, chaque fait en lui-même était peu de chose, il n'y avait que leur concours d'étonnant; et peut-être, instruit d'autres faits que j'ignorais, M. Hume pouvait-il, dans un éclaircissement, me donner une solution satisfaisante. La seule chose inexplicable était qu'il se fût refusé à un éclaircissement, que son honneur et son amitié pour moi rendaient également nécessaire. Je voyais qu'il y avait là quelque chose que je ne comprenais pas, et que je mourais d'envie d'entendre. Avant donc de me décider absolument sur son compte, je voulus faire un dernier effort, et lui écrire pour le ramener, s'il se laissait séduire à mes ennemis, ou pour le faire expliquer de manière ou d'autre. Je lui écrivis une lettre (1), qu'il dut trouver fort naturelle s'il était coupable, mais fort extraordinaire s'il ne l'était pas; car quoi de plus extraordinaire qu'une lettre pleine à la fois de gratitude sur ses services et d'inquiétudes sur ses sentiments, et où, mettant pour ainsi dire ses actions d'un côté et ses intentions de l'autre, au lieu de parler des preuves d'amitié qu'il m'avait données, je le prie de m'aimer à cause du bien qu'il m'avait fait? Je n'ai pas pris mes précautions d'assez loin pour garder une copie de cette lettre; mais, puisqu'il les a prises, lui, qu'il la montre; et quiconque la lira, y voyant un homme tourmenté d'une peine secrète qu'il veut faire entendre et qu'il n'ose dire, sera curieux, je m'assure, de savoir quel éclaircissement cette lettre aura produit, surtout à la suite de la scène précédente. Aucun,

je me dis : je parie que le maître va le suivre : il n'y manqua pas. Ne sachant comment laisser seul mylord Newnham, j'hésitai quelque temps avant que de suivre à mon tour M. Hume; je n'aperçus rien; mais il vit très bien que j'étais inquiet. Ainsi, quoique je n'aie reçu aucune réponse à ma lettre, je ne doute pas qu'elle ne soit parvenue; mais je doute un peu, je l'avoue, qu'elle n'ait été lue auparavant.

(1) Il paraît, par ce qu'il m'écrit en dernier lieu, qu'il est très content de cette lettre et qu'il la trouve fort bien.

rien du tout : M. Hume se contente, en réponse, de me parler des soins obligeants que M. Davenport se propose de prendre en ma faveur ; du reste, pas un seul mot sur le principal sujet de ma lettre, ni sur l'état de mon cœur dont il devait si bien voir le tourment. Je fus frappé de ce silence, encore plus que je ne l'avais été de son flegme à notre dernier entretien. J'avais tort, ce silence était fort naturel après l'autre, et j'aurais dû m'y attendre ; car quand on a osé dire en face d'un homme : *Je suis tenté de vous croire un traître*, et qu'il n'a pas eu la curiosité de demander *sur quoi*, l'on peut compter qu'il n'aura pareille curiosité de sa vie ; et pour peu que les indices le chargent, cet homme est jugé.

Après la réception de sa lettre, qui tarda beaucoup, je pris enfin mon parti, et résolus de ne lui plus écrire. Tout me confirma bientôt dans la résolution de rompre avec lui tout commerce. Curieux au dernier point du détail de mes moindres affaires, il ne s'était pas borné à s'en informer de moi dans nos entretiens ; mais j'appris qu'après avoir commencé par faire avouer à ma gouvernante qu'elle en était instruite, il n'avait pas laissé échapper avec elle un seul tête-à-tête sans l'interroger jusqu'à l'importunité, sur mes occupations, sur mes ressources, sur mes amis, sur mes connaissances, sur leur nom, leur état, leur demeure ; et, avec une adresse jésuitique, il avait demandé séparément les mêmes choses à elle et à moi. On doit prendre intérêt aux affaires d'un ami ; mais on doit se contenter de ce qu'il veut nous en dire, surtout quand il est aussi ouvert, aussi confiant que moi, et tout ce petit cailletage de commère convient, on ne peut pas plus mal, à un philosophe.

Dans le même temps, je reçois encore deux lettres qui ont été ouvertes : l'une de M. Boswel, dont le cachet était en si mauvais état, que M. Davenport, en la recevant, le fit remarquer au laquais de M. Hume ; et l'autre de M. d'Ivernois, dans un paquet de M. Hume, laquelle avait été recachetée au moyen d'un fer chaud qui, maladroitement appliqué, avait brûlé le papier autour de l'empreinte. J'écrivis à M. Davenport pour le prier de garder par devers lui toutes les lettres qui lui seraient remises pour moi, et de n'en remettre aucune à personne, sous quelque prétexte que ce fût. J'ignore si M. Davenport, bien éloigné de penser que cette précaution pût regarder M. Hume, lui montra ma lettre ; mais je sais que tout disait à celui-ci qu'il avait perdu ma confiance, et qu'il n'en allait pas moins son train sans s'embarrasser de la recouvrer.

Mais que devins-je lorsque je vis dans les papiers publics la prétendue lettre du roi de Prusse, que je n'avais pas encore vue ; cette fausse lettre imprimée en français et en anglais, donnée pour vraie, même avec la signature du roi, et que j'y reconnus la plume de M. d'Alembert, aussi sûrement que si je la lui avais vu écrire !

A l'instant un trait de lumière vint m'éclairer sur la cause secrète du changement étonnant et prompt du public anglais à mon égard, et je vis à Paris le foyer du complot qui s'exécutait à Londres.

M. d'Alembert, autre ami très intime de M. Hume, était depuis longtemps mon ennemi caché, et n'épiait que les occasions de me nuire sans se commettre ; il était le seul des gens de lettres d'un certain nom et de mes anciennes connaissances qui ne m'eût point venu voir, ou qui ne m'eût rien fait dire à mon dernier passage à Paris. Je connaissais ses dispositions secrètes, mais je m'en inquiétais peu, me contentant d'en avertir mes amis dans l'occasion. Je me souviens qu'un jour, questionné sur son compte par M. Hume, qui questionna de même ensuite ma gouvernante, je lui dis que M. d'Alembert était un homme adroit et rusé. Il me contredit avec une chaleur dont je m'étonnai, ne sachant pas alors qu'ils étaient si bien ensemble, et que c'était sa propre cause qu'il défendait.

La lecture de cette lettre m'alarma beaucoup ; et sentant que j'avais été attiré en Angleterre en vertu d'un projet qui commençait à s'exécuter, mais dont j'ignorais le but, je sentais le péril sans savoir où il pouvait être, ni de quoi j'avais à me garantir : je me rappelai alors quatre mots effrayants de M. Hume, que je rapporterai ci-après. Que penser d'un écrit où l'on me faisait un crime de mes misères, qui tendait à m'ôter la commisération de tout le monde dans mes malheurs, et qu'on donnait sous le nom du prince même qui m'avait protégé, pour en rendre l'effet plus cruel encore ! Que devais-je augurer de la suite d'un tel début ? Le peuple anglais lit les papiers publics, et n'est déjà pas trop favorable aux étrangers. Un vêtement qui n'est pas le sien suffit pour le mettre de mauvaise humeur ; qu'en doit attendre un pauvre étranger dans ses promenades champêtres, le seul plaisir de la vie auquel il s'est borné ? quand on aura persuadé à ces bonnes gens que cet homme aime qu'on le lapide, ils seront fort tentés de lui en donner l'amusement. Mais ma douleur, ma douleur profonde et cruelle, la plus amère que j'aie jamais ressentie, ne venait pas du péril auquel j'étais exposé ; j'en avais trop bravé d'autres pour être fort ému de celui-là : la trahison d'un faux ami, dont j'étais la proie, était ce qui portait dans mon cœur trop sensible l'accablement, la tristesse et la mort. Dans l'impétuosité d'un premier mouvement, dont jamais je ne fus le maître, et que mes adroits ennemis savent faire naître pour s'en prévaloir, j'écris des lettres pleines de désordre, où je ne déguise ni mon trouble ni mon indignation.

Monsieur, j'ai tant de choses à dire qu'en chemin faisant j'en oublie la moitié. Par exemple, une relation en forme de lettre sur mon séjour à Montmorency fut portée par des libraires à M. Hume, qui me la montra. Je consentis qu'elle fût imprimée ; il se charge d'y veiller : elle n'a jamais paru. J'avais apporté un exemplaire des *Lettres de M. Du Peyrou*, contenant la relation des affaires de Neuchâtel, qui me regardent ; je les remis aux mêmes libraires à leur prière, pour les faire traduire et réimprimer ; M. Hume se chargea d'y veiller : elles n'ont jamais paru (1). Dès que la fausse lettre du roi de Prusse et sa traduction parurent, je compris pourquoi les autres écrits restaient supprimés, et je l'écrivis aux libraires. J'écrivis d'autres lettres qui probablement ont couru dans Londres ; enfin, j'employai le crédit d'un homme de mérite et de qualité pour faire mettre dans les papiers une déclaration de l'imposture : dans cette déclaration, je laissais paraître toute ma douleur, et je n'en déguisais pas la cause.

Jusqu'ici M. Hume a semblé marcher dans les ténèbres, vous l'allez voir désormais dans la lumière et marcher à découvert. Il n'y a qu'à toujours aller droit avec les gens rusés ; tôt ou tard ils se décèlent par leurs ruses mêmes.

Lorsque cette prétendue lettre du roi de Prusse fut publiée à Londres, M. Hume, qui certainement savait qu'elle était supposée, puisque je le lui avais dit, n'en dit rien, ne m'écrit rien, se tait, et ne songe pas même à faire en faveur de son ami absent aucune déclaration de la vérité. Il ne fallait, pour aller au but, que laisser dire et se tenir coi ; c'est ce qu'il fit.

M. Hume ayant été mon conducteur en Angleterre, y était en quelque façon mon protecteur, mon patron. S'il était naturel qu'il prît ma défense, il ne l'était pas moins qu'ayant une protestation publique à faire, je m'adressasse à lui pour cela. Ayant déjà cessé de lui écrire, je n'avais garde de recommencer. Je m'adresse à un autre. Premier soufflet sur la joue de mon patron, il n'en sent rien.

En disant que la lettre était fabriquée à Paris, il m'importait fort peu lequel on entendît de M. d'Alembert ou de son prête-nom, M. Walpole ; mais, en ajoutant que ce qui navrait et déchirait mon cœur était que l'imposteur avait des complices en Angleterre, je m'expliquais avec la plus grande clarté

---

(1) Les libraires viennent de me marquer que cette édition est faite et prête à paraître. Cela peut être, mais il est trop tard, et, qui pis est, trop à propos.

pour leur ami qui était à Londres, et qui voulait passer pour le mien; il n'y avait certainement que lui seul en Angleterre dont la haine pût déchirer et navrer mon cœur. Second soufflet sur la joue de mon patron : il n'en sent rien.

Au contraire, il feint malignement que mon affliction venait seulement de la publication de cette lettre, afin de me faire passer pour un homme vain, qu'une satire affecte beaucoup. Vain ou non, j'étais mortellement affligé; il le savait et ne m'écrivait pas un mot. Ce tendre ami, qui a tant à cœur que ma bourse soit pleine, se soucie assez peu que mon cœur soit déchiré.

Un autre écrit paraît bientôt dans les mêmes feuilles de la même main que le premier, plus cruel encore, s'il était possible, et où l'auteur ne peut déguiser sa rage sur l'accueil que j'avais reçu à Paris. Cet écrit ne m'affecta plus; il ne m'apprenait rien de nouveau; les libelles pouvaient aller leur train sans s'émouvoir, et le volage public lui-même se lassait d'être longtemps occupé du même sujet. Ce n'est pas le compte des comploteurs qui, ayant ma réputation d'honnête homme à détruire, veulent de manière ou d'autre en venir à bout. Il fallut changer de batterie.

L'affaire de la pension n'était pas terminée : il ne fut pas difficile à M. Hume d'obtenir de l'humanité du ministre et de la générosité du prince qu'elle le fût : il fut chargé de me le marquer, il le fit. Ce moment fut, je l'avoue, un des plus critiques de ma vie. Combien il m'en coûta pour faire mon devoir! Mes engagements précédents, l'obligation de correspondre avec respect aux bontés du roi, l'honneur d'être l'objet de ses attentions, de celles de son ministre, le désir de marquer combien j'y étais sensible, même l'avantage d'être un peu plus au large en approchant de la vieillesse accablé d'ennuis et de maux, enfin l'embarras de trouver une excuse honnête pour éluder un bienfait déjà presque accepté; tout me rendait difficile et cruelle la nécessité d'y renoncer, car il le fallait assurément, ou me rendre le plus vil de tous les hommes en devenant volontairement l'obligé de celui dont j'étais trahi.

Je fis mon devoir, non sans peine; j'écrivis directement à M. le général Conway, et avec autant de respect et d'honnêteté qu'il me fut possible, sans refus absolu : je me défendis pour le présent d'accepter. M. Hume avait été le négociateur de l'affaire, le seul même qui en eût parlé; non-seulement je ne lui répondis point, quoique ce fût lui qui m'eût écrit, mais je ne dis pas un mot de lui dans ma lettre. Troisième soufflet sur la joue de mon patron; et pour celui-là, s'il ne le sent pas, c'est assurément sa faute : il n'en sent rien.

Ma lettre n'était pas claire, et ne pouvait l'être pour M. le général Conway, qui ne savait pas à quoi tenait ce refus; mais elle l'était pour M. Hume qui le savait très bien : cependant il feint de prendre le change, tant sur le sujet de ma douleur que sur celui de mon refus, et, dans un billet qu'il m'écrit, il me fait entendre qu'on me ménagera la continuation des bontés du roi, si je me ravise sur la pension. En un mot il prétend à toute force, et quoi qu'il arrive, demeurer mon patron malgré moi. Vous jugez bien, monsieur, qu'il n'attendait pas de réponse, et il n'en eut point.

Dans ce même temps à peu près, car je ne sais pas les dates, et cette exactitude ici n'est pas nécessaire, parut une lettre de M. de Voltaire à moi adressée, avec une traduction anglaise qui renchérit encore sur l'original. Le noble objet de ce spirituel ouvrage est de m'attirer le mépris et la haine de ceux chez qui je me suis réfugié. Je ne doutai point que mon cher patron n'eût été un des instruments de cette publication, surtout quand je vis qu'en tâchant d'aliéner de moi ceux qui pouvaient en ce pays me rendre la vie agréable, on avait omis de nommer celui qui m'y avait conduit. On savait sans doute que c'était un soin superflu, et qu'à cet égard rien ne restait à faire. Ce nom, si maladroitement oublié dans cette lettre, me rappela ce que dit Tacite du portrait de Brutus omi dans une pompe funèbre, que chacun l'y distinguait précisément parce qu'il n'y était pas.

On ne nommait donc pas M. Hume, mais il vit avec les gens qu'on nommait; il a pour amis tous mes ennemis, on le sait : ailleurs les Tronchin, les d'Alembert, les Voltaire; mais il y a bien pis à Londres, c'est que je n'y ai pour ennemis que ses amis. Eh! pourquoi y en aurais-je d'autres? pourquoi même y ai-je ceux-là? Qu'ai-je fait à lord Littleton que je ne connais même pas? Qu'ai-je fait à M. Walpole que je ne connais pas davantage? Que savent-ils de moi, sinon que je suis malheureux et l'ami de leur ami Hume? Que leur a-t-il donc dit, puisque ce n'est que par lui qu'ils me connaissent? Je crois bien qu'avec le rôle qu'il fait, il ne se démasque pas devant tout le monde; ce ne serait plus être masqué. Je crois bien qu'il ne parle pas de moi à M. le général Conway ni à M. le duc de Richmond comme il en parle dans ses entretiens secrets avec M. Walpole, et dans sa correspondance secrète avec M. d'Alembert; mais qu'on découvre la trame qui s'ourdit à Londres depuis mon arrivée, et l'on verra si M. Hume n'en tient pas les principaux fils.

Enfin le moment venu qu'on croit propre à frapper le grand coup, on en prépare l'effet par un nouvel écrit satirique qu'on fait mettre dans les papiers. S'il m'était resté jusqu'alors le moindre doute, comment aurait-il pu tenir devant cet écrit, puisqu'il contenait des faits qui n'étaient connus que de M. Hume, chargés, il est vrai, pour les rendre odieux au public?

On dit dans cet écrit que j'ouvre ma porte aux grands, et que je la ferme aux petits. Qui est-ce qui sait à qui j'ai ouvert ou fermé ma porte, que M. Hume, avec qui j'ai demeuré et par qui sont venus tous ceux que j'ai vus? Il faut en excepter un grand que j'ai reçu de bon cœur sans le connaître, et que j'aurais reçu de bien meilleur cœur encore si je l'avais connu. Ce fut M. Hume qui me dit son nom quand il fut parti. En l'apprenant, j'eus un vrai chagrin que, daignant monter au second étage, il ne fût pas entré au premier.

Quant aux petits, je n'ai rien à dire. J'aurais désiré voir moins de monde; mais, ne voulant déplaire à personne, je me laissais diriger par M. Hume, et j'ai reçu de mon mieux tous ceux qu'il m'a présentés, sans distinction de petits ni de grands.

On dit dans ce même écrit que je reçois mes parents froidement, *pour ne rien dire de plus.*

Cette généralité consiste à avoir une fois reçu assez froidement le seul parent que j'aie hors de Genève, et cela en présence de M. Hume. C'est nécessairement ou M. Hume ou ce parent qui a fourni cet article. Or, mon cousin, que j'ai toujours connu pour un bon parent et pour honnête homme, n'est point capable de fournir à des satires publiques contre moi; d'ailleurs, borné par son état à la société des gens de commerce, il ne vit pas avec des gens de lettres, ni avec ceux qui fournissent des articles dans les papiers, encore moins avec ceux qui s'occupent à des satires : ainsi l'article ne vient pas de lui. Tout au plus puis-je penser que M. Hume aura tâché de le faire jaser, ce qui n'est pas absolument difficile, et qu'il aura tourné ce qu'il lui a dit de la manière la plus favorable à ses vues. Il est bon d'ajouter qu'après ma rupture avec M. Hume j'en avais écrit à ce cousin-là.

Enfin on dit dans ce même écrit que je suis sujet à changer d'amis. Il ne faut pas être bien fin pour comprendre à quoi cela prépare.

Distinguons. J'ai depuis vingt-cinq et trente ans des amis très solides. J'en ai de plus nouveaux, mais non moins sûrs, que je garderai plus longtemps si je vis. Je n'ai pas en général trouvé la même sûreté chez ceux que j'ai faits parmi les gens de lettres : aussi j'en ai changé quelquefois, et j'en changerai tant qu'ils me seront suspects; car je suis bien déterminé à ne garder jamais d'amis par bienséance : je n'en veux avoir que pour les aimer.

Si jamais j'eus une conviction intime et certaine, je l'ai que M. Hume a fourni les matériaux de cet écrit. Bien plus, non-seulement j'ai cette certitude, mais il m'est clair qu'il a voulu que je l'eusse : car comment supposer un homme aussi fin, assez maladroit pour se découvrir à ce point, voulant se cacher?

Quel était son but? Rien n'est plus clair encore; c'était de porter mon indignation à son dernier terme, pour amener avec plus d'éclat le coup qu'il me préparait. Il sait que, pour me faire faire des sottises, il suffit de me mettre en colère. Nous sommes au moment critique qui montrera s'il a bien ou mal raisonné.

Il faut se posséder autant que fait M. Hume, il faut avoir son flegme et toute sa force d'esprit pour prendre le parti qu'il prit, après tout ce qui s'était passé. Dans l'embarras où j'étais, écrivant à M. le général Conway, je ne pus remplir ma lettre que de phrases obscures dont M. Hume fit, comme mon ami, l'interprétation qui lui plut. Supposant donc, quoiqu'il sût très bien le contraire, que c'était la clause du secret qui me faisait de la peine, il obtient de M. le général qu'il voudrait bien s'employer pour la faire lever. Alors cet homme stoïque et vraiment insensible m'écrit la lettre la plus amicale, où il me marque qu'il s'est employé pour faire lever la clause; mais qu'avant toute chose il faut savoir si je veux accepter sans cette condition, pour ne pas exposer sa majesté à un second refus.

C'était ici le moment décisif, la fin, l'objet de tous ses travaux; il lui fallait une réponse, il la voulait. Pour que je ne pusse me dispenser de la faire, il envoie à M. Davenport un duplicata de sa lettre, et, non content de cette précaution, il m'écrit dans un autre billet qu'il ne saurait rester plus longtemps à Londres pour mon service. La tête me tourna presque en lisant ce billet. De mes jours je n'ai rien trouvé de plus inconcevable.

Il l'a donc enfin cette réponse tant désirée, et se presse déjà d'en triompher. Déjà, écrivant à M. Davenport, il me traite d'homme féroce et de monstre d'ingratitude : mais il lui faut plus; ses mesures sont bien prises, à ce qu'il pense : nulle preuve contre lui ne peut échapper. Il veut une explication; il l'aura, et la voici.

Rien ne la conclut mieux que le dernier trait qui l'amène. Seul, il prouve tout, et sans réplique.

Je veux supposer, par impossible, qu'il n'est rien revenu à M. Hume de mes plaintes contre lui : il n'en sait rien, il les ignore aussi parfaitement que s'il n'eût été faufilé avec personne qui en fût instruit, aussi parfaitement que si durant ce temps il eût vécu à la Chine; mais ma conduite immédiate entre lui et moi, les derniers mots si frappants que je lui dis à Londres, la lettre qui suivit pleine d'inquiétude et de crainte, mon silence obstiné plus énergique que des paroles, ma plainte amère et publique au sujet de la lettre de M. d'Alembert, ma lettre au ministre, qui ne m'a point écrit, en réponse à celle qu'il m'écrit lui-même, et dans laquelle je ne dis pas un mot de lui; enfin mon refus, sans daigner m'adresser à lui, d'acquiescer à une affaire qu'il a traitée en ma faveur, moi le sachant, et sans opposition de ma part; tout cela parle seul du ton le plus fort, je ne dis pas à tout homme qui aurait quelque sentiment dans l'âme; mais à tout homme qui n'est pas hébété.

Quoi! après que j'ai rompu tout commerce avec lui depuis près de trois mois, après que je n'ai répondu à pas une de ses lettres, quelque important qu'en fût le sujet, environné des marques publiques et particulières de l'affliction que son infidélité me cause, cet homme éclairé, ce beau génie, naturellement si clairvoyant, et volontairement si stupide, ne voit rien, n'entend rien, ne sent rien, n'est ému de rien, et sans un seul mot de plainte, de justification, d'explication, il continue à se donner, malgré moi, pour moi, les soins les plus grands, les plus empressés; il m'écrit affectueusement qu'il ne peut rester à Londres plus longtemps pour mon service; comme si nous étions d'accord qu'il y restera pour cela! Cet aveuglement, cette impassibilité, cette obstination, ne sont pas dans la nature; il faut expliquer cela par d'autres motifs. Mettons cette conduite dans un plus grand jour, car c'est un point décisif.

Dans cette affaire, il faut nécessairement que M. Hume soit le plus grand ou le dernier des hommes; il n'y a pas de milieu. Reste à savoir lequel c'est des deux.

Malgré tant de marques de dédain de ma part, M. Hume avait-il l'étonnante générosité de vouloir me servir sincèrement? il savait qu'il m'était impossible d'accepter ses bons offices, tant que j'aurais de lui les sentiments que j'avais conçus; il avait éludé l'explication lui-même. Ainsi, me servant sans se justifier, il rendait ses soins inutiles : il n'était donc pas généreux.

S'il supposait qu'en cet état j'accepterais ses soins, il supposait donc que j'étais un infâme. C'était donc pour un homme qu'il jugeait être un infâme qu'il sollicitait avec tant d'ardeur une pension du roi? Peut-on rien penser de plus extravagant?

Mais que M. Hume, suivant toujours son plan, se soit dit à lui-même : Voici le moment de l'exécution : car, pressant Rousseau d'accepter la pension, il faudra qu'il l'accepte ou qu'il la refuse. S'il l'accepte, avec les preuves que j'ai en main, je le déshonore complétement; s'il la refuse après l'avoir acceptée, on a levé tout prétexte, il faudra qu'il dise pourquoi; c'est là que je l'attends : s'il m'accuse, il est perdu.

Si, dis-je, M. Hume a raisonné ainsi, il a fait une chose fort conséquente à son plan, et par là même ici fort naturelle: et il n'y a que cette unique façon d'expliquer sa conduite dans cette affaire; car elle est inexplicable dans toute autre supposition : si ceci n'est pas démontré, jamais rien ne le sera.

L'état critique où il m'a réduit me rappelle bien fortement les quatre mots dont j'ai parlé ci-devant, et que je lui entendis dire et répéter dans un temps où je n'en pénétrais guère la force. C'était la première nuit qui suivit notre départ de Paris. Nous étions couchés dans la même chambre, et plusieurs fois dans la nuit je l'entendis s'écrier en français, avec une véhémence extrême: *Je tiens J.-J. Rousseau!* J'ignore s'il veillait ou s'il dormait; l'expression est remarquable dans la bouche d'un homme qui sait trop bien le français pour se tromper sur la force et le choix des termes. Cependant je pris, et je ne pouvais manquer alors de prendre ces mots dans un sens favorable, quoique le ton l'indiquât encore moins que l'expression : c'est un ton dont il m'est impossible de donner l'idée, et qui correspond très bien aux regards dont j'ai parlé. Chaque fois qu'il dit ces mots je sentis un tressaillement d'effroi, dont je n'étais pas le maître : mais il ne me fallut qu'un moment pour me remettre et rire de ma terreur : dès le lendemain tout fut si parfaitement oublié que je n'y ai pas même pensé durant tout mon séjour à Londres et au voisinage. Je ne m'en suis souvenu qu'ici, où tant de choses m'ont rappelé ces paroles, et me les rappellent, pour ainsi dire, à chaque instant.

Ces mots dont le ton retentit sur mon cœur comme s'ils venaient d'être prononcés; les longs et funestes regards tant de fois lancés sur moi; les petits coups sur le dos avec des mots de *mon cher monsieur*, en réponse au soupçon d'être un traître; tout cela m'affecte à un tel point après le reste, que ces souvenirs, fussent-ils les seuls, fermeraient tout retour à la confiance: et il n'y a pas une nuit où ces mots : *Je tiens J.-J. Rousseau!* ne sonnent encore à mon oreille comme si je les entendais de nouveau.

Oui, monsieur Hume, vous me tenez, je le sais, mais seulement par des choses qui me sont extérieures; vous me tenez par l'opinion, par les jugements des hommes; vous me tenez par ma réputation, par ma sûreté peut-être; tous les préjugés sont pour vous : il vous est aisé de me faire passer pour un monstre comme vous avez commencé, et je vois déjà l'exultation barbare de mes implacables ennemis. Le public, en général, ne me fera pas plus de grâce : sans autre examen, il est toujours pour les services rendus parce que chacun est bien aise d'inviter à lui rendre en montrant qu'il sait les sentir. Je prévois aisément la suite de tout cela, surtout dans le pays où vous m'avez conduit, et où, sans amis, étranger à tout le monde, je suis presque à votre merci. Les gens sensés comprendront cependant que, loin que j'aie pu chercher cette affaire, elle était ce qui pouvait m'arriver de plus terrible dans la position où je suis; ils sentiront qu'il n'y a que ma haine invincible pour toute fausseté, et l'impossibilité de marquer de l'estime à celui pour qui je l'ai perdue, qui aient pu m'empêcher de dissimuler quand tant d'intérêts m'en faisaient une loi : mais les gens sensés sont en petit nombre, et ce ne sont pas eux qui font le bruit.

Oui, monsieur Hume, vous me tenez par tous les liens de cette vie; mais vous ne me tenez ni par ma vertu ni par mon courage, indépendant de vous et des hommes, et qui me restera tout entier malgré vous. Ne pensez pas m'effrayer par la crainte du sort qui m'attend. Je connais les jugements des hommes, je suis accoutumé à leur injustice, et j'ai appris à les peu redouter. Si votre parti est pris, comme j'ai tout lieu de le croire, soyez sûr que le mien ne l'est pas moins. Mon corps est affaibli, mais jamais mon âme ne fut plus ferme. Les hommes feront et diront ce qu'ils voudront, peu m'importe; ce qui m'importe est d'achever, comme j'ai commencé, d'être droit et vrai jusqu'à la fin, quoi qu'il arrive, et de n'avoir pas plus à me reprocher une lâcheté dans mes misères, qu'une insolence dans ma prospérité. Quelque opprobre qui m'attende et quelque malheur qui me menace, je suis prêt. Quoique à plaindre, je le serai moins que vous, et je vous laisse pour toute vengeance le tourment de respecter, malgré vous, l'infortuné que vous accablez.

En achevant cette lettre, je suis surpris de la force que j'ai eue de l'écrire. Si l'on mourait de douleur, j'en serais mort à chaque ligne. Tout est également incompréhensible dans ce qui se passe. Une conduite pareille à la vôtre n'est pas dans la nature; elle est contradictoire, et cependant elle m'est démontrée. Abîme des deux côtés ! Je péris dans l'une ou dans l'autre. Je suis le plus malheureux des humains si vous êtes coupable; j'en suis le plus vil si vous êtes innocent. Vous me faites désirer d'être cet objet méprisable. Oui, l'état où je me verrais, prosterné, foulé sous vos pieds, criant miséricorde, et faisant tout pour l'obtenir, publiant à haute voix mon indignité, et rendant à vos vertus le plus éclatant hommage, serait pour mon cœur un état d'épanouissement et de joie après l'état d'étouffement et de mort où vous l'avez mis. Il ne me reste qu'un mot à vous dire. Si vous êtes coupable, ne m'écrivez plus; cela serait inutile, et sûrement vous ne me tromperez pas. Si vous êtes innocent, daignez vous justifier. Je connais mon devoir, je l'aime et l'aimerai toujours, quelque rude qu'il puisse être. Il n'y a pas d'abjection dont un cœur qui n'est pas né pour elle ne puisse revenir. Encore un coup, si vous êtes innocent, daignez vous justifier : si vous ne l'êtes pas, adieu pour jamais.

A M. DU PEYROU.

Le 19 juillet.

J'avais le pressentiment de votre goutte, et j'en sentais l'inquiétude tandis que vous en sentiez le mal. Vous en voilà, j'espère, délivré, du moins pour cette année. La prévoyance de ces remords annuels est terrible; cependant si de vives douleurs laissaient raisonner, ce serait quelque consolation, tandis qu'elles durent, de sentir qu'on achète à ce prix onze mois de repos. Quant à moi, si je pouvais rassembler en un point ce que je souffre en détail, j'en ferais le marché de grand cœur; car les intervalles de repos donnent seuls un prix à la vie. Mais, comme je ne doute point que cette somme de douleurs ne fût beaucoup moindre que la vôtre, je sens que ce triste marché ne doit pas vous agréer. Cependant, à toute mesure, souffrir beaucoup me paraît encore préférable à souffrir toujours. O mon hôte ! ne renouvelons pas nos douleurs, dans leur relâche, en nous en rappelant le cruel souvenir. Contentons-nous de tâcher, comme vous faites, d'adoucir la rigueur de leurs attaques par toutes les précautions que la raison peut suggérer. Celle du grand exercice me paraît excellente; la goutte doit son origine à la vie sédentaire; il faut du moins empêcher sa cause de la nourrir. Vous semblez mettre en parité l'exercice pédestre, l'équestre et le mouvement du carrosse; c'est en quoi je ne suis pas de votre avis. Le carrosse est à peine un mouvement, et posant, à cheval, sur son derrière et sur ses pieds, on a plus d'à moitié le corps en repos. Dans la marche à pied toutes les articulations agissent, et le mouvement du sang accéléré excite une transpiration salutaire. Il n'est pas possible que, tandis qu'on marche, une sécrétion d'humeur se fasse hors de son lieu. Marchez donc, voyagez, herborisez; allez à Cressier à pied, revenez de même, dût quelque taureau vous faire en passant les honneurs du bois.

Quant à l'abstinence que vous voulez vous prescrire, je l'approuve aussi, pourvu qu'elle n'aille pas trop loin. Continuez de ne pas souper, vous en dormirez plus paisiblement et mieux. Ne joignez pas le souper au dîner en doublant la dose, c'est encore fort bien; mais n'allez pas sortir de là pour vivre en anachorète, et peser vos aliments comme Sanctorius. Beaucoup d'exercice et beaucoup d'abstinence vont mal ensemble; c'est un régime que n'approuve pas la nature, puisqu'à proportion de l'exercice qu'on fait, elle augmente l'appétit. Il faut être sobre jusque dans la sobriété. Choisissez vos mets sans les mesurer. Ayez une table frugale, mais suffisante : que tout y soit simple, mais bon dans son espèce. Point de primeurs, rien de recherché, rien de rare, mais tout bien choisi dans son meilleur temps. C'est ainsi que j'ai vécu dans mon petit ménage, et que j'y vivrais toujours, quand j'aurais cent mille écus de rente. Je me souviens d'avoir mangé chez vous du pain de farine échauffée et du poisson qui n'était pas frais; voilà qui est pernicieux. Je sais que madame la Commandante y fait tout son possible : malheureusement, on n'est pas riche impunément. Mais voilà surtout où doit porter sa vigilance et la vôtre; que rien ne soit fin, que tout soit sain.

Il y a, mon cher hôte, une sorte d'abstinence que je crois beaucoup plus importante à votre état, et qui seule, je n'en doute point, pourrait opérer votre guérison. Le vieux Dumoulin répétait souvent que jamais homme continent n'avait eu la goutte; et il disait aux goutteux qui se mettaient au lait : Buvez du vin de Champagne, et quittez les filles. Mon cher hôte, je ne suis point content de ce que vous m'avez écrit à ce sujet : ce que vous regardez comme la consolation de votre existence est précisément ce qui vous la rend à charge. Un sang appauvri ne porte au cerveau que des esprits languissants et morts, et n'engendre que des idées tristes. Laissez reprendre à votre sang tout son baume, bientôt vous verrez aussi la nature et les êtres reprendre à vos yeux une face riante, et vous sentirez avec délices le plaisir d'exister. La santé du corps, la vigueur de l'âme, la vivacité de l'esprit, la gaîté de l'humeur, tout vient à ce grand point, et le seul régime utile aux vaporeux est précisément le seul dont ils ne s'avisent jamais. Je vous prêche un jeûne que l'habitude contraire a rendu fort difficile, je le sais bien; mais là-dessus, la goutte doit être un meilleur prédicateur que moi. Cependant il s'agit moins ici de grands efforts que d'une certaine adresse, il faut moins songer à vaincre qu'à éviter le combat. Il faut savoir se distraire et s'occuper beaucoup, mais surtout agréablement; car les occupations déplaisantes ont besoin de délassement, et voilà précisément où nous attend l'ennemi. Mon cher hôte, j'ai le plus grand besoin de vous; je donnerais la moitié de ma vie pour vous voir heureux et sain, et je suis persuadé que cela dépend de vous encore. J'ai une grande entreprise à vous proposer. Essayez un an de mon pénible mais utile régime. Si dans un an la machine n'est pas remontée, si la goutte revient comme auparavant, je me tais; reprenez votre train. Mais, de grâce, pensez à ce que votre ami vous propose; si vous pouvez encore aspirer au bonheur et à la santé, de si grands objets ne méritent-ils pas des sacrifices? pour les rendre moins onéreux, donnez-vous quelque goût qui devienne enfin passion, s'il est possible, et qui remplisse tous vos loisirs. Je vous ai conseillé la botanique; je vous la conseille encore, à cause du double profit de l'amusement et de l'exercice, et quand on a bien herborisé dans les rochers pendant la journée, on n'est pas fâché le soir d'aller coucher seul. J'y vois des avantages que d'autres occupations réuniraient difficilement aussi bien. Toutefois suivez vos goûts quels qu'ils soient, mais occupez-vous tout de bon; vous sentirez quels charmes prennent par degrés les connaissances, à mesure qu'on les cultive. Tel curieux analyse avec plus de plaisir une jolie fleur qu'une jolie fille. Dieu veuille, mon très cher hôte, que bientôt ainsi soit de vous.

J'écrirai cette semaine à mylord maréchal pour l'affaire de M. d'Escherny, à qui je vous prie de faire mes salutations et mes excuses de ce que je ne lui réponds pas; c'est une suite de la résolution que j'ai prise de n'écrire plus à personne qu'à mylord maréchal et à vous. Je sens combien il importe au repos du reste de ma vie que je sois totalement oublié du public. Je serais pourtant bien fâché que mes amis m'oubliassent; mais c'est ce que je n'ai pas à craindre de ceux qui sont près de vous: et quelque jour, eux ou leurs enfants auront des preuves que je ne les oublie pas non plus. Mais quand on écrit, les lettres se montrent; on parle d'un homme, et il m'importe qu'on cesse de parler de moi, au point d'être censé mort de mon vivant. Je ne me suis pas réservé une seule correspondance à Paris, à Genève, à Lyon, pas même à Yverdun; mais mon cœur est toujours le même à Yverdun; mais mon cœur est toujours le même, et je me flatte, mon cher hôte, que dans tout ce qui est à votre portée, vous voudrez bien suppléer à mon silence dans l'occasion. Je suis très fâché que M. de Pury, que j'aime de tout mon cœur, ait à se plaindre de quelques propos de mademoiselle Le Vasseur, qui probablement lui ont été mal rendus; mais je suis surpris en même temps qu'un homme d'autant d'esprit daigne faire attention à ces petits bavardages femelles. Les femmes sont faites pour cailleter, et les hommes pour en rire. J'ai si bien pris mon parti sur tous ces dits et redits de commères, qu'ils sont pour moi comme n'existant pas; et il n'y a que ce moyen de vivre en repos.

Je vous suis obligé de la copie de la lettre de M. Hume que vous m'avez envoyée. C'est à peu près ce que j'imaginais. L'article des trente livres sterling de pension m'a fait rire. Vous pourrez, du moins je m'en flatte, juger par vous-même de ce qu'il en est. Je renvoie à ce même temps les explications qui le regardent sur ce qui s'est passé entre lui et moi. Je vois, par vos lettres et par celles de M. d'Escherny, que vous me jugez l'un et l'autre fort affecté des satires publiques et du radotage de ce pauvre Voltaire. Je laisse croire aux autres ce qu'il leur plaît; mais comment se peut-il que vous me connaissiez si mal encore, vous qui savez que je fais imprimer moi-même les libelles qui se font contre moi? Soyez bien persuadé que depuis long-temps rien, de la part de mes ennemis ni du public, ne peut m'affecter un seul moment. Les coups qui me navrent me sont portés de plus près, et j'en serais digne si je n'y étais pas sensible. Si le prédicant de Montmollin publiait des satires contre vous, je crois qu'elles ne vous blesseraient guère, mais si vous appreniez que J.-J. Rousseau s'entend avec lui pour cela, resteriez-vous de sang-froid? J'espère que non. Voilà le cas où je me trouve. De grâce, mon bon hôte, ne soyez pas si prompt à me juger sans m'entendre. Quelque jour vous conviendrez, je m'assure, que je suis en Angleterre le même que je fus auprès de vous.

J'étais bien sûr que les trois cents louis ne tarderaient pas d'arriver. Celui qui les envoie est un bon papa qui n'oublie pas ses enfants; mais, au compte que vous faites à ce sujet, il me paraît que mon cher tuteur, si on le laissait faire, aurait besoin soi-même d'un autre tuteur. Nous parlerons de cela une autre fois. J'ai tiré sur vos banquiers une lettre de sept cent trente livres de France, lesquelles, jointes aux soixante-dix livres marquées sur votre compte, font huit cents livres pour le premier semestre. Je n'ai point encore reçu de nouvelles de mes livres. Mille tendres salutations à tous nos amis, et respects à la très bonne maman. Je vous embrasse.

A MYLORD MARÉCHAL.
Le 20 juillet 1766.

La dernière lettre, mylord, que j'ai reçue de vous était du 25 mai. Depuis ce temps j'ai été forcé de déclarer mes sentiments à M. Hume : l a voulu une explication, il l'a eue; j'ignore l'usage qu'il en fera. Quoi qu'il en soit, tout est dit désormais entre lui et moi. Je voudrais vous envoyer copie des lettres, mais c'est un livre pour la grosseur. Mylord, le sentiment cruel que nous ne nous verrons plus charge mon cœur d'un poids insupportable; je donnerais la moitié de mon sang pour vous voir un seul quart d'heure encore une fois dans ma vie : vous savez combien ce quart d'heure me serait doux, mais vous ignorez combien il me serait important.

Après avoir bien réfléchi sur ma situation présente, je n'ai trouvé qu'un seul moyen possible de m'assurer quelque repos sur mes derniers jours; c'est de me faire oublier des hommes aussi parfaitement que si je n'existais plus, si tant est qu'on puisse appeler existence un reste de végétation inutile à soi-même et aux autres, loin de tout ce qui nous est cher. En conséquence de cette résolution j'ai pris celle de rompre toute correspondance hors le cas d'absolue nécessité. Je cesse désormais d'écrire et de répondre à qui que ce soit. Je ne fais que deux seules exceptions, dont l'une est pour M. Du Peyrou; je crois superflu de vous dire quelle est l'autre : désormais tout à l'amitié, n'existant plus que par elle, vous sentez que j'ai plus besoin que jamais d'avoir quelquefois de vos lettres.

Je suis très heureux d'avoir pris du goût pour la botanique : ce goût se change insensiblement en une passion d'enfant, ou plutôt en un radotage inutile et vain, car je n'apprends aujourd'hui qu'en oubliant ce que j'appris hier; mais n'importe : si je n'ai jamais le plaisir de savoir, j'aurai toujours celui d'apprendre, et c'est tout ce qu'il me faut. Vous ne sauriez croire combien l'étude des plantes jette d'agrément sur mes promenades solitaires. J'ai eu le bonheur de me conserver un cœur assez sain pour que les plus simples amusements lui suffisent, et j'empêche, en m'empaillant la tête qu'il n'y reste place pour d'autres fatras.

L'occupation pour les jours de pluie, fréquents en ce pays, est d'écrire ma vie, non ma vie extérieure comme les autres, mais ma vie réelle, celle de mon âme, l'histoire de mes sentiments les plus secrets. Je ferai ce que nul homme n'a fait avant moi, ce que vraisemblablement nul autre ne fera dans la suite. Je dirai tout, le bien, le mal, tout enfin; je me sens une âme qui se peut montrer. Je suis loin de cette époque chérie de 1762, mais j'y reviendrai, je l'espère. Je recommencerai, du moins en idée, ces pèlerinages de Colombier, qui furent les jours les plus purs de ma vie. Que ne peuvent-ils recommencer encore, et recommencer sans cesse! je ne demanderais point d'autre éternité.

M. Du Peyrou me marque qu'il a reçu les trois cents louis. Ils viennent d'un bon père qui, non plus que celui dont il est l'image, n'attend pas que ses enfants lui demandent leur pain quotidien.

Je n'entends point ce que vous me dites d'une prétendue charge que les habitants de Derbyshire m'ont donnée. Il n'y a rien de pareil, je vous assure, et cela m'a tout l'air d'une plaisanterie que quelqu'un vous aura faite sur mon compte; du reste, je suis très content du pays et des habitants, autant qu'on peut l'être à mon âge d'un climat et d'une manière de vivre auxquels on n'est pas accoutumé. J'espérais que vous me parleriez un peu de votre maison et de votre jardin, ne fût-ce qu'en faveur de la botanique. Ah! que ne suis-je à portée de ce bienheureux jardin, dût mon pauvre Sultan le fourrager un peu comme il fit celui de Colombier!

A M. DAVENPORT.

1766.

Je suis bien sensible, monsieur, à l'attention que vous avez de m'envoyer tout ce que vous croyez devoir m'intéresser. Ayant pris mon parti sur l'affaire en question, je continuerai, quoi qu'il arrive, de laisser M. Hume faire du bruit tout seul, et je garderai, le reste de mes jours, le silence que je me suis imposé sur cet article. Au reste, sans affecter une tranquillité stoïque, j'ose vous assurer que, dans ce déchaînement universel, je suis ému aussi peu qu'il est possible, et beaucoup moins que je n'aurais cru l'être, si d'avance on me l'eût annoncé; mais ce que je vous proteste et ce que je vous jure, mon respectable hôte, en vérité et à la face du ciel, c'est que le bruyant et triomphant David Hume, dans tout l'éclat de sa gloire, me paraît beaucoup plus à plaindre que l'infortuné J.-J. Rousseau, livré à la diffamation publique. Je ne voudrais pour rien au monde être à sa place, et j'y préfère de beaucoup la mienne, même avec l'opprobre qu'il lui a plu d'y attacher.

J'ai craint pour vous ces mauvais temps passés. J'espère que ceux qu'il fait à présent en répareront le mauvais effet. Je n'ai pas été mieux traité que vous, et je ne connais plus guère de bon temps ni pour mon cœur ni pour mon corps : j'excepte celui que je passe auprès de vous : c'est vous dire assez avec quel empressement je vous attends et votre chère famille, que je remercie et salue de toute mon âme.

A M. GUY.

Wootton, le 2 août 1766.

Je me serais bien passé, monsieur, d'apprendre les bruits obligeants qu'on répand à Paris sur mon compte, et vous auriez bien pu vous passer de vous joindre à ces cruels amis qui se plaisent à m'enfoncer vingt poignards dans le cœur. Le parti que j'ai pris de m'ensevelir dans cette solitude, sans entretenir plus aucune correspondance dans le monde, est l'effet de ma situation bien examinée. La ligue qui s'est formée contre moi est trop puissante, trop adroite, trop ardente, trop accréditée, pour que, dans ma position, sans autre appui que la vérité, je sois en état de lui faire face dans le public. Couper les têtes de cette hydre ne servirait qu'à les multiplier; et je n'aurais pas détruit une de leurs calomnies, que vingt autres plus cruelles lui succéderaient à l'instant. Ce que j'ai à faire est de bien prendre mon parti sur les jugements du public, de me taire, et de tâcher au moins de vivre et mourir en repos.

Je n'en suis pas moins reconnaissant pour ceux que l'intérêt qu'ils prennent à moi engage à m'instruire de ce qui se passe : en m'affligeant, ils m'obligent; s'ils me font du mal, c'est en voulant me faire du bien. Ils croient que ma réputation dépend d'une lettre injurieuse, cela peut être; mais, s'ils croient que mon honneur en dépend, ils se trompent. Si l'honneur d'un homme dépendait des injures qu'on lui dit, et des outrages qu'on lui fait, il y a longtemps qu'il ne me resterait plus d'honneur à perdre; mais, au contraire, il est même au-dessous d'un honnête homme de repousser de certains outrages. On dit que M. Hume me traite de vile canaille et de scélérat. Si je savais répondre à de pareils noms, je m'en croirais digne.

Montrez cette lettre à mes amis et priez-les de se tranquilliser. Ceux qui ne jugent que sur des preuves ne me condamneront certainement pas, et ceux qui jugent sans preuves ne valent pas la peine qu'on les désabuse. M. Hume écrit, dit-on, qu'il veut publier toutes les pièces relatives à cette affaire; c'est, j'en réponds, ce qu'il se gardera de faire, ou ce qu'il se gardera bien au moins de faire fidèlement. Que ceux qui seront au fait nous jugent, je le désire ; que ceux qui ne sauront que ce que M. Hume voudra leur dire ne laissent pas de nous juger ; cela m'est, je vous jure, très-indifférent. J'ai un défenseur dont les opérations sont lentes, mais sûres : je les attends.

Je me bornerai à vous présenter une seule réflexion. Il s'agit, monsieur, de deux hommes dont l'un a été amené par l'autre en Angleterre presque malgré lui : l'étranger, ignorant la langue du pays, ne pouvant parler ni entendre, seul, sans amis, sans appui, sans connaissance, sans savoir même à qui confier une lettre en sûreté, livré sans réserve à l'autre et aux siens, malade, retiré et ne voyant personne, écrivant peu, est allé s'enfermer dans le fond d'une retraite où il herborise pour toute occupation : le Breton, homme actif, liant, intrigant, au milieu de son pays, de ses amis, de ses parents, de ses patrons, de ses patriotes, en grand crédit à la cour, à la ville, répandu dans le plus grand monde, à la tête des gens de lettres, disposant des papiers publics, en grande relation chez l'étranger, surtout avec les plus mortels ennemis du premier. Dans cette position, il se trouve que l'un des deux a tendu des pièges à l'autre. Le Breton crie que c'est cette vile canaille, ce scélérat d'étranger qui lui en tend : l'étranger, seul, malade, abandonné, gémit, et ne répond rien. Là-dessus le voilà jugé, et il demeure clair qu'il s'est laissé mener dans le pays de l'autre, qu'il s'est mis à sa merci tout exprès pour lui faire pièce et pour conspirer contre lui. Que pensez-vous de ce jugement? Si j'avais été capable de former un projet aussi monstrueusement extravagant, où est l'homme ayant quelque sens, quelque humanité, qui ne devrait pas dire : Vous faites tort à ce pauvre misérable; il est trop fou pour pouvoir être un scélérat : plaignez-le, saignez-le; mais ne l'injuriez pas. J'ajouterai que le ton seul que prend M. Hume devrait décréditer ce qu'il dit : ce ton si brutal, si bas, si indigne d'un homme qui se respecte, marque assez que l'âme qui l'a dicté n'est pas saine; il n'annonce pas un langage digne de foi. Je suis étonné, je l'avoue, comment ce ton seul n'a pas excité l'indignation publique. C'est qu'à Paris c'est toujours celui qui crie le plus fort qui a raison. A ce combat-là je n'emporterai jamais la victoire, et je ne la disputerai pas.

Voici, monsieur, le fait en peu de mots. Il m'est prouvé que M. Hume, lié avec mes plus cruels ennemis, d'accord à Londres avec des gens qui se montrent, et à Paris avec tel qui ne se montre pas, m'a attiré dans son pays, en apparence pour m'y servir avec la plus grande ostentation, et en effet pour m'y diffamer avec la plus grande adresse; à quoi il a très bien réussi. Je m'en suis plaint : il a voulu savoir mes raisons; je les lui ai écrites dans le plus grand détail; si on les demande, il peut les dire; quant à moi, je n'ai rien à dire du tout.

Plus je pense à la publication promise par M. Hume, moins je puis concevoir qu'il l'exécute. S'il l'ose faire, à moins d'énormes falsifications, je prédis hardiment que, malgré son extrême adresse et celle de ses amis, sans même que je m'en mêle, M. Hume est un homme démasqué.

A MYLORD MARÉCHAL.

Le 9 août 1766.

Les choses incroyables que M. Hume écrit à Paris sur mon compte me font présumer que, s'il l'ose, il ne manquera pas de vous en écrire autant; je ne suis pas en peine de ce que vous en penserez. Je me flatte, mylord, d'être assez connu de vous, et cela me tranquillise; mais il m'accuse avec tant d'audace d'avoir refusé malhonnêtement la pension, après l'avoir acceptée, que je crois devoir vous envoyer une copie fidèle de la lettre que j'écrivis à ce sujet à M. le général Conway. J'étais bien embarrassé dans cette lettre, ne voulant pas dire la véritable cause de mon refus, et ne pouvant en alléguer aucune autre. Vous conviendrez, je m'assure, que si l'on peut s'en tirer mieux que je ne fis, on ne peut du moins s'en tirer plus honnêtement. J'ajouterai qu'il est faux que j'aie jamais accepté la pension; j'y mis seulement votre agrément pour condition nécessaire, et, quand cet agrément fut venu, M. Hume alla en avant sans me consulter davantage. Comme vous ne pouvez savoir ce qui s'est passé en Angleterre à mon égard depuis mon arrivée, il est impossible que vous prononciez dans cette affaire, avec connaissance, entre M. Hume et moi : ses procédés secrets sont trop incroyables, et il n'y a personne au monde moins fait que vous pour y ajouter foi. Pour moi, qui les ai sentis si cruellement, et qui n'y peut penser qu'avec la douleur la plus amère, tout ce qu'il me reste à désirer est de n'en parler jamais; mais comme M. Hume ne garde pas le même silence, et qu'il avance les choses les plus fausses du ton le plus affirmatif, je vous demande aussi, mylord, une justice que vous ne pouvez me refuser; c'est lorsqu'on pourra vous dire ou vous écrire que j'ai fait volontairement une chose injuste ou malhonnête, d'être bien persuadé que cela n'est pas vrai.

A MADAME LA MARQUISE DE VERDELIN.

Wootton, août 1766.

J'ai attendu, madame, votre retour à Paris pour vous répondre, parce qu'il y a, pour écrire des provinces d'Angleterre dans les provinces de France, des embarras que j'aurais peine à lever d'ici.

Vous me demandez quels sont mes griefs contre M. Hume. Des griefs? non, madame, ce n'est pas le mot : ce mot propre n'existe pas dans la langue française, et j'espère, pour l'honneur de l'humanité, qu'il n'existe dans aucune langue.

M. Hume a promis de publier toutes les pièces relatives à cette affaire : s'il tient parole, vous verrez, dans la lettre que je lui ai écrite le 10 juillet, les détails que vous demandez, du moins assez pour que le reste soit superflu. D'ailleurs, vous voyez sa conduite publique depuis ma dernière lettre; elle parle assez clair, ce me semble, pour que je n'aie plus besoin de rien dire.

Je vous dois cependant, madame, d'examiner ce que vous m'alléguez à ce sujet.

Que la fausse lettre du roi de Prusse soit de M. d'Alembert, ami de M. Hume, ou de M. Walpole, ami de M. Hume, ce n'est pas, au fond, de cela qu'il s'agit; c'est de savoir, quel que soit l'auteur de la lettre, si M. Hume en est complice. Vous voulez que madame du Deffand ait travaillé à cette lettre; à la bonne heure : mais deux autres écrits, mis successivement dans les mêmes papiers, et de la même main, ne sont sûrement pas de celle d'une femme; et, quant à M. Walpole, tout ce que je puis dire est qu'il faut assurément que je me connaisse mal en style pour avoir pu prendre le français d'un Anglais pour le français de M. d'Alembert.

Votre objection, tirée du caractère connu de M. Hume, est très forte, et m'étonnera toujours : il n'a pas fallu moins que ce que j'ai vu et senti d'opposé pour le croire. Tout ce que je peux conclure de cette contradiction, est qu'apparemment M. Hume n'a jamais haï que moi seul; mais aussi quelle haine, quel art profond à la cacher et à l'assouvir! le même cœur pourrait-il suffire à deux passions pareilles?

On vous marque que j'ai voué à M. Hume une haine implacable, parce qu'il veut me déshonorer en me forçant d'accepter des bienfaits. Savez-vous bien, madame, ce que mylord maréchal, à qui vous me renvoyez, eût fait si on lui eût dit pareille chose? Il eût répondu que cela n'était pas vrai, et n'eût pas même daigné m'en parler.

Tout ce que vous ajoutez sur l'honneur que m'eût fait une pension du roi d'Angleterre est très juste; il est seulement étonnant que vous ayez cru avoir besoin de me dire ces choses-là. Pour vous prouver, madame, que je pense exactement comme vous sur cet article, je vous envoie ci-jointe la copie d'une lettre que j'écrivis, il y a trois mois, à M. le général Conway, et dans laquelle j'étais même fort embarrassé, sentant déjà les trahisons de M. Hume, et ne voulant cependant pas le nommer. Il ne s'agit pas de savoir si cette pension m'eût été honorable, mais si elle l'était assez pour que je dusse l'accepter à tout prix, même à celui de l'infamie.

Quand vous me demandez quel est le sujet qui ose solliciter son maître pour un homme qu'il veut avilir, vous ne voyez pas qu'il faisait de cette sollicitation son grand moyen pour m'accuser bientôt de la plus noire ingratitude. Si M. Hume eût travaillé publiquement à m'avilir lui même, vous auriez raison; mais il ne faut pas supposer qu'il exécutait avec bêtise un projet si profondément médité : cette objection serait bonne encore, si, connu depuis longtemps de M. Hume, j'avais été inconnu du roi d'Angleterre et de sa cour; mais votre lettre même dit le contraire : cette affaire ne pouvait tourner, comme elle a fait, qu'à l'avantage de M. Hume. Toute la cour d'Angleterre dit maintenant : *Ce pauvre homme ! il croit que tout le monde lui ressemble; nous y avons été trompés comme lui.*

Dans le plan qu'il s'était fait, et qu'il a si pleinement exécuté, de paraître me servir en public avec la plus grande ostentation, et de me diffamer ensuite avec la plus grande adresse, il devait écrire et parler honorablement de moi. Vouliez-vous qu'il allât dire du mal d'un homme pour lequel il affectait tant d'amitié? c'eût été se contredire, et jouer très mal son jeu : il voulait paraître avoir été pleinement ma dupe; il préparait l'objection que vous me faites aujourd'hui.

Vous me renvoyez, sur ce que vous appelez mes griefs, à mylord maréchal, pour en juger : mylord maréchal est trop sage pour vouloir, d'où il est, voir mieux que moi ce qui se passe où je suis; et quand un homme, entre quatre yeux, m'enfonce à coups redoublés un poignard dans le sein, je n'ai pas besoin, pour savoir s'il m'a touché, de l'aller demander à d'autres.

Finissons pour jamais sur ce sujet, je vous supplie. Je vous avoue, madame, toute ma faiblesse. Si je savais que M. Hume ne fût pas démasqué avant sa mort, j'aurais peine à croire encore à la Providence.

Je me fais quelque scrupule de mêler dans une même lettre des sujets si disparates; mais cette atteinte de goutte que vous avez sentie, mais les incommodités de vos enfants, ne me permettent pas de vous rien dire ici d'eux et de vous. Quant à la goutte, il n'est pas naturel qu'elle vous maltraite beaucoup à votre âge, et j'espère que vous en serez quitte pour un ressentiment passager; mais je n'envisage pas de même cette humeur scrofuleuse, qui paraît avoir été transmise à vos enfants par leur père; l'âge pubère les guérira, comme je l'espère, ou rien ne les guérira; et, dans ce dernier cas, je vois une raison de plus de combler les vœux d'un honnête homme qui a toute votre estime, et qui mérite tout votre attachement. Vos filles, malgré leur mérite, leur naissance et leur bien, se marieront peut-être avec peine, et peut-être aurez-vous vous-même quelque scrupule de les marier. Ah! madame, les races de gens de bien sont si rares sur la terre! voulez-vous en laisser éteindre une? A la place des simples et vrais sentiments de la nature, qu'on étouffe, on a fourré dans la société je ne sais quels raffinements de délicatesse que je ne saurais souffrir. Croyez-moi, croyez-en votre ami, et l'ami de toutes choses honnêtes; mariez-vous, puisque votre âge et votre cœur le demandent; l'intérêt même de vos filles ne s'y oppose pas. Vos enfants des deux parts auront les biens de leur père, et ils auront de plus les uns dans les autres un appui, que vous rendrez très solide par l'attachement mutuel que vous leur saurez inspirer. Mon intérêt aussi se mêle à ce conseil, je vous l'avoue; je sens et j'ai grand besoin de sentir qu'on n'est pas tout-à-fait misérable quand on a des amis heureux. Soyez-le l'un et l'autre, et l'un par l'autre; qu'au milieu des afflictions qui m'accablent, j'aie la consolation de savoir que j'ai deux amis unis et fidèles qui parlent quelquefois avec attendrissement de mes misères; elles m'en seront moins rudes à supporter. J'aime à envisager comme faite une chose qui doit se faire. Permettez-moi de vous conseiller, lorsque vous serez dans votre nouveau ménage, de bien choisir ceux à qui vous accorderez l'entrée de votre maison : qu'elle ne soit pas ouverte à tout le monde, comme la plupart des maisons de Paris. Ayez un petit nombre d'amis sûrs, et tenez-vous en à leur commerce : ayez-en, si vous voulez, qui aient de la littérature, cela jette de l'agrément dans la société ; mais point de gens de lettres de profession, sur toute chose ; jamais aucun auteur quel qu'il soit. Souvenez-vous de cet avis, madame ; et soyez sûre que, si vous le négligez, vous vous en trouverez mal tôt ou tard.

Je n'ai pas la force d'étendre jusqu'à vous ma résolution de ne plus écrire ; c'est une résolution que j'avais pourtant prise, mais qu'il est impossible à mon cœur d'exécuter : je vous écrirai quelquefois, madame, mais rarement peut-être ; je voudrais qu'en cela vous ne m'imitassiez pas. Je ne dois pas vous affliger, et vous pouvez me consoler. Je vous prie de ne remettre vos lettres ni à M. Coindet ni à personne, mais de les envoyer vous-même sous l'adresse ci-jointe, exactement suivie, sans que mon nom y paraisse en aucune façon : en prenant soin de faire affranchir les lettres jusqu'à Londres, elles parviendront sûrement, et personne ne les ouvrira que moi ; mais il faut tâcher, par économie, d'éviter les paquets, et d'écrire plutôt des lettres simples sur d'aussi grand papier qu'on veut ; car, quelque grosse que soit une lettre simple, elle ne paie que pour simple ; mais la moindre enveloppe renchérit le port exorbitamment. Le dernier paquet de M. Coindet m'a coûté six francs de port : je ne les ai pas regrettés assurément ; ce paquet contenait une lettre de vous ; mais en tout ce qui peut se faire avec économie, sans que la chose aille moins bien, je suis dans une position qui m'en rend le soin très utile. Au reste, je ne sais pas qui peut vous avoir dit que j'étais à vingt-cinq lieues de Londres ; j'en suis à cinquante bonnes ; et j'ai mis quatre jours à les faire, avec les mêmes chevaux à la vérité. Recevez, madame, les salutations de la plus tendre amitié.

A M. MARC-MICHEL REY.

Wootton, août 1766.

Je reçois, mon cher compère, avec grand plaisir de vos nouvelles : l'impossibilité de trouver nulle part ce repos après lequel mon cœur soupire inutilement m'eût fait un scrupule de vous donner des miennes, pour ne pas vous affliger. D'ailleurs, voulant me recueillir en moi-même, autant qu'il est possible, et ne plus rien savoir de ce qui se passe dans le monde par rapport à moi, j'ai rompu tout commerce de lettres, hors le cas d'absolue nécessité : cela fera que je vous écrirai plus rarement désormais ; mais soyez sûr que mon attachement pour vous, et pour tout ce qui vous appartient, est toujours le même, et que ce serait une grande consolation pour moi dans la vieillesse qui s'approche, au milieu d'un cortège de douleurs de toute espèce, d'embrasser ma chère filleule avant ma mort.

J'ai su que vous aviez eu aussi quelques affaires désagréables : j'en étais en peine ; et je vous aurais écrit à ce sujet, si vous ne m'aviez prévenu : J'augure, sur ce que vous ne m'en dites rien, que tout cela n'a pas eu des suites, et je m'en réjouis de tout mon cœur ; mais mon amitié pour vous ne me permet pas de vous taire mon sentiment sur ces sortes d'affaires. Tandis que vous commenciez et que vous aviez besoin de mettre, pour ainsi dire, à la poterie, il vous convenait de courir quelques risques pour vous avancer ; mais maintenant, que votre maison est bien établie, que vos affaires, comme je le suppose, sont en bon état, ne les dérangez pas par votre faute ; jouissez en paix de la fortune dont la Providence a béni votre travail ; et, au lieu d'exposer le bien de vos enfants et le vôtre, contentez-vous de l'entretenir en sûreté, sans plus vous permettre d'entreprises hasardeuses. Voilà, mon cher compère, un conseil de l'amitié, et, je crois, de la raison : si vous trouvez qu'il soit à votre usage, profitez-en.

Vos gazettes disent donc que M. Hume est mon bienfaiteur, et que je suis son protégé. Que Dieu me préserve d'être souvent protégé de la sorte, et de trouver en ma vie encore un pareil bienfaiteur! Je présume que cet article n'est que préparatoire, et qu'il en suivra bientôt un second aussi véridique, aussi humain, aussi juste. Qu'importe, mon cher compère? laissons dire, et M. Hume, et les plénipotentiaires, et les puissances, et les gazetiers, et le public, et tout le monde; qu'ils crient, qu'ils m'outragent, qu'ils m'insultent, qu'ils disent et fassent tout ce qu'ils voudront : mon âme, en dépit d'eux, restera toujours la même; il n'est pas au pouvoir des hommes de la changer. Le public désormais est mort pour moi; je vous prie, quand vous m'écrirez, de ne me reparler jamais de ce qu'on y dit.

MM. Beket et de Hondt ne m'ont point parlé de la pension de mademoiselle Le Vasseur; et comme l'année n'est pas écoulée, cela ne presse pas; mais je vous prie de ne vous servir jamais de ces messieurs, pour me rien envoyer, ni pour rien qui me regarde; j'ai senti, dans plus d'une affaire, l'influence que M. Hume a sur eux. Il vient de m'en arriver une qui mérite d'être contée. M. Du Peyrou ayant jugé à propos de m'envoyer mes livres, je l'avais prié de les adresser à ces messieurs, qui s'étaient offerts. Ayant une collection considérable d'estampes, dont les droits, exigés à la rigueur, auraient passé mes ressources, je les priai de tâcher de faire mitiger le droit, d'autant plus que la moitié de mes estampes ne valant pas ce droit, j'aimerais mieux les abandonner que de le payer sans rabais : ces messieurs promettent de faire de leur mieux; ils reçoivent mes livres, et, outre quinze louis de port, en prennent quinze autres chez mon banquier pour les frais de douane; gardent et fouillent les livres, tant qu'il leur plaît, sans me rien marquer de leur arrivée, m'envoient enfin sans avis un ballot que je les avais priés de m'envoyer sitôt que les miens arriveraient. J'ouvre ce ballot où mes estampes étaient; je trouve les portefeuilles vides, et pas une seule estampe, ni petite ni grande, sans qu'ils aient même daigné me marquer ce qu'ils en avaient fait. Ainsi j'ai quinze louis de port, autant de douane, sans savoir sur quoi, et pour cent louis d'estampes perdues, sans qu'il m'en reste une seule. Je ne sais si les livres que vous avez vus doivent payer à Londres mille écus de douane; mais je sais bien que si je les revends, comme il le faut bien, je n'en retirerai pas la moitié de cette somme. Il y a un seul article d'une livre sterling (c'est près d'un louis) pour une vieille guitare sourde, brisée et pourrie, qui m'a coûté six francs de France, et dont je ne les trouverai jamais; cela ne se ferait pas à Alger, mais cela se fait à Londres, grâces aux bons soins de ces messieurs. Si je laisse longtemps mes livres dans leur magasin, et s'ils me font payer à proportion pour l'entrepôt, ne pouvant pas, je serai forcé de leur laisser mes livres : ainsi j'aurai perdu, par leurs bons soins, tous mes livres, toutes mes estampes, et trente louis d'argent comptant. Que dites-vous de cela? Je crois que ces messieurs sont par eux-mêmes de fort honnêtes gens; mais je crois aussi qu'à mon égard ils cèdent trop à l'instigation d'autrui : c'est pourquoi je veux n'avoir avec eux, si je puis, aucune sorte d'affaires, de peur de m'en trouver toujours plus mal. Je chercherai, si vous y consentez, à me prévaloir sur vous des trois cents francs de mademoiselle Le Vasseur, soit par lettre de change, soit en vous envoyant d'Angleterre son reçu, en échange duquel vous en donnerez l'argent à celui qui vous le remettra.

Je dois avoir parmi mes livres un exemplaire de la musique du *Devin du village* : si vous persistez à vouloir le faire graver, je pourrais corriger cet exemplaire, et vous l'envoyer; mais il faut du temps, non-seulement pour attendre l'occasion, mais pour le faire venir de Londres, parce qu'il faut que je donne commission à quelqu'un de confiance d'ouvrir la balle où il est, pour l'en tirer et me l'envoyer; ce qui ne peut se faire avant cet hiver.

suis très fâché que vous publiiez *la Reine fantasque*, parce que cela peut faire encore des tracasseries désagréables pour vous et pour moi.

Guy m'a écrit au sujet du *Dictionnaire de Musique* : il se plaint de vous et de vos propositions, qu'il trouve déraisonnables : je lui ai répondu qu'il fît comme il l'entendrait; que je vous aimais fort tous les deux, mais que des affaires de libraire à libraire, je ne m'en mêlerais de mes jours. Mille tendres salutations à madame Rey. J'embrasse la chère petite et son cher papa.

Voici une adresse dont il faut vous servir désormais, quand vous m'écrirez : ne faites point d'enveloppe; et, quoique mon nom ne paraisse point sur la lettre, soyez sûr que personne ne l'ouvrira que moi, et qu'elle me parviendra sûrement, pourvu que vous suiviez exactement l'adresse, et que vous affranchissiez jusqu'à Londres, sans quoi les lettres pour les provinces d'Angleterre restent au rebut.

A M. D'IVERNOIS.

Wootton, le 16 août 1766.

Je suis extrêmement en peine de vous, monsieur, n'ayant point de vos nouvelles depuis le 21 juin : je vous ai marqué, il est vrai, que je ne vous écrirais pas; mais, comme vous n'étiez pas dans le même embarras que moi, je me flattais que mon silence ne produirait pas le vôtre; et j'espère au moins, puisque vous ne m'avez rien écrit de contraire à la promesse que vous m'avez faite de me venir voir cet automne, que cette promesse sera exécutée : ainsi je vous attends au mois de novembre, fâché seulement que vous ne preniez pas une meilleure saison.

Je vous prie de voir, en passant à Lyon, madame Boy de la Tour, ma bonne amie, et sa chère fille, et de m'apporter amplement de leurs nouvelles : apprenez-moi le rétablissement de la première, et le bonheur de la seconde dans son mariage; rien ne manquera à mon plaisir en vous embrassant : assurez-les de ma tendre et constante amitié pour elles, et dites-leur que vous leur expliquerez à votre retour pourquoi je ne leur ai point écrit, moi qui pense continuellement à elles, et pourquoi je n'écris plus à personne, hors le cas de nécessité.

Vous ne manquerez pas, je vous prie, en passant à Paris, de voir madame la veuve Duchesne, libraire, et M. Guy, à qui je compte envoyer une lettre pour vous, où je rassemblerai ce que je peux avoir à vous dire d'ici à ce temps-là, concernant votre voyage : en attendant, je vous préviens de ne donner votre confiance à personne à Londres sur ce qui me regarde; mais de remettre, s'il se peut, les affaires que vous pourriez avoir dans cette capitale à votre retour, où vous pourrez aussi m'y rendre des services. Je vous prie aussi de ne m'amener personne de Londres, qui que ce puisse être, et quelque prétexte qu'ils puissent prendre pour vous accompagner : il suffira que vous preniez, pour la route, un domestique qui sache la langue; je ne vois pas que vous puissiez vous en passer; car dans la route, ni dans cette contrée, personne ne sait un seul mot de français.

Je ne vous envoie point cette lettre par M. Lucadou; vous en saurez la raison quand nous nous serons vus : ne me répondez pas non plus par son canal; mais envoyez votre lettre à M. Du Peyrou, qui aura la bonté de me la faire parvenir; je vous avoue même que je désirerais que M. Lucadou ne fût pas prévenu de votre voyage, de crainte qu'il ne survînt des obstacles qui vous empêcheraient de l'achever. Je ne puis vous en dire ici davantage; mais tout ce que je désire pour ce moment le plus au monde, est de vous voir arriver en bonne santé. Je vous embrasse.

A M. DU PEYROU.

Wootton, le 16 août 1766.

Je ne doute point, mon cher hôte, que les choses incroyables que M. Hume écrit partout ne vous soient parvenues, et je ne suis pas en peine de l'effet qu'elles feront sur vous. Il promet au public une relation de ce qui s'est passé entre lui et moi, avec le recueil des lettres. Si ce recueil est fait fidèlement, vous y verrez, dans celle que je lui ai écrite le 10 juillet, un ample détail de sa conduite et de la mienne, sur lequel vous pourrez juger entre nous; mais comme infailliblement il ne fera pas cette publication, du moins sans les falsifications les plus énormes, je me réserve à vous mettre au fait, par le retour de M. d'Ivernois; car vous copier maintenant cet immense recueil, c'est ce qui ne m'est pas possible, et ce serait rouvrir toutes mes plaies : j'ai besoin d'un peu de trêve pour reprendre mes forces prêtes à me manquer; du reste je le laisse déclamer dans le public et s'emporter aux injures les plus brutales; je ne sais point quereller en charretier : j'ai un défenseur dont les opérations sont lentes, mais sûres; je les attends et je me tais.

Je vous dirai seulement un mot sur une pension du roi d'Angleterre dont il a été question, et dont vous m'aviez parlé vous-même : je ne vous répondis pas sur cet article, non-seulement à cause du secret que M. Hume exigeait, au nom du roi, et que je lui ai fidèlement gardé jusqu'à ce qu'il l'ait publié lui-même, mais parce que, n'ayant jamais bien compté sur cette pension, je ne voulais vous flatter pour moi de cette espérance que quand je serais assuré de la voir remplir. Vous sentez que rompant avec M. Hume, après avoir découvert ses trahisons, je ne pouvais, sans infamie, accepter des bienfaits qui me venaient par lui : il est vrai que ces bienfaits et ces trahisons semblent s'accorder fort mal ensemble; tout cela s'accorde pourtant fort bien. Son plan était de me servir publiquement avec la plus grande ostentation, et de me diffamer en secret avec la plus grande adresse : ce dernier objet a été parfaitement rempli; vous aurez la clef de tout cela. En attendant, comme il publie partout qu'après avoir accepté la pension, je l'ai malhonnêtement refusée, je vous envoie une copie de la lettre que j'écrivis à ce sujet au ministre, par laquelle vous verrez ce qu'il en est. Je reviens maintenant à ce que vous m'en avez écrit.

Lorsqu'on vous marqua que la pension m'avait été offerte, cela était vrai; mais lorsqu'on ajouta que je l'avais refusée, cela était parfaitement faux; car, au contraire, sans aucun doute alors sur la sincérité de M. Hume, je ne mis, pour accepter cette pension, qu'une condition unique, savoir l'agrément de mylord maréchal, que, vu ce qui s'était passé à Neuchâtel, je ne pouvais me dispenser d'obtenir. Or, nous avions eu cet agrément avant mon départ de Londres; il ne restait de la part de la cour qu'à terminer l'affaire; ce que je n'espérais pourtant pas beaucoup; mais ni dans ce temps-là, ni avant, ni après, je n'en ai parlé à qui que ce fût au monde, hors le seul mylord maréchal, qui sûrement m'a gardé le secret : il faut donc que ce secret ait été ébruité de la part de M. Hume. Or, comment M. Hume a-t-il pu dire que j'avais refusé, puisque cela était faux, et qu'alors mon intention n'était pas même de refuser? Cette anticipation ne montre-t-elle pas qu'il savait que je serais bientôt forcé à ce refus, et qu'il entrait même dans son projet de m'y forcer, pour amener les choses au point où il les a mises? La chaîne de tout cela me paraît importante à suivre pour le travail dont je suis occupé; et si vous pouviez parvenir à remonter, par votre ami, à la source de ce qu'il vous écrit, vous rendriez un grand service à la chose et à moi-même.

Les choses qui se passent en Angleterre à mon égard sont, je vous assure, hors de toute imagination : j'y suis dans la complète diffamation où il soit possible d'être, sans que j'aie donné à cela la moindre occasion, et sans que pas une âme puisse dire avoir eu personnellement le moindre mécontentement de moi. Il paraît maintenant que le projet de M. Hume et de ses associés est de me couper toute ressource, toute communication avec le continent, et de me faire périr ici de douleur et de misère. J'espère qu'ils ne réussiront pas : mais deux choses me font trembler : l'une est qu'ils travaillent avec force à détacher de moi M. Davenport, et que, s'ils réussissent, je suis absolument sans asile, et sans savoir que devenir; l'autre, encore plus effrayante, est qu'il faut absolument que, pour ma correspondance avec vous, j'aie un commissionnaire à Londres, à cause de l'affranchissement jusqu'à cette capitale, qu'il ne m'est pas possible de faire ici; je me sers pour cela d'un libraire que je ne connais point, mais qu'on m'assure être fort honnête homme; si par quelque accident cet homme venait à me manquer, il ne me reste personne à qui adresser mes lettres en sûreté, et je ne saurais plus comment vous écrire : il faut espérer que cela n'arrivera pas; mais, mon cher hôte, je suis si malheureux! Il ne me faudrait que ce dernier coup.

Je tâche de fermer de tous côtés la porte aux nouvelles affligeantes; je ne lis plus aucune lettre, ce qui doit rebuter à la fin de m'en écrire, je ne parle que de choses indifférentes au seul voisin avec lequel je converse, parce qu'il est le seul qui parle français. Il ne m'a pas été possible, vu la cause, de n'être pas affecté de cette épouvantable révolution, qui, je n'en doute pas, a gagné toute l'Europe; mais cette émotion a peu duré; la sérénité est revenue, et j'espère qu'elle tiendra : car il me paraît difficile qu'il m'arrive désormais aucun malheur imprévu. Pour vous, mon cher hôte, que tout cela ne vous ébranle pas : j'ose vous prédire qu'un jour l'Europe portera le plus grand respect à ceux qui en auront conservé pour moi dans mes disgrâces.

A MADAME LA COMTESSE DE BOUFFLERS.

Wootton, le 30 août 1766.

Une chose me fait grand plaisir, madame, dans la lettre que vous m'avez fait l'honneur de m'écrire le 27 du mois dernier, et qui ne m'est parvenue que depuis peu de jours; c'est de connaître à son ton que vous êtes en bonne santé.

Vous dites, madame, n'avoir jamais vu de lettre semblable à celle que j'ai écrite à M. Hume; cela peut être, car je n'ai, moi, jamais rien vu de semblable à ce qui y a donné lieu : cette lettre ne ressemble pas du moins à celles qu'écrit M. Hume, et j'espère n'en écrire jamais qui leur ressemblent.

Vous me demandez quelles sont les injures dont je me plains. M. Hume m'a forcé d'entrer là-dessus en explication; je l'ai fait encore, et dans le plus grand détail. Il peut vous rendre compte de tout cela, madame; pour moi, je ne me plains de rien.

Vous me reprochez de me livrer à d'odieux soupçons : à cela je réponds que je ne me livre point à des soupçons : peut-être auriez-vous pu, madame, prendre pour vous un peu des leçons que vous me donnez, n'être pas si facile à croire que je croyais si facilement aux trahisons, et vous dire pour moi une partie des choses que vous vouliez que je me disse pour M. Hume.

Tout ce que vous m'alléguez en sa faveur forme un préjugé très fort, très raisonnable, d'un très grand poids, surtout pour moi, et que je ne cherche point à combattre; mais les préjugés ne font rien contre les faits. Je m'abstiens de juger du caractère de M. Hume, que je ne connais pas; je ne juge que sa conduite avec moi, que je connais. Peut-être suis-je le seul homme qu'il ait jamais haï, mais aussi quelle haine! Un même cœur suffirait-il à deux comme celle-là?

Vous vouliez que je me refusasse à l'évidence, c'est ce que j'ai fait autant que j'ai pu; que je démentisse le témoignage de mes sens, c'est un conseil plus facile à donner qu'à suivre; que je ne crusse rien de ce que je sentais; que je consultasse les amis que j'ai en France : mais si je ne dois rien croire de ce que je vois et de ce que je sens, ils croiront bien moins encore, eux qui ne le voient pas, et qui le sentent encore moins. Quoi, madame! quand un homme vient entre quatre yeux m'enfoncer, à coups redoublés, un poignard dans le sein, il faut, avant d'oser lui dire qu'il me frappe, que j'aille demander à d'autres s'il m'a frappé?

L'extrême emportement que vous trouvez dans ma lettre me fait présumer, madame, que vous n'êtes pas de sangfroid vous-même, ou que la copie que vous avez vue est falsifiée. Dans la circonstance funeste où j'ai écrit cette lettre, et où M. Hume m'a forcé de l'écrire, sachant bien ce qu'il en voulait faire, j'ose dire qu'il fallait avoir une âme forte pour se modérer à ce point. Il n'y a que les infortunés qui sentent combien, dans l'excès d'une affliction de cette espèce, il est difficile d'allier la douceur avec la douleur.

M. Hume s'y est pris autrement, je l'avoue; tandis qu'en réponse à cette même lettre il m'écrivait en termes décents et même honnêtes, il écrivait à M. d'Holbach et à tout le monde en termes un peu différents; il a rempli Paris, la France, les gazettes, l'Europe entière, de choses que ma plume ne sait pas écrire, et qu'elle ne répétera jamais : était-ce comme cela, madame, que j'aurais dû faire?

Vous dites que j'aurais dû modérer mon emportement contre un homme qui m'a réellement servi. Dans la longue lettre que j'ai écrite le 10 juillet, à M. Hume, j'ai pesé avec la plus grande équité les services qu'il m'a rendus : il était digne de moi d'y faire partout pencher la balance en sa faveur, et c'est ce que j'ai fait : mais quand tous ces grands services auraient eu autant de réalité que d'ostentation, s'ils n'ont été que des pièges qui couvraient les plus noirs desseins, je ne vois pas qu'ils exigent une grande reconnaissance.

Les liens de l'amitié sont respectables même après qu'ils sont rompus : cela est vrai, mais cela suppose que ces liens ont existé; malheureusement ils ont existé de ma part; aussi le parti que j'ai pris de gémir tout bas et de me taire est-il l'effet du respect que je me dois.

Et les seules apparences de ce sentiment le sont aussi. Voilà, madame, la plus étonnante maxime dont j'aie jamais entendu parler. Comment! sitôt qu'un homme prend en public le masque de l'amitié, pour me nuire plus à son aise, sans même daigner se cacher de moi, sitôt qu'il me baise en m'assassinant, je dois n'oser plus me défendre, ni parer ses coups, ni m'en plaindre, pas même à lui!... Je ne puis croire que c'est là ce que vous avez voulu dire; cependant, en relisant ce passage dans votre lettre, je n'y puis trouver aucun autre sens.

Je vous suis obligé, madame, des soins que vous voulez prendre pour ma défense, mais je ne les accepte pas : M. Hume a si bien jeté le masque, qu'à présent sa conduite parle et dit tout à qui ne veut point s'aveugler; mais quand cela ne serait pas, je ne veux point qu'on me justifie, parce que je n'ai pas besoin de justification, et je ne veux pas qu'on m'excuse, parce que cela est au-dessous de moi; je souhaiterais seulement que, dans l'abîme de malheurs où je suis plongé, les personnes que j'honore m'écrivissent des lettres moins accablantes, afin que j'eusse au moins la consolation de conserver pour elles les sentiments qu'elles m'ont inspirés.

A M. D'IVERNOIS.

Wootton, le 30 août 1766.

J'ai lu, monsieur, dans votre lettre du 31 juillet, l'article de la gazette que vous y avez transcrit, et sur lequel vous me demandez des instructions pour ma défense. Eh! de quoi, je vous prie, voulez-vous me défendre; de l'accusation d'être un infâme? Mon bon ami, vous n'y pensez pas : lorsqu'on vous parlera de cet article, et des étonnantes lettres qu'écrit M. Hume, répondez simplement : Je connais mon ami Rousseau; de pareilles accusations ne sauraient le regarder : du reste, faites comme moi, gardez le silence, et demeurez en repos : surtout ne me parlez plus de ce qu'on dit dans le public et dans les gazettes; il y a longtemps que tout cela est mort pour moi.

Il y a cependant un point sur lequel je désire que mes amis soient instruits, parce qu'ils pourraient croire, comme ils ont fait quelquefois, et toujours à tort, que des principes outrés me conduisent à des choses déraisonnables. M. Hume a répandu à Paris et ailleurs que j'avais refusé brutalement une pension de deux mille francs du roi d'Angleterre, après l'avoir acceptée : je n'ai jamais parlé à personne de cette pension que le roi voulait qui fût secrète, et je n'en aurais parlé de ma vie, si M. Hume n'eût commencé. L'histoire en serait longue à déduire dans une lettre ; il suffit que vous sachiez comment je m'en défendis, quand ayant découvert les manœuvres secrètes de M. Hume, je dus ne rien accepter par la médiation d'un homme qui me trahissait. Voici, monsieur, une copie de la lettre que j'écrivis à ce sujet à M. le général Conway, secrétaire d'état. J'étais d'autant plus embarrassé dans cette lettre que, par un excès de ménagement, je ne voulais ni nommer M. Hume, ni dire mon vrai motif : je l'envoie pour que vous jugiez, quant à présent, d'une seule chose, si j'ai refusé malhonnêtement. Quand nous nous verrons, vous saurez le reste : plaise à Dieu que ce soit bientôt ! Toutefois, ne prenez rien sur vos affaires d'aucune espèce : je puis attendre ; et dans quelque temps que vous veniez, je vous verrai toujours avec le même plaisir. Je me rapporte en toute chose à la lettre que je vous ai écrite, il y a une quinzaine de jours, par voie d'ami ; je vous embrasse de tout mon cœur.

P. S. Il faut que vous ayez une mince opinion de mon discernement en fait de style, pour vous imaginer que je me trompe sur celui de M. de Voltaire, et que je le prends pour être de lui ce qui n'est pas ; et il faut en revanche que vous ayez une haute opinion de sa bonne foi, pour croire que dès qu'il renie un ouvrage c'est une preuve qu'il n'est pas de lui.

A MADAME LA DUCHESSE DE PORTLAND.

Wootton, le 3 septembre 1766.

Madame,

Quand je n'aurais eu aucun goût pour la botanique, les plantes que M. Granville m'a remises de votre part m'en auraient donné ; et, pour mériter les trésors que je tiens de vous, je voudrais apprendre à les connaître ; mais, madame la duchesse, il me manque le plus essentiel pour cela, et ce n'est pas assez pour moi de vos herbes, il me faudrait de plus vos instructions ; que ne suis-je à portée d'en profiter quelquefois ! Si, commençant trop tard cette étude, je n'avais jamais l'honneur de savoir, j'aurais du moins le plaisir d'apprendre et celui d'apprendre auprès de vous : j'y trouverais cette précieuse sérénité d'âme que donne la contemplation des merveilles qui nous entourent ; et, que j'en devinsse ou non meilleur botaniste, j'en deviendrais sûrement et plus sage et plus heureux. Voilà, madame la duchesse, un bien que j'aime à chercher à votre exemple, et qu'on ne recherche jamais en vain ; plus l'esprit s'éclaire et s'instruit, plus le cœur demeure paisible ; l'étude de la nature nous détache de nous-mêmes et nous élève à son auteur. C'est en ce sens qu'on devient vraiment philosophe ; c'est ainsi que l'histoire naturelle et la botanique ont un usage pour la sagesse et pour la vertu. Donner le change à nos passions par le goût des belles connaissances, c'est enchaîner les amours avec des liens de fleurs.

Daignez, madame la duchesse, recevoir avec bonté mon profond respect.

A M. ROUSTAN.

Wootton, le 7 septembre 1766.

Vous méritez bien, monsieur, l'exception que je fais pour vous de très bon cœur au parti que j'ai pris de rompre toute correspondance de lettres, et de n'écrire plus à personne, hors les cas de nécessité. Je ne veux pas vous laisser un moment la fausse opinion que je ne vois en vous qu'un homme d'église, et j'ajouterai que je suis bien éloigné de voir les ecclésiastiques en général de l'œil que vous supposez : ils sont bien moins mes ennemis que des instruments aveugles et ostensibles dans les mains de mes ennemis adroits et cachés. Le clergé catholique, qui seul avait à se plaindre de moi, ne m'a jamais fait ni voulu aucun mal ; et le clergé protestant, qui n'avait qu'à s'en louer, ne m'en a fait et voulu que parce qu'il est aussi stupide que courtisan, et qu'il n'a pas vu que ses ennemis et les miens le faisaient agir pour me nuire contre tous ses vrais intérêts. Je reviens à vous, monsieur, pour qui mes sentiments n'ont point changé, parce que je crois les vôtres toujours les mêmes, et que les hommes de votre étoffe prennent moins l'esprit de leur état qu'ils n'y portent le leur. Je n'ai pas craint que les clameurs de M. Hume fissent impression sur vous, ni sur M. Abauzit, ni sur aucun de ceux qui me connaissent; et, quant au public, il est mort pour moi; ses jugements insensés l'ont tué dans mon cœur : je ne connais plus d'autre bien que celui de la paix de l'âme et des jours achevés en repos, loin du tumulte et des hommes; et si les méchants ne veulent pas m'oublier, peu m'importe; pour moi, je les ai parfaitement oubliés. M. Hume, en m'accablant publiquement des outrages que vous savez, a promis de publier les faits et les pièces qui les autorisent. Peut-être voudrait-il aujourd'hui n'avoir pas pris cet engagement, mais il est pris enfin : s'il le remplit, vous trouverez dans sa relation l'éclaircissement que vous demandez; s'il ne le remplit pas, vous en pourrez juger par là même : un tel silence, après le bruit qu'il a fait, serait décisif. Il faut, monsieur, que chacun ait son tour; c'est à présent celui de M. Hume : le mien viendra tard; il viendra toutefois, je m'en fie à la Providence. J'ai un défenseur dont les opérations sont lentes, mais sûres; je les attends, et je me tais. Je suis touché du souvenir de M. Abauzit et de ses obligeantes inquiétudes : saluez-le tendrement et respectueusement de ma part; marquez-lui qu'il ne se peut pas qu'un homme qui sait honorer dignement la vertu, en soit dépourvu lui-même : assurez-le que, quoi que puissent faire et dire, et M. Hume, et les gazetiers, et les plénipotentiaires, et toutes les puissances de la terre, mon âme restera toujours la même : elle a passé par toutes les épreuves, et les a soutenues; il n'est pas au pouvoir des hommes de la changer. Je vous remercie de l'offre que vous me faites de m'instruire de ce qui se passe; mais je ne l'accepte pas : je ne prévois que trop ce qui arrivera, comme j'ai prévu tout ce qui arrive. La bourgeoisie n'a démenti en rien la haute opinion que j'avais d'elle; sa conduite, toujours sage, modérée, et ferme dans d'aussi cruelles circonstances, offre un exemple peut-être unique, et bien digne d'être célébré. Jamais ils n'ont mieux mérité de jouir de la liberté qu'au moment qu'ils la perdent; et j'ose dire qu'ils effacent la gloire de ceux qui la leur ont acquise. Vous devriez bien, monsieur, former la noble entreprise de célébrer ces hommes magnanimes, en faisant l'oraison funèbre de leur liberté : votre cœur seul, même sans vos talents, suffirait pour vous faire exécuter supérieurement cette entreprise; et jamais Isocrate et Démosthène n'ont traité de plus grand sujet. Faites-le, monsieur, avec majesté et simplicité; ne vous y permettez ni satire ni invective, pas un mot choquant contre les destructeurs de la république; les faits, sans y ajouter de réflexion, quand ils seront à leur charge. Détournez vos regards de l'iniquité triomphante, et ne voyez que la vertu dans les fers. Imitez cette ancienne prêtresse d'Athènes, qui ne voulut jamais prononcer d'imprécations contre Alcibiade, disant qu'elle était ministre des dieux, non pour excommunier et maudire, mais pour louer et bénir.

A MYLORD MARÉCHAL.

7 septembre 1766.

Je ne puis vous exprimer, mylord, à quel point, dans les circonstances où je me trouve, je suis alarmé de votre silence. La dernière lettre que j'ai reçue de vous était du... Serait-il possible que les terribles clameurs de M. Hume eussent fait impression sur vous, et m'eussent, au milieu de tant de malheurs, ôté la seule consolation qui me restait sur la terre? Non, mylord, cela ne peut pas être; votre âme ferme ne peut être entraînée par l'exemple de la foule : votre esprit judicieux ne peut être abusé à ce point. Vous n'avez point connu cet homme, personne ne l'a connu, ou plutôt il n'est plus le même. Il n'a jamais haï que moi seul; mais aussi quelle haine! un même cœur pourrait-il suffire à deux comme celle-là? Il a marché jusqu'ici dans les ténèbres, il s'est caché; mais maintenant il se montre à découvert. Il a rempli l'Angleterre, la France, les gazettes, l'Europe entière, de cris auxquels je ne sais que répondre, et d'injures dont je me croirais digne si je daignais les repousser. Tout cela ne décèle-t-il pas avec évidence le but qu'il a caché jusqu'à présent avec tant de soin? Mais laissons M. Hume, je veux l'oublier malgré les maux qu'il m'a faits: seulement qu'il ne m'ôte pas mon père; cette perte est la seule que je ne pourrais supporter. Avez-vous reçu mes deux dernières lettres, l'une du 20 juillet et l'autre du 9 août? Ont-elles eu le bonheur d'échapper aux filets qui sont tendus tout autour de moi, et au travers desquels peu de chose passe? Il paraît que l'intention de mon persécuteur et de ses amis est de m'ôter toute communication avec le continent, et de me faire périr ici de douleur et de misère; leurs mesures sont trop bien prises pour que je puisse aisément leur échapper. Je suis préparé à tout et je puis tout supporter hors votre silence. Je m'adresse à M. Rougemont; je ne connais que lui seul à Londres à qui j'ose me confier: s'il me refuse ses services, je suis sans ressource et sans moyen pour écrire à mes amis. Ah, mylord! qu'il me vienne une lettre de vous, et je me console de tout le reste!

A M. RICHARD DAVENPORT.

Wootton, le 11 septembre 1766.

Après le départ, monsieur, de ma précédente lettre, j'en reçus enfin une de M. Becket: il me marque que les estampes sont dans une des autres caisses; ainsi je n'ai plus rien à dire: mais vous m'avouerez que, ne les trouvant pas dans la caisse où elles devaient être, et trouvant les portefeuilles vides, il était assez naturel que je les crusse perdues. Il me reste à vous faire mes excuses de vous avoir donné pour cette affaire bien de l'embarras mal à propos.

Vous recevez si bien vos hôtes, et votre habitation me paraît si agréable, que j'ai grande envie de retourner vous y voir l'année prochaine. Si vous n'étiez pas pressé pour la plantation de votre jardin et que vous voulussiez attendre jusqu'à l'année prochaine, il me viendrait peut-être quelques idées, car, quant à présent, j'ai l'esprit encore trop rempli de choses tristes, pour qu'aucune idée agréable vienne s'y présenter; mais l'asile où je suis, et la vie douce que j'y mène m'en rendront bientôt, quand rien du dehors ne viendra les troubler. Puissé-je être oublié du public, comme je l'oublie! Quoi que vous en disiez, je préférerais, et je croirais faire une chose cent fois plus utile de découvrir une seule nouvelle plante, que de prêcher pendant cinquante ans tout le genre humain.

Nous avons depuis quelques jours un bien mauvais temps, dont je serais moins affligé si j'espérais qu'il ne s'étendît pas jusqu'à Davenport. Je salue de tout mon cœur les habitants, et surtout le bon et aimable maître.

A MYLORD MARÉCHAL.

Wootton, le 27 septembre 1766.

Je n'ai pas besoin, mylord, de vous dire combien vos deux dernières lettres m'ont fait de plaisir et m'étaient nécessaires. Ce plaisir a pourtant été tempéré par plus d'un article, par un, surtout, auquel je réserve une lettre exprès, et aussi par ceux qui regardent M. Hume, dont je ne saurais lire le nom, ni rien qui s'y rapporte, sans un serrement de cœur et un mouvement convulsif, qui fait pis que de me tuer, puisqu'il me laisse vivre. Je ne cherche point, mylord, à détruire l'opinion que vous avez de cet homme, ainsi que toute l'Europe; mais je vous conjure, par votre cœur paternel, de ne me reparler jamais de lui sans la plus grande nécessité.

Je ne puis me dispenser de répondre à ce que vous m'en dites dans votre lettre du 5 de ce mois. « Je vois avec douleur, » me marquez-vous, « que vos ennemis mettront sur le compte de M. Hume tout ce qu'il leur plaira d'ajouter au démêlé d'entre vous et lui. » Mais que pourraient-ils faire de plus que ce qu'il a fait lui-même? Diront-ils de moi pis qu'il n'en a dit dans les lettres qu'il a écrites à Paris, par toute l'Europe, et qu'il a fait mettre dans toutes les gazettes? Mes autres ennemis me font du pis qu'ils peuvent et ne s'en cachent guère; lui fait pis qu'eux et se cache, et c'est lui qui ne manquera pas de mettre sur leur compte le mal que jusqu'à ma mort il ne cessera de me faire en secret.

Vous me dites encore, mylord, que je trouve mauvais que M. Hume ait sollicité la pension du roi d'Angleterre à mon insu. Comment avez-vous pu vous laisser surprendre au point d'affirmer ainsi ce qui n'est pas? Si cela était vrai, je serais un extravagant tout au moins; mais rien n'est plus faux. Ce qui m'a fâché, c'était qu'avec sa profonde adresse il se soit servi de cette pension, sur laquelle il revenait à mon insu, quoique refusée, pour me forcer de lui motiver mon refus et de lui faire la déclaration qu'il voulait absolument avoir et que je voulais éviter, sachant bien l'usage qu'il en voulait faire. Voilà, mylord, l'exacte vérité, dont j'ai les preuves, et que vous pouvez affirmer.

Grâces au ciel, j'ai fini quant à présent sur ce qui regarde M. Hume. Le sujet dont j'ai maintenant à vous parler est tel que je ne puis me résoudre à le mêler avec celui-là dans la même lettre; je le réserve pour la première que je vous écrirai. Ménagez pour moi vos précieux jours, je vous en conjure. Ah! vous ne savez pas, dans l'abîme de malheurs où je suis plongé, quel serait pour moi celui de vous survivre?

A MADAME ***.

Wootton, le 27 septembre 1766.

Le cas que vous m'exposez, madame, est dans le fond très commun, mais mêlé de choses si extraordinaires, que votre lettre a l'air d'un roman. Votre jeune homme n'est pas de son siècle; c'est un prodige ou un monstre. Il y a des monstres dans ce siècle, je le sais trop, mais plus vils que courageux, et plus fourbes que féroces. Quant aux prodiges, on en voit si peu que ce n'est pas la peine d'y croire, et si Cassius en est un de force d'âme, il n'en est assurément pas un de bon sens et de raison.

Il se vante de sacrifices qui, quoiqu'ils fassent horreur, seraient grands s'ils étaient pénibles, et seraient héroïques s'ils étaient nécessaires; mais où, faute de l'une ou de l'autre de ces conditions, je ne vois qu'une extravagance qui me fait très mal augurer de celui qui les a faits. Convenez, madame, qu'un amant qui oublie sa belle dans un voyage, qui en redevient amoureux quand il la revoit, qui l'épouse et puis qui s'éloigne, et l'oublie encore, qui promet sèchement de revenir à ses couches et n'en fait rien, qui revient enfin pour lui dire qu'il l'abandonne, qui part et ne lui écrit que pour confirmer cette belle résolution; convenez, dis-je, que si cet homme eut de l'amour, il n'en eut guère, et que la victoire dont il se vante avec tant de pompe, lui coûte probablement beaucoup moins qu'il ne vous dit.

Mais, supposant cet amour assez violent pour se faire honneur du sacrifice, où en est la nécessité? C'est ce qui me passe. Qu'il s'occupe du sublime emploi de délivrer sa patrie, cela est fort beau, et je veux croire que cela est utile; mais ne se permettre aucun sentiment étranger à ce devoir, pourquoi cela? Tous les sentiments vertueux ne s'étayent-ils pas les uns les autres, et peut-on en détruire un sans les affaiblir tous? « J'ai cru longtemps, dit-il, combiner mes affections avec mes devoirs. » Il n'y a point là de combinaisons à faire, quand ces affections elles-mêmes sont des devoirs. « L'illusion cesse, et je vois qu'un vrai citoyen doit les abolir. » Quelle est donc cette illusion, et où a-t-il pris cette affreuse maxime? S'il est de tristes situations dans la vie, s'il est de cruels devoirs qui nous forcent quelquefois à leur en sacrifier d'autres, à déchirer notre cœur pour obéir à la nécessité pressante ou à l'inflexible vertu, en est-il, en peut-il jamais être qui nous forcent d'étouffer des sentiments aussi légitimes que ceux de l'amour filial, conjugal, paternel ? et tout homme qui se fait une expresse loi de n'être plus ni fils, ni mari, ni père, ose-t-il usurper le nom de citoyen, ose-t-il usurper le nom d'homme?

On dirait, madame, en lisant votre lettre, qu'il s'agit d'une conspiration ? Les conspirations peuvent être des actes héroïques de patriotisme, et il y en a eu de telles ; mais presque toujours elles ne sont que des crimes punissables, dont les auteurs songent bien moins à servir la patrie qu'à l'asservir, et à la délivrer de ses tyrans qu'à l'être. Pour moi, je vous déclare que je ne voudrais pour rien au monde avoir trempé dans la conspiration la plus légitime ; parce que enfin ces sortes d'entreprises ne peuvent s'exécuter sans troubles, sans désordres, sans violences, quelquefois sans effusion de sang, et qu'à mon avis le sang d'un seul homme est d'un plus grand prix que la liberté de tout le genre humain. Ceux qui aiment sincèrement la liberté n'ont pas besoin, pour la trouver, de tant de machines, et, sans causer ni révolutions ni troubles, quiconque veut être libre l'est en effet.

Posons toutefois cette grande entreprise comme un devoir sacré qui doit régner sur tous les autres ; doit-il pour cela les anéantir, et ces différents devoirs sont-ils donc à tel point incompatibles qu'on ne puisse servir la patrie sans renoncer à l'humanité? Votre Cassius est-il donc le premier qui ait formé le projet de délivrer la sienne, et ceux qui l'ont exécuté l'ont-ils fait au prix des sacrifices dont il se vante? Les Pélopidas, les Brutus, les vrais Cassius, et tant d'autres, ont-ils eu besoin d'abjurer tous les droits du sang et de la nature pour accomplir leurs nobles desseins? Y eut-il jamais de meilleurs fils, de meilleurs maris, de meilleurs pères que ces grands hommes? La plupart, au contraire, concertèrent leurs entreprises au sein de leurs familles ; et Brutus osa révéler, sans nécessité, son secret à sa femme, uniquement parce qu'il la trouva digne d'en être dépositaire. Sans aller si loin chercher des exemples, je puis, madame, vous en citer un plus moderne d'un héros à qui rien ne manque pour être à côté de ceux de l'antiquité, que d'être aussi connu qu'eux ; c'est le comte Louis de Fiesque, lorsqu'il voulut briser les fers de Gênes, sa patrie, et la délivrer du joug des Doria. Ce jeune homme si aimable, si vertueux, si parfait, forma ce grand dessein dès son enfance, et s'éleva, pour ainsi dire, lui-même pour l'exécuter. Quoique très prudent, il le confia à son frère, à sa famille, à sa femme aussi jeune que lui ; et, après des préparatifs très grands, très lents, très difficiles, le secret fut si bien gardé, l'entreprise fut si bien concertée et eut un si plein succès, que le jeune Fiesque était maître de Gênes au moment qu'il périt par un accident.

Je ne dis pas qu'il soit sage de révéler ces sortes de secrets, même à ses proches, sans la plus grande nécessité : mais autre chose est, garder son secret, et autre chose, rompre avec ceux à qui on le cache : j'accorde même qu'en méditant un grand dessein l'on est obligé de s'y livrer quelquefois au point d'oublier, pour un temps, des devoirs moins pressants peut-être, mais non moins sacrés sitôt qu'on peut les remplir ; mais que, de propos délibéré, de gaîté de cœur, le sachant, le voulant, on ait avec la barbarie de renoncer pour jamais à tout ce qui nous doit être cher, celle de l'accabler de cette déclaration cruelle, c'est, madame, ce qu'aucune situation imaginable ne peut ni autoriser ni suggérer même à un homme dans son bon sens qui n'est pas un monstre. Ainsi je conclus, quoique à regret, que votre Cassius est fou, tout au moins ; et je vous avoue qu'il m'a tout-à-fait l'air d'un ambitieux embarrassé de sa femme, qui veut couvrir du masque de l'héroïsme son inconstance et ses projets d'agrandissement : or, ceux qui savent employer à son âge de pareilles ruses sont des gens qu'on ne ramène jamais, et qui rarement en valent la peine.

Il se peut, madame, que je me trompe; c'est à vous d'en juger. Je voudrais avoir des choses plus agréables à vous dire; mais vous me demandez mon sentiment; il faut vous le dire, ou me taire, ou vous tromper. Des trois partis j'ai choisi le plus honnête et celui qui pouvait le mieux vous marquer, madame, ma déférence et mon respect.

A M. DU PEYROU.

A Wootton, le 4 octobre 1766.

Tu quoque!...

J'ai reçu, mon cher hôte, votre lettre n° 32 ; je n'ai pas besoin de vous dire quel effet elle a fait sur moi; j'ai besoin plutôt de vous dire qu'elle ne m'a pas achevé. Celle n° 30 ne me préparait pas à celle-là; ce que vous aviez écrit à Panckoucke m'y préparait encore moins ; et j'aurais juré, surtout après la promesse que vous m'aviez faite, que vous étiez à l'épreuve du voyage de Genève. J'avais tort ; je devrais savoir mieux que personne qu'il ne faut jurer de rien. Le soin que vous prenez de me ramasser les jugements du public sur mon compte m'apprend assez quels sont les vôtres; et je vois que si vous exigez que je me justifie, c'est surtout auprès de vous ; car, quant au public, vous savez que vos soins là-dessus sont inutiles, que mon parti est pris sur ce point, et que de mon vivant je n'ai plus rien à lui dire.

Mais, avant de parler de ma justification, parlons de la vôtre; car enfin je n'ai aucun tort avec vous, que je sache, et vous en avez avec moi de peu pardonnables; puisqu'avant de se résoudre d'accabler un ami dans mon état, il faut s'assurer d'avoir dix fois raison, après quoi l'on a tort encore. J'entre en matière.

Je vous disais dans ma précédente lettre que, lorsqu'on vous marqua que la pension m'avait été offerte, cela était vrai ; mais que lorsqu'on ajouta que je l'avais refusée, cela était faux : qu'il était faux même que j'eusse alors l'intention de la refuser; que, comme c'était alors un secret, je n'en avais parlé à qui que ce fût; qu'il fallait donc que ce bruit anticipé fût venu de M. Hume, qui lui-même avait exigé le secret, etc., etc.

Là-dessus, voici votre réponse : de peur de la mal extraire, je la transcrirai mot à mot.

« Votre lettre au général Conway est du 12 mai, et l'affaire de votre démêlé n'a éclaté dans ce pays et à Genève que sur la fin de juillet; à Paris, dans le courant du même mois, ou dans celui de juin. Il est donc possible que M. Hume n'ait parlé, dans sa lettre à d'Alembert, de votre pension, que sur le refus de l'accepter fait à M. Conway. Je dis possible, parce que, n'ayant pas la date de la lettre à d'Alembert, je ne peux pas l'assurer; mais l'époque en est du mois de juin au plus tôt. Ainsi, la conséquence que vous tirez contre Hume de cette circonstance n'est pas nécessaire, et le secret ébruité de la pension n'a eu lieu qu'après votre refus. Je vous fais cette réflexion pour vous engager à bien combiner les dates, à bien vous en assurer, avant d'établir sur elles aucunes inductions. Il me sera difficile d'avoir la date de cette lettre à d'Alembert, puisqu'elle ne se communique plus, mais je tâcherai d'en savoir ce que je pourrai. Ce que j'en savais venait d'une lettre de M. Fischer au capitaine Steiner de Couvet; la lettre était de fraîche date, et je vous écrivis sur-le-champ son contenu, et cela le 31 juillet. »

Il paraît, par tout ce récit, que je vous en ai imposé dans le mien, en antidatant le bruit répandu de mon refus, pour en accuser M. Hume. Je crois que vous n'avez pas tiré positivement cette conséquence; mais comme elle suit nécessairement de votre exposé, surtout de la fin, il a bien fallu, malgré vous, qu'elle se présentât au moins dans l'éloignement, puisqu'il était totalement impossible, de la manière que vous présentez la chose, que je fusse dans l'erreur sur ce point; et, quand j'y aurais été, cette erreur sur pareil sujet eût été une étourderie impardonnable à mon âge, et ne pouvait que rendre mon caractère très suspect. Or, sans vous parler des devoirs de l'amitié, ceux de l'équité, de l'humanité, du respect qu'on doit aux malheureux, voulaient que vous commençassiez par bien vous assurer des faits qui entraînaient cette conséquence, et que vous ne vous fiassiez pas légèrement à votre mémoire pour m'imputer une pareille méchanceté. Avant d'aller plus loin, je vous supplie de rentrer ici en vous-même, et de vous demander si j'ai tort ou raison.

Suivez maintenant ce que j'ai à vous dire.

Premièrement je viens de relire, en entier, votre lettre du 31 juillet, n° 30, et je n'y ai pas trouvé un seul mot de M. d'Alembert, ni de M. Fischer, ni de M. Steiner, ni de rien de ce que vous dites y avoir mis à ce sujet, et il n'en est question, que je sache, dans aucune autre de vos lettres.

Mais voici ce que vous m'écriviez le 16 mars, dans votre n° 21 :

« Si vous avez besoin d'un homme sûr, adressez-vous hardiment à mon ami Cerjeat; je vous fournis son adresse à tout événement. Il me dit que l'on prétend que le roi vous a offert une pension que vous avez refusée, par la raison que vous n'aviez pas voulu accepter celle que le roi de Prusse voulait vous faire, que vous ne voulez pas recevoir des Suisses, et que vous vous plaignez de l'accueil que vous avez trouvé en Angleterre. »

Voici là-dessus comment je raisonnais en vous écrivant le 16 août.

M. de Cerjeat n'a pu vous écrire de Londres plus tard que le commencement de mars, ce que vous me marquez de Neuchâtel du 16.

Or, au commencement de mars, j'étais encore à Londres, d'où je ne suis parti que le 19 pour ce pays.

Au commencement de mars, M. Hume avait encore toute ma confiance, et j'avais eu la bêtise de ne pas le pénétrer, quoiqu'il entrât dans son profond projet que je le pénétrasse et que personne au monde ne le pénétrât que moi seul.

Au commencement de mars, j'étais très déterminé, sauf l'aveu de mylord maréchal, d'accepter la pension si réellement elle m'était donnée; chose dont, à la vérité, j'ai toujours douté.

Et au commencement de mars, je n'avais parlé de cette pension à qui que ce fût qu'au seul mylord maréchal, du consentement de M. Hume, et l'on ne pouvait encore avoir la réponse.

Je concluais de là qu'il fallait que le bruit parvenu à M. de Cerjeat eût été répandu par M. Hume, qui m'avait recommandé le secret, et je pensais, comme je le pense encore, qu'il eût peut-être été très important pour moi qu'on pût remonter à la source de ce premier bruit : mais j'avoue que dans l'état déplorable où j'achève ma malheureuse vie, il est plus aisé de m'accabler que de me servir.

Combinez et concluez vous-même : pour moi, je n'ajouterai rien. Voilà, monsieur, mon premier grief. Commençons, si vous voulez bien, par le mettre en règle, avant que d'aller plus loin. Aussi bien, je sens que mes forces achèvent de m'abandonner, et j'ai besoin d'un peu de relâche dans le travail cruel auquel, au lieu de consolations que j'attendais de vous, il vous plaît de me condamner. Je reprendrai votre lettre article par article; et, avec l'âme que je vous connais, vous gémirez de l'avoir écrite; mais, en attendant, elle aura fait son effet. Je vous embrasse, mon cher hôte, de tout mon cœur.

J'ai reçu réponse de mylord maréchal sur l'affaire de M. d'Escherny. Dans ma première lettre, je vous ferai l'extrait de la sienne.

Je reçois en ce moment votre n° 33, et j'y vois que M. de Luze nie que nous ayons jamais couché nous trois dans la même chambre durant la route. M. de Luze nie cela! Mon Dieu! suis-je parmi des hommes? Mon Dieu! mais je crois que c'est un défaut de mémoire! Mon Dieu! demandez, de grâce, à M. de Luze, comment donc nous couchâmes à Roye, je crois que c'est à Roye, la première nuit de notre départ de Paris ? Rappelez-lui que nous occupâmes une chambre à trois lits, dont je donne ici le plan pour éviter une longue description...

La main me tremble; je ne saurais tracer la figure. Il y avait deux lits des deux côtés de la porte, et un dans le fond à main droite, que j'occupai; la cheminée était entre mon lit et celui de M. de Luze, qui était à main droite en entrant. M. Hume occupait celui de la gauche, et faisait diagonale avec moi. La table où nous avions soupé était devant la cheminée, entre le lit de M. de Luze et le mien. Je me couchai le premier, M. de Luze ensuite, M. Hume le dernier. Je le vois encore prendre sa chemise à manches étroites plissées... Mon Dieu!... Parlez, de grâce, à M. de Luze; et son domestique nie-t-il aussi ? Non, ce domestique est un valet, mais c'est un homme. Malheureusement je ne l'ai pas revu depuis notre arrivée à Londres; il n'a point eu d'étrennes... mais c'est un homme enfin. Si nous n'avions pas couché dans la même chambre, imaginez-vous à quel degré irait ma stupidité d'aller choisir un pareil mensonge, et concevez-vous que Hume l'eût laissé passer sans le relever ? J'ose dire plus : Hume, tout Hume qu'il est, ne le niera pas, s'il ne sait pas que M. de Luze le nie. Ah! Dieu, parmi quels êtres suis-je! Toute chose cessante, parlez à M. de Luze, et me répondez un mot, un seul mot, et je ne vous demande plus rien. Il me paraît, messieurs, que vous avez l'un et l'autre peu de mémoire au service de la vérité et des malheureux.

Il n'y avait sur votre n° 33 qu'un petit brin de cire, très légèrement mis, et le peu d'empreinte qui paraît n'est pas de votre cachet. Si cette lettre a été ouverte, jugez de ce qu'il peut en arriver !

AU MÊME.

A Wootton, le 15 octobre 1766.

J'apprends, mon cher hôte, par votre n° 34, le sujet qui vous conduit à Belfort. Tous mes vœux vous y accompagnent; puissiez-vous y recouvrer votre bonne ouïe! Je vois maintenant, avec une peine extrême, qu'elle ne s'affecte plus qu'à force de bruit.

J'ai vu aussi l'extrait de la lettre de mylord maréchal, où il vous dit que je blâme M. Hume d'avoir demandé et obtenu la pension sans mon aveu. J'avoue rondement que si cela est, je suis un extravagant tout au moins. Je n'ai rien à dire de plus sur cet article; et, dès que mylord maréchal m'accuse, je ne sais pas me justifier, ou du moins je ne le sais que par-devant lui.

Revenons à vous.

J'ai fait sur vos trois dernières lettres des réflexions qu'il faut que je vous communique. Supposons que je fusse mort avant de les avoir reçues, et par conséquent avant d'avoir pu m'expliquer avec vous, ni avec M. de Luze, ni avec mylord maréchal.

Parce qu'une lettre de M. d'Alembert parlait d'un bruit répandu à Paris du refus de la pension du roi d'Angleterre, vous auriez continué de conclure que ce bruit n'avait pu courir à Londres auparavant, et, ayant parfaitement oublié ce que vous avait écrit M. de Cerjeat, vous seriez persuadé que j'avais antidaté ce même bruit, tout exprès pour en accuser M. Hume.

Mylord maréchal, qui prend pour un grief, ce dont je me plains, un fait que je lui rapporte en preuve d'un autre fait, aurait toujours vu que je blâmais M. Hume quand j'aurais dû le remercier; et il eût conclu de là que non-seulement je m'abusais sur le compte du bon David, mais que j'avais cherché les chicanes les plus ridicules pour avoir le plaisir de rompre avec lui.

M. de Luze, fondé sur cet admirable argument, qu'il vous a donné pour bon, et que vous avez pris pour tel, que lorsqu'en route deux passagers couchent dans la même chambre il est impossible qu'il y en couche un troisième; M. de Luze, dis-je, eût tenu bon dans cette persuasion, que, puisqu'il avait toujours couché dans la même chambre que M. Hume, je n'y avais jamais couché. Il eût donc cru d'abord, comme il a fait, que la lettre à M. Hume, où je disais y avoir couché, était falsifiée. Mais, quand enfin l'on eût vérifié que la lettre était authentique sur cet article, il eût nécessairement conclu qu'avec une impudence incroyable j'avais inventé cette fausseté pour appuyer une calomnie.

Je pourrais ajouter ici l'article de M. Vernes, sur lequel vous êtes revenu deux fois de suite; mais je le réserve pour un autre lieu. Les trois précédents me suffisent, quant à présent.

De ces trois jugements communiqués entre vous et bien combinés, il eût résulté qu'avec tous mes beaux raisonnements, et avec toute la feinte probité dont je m'étais paré durant ma vie, je n'étais au fond qu'un insensé, un menteur, un calomniateur, un scélérat; et, comme l'autorité de mes plus vrais amis n'était pas suspecte, si ma mémoire eût passé à la postérité, elle n'y eût passé que comme celle d'un malfaiteur, dont on se souvient uniquement pour le détester.

Et tout cela, parce que M. de Luze n'a point de mémoire et raisonne mal; parce que M. Du Peyrou n'a point de mémoire et raisonne mal; et parce que mylord maréchal, prévenu que je blâme à tort le bon David, voit partout ce blâme, et même où je n'en ai point mis.

Cela m'a bien appris, mon cher hôte, ce que vaut l'opinion des hommes quels qu'ils soient, et à quoi tient ce que l'on appelle dans le monde honneur et réputation, puisque l'événement le plus cruel, le plus terrible de ma vie entière, celui dont j'ai porté le coup accablant avec le plus de constance, où je n'ai pas fait une démarche qui ne soit un acte de vertu, est précisément celui qui, si je n'y avais pas survécu, m'attirait une ignominie éternelle, non pas seulement de la part du stupide public, mais de la part des hommes du meilleur sens, et de mes plus solides amis.

En devenant insensible aux jugements du public, je n'ai fait que la moitié de ma tâche; j'ai gardé toute ma sensibilité à l'estime de ceux qui ont toute la mienne, et par là je me suis assujetti à tous les jugements inconsidérés qu'ils peuvent faire, à toutes les erreurs où ils peuvent tomber, puisqu'enfin ils sont hommes. Prévoyant de loin tous les moyens détournés qu'on allait mettre en usage pour vous détacher de moi, tous les préjugés dont on allait tâcher de vous éblouir, quelles sages mesures n'ai-je pas prises pour vous en garantir? Comptant, comme j'avais le droit de le faire, sur votre confiance en ma probité, j'avais commencé par vous conjurer de ne rien croire de moi que ce que je vous en écrirais moi-même : vous me l'aviez promis très positivement; et la première chose que vous avez faite a été de manquer à cette promesse. Vous ne vous êtes pas contenté de vous livrer à tous les bruits du coin des rues, sur ce que je ne vous avais point écrit, mais même sur ce que je vous avais écrit; sitôt que quelqu'un s'est trouvé en contradiction avec moi, c'est lui que vous avez cru, et c'est moi que vous avez refusé de croire. Exemple : dans ce que je vous avais marqué des mauvais offices que le bon David me rendait auprès de M. Davenport, un M. de Bruhl écrit le contraire, et aussitôt vous me demandez si je suis bien sûr de ce que je vous ai écrit. Vous me permettez de ne pas trouver, en cette occasion, la question fort obligeante. Je n'ai pas, il est vrai, l'honneur d'être envoyé d'un prince; mais, en revanche, je suis votre ami, et connu de vous ou devant l'être.

Le résultat de toutes ces réflexions, que je vous communique, est de me détacher pour jamais de l'opinion des hommes, quels qu'ils soient, et même de ceux qui me sont les plus chers. Vous avez et vous aurez toujours toute mon estime; mais je me passerai de la vôtre, puisque vous la retirez si légèrement, et je me consolerai de la perdre en méritant de la conserver toujours. Je suis las de passer ma vie en continuelles apologies, de me justifier sans cesse auprès de mes amis, et d'essuyer leurs réprimandes lorsque j'ai mérité tous leurs applaudissements. Ne vous gênez pas plus désormais que vous n'avez fait jusqu'ici sur ce chapitre; continuez, si cela vous amuse, à me rapporter les folies et les mensonges que vous entendez débiter sur mon compte. Rien de tout cela ne me fâchera plus, je vous le jure; mais je n'y répondrai de ma vie un seul mot.

Ceci, du reste, regarde uniquement l'avenir; car je vous ai promis d'examiner avec vous votre n° 32, et je veux tenir ma parole, mais il faut finir pour aujourd'hui. Dans l'état où je suis, la tâche que vous m'imposez ne peut se remplir sans reprendre haleine. Je finis donc en vous réitérant mes plus tendres vœux pour votre rétablissement, et en vous embrassant, mon cher hôte, de tout mon cœur.

AU MÊME.

Wootton, le 15 novembre 1766.

Je vois avec douleur, cher ami, par votre n° 35, que je vous ai écrit des choses déraisonnables dont vous vous tenez offensé. Il faut que vous ayez raison d'en juger ainsi, puisque vous êtes de sangfroid en lisant mes lettres, et que je ne le suis guère en les écrivant; ainsi vous êtes plus en état que moi de voir les choses telles qu'elles sont. Mais cette condition doit être aussi de votre part une plus grande raison d'indulgence : ce qu'on écrit dans le trouble ne doit pas être envisagé comme ce qu'on écrit de sangfroid. Un dépit outré a pu me laisser échapper des expressions démenties par mon cœur, qui n'eut jamais pour vous que des sentiments honorables. Au contraire, quoique vos expressions le soient toujours, vos idées souvent ne le sont guère; et voilà ce qui, dans le fort de mes afflictions, a souvent achevé de m'abattre. En me supposant tous les torts dont vous m'avez chargé, il fallait peut-être attendre un autre moment pour me les dire, ou du moins vous résoudre à endurer ce qui en pouvait résulter. Je ne prétends pas, à Dieu ne plaise, m'excuser ici, ni vous charger, mais seulement vous donner des raisons, qui me semblent justes, d'oublier les torts d'un ami dans mon état. Je vous en demande pardon de tout mon cœur; j'ai grand besoin que vous me l'accordiez, et je vous proteste, avec vérité, que je n'ai jamais cessé un seul moment d'avoir pour vous tous les sentiments que j'aurais désiré vous trouver pour moi.

La punition a suivi de près l'offense. Vous ne pouvez douter du tendre intérêt que je prends à tout ce qui tient à votre santé, et vous refusez de me parler des suites de votre voyage de Belfort. Heureusement vous n'avez pu être méchant qu'à demi, et vous me laissez entrevoir un succès dont je brûle d'apprendre la confirmation. Ecrivez-moi là-dessus en détail, mon aimable hôte, donnez-moi tout à la fois le plaisir de savoir que vos remèdes opèrent, et celui d'apprendre que je suis pardonné. J'ai le cœur trop plein de ce besoin pour pouvoir aujourd'hui vous parler d'autre chose, et je finis en vous répétant du fond de mon âme que mon tendre attachement et mon vrai respect pour vous ne peuvent pas plus sortir de mon cœur que l'amour de la vertu.

A M. LALIAUD.

Wootton, le 15 novembre 1766.

A peine nous connaissons-nous, monsieur, et vous me rendez les plus vrais services de l'amitié : ce zèle est donc moins pour moi que pour la chose, et m'en est d'un plus grand prix. Je vois que ce même amour de la justice, qui brûla toujours dans mon cœur, brûle aussi dans le vôtre : rien ne lie tant les âmes que cette conformité. La nature nous fit amis; nous ne sommes, ni vous ni moi, disposés à l'en dédire. J'ai reçu le paquet que vous m'avez envoyé par la voie de M. Dutens; c'est à mon avis la plus sûre. Le duplicata m'a pourtant déjà été annoncé, et je ne doute pas qu'il ne me parvienne. J'admire l'intrépidité des auteurs de cet ouvrage, et surtout s'ils le laissent répandre à Londres, ce qui me paraît difficile à empêcher. Du reste, ils peuvent faire et dire tout à leur aise : pour moi, je n'ai rien à dire de M. Hume, sinon que je le trouve bien insultant pour un bon homme, et bien bruyant pour un philosophe. Bonjour, monsieur; je vous aimerai toujours, mais je ne vous écrirai pas, à moins de nécessité; cependant je serais bien aise, par précaution, d'avoir votre adresse. Je vous embrasse de tout mon cœur, et vous prie de dire à M. Sauttersheim que je suis sensible à son souvenir, et n'ai point oublié notre ancienne amitié. Je suis aussi surpris que fâché qu'avec de l'esprit, des talents, de la douceur, et une assez jolie figure, il ne trouve rien à faire à Paris. Cela viendra, mais les commencements y sont difficiles.

TRADUCTION D'UNE LETTRE DE DAVID HUME A SUARD.

Édimbourg, 19 novembre 1766.

Je ne saurais, monsieur, trop vous remercier de la complaisance que vous avez mise à traduire un ouvrage qui ne méritait guère votre attention ni celle du public. Je suis on ne peut plus satisfait de ce travail; l'introduction m'a semblé particulièrement écrite avec une grande prudence et une rare discrétion, si j'en excepte la partialité que vous montrez en ma faveur. Je me plais du moins à la regarder comme un gage de votre amitié. Vous et M. d'Alembert avez agi sagement en adoucissant quelques expressions, surtout dans les notes, et je ferai usage de ces corrections dans l'édition anglaise. Cet écrit ne fut pas d'abord destiné à être lu du public; et sans un concours de circonstances imprévues, je ne l'eusse pas fait imprimer. Je ne suis pas surpris que les personnes qui ne connaissent pas les circonstances, et qui ne sont pas à même de les apprécier, blâment cet appel au public; mais il est certain que si j'eusse persévéré dans mon silence, on aurait fini par me regarder comme le coupable; et ceux qui me blâment à présent m'auraient, avec une apparence de raison, encore blâmé davantage. Je regarde toute cette affaire comme un malheur dans ma vie; et cependant à cette heure que tout est terminé, et qu'il est facile de rectifier les erreurs, je ne crois pas pouvoir m'accuser moi-même de la plus légère imprudence, si ce n'est toutefois d'avoir accueilli cet homme quand il s'est jeté dans mes bras, et, sans doute on m'eût trouvé cruel si je l'avais repoussé. Pouvais-je m'attendre à rencontrer un tel prodige d'orgueil et de férocité? Rien de semblable n'avait existé jusque alors. Mais, une fois qu'il m'eut déclaré la guerre d'une manière si violente, il n'eût pas été prudent de garder le silence avec mes amis, et de lui laisser le temps de trouver une occasion favorable pour frapper ma réputation. De mes amis, l'affaire a passé dans le public, qui s'y est intéressé plus qu'à une aventure privée. Cet intérêt extraordinaire m'a forcé à mettre sous ses yeux l'histoire tout entière. Si cependant quelqu'un s'obstine à penser qu'avec plus de prudence j'aurais pu éviter tous ces désagréments, je suis très disposé à convenir que ce n'est pas la première imprudence de ce genre dont je me sois rendu coupable.

Comme vous je pense que Rousseau répondra; cependant il est difficile d'imaginer ce qu'il pourra dire encore, après les détails longs, minutieux et fatigants dans lesquels il est déjà entré. Il serait ridicule qu'il vînt révéler quelque fait d'importance qu'il prétendrait avoir omis, après avoir cité comme des méfaits mes regards et ceux des femmes qui étaient logées sous le même toit que moi. Mais quoi qu'il puisse dire, je suis bien résolu à me taire là-dessus le reste de mes jours; je laisserai chacun penser de ces événements tout ce qu'il voudra. Je crois que, dans le monde, on disputera seulement pour savoir si Rousseau est plus fou que méchant, ou s'il n'est pas l'un et l'autre dans une égale proportion. Vous dites qu'il a des admirateurs qui prétendent encore à l'excuser. Prétendent-ils que d'Alembert, Horace Walpole, et moi, nous avons formé une conspiration pour l'entraîner en Angleterre, et le ruiner en le plaçant dans une habitation plus commode, et en doublant son revenu ? Si cette accusation n'est pas mise en avant, comment entreprendre d'excuser son odieuse conduite à mon égard ?

Si je pouvais regarder Rousseau comme un des écrivains classiques de la France, peut-être imaginerais-je que cette histoire, tout absurde qu'elle est, passera à la postérité et l'intéressera autant que nos propres contemporains ; mais en vérité, ses ouvrages sont remplis de tant d'extravagances, que je ne puis pas croire que la diction seule parvienne à les soutenir. Il a lui-même quelque crainte que cela n'arrive. Je vous confierai l'anecdote suivante, parce qu'elle ne saurait lui porter préjudice ; autrement je ne voudrais rien répéter de ce qui s'est passé dans le temps de notre ancienne intimité. Quand nous étions en route, il me dit qu'il était résolu à se perfectionner dans la langue anglaise ; et comme il avait appris qu'il existait deux traductions de son *Emile*, il voulait se les procurer pour les lire et en faire la comparaison ; étant d'avance familiarisé avec le sujet, il comprendrait plus facilement la version. Aussitôt arrivés, je lui procurai les livres en question. Après les avoir gardé deux ou trois jours, il me les renvoya, disant qu'ils ne lui avaient été d'aucune utilité ; qu'il n'avait pas eu la patience de les lire ; qu'au reste, il en était de même de l'original, et de tous les autres écrits qu'il avait publiés ; il ne pouvait plus les revoir sans dégoût. — Il est surprenant, lui répliquai-je, que des ouvrages si vantés pour leur éloquence ne causent aucune satisfaction à leur auteur. Quant au style, je ne suis pas, me répondit-il, trop mécontent ; mais je crains toujours qu'*ils ne pèchent par le fond*, et que leur éclat n'ait que la durée d'un jour.

(La Lettre est terminée par un alinéa de compliments à Suard.)

A MADEMOISELLE DEWES.

Wootton, le 9 décembre 1766.

Ma belle voisine, vous me rendez injuste et jaloux pour la première fois de ma vie ; je n'ai pu voir sans envie les chaînes dont vous honoriez mon Sultan ; et je lui ai ravi l'avantage de les porter le premier : j'en aurais dû pour votre brebis chérie, mais je n'ai osé empiéter sur les droits d'un jeune et aimable berger ; c'est déjà trop passer les miens de faire le galant à mon âge ; mais puisque vous me l'avez fait oublier, tâchez de l'oublier vous-même, et pensez moins au barbon qui vous rend hommage, qu'au soin que vous avez pris de lui rajeunir le cœur.

Je ne veux pas, ma belle voisine, vous ennuyer plus longtemps de mes vieilles sornettes : si je vous contais toutes les bontés et amitiés dont votre cher oncle m'honore, je serais encore ennuyeux par mes longueurs ; ainsi je me tais. Mais revenez l'été prochain en être le témoin vous-même, et ramenez madame la comtesse(1) à condition que nous serons cette fois-ci les plus forts, et qu'au lieu de vous laisser enlever comme cette année, vous m'aiderez à la retenir.

A MYLORD MARÉCHAL.

11 décembre 1766.

Abréger la correspondance..... Mylord, que m'annoncez-vous, et quel temps prenez-vous pour cela ? Serais-je dans votre disgrâce ? Ah ! dans tous les malheurs qui m'accablent, voilà le seul que je ne saurais supporter. Si j'ai des torts, daignez les pardonner ; en est-il, en peut-il être que mes sentiments pour vous ne doivent pas racheter ? Vos bontés pour moi font toute la consolation de ma vie : voulez-vous m'ôter cette unique et douce consolation ? Vous avez cessé d'écrire à vos parents ! Eh ! qu'importe, tous vos parents, tous vos amis ensemble ont-ils pour vous un attachement comparable au mien ? Eh ! mylord, c'est votre âge, ce sont mes maux qui nous rendent plus utiles l'un à l'autre : à quoi peuvent mieux s'employer les restes de la vie qu'à

(1) Madame la comtesse Cowper, veuve du comte Cowper, fille du comte de Grandville.

s'entretenir avec ceux qui nous sont chers? Vous m'avez promis une éternelle amitié; je la veux toujours, j'en suis toujours digne. Les terres et les mers nous séparent, les hommes peuvent semer bien des erreurs entre nous; mais rien ne peut séparer mon cœur du vôtre, et celui que vous aimâtes une fois n'a pas changé. Si réellement vous craignez la peine d'écrire, c'est mon devoir de vous épargner autant qu'il se peut : je ne demande, à chaque fois, que deux lignes, toujours les mêmes, et rien de plus : *J'ai reçu votre lettre de telle date, je me porte bien, et je vous aime toujours*. Voilà tout; répétez-moi ces dix mots dix fois l'année, et je suis content. De mon côté j'aurai le plus grand soin de ne vous écrire jamais rien qui puisse vous importuner ou vous déplaire; mais cesser de vous écrire avant que la mort nous sépare : non, mylord, cela ne peut pas être; cela ne se peut pas plus que cesser de vous aimer.

Si vous tenez votre cruelle résolution, j'en mourrai; ce n'est pas le pire; mais j'en mourrai dans la douleur, et je vous prédis que vous y aurez du regret. J'attends une réponse, je l'attends dans les plus mortelles inquiétudes; mais je connais votre âme, et cela me rassure : si vous pouvez sentir combien cette réponse m'est nécessaire, je suis très sûr que je l'aurai promptement.

A M. D'IVERNOIS.

Wootton, le 11 décembre 1766.

J'étais extrêmement en peine de vous, monsieur, quand j'ai reçu votre lettre du 19 novembre, qui m'a tranquillisé sur votre santé et sur votre amitié, mais qui m'a donné des douleurs, dont la perte de votre enfant, quelque touché que je sois de tout ce qui vous afflige, n'est pourtant pas la plus vive. Cette vie, monsieur, n'est le temps ni de la vérité ni de la justice : il faut s'en consoler par l'attente d'une meilleure.

Tout bien pesé, je ne suis pas fâché que vous n'ayez pas fait cette année la bonne œuvre que vous vous étiez proposée, mais je le suis beaucoup que vous m'ayez laissé dans la plus parfaite incertitude sur l'avenir. Il m'importerait de savoir à quoi m'en tenir sur ce point. Il ne s'agit que d'un *oui* ou d'un *non* de votre part, que j'entendrai sans qu'il soit besoin de plus grande explication.

C'est à regret que je vous écris si rarement et si peu : ce n'est pas faute d'avoir de quoi vous entretenir; mais il faut attendre de plus sûres occasions. Mes respects à madame d'Ivernois; j'embrasse tendrement tout ce qui vous est cher, tous ceux qui m'aiment, et surtout votre associé.

A M. DAVENPORT.

22 décembre 1766.

Quoique jusqu'ici, monsieur, malgré mes sollicitations et mes prières, je n'aie pu obtenir de vous un seul mot d'explication, ni de réponse sur les choses qu'il m'importe le plus de savoir, mon extrême confiance en vous m'a fait endurer patiemment ce silence, bien que très extraordinaire. Mais, monsieur, il est temps qu'il cesse; et vous pouvez juger des inquiétudes dont je suis dévoré, vous voyant prêt à partir pour Londres, sans m'accorder, malgré vos promesses, aucun des éclaircissements que je vous ai demandés avec tant d'instances. Chacun a son caractère; je suis ouvert et confiant plus qu'il ne faudrait peut-être : je ne demande pas que vous le soyez comme moi; mais c'est aussi pousser trop loin le mystère, que de refuser constamment de me dire sur quel pied je suis dans votre maison, et si j'y suis de trop ou non. Considérez, je vous supplie, ma situation, et jugez de mes embarras; quel parti puis-je prendre, si vous refusez de me parler? Dois-je rester dans votre maison malgré vous? en puis-je sortir sans votre assistance? Sans amis, sans connaissances, enfoncé dans un pays dont j'ignore la langue, je suis entièrement à la merci de vos gens : c'est à votre invitation que j'y suis venu; et vous m'avez aidé à y venir; il convient, ce me semble, que vous m'aidiez de même à en partir, si j'y suis de trop. Quand j'y resterais, il faudrait toujours, malgré toutes vos répugnances, que vous eussiez la bonté de prendre des arrangements qui rendissent mon séjour chez vous moins onéreux pour l'un et pour l'autre. Les honnêtes gens gagnent toujours à s'expliquer et s'entendre entre eux : si vous entriez avec moi dans les détails dont vous vous fiez à vos gens, vous seriez moins trompé et je serais mieux traité, nous y trouverions tous deux notre avantage; vous avez trop d'esprit pour ne pas voir qu'il y a des gens à qui mon séjour dans votre maison déplaît beaucoup, et qui feront de leur mieux pour me le rendre désagréable.

Que si, malgré toutes ces raisons, vous continuez à garder avec moi le silence, cette réponse alors deviendra très claire, et vous ne trouverez pas mauvais que, sans m'obstiner davantage inutilement, je pourvoie à ma retraite comme je pourrai, sans vous en parler davantage, emportant un souvenir très reconnaissant de l'hospitalité que vous m'avez offerte, mais ne pouvant dissimuler les cruels embarras où je me suis mis en l'acceptant.

A LORD VICOMTE DE NUNCHAM.
aujourd'hui comte de Harcourt.

Wootton, 24 décembre 1766.

Je croirais, mylord, exécuter peu honnêtement la résolution que j'ai prise de me défaire de mes estampes et de mes livres, si je ne vous priais de vouloir bien commencer par en retirer les estampes dont vous avez eu la bonté de me faire présent. J'en fais assurément tout le cas possible, et la nécessité de ne rien laisser sous mes yeux qui me rappelle un goût auquel je veux renoncer pouvait seule en obtenir le sacrifice. S'il y a dans mon petit recueil, soit d'estampes, soit de livres, quelque chose qui puisse vous convenir, je vous prie de me faire l'honneur de l'agréer, et surtout par préférence ce qui me vient de votre digne ami M. Watelet, et qui ne doit passer qu'en main d'ami. Enfin, milord, si vous êtes à portée d'aider au débit du reste, je reconnaîtrai, dans cette bonté, les soins officieux dont vous m'avez permis de me prévaloir. C'est chez M. Davenport que vous pourrez visiter le tout, si vous voulez bien en prendre la peine. Il demeure en Piccadilly, à côté de lord Egremont. Recevez, mylord, je vous prie, les assurances de ma reconnaissance et de mon respect.

A M....

Janvier 1767.

Ce que vous me marquez, monsieur, que M. Deyverdun a un poste chez le général Conway, m'explique une énigme à laquelle je ne pouvais rien comprendre, et que vous verrez dans la lettre dont je joins ici une copie faite sur celle que M. Hume a envoyée à M. Davenport. Je ne vous la communique pas pour que vous vérifiiez si ledit M. Deyverdun a écrit cette lettre, chose dont je ne doute nullement, ni s'il est en effet l'auteur des écrits en question, mis dans le *Saint-James Chronicle*, ce que je sais parfaitement être faux; d'ailleurs ledit M. Deyverdun, bien instruit, et bien préparé à son rôle de prête-nom, et qui peut-être l'a commencé lorsque lesdits écrits furent portés au *Saint-James Chronicle*, est trop sur ses gardes pour que vous puissiez maintenant rien savoir de lui; mais il n'est pas impossible que dans la suite des temps, ne paraissant instruit de rien et gardant soigneusement le secret que je vous confie, vous parveniez à pénétrer le secret de toutes ses manœuvres, lorsque ceux qui s'y sont prêtés seront moins sur leurs gardes; et tout ce que je souhaite, dans cette affaire, est que vous découvriez la vérité par vous-même. Je pense aussi qu'il importe toujours de connaître ceux avec qui l'on peut avoir à vivre, et de savoir si ce sont d'honnêtes gens : or, que ledit Deyverdun ait fait ou non les écrits dont il se vante, vous savez maintenant, ce me semble, à quoi vous en tenir avec lui. Vous êtes jeune, vous me survivrez, j'espère, de beaucoup d'années, et ce m'est une consolation très douce de penser qu'un jour, quand le fond de cette triste affaire sera dévoilé, vous serez à portée d'en vérifier par vous-même beaucoup de faits, que vous saurez de mon vivant sans qu'ils vous frappent, parce qu'il vous est impossible d'en voir les rapports avec mes malheurs. Je vous embrasse de tout mon cœur.

A M....

2 janvier 1766.

Quand je vous pris au mot, monsieur, sur la liberté que vous m'accordiez de ne vous pas répondre, j'étais bien éloigné de croire que ce silence pût vous inquiéter sur l'effet de votre précédente lettre : je n'y ai rien vu qui ne confirmât les sentiments d'estime et d'attachement que vous m'avez inspirés; et ces sentiments sont si vrais, que si jamais j'étais dans le cas de quitter cette province, je souhaiterais que ce fût pour me rapprocher de vous. Je vous avoue pourtant que je suis si touché des soins de M. Davenport, et si content de sa société, que je ne me priverais pas sans regret d'une hospitalité si douce; mais comme il souffre à peine que je lui rembourse une partie des dépenses que je lui coûte, il y aurait trop d'indiscrétion à rester toujours chez lui sur le même pied, et je ne croirais pouvoir me dédommager des agréments que j'y trouve, que par ceux qui m'attendraient auprès de vous. Je pense souvent avec plaisir à la ferme solitaire que nous avons vue ensemble et à l'avantage d'y être votre voisin; mais ceci sont plutôt des souhaits vagues que des projets d'une prochaine exécution. Ce qu'il y a de bien réel est le vrai plaisir que j'ai de correspondre en toute occasion à la bienveillance dont vous m'honorez, et de la cultiver autant qu'il dépendra de moi.

Il y a longtemps, monsieur, que je me suis donné le conseil de la dame dont vous parlez : j'aurais dû le prendre plus tôt; mais il vaut mieux tard que jamais. M. Hume était pour moi une connaissance de trois mois, qu'il ne m'a pas convenu d'entretenir : après un premier mouvement d'indignation dont je n'étais pas le maître, je me suis retiré paisiblement : il a voulu une rupture formelle; il a fallu lui complaire : il a voulu ensuite une explication; j'y ai consenti. Tout cela s'est passé entre lui et moi : il a jugé à propos d'en faire le vacarme que vous savez; il l'a fait tout seul, je me suis tu; je continuerai de me taire, et je n'ai rien du tout à dire de M. Hume, sinon que je le trouve un peu insultant pour un bon homme, et un peu bruyant pour philosophe.

Comment va la botanique? vous en occupez-vous un peu? voyez-vous des gens qui s'en occupent? pour moi, j'en raffole, je m'y acharne, et je n'avance point : j'ai totalement perdu la mémoire, et de plus, je n'ai pas de quoi l'exercer; car avant de retenir il faut apprendre, et ne pouvant trouver par moi-même les noms des plantes, je n'ai nul moyen de les savoir : il me semble que tous les livres qu'on écrit sur la botanique ne sont bons que pour ceux qui la savent déjà. J'ai acquis votre *Stilling flet*, et je n'en suis pas plus avancé. J'ai pris le parti de renoncer à toute lecture, et de vendre mes livres et mes estampes, pour acheter des plantes gravées : sans avoir le plaisir d'apprendre, j'aurai celui d'étudier; et pour mon objet cela revient à peu près au même.

Au reste, je suis très heureux de m'être procuré une occupation qui demande de l'exercice; car rien ne me fait tant de mal que de rester assis, ou d'écrire ou lire : et c'est une des raisons qui me font renoncer à tout commerce de lettres, hors les cas de nécessité. Je vous écrirai dans peu; mais de grâce, monsieur, une fois pour toutes, ne prenez jamais mon silence pour un signe de refroidissement ou d'oubli, et soyez persuadé que c'est pour mon cœur une consolation très douce, d'être aimé de ceux qui sont aussi dignes que vous d'être aimés eux-mêmes : mes respects empressés à M. Malthus, je vous en supplie; recevez ceux de mademoiselle Le Vasseur, et mes plus cordiales salutations.

RÉPONSES
aux questions faites par M. de Chauvel.
A Wootton, le 5 janvier 1767.

Jamais, ni en 1759, ni en aucun autre temps, M. Marc Chappuis ne m'a proposé, de la part de M. de Voltaire, d'habiter une petite maison appelée l'Ermitage. En 1755, M. de Voltaire, me pressant de revenir dans ma patrie, m'invitait d'aller boire du lait de ses vaches. Je lui répondis. Sa lettre et la mienne furent publiques. Je ne me ressouviens pas d'avoir eu de sa part aucune invitation.

Ce que j'écrivis à M. de Voltaire, en 1760, n'était point une réponse. Ayant retrouvé par hasard le brouillon de cette lettre, je la transcris ici, permettant à M. de Chauvel d'en faire l'usage qui lui plaira.

Je ne me souviens point exactement de ce que j'écrivis, il y a vingt-trois ans, à M. du Theil : mais il est vrai que j'ai été domestique de M. de Montaigu, ambassadeur de France à Venise, et que j'ai mangé son pain, comme ses gentilshommes étaient ses domestiques et mangeaient son pain : avec cette différence, que j'avais partout le pas sur les gentilshommes, que j'allais au sénat, que j'assistais aux conférences, et que j'allais en visite chez les ambassadeurs et ministres étrangers; ce qu'assurément les gentilshommes de l'ambassadeur n'eussent osé faire. Mais bien qu'eux et moi fussions ses domestiques, il ne s'ensuit point que nous fussions ses valets.

Il est vrai qu'ayant répondu sans insolence, mais avec fermeté, aux brutalités de l'ambassadeur, dont le ton ressemblait assez à celui de M. de Voltaire, me menaça d'appeler ses gens, et de me faire jeter par les fenêtres. Mais ce que M. de Voltaire ne dit pas, et dont tout Venise rit beaucoup dans ce temps-là, c'est que sur cette menace, je m'approchai de la porte de son cabinet, où nous étions; puis l'ayant fermée, et mis la clef dans ma poche, je revins à M. de Montaigu, et lui dis : *Non pas, s'il vous plaît, monsieur l'ambassadeur. Les tiers sont incommodes dans les explications. Trouvez bon que celle-ci se passe entre nous.* A l'instant son excellence devint très poli : nous nous séparâmes fort honnêtement; et je sortis de sa maison, non pas honteusement, comme il plaît à M. de Voltaire de me faire dire, mais en triomphe. J'allai loger chez l'abbé Patizel, chancelier du consulat. Le lendemain, M. Le Blond, consul de France, me donna un dîner, où M. de Saint-Cyr et une partie de la légation française se trouva; toutes les bourses me furent ouvertes, et j'y pris l'argent dont j'avais besoin, n'ayant pu être payé de mes appointements. Enfin, je partis accompagné et fêté de tout le monde : tandis que l'ambassadeur, seul et abandonné dans son palais, y rongeait son frein. M. Le Blond doit être maintenant à Paris, et peut attester tout cela; le chevalier de Carrion, alors mon confrère et mon ami, secrétaire de l'ambassadeur d'Espagne, et depuis secrétaire d'ambassade à Paris, y est peut-être encore, et peut attester la même chose. Des foules de lettres et de témoins la peuvent attester; mais qu'importe à M. de Voltaire?

Je n'ai jamais rien écrit ni signé de pareil à la déclaration que M. de Voltaire dit que M. de Montmollin a entre les mains, signée de moi. On peut consulter là-dessus ma lettre du 8 août 1765, adressée à M. Du Peyrou, imprimée avec les siennes à lord Wemyss.

Messieurs de Berne m'ayant chassé de leurs états en 1765, à l'entrée de l'hiver, le peu d'espoir de trouver nulle part la tranquillité dont j'avais si grand besoin, joint à ma faiblesse et au mauvais état de ma santé, qui m'ôtait le courage d'entreprendre un long voyage dans une saison si rude, m'engagea d'écrire à M. le bailli de Nidau une lettre qui a couru Paris, qui a arraché des larmes à tous les honnêtes gens, et des plaisanteries au seul M. de Voltaire.

M. de Voltaire ayant dit publiquement à huit citoyens de Genève, qu'il était faux que j'eusse jamais été secrétaire d'un ambassadeur, et que je n'avais été que son valet, un d'entre eux m'instruisit de ce discours; et dans le premier mouvement de mon indignation, j'envoyai à M. de Voltaire un démenti conditionnel, dont j'ai oublié les termes, mais qu'il avait assurément bien mérité.

Je me souviens très bien d'avoir une fois dit à quelqu'un que je me sentais le cœur ingrat, et que je n'aimais point les bienfaits. Mais ce n'était pas après les avoir reçus que je tenais ce discours; c'était au contraire pour m'en défendre; et cela, monsieur, est très différent. Celui qui veut me servir à sa mode, et non pas à la mienne, cherche l'ostentation du titre de bienfaiteur; et je vous avoue que rien au monde ne me touche moins que pareils soins. A voir la multitude prodigieuse de mes bienfaiteurs, on doit me croire dans une situation bien brillante. J'ai pourtant beau regarder autour de moi, je n'y vois point les grands monuments de tant de bienfaits. Le seul vrai bien dont je jouis est la liberté; et ma liberté, grâces au ciel, est mon ouvrage. Quelqu'un s'ose-t-il vanter d'y avoir contribué? Vous seul, ô George Keith! pouvez le faire; et ce n'est pas vous qui m'accuserez d'ingratitude. J'ajoute à mylord maréchal, mon ami Du Peyrou. Voilà mes vrais bienfaiteurs. Je n'en connais point d'autres. Voulez-vous donc me lier par des bienfaits? Faites qu'ils soient de mon choix et non pas du vôtre; et soyez sûr que vous ne trouverez de la vie un cœur plus vraiment reconnaissant que le mien. Telle est ma façon de penser, que je n'ai point déguisée; vous êtes jeune; vous pouvez la dire à vos amis; et si vous trouvez quelqu'un qui la blâme, ne vous fiez jamais à cet homme-là.

A M. DU PEYROU.

A Wootton, le 8 janvier 1767.

Que Dieu comble de ses bénédictions mon cher hôte, qui, par une réconciliation parfaite, accorde à mon cœur la paix dont il avait besoin! Je prends à bon augure, dans ces circonstances, celle que vous m'annoncez pour le reste de mes jours à la fin de votre n° 38. Si je puis obtenir que le public m'oublie, comptez que je ne réveillerai plus ses souvenirs. La postérité me rendra justice, j'en suis très sûr, cela me console de mes contemporains.

C'est sans contredit une chose bien douce qu'une réconciliation, mais elle est précédée de moments si tristes, qu'il n'en faut plus acheter à ce prix. La première source de notre petite mésintelligence est venue du défaut de votre mémoire et de la confiance que vous n'avez pas laissé d'y avoir. Dans vos deux pénultièmes lettres, par exemple, parlant de ce que vous avait dit M. de Luze, vous supposez m'avoir écrit qu'il disait que je n'avais point couché à Calais dans la même chambre que M. Hume, fait qui est très vrai. Si c'était là, en effet, ce que vous m'aviez écrit auparavant, j'aurais eu grand tort de m'en formaliser, et mes réponses seraient très ridicules. Mais, mon cher hôte, votre n° 33 ne parlait point du tout de Calais, et décidait nettement que je n'avais jamais couché dans la même chambre avec M. Hume; voici vos propres termes :

De Luze doute que vous ayez en effet écrit que vous couchiez dans la même chambre où était Hume, parce que, dit-il, c'est lui de Luze qui a toujours pendant la route occupé la même chambre avec M. Hume, et que vous étiez seul dans la vôtre. Ce mot *toujours* est décisif, ce me semble, non-seulement pour Calais, mais pour toute la route; et ma réponse, très blâmable quant à l'emportement, est juste quant au raisonnement.

Dans votre n° 36, vous me marquez que j'ai rompu publiquement avec M. Hume. Mon cher hôte, où avez-vous pris cela? Mettez-vous donc sur mon compte le vacarme qu'a fait le bon David, pendant que je n'ai pas dit un seul mot, si ce n'est à lui seul, dans le plus grand secret, et seulement quand il m'y a forcé? Comme j'étais instruit de son projet, je craignais plus que la mort l'éclat de cette rupture; je m'en défendis de tout mon pouvoir, et je ne la fis enfin que par des lettres bien cachetées, tandis qu'il faisait faire un grand détour aux siennes pour me les envoyer ouvertes par M. Davenport. Ces lettres, s'il ne les eût montrées, n'eussent été vues que de lui, et je n'en aurais parlé même à personne au monde, qu'à mylord maréchal et à vous. Appelez-vous cela rompre publiquement?

Dans votre n° 58, vous m'accusez d'avoir mis de la méchanceté dans ma lettre du 10 juillet. Ce que je viens de dire répond d'avance à cette accusation. La méchanceté consiste dans le dessein de nuire. Quand ma lettre eût contenu des choses effroyables, quel mal pouvait-elle faire à M. Hume, n'étant vue que de lui seul? Il pouvait y avoir de la brutalité dans cette lettre, jamais de la méchanceté, puisqu'il n'en pouvait résulter aucun préjudice pour celui à qui elle était écrite, qu'autant qu'il le voulait bien. Mais, de grâce, relisez avec moins de prévention cette lettre : dans la position où je l'ai écrite, elle est, j'ose le dire, un prodige de force d'âme et de modération. Forcé de m'expliquer avec un fourbe insigne, qui, sous l'appareil des services, travaille à ma diffamation, je pousse le ménagement jusqu'à ne lui parler qu'en tierce personne, pour éviter, dans ce que j'avais à lui dire, la dureté des apostrophes. Cette lettre est pleine de ses éloges (vous voyez comment il me les a rendus); partout la raison qui discute, pas un seul trait d'insulte ni d'humeur, pas un mouvement d'indignation, pas un mot dur, si ce n'est quand la force du raisonnement le rend si nécessaire, qu'on ne saurait ôter le mot sans énerver l'argument; encore, alors même, ce mot n'est-il jamais direct et affirmatif, mais hypothétique et conditionnel. Si vous blâmez cette lettre, j'en suis d'autant plus fâché que je veux qu'on juge par elle l'âme qui l'a dictée.

Cette sévérité de jugements, qui va jusqu'à l'injustice, est aussi loin de votre cœur que de votre raison, et ne vient que du défaut de votre mémoire. Vous recevez des éclaircissements qui vous font changer d'idée, et vous oubliez que je ne suis pas instruit de ce changement; vous voyez que ma rupture avec M. Hume est publique, et vous oubliez que je n'ai aucune part à cette publicité; vous voyez que je lui dis des choses dures qui sont imprimées, et vous oubliez également que c'est lui qui m'a forcé de les lui dire, et que c'est lui qui les a fait imprimer. Ce que vous avez écrit vous échappe ou se modifie, et il résulte de tout cela que je vous parais déraisonner toujours parce qu'au lieu de répondre à votre idée présente, que je ne saurais deviner, je réponds à celle que vous m'avez communiquée, et dont vous ne vous souvenez plus

Il y aurait à cela deux remèdes en votre pouvoir : le premier serait que vous voulussiez bien présumer un peu moins de votre mémoire et un peu plus de ma raison, en sorte que, quand ma réponse cadrerait mal avec ce que vous croyez m'avoir écrit, vous supposassiez qu'il faut que vous m'ayez écrit autre chose, plutôt que de conclure que je ne sais ce que je dis; l'autre serait de garder des copies des lettres que vous m'écrivez, pour y avoir recours au besoin, sur mes réponses. Un troisième moyen serait que, toutes les fois que je réponds à quelque article de vos lettres, je commençasse par transcrire dans la mienne l'article auquel je réponds; mais cette manière s'armer jusqu'aux dents avec ses amis me paraît si cruelle, que j'aime cent fois mieux me présenter nu et être navré.

Outre les emportements très condamnables que je me reproche de mon côté, je tâcherai de me guérir aussi d'une mauvaise fierté qui me fait négliger des avis utiles, pour vous mettre en garde sur ce qu'on vous dit contre moi. Par exemple, quand vous commençâtes à me parler de M. Brulh avec de grands éloges, je ne voulus rien vous répondre là-dessus, et, en effet, n'ai rien à dire contre ces éloges, parce que je ne connais point du tout caractère de M. Brulh. Mais ce que j'aurais pourtant dû vous dire est qu'i vint me voir à Chiswick, et que son abord, son air, son ton, ses manières, me repoussèrent à tel point, qu'il ne fut pas en moi de le bien recevoir.

Je finis sur ce sujet désagréable, pour ne vous en parler jamais. J'aurais, sur certaines questions que vous me faites dans votre lettre, beaucoup de choses à vous dire que je n'ose confier au papier. J'ignore encore si l'ami qui devait venir cet automne pourra venir ce printemps. Je crains qu'il ne soit enveloppé dans les malheurs de sa patrie; s'il ne vient pas, je ne vois qu'une ressource pour vous parler en sûreté, c'est un chiffre auquel je travaille, et qu'il faudra bien risquer de vous envoyer par la poste, faute de plus sûre voie. Examinez avec grand soin l'état du cachet de la lettre qui le contiendra, pour savoir si elle n'a point été ouverte; je vous préviens qu'elle sera cachetée avec le talisman arabesque que vous connaissez, et dont on ne saurait lever et rappliquer l'empreinte sans qu'il y paraisse. Je viens de recevoir de M. de Cerjeat une invitation trop obligeante pour que j'en méconnaisse la source. Quand vous aurez mon chiffre, nous en dirons davantage. Adieu, mon cher hôte; je sens toute votre amitié, et vous devez connaître assez mon cœur pour juger de la mienne. Mille tendres respects à la bonne maman. Mylord maréchal me disait que les hivers étaient doux en Angleterre : nous avons ici un pied de glace et trois pieds de neige; je ne sentis de ma vie un froid si piquant.

On vient de m'apprendre que les papiers publics disent la santé de mylord maréchal en mauvais état. Eh quoi! mon Dieu! toujours des malheurs, et toujours des plus terribles! Ce qui me rassure un peu est qu'en conférant la date de sa dernière lettre avec celle de ces nouvelles, je les crois fausses, mais je ne puis me défendre d'une extrême inquiétude; il ne m'écrira peut-être de très longtemps; si vous avez de ses nouvelles récentes, je vous conjure de m'en donner. Je vous embrasse.

Recevez les remerciments et respects de mademoiselle Le Vasseur.

Je compte tirer dans quelques jours sur vos banquiers une lettre de change de huit cents francs.

A M. LE MARQUIS DE MIRABEAU.

Wootton, le 31 janvier 1767.

Il est digne de l'ami des hommes de consoler les affligés. La lettre, monsieur, que vous m'avez fait l'honneur de m'écrire, la circonstance où elle a été écrite, le noble sentiment qui l'a dictée, la main respectable dont elle vient, l'infortuné à qui elle s'adresse, tout concourt à lui donner dans mon cœur le prix qu'elle reçoit du vôtre : en vous lisant, en vous aimant par conséquent, j'ai souvent désiré d'être connu et aimé de vous. Je ne m'attendais pas que ce serait vous qui feriez les avances, et cela précisément au moment où j'étais universellement abandonné; mais la générosité ne sait rien faire à demi, et votre lettre en a bien la plénitude. Qu'il serait beau que l'ami des hommes donnât retraite à l'ami de l'égalité! Votre offre m'a si vivement pénétré, j'en trouve l'objet si honorable à l'un et à l'autre, que, par un autre effet, bien contraire, vous me rendrez malheureux peut-être, par le regret de n'en pas profiter; car, quelque doux qu'il me fût d'être votre hôte, je vois peu d'espoir à le devenir; mon âge plus avancé que le vôtre, le grand éloignement, mes maux qui me rendent les voyages très pénibles, l'amour du repos, de la solitude, le désir d'être oublié pour mourir en paix, me font redouter de me rapprocher des grandes villes où mon voisinage pourrait réveiller une sorte d'attention qui fait mon tourment. D'ailleurs, pour ne parler que de ce qui me tiendrait plus près de vous, sans douter de ma sûreté du côté du Parlement de Paris, je lui dois ce respect de ne pas aller le braver dans son ressort, comme pour lui faire avouer tacitement son injustice, je le dois à votre ministère, à qui trop de marques affligeantes me font sentir que j'ai eu le malheur de déplaire, et cela sans que j'en puisse imaginer d'autre cause qu'un malentendu d'autant plus cruel que, sans lui, ce qui m'attira mes disgrâces m'eût dû mériter des faveurs. Dix mots d'explication prouveraient cela; mais c'est un des malheurs attachés à la puissance humaine, et à ceux qui lui sont soumis, que quand les grands sont une fois dans l'erreur, il est impossible qu'ils en reviennent. Ainsi, monsieur, pour ne point m'exposer à de nouveaux orages, je me tiens au seul parti qui peut assurer le repos de mes derniers jours. J'aime la France, je la regretterai toute ma vie; si mon sort dépendait de moi, j'irais y finir mes jours, et vous seriez mon hôte, puisque vous n'aimez pas que j'aie un patron; mais, selon toute apparence, mes vœux et mon cœur feront seuls le voyage, et mes os resteront ici.

Je n'ai pas eu, monsieur, sur vos écrits, l'indifférence de M. Hume, et je pourrais si bien vous en parler, qu'ils sont, avec deux traités de botanique, les seuls livres que j'aie apportés avec moi dans ma malle; mais outre que je crois votre sublime amour-propre trop au-dessus de la petite vanité d'auteur, pour ne pas dédaigner ces formulaires d'éloges, je suis déjà trop loin de ces sortes de matières pour pouvoir en parler avec justesse et même avec plaisir : tout ce qui tient par quelque côté à la littérature et à un métier pour lequel certainement je n'étais pas né, m'est devenu si parfaitement insupportable, et son souvenir me rappelle tant de tristes idées, que, pour n'y plus penser, j'ai pris le parti de me défaire de tous mes livres, qu'on m'a très mal à propos envoyés de Suisse : les vôtres et les miens sont partis avec tout le reste. J'ai pris toute lecture dans un tel dégoût, qu'il a fallu renoncer à mon Plutarque : la fatigue même de penser me devient chaque jour plus pénible. J'aime à rêver, mais librement, en laissant errer ma tête et sans m'asservir à aucun sujet; et, maintenant que je vous écris, je quitte à tout moment la plume pour vous dire en me promenant mille choses charmantes, qui disparaissent sitôt que je reviens à mon papier. Cette vie oisive et contemplative que vous n'approuvez pas, et que je n'excuse pas, me devient chaque jour plus délicieuse; errer seul, sans fin et sans cesse, parmi les arbres et les rochers qui entourent ma demeure, rêver, ou plutôt extravaguer à mon aise, et, comme vous dites, bayer aux corneilles; quand ma cervelle s'échauffe trop, la calmer en analysant quelque mousse ou quelque fougère; enfin me livrer sans gêne à mes fantaisies, qui, grâces au ciel, sont toutes en mon pouvoir : voilà, monsieur, pour moi la suprême jouissance, à laquelle je n'imagine rien de supérieur dans ce monde pour un homme à mon âge et dans mon état. Si j'allais dans une de vos terres, vous pouvez compter que je ne prendrais pas le plus petit soin en faveur du propriétaire; je vous verrais voler, piller, dévaliser, sans jamais en dire un seul mot, ni à vous ni à personne : tous mes malheurs me viennent de cette ardente haine de l'injustice, que je n'ai jamais pu dompter. Je me le tiens pour dit : il est temps d'être sage, ou du moins tranquille; je suis las de guerres et de querelles; je suis bien sûr de n'en avoir jamais avec les honnêtes gens, et je n'en veux plus avec les fripons, car celles-là sont trop dangereuses. Voyez donc, monsieur, quel homme utile vous mettriez dans votre maison. A Dieu ne plaise que je veuille avilir votre offre par cette objection! mais c'en est une dans vos maximes, et il faut être conséquent.

En censurant cette nonchalance, vous me répéterez que c'est n'être bon à rien que n'être bon que pour soi : mais peut-on être vraiment bon pour soi, sans être, par quelque côté, bon pour les autres? D'ailleurs, considérez qu'il n'appartient pas à tout ami des hommes d'être, comme vous, leur bienfaiteur en réalité. Considérez que je n'ai ni état ni fortune, que je vieillis, que je suis infirme, abandonné, persécuté, détesté, et qu'en voulant faire du bien je ferais du mal, surtout à moi-même. J'ai reçu mon congé bien signifié, par la nature et par les hommes : je l'ai pris et j'en veux profiter. Je ne délibère plus si c'est bien ou mal fait, parce que c'est une résolution prise, et rien ne m'en fera départir. Puisse le public m'oublier comme je l'oublie! S'il ne veut pas m'oublier, peu m'importe qu'il m'admire ou qu'il me déchire; tout cela m'est indifférent; je tâche de n'en rien savoir, et quand je l'apprends je ne m'en soucie guère. Si l'exemple d'une vie innocente et simple est utile aux hommes, je puis leur faire encore ce bien-là; mais c'est le seul, et je suis bien déterminé à ne vivre plus que pour moi et pour mes amis, en très petit nombre, mais éprouvés, et qui me suffisent: encore aurais-je pu m'en passer, quoique ayant un cœur aimant et tendre, pour qui des attachements sont de vrais besoins; mais ces besoins m'ont souvent coûté si cher, que j'ai appris à me suffire à moi-même, et je me suis conservé l'âme assez saine pour le pouvoir. Jamais sentiment haineux, envieux, vindicatif, n'approcha de mon cœur. Le souvenir de mes amis donne à ma rêverie un charme que le souvenir de mes ennemis ne trouble point. Je suis tout entier où je suis, et point où sont ceux qui me persécutent. Leur haine, quand elle n'agit pas, ne trouble qu'eux, et je la leur laisse pour toute vengeance. Je ne suis pas parfaitement heureux, parce qu'il n'y a rien de parfait ici-bas, surtout le bonheur; mais j'en suis aussi près que je puisse l'être dans cet exil. Peu de chose de plus comblerait mes vœux, moins de maux corporels, un climat plus doux, un ciel plus pur, un air plus serein, surtout des cœurs plus ouverts, où, quand le mien s'épanche, il sentît que c'est dans un autre. J'ai ce bonheur en ce moment; et vous voyez que j'en profite; mais je ne l'ai pas tout-à-fait impunément; votre lettre me laissera des souvenirs qui ne s'effaceront pas, et qui me rendront parfois moins tranquille. Je n'aime pas les pays arides, et la Provence m'attire peu; mais cette terre en Angoumois, qui n'est pas encore en rapport, et où l'on peut retrouver quelquefois la nature, me donnera souvent des regrets qui ne seront pas tous pour elle. Bonjour, monsieur le marquis. Je hais les formules; et je vous prie de m'en dispenser. Je vous salue très humblement et de tout mon cœur.

A M. D'IVERNOIS.

Wootton, le 31 janvier 1767.

Jamais, monsieur, je n'ai écrit, ni dit, ni pensé rien de pareil aux extravagances qu'on vous dit avoir été trouvées écrites de ma main dans les papiers de M. Le Nieps, non plus que rien de ce que M. de Voltaire publie, avec son impudence ordinaire, être écrit et signé de moi dans les mains du ministre Montmollin. Votre inépuisable crédulité ne me fâche plus, mais elle m'étonne toujours, et d'autant plus en cette occasion, que vous avez pu voir dans nos liaisons que je ne suis pas visionnaire, et dans le *Contrat social*, que je n'ai jamais approuvé le gouvernement démocratique. Avez-vous donc assez grande opinion de la probité de mes ennemis pour les croire incapables d'inventer des mensonges, et peuvent-ils obtenir votre estime aux dépens de celle que vous me devez?

Tandis que votre facilité à tout croire en montre si peu pour moi, la mienne pour vous et vos magnanimes compatriotes augmente de jour en jour. Le courage et la fermeté n'est pas en eux ce qui frappe, je m'y attendais; mais je ne m'attendais pas, je l'avoue, à voir tant de sagesse en même temps au milieu des plus grands dangers. Voici la première fois qu'un peuple a montré ce grand et beau spectacle; il mérite d'être inscrit dans les fastes de l'histoire. Vos magistrats, messieurs, se conduisent dans toute cette affaire comme un peuple forcené; et vous vous conduisez, dans les périls terribles qui vous menacent, avec toute la dignité des plus respectables magistrats. Je crois voir le sénat de Rome assis gravement dans la place publique, attendant la mort de la main des Gaulois. Voici la première et dernière fois que, depuis notre entrevue de Thonon, je me serais permis de vous parler de vos affaires; mais je n'ai pu refuser ce mot d'admiration à celle que vous m'inspirez. Vous savez quel fut constamment mon avis dans cette entrevue; et, comme je vous rends de bon cœur la justice qui vous est due, j'espère que vous ne me refuserez pas non plus, dans l'occasion, celle que vous me devez. Je n'ai rien de plus à vous dire. De tels hommes n'ont assurément plus besoin de conseils, et ce n'est pas à moi de leur en donner. Mon service est fait pour le reste de ma vie; il ne me reste qu'à mourir en repos si je puis.

Vous ne doutez pas, mon ami, du tendre empressement que j'aurais de vous voir. Cependant il convient, pour mon repos et pour votre avantage, que nous ne nous livrions à ce plaisir que quand tout sera fini de manière ou d'autre dans votre ville. Le public, qui me connaît si peu, et qui me juge si mal, ne doute pas que je n'aille toujours semant parmi vous la discorde; et l'on prétend m'avoir vu moi-même le mois dernier, caché en Suisse pour cet effet. Tout ce que vous feriez de bien serait mal, sitôt qu'on présumerait que c'est moi qui l'ai conseillé. Ne venez donc que couronné d'un rameau d'olives, afin que nous goûtions le plaisir de nous voir dans toute sa pureté. Puisse arriver bientôt cet heureux moment! personne au monde n'y sera plus sensible que le cœur de votre ami.

A M. DUTENS.

Wootton, le 5 février 1767.

J'étais, monsieur, vraiment peiné de ne pouvoir, faute de savoir votre adresse, vous faire les remerciments que je vous devais. Je vous en dois de nouveaux pour m'avoir tiré de cette peine, et surtout pour le livre de votre composition que vous m'avez fait l'honneur de m'envoyer. Je suis fâché de ne pouvoir vous en parler avec connaissance, mais ayant renoncé pour ma vie à tous les livres, je n'ose faire exception pour le vôtre : car, outre que je n'ai jamais été assez savant pour juger de pareille matière, je craindrais que le plaisir de vous lire ne me rendît le goût de la littérature, qu'il m'importe de ne jamais laisser ranimer. Seulement je n'ai pu m'empêcher de parcourir l'article de la botanique, à laquelle je me suis consacré pour tout amusement; et si votre sentiment est aussi bien établi sur le reste, vous aurez forcé les modernes à rendre l'hommage qu'ils doivent aux anciens. Vous avez très sagement fait de ne pas appuyer sur les vers de Claudien; l'autorité eût été d'autant plus faible, que des trois arbres qu'il nomme après le palmier, il n'y en a qu'un qui porte les deux sexes sur différents individus. Au reste, je ne conviendrai pas tout-à-fait avec vous que Tournefort soit le plus grand botaniste du siècle; il a la gloire d'avoir fait le premier de la botanique une étude vraiment méthodique; mais cette étude encore après lui n'était qu'une étude d'apothicaire. Il était réservé à l'illustre Linnæus d'en faire une science philosophique. Je sais avec quel mépris on affecte en France de traiter ce grand naturaliste, mais le reste de l'Europe l'en dédommage, et la postérité l'en vengera. Ce que je dis est assurément sans partialité, et par le seul amour de la vérité et de la justice; car je ne connais ni M. Linnæus, ni aucun de ses disciples, ni aucun de ses amis.

Je n'écris point à M. Laliaud, parce que je me suis interdit toute correspondance, hors les cas de nécessité; mais je suis vivement touché et de son zèle, et de celui de l'estimable anonyme dont il m'a envoyé l'écrit, et qui prenant si généreusement ma défense, sans me connaître, me rend ce zèle pur avec lequel j'ai souvent combattu pour la justice et la vérité, ou pour ce qui m'a paru l'être, sans partialité, sans crainte et contre mon propre intérêt. Cependant je désire sincèrement qu'on laisse hurler tout leur soûl ce troupeau de loups enragés, sans leur répondre. Tout cela ne fait qu'entretenir les souvenirs du public, et mon repos dépend désormais d'en être entièrement oublié. Votre estime, monsieur, et celle des hommes de mérite qui vous ressemblent, est assez pour moi. Pour plaire aux méchants, il faudrait leur ressembler; je n'achèterai pas à ce prix leur bienveillance.

Agréez, monsieur, je vous supplie, mes salutations et mon respect.

Vous pouvez, monsieur, remettre à M. Davenport ou m'expédier par la poste à son adresse ce que vous pourrez prendre la peine de m'envoyer : l'une et l'autre voie est à votre choix et me paraît sûre. Quand M. Davenport n'est pas à Londres, il n'y a plus alors que la poste pour les lettres, et le *waggon d'Ashbourn* pour les gros paquets. On m'écrit qu'il se fait à Londres une collecte pour l'infortuné peuple de Genève; si vous savez qui est chargé des deniers de cette collecte, vous m'obligerez d'en informer M. Davenport.

A M. LE DUC DE GRAFFTON.

Wootton, le 7 février 1767.

Monsieur le duc,

Je vous dois des remerciments que je vous prie d'agréer. Quoique les droits qu'on avait exigés pour mes livres à la douane me parussent forts pour la chose et pour ma bourse, j'étais bien éloigné d'en demander, et d'en désirer le remboursement. Vos bontés, très gratuites sur ce point, en sont d'autant plus obligeantes; et puisque vous voulez que j'y reconnaisse même celles du roi, je me tiens aussi flatté qu'honoré d'une grâce d'un prix inestimable, par la source dont elle vient, et je la reçois avec la reconnaissance et la vénération que je dois aux faveurs de sa majesté, passant par des mains aussi dignes de les répandre,

Daignez, M. le duc, recevoir avec bonté les assurances de mon profond respect.

A MADAME LATOUR.

Wootton, le 7 février 1767.

Je viens de recevoir, dans la même brochure, deux pièces dont on ne m'a point voulu nommer les auteurs. Le lecture de la première m'a fait chérir le sien, sans me le faire connaître. Pour la seconde, en la lisant le cœur m'a battu, et j'ai reconnu ma chère Marianne. J'espère qu'elle me connaît aussi.

A M. GUY.

Wootton, le 7 février 1767.

J'ai lu, monsieur, avec attendrissement l'ouvrage de mes défenseurs dont vous ne m'aviez point parlé. Il me semble que ce n'était pas pour moi que leurs honorables noms devaient être un secret, comme si l'on voulait les dérober à ma reconnaissance. Je ne vous pardonnerais jamais surtout de m'avoir tu celui de la dame, si je ne l'eusse à l'instant deviné. C'est de ma part un bien petit mérite : je n'ai pas assez d'amis capables de ce zèle et de ce talent pour avoir pu m'y tromper. Voici une lettre pour elle, à laquelle je n'ose mettre son nom, à cause des risques que peuvent courir mes lettres, mais où elle verra que je la reconnais bien. Je vous charge, M. Guy, ou plutôt j'ose vous permettre en la lui remettant, de vous mettre en mon nom à genoux devant elle, et de lui baiser la main droite, cette charmante main plus auguste que celle des impératrices et des reines, qui sait défendre et honorer si pleinement et si noblement l'innocence avilie. Je me flatte que j'aurais reconnu de même son digne collègue, si nous nous étions connus auparavant, mais je n'ai pas eu ce bonheur; et je ne sais si je dois m'en féliciter ou m'en plaindre, tant je trouve noble et beau que la voix de l'équité s'élève en ma faveur, du sein même des inconnus. Les éditeurs du factum de M. Hume disent qu'il abandonne sa cause au jugement des esprits droits et des cœurs honnêtes : c'est là ce qu'eux et lui se garderont bien de faire, mais ce que je fais moi avec confiance, et qu'avec de pareils défenseurs j'aurais fait avec succès. Cependant on a omis dans ces deux pièces des choses très essentielles; et on y a fait des méprises qu'on eût évitées si, m'avertissant à temps de ce qu'on voulait faire, on m'eût demandé des éclaircissements. Il est étonnant que personne n'ait encore mis la question sous son vrai point de vue; il ne fallait que cela seul, et tout était dit.

Au reste, il est certain que la lettre que je vous écrivis a été traduite par extraits faits, comme vous pouvez penser, dans les papiers de Londres, et il n'est pas difficile de comprendre d'où venaient ces extraits, ni pour quelle fin.

Mais voici un fait assez bizarre qu'il est fâcheux que mes dignes défenseurs n'aient pas su. Croiriez-vous que les deux feuilles que j'ai citées du Saint-James Chronicle ont disparu en Angleterre? M. Davenport les a fait chercher inutilement chez l'imprimeur et dans les cafés de Londres, sur une indication suffisante, par son libraire, qu'il m'a assuré être un honnête homme, et il n'a rien trouvé; les feuilles sont éclipsées. Je ne ferai point de commentaires sur ce fait, mais convenez qu'il donne à penser. Oh! mon cher monsieur Guy, faut-il donc mourir dans ces contrées éloignées, sans revoir jamais la face d'un ami sûr, dans le sein duquel je puisse épancher mon cœur!

A MYLORD COMTE DE HARCOURT.

Wootton, le 7 février 1767.

Il est vrai, mylord, que je vous croyais ami de M. Hume; mais la preuve que je vous croyais encore plus ami de la justice et de la vérité est que, sans vous écrire, sans vous prévenir en aucune façon, je vous ai cité et nommé, avec confiance, sur un fait qui était à sa charge, sans crainte d'être démenti par vous. Je ne suis pas assez injuste pour juger mal par M. Hume de tous ses amis : il en a qui le connaissent et sont très dignes de lui; mais il en a aussi qui ne le connaissent pas; et ceux-là méritent qu'on les plaigne, sans les en estimer moins. Je suis très touché, mylord, de vos lettres, et très sensible au courage que vous avez de vous montrer de mes amis parmi vos compatriotes et vos pareils, mais je suis fâché pour eux qu'il faille à cela du courage : je connais des gens mieux instruits chez lesquels on y mettrait de la vanité.

Je vous prouverai, mylord, mon entière et pleine confiance en me prévalant de vos offres; et dès à présent j'ai une grâce à vous demander, c'est de me donner des nouvelles de M. Watelet. Il est ancien ami de M. d'Alembert, mais il est aussi mon ancienne connaissance; et les seuls jugements que je crains sont ceux des gens qui ne me connaissent pas. Je puis bien dire de M. Watelet, au sujet de M. d'Alembert, ce que j'ai dit de vous au sujet de M. Hume; mais je connais l'incroyable ruse de mes ennemis capable d'enlacer dans ses piéges adroits la raison et la vertu mêmes. Si M. Watelet m'aime toujours, de grâce, pressez-vous de me le dire, car j'ai grand besoin de le savoir. Agréez, mylord, je vous supplie, mes très humbles salutations et mon respect.

A M. DAVENPORT.

Le 7 février 1767.

J'ai reçu hier, monsieur, votre lettre du 3, par laquelle j'apprends avec grand plaisir votre entier rétablissement. Je ne puis pas vous annoncer le mien tout-à-fait de même; je suis mieux cependant que ces jours derniers.

Je suis fort sensible aux soins bienfaisants de M. Fitzherbert, surtout si, comme j'aime à le croire, il en prend autant pour mon honneur que pour mes intérêts. Il semble avoir hérité des empressements de son ami M. Hume. Comme j'espère qu'il n'a pas hérité de ses sentiments, je vous prie de lui témoigner combien je suis touché de ses bontés.

Voici une lettre pour M. le duc de Graffton, que je vous prie de fermer avant de la lui faire passer. Je dois des remercîments à tout le monde; et vous, monsieur, à qui j'en dois le plus, êtes celui à qui j'en fais le moins; mais, comme vous ne vous étendez pas en paroles, vous aimez sans doute à être imité. Mes salutations, je vous supplie, et celles de mademoiselle Le Vasseur à vos chers enfants et aux dames de votre maison. Agréez son respect et mes très humbles salutations.

AU MÊME.

Février 1767.

Bien loin, monsieur, qu'il puisse jamais m'être entré dans l'esprit d'être assez vain, assez sot, et assez mal appris pour refuser les grâces du roi, je les ai toujours regardées et les regarderai toujours comme le plus grand honneur qui me puisse arriver. Quand je consultai mylord maréchal si je les accepterais, ce n'était certainement pas que je fusse là-dessus en doute, mais c'est qu'un devoir particulier et indispensable ne me permettait pas de le faire que je n'eusse son agrément. J'étais bien sûr qu'il ne le refuserait pas. Mais, monsieur, quand le roi d'Angleterre et tous les souverains de l'univers mettraient à mes pieds tous leurs trésors et toutes leurs couronnes, par les mains de David Hume, ou de quelque autre homme de son espèce, s'il en existe, je les rejetterais toujours avec autant d'indignation que, dans tout autre cas, je les recevrais avec respect et reconnaissance. Voilà mes sentiments, dont rien ne me fera départir. J'ignore à quel sort, à quels malheurs la Providence me réserve encore; mais ce que je sais, c'est que les sentiments de droiture et d'honneur qui sont gravés dans mon cœur n'en sortiront jamais qu'avec mon dernier soupir. J'espère, pour cette fois, que je me serai exprimé clairement.

Il ne faut pas, mon cher monsieur, je vous en prie, mettre tant de formalités à l'affaire de mes livres : ayez la bonté de montrer le catalogue à un libraire, qu'il note les prix de ceux des livres qui en valent la peine : sur cette estimation, voyez s'il y en a quelques-uns dont vous ou vos amis puissiez vous accommoder; brûlez le reste, et ne cédez rien à aucun libraire, afin qu'il n'aille pas sonner la trompette par la ville qu'il a des livres à moi. Il y en a quelques-uns, entre autres le livre de l'Esprit, in-4°, de la première édition, qui est rare, et où j'ai fait quelques notes aux marges; je voudrais bien que ce livre-là ne tombât qu'entre des mains amies. J'espère, mon bon et cher hôte, que vous ne me ferez pas le sensible affront de refuser le petit cadeau de mes ouvrages.

Les estampes avaient été mises par mon ami dans le ballot des livres de botanique qui m'a été envoyé; elles ne s'y sont pas trouvées, et les portefeuilles me sont arrivés vides : j'ignore absolument où Becket a jugé à propos de fourrer ce qui était dedans.

Je voulais remettre à des moments plus tranquilles de vous parler en détail de vos envois : ce qui m'en plaît le plus est que si vous entendez que je reste dans votre maison jusqu'à ce que la muscade et la cannelle soient consommées, je n'en démarrerai pas d'un bon siècle. Le tabac est très bon, et même trop bon, puisqu'il s'en consomme plus vite : je vous fais mon remerciment de l'emplette, et non pas de la chose, puisque c'est une commission, et vous savez les règles. L'eau de la reine de Hongrie m'a fait le plus grand plaisir, et j'ai reconnu là un souvenir et une attention de M. de Luzonne, à quoi j'ai été fort sensible. Mais qu'est-ce que c'est que des petits carrés de savon parfumé? à quoi diable sert ce savon? je veux mourir si j'en sais rien, à moins que ce ne soit à faire la barbe aux puces. Le café n'a pas encore été essayé, parce que vous en aviez laissé, et qu'ayant été malade il en a fallu suspendre l'usage. Je me perds au milieu de tout cet inventaire. J'espère que, pour le coup, vous ne ferez pas de même, et que vous recueillerez les mémoires des marchands, afin que quand vous serez ici, et qu'il s'agira de savoir ce que tout cela coûte, vous ne me disiez pas, comme à l'ordinaire, je n'en sais rien. Tant de richesses me mettraient de bonne humeur si les désastres de nos pauvres Genevois, et mes inquiétudes sur mylord maréchal, n'empoisonnaient toute ma joie. J'ai craint pour vous l'impression de ces temps humides, et je la sens aussi pour ma part. Voici le plus mauvais mois de l'année; il faut espérer que celui qui le suivra nous traitera mieux. Ainsi soit-il. Mademoiselle Le Vasseur et moi faisons nos salutations à tout ce qui vous appartient, et vous prions d'agréer les nôtres.

A M. D'IVERNOIS.

Wootton, le 7 février 1767.

J'ai fait, cher ami, une étourderie épouvantable, qui sûrement me coûtera plus cher qu'à vous. Dans une distraction causée par la diversité des affaires pressées, je vous ai adressé en droiture une lettre dans laquelle je parlais ouvertement de votre futur voyage, et d'autres choses où le secret n'était pas moins requis. Comme je ne doute pas un instant que cette lettre ne soit interceptée, je vous en transcris ce que j'ai pu tirer d'un premier chiffon barbouillé, qu'il a fallu recommencer.

Voilà ce que je vous écrivais il y a huit jours et que je vous confirme; mais ayant appris depuis lors à quelle extrémité votre pauvre peuple est réduit, je sens déchirer mes entrailles patriotiques, et je crois devoir vous dire qu'il est, selon moi, temps de céder. Vous le pouvez sans honte, puisque la résistance est inutile, et vous le devez pour conserver ce qui vous reste, après vos lois et votre liberté. Quand je dis ce qui vous reste, je n'entends pas bassement vos biens, mais votre pays, vos familles, et ces multitudes de pauvres compatriotes, à qui le pain est encore plus nécessaire que la liberté. J'apprends que vous vous cotisez généreusement pour ces pauvres gens; je voudrais bien pouvoir suivre ce bon exemple. J'enverrai quelque bagatelle aux collecteurs de Londres, selon mes moyens; mais je vous prie d'avoir recours pour moi à madame Boy de La Tour, afin qu'étant une des causes innocentes des misères de ce pauvre peuple, je contribue aussi en quelque chose à son soulagement.

Adieu, mon ami; je vous embrasse tendrement. J'ai le plus grand besoin de vous voir; mais, encore un coup, ne venez que quand vos affaires seront finies. Ce délai importe, et vous pourriez trouver quelque obstacle à passer. Malgré mon étourderie, venez à petit bruit autant qu'il sera possible. Mais j'ai changé d'avis sur votre séjour à Londres, et je serais bien aise que vous vous y arrêtassiez quelques jours pour connaître un peu par vous-même l'air du bureau; car enfin, si de là vous voulez absolument venir, personne n'aura le pouvoir de vous en empêcher. J'embrasse nos amis: ne m'oubliez pas, je vous en supplie, auprès de madame d'Ivernois.

Bien des remercîments et respects de mademoiselle Le Vasseur. Si je ne vous ai pas toujours répété la même chose à chaque lettre, c'est qu'il me semblait que cela n'avait plus besoin d'être dit, car il n'y a pas de fois qu'elle ne m'en ait chargé.

A MYLORD MARÉCHAL.

Le 8 février 1767.

Quoi, mylord, pas un seul mot de vous! Quel silence, et qu'il est cruel! Ce n'est pas le pis encore: madame la duchesse de Portland m'a donné les plus grandes alarmes en me marquant que les papiers publics vous avaient dit fort mal, et me priant de lui dire de vos nouvelles. Vous connaissez mon cœur, vous pouvez juger de mon état; craindre à la fois pour votre amitié et pour votre vie, ah! c'en est trop. J'ai écrit aussitôt à M. Rougemont pour avoir de vos nouvelles: il m'a marqué qu'en effet vous aviez été fort malade, mais que vous étiez mieux. Il n'y a pas là de quoi me rassurer assez, tant que je ne recevrai rien de vous. Mon protecteur, mon bienfaiteur, mon ami, mon père, aucun de ces titres ne pourra-t-il vous émouvoir? Je me prosterne à vos pieds pour vous demander un seul mot. Que voulez-vous que je marque à madame de Portland? lui dirai-je: *Madame, mylord maréchal m'aimait, mais il me trouve trop malheureux pour m'aimer encore; il ne m'écrit plus.* La plume me tombe des mains.

A M. GRANVILLE.

Wootton, février 1767.

Je crois, monsieur, la tisane du médecin espagnol meilleure et plus saine que le bouillon rouge du médecin français; la provision de miel n'est pas moins bonne, et si les apothicaires fournissaient d'aussi bonnes drogues que vous, ils auraient bientôt ma pratique; mais, badinage à part, que j'aie avec vous un moment d'explication sérieuse.

Jadis j'aimais avec passion la liberté, l'égalité; et, voulant vivre exempt des obligations dont je ne pouvais m'acquitter en pareille monnaie, je me refusais aux cadeaux même de mes amis, ce qui m'a souvent attiré bien des querelles. Maintenant j'ai changé de goût, et c'est moins la liberté que la paix que j'aime; je soupire incessamment après elle; je la préfère désormais à tout; je la veux à tout prix avec mes amis; je la veux même avec mes ennemis, s'il est possible. J'ai donc résolu d'endurer désormais des uns tout le bien, et des autres tout le mal qu'ils voudront me faire, sans disputer, sans m'en défendre, et sans leur résister en quelque façon que ce soit. Je me livre à tous pour faire de moi, soit pour, soit contre, entièrement à leur volonté : ils peuvent tout, hors de m'engager dans une dispute, ce qui très certainement n'arrivera plus de mes jours. Vous voyez, monsieur, d'après cela, combien vous avez beau jeu avec moi dans les cadeaux continuels qu'il vous plaît de me faire : mais il faut tout vous dire : sans les refuser, je n'en serai pas plus reconnaissant que si vous ne m'en faisiez aucun. Je vous suis attaché, monsieur, et je bénis le ciel, dans mes misères, de la consolation qu'il m'a ménagée en me donnant un voisin tel que vous : mon cœur est plein de l'intérêt que vous voulez bien prendre à moi, de vos attentions, de vos soins, de vos bontés, mais non pas de vos dons : c'est peine perdue, je vous assure; ils n'ajoutent rien à mes sentiments pour vous, je ne vous en aimerai pas moins, et je serai beaucoup plus à mon aise si vous voulez bien les supprimer désormais.

Vous voilà bien averti, monsieur; vous savez comment je pense, et je vous ai parlé très sérieusement. Du reste, votre volonté soit faite et non pas la mienne; vous serez toujours le maître d'en user comme il vous plaira.

Le temps est bien froid pour se mettre en route. Cependant, si vous êtes absolument résolu de partir, recevez tous mes souhaits pour votre bon voyage et pour votre prompt et heureux retour. Quand vous verrez madame la duchesse de Portland, faites-lui ma cour, je vous supplie; rassurez-la sur l'état de mylord maréchal. Cependant, comme je ne serai parfaitement rassuré moi-même que quand j'aurai de ses nouvelles; sitôt que j'en aurai reçu j'aurai l'honneur d'en faire part à madame la duchesse. Adieu, monsieur, derechef, bon voyage, et souvenez-vous quelquefois du pauvre ermite votre voisin.

Vous verrez sans doute votre aimable nièce : je vous prie de lui parler quelquefois du captif qu'elle a mis dans ses chaînes et qui s'honore de les porter.

A MYLORD COMTE DE HARCOURT.

Wootton, le 14 février 1767.

Vous m'avez donné, mylord, le premier vrai plaisir que j'aie goûté depuis longtemps, en m'apprenant que j'étais toujours aimé de M. Watelet. Je le mérite, en vérité, par mes sentiments pour lui; et moi qui m'inquiète très médiocrement de l'estime du public, je sens que je n'aurais jamais pu me passer de la sienne. Il ne faut absolument point que ses estampes soient en vente avec les autres; et puisque, de peur de reprendre un goût auquel je veux renoncer, je n'ose les avoir avec moi, je vous prie de les prendre au moins en dépôt, jusqu'à ce que vous trouviez à les lui renvoyer, ou à en faire un usage convenable. Si vous trouviez par hasard à les changer entre les mains de quelque amateur contre un livre de botanique, à la bonne heure, j'aurais le plaisir de mettre à ce livre le nom de M. Watelet; mais pour les vendre, jamais. Pour le reste, puisque vous voulez bien chercher à m'en défaire, je laisse à votre entière disposition le soin de me rendre ce bon office, pourvu que cela se fasse, de la part des acheteurs, sans faveur et sans préférence, et qu'il ne soit pas question de moi. Puisque vous ne dédaignez pas de vous donner pour moi ce petit tracas, j'attends de la candeur de vos sentiments, que vous consulterez plus mon goût que mon avantage; ce sera m'obliger doublement. Ce n'est point un produit nécessaire à ma subsistance; je le destine en entier à des livres de botanique, seul et dernier amusement auquel je me suis consacré.

L'honneur que vous faites à mademoiselle Le Vasseur de vous souvenir d'elle, l'autorise à vous assurer de sa reconnaissance et de son respect. Agréez, mylord, je vous supplie, les mêmes sentiments de ma part.

P. S. Il doit y avoir parmi mes estampes un petit porte-feuille contenant de bonnes épreuves de celles de tous mes écrits. Oserai-je me flatter que vous ne dédaignerez pas ce faible cadeau, et de placer ce portefeuille parmi les vôtres? Je prends la liberté de vous prier, mylord, de vouloir bien donner cours à la lettre ci-jointe.

A M. DU PEYROU.

Wootton, le 14 février 1767.

Je confesse, mon cher hôte, le tort que j'ai eu de ne pas répondre sur-le-champ à votre n° 39; car, malgré la honte d'avouer votre crédulité, je vis que l'autorité du voiturier Le Comte avait fait une grande impression sur votre esprit. Je me fâchais d'abord de cette petite faiblesse qui me paraissait peu d'accord avec le grand sens que je vous connais; mais chacun a les siennes, et il n'y a qu'un homme bien estimable à qui l'on n'en puisse reprocher de plus grandes que celles-là. J'ai été malade, et je ne suis pas bien; j'ai eu des tracas qui ne sont pas finis, et qui m'ont empêché d'exécuter la résolution que j'avais prise de vous écrire au plus vite que je n'étais plus à Morges; mais j'ai pensé que mon n° 7 vous le dirait assez, et d'ailleurs qu'une nouvelle de cette espèce disparaîtrait bientôt pour faire place à quelque autre aussi raisonnable.

Vous savez que j'ai peu de foi aux grands guérisseurs. J'ai toujours une médiocre opinion du succès de votre voyage de Belfort, et vos dernières lettres ne l'ont que trop confirmée. Consolez-vous, mon cher hôte; vos oreilles resteront à peu près ce qu'elles sont; mais, quoi que j'aie pu vous en dire dans ma colère, les oreilles de votre esprit sont assez ouvertes pour vous consoler d'avoir le tympan matériel un peu obstrué : ce n'est pas le défaut de votre judiciaire qui vous rend crédule, c'est l'excès de votre bonté; vous estimez trop mes ennemis pour les croire capables d'inventer des mensonges et de payer des pieds-plats pour les divulguer : il est vrai que, si vous n'êtes pas détrompé, ce n'est pas leur faute.

Je tremble que mylord maréchal ne soit dans le même cas, mais d'une manière bien plus cruelle, puisqu'il ne s'agit pas de moins que de perdre l'amitié de celui de tous les hommes à qui je dois le plus et à qui je suis le plus attaché. Je ne sais ce qu'ont pu manœuvrer auprès de lui le bon David et le fils du jongleur qui est à Berlin; mais mylord maréchal ne m'écrit plus, et m'a même annoncé qu'il cesserait de m'écrire, sans m'en dire aucune autre raison, sinon qu'il était vieux, qu'il écrivait avec peine, qu'il avait cessé d'écrire à ses parents, etc. Vous jugez si mon cœur est la dupe de pareils prétextes. Madame la duchesse de Portland, avec qui j'ai fait connaissance l'été dernier chez un voisin, m'a porté en même temps le plus sensible coup en me marquant que les nouvelles publiques l'avaient dit à l'extrémité, et me demandant de ses nouvelles. Dans ma frayeur, je me suis hâté d'écrire à M. Rougemont pour savoir ce qu'il en était. Il m'a rassuré sur sa vie, en me marquant qu'en effet il avait été fort mal, mais qu'il était beaucoup mieux. Qui me rassurera maintenant sur son cœur? Depuis le 22 novembre, date de sa dernière lettre, je lui ai écrit plusieurs fois, et sur quel ton! Point réponse. Pour comble, je ne sais quelle contenance tenir vis-à-vis de madame de Portland, à qui je ne puis différer plus longtemps de répondre, et à qui je ne veux pas dire ma peine. Rendez-moi, je vous en conjure, le service essentiel d'écrire à mylord maréchal; engagez-le à ne pas me juger sans m'entendre, à me dire au moins de quoi je suis accusé. Voilà le plus cruel des malheurs de ma vie et qui terminera tous les autres.

J'oubliais de vous dire que M. le duc de Graffton, premier commissaire de la trésorerie, ayant appris la vexation exercée à la douane, au sujet de mes livres, a fait ordonner au douanier de rembourser cet argent à Becket, qui l'avait payé pour moi, et que, dans le billet par lequel il m'en a fait donner avis, il a ajouté un compliment très honnête de la part du roi. Tout cela est fort honorable, mais ne console pas mon cœur de la peine secrète que vous savez. Je vous embrasse, mon cher hôte, de tout mon cœur.

A M. DUTENS.

Wootton, le 16 février 1767.

Je suis bien reconnaissant, monsieur, des soins obligeants que vous voulez bien prendre pour la vente de mes bouquins; mais, sur votre lettre et celles de M. Davenport, je vois à cela des embarras qui me dégoûteraient tout-à-fait de les vendre, si je savais où les mettre; car ils ne peuvent rester chez M. Davenport, qui ne garde pas son appartement toute l'année. Je n'aime point une vente publique, même en permettant qu'elle se fasse sous votre nom; car, outre que le mien est à la tête de la plupart de mes livres, on se doutera bien qu'un fatras si mal choisi et si mal conditionné ne vient pas de vous. Il n'y a dans ces quatre ou cinq caisses qu'une centaine au plus de volumes qui soient bons et bien conditionnés : tout le reste n'est que du fumier, qui n'est pas même bon à brûler, parce que le papier en est pourri : hors quelques livres que je prenais en paiement des libraires, je me pourvoyais magnifiquement sur les quais, et cela me fait rire de la duperie des acheteurs qui s'attendraient à trouver des livres choisis et de bonnes éditions. J'avais pensé que ce qui était de débit se réduisant à si peu de chose, M. Davenport et deux ou trois de ses amis auraient pu s'en accommoder entre eux sur l'estimation d'un libraire; le reste eût servi à plier du poivre, et tout cela serait fait sans bruit. Mais assurément tout ce fatras, qui m'a été envoyé en malgré moi de Suisse, et qui n'en valait ni le port ni la peine, vaut encore moins celle que vous voulez bien prendre pour son débit. Encore un coup, mon embarras est de savoir où les fourrer. S'il y avait dans votre maison quelque garde-meuble ou grenier vide où l'on pût les mettre sans vous incommoder, je vous serais obligé de vouloir bien le permettre, et vous pourriez y voir à loisir s'il s'y trouverait par hasard quelque chose qui pût vous convenir ou à vos amis. Autrement je ne sais en vérité que faire de toute cette friperie qui me peine cruellement, quand je songe à tous les embarras qu'elle donne à M. Davenport. Plus il s'y prête volontiers, plus il est indiscret à moi d'abuser de sa complaisance. S'il faut encore abuser de la vôtre, j'ai, comme avec lui, la nécessité pour excuse, et la persuasion consolante du plaisir que vous prenez l'un et l'autre à m'obliger. Je vous en fais, monsieur, mes remercîments de tout mon cœur, et je vous prie d'agréer mes très humbles salutations.

Si la vente publique pouvait se faire sans qu'on vît mon nom sur les livres et qu'on se doutât d'où ils viennent, à la bonne heure. Il m'importe fort peu que les acheteurs voient ensuite qu'ils étaient à moi; mais je ne veux pas risquer qu'ils le sachent d'avance, et je m'en rapporte là-dessus à votre candeur.

A MADEMOISELLE THÉODORE,
de l'Académie royale de musique.

Sans date.

On ne peut plus être surpris que je le suis, mademoiselle, de recevoir une lettre datée de l'Académie royale de musique, par laquelle on réclame de conseils de ma part pour y bien vivre. Vos expressions peignent l'honnête[té] avec tant de franchise et de candeur, que je ne vous renverrai pas, pour recevoir, à ceux qui ont coutume d'en donner à celles qui s'y présentent. J[e] ne puis cependant pas vous fournir les préceptes que vous me demandez : n[e] doutez nullement de ma bonne volonté à vous satisfaire; mais je suis moi même fort embarrassé pour mon propre compte, quoique je ne sois pas da[ns] une carrière aussi glissante : je suis donc hors d'état de vous diriger da[ns] celle où vous êtes entrée.

Je n'ai à vous conseiller que de vous arrêter à deux principes généraux qui me paraissent être la base de toutes nos actions, dans tel état que le d[es]tin nous ait placés. Le premier, c'est de ne jamais vous écarter du resp[ect] que vous paraissez avoir pour les bonnes mœurs; et, pour y réussir, évi[ter] l'impulsion du cœur et des sens, et qu'une extrême prudence en soit le cor[rectif].

Le second, dont vous devez sentir toute la nécessité, c'est de fuir, aut[ant] que vous le pourrez, la société de vos compagnes et de leurs adulateurs; ri[en] ne perd aussi facilement que le poison de la louange et l'air contagieux cet endroit.... Jetez les yeux autour de vous, et vous remarquerez que [celles] ou celles qui le respirent, sans être en garde contre son effet, ont le teint tri[s]te et l'extérieur des machines détraquées. Voilà, mademoiselle, les seu[les] réflexions que je vous engage à faire. Quant au reste, vous me paraissez douée de toute la pénétration nécessaire pour parer aux inconvénients [qui] renaissent à chaque moment dans ce séjour. Acceptez, je vous prie, la [con]sidération qu'a pour vous votre, etc.

A. M. GRANVILLE.

Février 1767.

J'étais, monsieur, extrêmement inquiet de votre départ mercredi au s[oir;] mais je me rassurai le jeudi matin, le jugeant absolument impraticable; [j'é]tais bien éloigné de penser même que vous le voulussiez essayer. De grâ[ce] ne faites plus de pareils essais jusqu'à ce que le temps soit bien remis et [le] chemin bien battu. Que la neige qui vous retient à Calwich ne laisse-t-[elle] une galerie jusqu'à Wootton, j'en ferais souvent la mienne; mais dans l'[état] où est maintenant cette route, je vous conjure de ne la pas tenter, ou je v[ous] proteste que, le lendemain du jour où vous viendrez ici, vous me verrez vous quelque temps qu'il fasse. Quelque plaisir que j'aie à vous voir, je veux pas le prendre au risque de votre santé.

Je suis très sensible à votre bon souvenir. Je ne vous dis rien de vos [en]vois; seulement, comme les liqueurs ne sont point à mon usage et que [je] n'en bois jamais, vous permettrez que je vous renvoie les deux boutei[lles] afin qu'elles ne soient pas perdues. J'enverrais chercher du mouton s'il [n'y] avait pas tant de viande à mon garde-manger que je ne sais plus où la m[et]tre. Bonjour, monsieur. Vous parlez toujours d'un pardon dont vous a[vez] plus besoin que d'envie, puisque vous ne vous corrigez pas. Comptez m[oins] sur mon indulgence, mais comptez toujours sur mon plus sincère atta[che]ment.

AU MÊME.

28 février 1767.

Que fait mon bon et aimable voisin? comment se porte-t-il? J'ai appris a[vec] grand plaisir son heureuse arrivée à Bath, malgré les temps affreux [qu'] ont dû traverser son voyage : mais maintenant comment s'y trouve-t[-il,] la santé, les eaux, les amusements, comment va tout cela? Vous savez, m[on]sieur, que rien de ce qui vous touche ne peut m'être indifférent : l'atta[che]ment que je vous ai voué s'est formé de liens qui sont votre ouvrage; v[ous] vous êtes acquis trop de droits sur moi pour ne m'en avoir pas un peu do[nné] sur vous : et il n'est pas juste que j'ignore ce qui m'intéresse si véritablement. Je devrais aussi vous parler de moi, parce qu'il faut vous rendre compte de votre bien; mais je ne vous dirais toujours que les mêmes choses : paisible, oisif, souffrant, prenant patience, pestant quelquefois contre le mauvais temps qui m'empêche d'aller autour des rochers furetant des mousses, et contre l'hiver qui retient Calwich désert si longtemps. Amusez-vous, monsieur; je le désire, mais pas assez pour reculer le temps de votre retour, car ce serait vous amuser à mes dépens. Mademoiselle Le Vasseur vous demande la permission de vous rendre ici ses devoirs, et nous vous supplions l'un et l'autre d'agréer nos très humbles salutations.

A M. DELEYRE.

Wootton, le 2 mars 1767.

Tous mes livres, monsieur, et tout mon avoir ne valent assurément pas les soins que vous voulez bien prendre et les détails dans lesquels vous voulez bien entrer avec moi. J'apprends que M. Davenport a trouvé les caisses dans une confusion horrible; et sachant ce que c'est que la peine d'arranger des livres dépareillés, je voudrais pour tout au monde ne l'avoir pas exposé à cette peine, quoique je sache qu'il la prend de très bon cœur. S'il se trouve dans tout cela quelque chose qui vous convienne et dont vous vouliez vous accommoder de quelque manière que ce soit, vous me ferez plaisir sans doute, pourvu que ce ne soit pas uniquement l'intention de me faire plaisir qui vous détermine. Si vous voulez en transformer le prix en une petite rente viagère, de tout mon cœur; quoiqu'il ne me semble pas que, l'Encyclopédie et quelques autres livres de choix ôtés, le reste en vaille la peine, et d'autant moins que le produit de ces livres n'étant point nécessaire à ma subsistance, vous serez absolument le maître de prendre votre temps pour les payer tout à loisir en une ou plusieurs fois, à moi ou à mes héritiers, tout comme il vous conviendra le mieux. En un mot, je vous laisse absolument décider de toute chose, et m'en rapporte à vous sur tous les points, hors un seul, qui est celui des sûretés dont vous me parlez; j'en ai une qui me suffit, et je ne veux entendre parler d'aucune autre, c'est la probité de M. Dutens.

Je me suis fait envoyer ici le ballot qui contenait mes livres de botanique dont je ne veux pas me défaire, et quelques autres dont j'ai renvoyé à M. Davenport ce qui s'est trouvé sous sa main; c'est ce que contenait le ballot qui est rayé sur le catalogue. Les livres dépareillés l'ont été dans les fréquents déménagements que j'ai été forcé de faire; ainsi je n'ai pas de quoi les compléter. Ces livres sont de nulle valeur, et je n'en vois aucun usage à faire que de les jeter dans la rivière, ne pouvant les anéantir d'un acte de ma volonté.

Vos lettres, monsieur, et tout ce que je vois de vous m'inspirent non-seulement la plus grande estime, mais une confiance qui m'attire et me donne un vrai regret de ne pas vous connaître personnellement. Je sens que cette connaissance m'eût été très agréable dans tous les temps, et très consolante dans mes malheurs. Je vous salue, monsieur, très humblement, et de tout mon cœur.

A MYLORD COMTE DE HARCOURT.

Wootton, le 5 mars 1767.

Je ne suis pas surpris, mylord, de l'état où vous avez trouvé mes estampes : je m'attendais à pis; mais il me paraît cependant singulier qu'il ne s'en soit pas trouvé une seule de M. Watelet; quoique parmi beaucoup de gravures qu'il m'avait données, il y en eût peu des siennes, il y en avait pourtant : la préférence qu'on leur a donnée fait honneur à son burin. J'en avais un beaucoup plus grand nombre de M. l'abbé de Saint-Nom. Si elles s'y trouvent, je ne voudrais pas non plus qu'elles fussent vendues; car quoique je n'aie pas l'honneur de le connaître personnellement, elles étaient un cadeau de sa part. Si vous ne les aviez pas, mylord, et qu'elles pussent vous plaire, vous m'obligeriez beaucoup de vouloir les agréer. Le papier que vous avez eu la bonté de m'envoyer est de la main de mylord maréchal, et me rappelle qu'il y a dans mon recueil un portrait de lui, sans nom, mais tête nue et très ressemblant, que pour rien au monde je ne voudrais perdre, et dont j'avais oublié de vous parler; c'est la seule estampe que je veuille me réserver, et quand elle me laisserait la fantaisie d'avoir les portraits des hommes qui lui ressemblent, ce goût ne serait pas ruineux. Je sens avec combien d'indiscrétion j'abuse de votre temps et de vos bontés; mais quelque peine que vous donne la recherche de ce portrait, j'en aurais une infiniment plus grande à m'en voir privé. Si vous parvenez à le retrouver, je vous supplie, mylord, vouloir bien l'envoyer à M. Davenport, afin qu'il le joigne au premier envoi qu'il aura la bonté de me faire.

Comme, après tout, mon recueil était assez peu de chose, que probablement il ne s'est pas accru dans les mains des douaniers et des libraires, et que les retranchements que j'y fais font du reste un objet de très peu de valeur, j'ai à me reprocher de vous avoir embarrassé de ces bagatelles; mais, pour vous dire la vérité, mylord, je ne cherchais qu'un prétexte pour me prévaloir de vos offres et vous montrer ma confiance en vos bontés.

J'oubliais de vous parler de la découpure de M. Huber; c'est effectivement M. de Voltaire en habit de théâtre. Comme je ne suis pas tout-à-fait aussi curieux d'avoir sa figure que celle de mylord maréchal, vous pouvez, mylord, à votre choix, garder, ou jeter, ou donner, ou brûler ce chiffon; pourvu qu'il ne me revienne pas, c'est tout ce que je désire. Agréez, mylord, je vous supplie, les assurances de mon respect.

A MYLORD MARÉCHAL.

Le 19 mars 1767.

C'en est donc fait, mylord, j'ai perdu pour jamais vos bonnes grâces et votre amitié, sans qu'il me soit même possible de savoir et d'imaginer d'où me vient cette perte, n'ayant pas un sentiment dans mon cœur, pas une action de ma conduite qui n'ait dû, j'ose le dire, confirmer cette précieuse bienveillance que, selon vos promesses tant de fois réitérées, jamais rien ne pouvait m'ôter. Je connais aisément tout ce qu'on a pu faire auprès de vous pour me nuire, je l'ai prévu, je vous en ai prévenu; vous m'avez assuré qu'on ne réussirait jamais, j'ai dû le croire. A-t-on réussi malgré tout cela? voilà ce qui me passe; et comment a-t-on réussi au point que vous n'ayez pas même daigné me dire de quoi je suis coupable, ou du moins de quoi je suis accusé? si je suis coupable, pourquoi me taire mon crime? si je ne le suis pas, pourquoi me traiter en criminel? En m'annonçant que vous cesserez de m'écrire, vous me faites entendre que vous n'écrirez plus à personne; cependant j'apprends que vous écrivez à tout le monde, et que je suis le seul excepté, quoi que vous sachiez dans quel tourment m'a jeté votre silence. Mylord, dans quelque erreur que vous puissiez être, si vous connaissiez, je ne dis pas mes sentiments, vous devez les connaître, mais ma situation, dont vous n'avez pas l'idée, votre humanité du moins vous parlerait pour moi.

Vous êtes dans l'erreur, mylord, et c'est ce qui me console : je vous connais trop bien pour vous croire capable d'une aussi incompréhensible légèreté, surtout dans un temps où, venu par vos conseils dans le pays que j'habite, j'y vis accablé de tous les malheurs les plus sensibles à un homme d'honneur. Vous êtes dans l'erreur, je le répète; l'homme que vous n'aimez plus mérite sans doute votre disgrâce; mais cet homme, que vous prenez pour moi, n'est pas moi : je n'ai point perdu votre bienveillance, parce que je n'ai point mérité de la perdre, et que vous n'êtes ni injuste ni inconstant. On vous aura figuré sous mon nom un fantôme; je vous l'abandonne, et j'attends que votre illusion cesse, bien sûr qu'aussitôt que vous me verrez tel que je suis, vous m'aimerez comme auparavant.

Mais en attendant, ne pourrai-je du moins savoir si vous recevez mes lettres? Ne me reste-t-il nul moyen d'aprendre des nouvelles de votre santé qu'en m'informant au tiers et au quart, et n'en recevant que de vieilles, qui ne me tranquillisent pas? Ne voudriez-vous pas du moins permettre qu'un de vos laquais m'écrivît de temps en temps comment vous vous portez? Je me résigne à tout, mais je ne conçois rien de plus cruel que l'incertitude continuelle où je vis sur ce qui m'intéresse le plus.

A M. DU PEYROU.

Wootton, le 22 mars 1767.

Apostille d'une lettre de M. L. Dutens du 19 confirmée par une lettre de M. Davenport de même date, en conséquence d'un message reçu la veille de M. le général Conway.

« Je vins d'apprendre de M. Davenport la nouvelle agréable que le roi vous avait accordé une pension de cent livres sterling. La manière dont le roi vous donne cette marque de son estime m'a fait autant de plaisir que la chose même; et je vous félicite de tout mon cœur de ce que ce bienfait vous est conféré du plein gré de sa majesté et du secrétaire d'état, sans que la moindre sollicitation y ait eu part. »

Le plus vrai plaisir que me fasse cette nouvelle est celui que je sais qu'elle fera à mes amis; c'est pourquoi, mon cher hôte, je me presse de vous la communiquer; faites-la, par la même raison, passer à mon ancien et respectable ami M. Roguin, et aussi, je vous en prie, à mon ami M. d'Ivernois : je vous embrasse de tout mon cœur.

Comme dans peu j'irai, si je puis, à Londres, ne m'écrivez plus que sous mon propre nom; et si vous écrivez à M. d'Ivernois, donnez-lui le même avis.

A M. DUTENS.

Wootton, le 26 mars 1767.

J'espère, monsieur, que cette lettre, destinée à vous offrir mes souhaits bon voyage, vous trouvera à Londres. Ils sont bien vifs et bien vrais pour votre heureuse route, agréable séjour, et retour en bonne santé. Témoignez, je vous prie, dans le pays où vous allez, à tous ceux qui m'aiment, que mon ur n'est pas en reste avec eux, puisque avoir de vrais amis et les aimer est le seul plaisir auquel il soit encore sensible. Je n'ai aucune nouvelle de l'élargissement du pauvre Guy, je vous serai très obligé si vous voulez bien 'en donner, avec celle de votre heureuse arrivée. Voici une correction ise à la fin de l'errata que je lui ai envoyé; ayez la bonté de la lui remettre.

Je reçois, monsieur, comme je le dois, la grâce dont il plaît au roi de 'honorer, et à laquelle j'avais si peu lieu de m'attendre. J'aime à y voir, de part de M. le général Conway, des marques d'une bienveillance que je désirais bien plus que je n'osais l'espérer. L'effet des faveurs du prince n'est guère, en Angleterre, de capter à ceux qui les reçoivent celles du public. Si celle-ci faisait pourtant cet effet, j'en serais d'autant plus comblé, que c'est encore un bonheur auquel je dois peu m'attendre; car on pardonne quelquefois les offenses qu'on a reçues, mais jamais celles qu'on a faites; et il n'y a point de haine plus irréconciliable que celle des gens qui ont tort avec nous.

Si vous payez trop cher mes livres, monsieur, je mets le trop sur votre onscience, car pour moi je n'en peux mais. Il y en a encore ici quelques- s qui reviennent à la masse, entre autres l'excellente *Historia florentina*, Machiavel, ses *Discours sur Tite-Live*, et le traité *de Legibus romanis*, de onius. Je prierai M. Davenport de vous les faire passer. La rente que vous proposez, trop forte pour le capital, ne me paraît pas acceptable, même mon âge; cependant la condition d'être éteinte à la mort du premier mount des deux la rend moins disproportionnée; et, si vous le préférez ainsi, y consens, car tout est absolument égal pour moi.

Je songe, monsieur, à me rapprocher de Londres, puisque la nécessité l'ordonne; car j'y ai une répugnance extrême que la nouvelle de la pension augmente encore. Mais, quoique comblé des attentions généreuses de M. Davenport, je ne puis rester longtemps dans sa maison, où même mon séjour lui est très à charge, et je ne vois pas qu'ignorant la langue, il me soit permis d'établir mon ménage à la campagne, et d'y vivre sur un autre pied que celui où je suis ici. Or, j'aimerais autant me mettre à la merci de tous les diables de l'enfer qu'à celle des domestiques anglais. Ainsi mon parti est pris; si, après quelques recherches que je veux faire encore dans ces provinces, je ne trouve pas ce qu'il me faut, j'irai à Londres ou aux environs me mettre en pension comme j'étais, ou bien prendre mon petit ménage à l'aide d'un petit domestique français ou suisse, fille ou garçon, qui parle anglais et qui puisse faire mes emplettes. L'augmentation de mes moyens me permet de former ce projet, le seul qui puisse m'assurer le repos et l'indépendance sans lesquels il n'est point de bonheur pour moi.

Vous me parlez, monsieur, de M. Frédéric Dutens, votre ami, et probablement votre parent. Avec mon étourderie ordinaire, sans songer à la diversité des noms de baptême, je vous ai pris tous deux pour la même personne, et, puisque vous êtes amis, je ne me suis pas beaucoup trompé. Si j'ai adresse, et qu'il ait pour moi la même bonté que vous, j'aurai pour lui même confiance, et j'en userai dans l'occasion.

Derechef, monsieur, recevez mes vœux pour votre heureux voyage, et mes très humbles salutations.

A M. LE GÉNÉRAL CONWAY.

Wootton, le 26 mars 1767.

Monsieur,

Aussi touché que surpris de la faveur dont il plaît au roi de m'honorer, je vous supplie d'être auprès de sa majesté l'organe de ma vive reconnaissance. Je n'avais droit à ses attentions que par mes malheurs; j'en ai maintenant aux égards du public par ses grâces, et je dois espérer que l'exemple de sa bienveillance m'obtiendra celle de tous ses sujets. Je reçois, monsieur, le bienfait du roi comme l'arrhe d'une époque heureuse autant qu'honorable qui m'assure, sous la protection de sa majesté, des jours désormais paisibles. Puissé-je n'avoir à les remplir que des vœux les plus purs et les plus pour la gloire de son règne et pour la prospérité de son auguste maison!

Les actions nobles et généreuses portent toujours leur récompense à elles. Il vous est aussi naturel, monsieur, de vous féliciter d'en faire, qu'il est flatteur pour moi d'en être l'objet. Mais ne parlons point de mes talents, je vous supplie, je sais me mettre à ma place, et je sens, à l'impression font sur mon cœur vos bontés, qu'il est en moi quelque chose plus digne votre estime que de médiocres talents, qui seraient moins connus s'ils vaient attiré moins de maux, et dont je ne fais cas que par la cause qu'il fit naître, et par l'usage auquel ils étaient destinés.

Je vous supplie, monsieur, d'agréer les sentiments de ma gratitude et profond respect.

A MYLORD COMTE DE HARCOURT.

Wootton, le 2 avril 1767.

J'apprends, mylord, par M. Davenport, que vous avez eu la bonté de défaire de toutes mes estampes, hors une. Serais-je assez heureux pour cette estampe exceptée fût celle du roi? je le désire assez pour l'espérer ce cas, vous auriez bien lu dans mon cœur, et je vous prierais de v conserver soigneusement cette estampe jusqu'à ce que j'aie l'honneur de voir et de vous remercier de vive voix : je la joindrais à celle de mylor réchal, pour avoir le plaisir de contempler quelquefois les traits de mes faiteurs, et de me dire en les voyant qu'il est encore des hommes bienfaisants sur la terre.

Cette idée m'en rappelle une autre, que ma mémoire absolument éteinte avait laissé échapper : ce portrait du roi avec une vingtaine d'autres me viennent de M. Ramsay, qui ne voulut jamais m'en dire le prix : ainsi ce prix lui appartient et non pas à moi : mais comme probablement il ne voudrait pas plus l'accepter aujourd'hui que ci-devant, et que je n'en veux pas non plus faire mon profit, je ne vois à cela d'autre expédient que de distribuer aux pauvres le produit de ces estampes; et je crois, mylord, qu'une fonction de charité ne peut rien avoir que l'humanité de votre cœur dédaigne. La difficulté serait de savoir quel est ce produit, ne pouvant moi même me rappeler le nombre et la qualité de ces estampes; ce que je sais, c'est que ce sont toutes gravures anglaises, dont je n'avais que quelques autres avant celles-là. Pour ne pas abuser de vos bontés, mylord, au point de vous engager dans de nouvelles recherches, je ferai une évaluation grossière de ces gravures, et j'estime que le prix n'en pourrait guère passer quatre ou cinq guinées : ainsi, pour aller au plus sûr, ce sont cinq guinées sur le produit du tout que je prends la liberté de vous prier de vouloir bien distribuer aux pauvres. Vous voyez, mylord, comment j'en use avec vous. Quoique je sois persuadé que mon importunité ne passe pas votre complaisance, si j'avais prévu jusqu'où je serais forcé de la porter, je me serais gardé de m'oublier à ce point. Agréez, mylord, je vous supplie, mes très humbles excuses et mon respect.

A M. DU PEYROU.

A Wootton, le 2 avril 1767.

O mon cher et aimable hôte! qu'avez-vous fait? Vous êtes tombé dans le pot au noir bien cruellement pour moi. Votre n° 42, que vous avez envoyé pour plus de sûreté par une autre voie, est précisément tombé à Londres entre les mains de mon cousin Jean Rousseau, qui demeure chez M. Colombies, à qui on l'a malheureusement adressé. Or vous saurez que mon très cher cousin est en secret l'âme damnée du bon David, alerte pour saisir et ouvrir toutes les lettres et paquets qui m'arrivent à Londres; et la vôtre a été ouverte très certainement, ce qui est d'autant plus aisé, que vous cachetez toujours très mal, avec de mauvaise cire, et que vous en mettez trop peu; la cire noire ne cachète jamais bien. Votre lettre a très certainement été ouverte.

Mon cher hôte, je suis de tous côtés sous le piège; il est impossible que je m'en tire si votre ami ne m'en tire pas, mais j'espère qu'il le fera; il n'y a certainement que lui qui le puisse, et il semble que la Providence l'a envoyé dans mon voisinage pour cette bonne œuvre. Il s'agit premièrement de sauver mes papiers, car on les guette avec une grande vigilance, et l'on espère bien qu'ils n'échapperont pas. Toutefois, s'il m'envoie l'exprès que je lui ai demandé avant que M. Davenport arrive, ils sont tout prêts; je les lui remettrai, et ils passeront entre les mains de votre ami, qui ne saurait y veiller avec trop de soin, ni trop attendre une occasion sûre pour vous les faire passer; car rien ne presse, et l'essentiel est qu'ils soient en sûreté.

Reste à savoir si ma lettre à M. de C. est allée sûrement et en droiture. Les gens qui portent et rapportent mes lettres, ceux de la poste, tout m'est également suspect; je suis dans les mains de tout le monde, sans qu'il me soit possible de faire un seul mouvement pour me dégager. Vous me faites rire par le sangfroid avec lequel vous me marquez : *Adressez-vous à celui-ci ou à celui-là*, c'est comme si vous me disiez : Adressez-vous à un habitant de la lune. S'adresser est un mot bientôt dit, mais il faut savoir comment; il n'y a que la face d'un ami qui puisse me tirer d'affaire, toutes les lettres ne font que me trahir et m'embourber. Celles que je reçois et que j'écris sont toutes vues par mes ennemis; ce n'est pas le moyen de me tirer de leurs mains.

Si le ciel veut que ma précédente lettre à M. de C. ait échappé à mes gardes, qu'il l'ait reçue, et qu'il envoie l'exprès, nous sommes forts; car j'ai mon second chiffre tout prêt; je le ferai partir avec cette lettre-ci, et j'espère qu'il ne tombera plus dans les mains de M. Colombies ni de mon cher cousin. S'il m'arrive de me servir du premier, ce sera pour donner le change; n'ajoutez aucune foi à ce que je vous marquerai de cette manière, à moins que vous ne lisiez en tête ce mot, écrit de ma main : Vrai.

Je vous enverrai une note exacte des paquets que j'envoie à votre ami, et que j'aurai bien droit d'appeler le mien, s'il accomplit en ma faveur la bonne œuvre qu'il veut bien faire; et cette note sera assez détaillée pour que, si j'ai le bonheur de passer en terre ferme, vous puissiez indiquer les paquets dont nous aurons besoin.

Je ne puis vous écrire plus longtemps. Je donnerais la moitié de ma vie pour être en terre ferme, et l'autre pour pouvoir vous embrasser encore une fois et puis mourir.

Il faut que je vous marque encore que ce n'est ni pour le *Contrat social*, ni pour les *Lettres de la montagne*, que le pauvre Guy a été mis à la Bastille; c'est pour les *Mémoires de M. de la Chalotais*. Panckoucke est, je crois, de bonne foi; mais n'écoutez aucune de ses nouvelles; elles viennent toutes de mauvaise main.

Je tiens cette lettre et le chiffre tout prêts, mais viendra-t-on les chercher? Viendra-t-on me chercher moi-même? O destinée! ô mon ami! priez pour moi; il me semble que je n'ai pas mérité les malheurs qui m'accablent.

Le courrier n'arrivant point, j'ai le temps d'ajouter encore quelques mots. Que vous envoyiez vos lettres par la France ou par la Hollande, cela est bien indifférent à la chose; c'est entre Londres et Wootton que le filet est tendu, et il est impossible que rien en échappe.

Pour être prêt au moment que l'homme arrivera, s'il arrive, je vais cacheter cette lettre avec le second chiffre. Le 6 avril, je fais partir par la poste une espèce de *duplicata* de cette lettre. Il sera intercepté, cela est sûr; mais peut-être le laissera-t-on passer après l'avoir lu.

AU MÊME.

A Wootton, le 4 avril 1767.

Votre n° 42, mon cher hôte, m'est parvenu, après avoir été ouvert, et ne pouvait manquer de l'être par la voie que vous avez choisie, puisqu'il a été adressé par M. votre parent à M. Colombies de Londres, lequel a pour commis un mien cousin, l'âme damnée du bon David, et alerte pour intercepter et ouvrir tout ce qui m'est adressé du continent, presque sans exception.

Votre inutile précaution porte sur cette supposition bien fausse que nos lettres sont ouvertes entre Londres et Neuchâtel; et point du tout, c'est entre Londres et Wootton; et comme, de quelque adresse que vous vous serviez, il faut toujours qu'elles passent ici par d'autres mains avant d'arriver dans les miennes, il s'ensuit que, par quelque route qu'elles viennent, cela est très indifférent pour la sûreté. Les précautions sont telles, qu'il est impossible qu'il en échappe aucune sans être ouverte, à moins qu'on ne le veuille bien. Ainsi, la poste me trahit et ne saurait me servir. Il n'y a dans ma position que la vue d'un homme sûr qui puisse m'être utile. Présence, ou rien.

Je fais des tentatives pour aller à Londres; je doute qu'elles me réussissent: d'ailleurs ce voyage est très hasardeux, à cause du dépôt qui est ici dans mes mains, qui vous appartient, et dont l'ardent désir de vous le faire passer en sûreté fait tout le tourment de ma vie. Le désir de s'emparer de ce dépôt à ma mort, et peut-être de mon vivant, est une des principales raisons pour quoi je suis si soigneusement surveillé. Or, tant que je suis ici, il est en sûreté dans ma chambre; je suis presque assuré qu'il lui arrivera malheur en route, sitôt que j'en serai éloigné. Voilà, mon cher hôte, ce qui fait que, quand même je serais libre de me déplacer, je ne m'y exposerais qu'avec crainte, presque assuré de perdre mon dépôt dans le transport. Que de tentatives j'ai faites pour le mettre en sûreté! Mais que puis-je faire tant que personne ne vient à mon secours? Quand vous m'écrivez tranquillement: *Adressez-vous à celui-ci ou à celui-là,* c'est comme si vous m'écriviez: Adressez-vous à un habitant de la lune. Mon cher hôte, libre et maître dans sa maison à Neuchâtel, parlant la langue, et entouré de gens de bonne volonté, juge de ma situation par la sienne. Il se trompe un peu.

J'ai travaillé un peu à ma besogne au milieu du tumulte et des orages dont j'étais entouré; c'est mon travail, ce sont mes matériaux pour la suite, qui me tiennent en souci; je souffre à penser qu'il faudra que tout cela périsse. Mais, si je ne suis secouru, je n'ai qu'un parti à prendre, et je le prendrai quand je me sentirai pressé, soit par la mort, soit par le danger; c'est de brûler le tout, plutôt que de le laisser tomber entre les mains de mes ennemis. Vous voilà averti, mon cher hôte; si vous trouvez que j'ai mieux à faire, apprenez-le-moi, mais n'oubliez pas que vos lettres seront vues.

Je vous ai donné avis de la pension. Je vois d'ici, sur cet avis, toutes les fausses idées que vous vous faites sur ma situation : votre erreur est excusable; mais elle est grande. Si vous saviez comment, par qui et pourquoi cette pension m'est venue, vous m'en féliciteriez moins. Vous me demanderez peut-être un jour pourquoi je ne l'ai pas refusée; je crois que j'aurai de quoi bien répondre à cela.

Il importait de vous donner, une fois pour toutes, les explications contenues dans cette lettre, que je suis pressé de finir. Je l'adresse à M. Rougemont de Londres, en qui seul je puis prendre confiance; si on la lui laisse arriver, elle vous arrivera. Mille remercîments empressés et respect à la plus digne des mamans. Recevez ceux de mademoiselle Le Vasseur. Je vous embrasse, mon cher hôte, de tout mon cœur.

Vous devez comprendre pourquoi je ne vous parle pas ici de votre ami; faites de même.

A M. D'IVERNOIS.
Wootton, le 6 avril 1767.

J'ai reçu, mon bon ami, votre dernière lettre et lu le mémoire que vous y avez joint. Ce mémoire est fait de main de maître et fondé sur d'excellents principes; il m'inspire une grande estime pour son auteur quel qu'il soit : mais n'étant plus capable d'attention sérieuse et de raisonnements suivis, je n'ose prononcer sur la balance des avantages respectifs et sur la solidité de l'ouvrage qui en résultera; ce que je crois voir bien clairement, c'est qu'il vous offre, dans votre position, l'accommodement le meilleur et le plus honorable que vous puissiez espérer. Je voudrais, tant ma passion de vous savoir pacifiés est vive, donner la moitié de mon sang pour apprendre que cet accord a reçu sa sanction. Peut-être ne serait-il pas à désirer que j'en fusse l'arbitre; je craindrais que l'amour de la paix ne fût plus fort dans mon cœur que celui de la liberté. Mes bons amis, sentez-vous bien quelle gloire ce serait pour vous de part et d'autre que ce saint et sincère accord fût votre propre ouvrage, sans aucun concours étranger? Au reste, n'attendez rien ni de l'Angleterre ni de personne que de vous seuls; vos ressources sont toutes dans votre prudence et dans votre courage; elles sont grandes, grâces au ciel.

J'ai prié M. Du Peyrou de vous donner avis que le roi m'avait gratifié d'une pension. Si jamais nous nous revoyons, je vous en dirai davantage : mais mon cœur, qui désire ardemment ce bonheur, ne me le promet plus. Je suis trop malheureux en toute chose pour espérer plus aucun vrai plaisir en cette vie. Adieu, mon ami; adieu, mes amis. Si votre liberté est exposée, vous avez du moins l'avantage et la gloire de pouvoir la défendre et la réclamer ouvertement. Je connais des gens plus à plaindre que vous. Je vous embrasse.

A M. LE MARQUIS DE MIRABEAU.

Wootton, le 8 avril 1767.

Je différais, monsieur, de vous répondre, dans l'espoir de m'entretenir avec vous plus à mon aise quand je serais délivré de certaines distractions assez graves; mais les découvertes que je fais journellement sur ma véritable situation les augmentent, et ne me laissent plus guère espérer de les voir finir : ainsi, quelque douce que me fût votre correspondance, il y faut renoncer au moins pour un temps, à moins d'une mise aussi inégale dans la quantité que dans la valeur. Pour éclaircir un problème singulier qui m'occupe dans ce prétendu pays de liberté, je vais tenter, et bien à contre cœur, un voyage de Londres. Si, contre mon attente, je l'exécute sans obstacle et sans accident, je vous écrirai de là plus au long.

Vous admirez Richardson : monsieur le marquis, combien vous l'admireriez davantage, si, comme moi, vous étiez à portée de comparer les tableaux de ce grand peintre à la nature; de voir combien ses situations, qui paraissent romanesques, sont naturelles; combien ses portraits, qui paraissent chargés, sont vrais! Si je m'en rapportais uniquement à mes observations, je croirais même qu'il n'y a de vrais que ceux-là; car les capitaines Tomlinson me pleuvent, et je n'ai pas aperçu jusqu'ici vestige d'aucun Belfort. Mais j'ai vu si peu de monde, et l'île est si grande, que cela prouve seulement que je suis malheureux.

Adieu, monsieur. Je ne verrai jamais le château de Trye; et, ce qui m'afflige encore davantage, selon toute apparence, je ne serai jamais à portée d'en voir le seigneur; mais je l'honorerai et chérirai toute ma vie : je me souviendrai toujours que c'est au plus fort de mes misères que son noble cœur m'a fait des avances d'amitié; et la mienne, qui n'a rien de méprisable, lui est acquise jusqu'à mon dernier soupir.

A MYLORD COMTE DE HARCOURT.

Wootton, le 11 avril 1767.

Je ne puis, mylord, que vous réitérer mes très humbles excuses et remercîments de toutes les peines que vous avez bien voulu prendre en ma faveur. Je vous suis très obligé de m'avoir conservé le portrait du roi. Je le reverrai souvent avec grand plaisir, et je me livre envers sa majesté à toute la plénitude de ma reconnaissance, très assuré qu'en faisant le bien elle n'a point d'autre vue que de bien faire. Puisque vous savez au juste à quoi monte le produit des estampes dont M. Ramsay avait eu l'honnêteté de me faire cadeau, vous pouvez y borner la distribution que vous voulez bien avoir la bonté de faire aux pauvres, et remettre le surplus à M. Davenport, qui veut bien se charger de me l'apporter. J'aspire, mylord, au moment d'aller vous rendre mes actions de grâces et mes devoirs en personne, et il ne tiendra pas à moi que ce ne soit avant votre départ de Londres. Recevez en attendant, je vous supplie, mylord, mes très humbles salutations et mon respect.

P. S. Je ne vous parle point de ma santé, parce qu'elle n'est pas meilleure, et que ce n'est pas la peine d'en parler pour n'avoir que les mêmes choses à dire. Celle de mademoiselle Le Vasseur, à laquelle vous avez la bonté de vous intéresser, est très mauvaise, et il n'est pas bien étonnant qu'elle empire de jour en jour.

A M. DAVENPORT.

Wootton, le 30 avril 1767.

Un maître de maison, monsieur, est obligé de savoir ce qui se passe dans la sienne, surtout à l'égard des étrangers qu'il y reçoit. Si vous ignorez ce qui se passe dans la vôtre à mon égard depuis Noël, vous avez tort; si vous le savez et que vous le souffriez, vous avez plus grand tort : mais le tort le moins excusable est d'avoir oublié votre promesse, et d'être allé tranquillement vous établir à Davenport, sans vous embarrasser si l'homme qui vous attendait ici sur votre parole y était à son aise ou non. En voilà plus qu'il ne faut pour me faire prendre mon parti. Demain, monsieur, je quitte votre maison. J'y laisse mon petit équipage, et celui de mademoiselle Le Vasseur, et j'y laisse le produit de mes estampes et livres pour sûreté des frais faits pour ma dépense depuis Noël. Je n'ignore ni les embûches qui m'attendent, ni l'impuissance où je suis de m'en garantir ; mais, monsieur, j'ai vécu ; il ne me reste qu'à finir avec courage une carrière passée avec honneur. Il est aisé de m'opprimer, mais difficile de m'avilir. Voilà ce qui me rassure contre les dangers que je vais courir. Recevez derechef mes vifs et sincères remercîments de la noble hospitalité que vous m'avez accordée. Si elle avait fini comme elle a commencé, j'emporterais de vous un souvenir bien tendre, qui ne s'effacerait jamais de mon cœur. Adieu, monsieur : je regretterai souvent la demeure que je quitte ; mais je regretterai beaucoup davantage d'avoir eu un hôte si aimable, et de n'en avoir pu faire mon ami.

A M. LE GÉNÉRAL CONWAY.

Douvres, 1767.

Monsieur,

J'ose vous supplier de vouloir bien prendre sur vos affaires le temps de lire cette lettre, seul et avec attention. C'est à votre jugement éclairé, c'est à votre âme saine que j'ai à parler. Je suis sûr de trouver en vous tout ce qu'il faut pour peser avec sagesse et avec équité ce que j'ai à vous dire. J'en serai moins sûr si vous consultez tout autre que vous.

J'ignore avec quel projet j'ai été amené en Angleterre : il y en a eu un, cela est certain ; j'en juge par son effet, aussi grand, aussi plein qu'il aurait pu l'être quand ce projet eût été une affaire d'état. Mais comment le sort, la réputation d'un pauvre infortuné, pourraient-ils jamais faire une affaire d'état? C'est ce qui est trop peu concevable pour que je puisse m'arrêter à pareille supposition. Cependant, que les hommes les plus élevés, les plus distingués, les plus estimables, qu'une nation tout entière, se prêtent aux passions d'un particulier qui veut en avilir un autre, c'est ce qui se conçoit encore moins. Je vois l'effet ; la cause m'est cachée, et je me suis tourmenté vainement pour la pénétrer : mais quelle que soit cette cause, les suites en seront les mêmes; et c'est de ces suites qu'il s'agit ici. Je laisse le passé dans son obscurité; c'est maintenant l'avenir que j'examine.

J'ai été traité dans mon honneur aussi cruellement qu'il soit possible de l'être. Ma diffamation est telle en Angleterre que rien ne peut l'y relever de mon vivant. Je prévois cependant ce qui doit arriver après ma mort, par la seule force de la vérité, et sans qu'aucun écrit posthume de ma part s'en mêle; mais cela viendra lentement, et seulement quand les révolutions du gouvernement auront mis tous les faits passés en évidence. Alors ma mémoire sera réhabilitée ; mais de mon vivant je ne gagnerai rien à cela.

Vous concevez, monsieur, que cette ignominie intolérable au cœur d'un homme d'honneur rend au mien le séjour de l'Angleterre insupportable. Mais on ne veut pas que j'en sorte; je le sens, j'en ai mille preuves, et cet arrangement est très naturel; on ne doit pas me laisser aller publier au-dehors les outrages que j'ai reçus dans l'île, ni la captivité dans laquelle j'ai vécu; on ne veut pas non plus que mes mémoires passent dans le continent et ailleurs, instruire une autre génération des maux que m'a fait souffrir celle-ci. Quand je dis *on*, j'entends les premiers auteurs de mes disgrâces : à Dieu ne plaise que l'idée que j'ai, monsieur, de votre respectable caractère me permette jamais de penser que vous ayez trempé dans le fond du projet!

Vous ne me connaissiez point ; on vous a fait croire de moi beaucoup de choses ; l'illusion de l'amitié vous a prévenu pour mes ennemis ; ils ont abusé de votre bienveillance, et, par une suite de mon malheur ordinaire, les nobles sentiments de votre cœur, qui vous aurait parlé pour moi si j'eusse été mieux connu de vous, m'ont nui par l'opinion qu'on vous en a donnée. Maintenant le mal est sans remède ; il est presque impossible que vous soyez désabusé ; c'est ce que je ne suis pas à portée de tenter ; et, dans l'erreur où vous êtes, la prudence veut que vous vous prêtiez aux mesures de mes ennemis.

J'oserai pourtant vous faire une proposition qui, je crois, doit parler également à votre cœur et à votre sagesse : la terrible extrémité où je suis réduit en fait, je l'avoue, ma seule ressource ; mais cette ressource en est peut-être également une pour mes ennemis contre les suites désagréables que peut avoir pour eux mon dernier désespoir.

Je veux sortir, monsieur, de l'Angleterre ou de la vie ; et je sens bien que je n'ai pas le choix. Les manœuvres sinistres que je vois m'annoncent le sort qui m'attend, si je feins seulement de vouloir m'embarquer. J'y suis déterminé pourtant, parce que toutes les horreurs de la mort n'ont rien de comparable à celles qui m'environnent. Objet de la risée et de l'exécration publique, je ne me vois environné que des signes affreux qui m'annoncent ma destinée. C'est trop souffrir, monsieur, et toute interdiction de correspondance m'annonce assez que, sitôt que l'argent qui me reste sera dépensé, je n'ai plus qu'à mourir. Dans ma situation, ce sera un soulagement pour moi, et c'est le seul désormais qui me reste ; mais j'ai bien de la peine à penser que mon malheur ne laisse après lui nulle trace désagréable. Quelque habilement que la chose ait été concertée, quelque adroite qu'en soit l'exécution, il restera des indices peu favorables à l'hospitalité nationale. Je suis malheureusement trop connu pour que ma fin tragique ou ma disparition demeurent sans commentaires ; et quand tant de complices garderaient le secret, tous mes malheurs précédents mettront trop de gens sur la trace de celui-ci, pour que les ennemis de mes ennemis (car tout le monde en a) n'en fassent pas quelque jour un usage qui pourra leur déplaire. On ne sait jusqu'où ces choses-là peuvent aller, et l'on n'est plus maître de les arrêter quand une fois elles marchent. Convenez, monsieur, qu'il y aurait quelque avantage à pouvoir se dispenser d'en venir à cette extrémité.

Or on le peut, *et prudemment* on le doit. Daignez m'écouter. Jusqu'à présent j'ai toujours pensé à laisser après moi des mémoires qui missent au fait la postérité des vrais événements de ma vie : je les ai commencés, déposés en d'autres mains, et désormais abandonnés. Ce dernier coup m'a fait sentir l'impossibilité d'exécuter ce dessein, et m'en a totalement ôté l'envie.

Je suis sans espoir, sans projet, sans désir même de rétablir ma réputation détruite, parce que je sais qu'après moi cela viendra de soi-même, et qu'il me faudrait des efforts immenses pour y parvenir de mon vivant. Le découragement m'a gagné ; la douce amitié, l'amour du repos, sont les seules passions qui me restent, et je n'aspire qu'à finir paisiblement mes jours dans le sein d'un ami. Je ne vois plus d'autre bonheur pour moi sur la terre, et, quand j'aurais désormais à choisir, je sacrifierais tout à cet unique désir qui m'est resté.

Voilà, monsieur, l'homme qui vous propose de le laisser aller en paix, et qui vous engage sa foi, sa parole, tous les sentiments d'honneur dont il fait profession, et toutes ces espérances sacrées qui font ici-bas la consolation des malheureux, que non-seulement il abandonne pour toujours le projet d'écrire sa vie et ses mémoires, mais qu'il ne lui échappera jamais, ni de bouche, ni par écrit, un seul mot de plainte sur les malheurs qui lui sont arrivés en Angleterre ; qu'il ne parlera jamais de M. Hume, ou qu'il n'en parlera qu'avec honneur ; et que, lorsqu'il sera pressé de s'expliquer sur les plaintes indiscrètes qui, dans le fort de ses peines, lui sont quelquefois échappées, il les rejettera sans mystères sur son humeur aigrie et portée à la défiance et aux ombrages par des malheurs continuels. Je pourrai parler de la sorte avec vérité, n'ayant que trop d'injustes soupçons à me reprocher par ce malheureux penchant, ouvrage de mes désastres, et qui maintenant y met le comble. Je m'engage solennellement à ne jamais écrire quoi que ce puisse être, et sous quelque prétexte que ce soit, pour être imprimé ou publié, ni sous mon nom, ni en anonyme, ni de mon vivant, ni après ma mort.

Vous trouverez, monsieur, ces promesses bien fortes, elles ne le sont pas trop pour la détresse où je suis. Vous me demanderez des garants pour leur exécution ; cela est très juste : les voici, je vous prie de les peser.

Premièrement tous mes papiers relatifs à l'Angleterre y sont encore dans un dépôt. Je les ferai tous remettre entre vos mains, et j'y en ajouterai quelques autres assez importants qui sont restés dans les miennes. Je partirai à vide et sans autres papiers qu'un petit porte-feuille absolument nécessaire à mes affaires, et que j'offre à visiter.

Secondement, vous aurez cette lettre signée pour garant de ma parole ; et de plus, une autre déclaration que je remettrai en partant à qui vous me prescrirez, et telle que, si j'étais capable de jamais l'enfreindre de mon vivant, ou après ma mort, cette seule pièce anéantirait tout ce que je pourrais dire, en montrant dans son auteur un infâme qui, se jouant de ses promesses les plus solennelles, ne mérite d'être écouté sur rien. Ainsi mon travail, détruisant son propre objet, en rendrait la peine aussi ridicule que vaine.

En troisième lieu, je suis prêt à recevoir toujours avec le même respect et la même reconnaissance la pension dont il plaît au roi de m'honorer. Or, je vous demande, monsieur, si, lorsque honoré d'une pension du prince, j'étais assez vil, assez infâme pour mal parler de son gouvernement, de sa nation et de ses sujets, il serait possible en aucun temps qu'on m'écoutât sans indignation, sans mépris et sans horreur. Monsieur, je me lie par les liens les plus forts et les plus indissolubles. Vous ne pouvez pas supposer que je veuille rétablir mon honneur par des moyens qui me rendraient le plus vil des mortels.

Il y a, monsieur, un quatrième garant, plus sûr, plus sacré que tous les autres, et qui vous répond de moi, c'est mon caractère connu pendant cinquante-six ans. Esclave de ma foi, fidèle à ma parole, si j'étais capable de gloire encore, je m'en ferais une illustre et fière de tenir plus que je n'aurais promis ; mais, plus concentré dans moi-même, il me suffit d'avoir en cela la conscience de mon devoir. Eh ! monsieur, pouvez-vous penser que, de l'humeur dont je suis, je puisse aimer la vie en portant la bassesse et le remords dans ma solitude? Quand la droiture cessera de m'être chère, c'est alors que je serai vraiment mort au bonheur.

Non, monsieur, je renonce pour jamais à tous souvenirs pénibles. Mes malheurs n'ont rien d'assez amusant pour les rappeler avec plaisir ; je suis assez heureux si je suis libre, et que je puisse rendre mon dernier soupir dans le sein d'un ami. Je ne vous promets en ceci que ce que je me promets à moi-même, si je puis goûter encore quelques jours de paix avant ma mort.

Je n'ai parlé jusqu'ici, monsieur, qu'à votre raison : je n'ai qu'un mot maintenant à dire à votre cœur. Vous voyez un malheureux réduit au désespoir, n'attendant plus que la manière de sa dernière heure. Vous pouvez rappeler cet infortuné à la vie, vous pouvez vous en rendre le sauveur, et du plus misérable des hommes, en faire encore le plus heureux. Je ne vous en dirai pas davantage, si ce n'est ce dernier mot qui vaut la peine d'être répété. Je vois mon heure extrême qui se prépare ; je suis résolu, s'il le faut, de l'aller chercher, et de périr ou d'être libre ; il n'y a plus de milieu.

EXTRAIT D'UNE LETTRE DE HUME.

Je ne sais si vous avez entendu parler des derniers événements arrivés à ce pauvre malheureux Rousseau, qui est devenu tout-à-fait extravagant, et qui mérite la plus grande compassion. Il y a environ trois semaines qu'il partit, sans en donner le moindre avis, de chez M. Davenport, n'emmenant avec lui que sa gouvernante, laissant la plus grande partie de ses effets et environ trente guinées d'argent. On trouva aussi une lettre sur sa table, pleine de reproches contre son hôte, auquel il imputait d'avoir été complice de mon projet pour le ruiner et le déshonorer. Il prit le chemin de Londres; et M. Davenport me pria de le faire chercher et de découvrir comment on pourrait lui envoyer son bagage et son argent. On fut quinze jours sans en entendre parler, jusqu'à ce qu'enfin le chancelier reçut de lui la lettre la plus extravagante, datée de Spalding, dans le comté de Lincoln. Il dit à ce magistrat qu'il est en chemin pour Douvres, dans le dessein de quitter le royaume (observez que Spalding s'éloigne tout-à-fait du chemin); mais qu'il n'ose pas faire un pas de plus ni sortir de la maison, dans la crainte de ses ennemis. Il conjure donc le chancelier de lui envoyer un guide autorisé pour le conduire, et il le lui demande comme le dernier acte d'hospitalité de cette nation envers lui. Quelques jours après, j'appris de M. Davenport qu'il avait reçu une nouvelle lettre de Rousseau, datée encore de Spalding, dans laquelle il lui témoigne le plus vif repentir. Il parle de sa triste et malheureuse situation, et annonce le dessein de retourner dans sa première retraite de Wootton. J'espérai qu'il aurait recouvré ses sens; point du tout. Au bout de quelques heures le général Conway reçut une lettre de lui, datée de Douvres, distant de deux cents milles de Spalding. Il n'avait guère mis que deux jours à faire cette longue route. Il n'y a rien de plus fou que cette lettre : il suppose qu'il est prisonnier d'état entre les mains du général Conway, et cela, en conséquence de mes suggestions; il le conjure. . . . .
. . . .

(Hume donne ici la substance de cette lettre qui vient d'être mise sous les yeux du lecteur.)

Je vous informe de tous ces détails, afin que vous voyiez que ce pauvre homme est absolument fou, et que par conséquent il ne peut être dans le cas d'être poursuivi par les lois ni l'objet d'une peine civile. Il a certainement passé à Calais; et se trouvant dans le ressort du parlement de Paris, il sera probablement arrêté, et peut-être traité sans aucun égard à sa malheureuse situation. Quand j'étais à Paris, j'ai vu des traits d'une animosité peu commune contre lui de la part de plusieurs membres de cet illustre corps, et je crains que sa présence ne fasse revivre contre lui ce même zèle ardent et amer. Il me paraît donc intéressant que quelques personnes de poids et de mérite sachent de la première main le véritable état des choses, afin que les ennemis de ce malheureux homme, voyant leur vengeance pleinement rassasiée par ses infortunes passées, n'appesantissent pas plus longtemps sur lui des peines trop fortes pour qu'un homme puisse les soutenir. J'ai parlé à M. de Guerchy, afin qu'il représente la chose sous ce point de vue, s'il en écrit à sa cour, et je vous adresse cette lettre à cachet volant, sous l'enveloppe de M. de Montigny, pour le cas où vous auriez quitté Paris. Il faut que vous, ou lui, instruisiez M. de Malesherbes. M. Trudaine joindra aussi ses bons offices; et je ne doute pas que vos efforts réunis, et s'agissant d'une chose aussi raisonnable, vous ne lui procuriez une entière sûreté. S'il pouvait être établi dans une retraite sûre et tranquille, sous la protection de quelque personne prudente, il a de quoi subvenir à tous ses besoins : il a, si je ne me trompe, environ cent louis de rente de lui-même. Le roi d'Angleterre vient de lui en accorder encore autant; et l'on pourrait trouver quelque part en France quelque personne qui, par égard pour son génie, le traiterait avec amitié, et l'empêcherait de faire du mal à lui et aux autres. Il serait à propos que sa gouvernante entrât dans le projet : je sais cependant que M. Davenport n'avait pas une idée bien avantageuse de son caractère ni de sa conduite lorsqu'ils vivaient chez lui; mais Rousseau est accoutumé à cette femme, et elle sait mieux que qui que ce soit entrer dans ses humeurs. On soupçonne qu'elle a entretenu toutes ses chimères afin de le chasser d'un pays où, n'ayant personne avec qui elle pût parler, elle s'ennuyait à la mort.

A M. E. J....., CHIRURGIEN.

Le 13 mai 1767.

Vous me parlez, monsieur, dans une langue littéraire de sujets de littérature, comme à un homme de lettres; vous m'accablez d'éloges si pompeux, qu'ils sont ironiques; et vous croyez m'enivrer d'un pareil encens? vous vous trompez, monsieur, sur tous ces points : je ne suis point homme de lettres; je le fus pour mon malheur; depuis longtemps j'ai cessé de l'être; rien de ce qui se rapporte à ce métier ne me convient plus. Les grands éloges ne m'ont jamais flatté; aujourd'hui surtout que j'ai plus besoin de consolation que d'encens, je les trouve bien déplacés : c'est comme si, quand vous allez voir un pauvre malade, au lieu de le panser, vous lui faisiez des compliments.

J'ai livré mes écrits à la censure publique; elle les traite aussi sévèrement que ma personne : à la bonne heure; je ne prétends pas avoir eu raison : je sais seulement que mes intentions étaient assez droites, assez pures, assez salutaires, pour devoir m'obtenir quelque indulgence. Mes erreurs peuvent être grandes : mes sentiments auraient dû les racheter. Je crois qu'il y a beaucoup de choses sur lesquelles on n'a pas voulu m'entendre : telle est, par exemple, l'origine du droit naturel, sur laquelle vous me prêtez des sentiments qui n'ont jamais été les miens. C'est ainsi qu'on aggrave mes fautes réelles de toutes celles qu'on juge à propos de m'attribuer. Je me tais devant les hommes, et je remets ma cause entre les mains de Dieu, qui voit mon cœur.

Je ne répondrai donc point, monsieur, ni aux reproches que vous me faites au nom d'autrui, ni aux louanges que vous me donnez de vous-même; les uns ne sont pas plus mérités que les autres. Je ne vous rendrai rien de pareil, tant parce que je ne vous connais pas que parce que j'aime à être simple et vrai en toutes choses. Vous vous dites chirurgien : si vous m'eussiez parlé botanique, et des plantes que produit votre contrée, vous m'auriez fait plaisir, et j'en aurais pu causer avec vous : mais pour de mes livres, et de toute autre espèce de livres, vous m'en parleriez inutilement, parce que je ne prends plus d'intérêt à tout cela. Je ne vous réponds point en latin, par la raison ci-devant énoncée; il ne me reste de cette langue qu'autant qu'il en faut pour entendre les phrases de Linnæus. Recevez, monsieur, mes très humbles salutations.

A M. LE MARQUIS DE MIRABEAU.

Calais, le 22 mai 1767.

J'arrive ici, monsieur, après bien des aventures bizarres, qui feraient un détail plus long qu'amusant. Je voudrais de tout mon cœur aller finir mes jours au château de Trye; mais, pour entreprendre un pareil établissement, il faudrait plus de certitude de sa durée que vous ne pouvez la donner. Je ne vois pour moi qu'un repos stable, c'est dans l'état de Venise, et, malgré l'immensité du trajet, je suis déterminé à le tenter. Ma situation, à tous égards, me forcera à des stations que je rendrai aussi courtes qu'il me sera possible. Je désire ardemment d'en faire une petite à Paris pour vous y voir, si j'y puis garder l'incognito convenable, et que je sois assuré que ce court séjour ne déplaise pas. Permettez que je vous consulte là-dessus, résolu de passer tout droit et le plus promptement qu'il me sera possible, si vous jugez que ce soit le meilleur parti. Je ne vous en dirai pas davantage ici, monsieur; mais j'attends avec empressement de vos nouvelles, et je compte m'arrêter à Amiens pour cela. Ayez la bonté de m'y répondre un mot sous le couvert de M. Barthélemi Midy, négociant. Cette réponse réglera ma marche. Puisse-t-elle, monsieur, me livrer à l'ardent désir que j'ai de voir et d'embrasser le respectable ami des hommes !

A M. DU PEYROU.

Calais, le 22 mai 1767.

J'arrive ici transporté de joie d'avoir la communication rouverte et sûre avec mon cher hôte, et de n'avoir plus l'espace des mers entre nous. Je pars demain pour Amiens, où j'attendrai de vos nouvelles, sous le couvert de M. Barthélemi Midy, négociant. Je ne vous en dirai pas davantage aujourd'hui ; mais je n'ai pas voulu tarder à rompre, aussitôt qu'il m'était possible, le silence forcé que je garde avec vous depuis si longtemps.

A M. LE MARQUIS DE MIRABEAU.

Amiens, le 2 juin 1767.

J'ai différé, monsieur, de vous écrire jusqu'à ce que je pusse vous marquer le jour de mon départ et le lieu de mon arrivée. Je compte partir demain, et arriver après-demain au soir à Saint-Denis où je séjournerai le lendemain, vendredi, pour y attendre de vos nouvelles. Je logerai aux *Trois Maillets*. Comme on trouve des fiacres à Saint-Denis, sans prendre la peine d'y venir vous-même, il suffit que vous ayez la bonté d'envoyer un domestique qui nous conduise dans l'asile hospitalier que vous voulez bien me destiner. Il m'a été impossible de rester inconnu comme je l'avais désiré, et je crains bien que mon nom ne me suive à la piste. A tout évènement, quelque nom que me donnent les autres, je prendrai celui de M. Jacques; et c'est sous ce nom que vous pourrez me faire demander aux *Trois Maillets*. Rien n'égale le plaisir avec lequel je vais habiter votre maison, si ce n'est le tendre empressement que j'ai d'en embrasser le vertueux maître.

A M. DU PEYROU.

Le 5 juin 1767.

Je n'ai pu, mon cher hôte, attendre, comme je l'avais compté, de vos nouvelles à Amiens. Les honneurs publics qu'on a voulu m'y rendre, et mon séjour en cette ville, devenu trop bruyant par les empressements des citoyens et des militaires, m'ont forcé de m'en éloigner au bout de huit jours. Je suis maintenant chez le digne ami des hommes, où, après une si longue interruption, j'attends enfin quelques mots de vous. Mon intention est de ne rien épargner pour avoir avec vous une entrevue dont mon cœur a le plus besoin; et si vous pouvez venir jusqu'à Dijon, je partirai pour m'y rendre à la réception de votre réponse, pleurant d'attendrissement et de joie au seul espoir de vous embrasser. Je ne vous en dirai pas ici davantage. Écrivez-moi sous le couvert de M. le marquis de Mirabeau, à Paris : votre lettre me parviendra. Je vous embrasse de tout mon cœur.

A M. LE MARQUIS DE MIRABEAU.

Fleury, ce vendredi à midi, 5 juin 1767.

Il faut, monsieur, jouir de vos bontés et de vos soins, et ne vous remercier plus de rien. L'air, la maison, le jardin, le parc, tout est admirable; et je me suis dépêché de m'emparer de tout par la possession, c'est-à-dire par la jouissance. J'ai parcouru tous les environs, et au retour j'ai trouvé M. Garçon qui m'a tiré de peine sur votre retour d'hier, et m'a donné l'espoir de vous voir demain. Je ne veux point me laisser donner d'inquiétudes. Mais, quelque agréable et douce que me soit l'habitation de votre maison, mon intention est toujours de les prévenir. Mille très humbles salutations et respects de mademoiselle Le Vasseur.

AU MÊME.

Ce mardi 9 juin 1767.

Votre présence, monsieur, votre noble hospitalité, vos bontés de toute espèce, ont mis le comble aux sentiments que m'avaient inspirés vos écrits et vos lettres. Je vous suis attaché par tous les liens qui peuvent rendre un homme respectable et cher à un autre; mais je suis venu d'Angleterre avec une résolution qu'il ne m'est pas permis de changer, puisque je ne saurais devenir votre hôte à demeure, sans contracter des obligations qu'il n'est pas en mon pouvoir ni même en ma volonté de remplir; et, pour répondre une fois pour toutes à un mot que vous m'avez dit en passant, je vous répète et vous déclare que jamais je ne reprendrai la plume pour le public, sur quelque sujet que ce puisse être : que je ne ferai ni ne laisserai rien imprimer de moi avant ma mort, même de ce qui reste encore en manuscrit; que je ne puis ni ne veux rien lire désormais de ce qui pourrait réveiller mes idées éteintes, pas même vos propres écrits; que dès à présent je suis mort à toute littérature, sur quelque sujet que ce puisse être, et que jamais rien ne me fera changer de résolution sur ce point. Je suis assurément pénétré pour vous de reconnaissance, mais non pas jusqu'à vouloir ni pouvoir me tirer de mon anéantissement mental. N'attendez rien de moi, à moins que, pour mes péchés, je ne devienne empereur ou roi; encore ce que je ferai dans ce cas sera-t-il moins pour vous que pour mes peuples, puisque en pareil cas, quand je ne vous devrais rien, je ne le ferais pas moins.

En outre, quoi que vous puisssiez faire, au Bignon, je serais chez vous, et je ne puis être à mon aise que chez moi; je serais dans le ressort du parlement de Paris, qui, par raison de convenance, peut, au moment qu'on y pensera le moins, faire une excursion nouvelle, *in animâ vili* : je ne veux pas le laisser exposé à la tentation.

J'irais pourtant voir votre terre avec grand plaisir si cela ne faisait pas un détour inutile, et si je ne craignais un peu, quand j'y serais, d'avoir la tentation d'y rester : là-dessus, toutefois, votre volonté soit faite; je ne résisterai jamais au bien que vous voudrez me faire quand je le sentirai conforme à mon bien réel ou de fantaisie; car pour moi c'est tout un. Ce que je crains n'est pas de vous être obligé, mais de vous être inutile.

Je suis très surpris et très en peine de ne recevoir aucune nouvelle d'Angleterre, et surtout de Suisse, dont j'en attends avec inquiétude. Ce retard me met dans le cas de faire à vous et à moi le plaisir de rester ici jusqu'à ce que j'en aie reçu, et par conséquent celui de vous y embrasser quelquefois encore, sachant que les œuvres de miséricorde plaisent à votre cœur. Je remets donc à ces doux moments ce qu'il me reste à vous dire, et surtout à vous remercier du bien que vous m'avez procuré dimanche au soir, et que par la manière dont je l'ai senti je mérite d'avoir encore. *Vale, et me ama.*

A M. DU PEYROU.

Le 10 juin 1767.

Je reçois, mon cher hôte, votre n° 46; je n'ai point reçu les trois précédents. Je veux supposer, pour ma consolation, que la goutte n'est point venue, et que, selon vos arrangements, vous arriverez aujourd'hui ou demain à Paris. Cela étant, allez, je vous supplie, au Luxembourg, voir M. le marquis de Mirabeau; vous aurez par lui de mes nouvelles. Il n'est prévenu de rien, parce que je ne l'ai pas vu depuis la réception de votre lettre; mais il suffira de vous nommer. Ne sachant si cette lettre vous parviendra, je n'en dirai pas davantage. Je vous embrasse de tout mon cœur.

Si par hasard M. le marquis de Mirabeau n'était pas chez lui, demandez M. Garçon, son secrétaire.

A M. LE MARQUIS DE MIRABEAU.

Ce vendredi 19 juin 1767.

Je lirai votre livre, puisque vous le voulez; ensuite j'aurai à vous remercier de l'avoir lu : mais il ne résultera rien de plus de cette lecture que la confirmation des sentiments que vous m'avez inspirés, et de mon admiration pour votre grand et profond génie, ce que je me permets de vous dire en passant et seulement une fois. Je ne vous réponds pas même de vous suivre toujours, parce qu'il m'a toujours été pénible de penser, fatigant de suivre les pensées des autres, et qu'à présent je ne le puis plus du tout. Je ne vous remercie point, mais je sors de votre maison fier d'y avoir été admis, et plus désireux que jamais de conserver les bontés et l'amitié du maître. Du reste, quelque mal que vous pensiez de la sensibilité prise pour toute nourriture, c'est l'unique qui m'est restée; je ne vis plus que par le cœur. Je veux vous aimer autant que je vous respecte. C'est beaucoup; mais voilà tout; n'attendez jamais de moi rien de plus. J'emporterai si je puis votre livre de plantes; s'il m'embarrasse trop, je le laisserai, dans l'espoir de revenir quelque jour le lire plus à mon aise. Adieu, mon cher et respectable hôte; je pars plein de vous, et content de moi, puisque j'emporte votre estime et votre amitié.

A M. DU PEYROU.

Au Château de Trye, le 21 juin 1767.

J'arrive heureusement, mon cher hôte, avec M. Coindet, qui vous rendra compte de l'état des choses. J'espère, les premiers embarras levés, pouvoir couler ici des jours assez tranquilles, sous la protection du grand prince qui me donne cet asile. Donnez-m'y souvent de vos nouvelles, cher ami; vous savez combien elles sont nécessaires à mon bonheur. Vous pouvez remettre vos lettres à M. Coindet, ou les faire mettre à la poste sous cette adresse: *A M. Manoury, lieutenant des chasses de M. le prince de Conti, pour remettre à M. Renou, au château de Trye, par Gisors.* Quand vous aurez quelque paquet à me faire tenir, il y a un carrosse de Gisors qui va à Paris tous les mercredis, et revient tous les samedis, mais je ne sais pas où en est le bureau à Paris; cela n'est pas difficile à trouver; il faut se servir par le carrosse de la même adresse. M. Coindet va partir, je suis très pressé; je finis en vous embrassant de tout mon cœur.

A M. LE MARQUIS DE MIRABEAU.

Trye-le-Château, le 24 juin 1767.

J'espérais, monsieur, vous rendre compte un peu en détail de ce qui regarde mon arrivée et mon habitation; mais une douleur fort vive qui me tient depuis hier à la jointure du poignet me donne à tenir la plume une difficulté qui me force d'abréger. Le château est vieux, le pays est agréable, et j'y suis dans un hospice qui ne me laisserait rien à regretter, si je ne sortais pas de Fleury. J'ai apporté votre livre de plantes, dont j'aurai grand soin; j'ai apporté votre *Philosophie rurale*, que j'ai essayé de lire et de suivre sans pouvoir en venir à bout : j'y reviendrai toutefois. Je réponds de la bonne volonté, mais non pas du succès. J'ai aussi apporté la clef du parc; j'étais en train d'emporter toute la maison; je vous renverrai cette clef par la première occasion. Je vous prie de me garder le secret sur mon asile; M. le prince de Conti le désire ainsi, et je m'y suis engagé. Le nom de Jacques ne lui ayant pas plu, j'y ai substitué celui que je signe ici, et sous lequel j'espère, monsieur, recevoir de vos nouvelles à l'adresse suivante. Agréez, monsieur, mes salutations très humbles. Je vous révère et vous embrasse de tout mon cœur.

RENOU.

A MYLORD HARCOURT.

Le 10 juillet 1767.

Je reçois seulement en ce moment, mylord, la lettre que vous m'avez fait l'honneur de m'écrire le 7 mai, et le billet que vous m'avez envoyé sous la même date. En vous remerciant de l'une et de l'autre, et en vous réitérant mes très humbles excuses de la peine que vous avez bien voulu prendre en ma faveur, permettez qu'étant éloigné de vous je prenne la liberté de me recommander à l'honneur de votre souvenir, de vous assurer que vos bontés ne sortiront point de ma mémoire, et de vous renouveler les protestations de ma reconnaissance et de mon respect.

Je vous demande la permission, mylord, de ne point dater, quant à présent, du lieu de ma retraite, et de ne plus signer un nom sous lequel j'ai vécu si malheureux. Vous ne tarderez pas d'être instruit de celui que j'ai pris, et sous lequel je vous rendrai désormais mes hommages, si vous me permettez de vous les renouveler quelquefois. Si vous m'honorez d'une réponse, M. Watelet est à portée de me la faire passer.

A M. DU PEYROU.

Le 22 juillet 1767.

Je suis, mon cher hôte, dans les plus grandes alarmes de n'avoir aucune nouvelle de vous depuis votre départ. Si vous m'avez écrit, il faut que vos lettres se soient dévoyées, et je n'imagine que la goutte qui ait pu vous empêcher d'écrire. Cette idée me fait frémir, en pensant à ce que c'est que d'être pris de la goutte hors de chez soi, et peut-être même en route, dans un cabaret. Ah! cher ami, si je le croyais bien, si je savais où, rien ne m'empêcherait d'aller vous y joindre; votre silence me tient dans une angoisse d'autant plus cruelle que, dans le doute, je mets toujours les choses au pis. De grâce, si ma lettre vous parvient, en quelque état que vous soyez, faites-moi écrire un mot; faites-le écrire à double, l'un où je suis, directement à mon adresse que vous savez, et l'autre à l'adresse de M. Coindet, que vous savez aussi. Il est étonnant que je ne sache ou que je ne me rappelle pas votre nom de baptême : cela me tient en quelque embarras pour vous distinguer, en écrivant à M. Du Peyrou d'Amsterdam, à qui j'adresse cette lettre. Je n'ai pas le courage de vous parler de moi jusqu'à ce que j'aie de vos nouvelles. Donnez-m'en, je vous conjure, le plus tôt que vous pourrez. Adieu, mon cher hôte : puisse la Providence vous conduire et vous ramener heureusement.

M. LE MARQUIS DE MIRABEAU.

Trye, le 26 juillet 1767.

J'aurais dû, monsieur, vous écrire en recevant votre dernier billet; mais j'ai mieux aimé tarder quelques jours encore à réparer ma négligence, et pouvoir vous parler en même temps du livre que vous m'avez envoyé. Dans l'impossibilité de le lire tout entier, j'ai choisi les chapitres où l'auteur casse les vitres, et qui m'ont paru les plus importants. Cette lecture m'a moins satisfait que je ne m'y attendais; et je sens que les traces de mes vieilles idées, racornies dans mon cerveau, ne permettent plus à des idées si nouvelles d'y faire de fortes impressions. Je n'ai jamais pu bien entendre ce que c'était que cette évidence qui sert de base au despotisme légal, et rien ne m'a paru moins évident que le chapitre qui traite de toutes ces évidences. Ceci ressemble assez au système de l'abbé de Saint-Pierre, qui prétendait que la raison humaine allait toujours en se perfectionnant, attendu que chaque siècle ajoute ses lumières à celles des siècles précédents. Il ne voyait pas que l'entendement humain n'a toujours qu'une même mesure et très étroite, qu'il perd d'un côté tout autant qu'il gagne de l'autre, et que des préjugés toujours renaissants nous ôtent autant de lumières acquises que la raison cultivée en peut remplacer. Il me semble que l'évidence ne peut jamais être dans les lois naturelles et politiques qu'en les considérant par abstraction. Dans un gouvernement particulier, que tant d'éléments divers composent, cette évidence disparaît nécessairement. Car la science du gouvernement n'est qu'une science de combinaisons, d'applications et d'exceptions, selon les temps, les lieux, les circonstances. Jamais le public ne peut voir avec évidence les rapports et le jeu de tout cela. Et, de grâce, qu'arrivera-t-il, que deviendront vos droits sacrés de propriété dans de grands dangers, dans des calamités extraordinaires, quand vos valeurs disponibles ne suffiront plus, et que le *salus populi suprema lex esto* sera prononcé par le despote ?

Mais supposons toute cette théorie des lois naturelles toujours parfaitement évidente, même dans ses applications, et d'une clarté qui se proportionne à tous les yeux ; comment des philosophes qui connaissent le cœur humain peuvent-ils donner à cette évidence tant d'autorité sur les actions des hommes? comme s'ils ignoraient que chacun se conduit très rarement par ses lumières et très fréquemment par ses passions. On prouve que le plus véritable intérêt du despote est de gouverner légalement, cela est reconnu de tous les temps ; mais qui est-ce qui se conduit sur ses plus vrais intérêts? le sage seul, s'il existe. Vous faites donc, messieurs, de vos despotes autant de sages. Presque tous les hommes connaissent leurs vrais intérêts, et ne les suivent pas mieux pour cela. Le prodigue qui mange ses capitaux sait parfaitement qu'il se ruine, et n'en va pas moins son train : de quoi sert que la raison nous éclaire quand la passion nous conduit?

« Video meliora proboque,
« Deteriora sequor. »

Voilà ce que fera votre despote, ambitieux, prodigue, avare, amoureux, vindicatif, jaloux, faible; car c'est ainsi qu'il font tous, et que nous faisons tous. Messieurs, permettez-moi de vous le dire, vous donnez trop de force à vos calculs, et pas assez aux penchants du cœur humain et au jeu des passions. Votre système est très bon pour les gens de l'utopie ; il ne vaut rien pour les enfants d'Adam.

Voici dans mes vieilles idées, le grand problème en politique, que je compare à celui de la quadrature du cercle en géométrie, et à celui des longitudes en astronomie : *Trouver une forme de gouvernement qui mette la loi au-dessus de l'homme.*

Si cette forme est trouvable, cherchons-la et tâchons de l'établir. Vous prétendez, messieurs, trouver cette loi dominante dans l'évidence des autres. Vous prouvez trop ; car cette évidence a dû être dans tous les gouvernements, ou ne sera jamais dans aucun.

Si malheureusement cette forme n'est pas trouvable, et j'avoue ingénument que je crois qu'elle ne l'est pas, mon avis est qu'il faut passer à l'autre extrémité, et mettre tout d'un coup l'homme autant au-dessous de la loi qu'il peut l'être, par conséquent établir le despotisme arbitraire, et le plus arbitraire qu'il est possible : je voudrais que le despote pût être dieu. En un mot, je ne vois point de milieu supportable entre la plus austère démocratie et le hobbisme le plus parfait : car le conflit des hommes et des lois, qui met dans l'état une guerre intestine continuelle, est le pire de tous les états politiques.

Mais les Caligula, les Néron, les Tibère !... Mon Dieu !... je me roule par terre, et je gémis d'être homme.

Je n'ai pas entendu tout ce que vous avez dit des lois dans votre livre, et ce qu'en dit l'auteur nouveau dans le sien. Je trouve qu'il traite un peu légèrement surtout des diverses formes de gouvernement, bien légèrement surtout des suffrages. Ce qu'il a dit des vices du despotisme électif est très vrai, ces vices sont terribles. Ceux du despotisme héréditaire, qu'il n'a pas dits, le sont encore plus.

Voici un second problème qui depuis longtemps m'a roulé dans l'esprit,

Trouver dans le despotisme arbitraire une forme de succession qui ne soit ni élective ni héréditaire, ou plutôt qui soit à la fois l'une et l'autre, et par laquelle on s'assure, autant qu'il est possible, de n'avoir ni des Tibère, ni des Néron.

Si jamais j'ai le malheur de m'occuper derechef de cette folle idée, je vous reprocherai toute ma vie de m'avoir ôté de mon râtelier. J'espère que cela n'arrivera pas; mais, monsieur, quoi qu'il arrive, ne me parlez plus de votre *despotisme légal*. Je ne saurais le goûter ni même l'entendre; et je ne vois là que deux mots contradictoires, qui réunis ne signifient rien pour moi.

Je connais d'autant moins votre principe de population, qu'il me paraît inexplicable en lui-même, contradictoire avec les faits, impossible à concilier avec l'origine des nations. Selon vous, monsieur, la population multiplicative n'aurait dû commencer que quand elle a cessé réellement. Dans mes vieilles idées, sitôt qu'il y a eu pour un sou de ce que vous appelez richesse ou valeur disponible, sitôt qu'on s'est fait le premier échange, la population multiplicative a dû cesser; c'est aussi ce qui est arrivé.

Votre système économique est admirable. Rien n'est plus profond, plus vrai, mieux vu, plus utile. Il est plein de grandes et sublimes vérités qui transportent. Il s'étend à tout: le champ est vaste; mais j'ai peur qu'il n'aboutisse à des pays bien différents de ceux où vous prétendez aller.

J'ai voulu vous marquer mon obéissance en vous montrant que je vous avais du moins parcouru. Maintenant, illustre ami des hommes et le mien, je me prosterne à vos pieds pour vous conjurer d'avoir pitié de mon état et de mes malheurs, de laisser en paix ma mourante tête, de n'y plus réveiller des idées presque éteintes, et qui ne peuvent renaître que pour m'abîmer dans de nouveaux gouffres de maux. Aimez-moi toujours, mais ne m'envoyez plus de livres, n'exigez plus que j'en lise; ne tentez pas même de m'éclairer si je m'égare : il n'est plus temps. On ne se convertit point sincèrement à mon âge. Je puis me tromper, et vous pouvez me convaincre, mais non pas me persuader. D'ailleurs, je ne dispute jamais; j'aime mieux céder et me taire : trouvez bon que je m'en tienne à cette résolution. Je vous embrasse de la plus tendre amitié et avec le plus vrai respect.

A. M. DU PEYROU.

Le 1er août 1767.

Si, comme je l'espère, mon très cher hôte, vous avez reçu ma lettre précédente, vous y aurez vu combien j'avais besoin de la vôtre du 20 pour me tranquilliser sur votre voyage. Grâces à Dieu, vous voilà arrivé exempt de goutte; et, quand même elle vous prendrait où vous êtes, ce qui, je me flatte, n'arrivera pas, j'en serais moins effrayé que de vous savoir arrêté en route dans une auberge, malheur que j'ai craint dans ces circonstances par-dessus tout. Si votre vie ambulante de cette année pouvait, pour cette fois, vous exempter de goutte, je ne désespérerais pas qu'avec vos précautions et la botanique, vous n'en fussiez peut-être délivré tout-à-fait. Ainsi soit-il.

Je ne vous dirai pas ce qui s'est passé ici depuis votre départ; peut-être cela se changera-t-il avant votre retour. Son altesse, qui malheureusement a fait un voyage, doit revenir dans peu de jours.

J'écris, comme vous le désirez, à Douvres; mais je tire un mauvais augure, pour le sort des lettres de change, de ce que votre lettre ne vous a pas été renvoyée. Si vous m'eussiez consulté quand vous la fîtes partir, je vous aurais conseillé d'attendre une autre occasion. J'espère que vous aurez été plus heureux à retirer l'opéra.

Je suis encore incertain sur la meilleure voie pour avoir recours à vos banquiers, c'est-à-dire sur le meilleur nom à prendre. Comme cela ne presse point du tout, nous aurons le temps d'en délibérer. S'il ne vous était pas incommode de vous charger vous-même du semestre échu quand vous viendrez me voir, cela ferait que, n'ayant rien à recevoir d'eux jusqu'à l'année prochaine, j'aurais tout le temps de penser aux meilleurs arrangements pour cela. En attendant, il est à croire que l'affaire de la pension sera déterminée de manière ou d'autre; elle ne l'est pas jusqu'ici.

Je comprends que celle de vos affaires que vous avez terminée la première où vous êtes est celle d'autrui, et je vous reconnais bien là. Tâchez, cher ami, d'arranger si solidement les vôtres, que vous n'ayez pas souvent de pareils voyages à faire. Il vaut encore mieux s'aller promener au creux du vent par la pluie, qu'en Hollande par le beau temps.

Je n'ai ici ni carte, ni livres, ni instructions, pour votre route; mais je suis très sûr que vous pouvez venir ici en droiture sans avoir besoin de passer par Paris. Je crois que Beauvais n'est pas fort éloigné de votre route; il y en a une de Beauvais à Gisors, et la distance de ces deux villes n'est que de six lieues; les mêmes chevaux de poste les font, à ce qu'on m'a dit. Ce château est sur la même route, ou du moins très près et seulement à demi-lieue de Gisors. Vous pouvez aisément vous arranger pour y venir mettre pied à terre, et vous enverrez votre voiture et vos gens à Gisors.

Je vous prie de dire pour moi mille choses à M. et à madame Rey. Voyez aussi, de grâce, ma petite filleule; embrassez-la de ma part. Je serais bien aise d'avoir à votre retour quelques détails sur la figure et le caractère de cette chère enfant; elle a cinq ans passés; on doit commencer d'y voir quelque chose.

J'attends de vos nouvelles avec la plus vive impatience; instruisez-moi, le plus tôt que vous pourrez, du temps de votre départ, et, s'il se peut, de celui de votre arrivée. Cette idée me fait tressaillir de joie. Ma sœur vous baise les mains et partage mon empressement. Adieu, mon cher hôte, je vous embrasse de tout mon cœur,

Ne pourriez-vous point trouver où vous êtes l'*Agrostographia*, ou *Traité des Gramen* des Scheuzer? Il est impossible de l'avoir à Paris. Si vous pouviez aussi trouver la *Méthode de Ludwig*, ou quelque autre bon livre de botanique, vous me feriez grand plaisir. Les miens sont en Angleterre avec mes guenilles, et l'on ne se presse pas de me les renvoyer.

A M. GRANVILLE.

De France, le 1er août 1767.

Si j'avais eu, monsieur, l'honneur de vous écrire autant de fois que je l'ai résolu, vous auriez été accablé de mes lettres; mais les tracas d'une vie ambulante, et ceux d'une multitude de survenants ont absorbé tout mon temps, jusqu'à ce que je sois parvenu à obtenir un asile un peu plus tranquille. Quelque agréable qu'il soit, j'y sens souvent, monsieur, la privation de votre voisinage et de votre société, et j'en remplis souvent la solitude du souvenir de vos bontés pour moi. Peu s'en est fallu que je ne sois retourné jouir de tout cela chez mon ancien et aimable hôte : mais la manière dont vos papiers publics ont parlé de ma retraite m'a déterminé à la faire entière, et à exécuter un projet dont vous avez été le premier confident. Je vous disais alors qu'en quelque lieu que je fusse je ne vous oublierais jamais; j'ajoute maintenant qu'à ce souvenir si bien dû se joindra toute ma vie le regret de l'entretenir de si loin.

Permettez du moins que ce regret soit tempéré par le plaisir de vous demander et d'apprendre quelquefois de vos nouvelles, et à réitérer de temps en temps les assurances de ma reconnaissance et de mon respect.

A M. GUY.

Écrite de Normandie, le 6 août 1767.

Remerciez mon excellente amie, madame La Tour, de son petit billet, et dites-lui que les premiers épanouissements de mon cœur seront pour elle; je ne peux rien de plus quant à présent. Elle m'avait envoyé son adresse, mais sa lettre est restée avec mes papiers, et il m'est impossible de m'en souvenir.

A M. LE MARQUIS DE MIRABEAU.

Trye, le 12 août 1767.

Je suis affligé, monsieur, que vous me mettiez dans le cas d'avoir un refus à vous faire; mais ce que vous me demandez est contraire à ma plus inébranlable résolution, même à mes engagements, et vous pouvez être assuré que de ma vie une ligne de moi ne sera imprimée de mon aveu. Pour ôter même une fois pour toutes les sujets de tentation, je vous déclare que dès ce moment je renonce pour jamais à toute autre lecture que des livres de plantes, et même à celle des articles de vos lettres qui pourraient réveiller en moi des idées que je veux et dois étouffer. Après cette déclaration, monsieur, si vous revenez à la charge, ne vous offensez pas que ce soit inutilement.

Vous voulez que je vous rende compte de la manière dont je suis ici. Non, mon respectable ami; je ne déchirerai pas votre noble cœur par un semblable récit. Les traitements que j'éprouve en ce pays de la part de tous les habitants sans exception, et dès l'instant de mon arrivée, sont trop contraires à l'esprit de la nation et aux intentions du grand prince qui m'a donné cet hospice, pour que je les puisse imputer qu'à un esprit de vertige dont je ne veux pas même rechercher la cause. Puissent-ils rester ignorés de toute la terre! et puissé-je parvenir moi-même à les regarder comme non avenus!

Je fais des vœux pour l'heureux voyage de ma bonne et belle compatriote que je crois déjà partie. Je suis bien fier que madame la comtesse ait daigné se rappeler un homme qui n'a eu qu'un moment l'honneur de paraître à ses yeux, et dont les abords ne sont pas brillants; elle aurait trop à faire s'il fallait qu'elle gardât un peu des souvenirs qu'elle laisse à quiconque a eu le bonheur de la voir. Recevez mes plus tendres embrassements.

A MADAME LA MARÉCHALE DE LUXEMBOURG.

Trye, le 16 août 1767.

Je compte si parfaitement, madame la maréchale, sur la continuation de toutes vos bontés pour moi, que je viens y recourir avec la plus parfaite confiance, en vous suppliant d'obtenir de M. le prince de Conti la permission de quitter ce séjour sans encourir sa disgrâce. J'ose désirer encore de savoir si le gouvernement approuve, ou non, que je m'établisse dans quelque coin du royaume, où je puisse vivre et mourir en paix, sous la protection de son altesse, ou si je dois continuer ma route pour chercher un asile ailleurs. Je vous conjure, madame la maréchale, par une mémoire respectable et si chère à votre cœur, de vouloir prendre les informations nécessaires pour me tirer de l'incertitude où je suis sur ce qu'il m'est permis de faire; car ma résolution est de n'accepter plus de logement gratuit chez personne. Le grand prince qui a bien voulu m'en accorder un sera mon dernier hôte, et je crois devoir à l'honneur qu'il m'a fait de n'en accepter plus de personne un semblable. Mais, pour oser me donner un asile indépendant, il faut, quelque obscur et reculé qu'il soit, et quelque incognito que je garde, que j'aie quelque sûreté d'y être laissé en paix. Ah! madame, que je vous doive le repos des derniers jours de ma vie; il m'en paraîtra cent fois plus doux.

A M. LE MARQUIS DE MIRABEAU.

Ce 22 août 1767.

Je vous dois bien des remercîments, monsieur, pour votre dernière lettre, et je vous les fais de tout mon cœur. Elle m'a tiré d'une grande peine; car, vous étant aussi sincèrement attaché que je le suis, je ne pourrais rester un moment tranquille dans la crainte de vous avoir déplu. Grâces à vos bontés, me voilà tranquillisé sur ce point. Vous me trouvez grognon : passe pour cela : je réponds du moins que vous ne me trouverez jamais ingrat; mais n'exigez rien de ma déférence et de mon amitié contre la clause que j'ai le plus expressément stipulée; car je vous confirme, pour la dernière fois, que ce serait inutilement.

J'ai tort de n'avoir rien mis pour M. l'abbé; mais ce tort n'est qu'extérieur et apparent, je vous jure. Il me semble que les hommes de son ordre doivent deviner l'impression qu'ils font sans qu'on la leur témoigne. La raison même qui m'empêchait de répondre à sa politesse est obligeante pour lui, puisque c'était la crainte d'être entraîné dans des discussions que je me suis interdites, et où j'avais peur de n'être pas le plus fort. Je vous dirai tout franchement que j'ai parcouru chez vous quelques pages de son ouvrage, que vous aviez négligemment laissé sur le bureau de M. Garçon, et que sentant que je mordais un peu à l'hameçon, je me suis dépêché de fermer le livre avant que j'y fusse tout-à-fait pris. Or, prêchez et patrocinez tout à votre aise, je vous promets que je ne rouvrirai de mes jours ni celui-là, ni les vôtres, ni aucun autre de pareil acabit : hors l'Astrée, je ne veux plus que des livres qui m'ennuient, ou qui ne parlent que de mon foin.

Je crains bien que vous n'ayez deviné trop juste sur la source de ce qui se passe ici, et dont vous ne sauriez même avoir l'idée; mais tout cela n'étant point dans l'ordre naturel des choses ne fournit point de conséquence contre le séjour de la campagne, et ne m'en rebute assurément pas. Ce qu'il faut fuir n'est pas la campagne, mais les maisons des grands et des princes qui ne sont point les maîtres chez eux, et ne savent rien de ce qui s'y fait. Mon malheur est, premièrement, d'habiter dans un château, et non pas sous un toit de chaume; chez autrui, et non pas chez moi, et surtout d'avoir un hôte si élevé, qu'entre lui et moi il faut nécessairement des intermédiaires. Je sens bien qu'il faut me détacher de l'espoir d'un sort tranquille et d'une vie rustique; mais je ne puis m'empêcher de soupirer en y songeant. Aimez-moi et plaignez-moi. Ah! pourquoi faut-il que j'aie fait des livres? j'étais si peu fait pour ce triste métier! J'ai le cœur serré, je finis et vous embrasse.

A M. D'IVERNOIS.
Au château de Trye, ce 24 août 1767.

Je n'ai reçu que depuis peu de jours, mon bon ami, votre lettre du 20 mai, adressée à Wootton; elle était dans le plus triste état du monde, à demi brûlée, et paraissant avoir été ouverte plusieurs fois : les pièces que vous y avez jointes, ayant grossi le paquet, ont augmenté la curiosité. Je ne sais pourquoi vous vous obstinez à m'envoyer de pareilles pièces; peine qui ne peut servir de rien, ni à vous, ni à moi, ni à personne, et qui empêchera toujours que vos lettres ne me parviennent fidèlement. Quand vos affaires seront accommodées, apprenez-le-moi pour consoler mon cœur : jusque-là ne me parlez que de vous.

Lorsque je doutais que vous vinssiez me voir à Wootton, ce n'était pas de votre volonté que j'étais en peine, mais bien des obstacles que vous trouveriez à l'exécuter : soyez persuadé que, si vous m'étiez venu voir en Angleterre, de quelque manière que vous vous y fussiez pris, vous n'auriez point passé Londres. Si jamais la concorde renaît parmi vous, j'ai lieu d'espérer que n'ayant plus à courir si loin, vous aurez moins de difficultés à me rejoindre : M. Du Peyrou vous en indiquera les moyens quand il sera temps et soyez sûr que l'espoir de vous embrasser est un de ceux qui me font encore aimer la vie.

Je ne sais comment j'avais oublié de vous rendre compte de l'affaire dont vous m'aviez chargé à Berlin; j'aurais juré de vous en avoir rendu compte y a longtemps; car, dans mon premier moment de relâche, j'écrivis à cet fet à mylord maréchal; c'était précisément quand M. Michel venait d'être nommé. Mylord me répondit qu'il était allé exprès à Berlin pour parler a ministres de votre affaire; qu'il fallait nécessairement que vous vous adre sassiez directement à eux ou au vice-gouverneur; que, depuis la nomination du dernier, il ne lui convenait plus de se mêler d'aucune affaire qui regardât Neuchâtel en aucune sorte; qu'il avait refusé au colonel Chaillet de se mêler d'une affaire pareille à celle qu'il venait de proposer à ma sollicitation, et qu'il me priait de ne plus me charger à l'avenir de recommandations auprès de lui de quelque espèce qu'elles pussent être. Je ne doute pas qu'en vous adressant directement au ministère, votre affaire ne passât sans difficulté, d'autant plus qu'elle a déjà été proposée, et qu'on est toujours bien venu dans cette cour-là quand on se présente avec de l'argent. En partant de l'île de Saint-Pierre, je laissai vos papiers avec tous les miens à M. Du Peyrou, des mains de qui vous les retirerez sans difficulté, quand il vous plaira.

Je n'ai laissé nuls papiers à l'île de Saint-Pierre qu'il importe de ravoir, mais comme j'aime toujours mieux qu'ils soient en mains amies qu'en d'autres, si vous voulez les retirer en mon nom, vous n'avez qu'à m'envoyer la formule du billet qu'il faut que je fasse pour cela, et je vous l'enverrai sans délai.

Comme, lorsque vos affaires publiques seront terminées, vous pourriez avoir quelque voyage à faire dans le pays où je suis, sans passer par Neuchâtel, je vous préviens que, si de Paris vous pouvez vous rendre au château de Trye, près de Gisors, et demander M. Renou, il vous donnera de mes nouvelles sûres. Gisors est à quinze petites lieues de Paris, et il y a un carrosse public qui part de Gisors tous les mercredis, et de Paris tous les samedis, et fait la route en été dans un jour. Je vous embrasse, mon bon ami, de tout mon cœur, ainsi que tout ce qui vous est cher, et tous nos amis.

M. Du Peyrou étant tombé malade à Paris, cette lettre a été prodigieusement retardée.

Ce 8 novembre.

Autre retard bien plus long : M. Du Peyrou étant retombé malade ici, et y ayant été retenu plus de deux mois, vous pouvez juger si ces retards me tiennent en inquiétude, et me rendent vos promptes nouvelles nécessaires, sur les tristes choses que j'apprends.

A M. DU PEYROU.

Le 8 septembre 1767.

J'ai reçu avant-hier au soir votre lettre du 3 ; malgré l'oubli, elle avait été décachetée, mais l'enveloppe à mylord maréchal, qu'il a eu l'imprudence de me laisser, ne l'avait point été. Que cela vous serve de règle quand vous m'écrirez. Je prendrai le parti de porter moi-même cette lettre à la poste; mais, comme cela sera remarqué et qu'on y pourvoira par la suite, je n'y reviendrai pas, et je vous dirai tout dans celle-ci.

Que j'ai craint cette cruelle goutte, cruelle pour l'un et pour l'autre, pour moi surtout à divers égards! J'espère encore que cette atteinte n'aura pas de suite, et ne vous empêchera pas de me venir voir. Mon excellent et cher hôte, ce sera la dernière fois que nous nous verrons ; j'en ai de pressentiment trop bien fondé. Puisse ce dernier des heureux moments de ma vie achever de vous dévoiler le cœur de votre ami! Coindet fera tous ses efforts pour venir avec vous; évitez ce cortége ; après ce que je sais, il empoisonnerait mes plaisirs. J'étais sûr que, puisque vous jugiez à propos de le consulter sur votre route, il ferait en sorte de vous dégoûter de venir ici directement. Il vous aura embarrassé de traverses inutiles, et de fausses difficultés des maîtres de poste. Gardez sa lettre, et montrez cet article à gens instruits, vous verrez ce qu'ils vous diront.

Mon cher hôte, vous m'avez perdu sans le vouloir, sans le savoir, et bien innocemment, mais sans ressource. Le concours fortuit de mon voyage ici et du vôtre en Hollande a passé chez mes persécuteurs pour une affaire arrangée entre nous. On vous a cru chargé d'une négociation avec Rey. L papier que vous avez adressé pour moi à Coindet par son canal les a encore effarouchés ; leur conscience agitée alarme leurs têtes, et leur persuade toujours que j'écris. Connaissant si peu le charme d'une vie oisive, solitaire et simple, ils ne peuvent croire que c'est tout de bon que j'herborise, que ces papiers et ces petits livres étaient destinés à coller et dessiner des plantes sur le transparent ; et j'ai vu clairement que Coindet, à qui j'ai parlé de cet emploi que j'en voulais faire, n'en a rien cru. Tous ses propos, toutes ses manœuvres m'ont dit tout ce qui se passait dans son âme et qu'il croyait bien caché ; et ce Coindet, qui se croit si fin, n'est qu'un fat. Fiez-vous encore moins qu'à lui à la dame à qui il vous a présenté, et dont il est envers moi l'âme damnée. Elle m'a trompé six ans ; il y en a deux qu'elle ne me trompe plus, et j'avais tout-à-fait rompu avec elle. M. le prince de Conti, qui ne sait rien de tout cela, et poussé par quelqu'un qui, pour mieux cacher son jeu, montre avoir peu de liaison avec elle, m'a remis, pour ainsi dire, entre ses mains, comme en celles d'une amie, et elle fait usage de ce moyen pour m'achever. De mon côté, profitant enfin de vos avis, je feins de ne rien voir ; en m'étouffant le cœur, je leur rends caresses pour caresses. Ils dissimulent pour m'e perdre, et je dissimule pour me sauver ; mais, comme je n'y gagne rien, je sens que je ne saurais dissimuler encore longtemps ; il faut tôt ou tard que l'orage crève. Tout ceci vous surprend trop pour pouvoir le croire. Vous vous rappelez le voyage auprès de moi, l'argent offert, le passeport ; et ne devinant pas à quoi tout cela était destiné, votre honnête cœur demeure incrédule ; soit : je ne demande pas à vous persuader quant à présent ; mais je demande que vous suspendiez les actes de votre confiance en elle pour ce qui me regarde, en attendant que vous sachiez si j'ai tort ou raison.

Je crois que M. le prince de Conti et madame de Luxembourg, me voyant menacé de bien des dangers, ont voulu sincèrement m'en mettre à couvert, en s'assurant, à la vérité, de moi par des entours qui n'ont pas paru suffisants aux deux dames pour rassurer leur ami. On a donc suscité contre moi toute la maison du prince, les prêtres, les paysans, tout le pays. On n'a pas douté, connaissant la fierté de mon caractère, que je ne me dérobasse à l'opprobre avec promptitude et indignation. C'est ce que j'ai cent fois voulu faire, et que j'aurais fait à la fin peut-être, si ma pauvre sœur, la raison, et une rechute de ma maladie, n'étaient venues à mon secours. Madame de V., qui ne m'a vu venir qu'à regret, n'a pu déguiser assez, ni Coindet non plus, leur extrême désir de m'en voir sortir. Cet empressement, si peu naturel à des amis dans ma position, m'a fait ouvrir les yeux, et m'a rendu patient et sage. Ma sœur, le seul véritable ami qu'avec vous j'aie dans le monde, et qu'à cause de cela mes ennemis ont en haine, me disait sans cesse, quoiqu'elle portât la plus grande et plus sensible part des outrages : *Attendez, souffrez, et prenez patience, le prince ne vous abandonnera pas. Voulez-vous donner à vos ennemis l'avantage qu'ils demandent, de crier que vous ne pouvez durer nulle part?* Les sages discours de cette pauvre fille étaient renforcés par la raison. Où aller ? Où me réfugier ? Où trouver un plus sûr abri contre mes ennemis ? Où ne m'atteindront-ils pas, s'ils m'atteignent ici même ? Où aller aux approches de l'hiver, et sentant déjà les atteintes de mon mal ! Une dernière réflexion m'a décidé à tout souffrir et à rester, quoi qu'on fasse. Si l'on ne voulait que s'assurer de moi, c'est ici qu'il me faudrait laisser ; car je suis à leur merci, pieds et poings liés : mais on veut absolument m'attirer à Paris ; pourquoi ? je vous le laisse à deviner. La partie sans doute est liée : on veut ma perte, on veut ma vie, pour se délivrer de ma garde une fois pour toutes. Il est impossible de donner à ce qui se passe une autre explication. Ainsi, rien ne pourra me tirer d'ici que la force ouverte. Outrages, ignominie, mauvais traitements, j'endurerai tout, et je me suis déterminé d'y périr. Mon Dieu ! si le public était instruit de ce qui se passe, quelle indignation pour les Français, qu'on les fit les satellites des Anglais pour assouvir la rage d'un Écossais, et qu'on les forçât de me punir eux-mêmes d'avoir cherché chez eux un asile contre la barbarie de leurs ennemis naturels!

Voilà des explications qu'il fallait absolument vous donner, pour régler votre conduite à mon égard au milieu de mes ennemis qui vous trompent, et pour vous éclairer sur les vrais services que votre amitié peut me rendre dans l'occasion. J'espère que vous pourrez venir. Vous devez sentir combien mon cœur a besoin de cette consolation; si je la perds, que j'aie au moins celle de voir votre ami M. de Luze. S'il vous porte mes derniers embrassements, je me console et me résigne. Mais lequel des deux qui vienne, qu'il tâche surtout de venir seul. J'ai demandé permission à M. le prince de Conti de vous recevoir dans son château. Je n'ai point de réponse encore; si vous arrivez avant elle, il convient de loger à Gisors; il n'y a que demi-lieue d'ici, et nous pourrons également passer les journées ensemble. Si je puis vous recevoir au château, votre laquais sera logé près de vous, et nous ferons en sorte qu'il ne meure pas de faim. Je vous embrasse dans les plus tendres élans d'un cœur brisé d'affliction, mais tout plein de vous.

Marquez-moi la réception de cette lettre bien exactement et promptement; mais n'entrez dans aucun des articles qu'elle contient. Présence ou rien : souvenez-vous de cela. Ah! cette funeste goutte! Cher ami, quelque douloureuse qu'elle puisse être, elle vous fera moins de mal qu'à moi. Quand vous viendrez, vous ou M. de Luze, ne me prévenez point du jour dans vos lettres; venez sans avertir, c'est le plus sûr.

A M. DE SARTINE,
lieutenant-général de police.

A Trye-le-Château, le 9 septembre 1769.

Monsieur,

Permettez que j'aie l'honneur d'exécuter près de vous l'ordre exprès que m'a donné l'auteur d'un livre intitulé : *Dictionnaire de musique par J.-J. Rousseau*, qui s'imprime chez la veuve Duchesne. Cet ordre est, monsieur, de m'opposer de sa part, comme je fais, à la publication de cet ouvrage qui porte son nom, jusqu'à ce qu'il ait été de nouveau soumis à la censure, attendu que des passages raturés et rétablis dans le manuscrit peuvent faire naître des difficultés que le premier censeur, étant mort, ne pourrait lever, et que l'auteur veut prévenir. Vous êtes très humblement supplié, monsieur, d'arrêter ladite publication jusqu'à ce temps-là.

J'ai l'honneur d'être avec un profond respect.

Renou.

A M. DU PEYROU.

Le 9 septembre 1767.

Aujourd'hui, mon cher hôte, j'écris à M. de Sartine et à Guy, pour arrêter la publication du Dictionnaire jusqu'à ce qu'il ait été soumis derechef à la censure. Vous pouvez comprendre que j'ai des raisons graves pour prendre cette précaution. Si cette cruelle goutte vous laisse en état d'aller, voyez Guy sur-le-champ, je vous en supplie; sachez s'il a reçu ma lettre, et s'il se met en devoir d'en exécuter le contenu. Faites-moi passer sa réponse, et répondez-moi vous-même aussitôt que vous pourrez. Vous devez comprendre que je ne serai pas à mon aise jusqu'au moment où je recevrai des nouvelles de cette affaire. Si mon malheur veut que la goutte vous retienne, priez M. de Luze de vouloir bien se charger de ma commission, car elle ne souffre aucun retard. Donnez-moi de vos nouvelles; aimez et plaignez votre ami; c'est tout ce que j'ai la force de vous dire. Adieu.

A MADAME LA MARQUISE DE MESMES.

Du 12 septembre 1767.

Je reconnais, madame, vos bontés ordinaires dans les soins que vous prenez pour me procurer un asile où l'on veuille bien ne pas m'interdire le feu et l'eau; mais je connais trop bien ma situation pour attendre de ces soins bienfaisants un succès qui me procure le repos après lequel j'ai vainement soupiré, et que je ne cherche plus parce que je ne l'espère plus.

Vivement touché de l'intérêt que M. le comte de*** veut bien prendre à mes malheurs, je vous supplie, madame, de vouloir bien lui faire passer les témoignages de ma très humble reconnaissance; c'est une de mes peines de ne pouvoir aller moi-même la lui témoigner: mais quant au voyage ici que son excellence daigne proposer, je ne suis pas assez vain pour en accepter l'offre, et ces honneurs bruyants ne conviennent plus à l'état d'humiliation dans lequel je suis appelé à finir mes jours : je ne crois pas non plus qu'il convienne de risquer auprès de M. le comte de***, ni auprès de personne, aucune demande en ma faveur, puisque ce ne serait qu'aller chercher d'infaillibles refus qui ne feraient qu'empirer ma situation, s'il était possible.

Le parti que j'ai pris d'attendre ici ma destinée est le seul qui me convienne, et je ne puis faire aucune espèce de démarche sans aggraver sur ma tête le poids de mes malheurs; je sais que ceux qui ont entrepris de me chasser d'ici n'épargneront aucune sorte d'efforts pour y parvenir; mais je les attends; je m'y prépare, et il ne me reste plus qu'à savoir lesquels auront le plus de constance, eux pour persécuter, ou moi pour souffrir. Que si la patience m'échappe à la fin, et que mon courage succombe, mon parti en pareil cas est encore pris : c'est de m'éloigner, si je peux, de l'orage qui m'accable; mais sans empressement, sans précaution, sans crainte, sans me cacher, sans me montrer, et avec la simplicité qui convient à l'innocence. Je considère, madame, qu'ayant près de soixante ans, accablé de malheurs et d'infirmités, les restes de mes tristes jours ne valent pas la fatigue de les mettre à couvert; je ne vois plus rien dans cette vie qui puisse me flatter ni me tenter; loin d'espérer quelque chose, je ne sais pas même que désirer : l'amour seul du repos me restait encore; l'espoir m'en est ôté : je n'en ai plus d'autre : je n'attends plus, je n'espère plus que la fin de mes misères; que je l'obtienne de la nature ou des hommes, cela m'est assez indifférent; et, de quelque manière qu'on veuille disposer de moi, l'on me fera toujours moins de mal que de bien. Je pars de cette idée, madame; je les mets tous au pis, et je me tranquillise dans ma résignation.

Il suit de là que tous ceux qui veulent bien s'intéresser encore à moi doivent cesser de se donner en ma faveur des mouvements inutiles : remettre, à mon exemple, mon sort dans les mains de la Providence, et ne plus vouloir résister à la nécessité, voilà ma dernière résolution; que ce soit la vôtre aussi, madame, à mon égard, et même à l'égard de cette chère enfant que le ciel vous enlève sans qu'aucun secours humain puisse vous la rendre; que tous les soins que vous lui rendrez désormais soient pour contenter votre tendresse et la lui montrer, mais qu'ils ne réveillent plus en vous une espérance cruelle qui donne la mort à chaque fois qu'on la perd.

A M. DU PEYROU.

Le 12 septembre 1767.

Vous me consolez beaucoup, mon cher hôte, par votre lettre du 9 : car j'en avais reçu une auparavant de M. Coindet, qui m'avait appris vos vives souffrances; et même j'en ai reçu de lui une autre du 10, qui ne me permet de me livrer qu'avec crainte à l'espoir que vous me donniez la veille, puisqu'il me marque que vous êtes toujours le même. Ne me trompez pas, mon très aimable hôte, sur votre état, quel qu'il soit; car l'incertitude et le doute me tuent, et me font toujours les maux pires qu'ils ne sont. Quand vous serez en convalescence, donnez-vous tout le temps de vous bien rétablir où vous êtes; et quand vos forces seront suffisamment revenues pour aller à la campagne, venez ici passer une quinzaine de jours. Vous y trouverez un bon air, un beau pays, un logement au château, une terre bien garnie de gibier, et la permission de chasser autant que cela vous amusera. J'espère que ce voyage, après lequel je soupire avec passion, sera salutaire à l'un et à l'autre, et effacera jusqu'aux dernières traces des maux de votre corps et de mon cœur. Du reste, ne vous pressez point; rien ne périclite, et retardez plutôt de quelques jours pour pouvoir m'en donner davantage, que de vous exposer avant le parfait rétablissement. Vous pouvez m'avertir quelques jours d'avance, afin qu'on prépare votre chambre; ou si vous venez sans être attendu, que ce soit d'aussi bonne heure qu'il se pourra. Je vous embrasse de tout mon cœur.

Je ne vois point d'inconvénient de me prévenir du jour où vous arriverez.

AU MÊME.

Le 18 septembre 1767.

Je vous écrivis hier, mon cher hôte, en même temps qu'à M. de Luze; et j'ai tellement égaré ma lettre, qu'il m'est impossible de la retrouver. Je ne sais pas même quand celle-ci pourra partir, n'étant pas en état aujourd'hui de la porter moi-même à Gisors, et trouvant très difficilement des exprès pour y envoyer. En vous marquant la joie que m'avait causée la vue de votre écriture, je vous grondais de vous être fatigué à écrire trois pages. Trois lignes dans votre état suffisent pour me tranquilliser; et non-seulement vous devez garder le lit jusqu'à ce que vous soyez bien délivré, mais ménager votre attention et vos forces pour vous mettre en état de venir ici plus tôt achever de vous rétablir. Par le cours que prend votre goutte, il me semble qu'elle veuille se transformer en sciatique. Ordinairement les douleurs de celle-ci sont moindres; et je sais par l'exemple de mon défunt ami Gauffecourt, qui s'en était guéri, qu'on s'en débarrasse plus aisément.

Vous me donnez d'excellentes nouvelles qui me font grand plaisir. Je suis bien aise que vous ayez en main toutes les pièces sur lesquelles vous pourrez juger à loisir si je suis timbré ou non; mais il est très vrai que je n'avais pas compté de le tout nous revînt si facilement.

Je ne me sens pas bien depuis quelque temps, et je crains de payer le long relâche dont j'ai joui. M. Hume a dit partout que M. de Luze lui avait assuré que je n'avais point de maladie. Le frère Côme, ni Morand, ni Malouin, etc., ne sont sûrement pas là-dessus de l'avis de M. de Luze; et malheureusement, en ce moment surtout, j'en suis encore moins. Si les peines de l'âme remédiaient aux maux du corps, je devrais me porter à merveille. Mais du courage et un ami sont un grand remède aux premières, au lieu qu'il n'y a de remède aux dernières que la patience et la mort. J'apprends que Robert, peu content de George, n'est pas non plus fort à son aise. Il faut espérer qu'enfin tout changera ou finira.

Bonjour, mon cher hôte; donnez-moi de vos nouvelles; mais si vous écrivez vous-même, quatre lignes suffisent. Entre nous, les mots d'amitié n'ont plus besoin de se dire. Deux mots sur les affaires et quatre sur la santé. Voilà tout.

J'envoie cette lettre aujourd'hui, ainsi elle doit arriver demain.

AU MÊME.

Le 21 septembre 1767.

Pas un mot de vous, mon très cher hôte, depuis plus de huit jours! que ce silence m'inquiète! Serait-ce une rechute? M. de Luze n'aurait-il pas eu du moins la charité de m'écrire un mot? Quelque lettre serait-elle égarée? J'ai écrit à M. de Luze dans la semaine; je vous avais écrit le même jour. Je perdis ma lettre; je vous écrivis le lendemain. Mon Dieu! être si proche, vous savoir malade, et ne point apprendre de vos nouvelles! Que sera-ce donc quand nous serons éloignés? Si de quelques jours je n'apprends rien de vous, je prendrai le parti d'envoyer un exprès à Paris, si j'en trouve, car c'est encore une autre difficulté. Que je suis à plaindre!

M. le prince de Conti, qui devait venir ici la semaine dernière, n'est point venu. Il a pris la peine de m'écrire pour me marquer la cause de son retard, et m'annoncer son voyage pour la semaine prochaine. J'aurais passionnément désiré que vos forces vous eussent permis de venir ici pour le même temps, afin d'avoir le plaisir de vous présenter à lui. Cependant, comme il est très dangereux de se déplacer, après une pareille attaque, avant le plus parfait rétablissement, gardez-vous d'anticiper sur votre convalescence; mais, mon ami, donnez-moi de vos nouvelles, ou je ne sais ce que je ferai.

AU MÊME.
27 septembre 1767.

Vous pouvez, mon cher hôte, juger du plaisir que m'a fait votre dernière lettre, par l'inquiétude que vous avez trouvée dans ma précédente, et que vous blâmez avec raison : mais considérez qu'après tant de longues agitations si propres à troubler ma tête, au lieu du repos dont j'avais besoin pour la raffermir, je me trouve ici submergé dans des mers d'indignités et d'iniquités, au moment même où tout paraissait concourir à rendre ma retraite honorable et paisible. Cher ami, si avec un cœur malheureusement trop sensible, et si cruellement et si continuellement navré, il reste dans ma tête encore quelques fibres saines, il faut que naturellement le tout ne fût pas trop mal conformé : le seul remède efficace encore, et dont j'ose espérer tout, est le cœur d'un ami pressé sur le mien : venez donc; je n'ai que vous seul, vous le savez; c'est bien assez; je n'en regrette aucun; je n'en veux plus d'autre; vous serez désormais tout le genre humain pour moi. Venez verser sur mes blessures enflammées le baume de l'amitié et de la raison : l'attente de cet élixir salutaire en anticipe déjà l'effet.

Ce que vous me marquez de Neuchâtel n'est pas un spécifique bon pour mon état; je crois que vous le sentez suffisamment; et malheureusement mes devoirs sont toujours si cruels, ma position est toujours si dure, que j'ose à peine livrer mon cœur à ses vœux secrets, entre le prince qui m'a donné asile, et les peuples qui m'ont persécuté.

M. le prince de Conti n'est point encore venu, j'ignore quand il viendra; on l'attendait hier : je ne sais ce qu'il fera; mais je lis dans la contenance des comploteurs qu'ils craignent peu son arrivée, que leur partie est bien liée et qu'ils sont sûrs, malgré leur maître, de parvenir à me chasser d'ici. Nous verrons ce qu'il en sera; je crois que c'est le cas de faire *pouf* : ils ne s'y attendent pas.

Le parti que vous prenez de ne sortir du lit que parfaitement rétabli est très sage; mais il ne faut pas sauter trop brusquement de vos rideaux dans la rue, cela serait dangereux : faites mettre des nattes dans votre chambre, au défaut de tapis de pied; donnez-vous le temps de vous bien rétablir, avant de songer à venir, et en attendant arrangez tellement vos affaires, que vous n'ayez à partir d'ici que quand vous vous y ennuierez : faites en sorte de vous laisser maître de tout votre temps; je ne puis trop vous recommander cette précaution : j'aime mieux vous avoir plus tard, et vous garder plus longtemps. Enfin je vous conjure derechef, avec instance, de pourvoir si bien d'avance à toute chose, que rien ne puisse vous faire partir d'ici que votre volonté.

Nous avons ici des échecs, ainsi n'en apportez pas; mais si vous voulez apporter quelques volants, vous ferez bien, car les miens sont gâtés ou ne valent rien : je suis bien aise que vous vous renforciez assez aux échecs pour me donner du plaisir à vous battre; voilà tout ce que vous pouvez espérer; car, à moins que vous ne receviez avantage, mon pauvre ami, vous serez battu et toujours battu. Je me souviens qu'ayant l'honneur de jouer, il y a six ou sept ans, avec M. le prince de Conti, je lui gagnai trois parties de suite, tandis que tout son cortège me faisait des grimaces de possédés; en quittant le jeu, je lui dis gravement : Monseigneur, je respecte trop votre altesse pour ne pas toujours gagner. Mon ami, vous serez battu, et bien battu ; je ne serais pas même fâché que cela vous dégoûtât des échecs, car je n'aime pas que vous preniez du goût pour des amusements si fatigants et si sédentaires.

A propos de cela, parlons de votre régime ; il est bon pour un convalescent ; mais très mauvais à prendre à votre âge, pour quelqu'un qui doit agir et marcher beaucoup : ce régime vous affaiblira et vous ôtera le goût de l'exercice. Ne vous jetez point comme cela, je vous en conjure, dans les extrêmes systématiques ; ce n'est pas ainsi que la nature se mène : croyez-moi, prenez-moi pour le médecin de votre corps, comme je vous prends pour le médecin de mon âme ; nous nous en trouverons bien tous deux. Je vous préviens même qu'il me serait impossible de vous tenir ici aux légumes, attendu qu'il y a ici un grand potager d'où je ne saurais avoir un poil d'herbe, parce que son altesse avait ordonné à son jardinier de me fournir de tout : voilà, mon ami, comment les princes, si puissants et si craints où ils ne sont pas, sont obéis et craints dans leur maison. Vous aurez ici d'excellent bœuf, d'excellent potage, d'excellent gibier. Vous mangerez peu ; je me charge de votre régime, et je vous promets qu'en partant d'ici vous serez gras comme un moine, et sain comme une bête ; car ce n'est pas votre estomac, mais votre cervelle que je veux mettre au régime frugivore. Je vous ferai brouter avec moi de mon foin. Ainsi soit-il. Bonjour.

Mille choses de ma part à M. de Luze. Hélas ! avec qui nous nous sommes vus ! dans quel moment nous nous sommes quittés ! Ne nous reverrons-nous point ?

AU MÊME.

Ce lundi, 5 octobre 1767.

Je vous écris, mon cher hôte, un mot très à la hâte, pour vous proposer si, avant de venir ici, vous ne pourriez point aller voir Robert, sans le prévenir de votre visite, afin que nous en ayons des nouvelles sûres. Du reste, rien ne me paraît pressé, ni pour lui, ni pour moi : donnez-vous tout le temps de reprendre vos forces et de vous accoutumer à l'air. Je ne puis vous dire à quel point la brièveté du temps que vous pouvez me donner m'afflige ; je vous conjure au moins de prendre toutes les mesures possibles pour pouvoir le prolonger autant qu'il dépendra de vous. Mon cher hôte, je suis peut-être appelé au malheur de vieillir, mais tout me dit que le jour où vous me quitterez sera le dernier où j'aurai souhaité de vivre.

Je vous envoie une liste que j'avais faite de livres de botanique que je voulais acquérir à loisir ; comme elle est considérable, et que les livres sont chers, je souhaiterais seulement d'acquérir, s'il était possible, un ou deux des quatre ou cinq premiers. Si, dans quelqu'une de vos courses, vous pouviez, à l'aide de Panckouke, recouvrer surtout le premier, vous me feriez un très grand plaisir. Il n'y a presque point de livres de botanique chez les libraires de Paris, et l'on y est très barbare sur cet article ; cependant je crois que Didot le jeune ou Chevalier en ont quelques-uns. Sans vouloir compter avec vous à la rigueur, ce qui me serait bien possible, je vous prie pourtant de tenir toujours note exacte de vos débours pour moi, afin de me laisser la liberté de vous donner des commissions. Je vous embrasse.

AU MÊME.

9 octobre 1767.

Je vous écris un mot à la hâte pour vous dire que le patron de la case est venu ici mardi, seul, et n'a point chassé ; de sorte que j'ai profité de tous les moments que ce grand prince, et, pour plus dire, que ce digne homme a passés ici : il me les a donnés tous. Vous connaissez mon cœur ; jugez comment j'ai senti cette grâce : hélas ! que ne peut-il voir le mal et en couper la source ! mais il ne me reste qu'à me résigner ; et c'est ce que je fais aussi pleinement qu'il se peut.

Cher hôte, venez : nous aurons des légumes, non pas de son jardin, car il n'en est pas le maître ; mais un bon homme qu'on trompait s'est détaché de la ligue, et je compte m'arranger avec lui pour mes fournitures, que je n'ai pu faire jusqu'ici, ni sans payer, ni en payant. Samedi, soupant avec son altesse, je mangeai du fruit pour la seule fois depuis deux mois : je le lui dis tout bonnement ; le lendemain il m'envoya le bassin qu'on lui avait servi la veille, et qui me fit grand plaisir ; car il faut vous dire que je suis ici environné de jardins et d'arbres, comme Tantale au milieu des eaux. Mon état à tous égards ne peut se représenter ; mais venez ; il changera du moins tandis que vous serez avec moi.

Votre précaution d'aller par degrés est excellente ; continuez de même, et ne vous pressez point : mais je vous conjure de si bien faire, que vous vous pressiez encore moins de partir d'ici quand vous y serez. Vous faites très bien de porter à vos pieds vos nattes et vos tapis de pieds : la façon dont vous me proposez cette terrible énigme m'a fait mourir de rire ; je suis l'Œdipe qui fera l'effort de la deviner, c'est que vous avez des pantoufles de laine garnies de paille. Si vos attaques d'échecs sont de la force de vos énigmes, je n'ai qu'à me bien tenir. Bonjour.

Les oreilles ont dû vous tinter pendant que son altesse était ici. Bonjour derechef ; je ne croyais écrire qu'un mot, et je ne saurais finir.

A M. DUTENS.

16 octobre 1767.

Puisque M. Dutens juge plus commode que la petite rente qu'il a proposée pour prix des livres de J.-J. Rousseau soit payée à Londres, même pour cette année, où cependant l'un et l'autre sont en ce pays, soit. Il y a un toutefois sur la formule de la lettre de change qu'il lui a envoyée, un petit retranchement qu'il y a à faire, sur lequel il serait à propos que M. Frédéric Dutens fût prévenu ; c'est celui du lieu de la date : car quoique Rousseau sache très bien que sa demeure est connue de tout le monde, il lui convient cependant de ne point autoriser de son fait cette connaissance. Si cette suppression pouvait faire difficulté, M. Dutens serait prié de chercher le moyen de la lever, ou de revenir au paiement du capital, faute de pouvoir établir commodément celui de la rente.

J.-J. Rousseau a laissé entre les mains de M. Davenport un supplément de livres à la disposition de M. Dutens, pour être réunis à la masse.

A M. DU PEYROU.

Le 17 octobre 1767.

J'ai, mon cher hôte, votre lettre du 13, et j'y vois, avec la plus grande joie, que vos forces revenues graduellement, et par là plus solidement, vous mettent en état de faire à Paris le grand garçon ; mais je voudrais bien que vous n'y fissiez pas trop l'homme, et que vous vinssiez ici affermir votre virilité, de peur d'être tenté de l'exercer où vous êtes. Vous me paraissez en train d'abuser de la permission que je vous ai donnée d'y prolonger votre séjour. Ecoutez : j'ai bien mesuré cette permission sur les besoins de votre santé, mais non pas sur ceux de vos plaisirs, et je ne me sens pas assez désintéressé sur ce point pour consentir que vous vous amusiez à mes dépens. Ne venez pas, après vous être solacié à Paris tout à votre aise, me dire ici que vous êtes pressé de partir, que vos affaires vous talonnnent, etc. ; je vous avertis qu'un tel langage ne prendrait pas du tout, que sur ce point je n'entendrais pas raillerie, et que j'ai tout au moins le droit d'exiger que vous ne soyez pas plus pressé de partir d'ici, que vous ne l'avez été d'y venir : pensez à cela très sérieusement, je vous prie ; et faites surtout les choses d'assez bonne grâce pour mériter que je vous pardonne les huit jours dont vous avez eu le front de me parler. Au premier moment où vous vous déplairez ici, parlez en, rien n'est plus juste, mais arrangez-vous de telle sorte qu'il n'y ait que l'ennui qui vous en puisse chasser : j'ai dit.

Je ne suis pas absolument fâché des petits tracas qu'a pu vous donner la recherche des livres de botanique ; promenades, diversions, distractions sont choses bonnes pour la convalescence : mais il ne faut pas vous inquiéter du peu de succès de vos recherches ; j'en étais déjà presque sûr d'avance ; et c'était en prévoyant qu'on trouverait peu de livres de botanique à Paris, que j'en notais un grand nombre pour mettre au hasard la rencontre de quelqu'un. Il est étonnant à quel point de crasse ignorance et de barbarie on reste en France sur cette belle et ravissante étude, que l'illustre Linnæus a mise à la mode dans tout le reste de l'Europe. Tandis qu'en Allemagne et en Angleterre les princes et les grands font leurs délices de l'étude des plantes, on la regarde encore ici comme une étude d'apothicaire ; et vous ne sauriez croire quel profond mépris on a conçu pour moi, dans ce pays, en me voyant herboriser. Ce superbe tapis dont la terre est couverte ne montre à leurs yeux que lavements et qu'emplâtres, ils croient que je passe ma vie à faire des purgations. Quelle surprise pour eux, s'ils avaient vu madame la duchesse de Portland, dont j'ai l'honneur d'être l'herboriste, grimper sur les rochers où j'avais peine à la suivre, pour aller chercher la *chamædrys frutescens* et la *saxifraga alpina*! Or, pour revenir, il n'y a donc rien de surprenant que vous ne trouviez pas à Paris des livres de plantes, et je prendrai le parti de faire venir d'ailleurs ceux dont j'aurai besoin.

Si M. de Luze n'est pas encore parti, comme je l'espère, je vous prie de lui dire mille bonnes choses pour moi, et de l'en charger d'autant pour madame de Luze. J'ose à peine vous parler de la bonne maman, sentant bien qu'en cette occasion ses vœux sont très opposés aux miens ; mais, en vérité, c'est presque la seule où je ne lui fisse pas, et même avec plaisir, le sacrifice de ma propre satisfaction.

Voilà l'heure de la poste qui presse ; le domestique attend et m'importune : il faut finir en vous embrassant.

A MADAME LATOUR.

Ce 29 octobre 1767.

Chère et respectable Marianne, ce n'est pas sans souffrir que je me suis abstenu si longtemps de vous écrire. Dans peu vous aurez de mes nouvelles par une voie sûre ; daignez attendre et ne pas mal penser de votre ami.

A M. LE MARQUIS DE MIRABEAU.

Ce 12 décembre 1767.

Je consens de tout mon cœur, mon illustre ami, que vous fassiez imprimer, avec les précautions dont vous parlez, la lettre que vous m'avez fait l'honneur de m'écrire, et vous remercie de l'honnêteté avec laquelle vous voulez bien me demander mon consentement pour cela.

Vous voilà donc embarqué tout de bon dans les guerres littéraires : que j'en suis affligé, et que je vous plains! Sans prendre la liberté de vous dire là-dessus rien de mon chef, j'oserai vous transcrire ici deux vers du Tasse que je me rappelle et auquel je n'ajouterai rien :

« Giunta è tua gloria al sommo, e per innanzi
Fuggir le dubbie heurre a te conviene. »

Je vous honore et vous embrasse, monsieur, de tout mon cœur.

A M. DU PEYROU.

Ce 6 janvier 1768.

J'étais, mon cher hôte, dans un tel souci sur votre voyage, que, tant pour tirer le paquet ci-joint, que je savais être au bureau, que dans l'attente de votre lettre, la poste étant arrivée plus tard qu'à l'ordinaire, j'envoyai trois fois de suite à Gisors : enfin je la reçois cette lettre si impatiemment attendue; et après l'avoir déchirée pour l'ouvrir plus vite, au lieu du détail que j'y cherchais j'y vois pour début celui du départ de mes lettres. Mon Dieu, qu'en le lisant vous me paraissiez haïssable! Ma foi, si c'est là de la politesse, je la donne au diable de bon cœur.

Enfin, vous voilà heureusement arrivé, malgré ce premier accident de l'histoire m'eût fait trembler, si votre lettre n'eût été datée de Paris. Convenez qu'en ce moment-là vous dûtes sentir qu'il n'est pas inutile à un convalescent d'avoir avec soi un ami en route, et qu'au fond du cœur vous m'avez su gré de ma tricherie. Voilà les seules que je sais faire, mais je ne m'en corrigerai pas.

Je suis très charmé que vous soyez content de vos petits repas tête à tête et je désire extrêmement que vous preniez l'habitude de dîner en ville le moins qu'il se pourra, d'autant plus que le froid terrible qu'il fait, et dont l'influence m'est bien cruelle, la neige abondante par laquelle il se termine probablement, doivent vous empêcher de songer à votre départ jusqu'à que le temps s'adoucisse, et que les chemins deviennent praticables; quoique je vous avoue bien que votre long séjour à Paris ne me laisserait pas sans inquiétude, si vous n'aviez avec vous un bon surveillant qui, j'espère, s'embarrassera pas plus que moi de vous déplaire pour vous conserver. Il me tranquillise donc, et je tranquillise de mon mieux ma pauvre sœur, moins inquiète que moi, espérant que, dans ce temps rigoureux, vous veillerez attentivement l'un sur l'autre, en sorte que vous vous rendiez tous deux vos pénates, sains et saufs. Ainsi soit-il. Cette bonne fille est transportée joie de votre heureuse arrivée, et je vois avec grand plaisir qu'elle cède cette pente si naturelle et si honorable au cœur humain, de s'attacher gens, avec plus de tendresse, par les soins qu'on leur a rendus. Quant à que vous ajoutez qu'elle s'est fait gronder plus d'une fois par son frère, cause des soins, des attentions et des complaisances qu'elle avait pour vous cela me paraît si plaisant, que, n'étant pas aussi gaillard que vous, je trouve rien à répondre.

Vous avez raison de croire que les détails de vos déjeuner et dîner me font grand plaisir : ajoutez même, et grand bien; car ils me rendent l'appétit que le froid excessif m'ôte.

Voici, mon cher hôte, une réponse de madame l'abbesse de Gomer-Fontaine. Cette réponse était accompagnée d'un petit billet très obligeant pour moi, et pour ma sœur, de jolies breloques de religieuses. Cette dame est jeune, bonne, très aimable; et je crois que vous auriez aimé à lui rendre des douceurs qui fussent autant de son goût que les siennes l'étaient du vôtre. Je ne manquerai pas de lui faire quelquefois votre cour, sitôt que la saison le permettra.

A MYLORD COMTE DE HARCOURT.

13 janvier 1768.

Je me reprocherais, mylord, d'avoir tardé si longtemps à vous remercier si je ne me rendais le témoignage que la volonté y était tout entière, et je fais le moins. J'ai entre autres, été depuis trois mois garde malade, et n'ai pas quitté le chevet d'un ami, qui, grâce au ciel, est enfin parfaitement rétabli. Je vous offre, mylord, les prémices de mes loisirs; et c'est avec autant d'empressement que de reconnaissance que, touché de toutes les bontés dont vous m'avez honoré, je vous en demande la continuation. Il ne tiendra à moi qu'en les cultivant avec le plus grand soin je ne vous témoigne toute occasion combien elles me sont précieuses.

J'ai reçu depuis longtemps l'argent du billet que vous prîtes la peine m'envoyer pour le produit des estampes; et c'est encore un de mes torts moins excusables de ne vous en avoir pas tout de suite accusé la réception mais je me reposais un peu en cela sur votre banquier, qui n'aura pas manqué de vous en donner avis. Vous me demandez, mylord, ce qu'il fallait faire des estampes de M. Watelet : nous étions convenus que, puisque vous ne les aviez pas et qu'elles vous étaient agréables, vous les ajouteriez à vos portefeuilles, d'autant plus qu'elles ne pouvaient passer décemment et convenablement que dans les mains d'un ami de l'auteur : ainsi j'espère qu'à ce titre vous ne dédaignerez pas de les accepter. A l'égard de l'estampe du roi, je désire extrêmement qu'elle me parvienne ; et, si vous permettez que j'abuse encore de vos bontés, j'ose vous supplier de la faire envelopper avec soin dans un rouleau. Je désire extrêmement recevoir bientôt cette belle estampe que j'aurai soin de faire encadrer convenablement pour avoir les traits de mon auguste bienfaiteur incessamment gravés sous mes yeux, comme ses bontés le sont dans mon cœur.

Daignez, mylord, continuer à m'honorer des vôtres, et quelquefois des marques de votre souvenir : je tâcherai, de mon côté, de ne me pas laisser oublier de vous, en vous renouvelant, autant que cela ne vous importunera pas, les assurances de mon plus entier dévouement et de mon plus vrai espect.

M. LE MARQUIS DE MIRABEAU.

13 janvier 1768.

J'ai, mon illustre ami, pour vous écrire, laissé passer le temps des sots compliments dictés non par le cœur, mais par le jour et par l'heure, et qui partent à leur moment comme la détente d'une horloge. Mes sentiments pour vous sont trop vrais pour avoir besoin d'être dits, et vous les méritez trop bien pour manquer de les connaître. Je vous plains du fond de mon cœur des tracas où vous êtes ; quoi que vous en disiez, je vous vois embarqué, sinon dans des querelles littéraires, au moins dans des querelles économiques et politiques ; ce qui serait peut-être encore pis, s'il était possible. Je suis prêt à tomber en défaillance au seul souvenir de tout cela ; permettez que je n'en parle plus, que je n'y pense plus que par le tendre intérêt que je prends à votre repos, à votre gloire. Je puis bien tenir les mains élevées pendant le combat, mais non pas me résoudre à le regarder.

Parlons de chansons, cela vaudra mieux : serait-il possible que vous songeassiez tout de bon à faire un opéra ? Oh ! que vous seriez aimable, et que j'aimerais mieux vous voir chanter à l'Opéra que crier dans le désert ! non qu'on ne vous écoute et qu'on ne vous lise, mais on ne vous suit ni ne veut vous entendre. Ma foi, monsieur, faisons comme les nourrices, qui, quand les enfants grondent, leur chantent et les font danser. Votre seule proposition m'a déjà mis, moi vieux radoteur, parmi ces enfants-là ; et il s'en faut peu que ma muse chenue ne soit prête à se ranimer aux accents de la vôtre ; ou même à la seule annonce de ces accents. Je ne vous en dirai pas aujourd'hui davantage, car votre proposition m'a tout l'air de n'être qu'une vaine amorce, pour voir si le vieux fou mordrait encore à l'hameçon. A présent que vous en avez à peu près le plaisir, dites-moi tout rondement ce qui en est, et je vous dirai franchement, moi, ce que j'en pense, et ce que je crois y pouvoir faire : après cela, si le cœur vous en dit, nous en pourrons causer avec mon aimable payse, qui nous donnera sur tout cela de très bons conseils. Adieu, mon illustre ami ; je vous embrasse avec respect, mais de tout mon cœur.

A MADAME LATOUR.

A Trye, le 20 janvier 1768.

Lorsque je vous écrivis un mot, il y a trois mois, chère Marianne, j'avais le cœur plein d'espérances flatteuses qui se sont bien cruellement évanouies. L'interception d'une corresponce directe étant plus que probable, je comptais, entre autres, épancher ce cœur dans le vôtre par une voie qui me paraissait aussi sûre que douce. Il n'en est plus question : le ciel, qui veut qu'il ne manque rien à ma misère, m'ôte la plus précieuse consolation des infortunés.

> Sentirsi, ho Dei! morir,
> Et non poter mai dir,
> Morir mi sento! (Métastase.)

Il ne me reste plus qu'à prendre mon parti de bonne grâce, et je le prends du moins irrévocablement : je me condamne à un silence éternel sur mes malheurs, et je ferai tout pour en effacer le souvenir et le sentiment dans mon cœur même. Ma dernière consolation est d'approcher de leur terme; et comme ceux qui les veulent prolonger au-delà de ma vie sont mortels aussi, ce terme ne sera qu'un peu reculé peut-être; mais enfin le temps et la vérité reprendront leur empire; et, quoi que mes contemporains puissent faire, ma mémoire ne restera pas toujours sans honneur. La destinée du grand R..., avec lequel j'ai tant de choses communes, sera la mienne jusqu'au bout. Il n'a point eu le bonheur de se voir justifié de son vivant; mais il l'a été par l'un de ses plus cruels ennemis, après la mort de l'un et de l'autre. Je compte trop, non sur mon bonheur, mais sur la Providence, pour ne pas espérer moins celui-là; et il m'est doux de penser qu'un jour le nom de ma chère Marianne recevra les honneurs qui lui seront dus, à la tête du petit nombre de ceux qui ont eu le courage de me défendre de mon vivant.

Je finis sur cette matière pour n'y revenir de mes jours, et je vous supplie que ce soit aujourd'hui la dernière fois qu'il en sera question entre nous. Mais donnez-moi quelquefois de vos nouvelles; recevez des miennes avec bonté; que ma digne avocate soit toujours mon amie, et qu'elle soit sûre que pour les services vrais, dont je fais cas, et rendus en silence, tels que ceux que j'ai reçu d'elle, la reconnaissance de ce cœur qu'on traite d'ingrat est des plus rares parmi les hommes, puisqu'elle se tourne toute en attachement.

Je crois que le mieux serait de nous écrire directement; et, comme que ce soit, ne rappelons, dans aucune de nos lettres, du sujet de celle-ci. Je suppose que vous savez sous quel nom je suis connu ici.

A M. GRANVILLE.

Trye, le 25 janvier 1768.

Je n'aurais pas tardé si longtemps, monsieur, à vous remercier du plaisir que m'a fait la lettre dont vous m'avez honoré le 6 novembre, sans beaucoup de tracas qui, venus à la traverse, m'ont empêché de disposer de mon temps comme j'aurais voulu. Les témoignages de votre souvenir et de votre amitié me seront toujours aussi chers que vos honnêtetés et vos bontés m'ont été sensibles pendant tout le temps que j'ai eu le bonheur d'être votre voisin. Ce qui ajoute à mon déplaisir de vous écrire si tard est la crainte que cette lettre, vous trouvant déjà parti de Calwich, ne fasse un bien long circuit pour vous aller chercher à Bath. Je désire fort, monsieur, que vous ayez cette fois entrepris ce voyage annuel plus par habitude que par nécessité, et que toutefois les eaux vous fassent tant de bien que vous puissiez jouir en paix de la belle saison qui s'approche, dans votre charmante demeure, sans aucun ressentiment de vos précédentes incommodités. Vous y trouverez, je pense, à votre retour, un barbouillage nouvellement imprimé, où je me suis mêlé de bavarder sur la musique, et dont j'ai fait adresser un exemplaire à M. Rougemont, avec prière de vous le faire passer. Aimant la musique, et vous y connaissant aussi bien que vous faites, vous ne dédaignerez peut-être pas de donner quelques moments de solitude et d'oisiveté à parcourir une espèce de livre qui en traite tant bien que mal : j'aurais voulu pouvoir mieux faire; mais enfin le voilà tel qu'il est.

Le défaut d'occasion, monsieur, pour faire partir cette lettre, rend sa date bien surannée, et me l'a fait écrire à deux fois : l'occasion même d'un ami prêt à partir, et qui veut bien s'en charger, ne me laisse pas le temps de transcrire ma réponse à l'aimable bergère de Calwich, et me force à la laisser partir un peu barbouillée : veuillez lui faire excuser cette petite irrégularité, ainsi que celle du défaut de signature, dont vous pouvez savoir la raison. Recevez, monsieur, mes salutations empressées et mes vœux pour l'affranchissement de votre santé.

L'HERBORISTE DE LA DUCHESSE DE PORTLAND.

P. S. Comme l'exemplaire du *Dictionnaire de musique* qui vous était destiné avait été adressé à M. Vaillant qui n'a jamais paru fort soigneux des commissions qui me regardent, j'en ai fait envoyer depuis un second à M. Rougemont pour vous le faire passer au défaut du premier.

A MADEMOISELLE DEWES.

Le 25 janvier 1768.

Si je vous ai laissé, ma belle voisine, une empreinte que vous avez bien gardée, vous m'en avez laissé une autre que j'ai gardée encore mieux. Vous n'avez mon cachet que sur un papier qui peut se perdre, mais j'ai le vôtre empreint dans mon cœur, d'où rien ne peut l'effacer : puisqu'il était certain que j'emportais votre gage, et douteux que vous eussiez conservé le mien, c'était moi seul qui devais désirer de vérifier la chose; c'est moi seul qui perds à ne l'avoir pas fait. Ai-je donc besoin, pour mieux sentir mon malheur, que vous m'en fassiez encore un crime? cela n'est pas trop humain. Mais votre souvenir me console de vos reproches; j'aime mieux vous savoir injuste qu'indifférente, et je voudrais être grondé de vous tous les jours au même prix. Daignez donc, ma belle voisine, ne pas oublier tout-à-fait votre esclave, et continuer à lui dire quelquefois ses vérités. Pour moi, si j'osais à mon tour vous dire les vôtres, vous me trouveriez trop galant pour un barbon. Bonjour, ma belle voisine. Puissiez-vous bientôt, sous les auspices du cher et respectable oncle, donner un pasteur à vos brebis de Calwich!

M. LE MARQUIS DE MIRABEAU.

Trye, le 28 janvier 1768.

Je me souviens, mon illustre ami, que le jour où je renonçai aux petites vanités du monde, et en même temps à ses avantages, je me dis entre autres, en me défaisant de ma montre : Grâce au ciel, je n'aurai plus besoin de savoir l'heure qu'il est. J'aurais pu me dire la même chose sur le quantième, en me défaisant de mon almanach; mais, quoique je n'y tienne plus par les affaires, j'y tiens encore par l'amitié; cela rend mes correspondances plus douces et moins fréquentes : c'est pourquoi je suis sujet à me tromper dans mes dates de semaine, et même quelquefois de mois. Car, quoique avec l'almanach je sache bien trouver le quantième dans la semaine, sachant le jour, quand il s'agit de trouver aussi la semaine, je suis totalement en défaut. J'y devrais pourtant être moins avec vous qu'avec tout autre, puisque je n'écris à personne plus souvent et plus volontiers qu'à vous.

Conclusion : nous ne ferons d'opéra ni l'un ni l'autre; c'est de quoi j'étais d'avance à peu près sûr. J'avoue pourtant que, dans ma situation présente, quelque distraction attachante et agréable me serait nécessaire. J'aurais besoin sinon de faire de la musique, au moins d'en entendre, et cela me ferait même beaucoup plus de bien. Je suis attaché plus que jamais à ma solitude; mais il y a tant de tristes souvenirs qui m'y poursuivent malgré moi, qu'il m'en faudrait une autre encore plus entière, mais où des objets agréables pussent effacer l'impression de ceux qui m'occupent, et faire diversion au sentiment de mes malheurs. Des spectacles où je pusse être seul dans un coin et pleurer à mon aise, de la musique qui pût ranimer un peu mon cœur affaissé; voilà ce qu'il me faudrait pour effacer toutes les idées antérieures, et me ramener uniquement à mes plantes, qui m'ont quitté pour trop longtemps cet hiver. Je n'aurai rien de tout cela, car en toutes choses les consolations les plus simples me sont refusées; mais il me faut un peu de travail sur moi-même pour y suppléer de mon propre fonds.

On dit à Paris que je retourne en Angleterre. Je n'en suis pas surpris, car le public me connaît si bien, qu'il me fait toujours faire exactement le contraire des choses que je fais en effet. M. Davenport m'a écrit des lettres très honnêtes et très empressées pour me rappeler chez lui. Je n'ai pas cru devoir répondre brutalement à ses avances, mais je n'ai jamais marqué l'intention d'y retourner. Honoré des bienfaits du souverain, et des bontés de beaucoup de gens de mérite dans ce pays-là, j'y suis attaché par reconnaissance, et je ne doute pas qu'avec un peu de choix dans mes liaisons je n'y pusse vivre agréablement; mais l'air du pays qui m'en a chassé n'a pas changé depuis ma retraite, et ne me permet pas de songer au retour. Celui de France est de tous les airs du monde celui qui convient le mieux à mon corps et à mon cœur; et, tant qu'on me permettra d'y vivre en liberté, je ne choisirai point d'autre asile pour y finir mes jours.

On me presse pour la poste; et je suis forcé de finir brusquement, en vous embrassant de tout mon cœur.

A MADAME LATOUR.

Ce 28 javier 1768.

Je crains bien, chère Marianne, qu'une lettre que je vous écrivis il y a dix ou douze jours ne se soit égarée par ma faute, en ce que, m'étant très mal à propos fié à ma mémoire, qui est entièrement éteinte, au lieu de mettre sur l'adresse la rue du Croissant, je mis seulement la rue du Gros-Chenet. Ce qui augmenterait mon chagrin de cette perte est que j'entrais, dans cette lettre, dans bien des détails que j'aurais désiré n'être vus que de vous. Peut-être aussi que votre silence ne vient que de ce que vous ignorez mon adresse. Elle est tout simplement, à M. Renou, à Trye, par Gisors. J'attends de vous un mot d'éclaircissement, et j'attends en même temps des nouvelles de votre santé, et l'assurance que vous m'aimez toujours.

A M. D'IVERNOIS.

Trye, le 29 janvier 1768.

J'ai reçu, mon digne ami, votre paquet du 22, et il me serait également parvenu sous l'adresse que je vous ai donnée, quand vous n'auriez pas pris l'inutile précaution de la double enveloppe, sous laquelle il n'est pas même à propos que le nom de votre ami paraisse en aucune façon. C'est avec le plus sensible plaisir que j'ai enfin appris de vos nouvelles; mais j'ai été vivement ému de l'envoi de votre famille à Lausanne : cela m'apprend assez à quelle extrémité votre pauvre ville et tant de braves gens dont elle est pleine sont à la veille d'être réduits. Tout persuadé que je sois que rien ici-bas ne mérite d'être acheté au prix du sang humain, et qu'il n'y a plus de liberté sur la terre que dans le cœur de l'homme juste, je sens bien toutefois qu'il est naturel à des gens de courage, qui ont vécu libres, de préférer une mort honorable à la plus dure servitude; cependant, même dans le cas le plus clair de la juste défense de vous-mêmes, la certitude où je suis, qu'eussiez-vous pour un moment l'avantage, vos malheurs n'en seraient ensuite que plus grands et plus sûrs, me prouve qu'en tout état de cause les voies de fait ne peuvent jamais vous tirer de la situation critique où vous êtes, qu'en aggravant vos malheurs. Puis donc que, perdus de toutes façons, supposé qu'on ose pousser la chose à l'extrême, vous êtes prêts à vous ensevelir sous les ruines de la patrie, faites plus : osez vivre pour sa gloire au moment qu'elle n'existera plus. Oui, messieurs, il vous reste, dans le cas que je suppose, un dernier parti à prendre, et c'est, j'ose le dire, le seul qui soit digne de vous; c'est, au lieu de souiller vos mains dans le sang de vos compatriotes, de leur abandonner ces murs qui devaient être l'asile de la liberté, et qui vont n'être plus qu'un repaire de tyrans; c'est d'en sortir tous, tous ensemble, en plein jour, vos femmes et vos enfants au milieu de vous, et, puisqu'il faut porter des fers, d'aller porter du moins ceux de quelque grand prince, et non pas l'insupportable et odieux joug de vos égaux. Et ne vous imaginez pas qu'en pareil cas vous resteriez sans asile; vous ne savez pas quelle estime et quel respect votre courage, votre modération, votre sagesse, ont inspiré pour vous dans toute l'Europe. Je n'imagine pas qu'il s'y trouve aucun souverain, je n'en excepte aucun, qui ne reçût avec honneur, j'ose dire avec respect, cette colonie émigrante d'hommes trop vertueux, pour ne savoir pas être sujets aussi fidèles qu'ils furent zélés citoyens. Je comprends bien qu'en pareil cas plusieurs d'entre vous seraient ruinés : mais je pense que les gens qui savent sacrifier leur vie au devoir sauraient sacrifier leurs biens à l'honneur, et s'applaudir de ce sacrifice; et, après tout, ceci n'est qu'un dernier expédient pour conserver sa vertu et son innocence quand tout le reste est perdu. Le cœur plein de cette idée, je ne me pardonnerais pas de n'avoir osé vous la communiquer. Du reste, vous êtes éclairés et sages; je suis très sûr que vous prendrez toujours en tout le meilleur parti, et je ne puis croire qu'on laisse jamais aller les choses au point qu'il est bon d'avoir prévu d'avance pour être prêts à tout événement.

Si vos affaires vous laissent quelques moments à donner à d'autres choses qui ne sont rien moins que pressées, en voici une qui me tient au cœur, et sur laquelle je voudrais vous prier de prendre quelque éclaircissement, dans quelqu'un des voyages que je suppose que vous ferez à Lausanne, tandis que votre famille y sera. Vous savez que j'ai à Nion une tante qui m'a élevé, et que j'ai toujours tendrement aimée, quoique j'aie une fois, comme vous pouvez vous en souvenir, sacrifié le plaisir de la voir à l'empressement d'aller avec vous joindre nos amis. Elle est fort vieille, elle soigne un mari fort vieux; j'ai peur qu'elle n'ait plus de peine que son âge ne comporte, et je voudrais lui aider à payer une servante pour la soulager. Malheureusement, quoique je n'aie augmenté ni mon train, ni ma cuisine, que je n'aie aucun domestique à mes gages, et que je sois ici logé et chauffé gratuitement, ma position me rend la vie si dispendieuse, que ma pension me suffit à peine pour les dépenses inévitables dont je suis chargé. Voyez, cher ami, si cent francs de France par an pourraient jeter quelque douceur dans la vie de ma pauvre vieille tante, et si vous pourriez les lui faire accepter. En ce cas, la première année courrait depuis le commencement de celle-ci, et vous pourriez la tirer sur moi d'avance, aussitôt que vous aurez arrangé cette petite affaire-là. Mais je vous conjure de voir que cet argent soit employé selon sa destination, et non pas au profit de parents ou voisins âpres, qui souvent obsèdent les vieilles gens. Pardon, cher ami : je choisis bien mal mon temps; mais il se peut qu'il n'y en ait pas à perdre.

AU MÊME.
Du château de Trye, ce 9 février 1768.

Dans l'incertitude, mon excellent ami, de la meilleure voie pour vous faire passer cette lettre sûrement et promptement, je prends le parti de risquer directement ce duplicata, et d'en adresser un autre à M. Coindet, pour vous le faire passer. C'est une lettre qu'il a reçue et qu'il m'a envoyée qui a occasionné la mienne. Le temps me presse; je suis rendu de fatigue, navré de douleur, dans la crainte d'une catastrophe. Au nom de Dieu, faites-moi passer des nouvelles sitôt que le sort de votre pauvre état sera décidé. O la paix, la paix, mon bon ami! Hélas! il n'y a que cela de bon dans cette courte vie. J'embrasse nos amis; je vous embrasse de toute la tendresse de mon cœur. J'implore la bénédiction du ciel sur vos soins patriotiques, et j'en attends le succès avec la plus vive impatience.

J'espère que vous avez reçu ma précédente, que je vous ai adressée en droiture. C'est toujours la voie qu'il faut préférer, surtout pour tout ce qui peut demander du secret.

AU MÊME.

Le 9 février 1768.

On m'a communiqué, mon bon ami, quelques articles des deux projets d'accommodement qui vous sont proposés, et j'apprends que le Conseil général, qui doit en décider, est fixé au 28. Quoique tant de précipitation ne laisse pas le temps de peser suffisamment ces articles, quoique je ne sois pas sur les lieux, que j'ignore l'état des choses, que je n'aie ni papiers, ni livres, et que ma mémoire, absolument éteinte, ne me rappelle pas même votre constitution, je suis trop affecté de votre situation, pour ne pas vous dire, bien qu'à la hâte, mon opinion sur les moyens qu'on vous offre d'en sortir. Quelque mal digérée que soit cette opinion, je ne laisse pas, messieurs, de vous l'exposer avec confiance non pas en moi, mais en vous, très sûr que, si je me trompe, vous démêlerez aisément mon erreur.

Dans l'extrait qui m'a été envoyé, il n'y a, du projet appelé le *second*, qu'un seul article, qui est aussi le second; savoir, l'élection de la moitié du petit Conseil par le Conseil général : ce second article n'étant bon à pas grand'chose, je ne dirai rien du projet dont il est tiré.

Je parlerai de l'autre, après avoir posé deux principes que vous ne contesterez pas : l'un, qu'un accommodement ne suppose pas qu'on cède tout d'un côté et rien de l'autre, mais qu'on se rapproche des deux côtés; l'autre, qu'il n'est pas question de victoire dans cette affaire, ni de donner gain de cause aux négatifs ou aux représentants, mais de faire le plus grand bien de la chose commune, sans songer si l'on est Rutule ou Troyen.

Cela posé, j'oserai vous dire que ce projet me paraît non-seulement acceptable, mais, avec quelques changements, et l'addition d'un ou deux articles, le meilleur peut-être que vous puissiez adopter.

Le petit Conseil tend fortement à la plus dure aristocratie : les maximes des représentants vont par leurs conséquences, non-seulement à l'excès, mais à l'abus de la démocratie, cela est certain. Or, il ne faut ni l'un ni l'autre dans votre république; vous le sentez tous : entre le petit Conseil, violent aristocrate, et le Conseil général, démocrate effréné, où trouver une force intermédiaire qui contienne l'un et l'autre, et soit la clef du gouvernement? Elle existe cette force, c'est le conseil du Deux-Cents; mais pourquoi cette force ne va-t-elle pas à son but? pourquoi le Deux-Cents, au lieu de contenir le Vingt-Cinq, en est-il l'esclave? N'y a-t-il pas moyen de corriger cela? Voilà précisément de quoi il s'agit.

Avant d'entrer dans l'examen des moyens, permettez-moi, messieurs, d'insister sur une réflexion dont j'ai le cœur plein. Les meilleures institutions humaines ont leurs défauts : la vôtre, excellente à tant d'égards, a celui d'être une source éternelle de divisions intestines. Des familles dominantes s'enorgueillissent, abusent de leur pouvoir, excitent la jalousie; le peuple, sentant son droit, s'indigne d'être ainsi traîné dans la fange par ses égaux; des tribunaux concurrents se chicanent, se contre-pointent; des brigues disposent des élections; l'autorité et la liberté, dans un conflit perpétuel, portent leurs querelles jusqu'à la guerre civile; j'ai vu vos concitoyens armés s'entr'égorger dans vos murs; en ce moment même, cette horrible catastrophe est prête à renaître; et quand, dans vos plans de réforme, vous devriez, par des moyens de concorde et de paix, par des établissements doux et sages, tâcher de couper la racine à ces maux, vous allez comme à plaisir les attiser, en excitant parmi vous de nouvelles animosités, de nouvelles haines, par la plus dure de toutes les censures, par l'inquisition du grabeau. Cela, messieurs, permettez-moi de le dire, n'est assurément pas bien pensé. Premièrement, le Conseil ne souffrira jamais un établissement trop humiliant pour de fiers magistrats; et quand ils le souffriraient, je dis, pour le bien de la paix et de la patrie, il ne serait point à désirer qu'il eût lieu. Loin d'établir de nouveaux grabeaux, vous feriez mieux d'abolir ceux qui existent, mais qui, très heureusement, ne signifiant rien du tout, peuvent rester sans danger.

Cela dit, je passe à mon sujet : il s'agit d'un gouvernement mixte, mais difficile à combiner, où le peuple soit libre sans être maître, et où le magistrat commande sans tyranniser. Le vice de votre constitution n'est pas de trop gêner la liberté du peuple ; au contraire, cette liberté légitime ne va que trop loin, et, quoi qu'on en puisse dire, il n'est pas bon que le Conseil général soit nécessaire à tout.

Mais le vice inhérent et fondamental est dans le défaut de balance et d'équilibre dans les trois autres Conseils qui composent le gouvernement ; ces trois Conseils, dont deux sont à peu près inutiles, sont si mal combinés, que leur force est en raison inverse de leur autorité légale, et que l'inférieur domine tout : il est impossible que ce vice reste, et que la machine puisse aller bien.

Ce qu'il y a d'heureux pourtant dans cette machine, qui ne laisse pas d'être admirable, est que cet important équilibre peut s'établir sans rien changer aux principales pièces ; tous les ressorts sont bons, il ne s'agit que de les faire jouer un peu différemment.

Mais ce qu'il y a de fâcheux est que cette réforme demande des sacrifices, et précisément de la part des deux corps qui jusqu'ici ont paru le moins disposés à en faire ; savoir, le Conseil général et celui des Vingt-Cinq.

Or, voilà que, par plusieurs articles que j'ai sous les yeux, les Vingt-Cinq offrent eux-mêmes presque tout ce qu'on pourrait avoir à leur demander ; même en un sens, davantage. Ajoutez un seul article, mais indispensable, et le petit Conseil a fait, de son côté, tous les pas nécessaires vers un accord raisonnable et solide : cet article regarde l'élection des syndics, dans la supposition, presque impossible, que le cas qui se présente ici pour la première fois depuis la fondation de la république, y pût renaître une seconde fois ; auquel cas, au lieu de présenter derechef le Conseil en corps, comme on va faire, il faudrait, selon moi, se résoudre à présenter de nouveaux candidats, tirés des Soixante : je dirai mes raisons ci-après.

Que le Conseil général veuille céder à son tour, ou plutôt échanger, contre l'élection des Soixante qu'il gagne, un droit, un seul droit qu'il prétend, mais qu'on lui conteste, et dont il n'est point en possession ; au moyen de cela, tout est fait : je parle du droit de prononcer souverainement et en dernier ressort sur l'objet des représentations ; en un mot, c'est le droit négatif qu'il s'agit d'accorder au Deux-Cents, déjà juge suprême de tous les autres appels. Peut-être est-il parlé, dans le projet, de cet article, et cela doit être, mais l'extrait que j'ai n'en dit rien.

Avec ces additions et quelques légères modifications au reste, le projet dont les articles sont sous mes yeux me paraît offrir un moyen de pacification convenable à tout le monde, raisonnable du moins, solide et durable autant qu'on peut l'espérer de l'état présent des choses et de la disposition des esprits ; et je crois qu'il en résulterait un gouvernement qui, sans être plus composé que l'ancien, serait mieux lié dans ses parties, et par conséquent plus fort dans son tout.

C'est surtout dans le second article que consiste essentiellement la bonté du projet : par cet article, le Conseil des Soixante est en entier élu par le Conseil général, et tous les membres du petit Conseil doivent être tirés du Soixante (car il faut ôter d'ici les auditeurs). L'idée de donner une existence à ce Conseil des Soixante, qui n'était rien auparavant, est très bonne ; elle est due aux médiateurs : il faut en profiter, et leur en savoir gré. Ceci suppose qu'on revêtira ce corps de nouvelles attributions qui lui donneront du poids dans l'état ; mais bien qu'il soit rempli par le peuple, ce n'est pourtant pas en lui-même que s'opérera son plus grand effet, mais dans le Deux-Cents, dont les membres rentreront ainsi dans la dépendance du Conseil général, maître de leur ouvrir ou fermer à son gré la porte des grandes magistratures. Voilà précisément la solution très simple et très sûre du problème que je proposais au commencement de cette lettre.

Par le premier article, on accorde au Conseil général l'élection de la moitié des Deux-Cents ; je ne serais pas trop d'avis qu'on acceptât cette concession : ces moitiés d'élection sont moins efficaces qu'embarrassantes. Il ne faut pas considérer les élections faites par le peuple, par leur effet subséquent, qui n'est rien, mais par leur effet antérieur, qui est tout. Les syndics sont élus par le Conseil général : voyez toutefois comment ils le traitent ! Le peuple ne doit pas espérer de ses créatures plus de reconnaissance qu'il n'en a pour ses bienfaiteurs. Ce n'est pas à ce qu'on fait après être élu, qu'il faut regarder en bonne politique. Quand le peuple tire ses magistrats de son propre sein, il n'augmente de rien sa force; mais quand il les tire d'un autre corps, il se donne de la force sur ce corps-là. Voilà pourquoi l'éléxion du Soixante vous donnera de l'ascendant en Deux-Cents, et pourquoi l'élection du petit Conseil donnera de l'ascendant au Deux-Cents en Soixante. Vous en auriez par les syndics sur le Vingt-Cinq même, s'il était plus nombreux, ou que le choix ne fût pas forcé. C'est ainsi que les plus simples moyens, les meilleurs en toute chose, vont tout remettre dans l'ordre légitime et naturel.

Il suit de là que le privilège d'élire la moitié du Deux-Cents vous est beaucoup moins avantageux qu'il ne semble, et cela est trop remuant pour votre ville, trop bruyant pour votre Conseil général. Le jeu de la machine doit être aussi facile que simple, et toujours sans bruit, autant qu'il se peut. L'élection du Deux-Cents, laissée au petit Conseil, a pourtant de grands inconvénients, je l'avoue; mais n'y aurait-il pas, pour y pourvoir, quelque expédient plus court et mieux entendu ? Par exemple, où serait le mal que cette élection fût une des nouvelles attributions dont on revêtirait le Conseil des Soixante ? Le petit Conseil lui-même y devrait d'autant moins répugner que, par sa présidence et par son nombre total, il n'aurait guère moins d'influence dans ses élections que s'il continuait seul à les faire : je n'imagine pas que ceci fasse une grande difficulté.

Mais je crains que l'article de l'élection des syndics n'en fasse davantage, et ne coûte beaucoup au Conseil; car il y a, chez les hommes les plus éclairés, des entêtements dont ils ne se doutent pas eux-mêmes, et souvent ils agissent par obstination, pensant agir par raison. Ils s'effraieront de la possibilité d'un cas qui ne saurait même arriver désormais, surtout si la loi qui doit y pourvoir passe. Le Conseil des Vingt-Cinq sent trop sa puissance absolue ; il sent trop que tout dépend de lui, que lui seul ne dépend de rien, de rien du tout; cela doit le rendre dur, exigeant, impérieux, quelquefois injuste. Pour son propre intérêt, pour se faire supporter, il faut qu'il dépende de quelque chose; car le ton qu'il a pris ne peut être souffert par des hommes. Eh ! quelle plus légère dépendance peut-il s'imposer que celle, non pas de souffrir, mais de prévoir, seulement dans un cas extrême, la perte passagère d'un syndicat en idée, et qui réellement ne sortira jamais de son corps ? Cependant ce sacrifice idéal et purement chimérique peut et doit produire un grand effet, pour leur rendre cet esprit humain et patriotique qui paraît s'être éteint parmi eux. Eh! s'il en reste un seul à qui quelque goutte de sang genevois coule encore dans les veines, comment ne frémit-il pas en songeant au péril auquel ils viennent d'exposer l'état pour vous asservir, et dont ils n'ont été garantis eux-mêmes que par votre fermeté, par votre sagesse, par la modération des médiateurs, quoique si cruellement prévenus? Comment les chefs de la république pouvaient-ils ne pas prévoir, en exposant ainsi sa liberté, que le peuple en aurait avant eux déploré la perte, mais qu'ils l'auraient sentie avant lui ! En voyant un moyen si doux, mais si sûr, de garantir leurs successeurs de pareille incartade, ils devraient, s'ils aimaient leur pays, le proposer eux-mêmes, quand personne avant eux ne l'aurait proposé. Pour moi, je vous déclare que cet article me paraît d'une si grande importance, que rien, selon moi, ne devrait vous y faire renoncer, pas, quand on vous céderait tout le reste, pas, quand les Conseils voudraient en échange renoncer au droit négatif.

Mais je ne vous dissimulerai pas non plus que ce droit négatif attribué, non pas au petit Conseil, ni même au Soixante, mais au Deux-Cents, me paraît si nécessaire au bon ordre, au maintien de toute police, à la tranquillité publique, à la force du gouvernement, que, quand on y voudrait renoncer, vous ne devriez jamais le permettre. S'il n'y a point d'arbitres des plaintes, comment finiront-elles? Si le Conseil général, auteur des lois, veut être aussi juge des faits, vous n'êtes plus citoyens, vous êtes magistrats; c'est l'anarchie d'Athènes, tout est perdu. Que chacun rentre dans sa sphère, et s'y tienne, tout est sauvé. Encore une fois, ne soyez ni négatifs, ni représentants; soyez patriotes, et ne reconnaissez pour vos droits que ceux qui sont utiles à cette petite mais illustre république, que de si dignes citoyens couvrent de gloire.

Ce n'est point, messieurs, à des gens comme vous qu'il faut tout dire. Je ne m'arrêterai point à vous détailler les avantages du projet proposé, dans l'état où vous pouvez raisonnablement demander qu'on le mette, et où les changements à faire sont autant contre vous que pour vous. Je n'ai rien dit, par exemple, de l'abolition du plus grand fléau de votre patrie, de cette autorité devenue héréditaire et tyrannique, usurpée et réunie par des familles qui en abusaient si cruellement. C'est à cette première entrée qu'il faut attendre et repousser au passage tout ce qui est de même sang, ou de même nom; car une fois dans le Conseil, soyez sûrs qu'ils parviendront au syndicat malgré vous; mais ils n'entreront pas dans le Conseil malgré vous : c'est à vous d'y veiller, et cela devient très facile. Encore une fois, cette observation ni d'autres pareilles ne sont pas de celles qu'on a besoin de vous rappeler; c'est assez d'avoir établi les principes, les conséquences ne vous échapperont pas.

Je me suis hâté, mon bon ami, de vous faire *ab hoc* et *ab hâc* mes petites observations, dans la crainte de les rendre trop tardives. Si je me suis trompé dans cet examen trop précipité, hommes sages et respectables, pardonnez mon erreur à mon zèle; je crois sincèrement que le projet dont il s'agit serait, dans son exécution, favorable à la liberté, à la tranquillité, à la paix; je crois, de plus, que cette paix vous est très nécessaire, que les circonstances sont propres à la faire avantageusement, et ne le redeviendront peut-être jamais. Puissé-je en apprendre bientôt l'heureuse nouvelle et mourir de joie au même instant! je mourrais plus heureusement que je n'ai vécu. Je vous embrasse de tout mon cœur.

A M. DU PEYROU.

19 février 1768.

Votre n° 5, mon cher hôte, me donne le plaisir impatiemment attendu d'apprendre votre heureuse arrivée, dont je félicite bien sincèrement l'excellente maman et tous vos amis. Vous aviez tort, ce me semble, d'être inquiet de mon silence. Pour un homme qui n'aime pas à écrire, j'étais assurément bien en règle avec vous qui l'aimez. Votre dernière lettre était une réponse; je la reçus le dimanche au soir : elle m'annonçait votre départ pour le mardi matin, auquel cas il était de toute impossibilité qu'une lettre que je vous aurais écrite à Paris vous y pût trouver encore, et il était naturel que j'attendisse, pour vous écrire à Neuchâtel, de vous y savoir arrivé, la neige ou d'autres accidents, dans cette saison, pouvant vous arrêter en route. Ma santé, du reste, est à peu près comme quand vous m'avez quitté; je garde mes tisons; l'indolence et l'abattement me gagnent : je ne suis sorti que trois fois depuis votre départ, et je suis rentré presque aussitôt. Je n'ai plus de cœur à rien, pas même aux plantes. Manoury, plus noir de cœur que de barbe, abusant de l'éloignement et des distractions de son maître, ne cesse de me tourmenter, et veut absolument m'expulser d'ici; tout cela ne rend pas ma vie agréable; et quand elle cesserait d'être orageuse, n'y voyant plus même un seul objet de désir pour mon cœur, j'en trouverais toujours le reste insipide.

Mademoiselle Renou, qui n'attendait pas moins impatiemment que moi des nouvelles de votre arrivée, l'a apprise avec la plus grande joie, que votre bon souvenir augmente encore. Pas un de nos déjeuners ne se passe sans parler de vous; et j'en ai un renseignement mémorial toujours présent dans le pot-de-chambre qui vous servait de tasse, et dont j'ai pris la liberté d'hériter.

J'ai reçu votre vin, dont je vous remercie, mais que vous avez eu tort d'envoyer : il est agréable à boire; mais pour naturel, je n'en crois rien. Quoi qu'il en soit, il arrivera de cette affaire comme de beaucoup d'autres, que l'un fait la faute et que l'autre la boit.

Rendez, je vous prie, mes salutations et amitiés à tous vos bons amis et les miens, surtout à votre aimable camarade de voyage à qui je serai toujours obligé. Mes respects, en particulier, à la reine des mères, qui est la vôtre, et aussi à la reine des femmes, qui est madame de Luze. Je suis bien fâché de n'avoir pas un lacet à envoyer sa charmante fille, bien sûr qu'elle méritera de le porter.

Il faut finir, car la bonne maman Chevalier est pressée et attend ma lettre. Je prends l'unique expédient que j'ai de vous écrire d'ici en droiture, en vous adressant ma lettre chez M. Junet. Adieu, mon cher hôte; je vous embrasse et vous recommande, sur toute chose, l'amusement et la gaîté : vous me direz : Médecin, guéris-toi toi-même; mais les drogues pour cela me manquent, au lieu que vous les avez.

J'ai tant lanterné que la bonne dame est partie, et ma lettre n'ira que demain peut-être, ou du moins ne marchera pas aussi sûrement.

A M. D'IVERNOIS.

Du château de Trye, ce 23 février 1768.

Je reçois, mon bon ami, avec votre lettre du 17, le mémoire que vous y avez joint; et quand je serais en état d'y faire les observations que vous me demandez, il est clair que le temps me manquerait pour cela, puisque cette lettre, écrite sur le moment même, aura peine, supposé même que rien n'en suspende la marche, à vous arriver avant le 28. Mais, mon excellent ami, je sens que ma mémoire est éteinte, que ma tête est en confusion, que de nouvelles idées n'y peuvent plus entrer, qu'il me faut même un temps et des efforts infinis pour reprendre la trace de celles qui m'ont été familières. Je ne suis plus en état de comparer, de combiner; je ne vois qu'un nuage en parcourant votre mémoire; je n'y vois qu'une chose claire, que je savais, mais qui m'est bien confirmée, c'est que les rédacteurs de ce mémoire sont assez instruits, assez éclairés, assez sages pour faire par eux-mêmes une besogne tout aussi bonne qu'elle peut l'être, et que, dans l'objet qui les occupe, ils n'ont besoin que de temps, et non pas de conseils, pour la rendre parfaite. J'y vois bien clairement encore que, comme je l'avais prévu, la précipitation de ma lettre précédente, et l'ignorance d'une foule de choses qu'il fallait savoir m'y ont fait tomber dans de grandes bévues, dont vous en relevez dans votre lettre une qui maintenant me saute aux yeux.

Cependant je suis dans la plus intime persuasion que votre état a le plus grand besoin d'une prompte pacification, et de plus longs délais vous peuvent précipiter dans les plus grands malheurs. Dans cette position, il me vient une idée qui doit sûrement être venue à quelqu'un d'entre vous, et dont je ne vois pas pourquoi vous ne feriez pas usage, parce qu'elle peut avoir de grands avantages sans aucun inconvénient. Ce serait, pour vous donner le temps de peser un ouvrage qui demande cependant la plus prompte exécution, de faire un règlement provisionnel qui n'eût force de loi que pour vingt ans, durant lesquels on aurait le temps d'en observer la force et la marche, et au bout desquels il serait abrogé, modifié ou confirmé, selon que l'expérience en aurait fait sentir les inconvénients ou les avantages. Pour moi, je n'aperçois que ce seul expédient pour concilier la diligence avec la prudence; et j'avoue que je n'en aperçois pas le danger. La paix, mes amis, la paix, et promptement, ou je meurs de peur que tout n'aille mal.

Vous ne recevrez point le duplicata de ma lettre par M. Coindet : il n'en a pas été content, et me l'a rendue. Je m'en étais douté d'avance.

L'article IX, page 40, commence par ces mots : *S'il se publiait....* Il faut, ce me semble, ajouter ces deux-ci : *dans l'état;* car, enfin, il me paraît absurde et ridicule que le gouvernement de Genève prétende avoir juridiction sur les livres qui s'impriment hors de son territoire dans tout le reste du monde; et parce que le petit Conseil a fait une fois cette faute, il ne faut pas pour cela la consacrer dans vos lois, d'autant plus que je ne demande, ni ne désire, ni n'approuve que l'on revienne jamais sur cette affaire, puisque ayant fait un serment solennel de ne rentrer jamais dans Genève, si ce petit grief était redressé, il ne dépendrait pas de moi de tirer aucun parti de ce redressement; ce dont je suis bien aise de vous prévenir, de peur que votre zèle amical ne vous inspirât dans la suite quelque démarche inutile sur un point qui doit à jamais rester dans l'oubli. Au reste, je mets si peu de fierté à cette résolution, que, si par quelque démarche respectueuse je pouvais ôter une partie du levain d'aigreur qui fermente encore, je la ferais de tout mon cœur.

Je finis à la hâte ce griffonnage, que je n'ai pas même le temps de relire, tant je suis pressé de le faire partir.

Eh mon Dieu! cher ami, j'oublie de vous parler de ce que vous avez fait pour ma bonne tante, et de l'argent que vous avez avancé pour moi. Hélas! je suis si occupé de vous que je ne songe pas même à ce que vous faites pour moi. Mais, mon digne ami, vous connaissez mon cœur, je m'en flatte, et vous êtes bien sûr que cet oubli ne durera pas longtemps. Ah! plaise au ciel que votre première lettre m'annonce une bonne nouvelle! Si je tarde encore un instant, ma lettre n'est plus à temps. Je vous embrasse.

A MADAME LA COMTESSE DE BOUFFLERS.

Le 25 février 1768.

Je vieillis dans les ennuis, mon âme est affaiblie, ma tête est perdue; mais mon cœur est toujours le même : il n'est pas étonnant qu'il me ramène à vos pieds. Madame, vous n'êtes pas exempte de torts envers moi : je sens vivement les miens; mais tant de maux soufferts n'ont-ils rien expié? Je ne sais pas revenir à demi; vous me connaissez assez pour en être assurée. Ne dois-je donc plus rien espérer de vous? Ah! madame, rentrez en vous-même, et consultez votre âme noble. Voyez qui vous sacrifiez, et à qui? Je vous demande une heure entre le ciel et vous pour cette comparaison. Souvenez-vous du temps où vous avez tout fait pour moi. Combien vos soins bienfaisants seront honorés un jour! Eh! pourquoi détruire ainsi votre propre ouvrage? pourquoi vous en ôter tout le prix? Pensez que, dans l'ordre naturel, vous devez beaucoup me suivre, et qu'enfin la vérité reprendra ses droits. Les hommes fins et accrédités peuvent tout pendant leur vie : ils fascinent aisément les yeux de la multitude, toujours admiratrice de la prospérité : mais leur crédit ne leur survit pas, et sa chute met à découvert leurs intrigues. Ils peuvent produire une erreur publique, mais ils ne la peuvent éterniser; et j'ose prédire que vous verrez tôt ou tard ma mémoire en honneur. Faudra-t-il qu'alors mon souvenir, fait pour vous flatter, vous trouble? faudra-t-il que vous vous disiez en vous-même : J'ai vu sans pitié traîner, étouffer dans la fange, un homme digne d'estime, dont les sentiments avaient bien mérité de moi? Non, madame, jamais la générosité que je vous connais ne vous permettra d'avoir un pareil reproche à vous faire. Pour l'amour de vous, tirez-moi de l'abîme d'iniquités où je suis plongé. Faites-moi finir mes jours en paix : cela dépend de vous, et fera la gloire et la douceur des vôtres. Les motifs que je vous présente vous montrent de quelle espèce sont ceux que je crois faits pour vous émouvoir. De toutes les réparations que je pouvais vous faire, voilà, madame, celle qui m'a paru la plus digne de vous et de moi.

A M. DU PEYROU.

3 mars 1768.

Votre n° 6, mon cher hôte, m'afflige en m'apprenant que vous avez un nouveau ressentiment de goutte assez fort pour vous empêcher de sortir. Je crois bien que ces petits accès plus fréquents vous garantiront des grandes attaques. Mais comme l'un de ces deux états est aussi incommode que l'autre est douloureux, je ne sais si vous vous accommoderiez d'avoir ainsi changé vos grandes douleurs en petite monnaie; mais il est à présumer que ce n'est qu'une queue de cette goutte effarouchée, et que tout reprendra dans peu son cours naturel. Apprenez donc, une fois pour toutes, à ne vouloir pas guérir malgré la nature; car c'est le moyen presque assuré d'augmenter vos maux.

A mon égard, les conseils que vous me donnez sont plus aisés à donner qu'à suivre. Les herborisations et les promenades seraient en effet de douces diversions à mes ennuis, si elles m'étaient laissées; mais les gens qui disposent de moi n'ont garde de me laisser cette ressource. Le projet dont MM. Manoury et Deschamps sont les exécuteurs demande qu'il ne m'en reste aucune. Comme on m'attend au passage, on n'épargne rien pour me chasser d'ici; et il paraît que l'on veut réussir dans peu, de manière ou d'autre. Un des meilleurs moyens que l'on prend pour cela est de lâcher sur moi la populace des villages voisins. On n'ose plus mettre personne au cachot, et dire que c'est moi qui le veux ainsi; mais on a fermé, barré, barricadé le château de tous les côtés : il n'y a plus ni passage ni communication par les cours ni par la terrasse; et, quoique cette clôture me soit très incommode à moi-même, on a soin de répandre, par les gardes et par d'autres émissaires, que c'est le Monsieur du château qui exige tout cela pour faire pièce aux paysans. J'ai senti l'effet de ce bruit dans deux sorties que j'ai faites, et cela ne m'excitera pas à les multiplier. J'ai prié le fermier de me faire faire une clef de son jardin, qui est assez grand, et ma résolution est de borner mes promenades à ce jardin et au petit jardin du prince, qui, comme vous savez, est grand comme la main et enfoncé comme un puits. Voilà, mon cher hôte, comment au cœur du royaume de France les mains étrangères s'appesantissent encore sur moi. A l'égard du patron de la case, on l'empêche de rien savoir de ce qui se passe et de s'en mêler. Je suis livré seul et sans ressource à ma constance et à mes persécuteurs. J'espère encore leur faire voir que la besogne qu'ils ont entreprise n'est pas si facile à exécuter qu'ils l'ont cru. Voilà bien du verbiage pour deux mots de réponse qu'il vous fallait sur cet article. Mais j'eus toujours le cœur expansif; je ne serai jamais bien corrigé de cela, et votre devise ne sera jamais la mienne.

J'ai découvert avec une peine infinie les noms de botanique de plusieurs plantes de Garsault. J'ai aussi réduit, avec non moins de peine, les phrases de Sauvages à la nomenclature triviale de Linnæus, qui est très commode. Si le plaisir d'avoir un jardin vous rend un peu de goût pour la botanique, je pourrai vous épargner beaucoup de travail pour la synonymie, en vous envoyant pour vos exemplaires ce que j'ai noté dans les miens, et il est absolument nécessaire de débrouiller cette partie critique de la botanique pour reconnaître la même plante, à qui souvent chaque auteur donne un nom différent.

Je ne vous parle point de vos affaires publiques; non que je cesse jamais d'y prendre intérêt, mais parce que cet intérêt, borné par ses effets à des vœux aussi vrais qu'impuissants de voir bientôt rétablir la paix dans toutes vos contrées, ne peut contribuer en rien a l'accélérer.

A M. MOULTOU.
A Trye, par Gisors, le 7 mars 1768.

Comme j'ignore, monsieur, ce que M. Coindet a pu vous écrire, je veux vous rendre compte moi-même de ce que j'ai fait. Sitôt qu'il m'eut envoyé votre première lettre, j'en écrivis une à M. d'Ivernois, le seul correspondant que je me sois laissé à Genève, et auquel même, depuis mon funeste départ pour l'Angleterre, je n'avais pas écrit plus de cinq ou six fois. Cette lettre, raisonnée de mon mieux, mais pressante et impartiale autant qu'il était possible, péchait en plusieurs points faute de connaissance de la situation de vos affaires, dont je ne savais absolument rien que ce qui en était dit dans la vôtre; j'y blâmais fortement le grabeau proposé; j'y proposais le projet du Conseil, dont j'avais l'extrait dans votre lettre, comme excellent en lui-même, sauf quelques changements et additions, les unes favorables, les autres contraires aux représentants, selon qu'il m'avait paru nécessaire pour faire un tout plus solide et bien pondéré. J'avais écrit cette lettre à la hâte, elle était très longue : je l'envoyai ouverte à M. Coindet, le priant de la faire passer à son adresse, et de vous en envoyer en même temps une copie. Quelques jours après il me marqua n'avoir rien fait de tout cela, parce qu'il ne trouvait pas que cette lettre allât à son but. Il est venu me voir, et je me la suis fait rendre : j'offre de vous l'envoyer quand il vous plaira, afin que vous en puissiez juger vous-même. Comme le moment pressait, et que je prévoyais un peu ce qu'a fait M. Coindet, j'avais envoyé en même temps le brouillon de la même lettre en duplicata, directement à M. d'Ivernois, dont les amis ne l'ont pas non plus approuvée, et il m'est arrivé ce qu'il arrive ordinairement à tout homme impartial entre deux partis échauffés, qui cherche sincèrement l'intérêt commun et ne va qu'au bien de la chose; j'ai déplu également des deux côtés. Voyant les esprits si peu disposés encore à se rapprocher, et sentant toutefois combien la plus prompte pacification vous est à tous importante et nécessaire, j'ai eu depuis une autre idée que j'ai communiquée encore à M. d'Ivernois; mais je ne sais s'il aura reçu ma lettre : ce serait de tâcher du moins de faire un règlement provisionnel pour vingt ans, au bout desquels on pourrait l'annuler ou le confirmer, selon qu'on l'aurait reconnu bon ou mauvais à l'usage : on doit tout faire pour apaiser ce moment de chaleur qui peut avoir les suites les plus funestes. Quand on ne se fera plus un devoir cruel de m'affliger, quand je ne serai plus, et que les circonstances seront changées, les esprits se rapprocheront naturellement, et chacun sentira tôt ou tard que son plus vrai bien n'est que dans le bien de la patrie.

Vous devez le savoir, monsieur; si j'en avais été cru, non-seulement on n'eût point soutenu les représentations, mais on n'en eût point fait ; car naturellement je sentais qu'elles ne pouvaient avoir ni succès ni suite, que tout était contre les représentants, et qu'ils seraient infailliblement les victimes de leur zèle patriotique. J'étais bien éloigné de prévoir le grand et beau spectacle qu'ils viennent de donner à l'univers, et qui, quoi qu'en puissent dire nos contemporains, fera l'admiration de la postérité. Cela devrait bien guérir vos magistrats, d'ailleurs si éclairés, si sages sur tout autre point, de l'erreur de regarder le peuple de Genève comme une populace ordinaire. Tant qu'ils ont agi sur ce faux préjugé ils ont fait de grandes fautes qu'ils ont bien payées ; et je prédis qu'il en sera de même tant qu'ils s'obstineront dans ce mépris très mal entendu : quand on veut asservir un peuple libre, il faut savoir employer des moyens assortis à son génie, et rien n'est plus aisé ; mais ils sont loin de ces moyens-là. Je reviens à moi : le malheur que j'ai eu d'être impliqué dans les commencements de vos troubles m'a fait un devoir, dont je ne me suis jamais départi, de n'être ni la cause ni le prétexte de leur continuation. C'est ce qui m'a empêché d'aller purger le décret, c'est ce qui m'a fait renoncer à ma bourgeoisie, c'est ce qui m'a fait faire le serment solennel de ne rentrer jamais dans Genève, c'est ce qui m'a fait écrire et parler à tous mes amis comme j'ai toujours fait ; et j'ai encore renouvelé en dernier lieu, à M. d'Ivernois, les mêmes déclarations que j'ai souvent faites sur cet article, ajoutant même que, s'il ne tenait qu'à une démarche aussi respectueuse qu'il soit possible pour apaiser l'animosité du Conseil, j'étais prêt à la faire hautement et de tout mon cœur : pourvu que vous ayez la paix, rien ne me coûtera, monsieur, je vous proteste, et cela sans espoir d'aucun retour de justice et d'honnêteté de la part de personne. Les réparations qui me sont dues ne me seront faites qu'après ma mort, je le sais, mais elles seront grandes et sincères ; j'y compte, et cela me suffit. Malheureusement je ne peux rien ; je n'ai nulle espèce de crédit dans Genève, pas même parmi les représentants. Si j'en avais eu, je vous le répète, tout ce qui s'est fait ne se serait point fait. D'ailleurs je ne puis qu'exhorter, mais je ne veux pas tromper : je dirai, comme je le crois, que la paix vaut mieux que la liberté, qu'il ne reste plus d'asile à la liberté sur la terre que dans le cœur de l'homme juste, et que ce n'est pas la peine de se batailler pour le reste ; mais quand il s'agira de peser un projet et d'en dire mon sentiment, je le dirai sans déguisement. Encore une fois, je veux exhorter, mais non pas tromper.

Je suis bien aise, monsieur, que vous pensiez savoir que je suis tranquille et que cela vous fasse plaisir. Cependant, si vous connaissiez ma véritable situation, vous ne me croiriez pas si hors des mains de M. Hume, et vous ne vous adresseriez pas à M. Coindet pour dire le mal que vous pouvez penser de cet homme-là. Adieu, monsieur : je ferai toujours cas de votre amitié, et je serai toujours flatté d'en recevoir des témoignages ; mais comme vous n'ignorez ni mon habitation ni le nom que j'y porte, vous me ferez plaisir de m'écrire directement par préférence, ou de faire passer vos lettres par d'autres mains ; et surtout ne soyez jamais la dupe de ceux qui font le plus de bruit de leur grande amitié pour moi. J'oubliais de vous dire que M. Coindet ne m'envoya que le 29, c'est-à-dire le lendemain du conseil général, votre lettre du 10 ; que je ne la reçus que le 3 mars, et que par conséquent il n'était plus temps d'en faire usage. Du reste, ordonnez ; je suis prêt.

A M. D'IVERNOIS.
Au château de Trye, le 8 mars 1768.

Votre lettre, mon ami, du 29, me fait frémir ! Ah ! cruels amis, quelles angoisses vous me donnez ! n'ai-je donc pas assez des miennes ? Je vous exhorte de toutes les puissances de mon âme de renoncer à ce malheureux grabeau qui sera la cause de votre perte, et qui va susciter contre vous la clameur universelle qui jusqu'à présent était en votre faveur. Cherchez d'autres équivalents, consultez vos lumières, pesez, imaginez, proposez ; mais, je vous en conjure, hâtez-vous de finir, et de finir en hommes de bien et de paix, et avec autant de modération, de sagesse et de gloire que vous avez commencé. N'attendez pas que votre étonnante union se relâche, et ne comptez pas qu'un pareil miracle dure encore longtemps. L'expédient d'un règlement provisionnel peut vous faire passer sur bien des choses qui pourront avoir leur correctif dans un meilleur temps : ce moment court et passager vous est favorable ; mais si vous ne le saisissez rapidement, il va vous échapper ; tout est contre vous, et vous êtes perdus. Je pense bien différemment de vous sur la chance générale de l'avenir ; car je suis très persuadé que dans dix ans, et surtout dans vingt, elle sera beaucoup plus avantageuse à la cause des représentants, et cela me paraît infaillible : mais on ne peut pas tout dire par lettres, cela deviendrait trop long : enfin, je vous en conjure par vos familles, par votre patrie, par tous vos devoirs, finissez et promptement, dussiez-vous beaucoup céder : ne changez pas la constance en opinitreté; c'est le seul moyen de conserver l'estime publique que vous avez acquise, et dont vous sentirez le prix un jour. Mon cœur est si plein de cette nécessité d'un prompt accord, qu'il voudrait s'élancer au milieu de vous, se verser dans tous les vôtres pour vous la faire sentir.

Je diffère de vous rembourser les cent francs que vous avez avancés pour moi, dans l'espoir d'une occasion plus commode. Lorsque vous songerez à réaliser votre ancien projet, point de confidents, point de bruit, point de noms, et surtout défiez-vous par préférence de ceux qui font ostentation de leur grande amitié pour moi. Adieu, mon ami : Dieu veuille bénir vos travaux et les couronner ! Je vous embrasse.

A M. LE MARQUIS DE MIRABEAU.

9 mars 1768.

Je ne vous répéterai pas, mon illustre ami, les monotones excuses de mes longs silences, d'autant moins que ce serait toujours à recommencer ; car à mesure que mon abattement et mon découragement augmentent, ma paresse augmente en même raison. Je n'ai plus d'activité pour rien ; plus même pour la promenade, à laquelle d'ailleurs je suis forcé de renoncer depuis quelque temps. Réduit au travail très fatigant de me lever ou de me coucher, je trouve cela de trop encore ; du reste, je suis nul. Ce n'est pas seulement là le mieux pour ma paresse, c'est le mieux aussi pour ma raison ; et comme rien n'use plus vainement la vie que de regimber contre la nécessité, le meilleur parti qui me reste à prendre, et que je prends, est de laisser faire sans résistance ceux qui disposent ici de moi.

La proposition d'aller vous voir à Fleury est aussi charmante qu'honnête, et je sens que l'aimable société que j'y trouverais serait en effet un spécifique excellent contre ma tristesse. Vos expédients, mon illustre ami, vont mieux à mon cœur que votre morale ; je la trouve trop haute pour moi, plus stoïque que consolante ; et rien ne me paraît moins calmant pour les gens qui souffrent que de leur prouver qu'ils n'ont point de mal. Ce pèlerinage me tente beaucoup, et c'est précisément pour cela que je crains de ne le pouvoir faire ; il ne m'est pas donné d'avoir tant de plaisir. Au reste, je ne prévois d'obstacle vraiment dirimant que la durée de mon état présent qui ne me permettrait pas d'entreprendre un voyage quoique assez court. Quant à la volonté, je vous jure qu'elle y est tout entière, de même que la sécurité. J'ai la certitude que vous ne voudriez pas m'exposer, et l'expérience que votre hospitalité est aussi sûre que douce. De plus, le refuge que je suis venu chercher au sein de votre nation sans précaution d'aucune espèce, sans autre sûreté que mon estime pour elle, doit montrer ce que j'en pense, et que je ne prends pas pour argent comptant les terreurs que l'on cherche à me donner. Enfin, quand un homme de mon humeur, et qui n'a rien à se reprocher, veut bien, en se livrant sans réserve à ceux qu'il pourrait craindre, se soumettre aux précautions suffisantes pour ne les pas forcer à le voir, assurément une telle conduite marque non pas de l'arrogance, mais de la confiance ; elle est un témoignage d'estime auquel on doit être sensible, et non pas une témérité dont on se puisse offenser. Je suis certain qu'aucun esprit bien fait ne peut penser autrement.

Comptez donc, mon illustre ami, qu'aucune crainte ne m'empêchera de vous aller voir. Je n'ai rien altéré du droit de ma liberté ; et difficilement ferai-je jamais de ce droit un usage plus agréable que celui que vous m'avez proposé. Mais mon état présent ne me permet cet espoir qu'autant qu'il changera en mieux avec la saison ; c'est de quoi je ne puis juger que quand elle sera venue. En attendant recevez mon respect, mes remerciments, et mes embrassements les plus tendres.

A M. DU PEYROU.

Le 24 mars 1768.

J'ai répondu, mon cher hôte, à votre n° 6, et il me semble que cette réponse aurait dû vous être parvenue avant le départ de votre n° 7; mais, n'ayant ni mémoire pour me rappeler les dates, ni soin pour suppléer à ce défaut, je ne puis rien affirmer, et je laisse un peu notre correspondance au hasard, comme toutes les choses de la vie, qui, tout bien compté, ne valent pas la sollicitude qu'on prend pour elles. J'approuve cependant très fort que vous n'ayez pas la même indifférence, et que vous vous pressiez de vouloir mettre en règle nos affaires pécuniaires ; je vous avoue même que sur ce point je n'avais consenti à laisser les choses comme elles sont restées, que parce qu'il me semblait qu'à tout prendre, ce qui demeurait dans vos mains valait bien ce qui a passé dans les miennes.

Je n'ai point prétendu, non plus que vous, annuler en partie l'arrangement que nous avions fait ensemble, mais en entier, et vous avez dû voir par ma précédente lettre que la chose ne peut être autrement. Il s'ensuit de cette résiliation, comme vous avez vu dans mon mémoire, que je vous reste débiteur des cent louis que j'ai reçus de vous, et qu'il faut que je vous restitue, puisque, outre le recueil de tous mes écrits et papiers, qui est entre vos mains, et dont il ne s'agit plus, vous ne croyez pas devoir vous permettre de prendre cette somme sur les trois cents louis que vous avez reçus de mylord maréchal ; j'avais cru, moi, l'y pouvoir assigner, parce qu'enfin, si ces trois cents louis appartenaient à quelqu'un, c'était à moi, depuis que mylord maréchal m'en avait fait présent, que même il me les avait voulu remettre, et que c'était à mon instante prière qu'il avait cherché à m'en continuer la rente par préférence. Vous avez la preuve de cela dans les lettres qu'il m'a écrites à ce sujet, et qui sont entre vos mains avec les autres. D'ailleurs, il me semblait que sans rien changer à la destination de cette rente, quatre ou cinq ans, dont une partie est déjà écoulée, suffisaient pour acquitter ces cent louis. Ainsi, vous laissant nanti de toutes manières, je ne songeais guère à ce remboursement actuel, en quoi j'avais tort ; car il est clair que tous ces raisonnements, bons pour moi, ne pouvaient avoir pour vous la même force.

Bref, j'ai reçu de vous cent louis qu'il faut vous restituer ; rien n'est plus clair ni plus juste. Il reste à voir, mon cher hôte, par quelle voie vous voulez que je vous rembourse cette somme. Je n'ai pas de banquiers à mes ordres, et je ne puis vous la faire tenir à Neuchâtel ; mais je puis, en nous arrangeant, vous la faire payer à Paris, à Lyon, ou ici ; choisissez, et marquez-moi votre décision. J'attends là-dessus vos ordres, et je pense que plus tôt cette affaire sera terminée, et mieux ce sera.

Pour vous punir de ne rien dire de précis sur votre santé, je ne vous dirai rien de la mienne. Dans votre précédente lettre vous étiez content de votre estomac et de votre état, à la goutte près, à laquelle vous devez être accoutumé. Dans celle-ci vous trouvez chez vous la nature en décadence. Pourquoi cela ? Parce que vous êtes sourd et goutteux ; mais il y a vingt ans que vous l'êtes, et votre état n'est empiré que pour avoir à toute force voulu guérir. On ne meurt point de la surdité, et l'on ne meurt guère de la goutte que par sa faute. Mais vous aimez à vous affubler la tête d'un drap mortuaire ; et d'ici à l'âge de quatre-vingts ans que vous êtes fait pour atteindre, vous passerez votre vie à faire des arrangements pour la mort. Croyez-moi, mon cher hôte, tenez votre âme en état de ne pas la craindre ; du reste, laissez-la venir quand elle voudra, sans lui faire l'honneur de tant songer à elle, et soyez sûr que vos héritiers sauront bien arranger vos papiers, sans vous tant tourmenter pour leur en épargner la peine.

Je suis bien obligé à M. Panckoucke de vouloir bien songer à moi dans la distribution de sa traduction de Lucrèce. Je la lirais avec plaisir si je lisais quelque chose ; mais vous auriez pu lui dire que je ne lis plus rien. D'ailleurs je ne vois pas pourquoi vous voulez lui indiquer M. Coindet. Son confrère Guy était plus à sa portée. Vous devez savoir que je n'aime pas extrêmement que M. Coindet se donne tant de peine pour mes affaires ; et, si j'en étais le maître, il ne s'en donnerait plus du tout.

Mademoiselle Renou vous remercie de vos bonnes amitiés, et vous fait les siennes ; mettez-nous l'un et l'autre aux pieds de la bonne maman. Je compte répondre à madame de Luze dans ma première lettre ; je salue M. Jeannin, et vous embrasse, mon cher hôte, de tout mon cœur.

Je vais aujourd'hui dîner à Gisors, où je suis attendu ; et je compte y porter moi-même cette lettre à la poste. Comme il faut tout prévoir, à votre exemple, et que je puis mourir d'apoplexie, au cas que vous n'ayez plus de mes nouvelles par moi-même, adressez-vous à ceux qui seront en possession de ce que je laisse ici ; ils vous paieront vos cent louis. Adieu.

A M. D'IVERNOIS.

24 mars 1764.

Enfin, je respire ; vous aurez la paix, et vous l'aurez avec un garant sûr qu'elle sera solide : savoir, l'estime publique et celle de vos magistrats, qui, vous traitant jusqu'ici comme un peuple ordinaire, n'ont jamais pris, sur ce faux préjugé, que de fausses mesures. Ils doivent être enfin guéris de cette erreur, et je ne doute pas que le discours tenu par le procureur-général en Deux-Cents ne soit sincère. Cela posé, vous devez espérer que l'on ne tentera de longtemps de vous surprendre, ni de tromper les puissances étrangères sur votre compte ; et ces deux moyens manquant, je n'en vois plus d'autres pour vous asservir. Mes dignes amis, vous avez pris les seuls moyens contre lesquels la force même perd son effet, l'union, la sagesse, et le courage. Quoi que puissent faire les hommes, on est toujours libre quand on sait mourir.

Je voudrais à présent que de votre côté vous ne fissiez pas à demi les choses, et que la concorde une fois rétablie ramenât la confiance et la subordination aussi pleine et entière que s'il n'y eût jamais eu de dissension. Le respect pour les magistrats fait dans les républiques la gloire des citoyens, et rien n'est si beau que de savoir se soumettre après avoir prouvé qu'on savait résister. Le peuple de Genève s'est toujours distingué par ce respect pour ses chefs qui le rend lui-même si respectable. C'est à présent qu'il doit ramener dans son sein toutes les vertus sociales que l'amour de l'ordre établit sur l'amour de la liberté. Il est impossible qu'une patrie qui a de tels enfants ne retrouve pas enfin ses pères ; et c'est alors que la grande famille sera tout à la fois illustre, florissante, heureuse, et donnera vraiment au monde un exemple digne d'imitation. Pardon, cher ami ; emporté par mes désirs, je fais ici sottement le prédicateur ; mais après avoir vu ce que vous étiez, je suis plein de ce que vous pouvez être. Des hommes si sages n'ont assurément pas besoin d'exhortation pour continuer à l'être ; mais moi, j'ai besoin de donner quelque essor aux plus ardents vœux de mon cœur.

Au reste, je vous félicite en particulier d'un bonheur qui n'est pas toujours attaché à la bonne cause, c'est d'avoir trouvé pour le soutien de la vôtre des talents capables de la faire valoir. Vos mémoires sont des chefs-d'œuvre de logique et de diction. Je sais quelles lumières règnent dans vos cercles, qu'on y raisonne bien, qu'on y connaît à fond vos édits ; mais on n'y trouve pas communément des gens qui tiennent aussi la plume : celui qui a tenu la vôtre, quel qu'il soit, est un homme rare ; n'oubliez jamais la reconnaissance que vous lui devez.

A l'égard de la réponse amicale que vous me demandez sur ce qui me regarde, je la ferai avec la plus pleine confiance. Rien dans le monde n'a plus affligé et navré mon cœur que le décret de Genève Il n'en fut jamais de plus inique, de plus absurde et de plus ridicule. Cependant il n'a pu détacher mes affections de ma patrie, et rien au monde ne les en peut détacher. Il m'est indifférent, quant à mon sort, que ce décret soit annulé ou subsiste, puisqu'il ne m'est possible en aucun cas de profiter de mon rétablissement; mais il ne me serait pourtant pas indifférent, je l'avoue, que ceux qui ont commis la faute sentissent leur tort, et eussent le courage de le réparer. Je crois qu'en pareil cas j'en mourrais de joie, parce que j'y verrais la fin d'une haine implacable, et que je pourrais de bonne grâce me livrer aux sentiments respectueux que mon cœur m'inspire, sans crainte de m'avilir. Tout ce que je puis vous dire à ce sujet est que si cela arrivait, ce qu'assurément je n'espère pas, le Conseil serait content de mes sentiments et de ma conduite, et il connaîtrait bientôt quel immortel honneur il s'est fait. Mais je vous avoue aussi que ce rétablissement ne saurait me flatter s'il ne vient d'eux-mêmes, et jamais, de mon consentement, il ne sera sollicité. Je suis sûr de vos sentiments; les preuves m'en sont inutiles : mais celles des leurs me toucheraient d'autant plus que je m'y attends moins. Bref, s'ils font cette démarche d'eux-mêmes, je ferai mon devoir; s'ils ne la font pas, ce ne sera pas la seule injustice dont j'aurai à me consoler; et je ne veux pas, en tout état de cause, risquer de servir de pierre d'achoppement au plus parfait rétablissement de la concorde.

Voici un mandat sur la veuve Duchesne, pour les cent francs que vous avez bien voulu avancer à ma bonne vieille tante. Je vous redois autre chose, mais malheureusement je n'en sais pas le montant.

A MADAME LA COMTESSE DE BOUFFLERS.

Trye, 24 mars 1768.

Votre lettre me touche, madame, parce que j'y crois reconnaître le langage qui, de votre part, m'eût rendu le plus heureux des hommes et à bien peu de frais. Mais, n'espérant plus rien, et ne sachant plus même que désirer, je ne vous importunerai plus de mes plaintes. Si mon sort, quel qu'il soit, vous en arrachait quelqu'une, je m'en croirais moins malheureux.

La lettre de M. le prince de Conti me met en grande peine sur son état actuel. Oserais-je espérer, madame, que vous voudrez bien m'en faire écrire un mot par quelqu'un de vos gens, ou ceux de son altesse?

Je finis brusquement, étant attendu pour aller à Gisors.

A M. LE DUC DE CHOISEUL.

A Trye, le 27 mars 1768.

Monseigneur,

Vous daignez m'écouter. De quel poids je me sens soulagé! Si vous eussiez bien voulu me voir, il me semble que je n'aurais eu besoin de vous rien dire, et qu'à l'instant vous auriez lu dans mon cœur.

Un mot que me dit M. de Luxembourg à mon départ pour la Suisse autorise le détail dans lequel je vais entrer, et qui serait superflu s'il vous eût rendu ma réponse : mais le meilleur et le plus aimable des hommes n'en fut pas toujours le plus courageux.

On vous a donné de quelques passages de mes écrits, des interprétations non-seulement si fausses et si peu naturelles que le public ne s'en est jamais douté, mais si contraires à mes vues, que le seul de ces passages qu'on m'ait cité contient l'éloge le plus vrai, le plus grand, j'ose dire le plus digne que vous recevrez peut-être jamais, et dont trop de modestie a pu seul vous empêcher de sentir l'application. Monsieur le duc, je n'ai point de protestation à vous faire. Je dirai les faits, et vous jugerez.

Tous les ministres qui vous ont précédé depuis longtemps m'ont paru fort au-dessous de leurs places : toutes les personnes, n'importe le sexe, qui se sont mêlées de l'administration, n'ont eu, selon moi, que de petites vues, des demi-talents, des passions basses, et de l'avarice plutôt que de l'ambition.

Enfin, j'eus pour eux tous un mépris peut-être injuste, mais qui allait jusqu'à la haine, et que je n'ai jamais beaucoup déguisé. Tous mes penchants, au contraire, vous favorisèrent dès le premier instant. Je préjugeai que vous alliez rendre au ministère l'éclat obscurci par ces gens-là, et quand le bruit courut que de vous et d'une des personnes dont je viens de parler, l'un des deux déplacerait l'autre, je fis en votre faveur des vœux qui ne furent pas aussi secrets qu'il l'aurait fallu. Peu après, M. de Luxembourg, par hasard, vous parla de moi, et, sur l'essai que j'avais fait à Venise, vous offrîtes de m'occuper. Je fus d'autant plus sensible à cette offre, que jamais les gens en place ne m'ont gâté par leurs bontés. Environ dans le même temps éclata ce célèbre pacte de famille. Quel augure n'en tirai-je point pour une administration qui commençait ainsi! Je mettais alors la dernière main au *Contrat social*. Le cœur plein de vous, j'y portai mon jugement et mon pronostic avec une confiance que le temps a confirmée, et que l'avenir ne démentira pas.

Vous qu'honore la vérité, reconnaissez son langage. Le passage dont je viens de vous donner l'explication est le seul où j'aie voulu parler de vous. Si l'on a cherché de sinistres applications à quelque autre, j'en appelle au bon sens pour les réfuter, et je suis prêt à montrer partout ce que j'ai voulu dire. Me serais-je aussi sottement contredit moi-même en faisant l'éloge et la satire du même en même temps? Cela est-il donc dans mon caractère, et m'a-t-on vu quelquefois souffler ainsi de la même bouche le froid et le chaud? Qu'on se figure un étranger à ma place, au sein de la France, où il se plaît, aimant à publier des vérités hardies, mais générales, dont jamais ni satire ni nulle application personnelle et maligne n'a souillé les écrits, qui jamais ne repoussa qu'avec décence et dignité les traits envenimés de ses adversaires, et qui fonda toujours sa fière sécurité sur des principes et des maximes irréprochables : concevra-t-on jamais qu'un tel homme, animé jusqu'alors de sentiments grands et nobles, passe tout-à-coup, sans sujet, sans motif, aux derniers termes de la plus brutale, de la plus extravagante férocité; aille provoquer à plaisir l'indignation d'un ministre, l'espoir de la nation, qui vient de marquer pour lui de la bienveillance, et chercher si tard à s'ôter dans ses malheurs l'estime et la commisération du public, qui, tout en aimant la satire, dit avec raison des satiriques punis, *il n'a que ce qu'il mérite?* Je connais les hommes et leurs inconséquences; je sais trop que je n'en suis pas exempt; mais je prononce hautement que celle-là n'est pas dans la nature. D'ailleurs, si j'eusse été capable de penser et d'écrire de telles folies, me serais-je abstenu de les dire, moi, si confiant, si ouvert, si facile à montrer ma pensée en toute chose? La terre est couverte de mes implacables ennemis, qui tous ont été mes amis ou on feint de l'être, et cette remarque ajoute au poids de ce que je vais affirmer. Monseigneur, je défie toute âme vivante de m'avoir jamais ouï parler de vous et de votre administration qu'avec le plus grand honneur. Enfin, daignez voir comment je suis revenu dans ce pays. Pour aller à Londres, je traversai la France avec un passeport qu'on disait m'être nécessaire. Sous ma propre direction, j'y suis revenu seul, me livrer pleinement à vous, me jeter dans vos bras, si j'ose ainsi parler, avec empressement, sans précaution, sans crainte, sans autre sûreté que votre humanité et mon innocence, et sachant très bien que les prétextes ne vous auraient pas manqué pour m'opprimer, si vous l'aviez voulu. Quoique je me sentisse dans votre disgrâce, j'ai compté sur votre générosité, et j'ai bien fait. Mais cette conduite prouve la vérité de mon estime, et ce que j'ai pensé de vous dans tous les temps. Un homme qui dans le secret de son cœur se serait senti coupable, eût pu trouver la même sûreté dans le même asile, mais jamais il n'eût osé l'y chercher.

Voilà, monsieur le duc, ce que j'avais à vous dire, et que j'aurais ardemment désiré vous dire de bouche, quoique je ne sache point du tout parler :

mais mon cœur eût parlé pour moi, et vous auriez entendu son langage. Sans être exempt d'inquiétude sur la route de ma lettre, je ne crains assurément pas qu'une fois parvenue entre vos mains elle puisse jamais ne nuire; mais un penchant naturel me faisait espérer, je l'avoue, qu'en me présentant à vous, ce penchant n'agirait pas sur moi seul. Sûr que je n'étais dans votre disgrâce que par l'effet d'une erreur, j'ai toujours espéré que cette erreur serait détruite, et que j'aurais enfin quelque part à vos bontés. J'y compte maintenant, j'y ai des droits, j'ose le dire, et je les réclamerai sans rougir; puisque, de toutes les grâces que vous pouvez répandre, je n'aspire qu'à celle de jouir sous votre protection du repos et de la liberté que je n'ai point mérité de perdre, et dont je n'abuserai jamais.

Agréez, monseigneur, je vous supplie, mon sincère et profond respect.

J.-J. ROUSSEAU.

Si vous m'honorez d'une réponse sous le nom de Renou, trois mots suffisent: *Je vous crois;* et je suis content.

A M. D'IVERNOIS.

28 mars 1768.

Je ne me pardonnerais pas, mon ami, de vous laisser l'inquiétude qu'a pu vous donner ma précédente lettre sur les idées dont j'étais frappé en l'écrivant. Je fis ma promenade agréablement; je revins heureusement; je reçus des nouvelles qui me firent plaisir; et, voyant que rien de tout ce que j'avais imaginé n'est arrivé, je commence à craindre, après tant de malheurs réels, d'en voir quelquefois d'imaginaires qui peuvent agir sur mon cerveau. Ce que je sais bien certainement, c'est que, quelque altération qui survienne à ma tête, mon cœur restera toujours le même, et qu'il vous aimera toujours. J'espère que vous commencez à goûter les doux fruits de la paix. Que vous êtes heureux! ne cessez jamais de l'être. Je vous embrasse de tout mon cœur.

AU MÊME.

26 avril 1768.

Quoique je fusse accoutumé, mon bon ami, à recevoir de vous des paquets fréquents et coûteux, j'ai été vivement alarmé à la vue du dernier, taxé et payé six livres quatre sous de port. J'ai cru d'abord qu'il s'agissait de quelque nouveau trouble dans notre ville, dont vous m'envoyiez à la hâte l'important et cruel détail; mais à peine en ai-je parcouru cinq ou six lignes, que je me suis tranquillisé, voyant de quoi il s'agissait; et, de peur d'être tenté d'en lire davantage, je me suis pressé de jeter mes six livres quatre sous au feu, surpris, je l'avoue, que mon ami, M. d'Ivernois, m'envoyât de pareils paquets de si loin par la poste, et bien plus surpris encore qu'il m'osât conseiller d'y répondre. Mes conseils, mon bon ami, me paraissent meilleurs que les vôtres, et ne méritaient assurément pas un pareil retour de votre part.

A mon départ pour Gisors, regardant cette course comme périlleuse, je vous envoyai un billet de cent francs sur madame Duchesne, afin que s'il mésarrivait de moi vous n'en fussiez pas pour ces cent francs, dont vous m'aviez fait l'avance. Il vous a plu de supposer que cet envoi voulait dire : Ne venez pas. Une interprétation si bizarre est peu naturelle; si je ne vous connaissais, je croirais, moi, qu'elle était de votre part un mauvais prétexte pour ne pas venir, après m'en avoir témoigné tant d'envie : mais je ne suis pas si prompt que vous à mésinterpréter les motifs de mes amis : et je me contenterai de vous assurer, avec vérité, que rien jamais ne fut plus éloigné de ma pensée, en écrivant ce billet, que le motif que vous m'avez supposé.

Si j'étais en état de faire d'une manière satisfaisante la lettre dont vous m'avez dit le sujet, je vous en enverrais ci-joint le modèle; mais mon cœur serré, ma tête en désordre, toutes mes facultés troublées, ne me permettent plus de rien écrire avec soin, même avec clarté; et il ne me reste précisément qu'assez de sagesse pour ne plus entreprendre ce que je ne suis plus en état d'exécuter. Il n'y a point à ce refus de mauvaise volonté, je vous le jure; et je suis désormais hors d'état d'écrire pour moi-même les choses même les plus simples, et dont j'aurais le plus grand besoin.

Je crois, mon bon ami, pour de bonnes raisons, devoir renoncer à la pension du roi d'Angleterre; et, pour des raisons non moins bonnes, j'ai rompu irrévocablement l'accord que j'avais fait avec M. Du Peyrou. Je ne vous consulte pas sur ces résolutions, je vous en rends compte : ainsi vous pouvez vous épargner d'inutiles efforts pour m'en dissuader. Il est vrai que faible, infirme, découragé, je reste à peu près sans pain sur mes vieux jours, et hors d'état d'en gagner : mais qu'à cela ne tienne, la Providence y pourvoira de manière ou d'autre. Tant que j'ai vécu pauvre, j'ai vécu heureux; et ce n'est que quand rien ne m'a manqué pour le nécessaire que je me suis senti le plus malheureux des mortels : peut-être le bonheur, ou du moins le repos que je cherche, reviendra-t-il avec mon ancienne pauvreté. Une attention que vous devriez peut-être à l'état où je rentre, serait d'être un peu moins prodigue en envois coûteux par la poste, et de ne pas vous imaginer qu'en me proposant le remboursement des ports, vous serez pris au mot. Il est beaucoup plus honnête avec des amis, dans le cas où je me trouve, de leur économiser la dépense, que d'offrir de la leur rembourser.

Bonjour, mon cher d'Ivernois; je vous aime et vous embrasse de tout mon cœur.

J'espère que vous n'irez pas inquiéter ma bonne vieille tante sur la suite de sa petite pension. Tant qu'elle et moi vivrons, elle lui sera continuée, quoi qu'il arrive, à moins que je ne sois tout-à-fait sur le point de mourir de faim, et j'ai confiance que cela n'arrivera pas.

P. S. Quand M. Du Peyrou me marqua que la salle de comédie avait été brûlée, je craignais le contre-coup de cet accident pour la cause des représentants; mais que ce soit à moi que Voltaire l'impute, je vois là de quoi rire : je n'y vois point du tout de quoi répondre, ni se fâcher. Les amis de ce pauvre homme feraient bien de le faire baigner et saigner de temps en temps.

A M. DU PEYROU.

A Trye, le 29 avril 1768.

Notre correspondance, mon cher hôte, prend un tour si peu consolant pour des cœurs attristés, qu'il faut du courage pour l'entretenir dans l'état où nous sommes; et le courage qui donne de l'activité n'a jamais été mon fort. Maintenant, prendre une plume est presque au-dessus de mes forces. J'aimerais autant avoir la massue d'Hercule à manier. Ajoutez que l'état où m'arrivent vos lettres me fait voir qu'elles ont bien des inspecteurs avant de me parvenir; il en doit être à peu près de même des miennes; et tout cela n'est pas bien encourageant pour écrire.

L'état dans lequel vous vous sentez est vraiment cruel, d'autant plus que la cause n'en est pas claire, et qu'il n'est pas clair non plus, selon moi, lequel des deux a le plus besoin de traitement de la tête ou du corps. Depuis ce qui s'est passé ici durant votre maladie et durant votre convalescence; depuis que je vous ai vu faire à la hâte votre testament, et vous presser de mettre ordre à vos affaires, tandis que vous vous rétablissiez à vue d'œil; depuis la singulière façon dont je vous ai vu traiter en toute chose avec celui qui n'avait que vous d'ami sur la terre, qui n'avait de confiance qu'en vous seul, qui n'aimait encore la vie que pour la passer avec vous, avec celui enfin dont vous étiez la dernière et la seule espérance; je vous avoue qu'en résumant tout cela, je me trouve forcé de conclure de deux choses l'une, ou que dans tous les temps j'ai mal connu votre cœur, ou qu'il s'est fait de terribles changements dans votre tête : comme la dernière opinion est plus honnête et plus vraisemblable, je m'y tiens, et cela posé, je ne puis m'empêcher de croire que cette tête un peu tracassée a une très grande part dans le dérangement de votre machine; et, si cela est, je tiens votre mal incurable, parce qu'une âme aussi peu expansive que la vôtre ne peut trouver au dehors aucun remède au mal qu'elle se fait à soi-même. Il se peut très bien, par exemple, que l'affaiblissement de votre vue ne soit que trop réel, et qu'à force d'avoir voulu rétablir vos oreilles, vous ayez nui à vos yeux. Cependant, si j'étais près de vous, je voudrais, par une inspection scrupuleuse de vos yeux, et surtout du gauche, voir si quelque altération extérieure annonce celle que vous sentez; et je vous avoue que si je n'apercevais rien au dehors, j'aurais un fier soupçon que le mal est plus à l'autre extrémité du nerf optique qu'à celle qui tapisse le fond de l'œil. Je vous dirais : Consultez sur vos yeux quelqu'un qui s'y connaisse, si ce n'était vous exposer à donner votre confiance à gens qui ont intérêt à vous tromper. Tâchez de voir, mon bon ami, c'est tout ce que je puis vous dire. Vous voilà, ou je me trompe fort, dans le cas où la foi guérit, dans le cas où il faut dire au boiteux : *Charge ton petit lit, et marche.*

Toutes les explications dans lesquelles vous entrez sur nos affaires sont admirables assurément; mais elles n'empêchent pas, ce me semble, qu'ayant nettement refusé de vous rembourser de vos cent louis sur l'argent qui vous a été remis par mylord maréchal, il ne s'ensuive avec la dernière évidence, qu'il faut, ou que je tire de ma poche ces cent louis pour vous les rendre, ou que je vous en reste débiteur. Or je ne veux point vous rester débiteur, et il ne serait pas honnête à vous de vouloir m'y contraindre. Si donc vous persistez à ne pas vouloir vous rembourser des cent louis sur l'argent qui vous a été remis pour moi, il faut bien de nécessité que vous les receviez de moi.

Vous me dites à cela que vous ne pouvez rien changer à la destination de la somme qui vous a été remise, sans le gré du constituant. Fort bien; mais si, comme il pourrait très bien arriver, le constituant ne vous répond rien, que ferez-vous? Refuserez-vous de vous rembourser de ces cent louis, parce que je ne veux pas recevoir les deux cents autres? Vous m'avouerez qu'un pareil refus serait un peu bizarre, et qu'il est difficile de voir pourquoi vous serez plus embarrassé de deux cents louis que trois cents. Vous me pressez de vous répondre catégoriquement si je veux recevoir la rente viagère, oui ou non. Je vous réponds à cela que si vous refusez de vous rembourser sur le capital, je la recevrai jusqu'à la concurrence du payement des cent louis que je vous dois; que si vous exigez pour cela que je m'engage à la recevoir encore dans la suite, c'est, ce me semble, usurper un droit que vous n'avez point. Je la recevrai, mon cher hôte, jusqu'à ce que vous soyez payé; après cela, je verrai ce que j'aurai à faire; enfin, si vous persistez à vouloir des conditions pour l'avenir, je persiste à n'en vouloir point faire, et vous n'avez qu'à tout garder. Bien entendu qu'aussitôt que la somme qui vous a été remise pour moi, par mylord maréchal, lui sera restituée, il faudra bien qu'à votre tour vous receviez la restitution des cent louis.

Tout ce que vous me dites sur la solennité nécessaire dans la rupture de notre accord, et sur les raisons que nous aurons à donner de cette rupture me paraît assez bizarre. Je ne vois pas à qui nous serons obligés de rendre compte d'un traité fait entre nous seuls, qui ne regardait que nous seuls, et de sa rupture. Je ne crois pas vos héritiers assez méchants, si je vous survis, pour vouloir me forcer, le poignard sur la gorge, à recevoir une rente dont je ne veux point. Et, supposant que je fusse obligé de dire pourquoi j'ai dû rompre cet accord, je vous trouve là-dessus des scrupules d'une tournure à laquelle je n'entends rien. On dirait, en vérité, que vous voulez vous faire envers moi un mérite des ménagements que j'avais la délicatesse d'avoir pour vous. Ah! par ma foi, c'en est trop aussi, et il n'est pas permis à une cervelle humaine d'extravaguer à ce point. Prenez votre parti là-dessus, mon cher hôte, et dites hautement tout ce que vous aurez à dire. Pour moi, je vous déclare que désormais je ne m'en ferai pas faute, et que j'ai déjà commencé. Ma conduite là-dessus sera simple, comme en toutes choses; je dirai fidèlement ce qui s'est passé, rien de plus : chacun conclura ensuite comme il jugera à propos.

On dit que les affaires de votre pays vont très mal, j'en suis vraiment affligé, à cause de beaucoup d'honnêtes gens à qui je m'intéresse. On prétend aussi que M. de Voltaire m'accuse d'avoir brûlé la salle de la comédie à Genève. Voilà, sur mon Dieu, encore une autre accusation, dont très assurément je ne me défendrai pas. Il faut avouer que depuis mon voyage d'Angleterre, me voilà travesti en assez joli garçon! Ma foi, c'est trop faire le rôle d'Héraclite; je crois qu'à bien peser la manière dont on mène les hommes je finirai par rire de tout. Adieu, mon cher hôte, je vous embrasse.

AU MÊME.

A Trye, le 10 juin 1768.

Je vois, mon cher hôte, que nos discussions, au lieu de s'éclaircir, s'embrouillent. Comme je n'aime pas les chicanes, je reviens à cette affaire aujourd'hui pour la dernière fois. Je trouve le désir que vous avez de la mettre en règle fort raisonnable; mais je ne vois pas que vous preniez les moyens d'en venir à bout.

En exécution d'un accord entre nous, qui n'existe plus, j'ai reçu de vous cent louis, qu'il faut, par conséquent, que je vous restitue. Vous avez, de votre côté, le dépôt de mes écrits, tant imprimés que manuscrits, de toutes mes lettres et papiers, tous les matériaux nécessaires pour écrire ma triste vie, dont le commencement vous est aussi parvenu. Vous avez de plus reçu trois cents louis de mylord maréchal pour le capital d'une rente viagère dont il m'a fait le présent.

Dans cet état, j'ai cru et j'ose croire encore pouvoir acquitter ces cent louis avec ce qui reste entre vos mains, quoique je renonçasse à la rente viagère; et cette renonciation, loin d'être un obstacle à cet arrangement, devait le favoriser, parce que, prenant cette somme sur le capital ou sur la rente, à votre choix, j'acceptais avec respect et reconnaissance cette partie du don de mylord maréchal, et que ce ne pouvait pas être à vous de me dire : *Acceptez le tout ou rien.*

Je vous proposai donc premièrement de prendre ces cent louis sur le capital. A cela vous m'objectâtes que vous ne pouviez rien changer à la destination de ce fonds, sans le consentement de celui qui vous l'avait remis. Le consentement de mylord maréchal vous ayant donc paru nécessaire n'a cependant point été obtenu, par la raison qu'il n'a point été demandé. Ainsi, voilà un obstacle.

Je vous proposai ensuite de laisser subsister la rente viagère, jusqu'à ce que ces cent louis fussent acquittés, sauf à voir après comment on ferait; et cet arrangement était d'autant plus naturel, qu'étant usé de chagrins, de maux, et déjà sur l'âge, ma mort, dans l'intervalle, pouvait dénouer la difficulté. Vous n'avez fait aucune réponse à cet article, qui n'avait besoin du consentement de personne, puisqu'il n'était que l'exécution fidèle des intentions du constituant.

Mais, au lieu de ce second article, sur lequel vous n'avez rien dit, voici une difficulté nouvelle que vous avez élevée sur le premier. Je la transcris mot pour mot de votre lettre.

« Observez que vous n'êtes pas le seul intéressé dans cette affaire, et que la rente est reversible à une autre personne après vous, et cela pour les deux tiers. Cette considération seule doit, ce me semble, décider la question entre nous. »

C'était là, mon cher hôte, une observation qu'il m'était difficile de faire puisque cet article de votre lettre est la première nouvelle que j'aie jamais eue de cette prétendue réversion. Cette clause, il est vrai, faisait partie du traité qui était entre vous et moi, mais elle n'avait rien de commun, que je sache, avec la constitution de mylord maréchal; et, si elle eût existé, il n'est pas concevable que ni lui ni vous ne m'en eussiez jamais dit un seul mot. Elle n'est pas même compatible avec la quotité de la somme constituée, attendu qu'une telle clause, vous rendant la rente plus onéreuse, eût exigé un fonds plus considérable, et mylord maréchal est trop galant homme pour vouloir être généreux à vos dépens. Ainsi, à moins que je n'aie la preuve péremptoire de cette réversion, vous me permettrez de croire qu'elle n'existe pas, et que, par défaut de mémoire, vous aurez confondu une clause du traité annulé avec une constitution de rente où il n'en a jamais été question.

Je dirai plus : quand même cette clause existerait réellement, loin d'empêcher l'exécution de l'arrangement proposé, elle en lèverait les difficultés, et le favoriserait pleinement ; car ôtez du capital les cent louis que j'assigne pour votre remboursement, reste précisément le capital des quatre cents livres de rente que vous pouvez payer dès à présent à celle à qui elles sont destinées, comme si j'étais déjà mort. Cette solution répond à tout.

Mais je crains que, puisque vous voilà en train de scrupules, vous n'en ayez tant, que notre arrangement définitif ne soit pas prêt à se faire. Pour moi, je vous déclare que non-seulement rien ne me presse, mais que je consens de tout mon cœur à laisser toujours les choses sur le pied où elles sont, croyant, dans cet état, pouvoir en sûreté de conscience ne pas me regarder comme votre débiteur.

Quant à mes écrits et papiers qui sont entre vos mains, ils y sont bien; permettez que je les y laisse, résolu de ne les plus revoir et de ne m'en remêler de ma vie. Ce recueil, s'il se conserve, deviendra précieux un jour ; s'il se démembre, il s'y trouve suffisamment d'ouvrages manuscrits pour en tirer d'un libraire le remboursement des avances que vous m'avez faites. Si vous prenez ce parti, j'exige ou que rien ne paraisse de mon vivant, ou que rien ne porte mon nom, ni présent, ni passé. Au reste, il n'y a pas un de ces écrits qui soit suspect en aucune manière, et qui ne puisse être imprimé à Paris, même avec privilége et permission. Le parti qui me conviendrait le mieux, je vous l'avoue, serait que tout fût livré aux flammes, et c'est même ce que je vous prie instamment et positivement de faire. Si vous voyez enfin quelque moyen de vous rembourser de vos avances sur le fonds qui est entre vos mains, que je n'entende plus parler de ces malheureux papiers, je vous en supplie; que je n'aie plus d'autre soin que de m'armer contre les maux que l'on me destine encore, et que de chercher à mourir en paix, si je puis. Amen.

Le tour qu'ont pris vos affaires publiques m'afflige, mais ne me surprend point. J'ai vu depuis longtemps, et je vous le dis ici dès votre arrivée, que le pays où êtes ne servait que de prétexte à de grands projets, et c'est ce qui doit, en quelque façon, consoler ceux qui l'habitent ; car, de quelque manière qu'ils se fussent conduits, l'événement eût été le même, et il n'en serait arrivé ni plus ni moins. Vous avez eu le projet d'en sortir ; je crois que ce projet serait bon à exécuter, à tout risque, si vous aimez la tranquillité. Je sais que la bonne maman n'en sortirait pas sans peine ; mais il y a eu déjà des spectacles qui devraient aider à la déterminer. Je regretterais pour elle et pour votre maison, ce beau lac, votre jardin ; mais la paix vaut mieux que tout ; et je sais cela mieux que personne, moi qui fais tout pour elles, et qui ne me rebute pas même par l'impossibilité certaine de l'obtenir.

A propos de jardin, avez-vous fait semer dans le vôtre ma graine d'*apocyn*? J'en ai fait semer et soigner ici sur couche et sous cloche, et j'ai eu toutes les peines du monde d'en sauver quelques pieds qui languissent ; je crains qu'il n'en vienne aucun à bien. Je n'aurais jamais cru cette plante si difficile à cultiver. En revanche, j'ai semé dans le petit jardin du *carthamus lanatus* qui vient à merveille, des *medicago scutellata et intertexta*, qui sont déjà en fleurs, et dont je compte chaque jour les brins, les poils, les feuilles, avec des ravissements toujours nouveaux. Je suis occupé maintenant à mettre en ordre un très bel herbier, dont un jeune homme est venu ici me faire présent, et qui contient un très grand nombre de plantes étrangères et rares, parfaitement belles et bien conservées. Je travaille à y fondre mon petit herbier que vous avez vu, et dont la misère fait mieux ressortir la magnificence de l'autre. Le tout forme dix grands cartons ou volumes *in-folio*, qui contiennent environ quinze cents plantes, près de deux mille en comptant les variétés. J'y ai fait faire une belle caisse pour pouvoir l'emporter partout commodément avec moi. Ce sera désormais mon unique bibliothèque, et, pourvu qu'on ne m'en ôte pas la jouissance, je défie les hommes de me rendre malheureux désormais. Je suis obligé à M. d'Escherny de son souvenir, et je suis fort aise d'apprendre de ses nouvelles. Comme je ne me suis jamais tenu pour brouillé avec lui, nous n'avons pas besoin de raccommodement. Du reste, je serai toujours fort aise de recevoir de lui quelque signe de vie, surtout quand vous serez son médiateur pour cela.

A M. LE PRINCE DE CONTI.

Trye-le-Château, juin 1768.

Monseigneur,

Ceux qui composent votre maison (je n'en excepte personne) sont peu faits pour me connaître; soit qu'ils me prennent pour un espion, soit qu'ils me croient honnête homme, tous doivent également craindre mes regards. Aussi, monseigneur, ils n'ont rien épargné, et ils n'épargneront rien, chacun par les manœuvres qui leur conviennent, pour me rendre haïssable et méprisable à tous les yeux, et pour me forcer de sortir enfin de votre château. Monseigneur, en cela je dois et je veux leur complaire. Les grâces dont m'a comblé votre altesse sérénissime suffisent pour me consoler de tous les malheurs qui m'attendent en sortant de cet asile, où la gloire et l'opprobre ont partagé mon séjour. Ma vie et mon cœur sont à vous, mais mon honneur est à moi; permettez que j'obéisse à sa voix qui crie, et que je sorte dès demain de chez vous : j'ose dire que vous le devez. Ne laissez pas un coquin de mon espèce parmi ces honnêtes gens.

A M. DU PEYROU.

Lyon, le 20 juin 1768.

Je ne me pardonnerais pas, mon cher hôte, de vous laisser ignorer mes marches, ou les apprendre par d'autres avant moi. Je suis à Lyon depuis deux jours, rendu des fatigues de la diligence, ayant grand besoin d'un peu de repos, et très empressé d'y recevoir de vos nouvelles, d'autant plus que le trouble qui règne dans le pays où vous vivez me tient en peine, et pour vous, et pour nombre d'honnêtes gens auxquels je prends intérêt. J'attends de vos nouvelles avec l'impatience de l'amitié. Donnez-m'en, je vous prie, le plus tôt que vous pourrez.

Le désir de faire diversion à tant d'attristants souvenirs, qui à force d'affecter mon cœur altéraient ma tête, m'a fait prendre le parti de chercher, dans un peu de voyages et d'herborisations, les amusements et distractions dont j'avais besoin; et le patron de la case ayant approuvé cette idée, je l'ai suivie : j'apporte avec moi mon herbier et quelques livres avec lesquelles je me propose de faire quelques pèlerinages de botanique. Je souhaiterais, mon cher hôte, que la relation de mes trouvailles pût contribuer à vous amuser; j'en aurais encore plus de plaisir à les faire. Je vous dirai, par exemple, qu'étant allé hier voir madame Boy de La Tour à sa campagne, j'ai trouvé dans sa vigne beaucoup d'aristoloche, que je n'avais jamais vue, et qu'au premier coup d'œil j'ai reconnue avec transport.

Adieu, mon cher hôte : je vous embrasse, et j'attends dans votre première lettre de bonnes nouvelles de vos yeux.

AU MÊME.

Lyon, le 6 juillet 1768.

Je comptais, mon cher hôte, vous accuser la réception de votre réponse, par ma bonne amie madame Boy de La Tour ; mais je n'ai pu trouver un moment pour vous écrire avant son départ : et même à présent, prêt à partir pour aller herboriser à la grande Chartreuse, avec belle et bonne compagnie botaniste, que j'ai trouvée et recrutée en ce pays, je n'ai que le temps de vous envoyer un petit bonjour à la hâte.

Mademoiselle Renou a reçu à Trye beaucoup de lettres pour moi, parmi lesquelles je ne doute point que celle que vous m'écriviez ne se trouve ; mais comme le paquet est un peu gros, et que j'attends l'occasion de le faire venir, s'il y a dans ce que vous me marquiez quelque chose qui presse, vous ferez bien de me le répéter ici. Si, comme je le désirais, et comme je le désire encore, vous avez pris le parti de brûler tous mes livres et papiers, j'en suis, je vous jure, dans la joie de mon cœur : mais, si vous les avez conservés, il y en a quelques-uns, je l'avoue, que je ne serais pas fâché de revoir, pour remplir, par un peu de distraction, les mauvais jours d'hiver, où mon état et la saison m'empêchent d'herboriser ; celui surtout qui m'intéressait le plus serait le commencement du roman intitulé : *Emile et Sophie, ou les Solitaires*. Je conserve pour cette entreprise un faible que je ne combats pas, parce que j'y trouverais au contraire un spécifique utile pour occuper mes moments perdus, sans rien mêler à cette occupation qui me rappelât les souvenirs de mes malheurs, ni de rien qui s'y rapporte. Si ce fragment vous tombait sous la main, et que vous puissiez me l'envoyer, soit le brouillon, soit la copie, par le retour de madame Boy de La Tour, cet envoi, je l'avoue, me ferait un vrai plaisir.

Comment va la goutte, comment va l'œil gauche ? S'il n'empire pas, il guérira ; et je vois avec grand plaisir, par vos lettres, qu'il va sensiblement mieux. Mon cher hôte, que n'avez-vous en goût modéré le quart de ma passion pour les plantes ! Votre plus grand mal est ce goût solitaire et casanier, qui vous fait croire être hors d'état de faire de l'exercice. Je vous promets que, si vous vous mettiez tout de bon à vouloir faire un herbier, la fantaisie de faire un testament ne vous occuperait plus guère. Que n'êtes-vous des nôtres ! vous trouveriez dans notre guide et chef, M. de la Tourette, un botaniste aussi savant qu'aimable, qui vous ferait aimer les sciences qu'il cultive. J'en dis autant de M. l'abbé Rosier ; et vous trouveriez dans M. l'abbé de Grange-Blanche, et dans votre hôte, deux condisciples plus zélés qu'instruits, dont l'ignorance auprès de leurs maîtres mettrait souvent à l'aise votre amour-propre.

Adieu, mon cher hôte : nous partons demain dans le même carrosse tous les quatre, et nous n'avons pas plus de temps qu'il ne nous en faut le reste de la journée, pour rassembler assez de portefeuilles et de papiers pour l'immense collection que nous allons faire. Nous ne laisserons rien à moissonner après nous. Je vous rendrai compte de nos travaux. Je vous embrasse. Vous pouvez continuer à m'écrire chez M. Boy de La Tour.

A MADEMOISELLE LE VASSEUR,
sous le nom de mademoiselle Renou.

Grenoble, ce 25 juillet, à trois heures du matin, 1768.

Dans une heure d'ici, chère amie, je partirai pour Chambéry, muni de bons passeports et de la protection des puissances, mais non pas du sauf-conduit des philosophes que vous savez. Si mon voyage se fait heureusement, je compte être ici de retour avant la fin de la semaine, et je vous écrirai sur-le-champ. Si vous ne recevez pas dans huit jours de mes nouvelles, n'en attendez plus, et disposez de vous à l'aide des protections en qui vous savez que j'ai toute confiance, et qui ne vous abandonneront pas. Vous savez où sont les effets en quoi consistaient nos dernières ressources; tout est à vous. Je suis certain que les gens d'honneur qui en sont dépositaires ne tromperont point mes intentions ni mes espérances. Pesez bien toute chose avant de prendre un parti. Consultez madame l'abbesse; elle est bienfaisante, éclairée; elle nous aime, elle vous conseillera bien; mais je doute qu'elle vous conseille de rester auprès d'elle. Ce n'est pas dans une communauté qu'on trouve la liberté ni la paix : vous êtes accoutumée à l'une, vous avez besoin de l'autre. Pour être libre et tranquille, soyez chez vous, et ne vous laissez subjuguer par personne. Si j'avais un conseil à vous donner, ce serait de venir à Lyon. Voyez l'aimable Madelon; demeurez, non chez elle, mais auprès d'elle. Cette excellente fille a rempli de tout point mon pronostic : elle n'avait pas quinze ans que j'ai hautement annoncé quelle femme et quelle mère elle serait un jour. Elle l'est maintenant, et, grâce au ciel, si solidement et avec si peu d'éclat, que sa mère, son mari, ses frères, ses sœurs, tous ses proches, ne se doutent pas eux-mêmes du profond respect qu'ils lui portent, et croient ne faire que l'aimer de tout leur cœur. Aimez-la comme ils font, chère amie; elle en est digne, et vous le rendra bien. Tout ce qu'il restait de vertu sur la terre semble s'être réfugié dans vos deux cœurs. Souvenez-vous de votre ami l'une et l'autre; parlez-en quelquefois entre vous. Puisse ma mémoire vous être toujours chère, et mourir parmi les hommes avec la dernière des deux!

Depuis mon départ de Trye j'ai des preuves de jour en jour plus certaines que l'œil vigilant de la malveillance ne me quitte pas d'un pas, et m'attend principalement sur la frontière : selon le parti qu'ils pourront prendre, ils me feront peut-être du bien sans le vouloir. Mon principal objet est bien, dans ce petit voyage, d'aller sur la tombe de cette tendre mère que vous avez connue, pleurer le malheur que j'ai eu de lui survivre; mais il y entre aussi, je l'avoue, du désir de donner si beau jeu à mes ennemis, qu'ils jouent enfin de leur reste; car vivre sans cesse entouré de leurs satellites flagorneurs et fourbes est un état pour moi pire que la mort. Si toutefois mon attente et mes conjectures me trompent, et que je revienne comme je suis allé, vous savez, chère sœur, chère amie, qu'ennuyé, dégoûté de la vie, je n'y cherchais et n'y trouvais plus d'autre plaisir que de chercher à vous la rendre agréable et douce : dans ce qui peut m'en rester encore, je ne changerai ni d'occupation ni de goût. Adieu, chère sœur; je vous embrasse en frère et en ami.

A M. LE COMTE DE TONNERRE.

Bourgoin, le 16 août 1768.

Monsieur,

J'espère que la lettre que j'eus l'honneur de vous écrire à mon départ de Grenoble vous aura été remise, et je vous demande la permission de vous renouveler d'ici les assurances de ma reconnaissance et de mon respect. Un voyage presque aussitôt suspendu que commencé ne me laisse pas espérer de le pousser bien loin, et la certitude que les manœuvres que je voudrais fuir me préviendront partout m'en ôterait le courage, quand mes forces me le donneraient. De toutes les habitations qu'on m'a fait voir, la maison de M. Faure, qui a l'honneur d'être connu de vous, m'a paru celle où l'on m'aurait voulu par préférence, et c'est aussi celle de toutes les retraites (pour me servir d'un mot doux) où je pouvais être confiné, celle où j'aurais préféré vivre. Quelques inconvénients m'ont alarmé; s'ils pouvaient se lever ou s'adoucir, que le maître de la maison, qui me paraît galant homme, conservât la même bonne volonté, et que vous ne dédaignassiez pas, monsieur, d'être notre médiateur, je penserais que puisqu'il faut bien céder à la destinée, le meilleur parti qui me resterait à prendre serait de vivre dans sa maison.

J'ose vous supplier, monsieur, si vous recevez pour moi quelques lettres, de vouloir bien me les faire parvenir ici, où je suis logé *à la Fontaine d'or*.

J'ai l'honneur d'être avec respect, etc.

AU MÊME.
Bourgoin, le 21 août 1768.

Monsieur,

Je prends la liberté de vous adresser mes observations sur la note de M. Faure que vous avez eu la bonté de m'envoyer. J'attends sa réponse pour prendre ma résolution, ne pouvant m'aller confiner dans cette solitude sans savoir à quoi je m'engage en y entrant.

Permettez, monsieur le comte, que je vous réitère ici mes remercîments très humbles, en vous suppliant d'agréer mon respect.

AU MÊME.
Bourgoin, le 23 août 1768.

Monsieur,

Permettez que je prenne la liberté de vous envoyer une lettre que je viens de recevoir de M. Bovier, et copie de ma réponse. Si vous daignez mander le malheureux dont il s'agit, et tirer au clair cette affaire, vous feriez, monsieur le comte, une œuvre digne de votre générosité. J'ai l'honneur, etc.

AU MÊME.
Bourgoin, le 26 août 1768.

Monsieur,

J'ai l'honneur de vous adresser une lettre en réponse à celle de M. Faure que vous avez bien voulu me faire passer. Ses propositions sont si honnêtes, qu'il ne l'est presque pas de les accepter. Cependant, forcé par ma situation d'être indiscret, je réduis ces propositions sous une forme qui, je pense, lèvera toute difficulté entre lui et moi.

Mais il en existe une, monsieur le comte, qu'il dépend de vous seul de lever, dans l'imposture qui a donné lieu aux deux lettres que j'ai pris la liberté de vous envoyer dernièrement. Car si, vivant sous votre protection, je ne puis obtenir aucune satisfaction d'une fourberie aussi impudente et aussi clairement démontrée, à quoi dois-je m'attendre au milieu de ceux qui l'ont fabriquée, si ce n'est à me voir harceler sans cesse par de nouveaux imposteurs soufflés par les mêmes gens, et enhardis par l'impunité du premier? Il faudrait assurément que je fusse le plus insensé des hommes pour aller me fourrer volontairement dans un tel enfer. Je comprends bien qu'on m'attend partout avec les mêmes armes, mais encore n'irai-je pas choisir par préférence les lieux où l'on a commencé d'en user.

J'attends vos ordres, monsieur le comte; je compte sur votre équité, et j'ai l'honneur d'être, avec autant de confiance que de respect, etc.

A M. LALIAUD.
Bourgoin, le 31 août 1768.

Nous vous devons et nous vous faisons, monsieur, mademoiselle Renou et moi, les plus vifs remercîments de toutes vos bontés pour tous les deux; mais nous ne vous en ferons ni l'un ni l'autre pour la compagne de voyage que vous lui avez donnée. J'ai le plaisir d'avoir ici, depuis quelques jours, celle de mes infortunes; voyant qu'à tout prix elle voulait suivre ma destinée, j'ai fait en sorte au moins qu'elle pût la suivre avec honneur. J'ai cru ne rien risquer de rendre indissoluble un attachement de vingt-cinq ans, que l'estime mutuelle, sans laquelle il n'est point d'amitié durable, n'a fait qu'augmenter incessamment. La tendre et pure fraternité dans laquelle nous vivons depuis treize ans n'a point changé de nature par le nœud conjugal;

elle est, et sera jusqu'à la mort, ma femme par la force de nos liens, et ma sœur par leur pureté. Cet honnête et saint engagement a été contracté dans toute la simplicité, mais aussi dans toute la vérité de la nature, en présence de deux hommes de mérite et d'honneur, officiers d'artillerie, et l'un fils d'un de mes anciens amis du bon temps, c'est-à-dire, avant que j'eusse aucun nom dans le monde; et l'autre, maire de cette ville, et proche parent du premier. Durant cet acte si court et si simple, j'ai vu fondre en larmes ces deux dignes hommes, et je ne puis vous dire combien cette marque de la bonté de leurs cœurs m'a attaché à l'un et à l'autre.

Je ne suis pas plus avancé sur le choix de ma demeure que quand j'eus l'honneur de vous voir à Lyon, et tant de cabarets et de courses ne facilitent pas un bon établissement. Les nouveaux voyages à faire me font peur, surtout à l'entrée de la saison où nous touchons, et je prendrai le parti de m'arrêter volontairement ici, si je puis, avant que je me trouve, par ma situation, dans l'impossibilité d'y rester et dans celle d'aller plus loin. Ainsi, monsieur, je me vois forcé de renoncer, pour cette année, à l'espoir de me rapprocher de vous, sauf à voir dans la suite ce que je pourrai faire pour contenter mon désir à cet égard.

Recevez les salutations de ma femme, et celles, monsieur, d'un homme qui vous aime de tout son cœur.

A M. LE COMTE DE TONNERRE.

Bourgoin, le 1ᵉʳ septembre 1768.

Monsieur,

Je suis très sensible à la bonté que vous avez eue de mander et interroger le sieur Thevenin sur le prêt qu'il dit avoir fait, il y a environ dix ans, à moi, ou à un homme de même nom que moi, et dont il m'a fait demander la restitution par M. Bovier. Mais je prendrai la liberté, monsieur le comte, de n'être pas de votre avis sur la bonne foi dudit Thevenin, puisqu'il est impossible de concilier cette bonne foi avec les circonstances qu'il rapporte de son prétendu prêt, et avec les lettres de recommandation qu'il dit que l'emprunteur lui donna pour MM. de Faugues et Aldiman. Cet homme vous paraît borné, cela peut être; un imposteur peut très bien n'être qu'un sot, et cela me confirme seulement dans la persuasion qu'il a été dirigé aussi bien qu'encouragé dans l'invention de sa petite histoire, dont les contradictions sont un inconvénient difficile à éviter dans les fictions les mieux concertées. Il y a même une autre contradiction bien positive entre lui, qui vous a dit, monsieur, n'avoir parlé de cette affaire à qui que ce soit qu'à M. Bovier, son voisin, et le même M. Bovier, qui m'écrit que ledit Thevenin lui en a fait parler par le vicaire de sa paroisse. Je persiste donc dans la résolution de ne point retourner dans les lieux où cette histoire a été fabriquée, jusqu'à ce qu'elle soit assez bien éclaircie pour ôter aux fabricateurs, quels qu'ils soient, la fantaisie d'en forger derechef de semblables. Je trouve ici un logement trop cher pour pouvoir le garder longtemps, mais où j'aurai le temps d'en chercher un plus à ma portée, où je puisse me croire à l'abri des impostures. Je n'y suis pas moins sous votre protection qu'à Grenoble; et, si le mensonge et la calomnie m'y poursuivent, j'éviterai du moins le désavantage d'être précisément à leur foyer.

Daignez, monsieur, agréer derechef mes excuses des importunités que je vous cause, et mes actions de grâces de la bonté avec laquelle vous voulez bien les endurer. Si l'on ne me harcelait jamais, je demeurerais tranquille et ne serais point indiscret; mais ce n'est pas l'intention de ceux qui disposent de moi.

Recevez avec bonté, je vous supplie, monsieur le comte, les assurances de mon respect. RENOU.

Permettez, monsieur, que je joigne ici une lettre pour M. Faure.

A UNE DAME DE LYON.

Bourgoin, le 3 septembre 1768.

Vous trouverez ci-joint un papier dont voici l'occasion : ayant été malade ici et détenu dans une chambre pendant quelques jours, dans le fort de mes chagrins, je m'amusai à tracer derrière une porte, quelques lignes au rapide trait du crayon, qu'ensuite j'oubliai d'effacer en quittant ma chambre, pour en occuper une plus grande à deux lits avec ma femme. Des passants mal-intentionnés, à ce qu'il m'a paru, ont trouvé ce barbouillage dans la chambre que j'avais quittée, y ont effacé des mots, en ont ajouté d'autres, et l'ont transcrit pour en faire je ne sais quel usage. Je vous envoie une copie exacte de ces lignes, afin que MM. vos frères puissent et veuillent bien constater les falsifications qu'on y peut faire, en cas qu'elles se répandent. J'ai transcrit même les fautes et les redites, afin de ne rien changer.

Sentiment du public sur mon compte, dans les divers états qui le composent.

Les rois et les grands ne disent pas ce qu'ils pensent ; mais ils me traiteront toujours honorablement.

La vraie noblesse, qui aime la gloire et qui sait que je m'y connais, m'honore et se tait.

Les magistrats me haïssent à cause du mal qu'ils m'ont fait.

Les philosophes, que j'ai démasqués, veulent à tout prix me perdre; ils y réussiront.

Les évêques, fiers de leur naissance et de leur état, m'estiment sans me craindre, et s'honorent en me marquant des égards.

Les prêtres, vendus aux philosophes, aboient après moi pour faire leur cour.

Les beaux esprits se vengent, en m'insultant, de ma supériorité qu'ils sentent.

Le peuple, qui fut mon idole, ne voit en moi qu'une perruque mal peignée et un homme décrépit.

Les femmes, dupes de deux p.... froid qui les méprisent, trahissent l'homme qui mérita le mieux d'elles.

Les magistrats ne me pardonneront jamais le mal qu'ils m'ont fait.

Le magistrat de Genève sent ses torts, sait que je les lui pardonne, et les réparerait s'il l'osait.

Les chefs du peuple, élevés sur mes épaules, voudraient me cacher si bien que l'on ne vît qu'eux.

Les auteurs me pillent et me blâment; les fripons me maudissent, et la canaille me hue.

Les gens de bien, s'il en existe encore, gémissent tout bas sur mon sort, et moi je le bénis s'il peut instruire un jour les mortels.

Voltaire, que j'empêche de dormir, parodiera ces lignes. Ses grossières injures sont un hommage qu'il est forcé de me rendre malgré lui.

A M. LE COMTE DE TONNERRE.

Bourgoin, le 6 septembre 1768.

Il y a peu de résolutions et il n'y a point de répugnance par-dessus lesquelles le désir d'approfondir l'affaire du sieur Thevenin ne me fasse passer; et si ma confrontation sous vos yeux, avec cet homme, peut vous engager, monsieur, à la suivre jusqu'au bout, je suis prêt à partir. Permettez seulement que j'ose vous demander auparavant l'assurance que ce voyage ne sera point inutile; que vous ne dédaignerez aucune des précautions convenables pour constater la vérité, tant à vos yeux qu'à ceux du public, et que le motif d'éviter l'éclat, que je ne crains point, n'arrêtera aucune des démarches nécessaires à cet effet. Il ne serait assurément pas digne de votre générosité, ni de la protection dont vous m'honorez, que des imposteurs pussent à le gré me promener de ville en ville, m'attirer au milieu d'eux, et m'y rendre impunément le jouet de leurs suppôts.

J'attends vos ordres, monsieur le comte, et quelque parti qu'il vous plaise de prendre sur cette affaire, dont je vous cause à regret la longue importunité, je vous supplie de vouloir bien me renvoyer la lettre de M. Bovier, et la copie de ma réponse, que j'eus l'honneur de vous envoyer.

Je vous supplie, monsieur le comte, d'agréer avec bonté ma reconnaissance et mon respect.

A M. DU PEYROU.

Bourgoin, le 9 septembre 1768.

Après diverses courses, mon cher hôte, qui ont achevé de me convaincre qu'on était bien déterminé à ne me laisser nulle part la tranquillité que j'étais venu chercher dans ces provinces, j'ai pris le parti, rendu de fatigue et voyant la saison s'avancer, de m'arrêter dans cette petite ville pour y passer l'hiver. A peine y ai-je été, qu'on s'est pressé de m'y harceler avec la petite histoire que vous allez lire dans l'extrait d'une lettre qu'un certain avocat Bovier m'écrivit de Grenoble le 22 du mois dernier.

« Le sieur Thevenin, chamoiseur de son métier, se trouva logé il y a environ dix ans chez le sieur Janin, hôte du bourg des Verdières-de-Jouc, près de Neuchâtel, avec M. Rousseau, qui se trouva lui-même dans le cas d'avoir besoin de quelque argent, et qui s'adressa au sieur Janin, son hôte, pour obtenir cet argent du sieur Thevenin : ce dernier, n'osant pas présenter à M. Rousseau la modique somme qu'il demandait attendit son départ, et l'accompagna effectivement des Verdières-de-Jouc jusqu'à Saint-Sulpice avec ledit Janin ; et après avoir dîné ensemble dans une auberge qui a un soleil pour enseigne, il lui fit remettre neuf livres de France par ledit Janin. M. Rousseau, pénétré de reconnaissance, donna audit Thevenin quelques lettres de recommandation, entre autres une pour M. de Faugnes, directeur des sels à Yverdun, et une pour M. Aldiman, de la même ville, dans laquelle M. Rousseau signa son nom, et signa *le Voyageur perpétuel* dans une autre pour quelqu'un à Paris, dont le sieur Thevenin ne se rappelle pas le nom. »

Voici maintenant, mon cher hôte, copie de ma réponse, en date du 23.

« Je n'ai pas pu, monsieur, loger il y a environ dix ans où que ce fût, près de Neuchâtel, parce qu'il y en a dix, et neuf, et huit, et sept, que j'en étais fort loin, sans en avoir approché durant tout ce temps plus près de cent lieues.

« Je n'ai jamais logé au bourg des Verdières, et n'en ai même jamais entendu parler : c'est peut-être le village des Verrières qu'on a voulu dire ; j'ai passé dans ce village une seule fois, il n'y a pas cinq ans, allant à Pontarlier ; j'y repassai en revenant ; je n'y logeai point ; j'étais avec un ami (qui n'était pas le sieur Thevenin) ; personne autre ne revint avec nous ; et, depuis lors, je ne suis pas retourné aux Verrières.

« Je n'ai jamais vu, que je sache, le sieur Thevenin, chamoiseur ; jamais je n'ai ouï parler de lui, non plus que du sieur Janin, mon prétendu hôte. Je ne connais qu'un seul M. Jeannin, mais il ne demeure point aux Verrières, il demeure à Neuchâtel, et il n'est point cabaretier ; il est secrétaire d'un de mes amis.

« Je n'ai jamais écrit, autant qu'il m'en souvient, à M. de Faugnes, et je suis sûr au moins de ne lui avoir jamais écrit de lettre de recommandation, n'étant pas assez lié avec lui pour cela : encore moins ai-je pu écrire à M. Aldiman, d'Yverdun, que je n'ai vu de ma vie, et avec lequel je n'eus jamais nulle espèce de liaison.

« Je n'ai jamais signé avec mon nom *le Voyageur perpétuel*, premièrement parce que cela n'est pas vrai, et surtout ne l'était pas alors, quoiqu'il le soit devenu depuis quelques années ; en second lieu, parce que je ne tourne pas mes malheurs en plaisanteries, et qu'enfin, si cela m'arrivait, je tâcherais qu'elles fussent moins plates.

« J'ai quelquefois prêté de l'argent à Neuchâtel, mais je n'y en empruntai jamais, par la raison très simple qu'il ne m'a jamais manqué dans ce pays-là; et vous m'avouerez, monsieur, qu'ayant pour amis tous ceux qui y tenaient le premier rang, il eût été du moins fort bizarre que j'allasse emprunter neuf francs d'un chamoiseur que je ne connaissais pas, et cela à un quart de lieue de chez moi; car c'est à peu près la distance de Saint-Sulpice, où l'on dit que cet argent m'a été prêté, à Motiers, où je demeurais. »

Vous croiriez, mon cher hôte, sur cette lettre et sur ma réponse que j'ai envoyée au commandant de la province, que tout a été fini, et que, l'imposture étant si clairement prouvée, l'imposteur a été châtié ou bien censuré; point du tout; l'affaire est encore là, et ledit Thevenin, conseillé par ceux qui l'ont aposté, se retranche à dire qu'il a peut-être pris un autre M. Rousseau pour J. J. Rousseau, et persiste à soutenir avoir prêté la somme à un homme de ce nom, se tirant d'affaire, je ne sais comment, au sujet des lettres de recommandation : de sorte qu'il ne me reste d'autre moyen pour le confondre que d'aller moi-même à Grenoble me confronter avec lui; encore ma mémoire trompeuse et vacillante peut-elle souvent m'abuser sur les faits. Les seuls ici qui me sont certains est de n'avoir jamais connu ni Thevenin ni Janin; de n'avoir jamais voyagé ni mangé avec eux; de n'avoir jamais écrit à M. Aldiman; de n'avoir jamais emprunté de l'argent, ni peu ni beaucoup, de personne durant mon séjour à Neuchâtel; je ne crois pas non plus avoir jamais écrit à M. Faugnes, surtout pour lui recommander quelqu'un; ni jamais avoir signé *le Voyageur perpétuel*; ni jamais avoir couché aux Verrières, quoiqu'il ne me soit pas possible de me rappeler où nous couchâmes en revenant de Pontarlier avec Sauttersheim, dit le Baron; car en allant je me souviens parfaitement que nous n'y couchâmes pas. Je vous fais tous ces détails, mon cher hôte, afin que si, par vos amis, vous pouvez avoir quelque éclaircissement sur tous ces faits, vous me rendiez le bon office de m'en faire part le plus tôt qu'il sera possible. J'écris par ce même courrier à M. du Terreau, maire des Verrières, à M. Breguet, à M. Guyenet, lieutenant du Val-de-Travers, mais sans leur faire aucun détail; vous aurez la bonté d'y suppléer, s'il est nécessaire, par ceux de cette lettre. Vous pouvez m'écrire ici en droiture; mais si vous avez des éclaircissements intéressants à me donner, vous ferez bien de me les envoyer par duplicata, sous enveloppe, à l'adresse de *M. le comte de Tonnerre, lieutenant-général des armées du roi, commandant pour sa majesté en Dauphiné, à Grenoble*. Vous pourrez même m'écrire à l'ordinaire sous son couvert : mes lettres me parviendront plus lentement, mais plus sûrement qu'en droiture.

J'espère qu'on est tranquille à présent dans votre pays. Puisse le ciel accorder à tous les hommes la paix qu'ils ne veulent pas me laisser! Adieu, mon cher hôte; je vous embrasse.

A M. LE COMTE DE TONNERRE.

Bourgoin, le 13 septembre 1768.

Monsieur,

Comme je ne puis douter que vous ne sachiez parfaitement à quoi vous en tenir sur le compte du sieur Thevenin, je crois voir par la dernière lettre que vous m'avez fait l'honneur de m'écrire, qu'on vous trompe comme on trompe M. le prince de Conti, et que mon futur voyage de Grenoble est une affaire concentrée dont la fable de ce malheureux n'est que le prétexte. Vous aviez la bonté de désirer que ce motif m'attirât aux environs de cette capitale. J'ignore, monsieur le comte, d'où naît ce désir et si je dois vous en rendre grâces; tout ce que je sais est que les moyens employés à cet effet ne sont pas extrêmement attirants. Malgré les embarras où je suis je pars demain pour me rendre à vos ordres ; jeudi j'aurai l'honneur de me présenter à votre audience, et j'espère qu'il vous plaira d'y mander ledit Thevenin. Je repartirai vendredi matin, quoi qu'il arrive, si l'on m'en laisse la liberté.

J'ai l'honneur d'être avec respect, Monsieur,

Votre très humble et très obéissant serviteur.

RENOU.

AU MÊME.

Bourgoin, le 18 septembre 1768.

Monsieur,

Le contre-temps de votre absence à mon arrivée à Grenoble m'affligea d'autant plus que, sentant combien il m'importait que, selon votre désir, mon entrevue avec le sieur Thevenin se passât sous vos yeux, et ne pouvant le trouver qu'à l'aide de M. Bovier, que j'aurais voulu ne pas voir, je me voyais forcé d'attendre à Grenoble votre retour, à quoi je ne pouvais me résoudre, ou de revenir l'attendre ici, ce qui m'exposait à un second voyage. J'aurais pris, monsieur, ce dernier parti, sans la lettre que vous me fîtes l'honneur de m'écrire le 15, et qui me fut envoyée à la nuit par M. Bovier. Je compris par cette lettre, qu'afin que mon voyage ne fût pas inutile, vous pensiez que je pouvais voir ledit Thevenin, quoique en votre absence ; et c'est ce que je fis par l'entremise de M. Bovier, auquel il fallut bien recourir pour cela. Je le vis tard, à la hâte, en deux reprises : j'étais en proie à mille idées cruelles, indigné, navré de me voir, après soixante ans d'honneur, compromis, seul, loin de vous, sans appui, sans amis, vis-à-vis d'un pareil misérable, et surtout de lire dans les cœurs des assistants, et de ceux même à qui je m'étais confié, leur mauvaise volonté secrète.

Mais quelque courte qu'ait été cette conférence, elle a suffi pour l'objet que je m'y proposais. Avant d'y venir, permettez-moi, monsieur le comte, une petite observation qui s'y rapporte : M. Bovier m'avait induit en erreur, en me marquant que c'était personnellement à moi que ledit Thevenin avait prêté neuf francs ; au lieu que Thevenin lui-même dit seulement les avoir fait passer par la main d'autrui, en prêt ou en don (car il ne s'explique pas clairement là-dessus), à un homme appelé Rousseau, duquel au reste il ne donne pas le moindre renseignement, ni de son nom, ni de son âge, ni de son état, ni de sa demeure, ni de sa figure, ni de son habit, excepté la couleur, et qu'il s'était signé dans une lettre : *le Voyageur perpétuel*. M. Bovier, sur le plus simple rapport d'un quidam, qu'il dit ne pas connaître, part de ces seuls indices, et de celui du lieu où se sont vus ces deux hommes, pour m'écrire en ces termes : « Je crois vous faire plaisir de vous rappeler un homme qui vous a rendu un service, il y a près de dix années, et qui se trouve aujourd'hui dans le cas que vous vous en souveniez. » Ce même M. Bovier, dans sa lettre précédente, me parlait ainsi : « Je vous ai vu ; j'ai été émerveillé de trouver une âme aussi belle que la vôtre, jointe à un génie aussi sublime. » Voilà, ce me semble, cette belle âme transformée un peu légèrement en celle d'un vil emprunteur, et d'un vil banqueroutier : il faut que les belles âmes soient bien communes à Grenoble ; car assurément on ne les y met pas à haut prix.

Voici la substance de la déclaration dudit Thevenin, tant en présence de M. Bovier et de sa famille, que de M. de Champagneux, maire et châtelain de Bourgoin, de son cousin, M. de Rozière, officier d'artillerie, et d'un autre officier du même corps, leur ami, dont j'ignore le nom, laquelle déclaration a été faite en plusieurs fois, avec des variations, en hésitant, en se reprenant, quoique assurément il dût avoir la mémoire bien fraîche de ce qu'il avait dit tant de fois, et à vous, monsieur le comte, et avant vous à M. Bovier.

Que de la Charité-sur-Loire, qui est son pays, venant en Suisse, et passant aux Verrières-de-Jouc, dans un cabaret dont l'hôte s'appelle Janin, un homme nommé Rousseau, le voyant mettre à genoux, lui demanda s'il était catholique; que là-dessus s'étant pris de conversation, cet homme lui donna une lettre de recommandation pour Yverdun; qu'ayant continué de demeurer ensemble dans ledit cabaret, ledit Rousseau le pria de lui prêter quelque argent, et lui donna, deux jours après, deux autres lettres de recommandation; savoir : une seconde pour Yverdun, et l'autre pour Paris, où ledit Rousseau lui dit qu'il avait mis pour signature, *le Voyageur perpétuel;* qu'en reconnaissance de ce service, lui, Thevenin, lui fit remettre neuf francs par Janin, leur hôte, après un voyage qu'ils firent tous trois des Verrières à Saint-Sulpice, où ils dînèrent encore ensemble; qu'ensuite ils se séparèrent; que lui, Thevenin, se rendit de là à Yverdun, et porta les deux lettres de recommandation à leurs adresses, l'une pour M. de Faugnes, l'autre pour M. Aldiman; que, ne les ayant trouvés ni l'un ni l'autre, il remit ses lettres à leurs gens, sans que, pendant deux ans qu'il resta sur les lieux, la fantaisie lui ait pris de retourner chez ces messieurs, voir, du moins par curiosité, l'effet de ces mêmes lettres qu'il avait si bien payées. A l'égard de la lettre de recommandation pour Paris, signée *le Voyageur perpétuel,* il l'envoya à la Charité-sur-Loire, à sa femme, qui la fit passer par le curé à son altesse, dont il ne se souvient point.

Quant à la personne dudit Rousseau, j'ai déjà dit qu'il ne s'en rappelait rien, ni rien de ce qui s'y rapporte : interrogé si ledit Rousseau portait son chapeau sur la tête ou sous le bras, il a dit ne s'en pas souvenir; s'il portait perruque ou s'il avait ses cheveux, a dit qu'il ne s'en souvenait pas non plus, et que cela ne faisait pas une différence bien sensible : interrogé sur l'habillement, il a dit que tout ce qu'il s'en rappelait, était qu'il portait un habit gris, doublé de bleu ou de vert : interrogé s'il savait la demeure dudit Rousseau, a dit qu'il n'en savait rien; s'il n'avait plus eu de ses nouvelles, a dit que, durant tout son séjour à Yverdun et à Estavayé, où il alla travailler en sortant de là, il n'a jamais plus ouï parler dudit Rousseau, et n'a su ce qu'il était devenu, jusqu'à ce qu'apprenant qu'il y avait un M. Rousseau à Grenoble, il s'est adressé, par le vicaire de la paroisse, à son voisin, M. Bovier, pour savoir si ledit sieur Rousseau ne serait point son homme des Verrières; chose qu'il n'a pourtant jamais affirmée, ni dite, ni crue, mais dont il voulait simplement s'informer.

Comme sa déclaration laissait assez indéterminé le temps de l'époque, j'ai parcouru, pour le fixer, ceux de ses papiers qu'il a bien voulu me montrer, et j'y ai trouvé un certificat daté du 30 juillet 1763, par lequel le sieur Cuche, chamoiseur d'Yverdun, atteste que ledit Thevenin a demeuré chez lui pendant environ deux ans, etc.

Supposant donc que Thevenin soit entré chez le sieur Cuche, immédiatement à son arrivée à Yverdun, et qu'il se soit rendu immédiatement à Yverdun en quittant ledit Rousseau à Saint-Sulpice, cela détermine le temps de leur entrevue à la fin de l'été 1761 au plus tard. Il est possible que cette époque remonte plus haut; mais il ne l'est pas qu'elle soit plus récente, puisqu'il faudrait alors que cette rencontre se fût faite du temps que ledit Thevenin était déjà à Yverdun, au lieu qu'elle se fit avant qu'il y fût arrivé.

J'ai demandé à cet homme le nom du maître chez lequel il travaillait, à Grenoble : il me l'a dit; je l'ai oublié. Je lui ai demandé pour qui ce maître travaillait quelles étaient ses pratiques; il m'a dit qu'il n'en savait rien, et qu'il n'en connaissait aucune. Je lui ai demandé s'il ne travaillait point pour son voisin, M. Bovier le père, qui est gantier; il m'a dit qu'il n'en savait rien, et M. Bovier fils, prenant la parole, a dit que non; et il fallait bien en effet qu'ils ne se connussent point, puisque, pour parvenir à lui parler, ledit Thevenin a eu recours au vicaire de la paroisse.

Voilà, dans ce qu'a dit cet homme, tout ce qui me paraît avoir trait à la question.

Cette question en peut offrir deux distinctes, premièrement, si ledit Thevenin dit vrai ou s'il ment.

Supposant qu'il dit vrai, seconde question : quel est l'homme nommé Rousseau, auquel il a prêté son argent, sans connaître de lui que le nom? car enfin l'identité des noms ne fait pas celle des personnes; et il ne suffit pas, n'en déplaise à M. Bovier, de porter le nom de Rousseau, pour être, par cela seul, le débiteur ou l'obligé du sieur Thevenin.

Il n'y a, selon le récit du dernier, que trois personnes en état d'en attester la vérité; savoir, le Rousseau dont il ne connaît que le nom, Thevenin lui-même, et l'hôte Janin, qui est absent; d'ailleurs, le témoignage des deux premiers, comme parties, est nul, à moins qu'ils ne soient d'accord; et celui du dernier serait suspect s'il favorisait Thevenin; car il peut être son complice; il peut même être le seul fripon, comme vous l'avez, monsieur, soupçonné vous-même; il peut encore être gagné par ceux qui ont apposté l'autre. Il n'est décisif qu'au cas qu'il condamne Thevenin. En tout état de cause, je ne vois pas à tout cela de quoi faire preuve sans d'autres informations. Il est vrai que les circonstances du récit de Thevenin ne seraient pas un préjugé qui lui fût bien favorable, quand même il aurait affaire au dernier des malheureux, qui aurait tous les autres préjugés contre lui; mais enfin tout cela ne sont pas des preuves. Qu'un garçon chamoiseur, qui court le pays pour chercher de l'ouvrage, s'aille mettre à genoux en parade dans un cabaret protestant; qu'un autre homme qui le voit conclue de là qu'il est catholique, lui en fasse compliment, lui offre des lettres de recommandation, et lui demande de l'argent sans le connaître et sans en être connu d'aucune façon, qu'au lieu de présumer de là que l'emprunteur est un escroc, et que ses recommandations sont des torche-culs, l'autre, transporté du bonheur de les obtenir, tire aussitôt neuf francs de sa bourse cossue; qu'il ait même la complaisante délicatesse de n'oser les donner lui-même à celui qui ose bien les lui demander; qu'il attende pour cela d'être en un autre lieu, et de les lui faire modestement présenter par un autre homme : tout cela, tout inepte et risible qu'il est, n'est pas absolument impossible.

Que le prêteur ou le donneur passe trois jours avec l'emprunteur; qu'il mange avec lui; qu'il voyage avec lui sans savoir comment il est fait, s'il porte perruque ou non, s'il est grand ou petit, noir ou blond, sans retenir la moindre des choses de sa figure : cela paraît si singulier, que je lui en fis l'objection. A cela il me répondit qu'en marchant, lui, Thevenin, était derrière l'autre et ne le voyait que par le dos, et qu'à table il ne le voyait pas bien non plus, parce que ledit Rousseau ne se tenait pas assis, mais se promenait par la chambre en mangeant. Il faut convenir, en riant de plus fort, que cela n'est pas encore impossible.

Il ne l'est pas enfin que, desdites lettres de recommandation si précieuses, aucune ne soit parvenue, attendu que ledit Thevenin, modeste pour les lettres comme pour l'argent, ne voulut par les rendre lui-même, ni s'informer au moins de leur effet, quoiqu'il demeurât dans le même lieu qu'habitaient ceux à qui elles étaient adressées, qu'il les vît peut-être dix fois par jour, et que ce fût au moins une curiosité fort naturelle, de savoir si un coureur de cabaret, à l'affût des écus des passants, pouvait être réellement en liaison avec ces messieurs-là. Si, comme il est à craindre aucune desdites lettres n'est parvenue, ce sont ces coquins de valets à qui l'honnête Thevenin les a remises, qui lui auront joué le tour de les garder. Je ne dis rien de la lettre pour Paris; il est si clair qu'une recommandation pour Paris est extrêmement utile à un garçon chamoiseur qui va travailler à Yverdun!

Pardon, monsieur; je ris de ma simplicité, et j'admire votre patience; mais enfin, si Thevenin n'est pas un imposteur, il faut, de nécessité absolue, que toutes ces folies soient autant de vérités.

Supposons-les telles, et passons outre; voilà le généreux Thevenin, créancier et bienfaiteur d'un nommé Rousseau, lequel, comme le dit très bien M. Bovier, doit être pénétré de reconnaissance. Quel est ce Rousseau? lui, Thevenin, n'en sait rien, mais M. Bovier le sait pour lui, et présume, avec beaucoup de vraisemblance, que ce Rousseau est l'infortuné J.-J. Rousseau, si connu par ses malheurs passés, et qui le sera bien plus encore par ceux qu'on lui prépare. Je ne sache pas cependant que, parmi ces multitudes d'atroces et ridicules charges que ses ennemis inventent journellement contre lui, ils l'aient jamais accusé d'être un coureur de cabaret, un crocheteur de bourse, qui va pochetant quelques écus çà et là, chez le premier va nu-pieds qu'il rencontre. Si le Jean-Jacques Rousseau qu'on connaît pouvait s'abaisser à pareille infamie, il faudrait qu'on l'eût vu, pour le pouvoir croire; et encore, après l'avoir vu, n'en croirait-on rien. M. Bovier est moins incrédule : le simple doute d'un misérable qu'il ne connaît point se transforme, à ses yeux, en certitude, et lui prouve qu'une belle âme qu'il connaît est celle du plus vil des mendiants ou du plus lâche des fripons.

Si le Jean-Jacques Rousseau dont il s'agit n'est qu'un infâme, ce n'est pas tout; il faut encore qu'il soit un sot, car s'il accepte les neuf francs que ledit Thevenin ne lui donne pas de la main à la main, mais qu'il lui fait donner par un autre homme, habitant du pays, il doit s'attendre qu'ils lui seront reprochés mille fois le jour : il doit compter qu'à chaque fois qu'on citera, dans le pays, quelque trait de sa facilité à répandre, et de sa répugnance à recevoir, le sieur Janin ne manquera pas de dire : « Eh ! par Dieu, cet homme n'est pas toujours si fier; il a demandé et reçu neuf francs d'un faquin d'ouvrier qui logeait dans mon auberge; et j'en suis bien sûr, car c'est moi qui les ai livrés. » Quand on commença d'ameuter le peuple contre ce pauvre Jean-Jacques, et qu'on le faisait lapider jusque dans son lit, Janin aurait fait sa fortune avec cette histoire; son cabaret n'aurait pas désempli. Thevenin fait bien de la conter à Grenoble; mais s'il l'osait conter à Saint-Sulpice ou aux Verrières, et dans tout le pays où ce même Jean-Jacques a pourtant reçu tant d'outrages, et qu'il dît qu'elle le regarde, je suis sûr que les habitants lui cracheraient au nez.

Préjugés vrais ou faux à part, passons aux preuves, et permettez, monsieur le comte, que nous examinions un peu le rapport de notre homme, et que nous voyions s'il se peut rapporter à moi.

Le sieur Thevenin fit connaissance avec ledit Rousseau aux Verrières, et ils y demeurèrent ensemble deux ou trois jours, logés chez Janin. J'ai demeuré longtemps à Mottiers sans aller aux Verrières, et je n'y ai jamais été qu'une seule fois, allant à Pontarlier avec M. de Sauttersheim, dit, dans le pays, le baron de Sauttern. Je n'y couchai point en allant, j'en suis très sûr; je suis très persuadé que je n'y couchai point en revenant, quoique je n'en sois pas sûr de même; mais si j'y couchai, ce fut sans y séjourner, et sans quitter le baron. Thevenin dit cependant que son homme était seul. Ma mémoire affaiblie me sert mal sur les faits récents; mais il en est sur lesquels elle ne peut me tromper; et je suis aussi sûr de n'avoir jamais séjourné, ni peu ni beaucoup, aux Verrières, que je suis sûr de n'avoir jamais été à Pékin.

Je ne suis donc pas l'homme qui resta deux ou trois jours aux Verrières, à contempler les génuflexions du dévot Thevenin.

Je ne peux guère être, non plus, celui qui lui demanda de l'argent à emprunter aux mêmes Verrières, parce que, outre M. du Terreau, maire du lieu, j'y connaissais un M. Breguet, très galant homme, qui m'aurait fourni tout l'argent dont j'aurais eu besoin, et avec lequel j'ai eu bien des querelles pour n'avoir pu tenir la promesse que je lui avais faite de l'y aller voir. Si j'avais logé là seul, c'eût été chez lui, selon toute apparence, et non pas chez le sieur Janin, surtout quand j'aurais été sans argent.

Je ne suis point l'homme à l'habit gris doublé de bleu de vert, parce que je n'en ai jamais porté de pareil durant tout mon séjour en Suisse; je n'y ai jamais voyagé qu'en habit d'Arménien, qui sûrement n'était doublé ni de vert ni de bleu. Thevenin ne se souvient pas si son homme avait ses cheveux ou la perruque, s'il portait son chapeau sur la tête ou sous le bras; un Arménien ne porte point de chapeau du tout, et son équipage est trop remarquable pour qu'on en perde totalement le souvenir, après avoir demeuré trois jours avec lui, et après l'avoir vu dans la chambre et en voyage, par devant, par derrière, et de toutes les façons.

Je ne suis point l'homme qui a donné au sieur Thevenin une lettre de recommandation pour M. de Faugnes, que je ne connaissais pas même encore quand ledit Thevenin alla à Yverdun; et je ne suis point l'homme qui lui a donné une lettre de recommandation pour M. Aldiman, que je n'ai connu de ma vie, et que je ne crois pas même avoir été de retour d'Italie à Yverdun, sous la même date (1)

Je ne suis point l'homme qui a donné au sieur Thevenin une lettre de recommandation pour Paris, signée *le Voyageur perpétuel*. Je ne crois pas avoir jamais employé cette plate signature; et je suis parfaitement sûr de n'avoir pu l'employer à l'époque de ma prétendue rencontre avec Thevenin; car cette lettre devant être antérieure à l'arrivée dudit Thevenin à Yverdun, dut l'être, à plus forte raison, à son départ de la même ville. Or, même en ce temps-là je ne pouvais signer *le Voyageur perpétuel*, avec une apparence de vérité d'aucune espèce; car durant l'espace de dix-huit ans, depuis mon retour d'Italie à Paris, jusqu'à mon départ pour la Suisse, je n'avais fait qu'un seul voyage; et il est absurde de donner le nom de *Voyageur perpétuel* à un homme qui ne fait qu'un voyage en dix-huit ans. Depuis la date de mon arrivée à Motiers jusqu'à celle du départ de Thevenin d'Yverdun, je n'avais fait encore aucune promenade dans le pays, qui pût porter le nom de voyage. Ainsi cette signature, au moment que Thevenin la suppose, eût été non seulement plate et sotte, mais fausse en tous sens, et de toute fausseté.

Il n'est pas non plus fort aisé de croire que je sois le même Rousseau dont Thevenin n'a plus ouï parler, durant tout son séjour en Suisse, puisqu'on n'y parlait que de cet homme infernal, qui osait croire en Dieu sans croire aux miracles, contre lequel les prédicants prêchaient avec le plus saint zèle, et qu'ils nommaient hautement l'*Antechrist*. Je suis sûr qu'il n'y avait pas, dans toute la Suisse, un honnête chamoiseur qui n'édifiât son quartier en m'y maudissant saintement mille fois le jour; et je crois que le benin Thevenin n'était pas des derniers à s'acquitter de cette bonne œuvre. Mais, sans rien conclure de tout cela, je finis par ma preuve péremptoire.

Je ne suis point l'homme qui a pu se trouver aux Verrières et à Saint-Sulpice avec le sieur Thevenin, quand, venant de la Charité-sur-Loire, il allait à Yverdun; car il n'a pu passer aux Verrières plus tard que l'été de 1761, puisque le 30 juillet 1763, il y avait environ deux ans qu'il demeurait chez le sieur Cuche, et probablement davantage qu'il demeurait à Yverdun. Or, au vu et au su de toute la France, j'ai passé l'année entière de 1761, et la moitié de la suivante, tranquille à Montmorency; je ne pouvais donc pas, dès l'année précédente, avoir couru les cabarets aux Verrières et à Saint-Sulpice. Ajoutez, je vous en supplie, qu'arrivant en Suisse je n'allai pas tout de suite à Motiers; ajoutez encore qu'arrivé à Motiers, et tout occupé jusqu'à l'hiver de mon établissement, je ne fis aucun voyage du reste de l'année, ni bien avant dans la suivante. Selon Thevenin, notre rencontre a dû se faire avant qu'il allât à Yverdun; et, selon la vérité, il était déjà parti de cette ville quand je fis mon premier et unique voyage aux Verrières : je n'étais donc pas l'homme portant le nom de Rousseau qu'il y rencontra; c'est ce que j'avais à prouver.

Quel était cet homme? je l'ignore : ce que je sais, c'est que, pour que le-

(1) J'ai appris seulement depuis quelques jours que le secrétaire baillival d'Yverdun s'appelait aussi M. Aldiman.

dit Thevenin ne soit pas un imposteur, il faut que cet autre homme se trouve, c'est-à-dire que son existence soit connue sur les lieux; il faut qu'il s'y soit trouvé dans l'année 1761, qu'il s'appelât Rousseau, qu'il eût un habit gris doublé de vert ou de bleu, qu'il ait écrit des lettres à MM. de Faugnes et Aldiman, qui par conséquent étaient de sa connaissance; qu'il ait écrit une autre lettre à Paris, signée *le Voyageur perpétuel;* qu'après avoir passé deux jours avec Thevenin aux Verrières, ils aient encore été de compagnie à Saint-Sulpice avec Janin leur hôte, et qu'après y avoir dîné tous trois ensemble, ledit Thevenin ait fait donner audit Rousseau neuf francs par ledit Janin. La vérification de tous ces faits gît en informations, que je ne suis point en état de faire, et qui ne m'intéressent en aucune sorte, si ce n'est pour prouver ce que je sais bien sans cela, savoir, que ledit Thevenin est un imposteur aposté. J'ai pourtant écrit dans le pays pour avoir là-dessus des éclaircissements, dont j'aurai l'honneur, monsieur, de vous faire part, s'ils me parviennent : mais comment pourrais-je espérer que des lettres de cette espèce échapperont à l'interception, puisque celles même que j'adresse à M. le prince de Conti n'y échappent pas, et que la dernière que j'eus l'honneur de lui écrire, et que je mis moi-même à la poste, en partant de Grenoble, ne lui est pas parvenue? Mais ils auront beau faire, je me ris des machines qu'ils entassent sans cesse autour de moi; elles s'écrouleront par leur propre masse, et le cri de la vérité percera le ciel tôt ou tard.

Agréez, monsieur le comte, les assurances de mon respect.

APOSTILLE DE L'AUTEUR.

N. B. Cette lettre est restée sans réponse, de même qu'une autre écrite encore l'ordinaire suivant à M. le comte de Tonnerre en lui en envoyant une dans laquelle M. Roguin me donnait des informations sur le sieur Thevenin, et qui ne m'a point été envoyée. Depuis lors, je n'ai reçu ni de M. de Tonnerre, ni d'aucune âme vivante, aucun avis de rien de ce qui s'est passé à Grenoble au sujet de cette affaire, ni de ce qu'est devenu ledit Thevenin.

AU MÊME.

Bourgoin, le 20 septembre 1768.

Monsieur,

A compte des éclaircissements que j'ai demandés sur l'histoire du sieur Thevenin, voici toujours une lettre de M. Roguin d'Yverdun, respectable vieillard, mon ami de trente ans, et celui de feu M. de Rozière, père de M. de Rozière, officier d'artillerie, par qui cette lettre m'est parvenue. Vous y verrez, monsieur, que le bénin Thevenin n'en est pas à son coup d'essai d'impostures, et qu'il a été ci-devant condamné, par arrêt du parlement de Paris, à être fouetté, marqué, et envoyé aux galères pour fabrication de faux actes. Vous y verrez un mensonge bien manifeste dans sa dernière déclaration, puisqu'il m'a dit, à moi, n'avoir pu joindre M. de Faugnes pour lui remettre la lettre de recommandation de R., ni pour en apprendre l'effet; et vous voyez, par la lettre de M. Roguin, qu'il sait bien le joindre pour lui remettre la lettre du curé de Tovency-les-Filles, et pour le circonvenir de ses mensonges au sujet de Thevenin de Tanley, conseiller au parlement de Paris. Si mes lettres et leurs réponses parviennent fidèlement, j'aurai dans peu réponse de M. de Faugnes, et la déclaration de Janin, que je lui ai fait demander par le premier magistrat du lieu.

Veuillez, monsieur le comte, agréer avec bonté mon respect. RENOU.

Rien ne presse pour le renvoi de la lettre ci-jointe. Je vous supplie seulement, monsieur, d'ordonner qu'elle ne soit pas égarée, et qu'on me la renvoie quand elle ne servira plus à rien.

A M. LALIAUD.

A Bourgoin, le 21 septembre 1768.

Je ne puis résister, monsieur, au désir de vous donner, par la copie ci-jointe, une idée de la manière dont je suis traité dans ce pays. Sitôt que je fus parti de Grenoble pour venir ici, l'on y déterra un garçon chamoiseur nommé Thevenin, qui me redemandait neuf francs, qu'il prétendait m'avoir prêtés en Suisse, et qu'il prétend à présent m'avoir donnés, parce que ceux qui l'instruisent ont senti le ridicule de faire prêter de l'argent par un passant à quelqu'un qui demeure dans le pays. Cette extravagante histoire, qui partout ailleurs eût attiré audit Thevenin le traitement qu'il mérite, lui attire ici la faveur publique; et il n'y a personne à Grenoble, et parmi les gens qui m'entourent, qui ne donnât tout au monde pour que Thevenin se trouvât l'honnête homme et moi le fripon : malheureusement pour eux, j'apprends à l'instant, par une lettre de Suisse, qui m'est arrivée sous couvert étranger, que ledit Thevenin a eu ci-devant l'honneur d'être condamné, par un arrêt du parlement de Paris, à être marqué et envoyé aux galères, pour fabrication de faux actes, dans un procès qu'il eut l'impudence d'intenter à M. Thevenin de Tanley, conseiller honoraire actuel au parlement, rue des Enfants-Rouges, au Marais (1). J'ai écrit en Suisse pour avoir des informations sur le compte de ce misérable : je n'ai eu encore que cette seule réponse qui heureusement n'est pas venue directement à mon adresse.

J'ai écrit à M. de Faugnes, receveur général des finances à Paris, lequel a connu, à ce qu'on me marque, ledit Thevenin; je n'en ai aucune réponse : je crains bien que mes lettres ne soient interceptées à la poste. M. de Faugnes demeure rue Feydeau. Si, sans vous incommoder, vous pouviez, monsieur, passer chez lui et chez M. Thevenin de Tanley, vous tireriez peut-être de ces messieurs, des informations qui me seraient utiles pour confondre mon coquin, malgré la faveur de ses honnêtes protecteurs.

Je vois que ma diffamation est jurée et qu'on veut l'opérer à tout prix : mon intention n'est pas de daigner me défendre, quoiqu'en cette occasion je n'aie pu résister au désir de démasquer l'imposteur, mais j'avoue qu'enfin dégoûté de la France je n'aspire plus qu'à m'en éloigner, et du foyer des complots dont je suis la victime. Je n'espère pas échapper à mes ennemis, en quelque lieu que je me réfugie; mais, en les forçant de multiplier leurs complices, je rends leur secret plus difficile à garder et je le crois déjà au point de ne pouvoir me survivre : c'est tout ce qui me reste à désirer désormais. Bonjour, monsieur. Votre dernière lettre m'est bien parvenue; cela me fait espérer le même bonheur pour celle-ci, et peut-être pour votre réponse : faites-la un peu promptement, je vous supplie, si vous voulez que je la reçoive; car dans une quinzaine de jours je pourrais bien n'être plus ici. Ma femme vous prie d'agréer ses obéissances : recevez mes très humbles salutations.

A M. DU PEYROU.

Bourgoin, le 26 septembre 1768.

Je reçois en ce moment, mon cher hôte, votre lettre du 20, et j'y apprends les progrès de votre rétablissement avec une satisfaction à laquelle il ne manque, pour être entière, que d'aussi bonnes nouvelles de la santé de la bonne maman. Il n'y a rien à faire à sa sciatique que d'attendre les trèves, et prendre patience : vous êtes dans le même cas pour votre goutte; et, après la leçon terrible pour vous et pour d'autres que vous avez reçue, j'espère que vous renoncerez une bonne fois à la fantaisie de guérir de la goutte, de tourmenter votre estomac et vos oreilles, et de vouloir changer votre constitution avec du petit lait, des purgatifs et des drogues; et que vous prendrez une

---

(1) L'arrêt est du 10 mars 1761. Il fut permis à Jean Thevenin de Tanley et consorts de le faire imprimer, publier et afficher. On y voit même que ledit Nicolas-Eloi Thevenin, de la Charité-sur-Loire, est condamné au carcan, en place de Grève, pour y demeurer depuis midi jusqu'à deux heures, ayant écriteau devant et derrière, portant ces mots : *Calomniateur et imposteur insigne.*

bonne fois le parti de suivre et d'aider, s'il se peut, la nature, mais non de la contrarier.

Je ne sais pourquoi vous vous imaginez qu'il a fallu, pour me marier, quitter le nom que je porte; ce ne sont pas les noms qui se marient, ce sont les personnes; et quand, dans cette simple et sainte cérémonie, les noms entreraient comme partie constituante, celui que je porte suffit, puisque je n'en reconnais plus d'autres. S'il s'agissait de fortune et de biens qu'il fallût assurer, ce serait autre chose, mais vous savez très bien que nous ne sommes ni elle ni moi dans ce cas-là; chacun des deux est à l'autre avec tout son être et son avoir, voilà tout.

Pour vous mettre au fait de l'histoire de l'honnête Thevenin, je prends le parti de vous faire passer, par M. Boy de La Tour, partie d'une lettre que j'écrivis, il y a huit jours, au commandant de notre province, et qui contient la relation d'une entrevue que j'ai eue avec ce malheureux qui ne m'a point connu, mais qui s'était précautionné là-dessus d'avance, en disant qu'il ne reconnaîtrait point ledit Rousseau, s'il le voyait. A l'égard du temps, Thevenin disait d'abord dix ans, mais ensuite il a rapproché l'époque, et il l'a laissée assez vague pour qu'elle puisse cadrer à tout. Les anachronismes et les contradictions ne lui font rien du tout, attendu qu'à toutes les objections qu'on lui peut faire, il a cette réponse péremptoire qu'il est trop honnête homme et trop bon chrétien pour vouloir tromper; ce qui n'a pourtant pas empêché cet honnête homme et ce bon chrétien d'être ci-devant condamné aux galères, comme je l'ai appris de M. Roguin. Au reste, je n'ai aucune réponse ni de M. Guyenet, ni d'aucun de ceux à qui j'ai écrit au Val-de-Travers; ce qui peut venir de l'adresse que je leur ai donnée, savoir celle de M. le comte de Tonnerre, commandant du Dauphiné, qui permettait que pour plus de sûreté je lui fisse adresser mes lettres, et jusqu'ici me les avait fait passer très fidèlement; mais depuis une quinzaine de jours il est en campagne, et je n'ai plus de lui ni lettres ni réponses.

Pouviez-vous espérer, mon cher hôte, que la liberté se maintiendrait chez vous, vous qui devez savoir qu'il ne reste plus nulle part de liberté sur la terre, si ce n'est dans le cœur de l'homme juste, d'où rien ne la peut chasser? Il me semble aussi, je l'avoue, que vos peuples n'usaient pas de la leur en hommes libres, mais en gens effrénés. Ils ignoraient trop, ce me semble, que la liberté, de quelque manière qu'on en jouisse, ne se maintient qu'avec de grandes vertus. Ce qui me fâche d'eux est qu'ils avaient d'abord les vices de la licence, et qu'ils vont tomber maintenant dans ceux de la servitude. Partout excès : la vertu seule, dont on ne s'avise jamais, ferait le milieu.

Recevez mes remercîments des papiers que vous avez remis à notre amie, et qui pourront me donner quelques distractions dont j'ai grand besoin. Je vous remercie aussi des plantes que vous aviez chargé Gagnebin de recueillir, quoiqu'il n'ait pas rempli votre intention. C'est de cette bonne intention que je vous remercie; elle me flatte plus que toutes les plantes du monde. Les tracas éternels qu'on me fait souffrir me dégoûtent un peu de la botanique, qui ne me paraît un amusement délicieux qu'autant qu'on peut s'y livrer tout entier. Je sens que pour peu que l'on me tourmente encore je m'en détacherai tout-à-fait. Je n'ai pas laissé pourtant de trouver en ce pays quelques plantes, sinon jolies, au moins nouvelles pour moi; entre autres, près de Grenoble, l'*Osyris* et le *Térébinthe;* ici le *Cenchrus racemosus*, qui m'a beaucoup surpris, parce que c'est un gramen maritime; l'*Hypopitis*, plante parasite qui tient de l'orobanche; le *Crepis fœtida* qui sent l'amande amère à pleine gorge, et quelques autres que je ne me rappelle pas en ce moment. Voilà, mon cher hôte, plus de botanique qu'il n'en faut à votre stoïque indifférence. Vous pouvez m'écrire en droiture ici sous le nom de Renou. J'ai grand'peur, s'il ne survient quelque amélioration dans mon état et dans mes affaires, d'être réduit à passer avec ma femme tout l'hiver dans ce cabaret, puisque je ne trouve pas sur la terre une pierre pour y poser ma tête.

AU MÊME.
Bourgoin, le 2 octobre 1768.

Quelle affreuse nouvelle vous m'apprenez, mon cher hôte, et que mon cœur en est affecté! Je ressens le cruel accident de votre pauvre maman comme elle, ou plutôt comme vous, et c'est tout dire. Une jambe cassée est un malheur que mon père eut étant déjà vieux, et qui lui arriva de même en se promenant, tandis que dans ses terribles fatigues de chasse, qu'il aimait à la passion, jamais il n'avait eu le moindre accident. Sa jambe guérit très facilement et très bien, malgré son âge; et j'espérerais la même chose de madame la Commandante, si la fracture n'était dans une place où le traitement est incomparablement plus difficile et plus douloureux. Toutefois, avec beaucoup de résignation, de patience, de temps, et les soins d'un homme habile, la cure est également possible, et il n'est pas déraisonnable de l'espérer. C'est tout ce qu'il m'est permis de dire dans cette fatale circonstance, pour notre commune consolation. Ce malheur fait aux miens, dans mon cœur, une diversion bien funeste, mais réelle pourtant, en ce qu'au sentiment des maux de ceux qui nous sont chers, se joint l'expression tendre de notre attachement pour eux, qui n'est jamais sans quelque douceur; au lieu que le sentiment de nos propres maux, quand ils sont grands et sans remède, n'est que sec et sombre : il ne porte aucun adoucissement avec soi. Vous n'attendez pas de moi, mon cher hôte, les froides et vaines sentences des gens qui ne sentent rien; on ne trouve guère pour ses amis les consolations qu'on ne peut trouver pour soi-même. Mais cependant je ne puis m'empêcher de remarquer que votre affliction ne raisonne pas juste, quand elle s'irrite par l'idée que ce triste événement n'est pas dans l'ordre des choses attachées à la condition humaine. Rien, mon cher hôte, n'est plus dans cet ordre que les accidents imprévus qui troublent, altèrent et abrègent la vie. C'est avec cette dépendance que nous sommes nés; elle est attachée à notre nature et à notre constitution. S'il y a des coups qu'on doive endurer avec patience, ce sont ceux qui nous viennent de l'inflexible nécessité, et auxquels aucune volonté humaine n'a concouru. Ceux qui nous sont portés par les mains des méchants sont à mon gré beaucoup plus insupportables, parce que la nature ne nous fit pas pour les souffrir. Mais c'est déjà trop moraliser. Donnez-moi fréquemment, mon cher hôte, des nouvelles de la malade; dites-lui souvent aussi combien mon cœur est navré de ses souffrances, et combien de vœux je joins aux vôtres pour sa guérison.

J'ai reçu par M. le comte de Tonnerre une lettre du lieutenant Guyenet, laquelle m'en promet une autre que j'attends pour lui faire des remercîments. A présent ledit Thevenin est bien convaincu d'être un imposteur. M. de Tonnerre, qui m'avait positivement promis toute protection dans cette affaire, me marque qu'il lui imposera silence. Que dites-vous de cette manière de rendre justice? C'est comme si, après qu'un homme aurait pris ma bourse, au lieu de me la rendre, on lui ordonnerait de ne me plus voler. En toute chose voilà comme je suis traité.

Je vous ai déjà marqué que vous pouvez m'écrire ici en droiture sous le nom de Renou; vous pouvez continuer aussi d'employer la même adresse dont vous vous servez ; cela me paraît absolument égal.

A M. LALIAUD.
Bourgoin, le 5 octobre 1768.

Votre lettre, monsieur, du 29 septembre m'est parvenue en son temps, mais sans le duplicata; et je suis d'avis que vous ne vous donniez plus la peine d'en faire par cette voie, espérant que vos lettres continueront à me parvenir en droiture, ayant peut-être été ouvertes; mais n'importe pas, pourvu qu'elles parviennent. Si j'aperçois une interruption, je chercherai une adresse intermédiaire ici, si je puis, ou à Lyon.

Je suis bien touché de vos soins et de la peine qu'ils vous donnent, à laquelle je suis très sûr que vous n'avez pas regret; mais il est superflu que vous continuiez d'en prendre au sujet de ce coquin de Thevenin, dont l'imposture est maintenant dans un degré d'évidence auquel M. de Tonnerre lui-même ne peut se refuser. Savez-vous là-dessus quelle justice il se propose de me rendre, après m'avoir promis la protection la plus authentique pour tirer cette affaire au clair? C'est d'imposer silence à cet homme; et moi toute la peine que je me suis donnée était dans l'espoir qu'il le forcerait de parler. Ne parlons plus de ce misérable ni de ceux qui l'ont mis en jeu. Je sais que l'impunité de celui-ci va les mettre à leur aise pour en susciter mille autres; et c'était pour cela qu'il m'importait de démasquer le premier. Je l'ai fait, cela me suffit : il en viendrait maintenant cent par jour que je ne daignerais pas leur répondre.

Quoique ma situation devienne plus cruelle de jour en jour, que je me voie réduit à passer dans un cabaret l'hiver dont je sens déjà les atteintes, et qu'il ne me reste pas une pierre pour y poser ma tête, il n'y a point d'extrémité que je n'endure plutôt que de retourner à Trye; et vous ne me proposeriez sûrement pas ce retour, si vous saviez ce qu'on m'y a fait souffrir, et entre les mains de quelles gens j'étais tombé là. Je frémis seulement à y songer : n'en parlons jamais, je vous prie.

Plus je réfléchis aux traitements que j'éprouve, moins je puis comprendre ce qu'on me veut. Egalement tourmenté, quelque parti que je prenne, je n'ai la liberté ni de rester où je suis ni d'aller où je veux; je ne puis pas même obtenir de savoir où l'on veut que je sois, ni ce qu'on veut faire de moi. J'ai vainement désiré qu'on disposât ouvertement de ma personne; ce serait me mettre en repos, et voilà ce qu'on ne veut pas. Tout ce que je sens est qu'on est importuné de mon existence, et qu'on veut faire en sorte que je le sois moi-même; il est impossible de s'y prendre mieux pour cela. Il m'est cent fois venu dans l'esprit de proposer mon transport en Amérique, espérant qu'on voudrait bien m'y laisser tranquille, en quoi je crois bien que je me flattais trop; mais enfin j'en aurais fait de bon cœur la tentative si nous étions plus en état, ma femme et moi, d'en supporter le voyage et l'air. Il me vient une autre idée dont je veux vous parler, et que ma passion pour la botanique m'a fait naître; car, voyant qu'on ne voulait pas me laisser herboriser en repos, j'ai voulu quitter les plantes; mais j'ai vu que je ne pouvais plus m'en passer : c'est une distraction qui m'est nécessaire absolument; c'est un engouement d'enfant, mais qui me durera toute ma vie.

Je voudrais, monsieur, trouver quelque moyen d'aller la finir dans les îles de l'Archipel, dans celle de Chypre; ou dans quelque autre coin de la Grèce; il ne m'importe où, pourvu que je trouve un beau climat fertile en végétaux, et que la charité chrétienne ne dispose plus de moi. J'ai dans l'esprit que la barbarie turque me sera moins cruelle. Malheureusement pour y aller, pour y vivre avec ma femme, j'ai besoin d'aide et de protection. Je ne saurais subsister là-bas sans ressource; et sans quelque faveur de la Porte, ou quelque recommandation du moins pour quelqu'un des consuls qui résident dans le pays, mon établissement y serait totalement impossible. Comme je ne serais pas sans espoir d'y rendre mon séjour de quelque utilité au progrès de l'histoire naturelle et de la botanique, je croirais pouvoir à ce titre obtenir quelque assistance des souverains qui se font honneur de le favoriser. Je ne suis pas un Tournefort, ni un Jussieu; mais aussi je ne ferais pas ce travail en passant, plein d'autres vues et par tâche : je m'y livrerais tout entier, uniquement par plaisir et jusqu'à la mort. Le goût, l'assiduité, la constance, peuvent suppléer à beaucoup de connaissances, et même les donner à la fin.

Si j'avais encore ma pension du roi d'Angleterre, elle me suffirait et je ne demanderais rien, sinon qu'on favorisât mon passage, et qu'on m'accordât quelque recommandation. Mais, sans y avoir renoncé formellement, je me suis mis dans le cas de ne pouvoir demander, ni désirer même honnêtement qu'elle me soit continuée; et d'ailleurs, avant d'aller m'exiler là pour le reste de mes jours, il me faudrait quelque assurance raisonnable de n'y pas être oublié et laissé mourir de faim. J'avoue qu'en faisant usage de mes propres ressources, j'en trouverais dans le fruit de mes travaux passés de suffisantes pour subsister où que ce fût; mais cela demanderait d'autres arrangements que ceux qui subsistent, et des soins que je ne suis plus en état d'y donner. Pardon, monsieur : je vous expose bien confusément l'idée qui m'est venue, et les obstacles que je vois à son exécution. Cependant, comme ces obstacles ne sont pas insurmontables, et que cette idée m'offre le seul espoir de repos qui me reste, j'ai cru devoir vous en parler, afin que, sondant le terrain, si l'occasion s'en présente, soit auprès de quelqu'un qui ait du crédit à la cour, et des protecteurs que vous me connaissez, soit pour tâcher de savoir en quelle disposition l'on serait à celle de Londres pour protéger mes herborisations dans l'Archipel, vous puissiez me marquer si l'exil dans ce pays-là que je désire peut être favorisé d'un des deux souverains. Au reste, il n'y a que ce moyen de le rendre praticable, et je ne me résoudrai jamais, avec quelque ardeur que je le désire, à recourir pour cela à aucun particulier quel qu'il soit. La voie la plus courte et la plus sûre de savoir là-dessus ce qui se peut faire serait, à mon avis, de consulter madame la maréchale de Luxembourg. J'ai même une si pleine confiance, et dans sa bonté pour moi, et dans ses lumières, que je voudrais que vous ne parlassiez d'abord de ce projet qu'à elle seule, que vous ne fissiez là-dessus que ce qu'elle approuvera, et que vous n'y pensiez plus si elle le juge impraticable. Vous m'avez écrit, monsieur, de compter sur vous. Voilà ma réponse. Je mets mon sort dans vos mains, autant qu'il peut dépendre de moi. Adieu, monsieur; je vous embrasse de tout mon cœur.

A M. MOULTOU.

Bourgoin, le 10 octobre 1768.

Vos lettres, monsieur, me sont parvenues. Je ne répondis point à la première, parce que vous m'annonciez votre prochain départ de Genève; mais j'y crus voir de votre part la continuation d'une amitié à laquelle je serai toujours sensible, et j'y trouvai la clef de bien des mystères auxquels depuis longtemps je ne comprenais rien. Cela m'a fait rompre, un peu imprudemment peut-être, avec des ingrats dont j'ai plus à craindre qu'à espérer, après m'être perdu pour leur service; mais mon horreur pour toute espèce de déguisement augmente avec l'effet de ceux dont je suis la victime. Aussi bien, dans l'état où l'on m'a réduit, je puis désormais être franc impunément; je n'en deviendrai pas plus misérable.

J'ignore absolument ce que c'est que le château de Lavagnac, à qui il appartient, sur quel pied j'y pourrais loger, s'il est habitable pour moi, c'est-à-dire, à ma manière, et meublé; en un mot tout ce qui s'y rapporte, hors le peu que vous m'en dites dans votre dernière lettre, et qui me paraît très attrayant. Coindet ne m'en a jamais parlé, et cela ne m'étonne guère. Votre courte description du local est charmante. Vous m'offrez de m'en dire davantage, et même d'aller prendre des éclaircissements sur les lieux. Je suis bien tenté de vous prendre au mot: car aller habiter un si beau lieu, moi qui n'ai d'asile qu'au cabaret; vous voir en passant; être voisin de M. Venel, pour lequel j'ai la plus véritable estime : tout cela m'attire assez fortement pour me déterminer probablement tout-à-fait, pour peu que les convenances dont j'ai besoin s'y rencontrent. A l'égard du plus profond secret que vous me promettez, vous n'en êtes plus le maître; ne laissez pourtant pas de le garder autant qu'il vous sera possible; je vous en prie instamment, puisque votre lettre a été ouverte, quoique celle qui lui servait d'enveloppe ne l'ait pas été. Avis au lecteur.

J'apprends avec le plus vrai plaisir que votre voyage a été salutaire à la santé de madame Moultou : mon empressement de vous voir est encore augmenté par le désir d'être connu d'elle, et de lui agréer. Si je n'obtiens pas qu'elle approuve votre amitié pour moi, et qu'elle en suive l'exemple, je réponds au moins que ce ne sera pas ma faute; mais comme je désire m'arrêter un peu à Montpellier pour voir M. Gouan et le Jardin des Plantes, je ne logerai pas chez vous. Je vous prierai seulement de me chercher deux chambres dans votre voisinage, et qui n'empêcheront pas, si je ne vous importune point, que vous ne me voyiez chez vous presque autant que si j'y logeais, à condition que vous ne fermerez pour cela votre porte à personne : les sociétés bonnes pour vous seront sûrement très bonnes pour moi; et si je ne suis pas bon pour elles, ce ne sera pas la faute de ma volonté.

Vous savez sûrement que ma gouvernante, et mon amie et ma sœur, et mon tout, est enfin devenue ma femme. Puisqu'elle a voulu suivre mon sort et partager toutes les misères de ma vie, j'ai dû faire au moins que ce fût avec honneur. Vingt-cinq ans d'union des cœurs ont produit enfin celle des personnes. L'estime et la confiance ont formé ce lien. S'il s'en formait plus souvent sous les mêmes auspices, il y en aurait moins de malheureux. Madame Renou ne sera point l'ornement d'un cercle, et les belles dames riront d'elle sans que cela la fâche; mais elle sera, jusqu'à la fin de mes jours, la plus douce consolation, peut-être l'unique d'un homme qui en a le plus grand besoin. Je vous embrasse de tout mon cœur.

Vous pouvez m'écrire en droiture à M. Renou, à Bourgoin en Dauphiné.

A M. LALIAUD.

Bourgoin, le 23 octobre 1768.

J'ai, monsieur, votre lettre du 13 et les autres. Je ne vous ferai point d'autres remercîments des peines que je vous donne que d'en profiter ; il en est pourtant que je voudrais vous éviter, comme celle des duplicata de vos lettres que vous prenez inutilement, puisqu'il est de la dernière évidence que si l'on prenait le parti de supprimer vos lettres, on supprimerait encore plus certainement les duplicata.

Je sens l'impossibilité d'exécuter mon projet : vos raisons sont sans réplique ; mais je ne conviens pas qu'en supposant cette exécution possible, ce serait donner plus beau jeu à mes ennemis; je suis certain de ne pouvoir pas plus éviter en France qu'en Angleterre de tomber dans les mains de leurs satellites; au lieu que les pachas ne se piquant pas de philosophie, et n'étant que médiocrement galants, les Machiavels et leurs amies ne disposeront pas tout-à-fait aussi aisément d'eux que de ceux d'ici. Le projet que vous substituez au mien, savoir, celui de ma retraite dans les Cévennes, a été le premier des miens en songeant à quitter Trye ; je le proposai à M. le prince de Conti, qui s'y opposa et me força de l'abandonner. Ce projet eût été fort de mon goût, et le serait encore; mais je vous avoue qu'une habitation tout-à-fait isolée m'effraie un peu depuis que je vois dans ceux qui disposent de moi tant d'ardeur à m'y confiner. Je ne sais ce qu'ils veulent faire de moi dans un désert; mais ils m'y veulent entraîner à toute force, et je ne doute pas que ce ne soit l'une des raisons qui les a portés à me chasser de Trye, dont l'habitation ne leur paraissait pas encore assez solitaire pour leur objet, quoique le vœu commun de son altesse, de madame la maréchale, et le mien, fût que j'y finisse mes jours. S'ils n'avaient voulu que s'assurer de moi, me diffamer à leur aise, sans que jamais je pusse dévoiler leur trame aux yeux du public, ni même les pénétrer, c'était là qu'ils devaient me tenir, puisque, maîtres absolus dans la maison du prince où il n'a lui-même aucun pouvoir, ils y disposaient de moi tout à leur gré. Cependant, après avoir tâché de me dissuader d'y rentrer et de me persuader d'en sortir, trouvant ma volonté inébranlable, ils ont fini par m'en chasser de vive force par les mains du sacripant que le maître avait chargé de me protéger, mais qui se sentait trop bien protégé ici, même par d'autres, pour avoir peur de désobéir. Que me veulent-ils maintenant qu'ils me tiennent tout-à-fait? Je l'ignore : je sais seulement qu'ils ne me veulent ni à Trye, ni dans une ville, ni au voisinage d'aucun ami, ni même au voisinage de personne, et qu'ils ne veulent autre chose encore que simplement de s'assurer de moi. Convenez que voilà de quoi donner à penser. Comment le prince me protégera-t-il ailleurs s'il n'a pu me protéger dans sa maison même? Que deviendrai-je dans ces montagnes si je vais m'y fourrer sans préliminaire, sans connaissance, et sûr d'être, comme partout, la dupe et la victime du premier fourbe qui viendra me circonvenir? Si nous prenons des arrangements d'avance, il arrivera ce qui est toujours arrivé, c'est que M. le prince de Conti et madame la maréchale ne pouvant les cacher aux machiavélistes qui les entourent, et qui se gardent bien de laisser voir leurs desseins secrets, leur donneront le plus beau jeu du monde pour dresser d'avance leurs batteries dans le lieu que je dois habiter Je serai attendu là comme je l'étais à Grenoble, et comme je le suis partout où l'on sait que je veux aller. Si c'est une maison isolée, la chose leur sera cent fois plus commode : ils n'auront à corrompre que les gens dont je dépendrai pour tout et en tout. Si ce n'était que pour m'espionner, à la bonne heure, et très-peu m'importe. Mais c'est pour autre chose, comme je vous l'ai prouvé; et pourquoi? Je l'ignore, et je m'y perds; mais convenez que le doute n'est pas attirant.

Voilà, monsieur, des considérations que je vous prie de bien peser; à quoi j'ajoute les incommodités infinies d'une habitation isolée pour un étranger, à mon âge et dans mon état, la dépense au moins triple, les idées terribles auxquelles je dois être en proie, ainsi séquestré du genre humain, non volontairement et par goût, mais par force et pour assouvir la rage de mes oppresseurs : car d'ailleurs je vous jure que mon même goût pour la solitude est plutôt augmenté que diminué par mes infortunes ; et que, si j'étais pleinement libre et maître de mon sort, je choisirais la plus profonde retraite pour y finir mes jours. Bien plus, une captivité déclarée n'aurait rien de pénible et de triste pour moi. Qu'on me traite comme on voudra, pourvu que ce soit ouvertement je puis tout souffrir sans murmure; mais mon cœur ne peut tenir aux flagorneries d'un sot fourbe qui se croit fin parce qu'il est faux. J'étais tranquille aux cailloux des assassins de Motiers, et ne puis l'être aux phrases des admirateurs de Grenoble.

Il faut vous dire encore que ma situation présente est trop désagréable et violente pour que je ne saisisse pas la première occasion d'en sortir; ainsi des arrangements d'une exécution éloignée ne peuvent jamais être pour moi des engagements absolus qui m'obligent à renoncer aux ressources qui peuvent se présenter dans l'intervalle. J'ai dû, monsieur, entrer avec vous dans ces détails, auxquels je dois ajouter que l'espèce de liberté de disposer de moi, que mes ressources me laissent, n'est pas illimitée, que ma situation la restreint tous les jours, que je ne puis former des projets que pour deux ou trois années, passé lesquelles d'autres lois ordonneront de mon sort et de celui de ma compagne; mais l'avenir éloigné ne m'a jamais effrayé. Je sens qu'en général, vivant ou mort, le temps est pour moi; mes ennemis le sentent aussi, et c'est ce qui les désole : ils se pressent de jouir de leur reste ; dès maintenant ils en ont trop fait pour que leurs manœuvres puissent rester longtemps cachées ; et le moment qui doit les mettre en évidence sera précisément celui où ils voudront les étendre sur l'avenir. Vous êtes jeune, monsieur; souvenez-vous de la prédiction que je vous fais, et soyez sûr que vous la verrez accomplie. Il me reste maintenant à vous dire que, prévenu de tout cela, vous pouvez agir comme votre cœur vous inspirera, et comme votre raison vous éclairera; plein de confiance en vos sentiments et en vos lumières, certain que vous n'êtes pas homme à servir mes intérêts aux dépens de mon honneur, je vous donne toute ma confiance. Voyez madame la maréchale; la mienne en elle est toujours la même. Je compte également et sur ses bontés et sur celles de M. le prince de Conti; mais l'un est subjugué, l'autre ne l'est pas; et je ratifie d'avance tout ce que vous résoudrez avec elle, comme fait pour mon plus grand bien. A l'égard du titre dont vous me parlez, je tiendrai toujours à très grand honneur d'appartenir à S. A. S., et il ne tiendra pas à moi de le mériter; mais ce sont de ces choses qui s'acceptent, et qui ne se demandent pas. Je ne suis pas encore à la fin de mon bavardage, mais je suis à la fin de mon papier; j'ai pourtant encore à vous dire que l'aventure de Thevenin a produit sur moi l'effet que vous désiriez. Je me trouve moi-même fort ridicule d'avoir pris à cœur une pareille affaire, ce que je n'aurais pourtant pas fait, je vous jure, si je n'eusse été sûr que c'était un drôle aposté. Je désirais, non par vengeance assurément, mais pour ma sûreté, qu'on dévoilât ses instigateurs : on ne l'a pas voulu, soit; il en viendrait mille autres que je ne daignerais pas même répondre à ceux qui m'en parleraient. Bonjour, monsieur; je vous embrasse de tout mon cœur.

P. S. J'oubliais de vous dire que mon chamoiseur est bien le cordonnier de M. de Tanley; il apprit le métier de chamoiseur à Yverdun après sa retraite. J'ai fait faire en Suisse des informations, avec la déposition juridique et légalisée du cabaretier Janin.

A M. DU PEYROU.

Bourgoin, le 30 octobre 1768.

Voici, j'espère, la dernière fois que j'aurai à vous parler du sieur Thevenin, dont je n'entends plus parler moi-même. Après les preuves péremptoires que j'ai données à M. de Tonnerre de la fourberie de cet imposteur, il en a bien fallu convenir à la fin, et il m'a offert de le punir par quelques jours de prison, comme si le but de tous les soins que j'ai pris et que j'ai donnés à ce sujet, était le châtiment de ce misérable. Vous croyez bien que je n'ai pas accepté. L'imposteur étant convaincu, rien n'était plus aisé que de le faire parler et de remonter peut-être à la source de ce complot profondément ténébreux dont je suis la victime depuis plusieurs années, et dont je dois l'être jusqu'à ma mort. Je me le tiens pour dit; et prenant enfin mon parti sur les manœuvres des hommes, je les laisserai désormais ourdir et tramer leurs iniquités, certain, quoi qu'ils puissent faire, que le temps et la vérité seront plus forts qu'eux. Ce qu'il me reste de toute cette affaire est un tendre souvenir des soins que mes amis ont bien voulu se donner en cette occasion, pour confondre l'imposture, et je suis en particulier très sensible à l'activité de M. Guyenet, dont je n'avais pas le même droit d'en attendre, et avec qui je n'étais plus en relation. J'apprends qu'il commence à se ranger, et je m'en réjouis de tout mon cœur, pour le bonheur de son excellente petite femme et le sien. Je finis, mon cher hôte, un peu à la hâte, en vous embrassant au nom de ma femme et au mien. J'embrasse M. Jeannin.

A M. LALIAUD.

Bourgoin, le 2 novembre 1768.

Depuis la dernière lettre, monsieur, que je vous ai écrite, et dont je n'ai pas encore la réponse, j'ai reçu de M. le duc de Choiseul un passeport que je lui avais demandé pour sortir du royaume, il y a près de six semaines, et auquel je ne songeais plus. Me sentant de plus en plus dans l'absolue nécessité de me servir de ce passeport, j'ai délibéré, dans la cruelle extrémité où je me trouve, et dans la saison où nous sommes, sur l'usage que j'en ferais, ne voulant ni ne pouvant le laisser écouler comme l'autre. Vous serez étonné du résultat de ma délibération, faite pourtant avec tout le poids, tout le sang-froid, toute la réflexion dont je suis capable; c'est de retourner en Angleterre, et d'y aller finir mes jours dans ma solitude de Wootton. Je crois cette résolution la plus sage que j'aie prise en ma vie, et j'ai, pour un des garants de sa solidité, l'horreur qu'il m'a fallu surmonter pour la prendre, et telle qu'en cet instant même je n'y puis penser sans frémir. Je ne puis, monsieur, vous en dire davantage dans une lettre, mais mon parti est pris, et je m'y sens inébranlable, à proportion de ce qu'il m'en a coûté pour le prendre. Voici une lettre qui s'y rapporte, et à laquelle je vous prie de vouloir bien donner cours. J'écris à M. l'ambassadeur d'Angleterre, mais je ne sais s'il est à Paris. Vous m'obligeriez de vouloir bien vous en informer; et, si vous pouviez même parvenir à savoir s'il a reçu ma lettre, vous feriez une bonne œuvre de m'en donner avis; car, tandis que j'attends ici sa réponse, mon passeport s'écoule et le temps est précieux. Vous êtes trop clairvoyant pour ne pas sentir combien il m'importe que la résolution que je vous communique demeure secrète sans exception : toutefois je n'exige rien de vous que ce que la prudence et votre amitié en exigeront. Si M. l'ambassadeur ébruite ce dessein, c'est tout autre chose, et d'ailleurs je ne l'en puis empêcher. En prenant mon parti sur ce point, vous sentez que je l'ai pris sur tout le reste. Je quitterai ce continent, comme je quitterais le séjour de la lune. L'autre fois, ce n'était pas la même chose; j'y laissais des attachements, j'y croyais laisser des amis. Pardon, monsieur; mais je parle des anciens. Vous sentez que les nouveaux, quelque vrais qu'ils soient, ne laissent pas ces déchirements de cœur qui le font saigner durant toute la vie, par la rupture de la plus douce habitude qu'il puisse contracter. Toutes mes blessures saigneront, j'en conviens, le reste de mes jours; mais mes erreurs, du moins, sont bien guéries; la cicatrice est faite de ce côté-là. Je vous embrasse.

A M. MOULTOU.

Bourgoin, le 7 novembre 1768.

Vous avez fait, cher Moultou, une perte que tous vos amis et tous les honnêtes gens doivent pleurer avec vous, et j'en ai fait une particulière dans votre digne père par les sentiments dont il m'honorait, et dont tant de faux amis, dont je suis la victime, m'ont bien fait connaître le prix. C'est ainsi, cher Moultou, que je meurs en détail dans tous ceux qui m'aiment, tandis que ceux qui me haïssent et me trahissent semblent trouver dans l'âge et dans les années une nouvelle vigueur pour me tourmenter. Je vous entretiens de ma perte au lieu de parler de la vôtre; mais la véritable douleur qui n'a point de consolation ne sait guère en trouver pour autrui; on console les indifférents, mais on s'afflige avec ses amis. Il me semble que si j'étais près de vous, que nous nous embrassions, que nous pleurassions tous deux, sans nous rien dire, nos cœurs se seraient beaucoup dit.

Cruel ami, que de regrets vous me préparez dans vos descriptions de Lavagnac! Hélas! ce beau séjour était l'asile qu'il me fallait; j'y aurais oublié, dans un doux repos, les ennuis de ma vie; je pouvais espérer d'y trouver enfin de paisibles jours, et d'y attendre sans impatience la mort qu'ailleurs je désirerai sans cesse. Il est trop tard. La fatale destinée qui m'entraîne ordonne autrement de mon sort. Si j'en avais été le maître, si le prince lui-même eût été le maître chez lui, je ne serais jamais sorti de Trye dont il n'avait rien épargné pour me rendre le séjour agréable. Jamais prince n'en a tant fait pour aucun particulier qu'il en a daigné faire pour moi! « Je le mets ici à ma place, disait-il à son officier; je veux qu'il ait la même autorité que moi, et je n'entends pas qu'on lui offre rien, parce que je le fais maître de tout. » Il a même daigné me venir voir plusieurs fois, souper avec moi tête à tête, me dire, en présence de toute sa suite, qu'il venait exprès pour cela : et, ce qui m'a plus touché que tout le reste, s'abstenir même de chasser, de peur que le motif de son voyage ne fût équivoque. Eh bien! cher Moultou, malgré ses soins, ses ordres les plus absolus, malgré le désir, la passion, j'ose dire, qu'il avait de me rendre heureux dans la retraite qu'il m'avait donnée, on est parvenu à m'en chasser, et cela par des moyens tels que l'horrible récit n'en sortira jamais de ma bouche ni de ma plume. Son altesse a tout su, et n'a pu désapprouver ma retraite; les bontés, la protection, l'amitié de ce grand homme, m'ont suivi dans cette province, et n'ont pu me garantir des indignités que j'y ai souffertes. Voyant qu'on ne me laisserait jamais en repos dans le royaume, j'ai résolu d'en sortir; j'ai demandé un passeport à M. de Choiseul, qui, après m'avoir laissé longtemps sans réponse, vient enfin de m'envoyer ce passeport. Sa lettre est très polie, mais n'est que cela; il m'en avait écrit auparavant d'obligeantes. Ne point m'inviter à ne pas faire usage de ce passeport, c'est m'inviter en quelque sorte à en faire usage. Il ne convient pas d'importuner les ministres pour rien. Cependant depuis le moment où j'ai demandé ce passeport jusqu'à celui où je l'ai obtenu, la saison s'est avancée, les Alpes se sont couvertes de glace et de neige; il n'y a plus moyen de songer à les passer dans mon état. Mille considérations impossibles à détailler dans une lettre m'ont forcé à prendre le parti le plus violent, le plus terrible auquel mon cœur pût jamais se résoudre, mais le seul qui m'ait paru me rester; c'est de repasser en Angleterre, et d'aller finir mes malheureux jours dans ma triste solitude de Wootton, où, depuis mon départ, le propriétaire m'a souvent rappelé par force cajoleries. Je viens de lui écrire en conséquence de cette résolution; j'ai même écrit aussi à l'ambassadeur d'Angleterre. Si ma proposition est acceptée, comme elle le sera infailliblement, je ne puis plus m'en dédire, et il faut partir. Rien ne peut égaler l'horreur que m'inspire ce voyage; mais je ne vois plus de moyen de m'en tirer sans mériter des reproches; et à tout âge, surtout au mien, il vaut mieux être malheureux que coupable.

J'aurais doublement tort d'acheter pour rien de répréhensible le repos du peu de jours qui me restent à passer; mais je vous avoue que ce beau séjour de Lavagnac, le voisinage de M. Venel, l'avantage d'être auprès de son ami, par conséquent d'un honnête homme, au lieu qu'à Trye j'étais entre les mains du dernier des malheureux, tout cela me suivra en idée dans ma sombre retraite, et y augmentera ma misère pour n'avoir pu faire mon bonheur. Ce qui me tourmente encore plus en ce moment, est une lueur de vaine espérance dont je vois l'illusion, mais qui m'inquiète malgré que j'en aie. Quand mon sort sera parfaitement décidé, et qu'il ne me restera qu'à m'y soumettre, j'aurai plus de tranquillité. C'est, en attendant, un grand soulagement pour mon cœur d'avoir épanché dans le vôtre tout ce détail de ma situation. Au reste, je suis attendri d'imaginer vos dames, vous, et M. Venel, faisant ensemble ce pèlerinage bienfaisant, qui mérite mieux que ceux de Lorette d'être mis au nombre des œuvres de miséricorde. Recevez tous mes plus tendres remercîments et ceux de ma femme; faites agréer ses respects et les miens à vos dames. Nous vous saluons et vous embrassons l'un et l'autre de tout notre cœur.

P. S. J'ai proposé l'alternative de l'Angleterre, et de Minorque, que j'aimerais mieux à cause du climat. Si ce dernier parti est préféré, ne pourrions-nous pas vous voir avant mon départ, soit à Montpellier, soit à Marseille?

Autre P. S. Si j'avois reçu votre lettre avant le départ des miennes, je doute qu'elles fussent parties.

A M. LALIAUD.

Bourgoin, le 7 novembre 1768.

Depuis ma dernière lettre, monsieur, j'ai reçu d'un ami l'incluse, qui a fort augmenté mon regret d'avoir pris mon parti brusquement; la situation charmante de ce château de Lavagnac, le maître auquel il appartient, l'honnête homme qu'il a pour agent, la beauté, la douceur du climat, si convenable à mon pauvre corps délabré, le lieu assez solitaire pour être tranquille, et pas assez pour être un désert; tout cela, je vous l'avoue, si je passe en Angleterre ou même à Mahon, car j'ai proposé l'alternative, tout cela, dis-je, me fera souvent tourner les yeux et soupirer vers cet agréable asile, si bien fait pour me rendre heureux si l'on m'y laissait en paix. Mais j'ai écrit : si l'ambassadeur me répond honnêtement, me voilà engagé; j'aurais l'air de me moquer de lui si je changeais de résolution; et d'ailleurs ce serait, en quelque sorte, marquer peu d'égard pour le passeport que M. de Choiseul a eu la bonté de m'envoyer à ma prière. Les ministres sont trop occupés, et d'affaires trop importantes, pour qu'il soit permis de les importuner inutilement : d'ailleurs, plus je regarde autour de moi, plus je vois avec certitude qu'il se brasse quelque chose, sans que je puisse deviner quoi. Thevenin n'a pas été aposté pour rien : il y avait dans cette farce ridicule quelque vue qu'il m'est impossible de pénétrer; et, dans la profonde obscurité qui m'environne, j'ai peur au moindre mouvement de faire un faux pas. Tout ce qui m'est arrivé depuis mon retour en France, et depuis mon départ de Trye, me montre évidemment qu'il n'y a que M. le prince de Conti, parmi ceux qui m'aiment, qui sache au vrai le secret de ma situation, et qu'il a fait tout ce qu'il a pu pour la rendre tranquille sans pouvoir y réussir. Cette persuasion m'arrache des élans de reconnaissance et d'attendrissement vers ce grand prince, et je me reproche vivement mon impatience au sujet du silence qu'il a gardé sur mes deux dernières lettres; car il y a peu de temps que j'en ai écrit à son altesse une seconde, qu'elle n'a peut-être pas plus reçue que la première : c'est de quoi je désirerais extrêmement d'être instruit. Je n'ose en ajouter une pour elle dans ce paquet, de peur de le grossir au point de donner dans la vue; mais si, dans ce moment critique, vous aviez pour moi la charité de vous présenter à son audience, vous me rendriez un office bien signalé de l'informer de ce qui se passe, et de me faire parvenir son avis, c'est-à-dire ses ordres; car, dans tout ce que j'ai fait de mon chef, je n'ai fait que des sottises, qui me serviront au moins de leçons à l'avenir, s'il daigne encore se mêler de moi. Demandez-lui aussi de ma part, je vous supplie, la permission de lui écrire désormais sous votre couvert, puisque sous le sien mes lettres ne passent pas.

La tracasserie du sieur Thevenin est enfin terminée : après les preuves sans réplique que j'ai données à M. de Tonnerre de l'imposture de ce coquin, il m'a offert de le punir par quelques jours de prison. Vous sentez bien que c'est ce que je n'ai pas accepté, et que ce n'est pas de quoi il était question. Vous ne sauriez imaginer les angoisses que m'a données cette sotte affaire, non pour ce misérable à qui je n'aurais pas daigné répondre, mais pour ceux qui l'ont aposté, et que rien n'était plus aisé que de démasquer, si on l'eût voulu : rien ne m'a mieux fait sentir combien je suis inepte et bête en pareil cas, le seul, à la vérité, de cette espèce où je me sois jamais trouvé. J'étais navré, consterné, presque tremblant; je ne savais ce que je disais en questionnant l'imposteur; et lui, tranquille et calme dans ses absurdes mensonges, portait dans l'audace du crime toute l'apparence de la sécurité des innocents. Au reste, j'ai fait passer à M. de Tonnerre l'arrêt imprimé concernant ce misérable, qu'un ami m'a envoyé, et par lequel M. de Tonnerre a pu voir que ceux qui avaient mis cet homme en jeu avaient su choisir un sujet expérimenté dans ces sortes d'affaires.

Je ne me trouvai jamais dans des embarras pareils à ceux où je suis, et jamais je ne me sentis plus tranquille. Je ne vois d'aucun côté nul espoir de repos; et, loin de me désespérer, mon cœur me dit que mes maux touchent à leur fin. Il en serait bien temps, je vous assure. Vous voyez, monsieur, comment je vous écris, comment je vous charge de mille soins, comment je remets mon sort en vos mains et à vous seul. Si vous n'appelez pas cela de la confiance et de l'amitié, aussi bien que de l'importunité et de l'indiscrétion peut-être, vous avez tort. Je vous embrasse de tout mon cœur.

A M. DE SAINT-GERMAIN.
9 novembre 1768.

Je n'ai pas, monsieur, l'honneur d'être connu de vous, et je sais que vous n'aimez pas mes opinions; mais je sais que vous êtes un brave militaire, un gentilhomme plein d'honneur et de droiture, qui a dans son cœur la véritable religion, celle qui fait les gens de bien ; voilà tout ce que je cherche. On ne séduit pas M. de Saint-Germain, on l'intimide encore moins; passez-moi, monsieur, la familiarité du terme : vous êtes précisément l'homme qu'il me faut.

J'aurais, monsieur, à mettre en dépôt dans le cœur d'un honnête homme des confidences qui n'en sont pas indignes, et qui soulageraient le mien. Si vous voulez bien être ce généreux dépositaire, ayez la bonté de m'assigner chez vous l'heure et le jour d'une audience paisible, et je m'y rendrai. Je vous préviens que ma confiance ne sera mêlée d'aucune indiscrétion; que je n'ai à vous demander ni soins, ni conseils, ni rien qui puisse vous donner la moindre peine ou vous compromettre en aucune façon : vous n'aurez d'autre usage à faire de ma confidence que d'en honorer un jour ma mémoire, quand il n'y aura plus de risque à parler. Je ne vous dis rien de mes sentiments pour vous, mais je vous en donne la preuve.

A M. LE COMTE DE TONNERRE,
en lui envoyant l'écrit suivant.

Bourgoin, le 9 novembre 1768.

Monsieur,

J'ai l'honneur de vous envoyer ci-jointe la déclaration juridique du sieur Jeannet, cabaretier des Verrières, relative à celle du sieur Thevenin. De peur d'abuser de votre patience, je m'abstiens de joindre à cette pièce celles que j'ai reçues en même temps, puisqu'elle suffit seule à la suite des preuves que vous avez déjà pour démontrer pleinement, non l'erreur, mais l'imposture de ce dernier. Je n'aurais assurément pas eu l'indiscrétion de vous importuner de cette ridicule affaire, si le ton décidé sur lequel M. Bovier se faisait le porteur de parole de ce misérable, n'eût excité ma juste indignation. Vous m'avez fait l'honneur de me marquer, qu'après ce qui s'est passé, mon prétendu créancier se tiendra pour dit qu'il ne saurait se flatter de trouver en moi son débiteur. Voilà, monsieur le comte, de quoi jamais il ne s'est flatté, je vous assure; mais il s'est flatté, premièrement, de mentir et m'avilir à son aise; puis, après avoir dit tout ce qu'il voulait dire, et n'ayant plus qu'à se taire, de se taire ensuite tranquillement; et s'il était enfin convaincu d'être un imposteur, de sortir néanmoins de cette affaire, confondu, très peu lui importe, mais impuni, mais triomphant. Pour un homme qui paraît si bête, je trouve qu'il n'a pas trop mal calculé.

Je vous supplie, monsieur, de vouloir bien ordonner, à votre commodité, que les deux pièces ci-jointes me soient renvoyées avec la lettre de M. Roguin. Je sens que j'ai fort abusé, dans cette occasion, de la permission que vous m'avez donnée de faire venir mes lettres sous votre pli. Je serai plus discret à l'avenir; et si l'impunité du premier fourbe en suscite d'autres, elle me servira de leçon pour ne m'en plus tourmenter.

J'ai l'honneur, monsieur le comte, de vous assurer de tout mon respect.

Déclaration juridique du sieur Jeannet.

L'an 1768, et le dix-neuvième jour du mois de septembre, par-devant noble et prudent Charles-Auguste du Terraux, bourgeois de Neuchâtel et de Romain-Motiers, maire pour sa majesté le roi de Prusse, notre souverain prince et seigneur, en la juridiction des Verrières, administrant justice par jour extraordinaire, mais aux lieu et heure accoutumés, et en la présence des sieurs jurés en icelle après nommés :

Personnellement est comparu M. Guyenet, receveur pour sa majesté, et lieutenant en l'honorable cour de justice du Val-de-Travers, qui a représenté qu'ayant reçu depuis peu une lettre de M. J.-J. Rousseau, datée de Bourgoin, du 8 du courant, par laquelle il lui marque que le nommé Thevenin, chamoiseur de sa profession, lui ayant fait demander neuf livres argent de France, qu'il prétend lui avoir fait remettre en prêt, au logis du Soleil, à Saint-Sulpice, il y a à peu près dix ans; et comme cet article est trop intéressant à l'honneur de mondit sieur Rousseau pour ne pas l'éclaircir, vu et d'autant qu'il n'a jamais été dans le cas d'emprunter cette somme dudit Thevenin, et que cet article est controuvé, c'est pourquoi mondit sieur le lieutenant Guyenet se présente aujourd'hui par-devant cette honorable justice, pour requérir, que, par reconnaissance, il puisse justifier authentiquement ce qu'il vient d'avancer, ayant pour cet effet fait citer en témoignage le sieur Jean-Henri Jeannet, cabaretier de ce lieu, présent, lequel et par qui l'argent que répète ledit Thevenin à mondit sieur Rousseau doit, suivant lui, avoir été remis; requérant qu'avant de faire déposer ledit sieur Jeannet, il y soit appointé, ce qui a été connu.

Et pour y satisfaire, ledit sieur Jeannet étant comparu, a, après serment intime sur les interrogats circonstanciés à lui adressés, tendants à dire tout ce qu'il peut savoir de cette affaire, déposé comme suit :

Qu'il n'a aucune connaissance que le nommé Thevenin, chamoiseur, ait jamais prêté chez lui, déposant, ni ailleurs, aucun argent à M. Jean-Jacques Rousseau pendant tout le laps de temps qu'il a demeuré dans ce pays, n'ayant jamais eu l'honneur de voir dans son logis mondit sieur Rousseau; bien est-il vrai qu'il y a à peu près cinq ans qu'il le vit s'en revenant du côté de Pontarlier, sans lui avoir parlé ni l'avoir revu dès lors.

Il se rappelle aussi très bien qu'en 1762, pendant le courant du mois de mai, arriva chez lui un nommé Thevenin, qui se disait être de la Charité-sur-Loire, réfugié dans ce pays pour éviter l'effet d'une lettre de cachet obtenue contre lui, lequel était accompagné du nommé Guillobel, marchand horloger du même lieu; ledit Thevenin n'ayant séjourné chez lui que huit à dix jours, pendant lequel temps arriva encore dans son logis un nommé Decustreau, qu'il connaissait depuis près de vingt ans, pour avoir logé chez lui à différentes fois, et duquel il peut produire des lettres.

Ledit Decustreau partit au bout de quelques jours pour Neuchâtel; Thevenin avec lui Jeannet l'accompagnèrent jusqu'à Saint-Sulpice, au logis du Soleil, où ils dînèrent. Après le départ dudit Decustreau, ledit Thevenin demanda au déposant s'il connaissait ledit Decustreau; il lui répondit qu'il le connaissait pour avoir logé chez lui. Cette demande dudit Thevenin ayant excité au déposant la curiosité d'apprendre de lui pourquoi il lui formait cette question, ledit Thevenin lui répondit que c'était à cause d'un écu de trois livres qu'il avait prêté audit Decustreau sur la demande qu'il lui en avait faite. Et enfin ledit sieur Jeannet ajoute que pendant tout le temps que ledit Thevenin a resté chez lui, il ne lui a point parlé de M. Rousseau, ni dit qu'il eût la moindre chose à faire avec lui; que ledit Thevenin, lorsqu'il arriva dans ce pays, n'avait point de profession, ayant dès lors appris celle de chamoiseur à Estavayé-le-Lac.

C'est tout ce que ledit sieur Jeannet a déclaré savoir sur cette affaire.

Enfin mondit sieur le lieutenant a continué à dire qu'étant nécessaire à M. Rousseau d'avoir le tout par écrit, pour lui servir en cas de besoin, il demandait que par connaissance il lui fût adjugé; ce qui lui a été.

Connu et jugé par les sieurs Jacques Lambelet, doyen, et Jacob Perroud, tous deux justiciers dudit lieu; et par mondit sieur le maire ordonné au notaire soussigné, greffier des Verrières, de lui en faire l'expédition en cette forme. Le jour prédit, 19 septembre 1768.

Par ordonnance. *Signé* JEANJAQUET.

A M. DE SAINT-GERMAIN.

A Bourgoin, le 13 novembre 1768.

Mardi, monsieur, vous n'êtes pas libre, ni moi mercredi; le jeudi même est douteux : reste donc demain, lundi, pour ne pas aller trop loin. Il me serait moins incommode, il faut l'avouer, que vous me fissiez l'honneur de venir manger mon potage; mais comme une soupe de cabaret n'est pas trop présentable, et que j'y perdrais l'honneur de dîner avec madame de Saint-Germain, je préfère, monsieur, de profiter de votre invitation, en la priant de permettre que j'aille lui demander à dîner. S'il faisait beau demain sur les dix heures, j'irais vous proposer une promenade jusqu'à midi, à moins que vous ne la préférassiez de nos côtés, où il y a d'assez belles prairies.

Ne craignez pas, monsieur, d'entendre de ma part rien qui vous puisse déplaire : je respecte trop pour cela et vous et vos sentiments; et les miens, que je vois bien qui ne vous sont pas connus, en sont moins éloignés que vous ne pensez. Mais ce n'est pas de cela qu'il s'agira.

Je suis bien sensible, monsieur, à votre complaisance; vous ne tarderez pas d'en connaître le prix. Si j'avais trouvé plus tôt un cœur auquel le mien osât s'ouvrir, j'aurais souffert de moins vives angoisses, et ma raison s'en trouverait mieux. A demain donc, monsieur, puisque vous le voulez bien. Permettez que je présente mon respect très humble à madame de Saint-Germain.

RENOU.

A M. LE COMTE DE TONNERRE.

Bourgoin, le 16 novembre 1768.

Monsieur,

Pardon de mes importunités réitérées, mais je ne puis me dispenser de vous envoyer encore l'imprimé ci-joint qu'on n'a pu recouvrer plus tôt. Vous y verrez, monsieur le comte, que ceux qui ont aposté le sieur Thevenin ont su choisir un sujet déjà expérimenté dans le métier qu'ils lui faisaient faire.

Je ne puis penser, monsieur, que vous m'ayez pu croire dans l'âme assez de bassesse pour vouloir me venger d'un tel malheureux. Moi qui jamais n'ai fait, ni rendu, ni voulu le moindre mal à personne, commencerais-je si tard et sur un pareil personnage? Non, monsieur, je n'ai point désiré sa punition, mais sa confession, et c'est ce que sa conviction devait naturellement produire, si l'on en eût profité pour remonter à la source de ces menées. Mais c'est ce qui commence à devenir superflu; et sans que l'autorité ni moi nous en mêlions en aucune manière, je prévois que le public ne tardera pas à savoir à quoi s'en tenir.

Permettez que je vous réitère ici mes actions de grâce des bontés dont vous m'avez honoré, et mes excuses de l'abus que j'en ai pu faire; et daignez, monsieur, agréer, je vous supplie, les assurances de mon respect.

P. S. Je prends la liberté d'exiger, monsieur, que vous ne fassiez aucun usage de cet imprimé. Il est pour vous seul, et pour être brûlé après l'avoir lu, à moins que vous n'aimiez mieux le garder, mais de façon qu'il ne puisse nuire à celui qu'il concerne.

A M. MOULTOU.

Bourgoin, le 21 novembre 1768.

J'ai, mon ami, votre lettre du 14. Je ne puis me détacher de l'idée d'aller vous embrasser et délibérer avec vous de ma destination ultérieure. Je n'ai point encore de réponse de l'ambassadeur d'Angleterre : il n'était pas à Paris quand je lui ai écrit; et j'ai appris dans l'intervalle qu'il avait l'honnête Walpole pour secrétaire d'ambassade : cette nouvelle a achevé de me déterminer.

Je n'irai point en Angleterre : on me traitera comme on voudra en France, mais je suis déterminé à y rester. Je ne puis renoncer à l'espérance qu'au moins pour l'honneur de l'hospitalité française il s'y trouvera quelque coin où l'on voudra bien me laisser mourir en repos. Si ce coin, cher Moultou, en pouvait être un du château de Lavagnac, il me semble que sous les auspices de l'amitié l'habitation m'en serait délicieuse. Malheureusement j'écris inutilement à M. le prince de Conti : mes lettres ne lui parviennent point. Il me répondait fort exactement au commencement; il ne me répond plus : il m'a fait dire qu'il ne recevait point de mes nouvelles. Les négociations intermédiaires ont leurs inconvénients. La générosité de ce grand prince m'a accoutumé à accepter, et non pas à demander; je ne puis me résoudre à changer de méthode. Si l'ami de M. Venel, qui commande dans le château, veut écrire, à la bonne heure, je lui en serai obligé; pour moi je n'écrirai pas. Mais, dites-moi, n'y a-t-il dans le pays aucune habitation qui pût me convenir que ce château? Le bon M. Venel ne pourrait-il pas me trouver un terrier à Pézenas même, ou aux environs? Pourvu que je sois son voisin, que m'importe en quel lieu j'habite? Si nous étions dans une meilleure saison, si le voyage était moins pénible, si j'avais plus de facilité pour le faire, je volerais près de vous; mais mon transport et celui de tout mon attirail de botanique est embarrassant. Je ne suis point à portée ici d'avoir des voitures. Il me faudrait un bon carrossin qui pût charger avec nous cinq ou six malles ou caisses : il me faudrait un bon voiturier, qui nous conduisît bien et qui fût honnête homme : j'ai pensé que cela se pourrait trouver où vous êtes, et que vous pourriez être à portée de faire pour moi ce marché, et de m'envoyer la voiture au temps convenu. Voyez. Ah! si vous pouviez faire plus! Mais madame Moultou, votre santé, vos affaires! et quand tout vous le permettrait, je ne devrais pas le souffrir. Quoi qu'il en soit, j'ai le plus grand désir de me rendre auprès de vous, et cela d'autant plus que j'ai quelque lieu de croire qu'on m'y verrait avec plus de plaisir qu'ici.

J'ai reçu depuis peu, avec le reste de mes plantes et bouquins, une lettre que M. de Gouan m'écrivait à Trye : elle est de si vieille date que je ne sais plus comment y répondre. Il m'accusera de malhonnêteté envers lui, moi qui voudrais tout faire pour obtenir ses instructions et sa correspondance, et que ce désir anime encore à me rendre à Montpellier. Si vous le connaissez, si vous le voyez, obtenez-moi, je vous prie, ses bonnes grâces en attendant que je sois à portée de les cultiver. Quel trésor vous m'annoncez dans l'herbier des plantes marines! Que je suis touché de la générosité de votre digne parent! Elle me fera, avec celle du brave Dombey, une collection complète, surtout si M. Gouan veut bien y ajouter quelques fragments de ses dernières dépouilles des Pyrénées. Que je vais être riche! Je suis si avare et si enfant que le cœur m'en bat de joie. Gardez-moi bien précieusement ce beau présent, je vous prie, jusqu'à ce qu'il soit décidé qui de lui ou de moi ira joindre l'autre.

J'ai été très malade, très agité de peine et de fièvre ces temps derniers; maintenant je suis tranquille, mais très faible. J'aime mieux cet état que l'autre; et j'aurai peu de regret aux forces qui me manquent s'il m'en reste assez pour vous aller voir. Adieu, cher Moultou; faites agréer à madame les hommages et respects de votre vieux ami et de sa femme. Nous vous embrassons l'un et l'autre de tout notre cœur.

A M. DU PEYROU.

Bourgoin, le 21 novembre 1768.

Je vous remercie, mon cher hôte, de l'arrêt de Thevenin; je l'ai envoyé à M. de Tonnerre, avec condition expresse, qui du reste n'était pas fort nécessaire à stipuler, de n'en faire aucun usage qui pût nuire à ce malheureux. Votre supposition qu'il a été la dupe d'un autre imposteur est absolument incompatible avec ses propres déclarations, avec celles du cabaretier Jeannet, et avec tout ce qui s'est passé; cependant si vous voulez absolument vous y tenir, soit. Vous dites que mes ennemis ont trop d'esprit pour choisir une calomnie aussi absurde; prenez garde qu'en leur accordant tant d'esprit vous ne leur en accordiez pas encore assez; car leur objet n'étant que de voir quelle contenance je tenais vis-à-vis d'un faux témoin, il est clair que plus l'accusation était absurde et ridicule, plus elle allait à leur but: si ce but eût été de persuader le public, vous auriez raison, mais il était autre. On savait très bien que je me tirerais de cette affaire; mais on voulait voir comment je m'en tirerais; voilà tout. On sait que Thevenin ne m'a pas prêté neuf francs, peu importe; mais on sait qu'un imposteur peut m'embarrasser, c'est quelque chose.

Vos maximes, mon très cher hôte, sont très stoïques et très belles, quoique un peu outrées, comme sont celles de Sénèque, et généralement celles de tous ceux qui philosophent tranquillement dans leur cabinet sur les malheurs dont ils sont loin, et sur l'opinion des hommes qui les honore. J'ai appris assurément à n'estimer l'opinion d'autrui que ce qu'elle vaut, et je crois savoir du moins aussi bien que vous de combien de choses la paix de l'âme dédommage; mais que seule elle tienne lieu de tout et rende seule heureux les infortunés, voilà ce que j'avoue ne pouvoir admettre, ne pouvant, tant que je suis homme, compter totalement pour rien la voix de la nature pâtissante et le cri de l'innocence avilie. Toutefois, comme il nous importe toujours, dans l'adversité, de tendre à cette impassibilité sublime à laquelle vous dites être parvenu, je tâcherai de profiter de vos sentences, et d'y faire la réponse que fit l'architecte athénien à la harangue de l'autre: *Ce qu'il a dit, je le ferai.*

Certaines découvertes, amplifiées peut-être par mon imagination, m'ont jeté durant plusieurs jours dans une imagination fiévreuse qui m'a fait beaucoup de mal, et qui, tant qu'elle a duré, m'a empêché de vous écrire. Tout est calmé; je suis content de moi, et j'espère ne plus cesser de l'être, puisqu'il ne peut plus rien m'arriver de la part des hommes à quoi je n'aie appris à m'attendre, et à quoi je ne sois préparé. Bonjour, mon cher hôte; je vous embrasse de tout mon cœur.

A M. LALIAUD.

Bourgoin, le 28 novembre 1768.

Je ne puis pas mieux vous détromper, monsieur, sur la réserve dont vous me soupçonnez envers vous qu'en suivant en tout vos idées et vous en confiant l'exécution, et c'est ce que je fais, je vous jure, avec une confiance dont mon cœur est content, et dont le vôtre doit l'être. Voici une lettre pour M. le prince de Conti où je parle comme vous le désirez et comme je pense. Je n'ai jamais ni désiré ni cru que ma lettre à M. l'ambassadeur d'Angleterre dût ni pût être un secret pour son altesse, ni pour les gens en place, mais seulement pour le public; et je vous préviens une fois pour toutes que, quelque secret que je puisse vous demander sur quoi que ce puisse être, il ne regardera jamais M. le prince de Conti, en qui j'ai autant et plus de confiance qu'en moi-même. Vous m'avez promis que ma lettre lui serait remise en main propre; je suppose que ce sera par vous; j'y compte, et je vous le demande.

Vous aurez pu voir que le projet de passer en Angleterre, qui me vint en recevant le passeport, a été presque aussitôt révoqué que formé : de nouvelles lumières sur ma situation m'ont appris que je me devais de rester en France, et j'y resterai. M. Davenport m'a fait une réponse très engageante et très honnête. L'ambassadeur ne m'a point répondu : si j'avais su que le sieur Walpole était auprès de lui, vous jugez bien que je n'aurais pas écrit. Je m'imaginais bonnement que toute l'Angleterre avait conçu pour ce misérable et pour son camarade tout le mépris dont ils sont dignes. J'ai toujours agi d'après la supposition des sentiments de droiture et d'honneur innés dans les cœurs des hommes. Ma foi pour le coup je me tiens coi, et je ne suppose plus rien; me voilà de jour en jour plus déplacé parmi eux et plus embarrassé de ma figure : si c'est leur tort ou le mien, c'est ce que je les laisse décider à leur mode : ils peuvent continuer à balloter ma pauvre machine à leur gré, mais ils ne m'ôteront pas ma place; elle n'est pas au milieu d'eux.

J'ai été très bien pendant une dizaine de jours; j'étais gai, j'avais bon appétit; j'ai fait à mon herbier de bonnes augmentations; depuis deux jours je suis moins bien, j'ai de la fièvre, un grand mal de tête, que les échecs où j'ai joué hier ont augmenté; je les aime, et il faut que je les quitte; mes plantes ne m'amusent plus : je ne fais que chanter des strophes du Tasse : il est étonnant quel charme je trouve dans ce chant avec ma pauvre voix cassée et déjà tremblotante. Je me mis hier tout en larmes, sans presque m'en apercevoir, en chantant l'histoire d'Olinde et de Sophronie : si j'avais une pauvre petite épinette pour soutenir un peu ma voix faiblissante, je chanterais du matin jusqu'au soir. Il est impossible à ma mauvaise tête de renoncer aux châteaux en Espagne. Le foin de la cour du château de Lavagnac, une épinette, et mon Tasse, voilà celui qui m'occupe aujourd'hui malgré moi. Bonjour, monsieur : ma femme vous salue de tout son cœur, j'en fais de même; nous vous aimons tous deux bien sincèrement.

A MADAME LA PRÉSIDENTE DE VERNA.

Bourgoin, le 2 décembre 1768.

Laissons à part, madame, je vous supplie, les livres et leurs auteurs. Je suis si sensible à votre obligeante invitation, que si ma santé me permettait de faire en cette saison des voyages de plaisir, j'en ferais un bien volontiers pour aller vous remercier. Ce que vous avez la bonté de me dire, madame, des étangs et des montagnes de votre contrée, ajouterait à mon empressement, mais n'en serait pas la première cause. On dit que la grotte de la Balme est de vos côtés; c'est encore un objet de promenade et même d'habitation, si je pouvais m'en pratiquer une dont les fourbes et les chauves-souris n'approchassent pas. A l'égard de l'étude des plantes, permettez, madame, que je la fasse en naturaliste, et non pas en apothicaire : car, outre que je n'ai qu'une foi très médiocre à la médecine, je connais l'organisation des plantes sur la foi de la nature, qui ne ment point, et je ne connais leurs vertus médicinales que sur la foi des hommes, qui sont menteurs. Je ne suis pas d'humeur à les croire sur leur parole, ni à portée de la vérifier. Ainsi, quant à moi, j'aime cent fois mieux voir dans l'émail des prés des guirlandes pour les bergères que des herbes pour les lavements. Puissé-je, madame, aussitôt que le printemps ramènera la verdure, aller faire dans vos cantons des herborisations qui ne pourront qu'être abondantes et brillantes, si je juge, par les fleurs que répand votre plume, de celles qui doivent naître autour de vous. Agréez, madame, et faites agréer à M. le président, je vous supplie, les assurances de tout mon respect.

RENOU.

A M. LALIAUD.

Bourgoin, ce 7 décembre 1768.

Voici, monsieur, une lettre à laquelle je vous prie de vouloir bien donner cours : elle est pour M. Davenport, qui m'a écrit trop honnêtement pour que je puisse me dispenser de lui donner avis que j'ai changé de résolution. J'espère que ma précédente avec l'incluse vous sera bien parvenue, et j'en attends la réponse au premier jour. Je suis assez content de mon état présent; je passe entre mon Tasse et mon herbier des heures assez rapides pour me faire sentir combien il est ridicule de donner tant d'importance à une existence aussi fugitive : j'attends sans impatience que la mienne soit fixée; elle l'est par tout ce qui dépendait de moi : le reste, qui devient tous les jours moindre, est à la merci de la nature et des hommes; ce n'est plus la peine de le leur disputer. J'aimerais assez à passer ce reste dans la grotte de la Balme, si les chauves-souris ne l'empuantissaient pas : il faudra que nous l'allions voir ensemble quand vous passerez par ici. Je vous embrasse de tout mon cœur.

A M. MOULTOU.

Bourgoin, le 12 décembre 1768.

Quoi! monsieur, c'est à M. Q....t qu'on s'est adressé; c'est à lui qu'ont été envoyés les extraits des lettres que je vous avais écrites dans la confiance de l'amitié; et ce serait sous les auspices de l'homme qui m'a chassé du château de Trye, malgré son maître, que j'irais habiter celui de Lavagnac? Vraiment, mon ami, vous avez opéré là de belles choses! Mais n'en parlons plus; ce n'est pas votre faute : vous ne saviez ni ce qu'était M. Q....t, ni ce que faisait M. M....x; mais vous ne deviez pas, me semble, être si facile à donner les extraits des lettres de votre ami. Le plus grand mal de tout ceci est que j'ai trouvé de mon côté le moyen d'écrire au prince et de lui faire passer ma lettre. Si son altesse agrée que j'aille à Lavagnac, comment ferai-je pour m'en dédire, après le lui avoir demandé? ou à quelle destinée dois-je m'attendre si j'ose aller me livrer à des gens sur qui Q....t a de l'influence? Ce qu'il y a de sûr est qu'il n'y a rien à quoi je m'expose plutôt qu'à la disgrâce du prince, et surtout à la mériter : ainsi s'il approuve que j'aille à Lavagnac, je suis déterminé à m'y rendre à tout risque, quoique assurément le destin qu'on m'y prépare ne puisse être pire que celui auquel je m'attends. Mais que j'écrive à M. Q....t, moi! mon ami, le riche Dauphinois et le *célèbre Genevois* ne sont point faits pour s'écrire l'un à l'autre, et ne s'écriront jamais, je vous en réponds.

Je suis vivement touché du zèle et des bontés de M. Venel : je ne lui écris pas, parce qu'il m'est très pénible d'écrire, mais j'ai le cœur plein de lui; si j'allais à Lavagnac, l'avantage d'être auprès de lui me pourrait consoler et dédommager de beaucoup de choses; mais je vous avoue que l'idée d'être au pouvoir du sieur Q....t me fait frémir. Ce qu'il y a de bizarre est que je ne connais point du tout cet homme-là, que je n'ai jamais eu nulle affaire avec lui, nulle sorte de liaison, que je ne l'ai même jamais vu que je sache. Il me hait, comme tous mes autres ennemis, sans avoir à se plaindre de moi en aucune sorte, et uniquement parce qu'ils ont tous des cœurs faits pour goûter un plaisir sensible à haïr et tourmenter les infortunés. Au reste, vous doutez bien qu'un courtisan aussi délié que M. Q....t se garde bien d'avouer sa haine : il suit encore en cela les mêmes errements des autres; et pour mieux servir sa haine, il a grand soin de la cacher.

Je vous renvoie ci-jointe la lettre de votre ami, j'en suis pénétré : si je dépendais de moi, je ne tarderais guère à aller lui demander ses directions et profiter de ses soins généreux; il ne dépendra pas même de moi que cela n'arrive; mais ceux qui disposent de moi règlent ma marche comme Dieu celle de la mer, *Procedes huc, et non ibis ampliùs*. Adieu, cher Moultou : je ne sais ce qu'il arrivera de moi. Je vois que je soupire en vain après le repos qu'on ne veut pas m'accorder; mais ce qu'on ne m'ôtera pas du moins, quoi qu'il arrive, c'est le plaisir de vous aimer jusqu'à mon dernier soupir.

Je vois, par ce que M. votre ami vous dit de son herbier, et de ce qu'il se propose d'y joindre, que ce n'est pas tout-à-fait ce que j'avais imaginé sur votre expression. Vous m'aviez annoncé des plantes marines : les plantes marines sont des *fucus* qui viennent dans la mer; et je présume par sa lettre que ce sont seulement des plantes maritimes qui viennent sur les rivages; c'est autre chose : mais n'importe, l'un ou l'autre présent me sera toujours très précieux.

Je vois que madame Moultou a été malade : vous ne m'en aviez rien dit; vous aviez tort : l'amitié est un sentiment si doux, qu'elle donne même une sorte de plaisir à partager les peines de nos amis, et vous m'avez ravi ce plaisir-là. Il est vrai que je lui préfère celui de partager maintenant votre joie. Mille respects de ma part et de celle de ma femme à votre chère convalescente, et prenez-en votre part.

A M. DU PEYROU.

Bourgoin, le 19 décembre 1768.

Ce que vous me marquez de la fin de vos brouilleries avec la cour me fait grand plaisir; et j'en augure que vous pourrez encore vivre agréablement où vous êtes, et où vous êtes retenu par des liens d'attachement qu'il n'est pas dans votre cœur de rompre aisément. Il me semble que le roi se conduit réellement en très grand roi, lorsqu'il veut premièrement être le maître et puis être juste. Vous penserez qu'il serait plus grand et plus beau de vouloir transposer cet ordre : cela peut être; mais cela est au-dessus de l'humanité, et c'est bien assez, pour honorer le génie et l'âme du plus grand prince, que le premier article ne lui fasse pas négliger l'autre. Si Frédéric ratifie le rétablissement de tous vos priviléges, comme je l'espère, il aura mérité de vous le plus bel éloge que puisse mériter un souverain, et qui l'approche de Dieu même, celui qu'Armide faisait de Godefroi de Bouillon :

Tu cui concesse in cielo, e diel' eti il fato
Voler il giusto, e poter ò che vuoi.

Je m'imagine que si les députés, qu'en pareil cas vous lui enverrez probablement pour le remercier, lui récitaient ces deux vers pour toute harangue, ils ne seraient pas mal reçus.

Je suis bien touché de la commission que vous avez donnée à Gagnebin : voilà vraiment un soin d'amitié, un soin de ceux auxquels je serai toujours sensible, parce qu'ils sont choisis selon mon cœur et selon mon goût. Je dois certainement ma vie aux plantes : ce n'est pas ce que je leur dois de bon, mais je leur dois d'en couler encore avec agrément quelques intervalles au milieu des amertumes dont elle est inondée : tant que j'herborise je ne suis pas malheureux; et je vous réponds que, si l'on me laissait faire, je ne cesserais tout le reste de ma vie d'herboriser du matin au soir. Au reste, j'aime mieux que le recueil de M. Gagnebin soit très petit, et qu'il ne soit pas composé de plantes communes qu'on trouve partout : je ne vous dissimulerai même pas que j'ai déjà beaucoup de plantes alpines et des plus rares; cependant, comme il y en a encore un très grand nombre qui me manquent, je ne doute pas qu'il ne s'en trouve dans votre envoi qui me feront grand plaisir par elles-mêmes, outre celui de les recevoir de vous. Par exemple, quoique je sois assez riche en gentianes, il y en a une que je n'ai pu trouver encore, et que je convoite beaucoup, c'est la grande *gentiane pourprée*, la seconde en rang du *species de Linnæus*. J'ai le *tozzia alpina*, Linn.; mais il y manque la racine, qui est la partie la plus curieuse de cette plante, d'ailleurs difficile à sécher et conserver. J'ai l'*uva ursi* en fruits, mais je ne l'ai pas en fleurs. J'ai l'*azalea procumbens*; mais il me manque d'autres beaux *chamærhododendros* des Alpes. Je n'ai qu'un misérable petit *androsace*. Je n'ai pas le *cortusa Matthioli*, etc. La liste de ce que j'ai serait longue, celle de ce qui me manque plus longue encore; mais si vous voulez m'envoyer celle de ce que vous enverra Gagnebin, j'y pourrais noter ce qui me manque, afin que le reste étant superflu dans mon herbier, pût demeurer dans le vôtre. Je me suis ruiné en livres de botanique, et j'avais bien résolu de ne plus en acheter; cependant je sens que m'affectionnant aux plantes des Alpes, je ne puis me passer de celui de Haller. Vous m'obligerez de vouloir bien me marquer exactement son titre, son prix, et le lieu où vous l'avez trouvé; car la France est si barbare encore en botanique, qu'on n'y trouve presque aucun livre de cette seience; et j'ai été obligé de faire venir à grands frais de Hollande et d'Angleterre le peu que j'en ai; encore ai-je cherché partout ceux de Clusius sans pouvoir les trouver.

Voilà bien du bavardage sur la botanique, dont je vois, avec grand regret, que vous avez tout-à-fait perdu le goût. Cependant, puisque vous avez un peu fêté mon *apocyn*, j'ai grande envie de vous envoyer quelques graines de l'arbre de soie et de la pomme de cannelle, qu'on m'a dernièrement apportées des îles. Quand vous commencerez à meubler votre jardin, je suis jaloux d'y contribuer. Bonjour, mon cher hôte; nous vous embrassons et vous saluons l'un et l'autre de tout notre cœur.

À M. LALIAUD.
Bourgoin, le 19 décembre 1768.

Pauvre garçon! pauvre Sauttersheim! Trop occupé de moi durant ma détresse, je l'avais un peu perdu de vue; mais il n'était point sorti de mon cœur, et j'y avais nourri le désir secret de me rapprocher de lui, si jamais je trouvais quelque intervalle de repos entre les malheurs et la mort. C'était l'homme qu'il me fallait pour me fermer les yeux; son caractère était doux, sa société était simple; rien de la pretintaille française; encore plus de sens que d'esprit; un goût sain, formé par la bonté de son cœur, des talents assez pour parer une solitude, et un naturel fait pour l'aimer avec un ami : c'était mon homme; la Providence me l'a ôté; les hommes m'ont ôté la jouissance de tout ce qui dépendait d'eux; ils me vendent jusqu'à la petite mesure d'air qu'ils permettent que je respire : il ne me restait qu'une espérance illusoire, il ne m'en reste plus du tout. Sans doute le ciel me trouve digne de tirer de moi seul toutes mes ressources, puisqu'il ne m'en reste aucune autre. Je sens que la perte de ce pauvre garçon m'affecte plus à proportion qu'aucun de mes autres malheurs. Il fallait qu'il y eût une sympathie bien forte entre lui et moi, puisque ayant déjà appris à me mettre en garde contre les empressés, je le reçus à bras ouverts sitôt qu'il se présenta, et dès les premiers jours de notre liaison, elle fut intime. Je me souviens que, dans ce même temps, on m'écrivit de Genève que c'était un espion aposté pour tâcher de m'attirer en France, où l'on voulait, disait la lettre, me faire un mauvais parti. Là-dessus je proposai à Sauttersheim un voyage à Pontarlier, sans lui parler de ma lettre : il y consent; nous partons. En arrivant à Pontarlier, je l'embrasse avec transport, et puis je lui montre la lettre : il la lit sans s'émouvoir; nous nous embrassons derechef, et nos larmes coulent. J'en verse derechef en me rappelant ce délicieux moment. J'ai fait avec lui plusieurs petits voyages pédestres; je commençais d'herboriser, il prenait le même goût; nous allions voir mylord maréchal, qui, sachant que je l'aimais, le recevait bien, et le prit bientôt en amitié lui-même. Il avait raison. Sauttersheim était aimable; mais son mérite ne pouvait être senti que par des gens bien nés; il glissait sur tous les autres. La génération dans laquelle il a vécu n'était pas faite pour le connaître : aussi n'a-t-il rien pu faire à Paris ni ailleurs. Le ciel l'a retiré du milieu des hommes où il était étranger; mais pourquoi m'y a-t-il laissé?

Pardon, monsieur; mais vous aimiez ce pauvre garçon, et je sais que l'effusion de mon attachement et de mon regret ne peut vous déplaire. Je suis sensible à la peine que vous avez bien voulu prendre en ma faveur auprès de M. le prince de Conti; mais vous en avez été bien payé par le plaisir de converser avec le plus aimable et le plus généreux des hommes, qui sûrement eût aimé et favorisé notre pauvre Sauttersheim s'il l'avait connu. Je vois, par ce que vous me marquez de ses nouvelles bontés pour moi, qu'elles sont inépuisables comme la générosité de son cœur. Ah! pourquoi faut-il que tant d'intermédiaires qui nous séparent détournent et anéantissent tout l'effet de ses soins? J'apprends que son trésorier qui m'a fait chasser du château de Try-

à force d'intrigues, est en liaison avec l'agent du prince à celui de Lavagnac, et qu'il a déjà été question de moi entre eux deux. Il ne m'en faut pas davantage pour juger d'avance du sort qu'on m'y prépare; mais n'importe, me voilà prêt, et il n'y a rien que je n'endure plutôt que de mériter la disgrâce du prince en me rétractant sur ce que j'ai demandé moi-même, et en laissant inutiles, par ma faute, les démarches qu'il veut bien faire en ma faveur. De tous les malheurs dont on a résolu de m'accabler jusqu'à ma dernière heure, il y en a un du moins dont je saurai me garantir quoi qu'on fasse, c'est celui de perdre sa bienveillance et sa protection par ma faute.

Vous avez la bonté, monsieur, de me chercher une épinette. Voilà un soin dont je vous suis très obligé, mais dont le succès m'embarrasserait beaucoup; car avant d'avoir ladite épinette, il faudrait premièrement me pourvoir d'un lieu pour la placer, et... d'une pierre pour y poser ma tête. Mon herbier et mes livres de botanique me coûtent déjà beaucoup de peine et d'argent à transporter de gîte en gîte, et de cabaret en cabaret. Si nous ajoutions de surcroît une épinette, il faudrait donc y attacher des courroies, afin que je pusse la porter sur mon dos, comme les Savoyardes portent leurs vielles : tout cet attirail me ferait un équipage assez digne du *Roman comique*, mais aussi peu risible qu'utile pour moi. Dans les douces rêveries dont je suis encore assez fou pour me bercer quelquefois, j'ai pu faire entrer le désir d'une épinette; mais nous serons assez à temps de songer à cet article quand tous les autres seront réalisés; et il me semble que de tous les services que vous pourriez me rendre, celui de me pourvoir d'une épinette doit être laissé pour le dernier. Il est vrai que vous me voyez déjà tranquille au château de Lavagnac. Ah! mon cher monsieur Laliaud, cela me prouve que vous avez la vue plus longue que moi. Bonjour, monsieur; nous vous saluons tous deux de tout notre cœur. Je vous donne l'exemple de finir sans compliments; vous ferez bien de le suivre.

A M. MOULTOU.

Bourgoin, le 30 décembre 1768.

J'attendais, cher Moultou, pour répondre à votre dernière lettre, d'avoir reçu les ordres que M. le prince de Conti m'avait fait annoncer ensuite de l'approbation qu'il a donnée au projet de ma retraite à Lavagnac; mais ces ordres ne sont point encore venus, et je crains qu'ils ne viennent pas si tôt, car son altesse m'a fait prévenir qu'il fallait, avant de m'écrire, qu'elle prît pour ce projet des arrangements semblables à ceux qu'elle a cru à propos de prendre pour mon voyage en Dauphiné : ces arrangements dépendent de l'accord de personnes qui ne se rencontrent pas souvent; et quelle que soit la générosité de cœur de ce grand prince, de quelque extrême bonté qu'il m'honore, vous sentez qu'il n'est pas ni ne saurait être occupé de moi seul; et la chose du monde qui fait le mieux son éloge est qu'il ne soit pas encore ennuyé de tous les soins que je lui ai coûtés. J'attends donc sans impatience; mais, en attendant, ma situation devient, à tous égards, plus critique de jour en jour; et l'air marécageux et l'eau de Bourgoin m'ont fait contracter depuis quelque temps une maladie singulière dont, de manière ou d'autre, il faut tâcher de me délivrer : c'est un gonflement d'estomac très considérable et sensible même au-dehors, qui m'oppresse, m'étouffe, et me gêne au point de ne pouvoir plus me baisser, et il faut que ma pauvre femme ait la peine de me mettre mes souliers, etc. Je croyais d'abord d'engraisser, mais la graisse n'étouffe pas; je n'engraisse que de l'estomac, et le reste est tout aussi maigre qu'à l'ordinaire. Cette incommodité, qui croît à vue d'œil, me détermine à tâcher de sortir de ce mauvais pays le plus tôt qu'il me sera possible, en attendant que le prince ait jugé à propos de disposer de moi. Il y a dans ce pays, à demi-lieue de la ville, une maison à mi-côte, agréable, bien située, où l'eau et l'air sont très bons, et où le propriétaire veut bien me céder un petit logement que j'ai dessein d'occuper. La maison est seule, loin de tout village, et inhabitée dans cette saison. J'y serai seul avec ma femme et une servante qu'on y tient : voilà une belle occasion, pour ceux qui disposent de moi, de se délivrer du soin de ma garde, et de me délivrer, moi, des misères de cette vie. Cette idée ne me détourne ni ne me détermine : je compte aller là dans quelques jours, à la merci des hommes et à la garde de la Providence. En attendant que je sache s'il m'est permis d'aller vous joindre, ou si je dois rester dans ce pays (car je suis déterminé à ne prendre aucun parti sans l'aveu du prince, parce que ma confiance est égale à ma reconnaissance, et c'est tout dire), cher Moultou, adieu : je ne sais ni dans quel temps ni à quelle occasion je cesserai de vous écrire, mais, tant que je vivrai, je ne cesserai de vous aimer.

A MADAME LATOUR.

A Bourgoin, le 3 janvier 1769.

Ceux qui ont besoin qu'un homme dans mon état leur rappelle son existence sont indignes qu'il les en fasse souvenir. Je savais, chère Marianne, que vous n'étiez pas de ce nombre; j'attendais de vos nouvelles, et j'étais sûr d'en recevoir, mais ma situation ne me permettait pas de vous en demander. Mon cœur ne peut cesser d'être plein de vous; je vous chérissais par toutes les qualités aimables que vous m'avez montrées; mais un seul service de véritable amitié m'imprimera toujours un sentiment plus fort que tout autre attachement, un sentiment que l'absence ni le temps ne peuvent prescrire; et, soit qu'il me reste peu ou beaucoup de temps à vivre, vous me serez aussi respectable que chère jusqu'à mon dernier soupir.

Depuis quelques jours je ne puis plus écrire sans beaucoup souffrir, et bientôt, si mon état empire, je ne le pourrai plus du tout. Un mal d'estomac accompagné d'enflure et d'étouffement ne me permet plus de me baisser : toute autre attitude que celle de me tenir droit me suffoque, et il y a déjà longtemps que je ne puis mettre moi-même mes souliers. Je veux attribuer ce mal extraordinaire à l'air et à l'eau du pays marécageux que j'habite; si je m'en tire, je vous écrirai : si j'y succombe, Marianne, honorez la mémoire de votre ami, et soyez sûre qu'il a vécu et qu'il mourra digne des sentiments que vous lui avez témoignés.

A M. BEAUCHATEAU.

Bourgoin, le 9 janvier 1769.

Hier, monsieur, je reçus, par le canal du sieur Guy, libraire à Paris, avec des Etrennes mignonnes, votre lettre du 7 septembre 1768.

Mes ennemis ont toujours parlé; mes amis, si j'en ai, se sont toujours tus: les uns et les autres peuvent continuer de même. Je ne désire point qu'on me loue, encore moins qu'on me justifie. J'approche d'un séjour où les injustices des hommes ne pénètrent pas. La seule chose que je désire, en les quittant, est de les laisser tous heureux et en paix. Adieu, monsieur.

A M. DU PEYROU.

Bourgoin, le 12 janvier 1769.

Permettez, mon cher hôte, que, dans l'impossibilité où me met un grand mal d'estomac, accompagné d'enflure, d'étouffement et de fièvre, d'écrire moi-même, j'emprunte le secours d'une autre main pour vous marquer combien je suis touché de la continuation de vos alarmes sur le triste état de madame la Commandante. Je vous avoue que depuis que j'eus l'honneur de la voir un peu de suite à Cressier, je jugeai sur plusieurs signes que son sang, très sain d'ailleurs, tenait d'une humeur scorbutique, et vous savez que c'est un des effets du scorbut de rendre les os très fragiles; mais en même temps, cette humeur surabondante rend les calus très faciles à former. Ainsi le remède, à quelque égard, suit le mal; il n'y a que des mouvements bien liants, bien doux, tels qu'elle sera forcée de les faire, qui puissent prévenir pareils accidents à l'avenir. Son état forcé sera presque celui où elle serait obligée de se tenir volontairement à l'avenir pour prévenir d'autres fractures, quand même elle n'en aurait point eu jusqu'ici. Le mien, mon cher hôte, me dispense de tant de prévoyance, et je crois que la nature ou les hommes me laissent voir de plus près le repos auquel j'avais inutilement aspiré jusqu'ici. Accoutumé à l'air subtil des montagnes, je puis juger que l'air marécageux du pays que j'habite, et les mauvaises eaux que l'on est forcé d'y boire, ont contribué à me mettre dans cet état. Si j'avais eu plus de force et de moyens, que ma santé fût moins désespérée, je tâcherais d'aller travailler à la rétablir dans quelque habitation plus convenable à mon tempérament. Mais le mal me paraît sans remède; je suis très faible, c'est une grande fatigue pour moi de me transplanter; ainsi j'ignore encore si j'en aurai l'occasion, le courage, et si j'y serai à temps. S'il arrivait que je fusse privé du plaisir de vous écrire davantage, vous pourrez toujours avoir des nouvelles de ma femme, et lui donner des vôtres, comme j'espère que vous voudrez bien faire par la voie de Lyon.

Quant à ce qui est entre vos mains, et qui peut être complété par ce qui est dans celles de la dame à la marmelade de fleur d'orange, je vous laisse absolument le maître d'en disposer après moi de la manière qui vous paraîtra la plus favorable aux intérêts de ma veuve, à ceux de ma filleule, et à l'honneur de ma mémoire.

Il n'y a pas d'apparence, mon cher hôte, qu'il soit désormais beaucoup question de botanique; ainsi vos plantes des Alpes et le livre que vous y vouliez joindre ne seront probablement plus de saison quand même je resterais comme je suis, ce qui me paraît impossible, puisque je ne saurais actuellement me baisser, ni mettre mes souliers moi-même; ce qui n'est pas une bonne disposition pour herboriser. D'ailleurs la fièvre, et même assez forte, me rend si faible, qu'il faut dans peu qu'elle s'en aille ou que je m'en aille. Je ne puis pas vous dire encore lequel sera des deux.

Depuis cette lettre écrite, mon cher hôte, je me sens mieux, et assez bien pour pouvoir, sans beaucoup d'incommodité, y joindre un mot de ma main; mais ma pauvre femme à son tour est tombée malade, et ma chambre est un hôpital. Comme je suis persuadé que réellement l'air de ce lieu nous est pernicieux à l'un et à l'autre, je suis déterminé, sitôt qu'elle sera en état de souffrir le transport, d'aller nous établir à une lieue d'ici, sur la hauteur, en très bon air, dans une maison abandonnée, mais où le gentilhomme à qui elle appartient veut bien me faire accommoder un petit logement. Adieu, mon cher hôte, nous vous embrassons l'un et l'autre de tout notre cœur : offrez nos respects et nos vœux à la maman, et nos amitiés à M. Jeannin.

A M. LALIAUD.

Bourgoin, le 12 janvier 1769.

Je commence, monsieur, d'entrevoir le repos que vous m'annoncez, et que j'ai pressenti même avant vous; un grand mal d'estomac, accompagné d'enflure, d'étouffement et de fièvre, m'en montre la route autre que celle que vous avez prévue, mais la seule par laquelle j'y puis parvenir. Cette bizarre maladie a des relâches, que je paie par des retours plus cruels; et hier même je me croyais guéri; j'ai changé cette nuit d'opinion; je comprends que j'en ai pour le reste de la route; mais j'ignore si le trajet qui me reste à faire sera court ou long. La seule chose que je sens, c'est qu'il sera rude, d'autant plus que l'impossibilité de me baisser, de me chausser, d'herboriser par conséquent, et l'extrême difficulté d'écrire, me condamnent à la plus insupportable inaction, ne pouvant supporter aucune lecture, ni feuilleter que des livres de plantes, qui vont ne me servir plus de rien. Je crois que l'attitude d'être continuellement occupé à coller des plantes, et courbé sur la caisse de mon herbier, a beaucoup contribué à détruire mon estomac; et lorsque je reprends dans des moments la même attitude, la douleur et l'oppression qui redoublent, me forcent bien vite à la quitter : mais je crois que l'air et l'eau de ce pays marécageux m'ont fait plus de mal encore ; je ne m'en suis pas senti tout seul ; et ma femme, qui vient d'être aussi malade, en a éprouvé sa part. Cela m'a déterminé, me voyant totalement oublié, ou du moins abandonné, à accepter un petit logement qui m'a été offert sur la hauteur à une lieue d'ici, dans une maison inhabitée, mais en très bon air, et je compte m'y transplanter aussitôt qu'il sera prêt, et que nous en aurons la force; trop heureux si l'on m'y laisse au moins finir mes jours dans la langueur d'une oisiveté totale, ou mêlée uniquement de mes maux, plus supportables pour moi qu'elle.

Voici, monsieur, une lettre de change de dix livres sterling sur l'Angleterre, que je vous prie de tâcher de négocier, ou d'envoyer à Londres ; elle sera payée sur-le-champ : c'est une petite rente viagère que j'ai reçue en paiement de mes livres, que je vendis à Londres pour n'avoir plus à les traîner après moi depuis qu'ils m'étaient devenus inutiles.

Mon cher monsieur Laliaud, plaignez-moi et pardonnez-moi. Je ne puis plus écrire sans souffrir beaucoup et sans aggraver mon mal; et, pour surcroît, je n'ai affaire qu'à des gens exigeants, qui s'embarrassent très peu de mon état, et me comptent leurs lignes sur les pages qu'ils exigent de moi. Vous n'êtes pas de même; aussi toute mon attente est en vous. Je ne vous écrirai que pour choses nécessaires et très en bref. Ne comptez pas rigoureusement avec votre serviteur, je vous en conjure, et donnez-moi la consolation d'apprendre de temps en temps que vous ne m'oubliez pas. Je vous embrasse de tout mon cœur, et ma femme vous salue.

A M. DU PEYROU.

A Bourgoin, le 18 janvier 1769.

J'apprends, mon cher hôte, par le plus singulier hasard, qu'on a imprimé à Lausanne un des chiffons qui sont entre vos mains, sur cette question : *Quelle est la première vertu du héros?* Vous croyez bien que je comprends qu'il s'agit d'un vol; mais comment ce vol a-t-il été fait, et par qui?... Vous qui êtes si soigneux, et surtout des dépôts d'autrui ! J'ai des engagements qui rendent de pareils larcins de très grande conséquence pour moi. Comment donc ne m'avez-vous point du moins averti de cette impression? De grâce, mon cher hôte, tâchez de remonter à la source, de savoir comment et par qui ce torche-cul a été imprimé. Je vis dans la sécurité la plus profonde sur les papiers qui sont entre vos mains; si vous souffrez que je perde cette sécurité, que deviendrai-je? Mettez-vous à ma place, et pardonnez l'importunité.

J'ai cru mourir cette nuit; le jour je suis moins mal. Ce qui me console, est que de semblables nuits ne sauraient se multiplier beaucoup. Ma femme, qui a été fort mal aussi, se trouve mieux. Je me prépare à déloger pour aller, dans le séjour élevé qui m'est destiné, chercher un air plus pur que celui qu'on respire dans ces vallées. Je vous embrasse.

Je suis très inquiet de l'état de madame la Commandante, et par conséquent du vôtre. Mon cher hôte, donnez-moi, je vous prie, des nouvelles de tous deux le plus tôt que vous pourrez. Je vous embrasse.

A M. LALIAUD.

Monquin, le 4 février 1769.

J'ai reçu, monsieur, vos deux dernières lettres, et, avec la première, la rescription que vous avez eu la bonté de m'envoyer, et dont je vous remercie.

Quoi! monsieur, le barbouillage académique imprimé à Lausanne l'avait aussi été à Paris!... et c'est M. Fréron qui en est l'éditeur!... Le temps de l'impression, le choix de la pièce, la moindre et la plus plate de tout ce que j'ai laissé en manuscrit, tout m'apprend par quelles espèces de mains et à quelle intention cet écrit a été publié. L'édition de Lausanne, si elle existe, aura probablement été faite sur celle de Paris; mais le silence de M. Du Peyrou me fait douter de cette seconde édition, dont la nouvelle m'a été donnée d'assez loin pour qu'on ait pu confondre; et de pareils chiffons ne sont guère de ceux qu'on imprime deux fois. Vous avez pris le vrai moyen d'aller, s'il est possible, à la source du vol par l'examen du manuscrit : cela vaut mieux qu'une lettre imprimée, qui ne ferait que faire souvenir de moi le public et mes ennemis, dont je cherche à être oublié, et sur laquelle les coupables n'iront sûrement pas se déclarer. Vous m'apprenez aussi qu'on a imprimé un nouveau volume de mes écrits vrais ou faux. C'est ainsi qu'on me dissèque de mon vivant, ou plutôt qu'on dissèque un autre corps sous mon nom. Car quelle part ai-je au recueil dont vous me parlez, si ce n'est deux ou trois lettres de moi qui y sont insérées, et sur lesquelles, pour faire croire que le recueil entier en était, on a eu l'impudence de le faire imprimer à Londres sous mon nom, tandis que j'étais en Angleterre, en supprimant la première édition de Lausanne faite sous les yeux de l'auteur? J'entrevois que l'impression du chiffon académique tient encore à quelque autre manœuvre souterraine de même acabit. Vous m'avez écrit quelquefois que je faisais du noir; l'expression n'est pas juste; ce n'est pas moi, monsieur, qui fais du noir, mais c'est moi qu'on en barbouille. Patience; ils ont beau vouloir écarter le vivier d'eau claire, il se trouvera quand je ne serai plus en leur pouvoir, et au moment qu'ils y penseront le moins. Aussi qu'ils fassent désormais à leur aise, je les mets au pis. J'attends sans alarmes l'explosion qu'ils comptent faire après ma mort sur ma mémoire, semblables aux vils corbeaux qui s'acharnent sur les cadavres. C'est alors qu'ils croiront n'avoir plus à craindre le trait de lumière qui, de mon vivant, ne cesse de les faire trembler, et c'est alors que l'on connaîtra peut-être le prix de ma patience et de mon silence. Quoi qu'il en soit, en quittant Bourgoin j'ai quitté tous les soucis qui m'en ont rendu le séjour aussi déplaisant que nuisible. L'état où je suis a plus fait pour ma tranquillité que les leçons de la philosophie et de la raison. J'ai vécu, monsieur; je suis content de l'emploi de ma vie; et du même œil que j'en vois les restes, je vois aussi les événements qui les peuvent remplir. Je renonce donc à savoir désormais rien de ce qui se dit, de ce qui se fait, de ce qui se passe par rapport à moi : vous avez eu la discrétion de ne m'en jamais rien dire. Je vous conjure de continuer. Je ne me refuse pas aux soins que votre amitié, votre équité, peuvent vous inspirer pour la vérité, pour moi dans l'occasion, parce que, après les sentiments que vous professez envers moi, ce serait vous manquer à vous-même. Mais dans l'état où sont les choses, et dans le train que je leur vois prendre, je ne veux plus m'occuper de rien qui me rappelle hors de moi, de rien qui puisse ôter à mon esprit la même tranquillité dont jouit ma conscience.

Je vous écris, sans y penser, de longues lettres qui font grand bien à mon cœur, et grand mal à mon estomac. Je remets à une autre fois le détail de mon habitation. Madame Renou vous remercie et vous salue; et moi, mon cher monsieur, je vous embrasse de tout mon cœur.

A M. MOULTOU.

Monquin, le 14 février 1769.

Je suis délogé, cher Moultou : j'ai quitté l'air marécageux de Bourgoin pour venir occuper sur la hauteur une maison vide et solitaire que la dame à qui elle appartient m'a offerte depuis longtemps, et où j'ai été reçu avec une hospitalité très noble, mais trop bien pour me faire oublier que je ne suis pas chez moi. Ayant pris ce parti, l'état où je suis ne me laisse plus penser à une habitation; l'honnêteté même ne me permettrait pas de quitter si promptement celle-ci après avoir consenti qu'on l'arrangeât pour moi. Ma situation, la nécessité, mon goût, tout me porte à borner mes désirs et mes soins à finir dans cette solitude des jours dont, grâce au ciel, et quoi que vous en puissiez dire, je ne crois pas le terme bien éloigné. Accablé des maux de la vie et de l'injustice des hommes, j'approche avec joie d'un séjour où tout cela ne pénètre point; et en attendant je ne veux plus m'occuper, si je puis, qu'à me rapprocher de moi-même, et à goûter ici entre la compagne de mes infortunes, et mon cœur et Dieu qui le voit, quelques heures de douceur et de paix en attendant la dernière. Ainsi, mon bon ami, parlez-moi de votre amitié pour moi, elle me sera toujours chère; mais ne me parlez plus de projets. Il n'en est plus pour moi d'autre en ce monde que celui d'en sortir avec la même innocence que j'y ai vécu.

J'ai vu, mon ami, dans quelques-unes de vos lettres, notamment dans la dernière, que le torrent de la mode vous gagne, et que vous commencez à vaciller dans des sentiments où je vous croyais inébranlable. Ah! cher ami, comment avez-vous fait? Vous en qui j'ai toujours cru voir un cœur si sain, une âme si forte, cessez-vous donc d'être content de vous-même? et le témoin secret de vos sentiments commencerait-il à vous devenir importun? Je sais que la foi n'est pas indispensable, que l'incrédulité sincère n'est point un crime, et qu'on sera jugé sur ce qu'on aura fait et non sur ce qu'on aura cru. Mais prenez garde, je vous conjure, d'être bien de bonne foi avec vous-même, car il est très différent de n'avoir pas cru ou de n'avoir pas voulu croire; et je puis concevoir comment celui qui n'a jamais cru ne croira jamais, mais non comment celui qui a cru peut cesser de croire. Encore un coup, ce que je vous demande n'est pas tant la foi que la bonne foi. Voulez-vous rejeter l'intelligence universelle? les causes finales vous crèvent les yeux. Voulez-vous étouffer l'instinct moral? la voix interne s'élève dans votre cœur, y foudroie les petits arguments à la mode, et vous crie qu'il n'est pas vrai que l'honnête homme et le scélérat, le vice et la vertu ne soient rien; car vous êtes trop bon raisonneur pour ne pas voir à l'instant qu'en rejetant la cause première et le mouvement, on ôte toute moralité de la vie humaine. Eh quoi, mon Dieu! le juste infortuné, en proie à tous les maux de cette vie, sans en excepter même l'opprobre et le déshonneur, n'aurait nul dédommagement à attendre après elle, et mourrait en bête après avoir vécu en Dieu? Non, non, Moultou; Jésus, que ce siècle a méconnu parce qu'il est indigne de le connaître; Jésus, qui mourut pour avoir voulu faire un peuple illustre et vertueux de ses vils compatriotes, le sublime Jésus ne mourut point tout entier sur la croix; et moi qui ne suis qu'un chétif homme plein de faiblesses, mais qui me sens un cœur dont un sentiment coupable n'approcha jamais, c'en est assez pour qu'en sentant approcher la dissolution de mon corps, je sente en même temps la certitude de vivre. La nature entière m'en est garante. Elle n'est pas contradictoire avec elle-même; j'y vois régner un ordre physique admirable et qui ne se dément jamais. L'ordre moral y doit correspondre. Il fut pourtant renversé pour moi durant ma vie; il va donc commencer à ma mort. Pardon, mon ami, je sens que je rabâche; mais mon cœur, plein pour moi d'espoir et de confiance, et pour vous d'intérêt et d'attachement, ne pouvait se refuser à ce court épanchement.

P. S. Je ne songe plus à Lavagnac, et probablement mes voyages sont finis. J'ai pourtant reçu dernièrement une lettre du patron de la case, aussi pleine de bonté et d'amitié qu'il m'en ait jamais écrit, et qui donne son approbation à une autre proposition qui m'avait été faite; mais toujours projeter ne me convient plus. Je veux jouir entre la nature et moi du peu de jours qui me restent, sans plus me laisser promener, si je puis, parmi les hommes qui m'ont si mal traité et plus mal connu. Quoique je ne puisse plus me baisser pour herboriser, je ne puis renoncer aux plantes; je les observe avec plus de plaisir que jamais. Je ne vous dis point de m'envoyer les vôtres, parce que j'espère que vous les apporterez : ce moment, cher Moultou, me sera bien doux. Adieu, je vous embrasse ; partagez tous les sentiments de mon cœur avec votre digne moitié, et recevez l'un et l'autre les respects de la mienne. Elle va rester à plaindre. C'est bien malgré elle, c'est bien malgré nous qu'elle et moi n'avons pu remplir de grands devoirs ; mais elle en a rempli de bien respectables. Que de choses qui devraient être sues vont être ensevelies avec moi ! et combien mes cruels ennemis tireront d'avantages de l'impossibilité où ils m'ont mis de parler !

A M. LALIAUD.

A Monquin, le 18 février 1769.

Je ne connais point M. de La Sale ; je sais seulement que c'est un fabricant de Lyon. Il accompagna cet automne le fils de madame Boy de La Tour, mon amie, qui vint me voir ici. Me voyant logé si tristement et dans un si mauvais air, il me proposa une habitation en Dombes ; je ne dis ni oui ni non. Cet hiver, me voyant dépérir, il est revenu à la charge ; j'ai refusé, il m'a pressé. Faute d'autres bonnes raisons à lui dire, je lui ai déclaré que je ne pouvais sortir de cette province sans l'agrément de M. le prince de Comti. Il m'a pressé de lui permettre de demander cet agrément ; je ne m'y suis point opposé : voilà tout.

J'apprends, par le plus grand hasard du monde, qu'on vient d'imprimer à Lausanne un ancien chiffon de ma façon. C'est un discours sur une question proposée, en 1751, par M. de Cursay, tandis qu'il était en Corse. Quand il fut fait, je le trouvai si mauvais que je ne voulus ni l'envoyer ni le faire imprimer. Je le remis avec tout ce que j'avais en manuscrit à M. Du Peyrou avant mon départ pour l'Angleterre. Je ne l'ai pas revu depuis, et je n'y ai pas même pensé. Je ne puis me rappeler avec certitude si ce barbouillage est ou n'est point un des manuscrits inlisibles que M. Du Peyrou m'envoya à Wootton pour les transcrire ; et que je lui renvoyai, copie et brouillon, par son ami M. de Cerjat, chez lequel, ou durant le transport, le vol aura pu se faire ; ce qu'il y a de sûr, c'est que je n'ai aucune part à cette impression, et que si j'eusse été assez insensé pour vouloir mettre encore quelque chose sous la presse, ce n'est pas un pareil torche-cul que j'aurais choisi. J'ignore comment il est passé sous la presse ; mais je crois M. Du Peyrou parfaitement incapable d'une pareille infidélité. En ce qui me regarde, voilà la vérité, et il m'importe que cette vérité soit connue. Je vous embrasse et vous salue, mon cher monsieur, de tout mon cœur.

A M. DU PEYROU.

Monquin, le 28 février 1769.

Je suis sur ma montagne, mon cher hôte, où mon nouvel établissement et mon estomac me rendent pénible d'écrire, sans quoi je n'aurais pas attendu si longtemps à vous demander de fréquentes nouvelles de madame la Commandante, jusqu'à l'entière guérison dont, sur votre pénultième lettre, l'espoir se joint au désir. Pour moi, mon état n'est pas empiré depuis que je suis ici ; mais je souffre toujours beaucoup. J'ai eu tort de ne vous pas marquer le rétablissement de madame Renou, qui n'a tenu le lit que peu de jours ; mais imaginez ce que c'était que d'être tous deux en même temps presque à l'extrémité dans un mauvais cabaret.

Il n'y a pas eu moyen de tirer de Fréron le manuscrit sur lequel le discours en question a été imprimé ; mais je vois, par ce que vous me marquez, que la copie furtive en a été faite avant les corrections, qui cependant sont assez anciennes ; elles n'empêchent pas que l'ouvrage, ainsi corrigé, ne soit un misérable torche-cul ; jugez de ce qu'il doit être dans l'état où ils l'ont imprimé. Ce qu'il y a de pis est que Rey et les autres ne manqueront pas de l'insérer en cet état dans le recueil de mes écrits. Qu'y puis-je faire ? Il n'y a point de ma faute. Dans l'état où je suis, tout ce qu'il reste à faire, quand tous les maux sont sans remède, est de rester tranquille et de ne plus se tourmenter de rien.

M. Séguier, célèbre par le *Plantæ Veronenses,* que vous avez peut-être ou que vous devriez avoir, vient de m'envoyer des plantes qui m'ont remis sur mon herbier et sur mes bouquins. Je suis maintenant trop riche pour ne pas sentir la privation de ce qui me manque. Si parmi celles que vous promet le Parolier, pouvaient se trouver la *grande gentiane pourprée,* le *thora valdensium,* l'*épimedium* et quelques autres, le tout bien conservé et en fleurs, je vous avoue que ce cadeau me ferait le plus grand plaisir, car je sens que, malgré tout, la botanique me domine. J'herboriserai, mon cher hôte, jusqu'à la mort et au-delà; car s'il y a des fleurs aux champs élysées, j'en formerai des couronnes pour les hommes vrais, francs, droits et tels qu'assurément j'avais mérité d'en trouver sur la terre. Bonjour, mon très cher hôte; mon estomac m'avertit de finir avant que la morale me gagne; car cela me mènerait loin. Mon cœur vous suit au pied du lit de la bonne maman. J'embrasse le bon Jeannin.

A M. LALIAUD.

Monquin, le 17 mars 1769.

J'ai reçu, monsieur, avec votre dernière lettre, votre seconde rescription, dont je vous remercie, et dont je n'ai pas encore fait usage, faute d'occasion.

Je me trouve beaucoup mieux depuis que je suis ici; je respire et j'agis beaucoup plus librement, quoique l'estomac ne soit pas désenflé : outre l'effet de l'air et de l'eau marécageuse, je crois devoir attribuer en grande partie mon incommodité au vin du cabaret, dont j'ai apporté avec moi une vingtaine de bouteilles, et dont j'ai senti le mauvais effet toutes les fois que j'en ai bu. Tous les cabarets falsifient et frélatent ici leurs vins avec de l'alun; et rien n'est plus pernicieux, surtout pour moi.

J'ai apris par M. Du Peyrou que le discours en question avait été absolument défiguré et mutilé à l'impression, et que non-seulement on n'avait pas suivi les corrections que j'y ai faites, mais qu'on avait même retranché des morceaux de la première composition. Cela me console en quelque sorte de ce larcin où personne de bon sens ne peut reconnaître mon ouvrage.

Permettez que je vous prie de donner cours à la lettre ci-jointe.

J'oubliais de vous répondre au sujet des livres dont vous offrez de me défaire. S'ils sont tolérés, j'y consens; s'ils sont défendus, je m'y oppose. Mais une chose qui me tient beaucoup plus au cœur, et dont vous ne me parlez point, est le portrait du roi d'Angleterre. Il est singulier que, de quelque façon que je m'y prenne, il me soit impossible d'avoir ce portrait. Il est pourtant bien à moi, ce me semble, et je ne suis d'humeur à le céder à qui que ce soit, pas même à vous, à moins qu'il ne vous fît autant de plaisir qu'à moi.

Donnez-nous, monsieur, de vos nouvelles à vos moments de loisir. Madame Renou vous souhaite, ainsi que moi, bonheur et santé, et nous vous faisons l'un et l'autre bien des salutations.

A M. DE ***.

Monquin, le 25 mars 1769.

Le voilà, monsieur, ce misérable radotage que mon amour-propre humilié vous a fait si longtemps attendre, faute de sentir qu'un amour-propre beaucoup plus noble devait m'apprendre à surmonter celui-là. Qu'importe que mon verbiage vous paraisse misérable, pourvu que je sois content du sentiment qui me l'a dicté? Sitôt que mon meilleur état m'a rendu quelques forces, j'en ai profité pour le relire et vous l'envoyer. Si vous avez le courage d'aller jusqu'au bout, je vous prie après cela de vouloir bien me le renvoyer, sans me rien dire de ce que vous en aurez pensé, et que je comprends de reste. Je vous salue, monsieur, et vous embrasse de tout mon cœur.

A M. DE ***.

Bourgoin, le 15 janvier 1769.

Je sens, monsieur, l'inutilité du devoir que je remplis en répondant à votre dernière lettre ; mais c'est un devoir enfin que vous m'imposez et que je remplis de bon cœur quoique mal, vu les distractions de l'état où je suis.

Mon dessein, en vous disant ici mon opinion sur les principaux points de votre lettre, est de vous la dire avec simplicité et sans chercher à vous la faire adopter. Cela serait contre mes principes et même contre mon goût. Car je suis juste ; et comme je n'aime point qu'on cherche à me subjuguer, je ne cherche non plus à subjuguer personne. Je sais que la raison commune est très bornée ; qu'aussitôt qu'on sort de ses étroites limites, chacun a la sienne qui n'est propre qu'à lui ; que les opinions se propagent par les opinions, non par la raison, et que quiconque cède au raisonnement d'un autre, chose déjà très rare, cède par préjugé, par autorité, par affection, par paresse ; rarement, jamais peut-être par son propre jugement.

Vous me marquez, monsieur, que le résultat de vos recherches sur l'auteur des choses est un état de doute. Je ne puis juger de cet état, parce qu'il n'a jamais été le mien. J'ai cru dans mon enfance par autorité, dans ma jeunesse par sentiment, dans mon âge mûr par raison, maintenant je crois parce que j'ai toujours cru. Tandis que ma mémoire éteinte ne me remet plus sur la trace de mes raisonnements, tandis que ma judiciaire affaiblie ne me permet plus de les recommencer, les opinions qui en ont résulté me restent dans toute leur force ; et sans que j'aie la volonté ni le courage de les mettre derechef en délibération, je m'y tiens en confiance et en conscience, certain d'avoir apporté dans la vigueur de mon jugement à leurs discussions toute l'attention et la bonne foi dont j'étais capable. Si je me suis trompé, ce n'est pas ma faute, c'est celle de la nature, qui n'a pas donné à ma tête une plus grande mesure d'intelligence et de raison. Je n'ai rien de plus aujourd'hui ; j'ai beaucoup de moins. Sur quel fondement recommencerais-je donc à délibérer ? Le moment presse, le départ approche. Je n'aurais jamais le temps ni la force d'achever le grand travail d'une refonte. Permettez qu'à tout événement j'emporte avec moi la consistance et la fermeté d'un homme, non les doutes décourageants et timides d'un vieux radoteur.

A ce que je puis me rappeler de mes anciennes idées, à ce que j'aperçois de la marche des vôtres, je vois que, n'ayant pas suivi dans nos recherches la même route, il est peu étonnant que nous ne soyons pas arrivés à la même conclusion. Balançant les preuves de l'existence de Dieu avec les difficultés, vous n'avez trouvé aucun des côtés assez prépondérant pour vous décider, et vous êtes resté dans le doute. Ce n'est pas comme cela que je fis : j'examinai tous les systèmes sur la formation de l'univers que j'avais pu connaître ; je méditai sur ceux que je pouvais imaginer ; je les comparai tous de mon mieux ; et je me décidai, non pour celui qui ne m'offrait point de difficultés, car ils m'en offraient tous, mais pour celui qui me paraissait en avoir le moins : je me dis que ces difficultés étaient dans la nature de la chose, que la contemplation de l'infini passerait toujours les bornes de mon entendement ; que, ne devant jamais espérer de concevoir pleinement le système de la nature, tout ce que je pouvais faire était de le considérer par les côtés que je pouvais saisir ; qu'il fallait savoir ignorer en paix tout le reste ; et j'avoue que, dans ces recherches, je pensai comme les gens dont vous parlez, qui ne rejettent pas une vérité claire ou suffisamment prouvée pour les difficultés qui l'accompagnent, et qu'on ne saurait lever. J'avais alors, je l'avoue, une confiance si téméraire, ou du moins une si forte persuasion, que j'avais défié tout philosophe de proposer aucun autre système intelligible sur la nature auquel je n'eusse opposé des objections plus fortes, plus invincibles que celles qu'il pouvait m'opposer sur le mien ; et alors il fallait me résoudre à rester sans rien croire, comme vous faites, ce qui ne dépendait pas de moi, ou mal raisonner, ou croire comme que j'ai fait.)

Une idée qui me vint il y a trente ans a peut-être plus contribué qu'aucune autre à me rendre inébranlable : supposons, me disais-je, le genre humain vieilli jusqu'à ce jour dans le plus complet matérialisme, sans que jamais idée de divinité ni d'âme soit entrée dans aucun esprit humain; supposons que l'athéisme philosophique ait épuisé tous ses systèmes pour expliquer la formation et la marche de l'univers par le seul jeu de la matière et du mouvement nécessaire, mot auquel, du reste, je n'ai jamais rien conçu : dans cet état, monsieur, excusez ma franchise, je supposais encore ce que j'ai toujours vu, et ce que je sentais devoir être, qu'au lieu de se reposer tranquillement dans ces systèmes, comme dans le sein de la vérité, leurs inquiets partisans cherchaient sans cesse à parfer de leur doctrine, à l'éclaircir, à l'étendre, à l'expliquer, la pallier, la corriger, et, comme celui qui sent trembler sous ses pieds la maison qu'il habite, à l'étayer de nouveaux arguments. Terminons enfin ces suppositions par celle d'un Platon, d'un Clarke, qui, se levant tout d'un coup au milieu d'eux, leur eût dit : Mes amis, si vous eussiez commencé l'analyse de cet univers par celle de vous-mêmes, vous eussiez trouvé dans la nature de votre être la clef de la constitution de ce même univers, que vous cherchez en vain sans cela; qu'ensuite, leur expliquant la distinction des deux substances, il leur eût prouvé par les propriétés mêmes de la matière que, quoi qu'en dise Locke, la supposition de la matière pensante est une véritable absurdité; qu'il leur eût fait voir quelle est la nature de l'être vraiment actif et pensant, et que, de l'établissement de cet être qui juge, il fût enfin remonté aux notions confuses mais sûres de l'être suprême : qui peut douter que, frappés de l'éclat, de la simplicité, de la vérité, de la beauté de cette ravissante idée, les mortels, jusqu'alors aveugles, éclairés des premiers rayons de la divinité, ne lui eussent offert par acclamation leurs premiers hommages, et que les penseurs surtout et les philosophes n'eussent rougi d'avoir contemplé si longtemps les dehors de cette machine immense, sans trouver, sans soupçonner même la clef de sa constitution; et, toujours grossièrement bornés par leurs sens, de n'avoir jamais su voir que matière où tout leur montrait qu'une autre substance donnait la vie à l'univers et l'intelligence à l'homme? C'est alors, monsieur, que la mode eût été pour cette nouvelle philosophie; que les jeunes gens et les sages se fussent trouvés d'accord; qu'une doctrine si belle, si sublime, si douce et si consolante pour tout homme juste, eût réellement excité tous les hommes à la vertu, et que ce beau mot d'*humanité*, rebattu maintenant jusqu'à la fadeur, jusqu'au ridicule, par les gens du monde les moins humains, eût été plus empreint dans les cœurs que dans les livres. Il eût donc suffi d'une simple transposition de temps pour faire prendre tout le contre-pied à la mode philosophique, avec cette différence que celle d'aujourd'hui, malgré son clinquant de paroles, ne nous promet pas une génération bien estimable, ni des philosophes bien vertueux.

Vous objectez, monsieur, que si Dieu eût voulu obliger les hommes à le connaître, il eût mis son existence en évidence à tous les yeux. C'est à ceux qui font de la foi en Dieu un dogme nécessaire au salut de répondre à cette objection, et ils y répondent par la révélation. Quant à moi, qui crois en Dieu sans croire cette foi nécessaire, je ne vois pas pourquoi Dieu se serait obligé de nous la donner. Je pense que chacun sera jugé non sur ce qu'il a cru, mais sur ce qu'il a fait, et je ne crois point qu'un système de doctrine soit nécessaire aux œuvres, parce que la conscience en tient lieu.

Je crois bien, il est vrai, qu'il faut être de bonne foi dans sa croyance, et ne pas s'en faire un système favorable à nos passions. Comme nous ne sommes pas tout intelligence, nous ne saurions philosopher avec tant de désintéressement que notre volonté n'influe un peu sur nos opinions : l'on peut souvent juger des secrètes inclinations d'un homme par ses sentiments purement spéculatifs ; et, cela posé, je pense qu'il se pourrait bien que celui qui n'a pas voulu croire fût puni pour n'avoir pas cru.

Cependant je crois que Dieu s'est suffisamment révélé aux hommes et par ses œuvres et dans leurs cœurs ; et s'il y en a qui ne le connaissent pas, c'est, selon moi, parce qu'ils ne veulent pas le connaître, ou parce qu'ils n'en ont pas besoin.

Dans ce dernier cas est l'homme sauvage et sans culture qui n'a fait encore aucun usage de sa raison ; qui, gouverné seulement par ses appétits, n'a pas besoin d'autre guide, et qui, ne suivant que l'instinct de la nature, marche par des mouvements toujours droits. Cet homme ne connaît pas Dieu, mais il ne l'offense pas. Dans l'autre cas, au contraire, est le philosophe qui, à force de vouloir exalter son intelligence, de raffiner, de subtiliser sur ce qu'on pensa jusqu'à lui, ébranle enfin tous les axiomes de la raison simple et primitive, et, pour vouloir toujours savoir plus et mieux que les autres, parvient à ne rien savoir du tout. L'homme à la fois raisonnable et modeste, dont l'entendement exercé, mais borné, sent ses limites et s'y renferme, trouve dans ces limites la notion de son âme et celle de l'auteur de son être, sans pouvoir passer au-delà pour rendre ces notions claires, et contempler d'aussi près l'une et l'autre que s'il était lui-même un pur esprit. Alors, saisi de respect, il s'arrête, et ne touche point au voile, content de savoir que l'être immense est dessous. Voilà jusqu'où la philosophie est utile à la pratique ; le reste n'est plus qu'une spéculation oiseuse pour laquelle l'homme n'a point été fait, dont le raisonneur modéré s'abstient, et dans laquelle n'entre point l'homme vulgaire. Cet homme, qui n'est ni une brute ni un prodige, est l'homme proprement dit, moyen entre les deux extrêmes, et qui compose les dix-neuf vingtièmes du genre humain ; c'est à cette classe nombreuse de chanter le psaume *Cœli enarrant*, et c'est elle en effet qui le chante. Tous les peuples de la terre connaissent et adorent Dieu ; et, quoique chacun l'habille à sa mode, sous tous ses vêtements divers on trouve pourtant toujours Dieu. Le petit nombre d'élite qui a de plus hautes prétentions de doctrine, et dont le génie ne se borne pas au sens commun, en veut un plus transcendant, ce n'est pas de quoi je le blâme ; mais qu'il parte de là pour se mettre à la place du genre humain, et dire que Dieu s'est caché aux hommes parce que lui, petit nombre, ne le voit plus, je trouve en cela qu'il a tort. Il peut arriver, j'en conviens, que le torrent de la mode et le jeu de l'intrigue étendent la secte philosophique, et persuadent un moment à la multitude qu'elle ne croit plus en Dieu ; mais cette mode passagère ne peut durer ; et, comme qu'on s'y prenne, il faudra toujours à la longue un Dieu à l'homme ; enfin quand, forçant la nature des choses, la Divinité augmenterait pour nous d'évidence, je ne doute pas que dans le nouveau lycée on n'augmentât en même raison de subtilité pour la nier. La raison prend à la longue le pli que le cœur lui donne, et quand on veut penser en tout autrement que le peuple, on en vient à bout tôt ou tard.

Tout ceci, monsieur, ne vous paraît guère philosophique, ni à moi non plus, mais, toujours de bonne foi avec moi-même, je sens se joindre à mes raisonnements, quoique simples, le poids de l'assentiment intérieur. Vous voulez qu'on s'en défie ; je ne saurais penser comme vous sur ce point, et je trouve au contraire dans ce jugement interne une sauvegarde naturelle contre les sophismes de ma raison. Je crains même qu'en cette occasion vous ne confondiez les penchants secrets de notre cœur qui nous égarent, avec ce dictamen plus secret, plus interne encore, qui réclame et murmure contre ces décisions intéressées, et nous ramène en dépit de nous sur la route de la vérité. Ce sentiment intérieur est celui de la nature elle-même, c'est un appel de sa part contre les sophismes de la raison ; et ce qui le prouve est qu'il ne parle jamais plus fort que quand notre volonté cède avec le plus de complaisance aux jugements qu'il s'obstine à rejeter. Loin de croire que qui juge d'après lui soit sujet à se tromper, je crois que jamais il ne nous trompe, et qu'il est la lumière de notre faible entendement lorsque nous voulons aller plus loin que ce que nous pouvons concevoir.

Et après tout, combien de fois la philosophie elle-même, avec toute sa fierté, n'est-elle pas forcée de recourir à ce jugement interne qu'elle affecte de mépriser? N'était-ce pas lui seul qui faisait marcher Diogène pour toute réponse devant Zénon qui niait le mouvement? N'était-ce pas pour lui que toute l'antiquité philosophique répondait aux pyrrhoniens? N'allons pas si loin; tandis que toute la philosophie moderne rejette les esprits, tout d'un coup l'évêque Berkley s'élève et soutient qu'il n'y a point de corps. Comment est-on venu à bout de répondre à ce terrible logicien? Otez le sentiment intérieur, et je défie tous les philosophes modernes ensemble de prouver à Berkley qu'il y a des corps. Bon jeune homme, qui me paraissez si bien né, de la bonne foi, je vous en conjure, et permettez que je vous cite ici un auteur qui ne vous sera pas suspect, celui des *Pensées philosophiques*. Qu'un homme vienne vous dire que, projetant au hasard une multitude de caractères d'imprimerie, il a vu l'*Énéide* tout arrangée résulter de ce jeu : convenez qu'au lieu d'aller vérifier cette merveille vous lui répondrez froidement : Monsieur, cela n'est pas impossible, mais vous mentez. En vertu de quoi, je vous prie, lui répondrez-vous ainsi?

Eh! qui ne sait que, sans le sentiment interne, il ne resterait bientôt plus de traces de vérité sur la terre, que nous serions tous successivement le jouet des opinions les plus monstrueuses, à mesure que ceux qui les soutiendraient auraient plus de génie, d'adresse et d'esprit, et qu'enfin, réduits à rougir de notre raison même, nous ne saurions bientôt plus que croire ni que penser?

Mais les objections..... Sans doute il y en a d'insolubles pour nous, et beaucoup, je le sais; mais encore un coup, donnez-moi un système où il n'y en ait pas; ou dites-moi comment je dois me déterminer. Bien plus, par la nature de mon système, pourvu que mes preuves directes soient bien établies, les difficultés ne doivent pas m'arrêter, vu l'impossibilité où je suis, moi être mixte, de raisonner exactement sur les esprits purs et d'en observer suffisamment la nature. Mais vous, matérialiste, qui me parlez d'une substance unique, palpable, et soumise par sa nature à l'inspection des sens, vous êtes obligé non-seulement de ne rien dire que de clair, de bien prouvé, mais de résoudre toutes mes difficultés d'une façon pleinement satisfaisante, parce que nous possédons vous et moi tous les instruments nécessaires à cette solution. Et, par exemple, quand vous faites naître la pensée de combinaisons de la matière, vous devez me montrer sensiblement ces combinaisons et leur résultat par les seules lois de la physique et de la mécanique, puisque vous n'en admettez point d'autres. Vous, épicurien, vous composez l'âme d'atomes subtils. Mais qu'appelez-vous *subtils*, je vous prie? Vous savez que nous ne connaissons point de dimensions absolues, et que rien n'est petit ou grand que relativement à l'œil qui le regarde. Je prends par supposition un microscope suffisant, et je regarde un de vos atomes : je vois un grand quartier de rocher crochu; de la danse et de l'accrochement de pareils quartiers j'attends de voir résulter la pensée. Vous, moderniste, vous me montrez une molécule organique : je prends mon microscope, et je vois un dragon grand comme la moitié de ma chambre; j'attends de voir se mouler et s'entortiller de pareils dragons jusqu'à ce que je voie résulter du tout un être non-seulement organisé, mais intelligent, c'est-à-dire un être non agrégatif et qui soit rigoureusement un, etc. Vous me marquiez, monsieur, que le monde s'était fortuitement arrangé comme la république romaine : pour que la parité fût juste, il faudrait que la république romaine n'eût pas été composée avec des hommes, mais avec des morceaux de bois. Montrez-moi clairement et sensiblement la génération purement matérielle du premier être intelligent, je ne vous demande rien de plus.

Mais si tout est l'œuvre d'un être intelligent, puissant, bienfaisant, d'où vient le mal sur la terre? Je vous avoue que cette difficulté si terrible ne m'a jamais beaucoup frappé, soit que je ne l'aie pas bien conçue, soit qu'en effet elle n'ait pas toute la solidité qu'elle paraît avoir. Nos philosophes se sont élevés contre les entités métaphysiques, et je ne connais personne qui en fasse tant. Qu'entendent-ils par le *mal*? qu'est-ce que le *mal* en lui-même? où est le *mal* relativement à la nature et à son auteur? L'univers subsiste; l'ordre y règne et s'y conserve; tout y périt successivement, parce que telle est la loi des êtres matériels et mus; mais tout s'y renouvelle, et rien n'y dégénère, parce que tel est l'ordre de son auteur, et cet ordre ne se dément point. Je ne vois aucun mal à tout cela; mais quand je souffre, n'est-ce pas un mal? quand je meurs, n'est-ce pas un mal? Doucement; je suis sujet à la mort, parce que j'ai reçu la vie; il n'y avait pour moi qu'un moyen de ne point mourir, c'était de ne jamais naître. La vie est un bien positif, mais fini, dont le terme s'appelle mort. Le terme du positif n'est pas le négatif, il est zéro. La mort nous est terrible, et nous appelons cette terreur un mal. La douleur est encore un mal pour celui qui souffre, j'en conviens; mais la douleur et le plaisir étaient les seuls moyens d'attacher un être sensible et périssable à sa propre conservation, et ces moyens sont ménagés avec une bonté digne de l'Être suprême. Au moment même que j'écris ceci, je viens encore d'éprouver combien la cessation subite d'une douleur aiguë est un plaisir vif et délicieux. M'oserait-on dire que la cessation du plaisir le plus vif soit une douleur aiguë? La douce jouissance de la vie est permanente; il suffit, pour la goûter, de ne pas souffrir. La douleur n'est qu'un avertissement importun, mais nécessaire, que ce bien qui nous est si cher est en péril. Quand je regardais de près à tout cela, je trouvai, je prouvai peut-être que le sentiment de la mort et celui de la douleur est presque nul dans l'ordre de la nature. Ce sont les hommes qui l'ont aiguisé; sans leurs raffinements insensés, sans leurs institutions barbares, les maux physiques ne nous atteindraient, ne nous affecteraient guère, et nous ne sentirions point la mort.

Mais le mal moral! autre ouvrage de l'homme, auquel Dieu n'a d'autre part que de l'avoir fait libre, et en cela semblable à lui. Faudra-t-il donc s'en prendre à Dieu des crimes des hommes et des maux qu'ils leur attirent? faudra-t-il, en voyant un champ de bataille, lui reprocher d'avoir créé tant de jambes et de bras cassés?

Pourquoi, direz-vous, avoir fait l'homme libre, puisqu'il devait abuser de sa liberté? Ah! M. de ***, s'il exista jamais un mortel qui n'en ait pas abusé, ce mortel seul honore plus l'humanité que tous les scélérats qui couvrent la terre ne la dégradent. Mon Dieu! donne-moi des vertus, et me place un jour auprès des Fénelon, des Caton, des Socrate. Que m'importera le reste du genre humain? je ne rougirai point d'avoir été homme.

Je vous l'ai dit, monsieur, il s'agit ici de mon sentiment, non de mes preuves, et vous ne le voyez que trop. Je me souviens d'avoir jadis rencontré sur mon chemin cette question de l'origine du mal, et de l'avoir effleurée; mais vous n'avez point lu ces rabâcheries, et moi je les ai oubliées: nous avons très bien fait tous deux. Tout ce que je sais est que la facilité que je trouvais à les résoudre venait de l'opinion que j'ai toujours eue de la coexistence éternelle de deux principes: l'un actif, qui est Dieu; l'autre passif, qui est la matière, que l'être actif combine et modifie avec une pleine puissance, mais pourtant sans l'avoir créée et sans la pouvoir anéantir. Cette opinion m'a fait huer des philosophes à qui je l'ai dite; ils l'ont décidée absurde et contradictoire. Cela peut être, mais elle ne m'a pas paru telle, et j'y ai trouvé l'avantage d'expliquer sans peine et clairement à mon gré tant de questions dans lesquelles ils s'embrouillent, entre autres celle que vous m'avez proposée ici comme insoluble.

Au reste, j'ose croire que mon sentiment, peu pondérant sur toute autre matière, doit l'être un peu sur celle-ci; et, quand vous connaîtrez mieux ma destinée, quelque jour vous direz peut-être en pensant à moi : Quel autre a droit d'agrandir la mesure qu'il a trouvée aux maux que l'homme souffre ici-bas?

Vous attribuez à la difficulté de cette même question, dont le fanatisme et la superstition ont abusé, les maux que les religions ont causés sur la terre.

Cela peut être, et je vous avoue même que toutes les formules en matière de foi ne me paraissent qu'autant de chaînes d'iniquité, de fausseté, d'hypocrisie et de tyrannie. Mais ne soyons jamais injustes; et pour aggraver le mal, n'ôtons pas le bien. Arracher toute croyance en Dieu du cœur des hommes, c'est y détruire toute vertu. C'est mon opinion, monsieur : peut-être elle est fausse; mais tant que c'est la mienne, je ne serai point assez lâche pour vous la dissimuler.

Faire le bien est l'occupation la plus douce d'un homme bien né : sa probité, sa bienfaisance, ne sont point l'ouvrage de ses principes, mais celui de son bon naturel; il cède à ses penchants en pratiquant la justice, comme le méchant cède aux siens en pratiquant l'iniquité. Contenter le goût qui nous porte à bien faire est bonté, mais non pas vertu.

Ce mot de vertu signifie *force*. Il n'y a point de vertu sans combat; il n'y en a point sans victoire. La vertu ne consiste pas seulement à être juste, mais à l'être en triomphant de ses passions, en régnant sur son propre cœur. Titus, rendant heureux le peuple romain, versant partout les grâces et les bienfaits, pouvait ne pas perdre un seul jour et n'être pas vertueux : il le fut certainement en renvoyant Bérénice. Brutus faisant mourir ses enfants pouvait n'être que juste. Mais Brutus était un tendre père; pour faire son devoir il déchira ses entrailles, et Brutus fut vertueux.

Vous voyez ici d'avance la question remise à son point. Ce divin simulacre dont vous me parlez s'offre à moi sous une image qui n'est pas ignoble, et je crois sentir à l'impression que cette image fait dans mon cœur la chaleur qu'elle est capable de produire. Mais ce simulacre enfin n'est encore qu'une de ces entités métaphysiques dont vous ne voulez pas que les hommes se fassent des dieux; c'est un pur objet de contemplation. Jusqu'où portez-vous l'effet de cette contemplation sublime? Si vous ne voulez qu'en tirer un nouvel encouragement pour bien faire, je suis d'accord avec vous, mais ce n'est pas de cela qu'il s'agit. Supposons votre cœur honnête en proie aux passions les plus terribles, dont vous n'êtes pas à l'abri, puisque enfin vous êtes homme. Cette image, qui dans le calme s'y peint si ravissante, n'y perdra-t-elle rien de ses charmes, et ne s'y ternira-t-elle point au milieu des flots? Écartons la supposition décourageante et terrible des périls qui peuvent tenter la vertu mise au désespoir; supposons seulement qu'un cœur trop sensible brûle d'un amour involontaire pour la fille ou la femme de son ami; qu'il soit maître de jouir d'elle entre le ciel qui n'en voit rien et lui qui n'en veut rien dire à personne; que sa figure charmante l'attire ornée de tous les attraits de la beauté et de la volupté : au moment où ses sens enivrés sont prêts à se livrer à leurs délices, cette image abstraite de la vertu viendra-t-elle disputer son cœur à l'objet réel qui le frappe? lui paraîtra-t-elle en cet instant la plus belle? l'arrachera-t-elle des bras de celle qu'il aime pour se livrer à la vaine contemplation d'un fantôme qu'il sait être sans réalité? finira-t-il comme Joseph, et laissera-t-il son manteau? Non, monsieur; il fermera les yeux et succombera. Le croyant, direz-vous, succombera de même. Oui, l'homme faible; celui, par exemple, qui vous écrit; mais donnez-leur à tous deux le même degré de force, et voyez la différence du point d'appui.

Le moyen, monsieur, de résister à des tentations violentes quand on peut leur céder sans crainte en se disant : A quoi bon résister? Pour être vertueux, le philosophe a besoin de l'être aux yeux des hommes, mais sous les yeux de Dieu le juste est bien fort ; il compte cette vie, et ses biens, et ses maux, et toute sa gloriole pour si peu de chose! il aperçoit tant au delà! Force invincible de la vertu, nul ne te connaît que celui qui sent tout son être, et qui sait qu'il n'est pas au pouvoir des hommes d'en disposer! Lisez-vous quelquefois la *République de Platon?* voyez dans le second dialogue avec quelle énergie l'ami de Socrate, dont j'ai oublié le nom, lui peint le juste accablé des outrages de la fortune et des injustices des hommes, diffamé, persécuté, tourmenté, en proie à tout l'opprobre du crime, et méritant tous les prix de la vertu, voyant déjà la mort qui s'approche, et sûr que la haine des méchants n'épargnera pas sa mémoire, quand ils ne pourront plus rien sur sa personne. Quel tableau décourageant, si rien pouvait décourager la vertu! Socrate lui-même effrayé s'écrie, et croit devoir invoquer les dieux avant de répondre : mais sans l'espoir d'une autre vie il aurait mal répondu pour celle-ci. Toutefois dût-il finir pour nous à la mort, ce qui ne peut être si Dieu est juste, et par conséquent s'il existe, l'idée seule de cette existence serait encore pour l'homme un encouragement à la vertu, et une consolation dans ses misères, dont manque celui qui, se croyant isolé dans cet univers, ne sent au fond de son cœur aucun confident de ses pensées. C'est toujours une douceur dans l'adversité d'avoir un témoin qu'on ne l'a pas méritée; c'est un orgueil vraiment digne de la vertu de pouvoir dire à Dieu : Toi qui lis dans mon cœur, tu vois que j'use en âme forte et en homme juste de la liberté que tu m'as donnée. Le vrai croyant, qui se sent partout sous l'œil éternel, aime à s'honorer à la face du ciel d'avoir rempli ses devoirs sur la terre.

Vous voyez que je ne vous ai point disputé ce simulacre que vous m'avez présenté pour unique objet des vertus du sage. Mais, mon cher monsieur, revenez maintenant à vous, et voyez combien cet objet est inalliable, incompatible avec vos principes. Comment ne sentez-vous pas que cette même loi de la nécessité qui seule règle, selon vous, la marche du monde et tous les événements, règle aussi toutes les actions des hommes, toutes les pensées de leurs têtes, tous les sentiments de leurs cœurs; que rien n'est libre, que tous les mouvements de l'homme, dirigés par la matière aveugle, ne dépendent de sa volonté que parce que sa volonté même dépend de la nécessité; qu'il n'y a par conséquent ni vertus, ni vices, ni mérite, ni démérite, ni moralité dans les actions humaines; et que ces mots d'honnête homme ou de scélérat doivent être pour vous totalement vides de sens? Ils ne le sont pas toutefois; votre honnête cœur en dépit de vos arguments réclame contre votre triste philosophie; le sentiment de la liberté, le charme de la vertu se font sentir à vous malgré vous. Et voilà comment de toutes parts cette forte et salutaire voix du sentiment intérieur rappelle au sein de la vérité et de la vertu tout homme que sa raison mal conduite égare. Bénissez, monsieur, cette sainte et bienfaisante voix qui vous ramène aux devoirs de l'homme, que la philosophie à la mode finirait par vous faire oublier. Ne vous livrez à vos arguments que quand vous les sentez d'accord avec le dictamen de votre conscience; et, toutes les fois que vous y sentirez de la contradiction, soyez sûr que ce sont eux qui vous trompent.

Quoique je ne veuille pas ergoter avec vous ni suivre pied à pied vos deux lettres, je ne puis cependant me refuser un mot à dire sur le parallèle du sage hébreu et du sage grec. Comme admirateur de l'un et de l'autre, je ne puis guère être suspect de préjugés en parlant d'eux. Je ne vous crois pas dans le même cas : je suis peu surpris que vous donniez au second tout l'avantage; vous n'avez pas assez fait connaissance avec l'autre, et vous n'avez pas pris assez de soin pour dégager ce qui est vraiment à lui de ce qui lui est étranger et qui le défigure à vos yeux, comme à ceux de bien d'autres gens qui, selon moi, n'y ont pas regardé de plus près que vous. Si Jésus fût né à Athènes, et Socrate à Jérusalem, que Platon et Xénophon eussent écrit la vie du premier, Luc et Matthieu celle de l'autre, vous changeriez beaucoup de langage ; et ce qui lui fait tort dans votre esprit est précisément ce qui rend son élévation d'âme plus étonnante et plus admirable, savoir, sa naissance en Judée, chez le plus vil peuple qui peut-être existât alors ; au lieu que Socrate, né chez le plus instruit et le plus aimable, trouva tous les secours dont il avait besoin pour s'élever aisément au ton qu'il prit. Il s'éleva contre les sophistes, comme Jésus contre les prêtres ; avec cette différence que Socrate imita souvent ses antagonistes, et que, si sa belle et douce mort n'eût honoré sa vie, il eût passé pour un sophiste comme eux. Pour Jésus, le vol sublime que prit sa grande âme l'éleva toujours au-dessus de tous les mortels, et depuis l'âge de douze ans jusqu'au moment qu'il expira dans la plus cruelle ainsi que dans la plus infâme de toutes les morts, il ne se démentit pas un moment. Son noble projet était de relever son peuple, d'en faire derechef un peuple libre et digne de l'être : car c'était par là qu'il fallait commencer. L'étude profonde qu'il fit de la loi de Moïse, ses efforts pour en réveiller l'enthousiasme et l'amour dans les cœurs, montrèrent son but autant qu'il était possible pour ne pas effaroucher les Romains. Mais ses vils et lâches compatriotes, au lieu de l'écouter, le prirent en haine précisément à cause de son génie et de sa vertu qui leur reprochaient leur indignité. Enfin ce ne fut qu'après avoir vu l'impossibilité d'exécuter son projet qu'il l'étendit dans sa tête, et que, ne pouvant faire par lui-même une révolution chez son peuple, il voulut en faire une par ses disciples dans l'univers. Ce qui l'empêcha de réussir dans son premier plan, outre la bassesse de son peuple, incapable de toute vertu, fut la trop grande douceur de son propre caractère ; douceur qui tient plus de l'ange et du dieu que de l'homme, qui ne l'abandonna pas un instant, même sur la croix, et qui fait verser des torrents de larmes à qui sait lire sa vie comme il faut à travers les fatras dont ces pauvres gens l'ont défigurée. Heureusement ils ont respecté et transcrit fidèlement ses discours qu'ils n'entendaient pas : ôtez quelques tours orientaux ou mal rendus, on n'y voit pas un mot qui ne soit digne de lui ; et c'est là qu'on reconnaît l'homme divin, qui, de si piètres disciples, a fait pourtant, dans leur grossier mais fier enthousiasme, des hommes éloquents et courageux.

Vous m'objectez qu'il a fait des miracles. Cette objection serait terrible, si elle était juste ; mais vous savez, monsieur, ou du moins vous pourriez savoir que, selon moi, loin que Jésus ait fait des miracles, il a déclaré très positivement qu'il n'en ferait point, et a marqué un très grand mépris pour ceux qui en demandaient.

Que de choses me resteraient à dire ! Mais cette lettre est énorme ; il faut finir : voici la dernière fois que je reviendrai sur ces matières. J'ai voulu vous complaire, monsieur : je ne m'en repens point ; au contraire, je vous remercie de m'avoir fait reprendre un fil d'idées presque effacées, mais dont les restes peuvent avoir pour moi leur usage dans l'état où je suis.

Adieu, monsieur : souvenez-vous quelquefois d'un homme que vous auriez aimé, je m'en flatte, quand vous l'auriez mieux connu, et qui s'est occupé de vous dans des moments où l'on ne s'occupe guère que de soi-même.

A MADAME LATOUR.

A Monquin, le 23 mars 1769.

Le changement d'air m'a fait du bien, chère Marianne, et je me trouve beaucoup mieux, quant à la santé, que quand j'ai quitté Bourgoin.

Cependant mon estomac n'est pas assez rétabli pour que je puisse écrire sans peine, ce qui m'oblige à ne faire que de courtes lettres autant que je puis, et seulement pour le besoin. C'en sera toujours un pour moi, mon aimable amie, d'entretenir avec vous les liens d'une amitié maintenant aussi chère à mon cœur qu'elle parut jadis l'être au vôtre.

A M. DU PEYROU.

A Monquin, le 31 mars 1769.

Votre dernière lettre sans date, mon cher hôte, a bien vivement irrité les inquiétudes où j'étais déjà tant sur l'état de madame la Commandante que sur le vôtre. Je vois que vous en êtes au point de ne pas même craindre le retour de la goutte, comme une diversion de la douleur du corps pour celle de l'âme. Cela m'apprend ou me confirme bien combien tous les systèmes philosophiques sont faibles contre la douleur tant de l'un que de l'autre, et combien la nature est toujours la plus forte aussitôt qu'elle fait sentir son aiguillon. Il n'y a pas six mois que, pour m'armer contre ma faiblesse, vous me souteniez que, hors les remords inconnus aux gens de votre espèce, les peines morales n'étaient rien, qu'il n'y avait de réel que le mal physique; et vous voilà, faible mortel ainsi que moi, appelant, pour ainsi dire, ce même mal physique à votre aide contre celui que vous souteniez ne pas exister. Mon cher hôte, revenons-en donc pour toujours, vous et moi, à cette maxime naturelle et simple, de commencer par être toujours bien avec soi, puis, au surplus, de crier tout bonnement et bien fort quand on souffre, et de se taire quand on ne souffre plus; car tel est l'instinct de la nature et le lot de l'être sensible. Faisons comme les enfants et les ivrognes qui ne se cassent jamais ni jambes ni bras quand ils tombent, parce qu'ils ne se raidissent point pour ne pas tomber, et revenons à ma grande maxime de laisser aller le cours des choses tant qu'il n'y a point de notre faute, et de ne jamais regimber contre la nécessité.

A M. BEAUCHATEAU.

Bourgoin, le 4 avril 1769.

Vous vous moquez de moi, monsieur, avec votre médaille. Allez, je ne veux point d'autre médaille que celle qui restera dans les cœurs des honnêtes gens qui me survivront, et qui connaîtront mes sentiments et ma destinée. Je vous salue, monsieur, très humblement.

A M. DU PEYROU.

Monquin, le 21 avril 1769.

Que votre situation, mon cher hôte, me navre! Que je vous trouve à plaindre, et que je vous plains ainsi que votre digne et infortunée mère! Mais vous êtes sans contredit le plus à plaindre des deux; tant qu'elle voit son fils tendre et bien portant auprès d'elle, elle a dans ses terribles maux des consolations bien douces; mais vous, vous n'en avez point. Elle peut encore aimer sa vie, et vous, vous devez soigner la vôtre parce qu'elle lui est nécessaire. Ce n'est pas une consolation pour vous, mais c'est un devoir qui doit vous rendre bien sacré le soin de vous-même.

Vous me demandez conseil sur ce que vous devez lui dire au sujet du choix que vous vous êtes fait. Personne ne peut vous donner ce conseil que vous-même, parce que personne ne peut prévoir comme vous l'effet que cette déclaration peut faire sur son esprit; car, sans contredit, vous ne devez rien lui dire dans son triste état que vous ne sachiez devoir lui être agréable et consolant. Vous êtes convaincu, me dites-vous, que ce choix lui fera plaisir; cela étant, je ne vois pas pourquoi vous balanceriez. Mais vous n'avez pas le courage, ajoutez-vous, de lui en parler de but en blanc dans son état. Eh bien! parlez-lui-en par forme de consultation plutôt que de déclaration. Cette déférence ne peut que lui plaire et la toucher; et, dût-elle ne pas approuver votre choix, vous n'en restez pas moins le maître de passer outre sans la contrister, lorsque le ciel aura disposé d'elle. Voilà tout ce que la raison et le tendre intérêt que je prends à l'un et à l'autre me prescrit de vous dire à ce sujet.

J'ai le cœur si plein de vous et de votre cruelle situation, que je n'ai pas le courage de vous parler de moi; et tout ce que j'ai de bon à vous en dire est que ma santé continue d'aller assez bien. Faites parler mon cœur avec le vôtre auprès de votre bonne maman. Mille amitiés au bon Jeannin. Nous vous embrassons, madame Renou et moi, de tout notre cœur.

AU MÊME.

Ce 19 mai 1769.

J'apprends votre perte, mon cher hôte, et je la sens bien; mais ce n'est pas une perte récente à laquelle vous ne fussiez pas préparé. Je ne voudrais, pour vous en consoler, que le détail que vous me faites de l'état de la défunte. Il y avait longtemps qu'elle avait cessé de vivre, elle n'a fait que cesser de souffrir, et vous de partager ses souffrances. Il n'y a pas là de quoi s'affliger. Mais votre perte, pour être ancienne en quelque sorte, n'en est pas moins réelle et pas moins irréparable; et voilà sur quoi doivent tomber vos regrets : vous avez un véritable ami de moins, et un ami qui ne se remplace pas. Puissiez-vous n'avoir jamais plus à le pleurer dans la suite que vous ne le pleurez aujourd'hui! mais telle est la loi de la nature, il faut baisser la tête et se résigner.

La nature qui se ranime me ranime aussi. Je reprends des forces et j'herborise. Le pays où je suis serait très agréable s'il avait d'autres habitants; j'avais semé quelques plantes dans le jardin, on les a détruites. Cela m'a déterminé à n'avoir d'autre jardin que les prés et les bois. Tant que j'aurai la force de m'y promener, je trouverai du plaisir à vivre; c'est un plaisir que les hommes ne m'ôteront pas, parce qu'il a sa source en dedans de moi.

A M. LE PRINCE DE CONTI.

Bourgoin, le 31 mai 1769.

Monseigneur,

Puisque votre altesse sérénissime n'approuve pas que je dispose de moi sans ses ordres, et puisque je ne veux en rien lui déplaire, il faut qu'elle daigne endurer les importunités que ma situation rend indispensables.

Je ne puis rester volontairement ici, ni choisir mon habitation dans le lieu qu'il vous a plu, monseigneur, de me désigner. Mes raisons ne peuvent s'écrire. J'ai cent fois été tenté de partir à tout risque pour porter à vos pieds les éclaircissements qu'il m'importe qui soient connus de vous et de vous seul. Avant de céder à cette tentation qui devient plus forte de jour en jour, je crois devoir vous en instruire. Daignez l'approuver, et n'avoir pas plus d'égard à mes périls que je n'en veux avoir moi-même, parce qu'il n'est pas de la magnanimité de votre âme de vouloir ma sûreté aux dépens de mon honneur.

Si je suis assez malheureux pour que votre altesse sérénissime se refuse à cette audience, je la supplie au moins d'approuver que je choisisse moi-même, dans le royaume, le lieu de mon habitation; que je le choisisse en toute liberté, sans être obligé d'indiquer ce lieu d'avance, parce que je ne puis juger de celui qui me conviendra qu'après en avoir fait l'essai.

Si nul de ces deux partis n'obtient l'agrément de votre altesse sérénissime, je le lui demande au moins pour sortir du royaume à la faveur d'un passe-port pareil au précédent que m'accorda M. de Choiseul, et dont je n'ai pu ni dû faire usage.

Enfin, monseigneur, si vous n'approuvez aucune de ces propositions, ou que vous ne m'honoriez d'aucune réponse, je prends le ciel à témoin de mon profond respect pour vos ordres et de l'ardent désir que j'ai de mériter toujours vos bontés; mais comme rien ne peut me dispenser de ce que je me dois à moi-même, dans l'extrémité où je suis, je disposerai de moi comme mon cœur me l'inspirera.

Veuillez, monseigneur, agréer avec bonté mon profond respect.

M DU PEYROU.

Ce 12 juin 1769.

Recevez, mon cher hôte, mes félicitations et celles de madame Renou, sur votre mariage; nous faisons l'un et l'autre des vœux les plus sincères pour que vous y trouviez et que vous y rendiez à votre épouse ce rare et précieux bonheur qui en fait un lien céleste et sans lequel il n'est qu'une chaîne de misère, car il n'y a point de milieu; elle nous a paru fort aimable à l'un et à l'autre, et d'un fort bon caractère, autant que nous en avons pu juger sur une connaissance aussi superficielle. Nous apprendrons avec joie que le jugement avantageux que nous en avons porté est confirmé par votre expérience. Vous avez, mon cher hôte, une grande et belle tâche à remplir. La sienne est plus grande et plus belle encore. Si elle la remplit, comme le choix d'un homme sensé nous le fait espérer, elle méritera l'estime et le respect de toute la terre, et c'est un tribut que nos cœurs lui paieront avec plaisir.

Le ressentiment de goutte dont vous paraissez menacé nous tient en peine sur l'état présent de votre santé. Donnez-m'en des nouvelles, je vous prie. Ménagez-la, c'est un soin que votre état rend très nécessaire. Nous vous embrassons l'un et l'autre et vous prions de faire agréer nos salutations à madame Du Peyrou.

A MADAME LATOUR.

A Monquin, le 19 juin 1769.

Connaître mon cœur et lui rendre justice, c'est en montrer un bien digne de son attachement. Il y a trois lignes dans votre dernière lettre, chère Marianne, qui m'ont encore plus touché que tout ce que vous m'avez écrit jusqu'ici. Vous comptez sur mes sentiments; vous avez d'autant plus raison que vous m'avez appris à compter sur les vôtres, et que toute personne dont je serai sûr d'être aimé, fût-elle bien moins aimable que vous, aura toujours de ma part plus que du retour. Je sens plus que vous, croyez-moi, notre éloignement; mais quand vous pourriez me venir voir ici, je n'y consentirais pas; plus vous m'aimez, plus vous seriez affligée. Nous étions amis sans nous être jamais vus, nous le serons, et, s'il le faut, sans nous revoir. J'étais négligent à écrire; à présent que vous m'imitez un peu, je ne serai pas plus exact; mais dussé-je ne vous plus voir et ne vous plus écrire, le besoin de vous aimer et la douceur de le satisfaire feront partie de mon être aussi longtemps qu'il sera ce qu'il est.

A LA MÊME.

A Monquin, le 4 juillet 1769.

Rassurez-vous, chère Marianne, j'ai regret aux inquiétudes que je vous ai données. J'ai voulu mettre à l'épreuve votre sensibilité; le succès a passé mon attente; je vous promets de ne plus faire avec vous de pareils essais. Adieu, belle Marianne; puissiez-vous ne voir jamais autour de vous que bonheur et prospérité! Quand on s'affecte ainsi des peines de ses amis, on n'en doit avoir que d'heureux.

A M. DU PEYROU.

A Nevers, le 21 juillet 1769.

Je n'aurais pas tardé si longtemps, mon cher hôte, à vous remercier du livre de M. Haller, et à vous en accuser la réception, sans mon départ un peu précipité, pour venir rendre mes devoirs à mon ancien hôte de Trye, tandis qu'il se trouvait rapproché de moi. Après huit jours de séjour en cette ville, je compte en repartir demain pour Lyon, et de là pour Monquin, où j'ai laissé madame Renou, et où j'espère trouver de vos nouvelles, n'en ayant pas eu depuis votre mariage, au bonheur duquel vous ne doutez pas, je m'en flatte, de l'intérêt vif et vrai que prend votre concitoyen. Je ne doute pas que l'habitation de la campagne ne tire en ce moment un nouveau charme de celle avec qui vous la partagez, et que vous n'y repreniez même le goût de l'herborisation, ne fût-ce que pour lui offrir des guirlandes mieux assorties. J'aurais bien voulu pouvoir y joindre de très jolies fleurs que j'ai trouvées sur ma route; ce beau pays, peu connu des botanistes, est abondant en belles plantes, dont j'aurais enrichi mon herbier si j'avais eu l'esprit de porter avec moi un portefeuille. Je ne puis vous parler encore du catalogue de M. Gagnebin, à qui j'en fais, ainsi qu'à vous, bien des remercîments, non plus que du Haller, n'ayant fait que parcourir bien rapidement l'un et l'autre. J'ai déjà dans mon herbier une grande partie des plantes que contient le premier; et quant à l'autre, je le trouve imprimé avec une extrême négligence et plein de fautes impardonnables, j'entends fautes d'impression. Il ne laissera pas pour cela de m'être toujours précieux par lui-même et par la main dont il me vient. Adieu, mon cher hôte; mes hommages, je vous supplie, à votre chère épouse, et mes amitiés à M. Jeannin. Je vous embrasse de tout mon cœur.

AU MÊME.

Monquin, le 12 août 1769.

De retour ici, mon cher hôte, de Nevers, d'où je vous ai écrit une lettre qui, j'espère, vous sera parvenue, j'y ai trouvé la vôtre du 9 juillet, où je vois et sens en la lisant les douloureuses incisions que vous avez souffertes, et qui ont abouti à vous tirer du tuf du bout des doigts. Voilà, je l'avoue, une manière d'escamoter dont je n'avais pas l'idée. Comment peut-on avoir du tuf dans le bout des doigts? Cela me passe, et j'aimerais autant, pour la vraisemblance, l'histoire de cet homme qui vomissait des canifs et des écritoires. Mais enfin, là où le vrai parle, la vraisemblance doit se taire, et puisqu'il faut convenir qu'il peut y avoir du tuf là où il s'en trouve, je suis toujours fort aise que vous soyez délivré de celui-là, et que vos douleurs de goutte en soient soulagées.

Vous voulez que je vous parle à mon tour de ma santé : j'ai peu de chose à vous en dire. Mon voyage m'a extrêmement fatigué par la chaleur, la poussière, et la voiture; mais, chemin faisant, j'ai vu des plantes nouvelles qui m'ont amusé, et après quelques jours de repos me voilà prêt à repartir demain pour aller herboriser sur le mont Pila avec M. le gouverneur de Bourgoin, et quelques autres messieurs à qui je tâche de persuader qu'ils aiment la botanique, et qui en effet y ont fait quelques progrès. Notre pélerinage doit être de sept ou huit jours, et toujours pédestre, comme celui que nous fîmes ensemble à Bienne. La première journée d'ici à Vienne est trop forte pour moi, qui d'ailleurs ne me sens pas extrêmement bien, et il faut que je compte beaucoup sur le bien que me font ordinairement les voyages pédestres, pour ne pas renoncer à celui-là. Mais, après avoir mis la partie en train, la rompre serait à moi de mauvaise grâce, et j'aime mieux courir quelques risques que paraître trop inconstant. Je compte à mon retour trouver ici de vos nouvelles, et apprendre que votre singulière opération vous a en effet délivré d'une attaque de goutte, comme vous l'avez espéré.

Votre Haller me fait toujours grand plaisir, mais je le trouve toujours plus rempli de fautes d'impression. La moitié des phrases de Linnæus qu'il cite sont estropiées, et un très grand nombre de chiffres des tables et citations sont faux, de sorte qu'on ne sait presque où aller chercher tout qu'il indique; j'ai vu peu de livres aussi considérables imprimés si négligemment. Le catalogue de M. Gagnebin est exact, net, mais sans ordre, de sorte qu'on ne sait comment y chercher la plante dont on a besoin. Au reste, l'un et l'autre de ces deux ouvrages peut donner des instructions utiles, dont je profite de mon mieux en pensant à vous. Quand je serai revenu de Pila (si j'en reviens heureusement), je vous marquerai ce que j'y aurai trouvé de plus ou de moins que dans le catalogue de M. Gagnebin.

A MADAME ROUSSEAU.

Monquin, ce samedi 12 août 1769.

Depuis vingt-six ans, ma chère amie, que notre union dure, je n'ai cherché mon bonheur que dans le vôtre ; je ne me suis occupé qu'à tâcher de vous rendre heureuse ; et vous avez vu par ce que j'ai fait en dernier lieu, sans m'y être engagé jamais, que votre honneur et votre bonheur ne m'étaient pas moins chers l'un que l'autre. Je m'aperçois avec douleur que le succès ne répond pas à mes soins ; et qu'ils ne vous sont pas aussi doux à recevoir qu'il me l'est de vous les rendre. Je sais que les sentiments de droiture et d'honneur avec lesquels vous êtes née ne s'altéreront jamais en vous ; mais quant à ceux de tendresse et d'attachement, qui jadis étaient réciproques, je sens qu'ils n'existent plus que de mon côté. Ma chère amie, non-seulement vous avez cessé de vous plaire avec moi, mais il faut que vous preniez beaucoup sur vous pour y rester quelques moments par complaisance. Vous êtes à votre aise avec tout le monde hors avec moi ; tous ceux qui vous entourent sont dans vos secrets excepté moi, et votre seul véritable ami est le seul exclu de votre confidence. Je ne vous parle point de beaucoup d'autres choses. Il faut prendre nos amis avec leurs défauts, et je dois vous passer les vôtres comme vous me passez les miens. Si vous étiez heureuse avec moi, je serais content ; mais je vois clairement que vous ne l'êtes pas, et voilà ce qui me déchire. Si je pouvais faire mieux pour y contribuer je le ferais et je me tairais ; mais cela n'est pas possible. Je n'ai rien omis de ce que j'ai cru pouvoir contribuer à votre félicité ; je ne saurais faire davantage, quelque ardent désir que j'en aie. En nous unissant, j'ai fait mes conditions ; vous y avez consenti, je les ai remplies. Il n'y avait qu'un tendre attachement de votre part qui pût m'engager à les passer et à n'écouter que notre amour au péril de ma vie et de ma santé. Convenez, ma chère amie, que vous éloigner de moi n'est pas le moyen de me rapprocher de vous : c'était pourtant mon intention, je vous le jure ; mais votre refroidissement m'a retenu, et des agaceries ne suffisent pas pour m'attirer lorsque le cœur me repousse. En ce moment même où je vous écris, navré de détresse et d'affliction, je n'ai pas de désir plus vif et plus vrai que celui de finir mes jours avec vous dans l'union la plus parfaite, et de n'avoir plus qu'un lit lorsque nous n'aurons plus qu'une âme.

Rien ne plaît, rien n'agrée de la part de quelqu'un qu'on n'aime pas. Voilà pourquoi, de quelque façon que je m'y prenne, tous mes soins, tous mes efforts auprès de vous sont insuffisants. Le cœur, ma chère amie, ne se commande pas, et ce mal est sans remède. Cependant, quelque passion que j'aie de vous voir heureuse à quelque prix que ce soit, je n'aurais jamais songé à m'éloigner de vous pour cela, si vous n'eussiez été la première à m'en faire la proposition. Je sais bien qu'il ne faut pas donner trop de poids à ce qui se dit dans la chaleur d'une querelle ; mais vous êtes revenue trop souvent sur cette idée pour qu'elle n'ait pas fait sur vous quelque impression. Vous connaissez mon sort, il est tel qu'on n'oserait pas même le décrire, parce qu'on n'y saurait ajouter foi. Je n'avais, chère amie, qu'une seule consolation, mais bien douce, c'était d'épancher mon cœur dans le tien ; quand j'avais parlé de mes peines avec toi elles étaient soulagées ; et, quand tu m'avais plaint, je ne me trouvais plus à plaindre. Il est sûr que, ne trouvant plus que des cœurs fermés ou faux, toute ma ressource, toute ma confiance est en toi seule ; le mien ne peut vivre sans s'épancher, et ne peut s'épancher qu'avec toi. Il est sûr que, si tu me manques et que je sois réduit à vivre absolument seul, cela m'est impossible, et je suis un homme mort. Mais je mourrais cent fois plus cruellement encore, si nous continuions de vivre ensemble en mésintelligence, et que la confiance et l'amitié s'éteignissent entre nous. Ah, mon enfant ! à Dieu ne plaise que je sois réservé à ce comble de misère ! Il vaut mieux cent fois cesser de se voir, s'aimer encore, et se regretter quelquefois. Quelque sacrifice qu'il faille de ma part pour te rendre heureuse, sois-le à quelque prix que ce soit, et je suis content.

Je te conjure donc, ma chère femme, de bien rentrer en toi-même, de bien sonder ton cœur, et de bien examiner s'il ne serait pas mieux pour l'un et pour l'autre que tu suivisses ton projet de te mettre en pension dans une communauté pour t'épargner les désagréments de mon humeur, et à moi ceux de ta froideur; car, dans l'état présent des choses, il est impossible que nous trouvions notre bonheur l'un avec l'autre : je ne puis rien changer en moi, et j'ai peur que tu ne puisses rien changer en toi non plus. Je te laisse parfaitement libre de choisir ton asile et d'en changer sitôt que cela te conviendra. Tu n'y manqueras de rien, j'aurai soin de toi plus que de moi-même; et sitôt que nos cœurs nous feront mieux sentir combien nous étions nés l'un pour l'autre, et le vrai besoin de nous réunir, nous le ferons pour vivre en paix et nous rendre heureux mutuellement jusqu'au tombeau. Je n'endurerais pas l'idée d'une séparation éternelle; je n'en veux qu'une qui nous serve à tous deux de leçon; je ne l'exige point même, je ne l'impose point; je crains seulement qu'elle ne soit devenue nécessaire. Je t'en laisse le juge et je m'en rapporte à ta décision. La seule chose que j'exige, si nous en venons là, c'est que le parti que tu jugeras à propos de prendre se prenne de concert entre nous : je te promets de me prêter là-dessus en tout à ta volonté, autant qu'elle sera raisonnable et juste, sans humeur de ma part et sans chicane. Mais quant au parti que tu voulais prendre dans ta colère, de me quitter et de t'éclipser sans que je m'en mêlasse et sans que je susse même où tu voudrais aller, je n'y consentirai de ma vie, parce qu'il serait honteux et déshonorant pour l'un et pour l'autre, et contraire à tous nos engagements.

Je vous laisse le temps de bien peser toutes choses. Réfléchissez pendant mon absence au sujet de cette lettre. Pensez à ce que vous vous devez, à ce que vous me devez, à ce que nous sommes depuis longtemps l'un à l'autre, et à ce que nous devons être jusqu'à la fin de nos jours, dont la plus grande et la plus belle partie est passée, et dont il ne nous reste que ce qu'il faut pour couronner une vie infortunée, mais innocente, honnête et vertueuse, par une fin qui l'honore et nous assure un bonheur durable. Nous avons des fautes à pleurer et à expier; mais, grâces au ciel, nous n'avons à nous reprocher ni noirceurs ni crimes : n'effaçons pas par l'imprudence de nos derniers jours la douceur et la pureté de ceux que nous avons passés ensemble.

Je ne vais pas faire un voyage bien long ni bien périlleux; cependant la nature dispose de nous au moment que nous y pensons le moins. Vous connaissez trop mes vrais sentiments pour craindre qu'à quelque degré que mes malheurs puissent aller, je sois homme à disposer jamais de ma vie avant le temps que la nature ou les hommes auront marqué. Si quelque accident doit terminer ma carrière, soyez bien sûre, quoi qu'on puisse dire, que ma volonté n'y aura pas eu la moindre part. J'espère me retrouver en bonne santé dans vos bras, d'ici à quinze jours au plus tard; mais s'il en était autrement, et que nous n'eussions pas le bonheur de nous revoir, souvenez-vous en pareil cas de l'homme dont vous êtes la veuve, et d'honorer sa mémoire en vous honorant. Tirez-vous d'ici le plus tôt que vous pourrez. Qu'aucun moine ne se mêle de vous ni de vos affaires en quelque façon que ce soit. Je ne vous dis point ceci par jalousie, et je suis bien convaincu qu'ils n'en veulent point à votre personne; mais, n'importe, profitez de cet avis, ou soyez sûre de n'en tirer que déshonneur et calamité sur le reste de votre vie. Adressez-vous à M. de Saint-Germain pour sortir d'ici; tâchez d'endurer l'air méprisant de sa femme par la certitude que vous ne l'avez pas mérité. Cherchez à Paris, à Orléans ou à Blois, une communauté qui vous convienne, et tâchez d'y vivre, plutôt que seule dans une chambre. Ne comptez sur aucun ami; vous n'en avez point ni moi non plus, soyez-en sûre; mais comptez sur les honnêtes gens, et soyez sûre que la bonté de cœur et l'équité d'un honnête homme vaut cent fois mieux que l'amitié d'un coquin. C'est à ce titre d'honnête homme que vous pouvez donner votre confiance au seul homme de lettres que vous savez que je tiens pour tel. Ce n'est pas un ami chaud, mais c'est un homme droit qui ne vous trompera pas, et qui n'insultera pas ma mémoire, parce qu'il m'a bien connu et qu'il est juste; mais il ne se compromettra pas, et je ne désire pas qu'il se compromette. Laissez tranquillement exécuter les complots faits contre votre mari; ne vous tourmentez point à justifier sa mémoire outragée; contentez-vous de rendre honneur à la vérité dans l'occasion, et laissez la Providence et le temps faire leur œuvre; cette œuvre se fera tôt ou tard. Ne vous rapprochez plus des grands; n'acceptez aucune de leurs offres, encore moins de celles des gens de lettres. Exclus nommément toutes les femmes qui se sont dites mes amies. J'excepte madame Dupin et madame de Chenonceaux; l'une et l'autre sont sûres à mon égard et incapables de trahison. Parlez-leur quelquefois de mes sentiments pour elles; ils vous sont connus. Vous aurez assez de quoi vivre indépendante avec les secours que M. Du Peyrou a dessein de vous donner, et qu'il vous doit puisqu'il en a reçu l'argent. Si vous aimez mieux vivre seule chez vous que chez des religieuses, vous le pouvez; mais ne vous laissez pas subjuguer, ne vous livrez pas à vos voisines, et ne vous fiez pas aux gens avant de les connaître. Je finis ma lettre si à la hâte que je ne sais plus ce que je dis. Adieu, chère amie de mon cœur; à vous revoir; et, si nous ne nous revoyons pas, souvenez-vous toujours du seul ami véritable que vous ayez eu et que vous aurez jamais. Je ne me signerai pas *Renou*, puisque ce nom fut fatal à votre tendresse; mais, pour ce moment, j'en veux reprendre un que votre cœur ne saurait oublier.

J.-J. ROUSSEAU.

A M. LALIAUD.

Monquin, 27 août 1769.

Un voyage de botanique, monsieur, que j'ai fait au mont Pila presque en arrivant ici, m'a privé du plaisir de vous répondre aussitôt que je l'aurais dû. Ce voyage a été désastreux, toujours de la pluie; j'ai trouvé peu de plantes, et j'ai perdu mon chien, blessé par un autre et fugitif : je le croyais mort dans les bois de sa blessure, quand à mon retour je l'ai trouvé ici bien portant, sans que je puisse imaginer comment il a pu faire douze lieues et repasser le Rhône dans l'état où il était. Vous avez, monsieur, la douceur de voir vos pénates et de vivre au milieu de vos amis. Je prendrais part à ce bonheur en vous en voyant jouir, mais je doute que le ciel me destine à ce partage. J'ai trouvé madame Renou en assez bonne santé : elle vous remercie de votre souvenir, et vous salue de tout son cœur. J'en fais de même, étant forcé d'être bref à cause du soin que demandent quelques plantes que j'ai apportées, et quelques graines que je destinais à madame de Portland, le tout étant arrivé ici à demi pourri par la pluie. Je voudrais du moins en sauver quelque chose pour n'avoir pas perdu tout-à-fait mon voyage, et la peine que j'ai prise à les recueillir. Adieu, mon cher M. Laliaud; conservez-vous, et vivez content.

A M. MOUTOU.

Monquin, le 8 septembre 1769.

Sans une foulure à la main, cher Moultou, qui me fait souffrir depuis plusieurs jours, je me livrerais à mon aise au plaisir de causer avec vous; mais je ne désespère pas d'en trouver une occasion plus commode : en attendant, recevez mon remercîment de votre bon souvenir, et de celui de madame Moultou, dont je me consolerai difficilement d'avoir été si près sans la voir. Je veux croire qu'elle a quelque part au plaisir que vous m'avez fait de m'amener votre fils, et cela m'a rendu plus touchante la vue de cet aimable enfant. Je suis fort aise qu'il soit un peu jaloux, dans ce qu'il fait, de mon approbation; il lui est toujours aisé de s'en assurer par la vôtre; car sur ce point, comme sur beaucoup d'autres, nous ne saurions penser différemment vous et moi.

Je ne suis point surpris de ce que vous me marquez des dispositions secrètes des gens qui vous entourent : il y a longtemps qu'ils ont changé le patriotisme en égoïsme, et l'amour prétendu du bien public n'est plus dans leurs cœurs que la haine des partis. Garantissez le vôtre, ô cher Moultou, de ce sentiment pénible qui donne toujours plus de tourment que de jouissance, et qui, lors même qu'il l'assouvit, venge dans le cœur de celui qui l'éprouve le mal qu'il fait à son ennemi. Paradis aux bienfaisants, disait sans cesse le bon abbé de Saint-Pierre, voilà un paradis que les méchants ne peuvent ôter à personne, et qu'ils se donneraient, s'ils en connaissaient le prix.

Adieu, cher Moultou, je vous embrasse.

A M. DU PEYROU.

Monquin, le 16 septembre 1769.

Je n'aurais pas attendu, mon cher hôte, votre lettre du 5 septembre pour répondre à celle du 6 août, si à mon retour du mont Pila je ne me fusse foulé la main droite par une chute qui m'en a pendant longtemps gêné l'usage. Je suis bien charmé de n'apprendre votre accès de goutte qu'à votre convalescence; c'est une grande consolation, quand on souffre, d'attendre ensuite de longs intervalles, durant lesquels on ne souffrira plus; et je ne suis pas surpris que les tendres soins de votre aimable Henriette fassent une assez grande diversion à vos souffrances pour vous les laisser beaucoup moins sentir. Vous devez vous trouver trop heureux de gagner à son service des accès de goutte dans lesquels vous êtes servi par ses mains. Vous êtes assurément bien faits, l'un pour donner, l'autre pour sentir tout le prix des soins du plus pur zèle et de la plus tendre amitié; mais cependant, aux charmes près qu'elle seule y peut ajouter, des soins de cette espèce ne doivent pas être absolument nouveaux pour vous. Je suis plus que flatté, je suis touché qu'elle se souvienne avec plaisir de notre ancienne connaissance. J'aurais été trop heureux de pouvoir la cultiver : mais les attachements fondés sur l'estime, tels que celui que j'ai conçu pour elle, n'ont pas besoin de l'habitude de se voir pour s'entretenir et se renforcer. Fût-elle beaucoup moins aimable, les respectables devoirs qu'elle remplit si bien près de vous la rendent trop estimable à tout le monde pour ne pas la rendre chère aux honnêtes gens, et surtout à vos amis. A l'égard des échecs, malgré tout ce que vous me dites de son habileté, vous me permettrez de douter que ce soit le jeu auquel elle joue le mieux; et, si jamais j'ai le plaisir de faire une partie avec elle, je lui dirai, et de bien bon cœur, ce que je disais jadis à un grand prince : « Je vous honore trop pour ne pas gagner toujours. »

Vous aviez grande raison, mon cher hôte, d'attendre la relation de mon herborisation de Pila, car parmi les plaisirs de la faire, je comptais pour beaucoup celui de vous la décrire ; mais les premiers ayant manqué, me laissent peu de quoi fournir à l'autre. Je partis à pied avec trois messieurs, dont un médecin, qui faisaient semblant d'aimer la botanique, et qui, désirant me cajoler, je ne sais pourquoi, s'imaginèrent qu'il n'y avait rien de mieux pour cela que de me faire bien des façons : jugez comment cela s'assortit, non-seulement avec mon humeur, mais avec l'aisance et la gaîté des voyages pédestres. Ils m'ont trouvé très maussade ; je le crois bien : ils ne disent pas que c'est eux qui m'ont rendu tel. Il me semble que, malgré la pluie, nous n'étions point maussades à Brot ni les uns ni les autres; premier article. Le second est que nous avons eu mauvais temps presque durant toute la route, ce qui n'amuse pas quand on ne veut qu'herboriser, et que, faute d'une certaine intimité, l'on n'a que cela pour point de ralliement et pour ressource. Le troisième est que nous avons trouvé sur la montagne un très mauvais gîte ; pour lit, du foin ressuant et tout mouillé, hors un seul matelas rembourré de puces, dont, comme étant le Sancho de la troupe, j'ai été pompeusement gratifié. Le quatrième, des accidents de toute espèce : un de nos messieurs a été mordu d'un chien sur la montagne ; Sultan a été à demi massacré par un autre chien : il a disparu ; je l'ai cru mort de ses blessures ou mangé du loup ; et, ce qui me confond, est qu'à mon retour ici je l'ai trouvé tranquille et parfaitement guéri, sans que je puisse imaginer comment, dans l'état où il était, il a pu faire douze grandes lieues et surtout repasser le Rhône, qui n'est pas un petit ruisseau, comme disait du Rhin M. de Chazeron. Le cinquième article, et le pire, est que nous n'avons presque rien trouvé, étant allés trop tard pour les fleurs, trop tôt pour les graines, et n'ayant eu nul guide pour trouver les bons endroits ; ajoutez que la montagne est fort triste, inculte, déserte et n'a rien de l'admirable variété des montagnes de la Suisse. Si vous n'étiez pas redevenu un profane, je vous ferais ici l'énumération de notre maigre collection ; je vous parlerais du *meum*, de *l'oreille d'ours*, du *doronic*, de la *bistorte*, du *napel*, du *thymeloea*, etc. Mais j'espère que quand M. d'Escherny, qui a appris la botanique en trois jours, sera près de vous, il vous expliquera tout cela. Parmi toutes ces plantes alpines très communes, j'en ai trouvé trois plus curieuses qui m'ont fait grand plaisir : l'une est l'*onagra* (*œnothera biennis*, Linn.), que j'ai trouvée au bord du Rhône, et que j'avais déjà trouvée à mon voyage de Nevers au bord de la Loire ; la seconde est le *laiteron bleu* des Alpes (*sonchus alpinus*), qui m'a fait d'autant plus de plaisir que j'ai eu peine à le déterminer, m'obstinant à le prendre pour une laitue ; la troisième est le *lichen islandicus*, que j'ai d'abord reconnu aux poils courts qui bordent ses feuilles. Je vous ennuie avec mon pédant étalage : mais si votre Henriette prenait du goût pour les plantes, comme mon foin se transformerait bien vite en fleurs ! Il faudrait bien alors, malgré vous et vos dents, que vous devinssiez botaniste.

A M. L. C. D. L.

Monquin, le 10 octobre 1769.

Me voici, monsieur, en vous répondant, dans une situation bien bizarre, sachant bien à qui, mais non pas à quoi : non que tout ce que vous écrivez ne mérite bien qu'on s'en souvienne ; mais parce que je ne me souviens plus de rien. J'avais mis à part votre lettre pour y répondre, et, après avoir vingt fois renversé ma chambre et tous les fatras qui la remplissent, je n'ai pu parvenir à retrouver cette lettre, toutefois je n'en veux pas avoir le démenti, ni que mon étourderie me prive du plaisir de vous écrire. Ce ne sera pas, si vous voulez, une réponse ; ce sera un bavardage de rencontre, pour avoir, aux dépens de votre patience, l'avantage de causer un moment avec vous.

Vous me parliez, monsieur, du nouveau-né, dont je vous fais mes bien cordiales félicitations : voilà vos pertes réparées ; que vous êtes heureux de voir les plaisirs paternels se multiplier autour de vous ! Je vous le dis, et bien du fond de mon cœur, quiconque a le bonheur de pouvoir remplir des soins si chers trouve chez lui des plaisirs plus vrais que tous ceux du monde, et les plus douces consolations dans l'adversité. Heureux qui peut élever ses enfants sous ses yeux ! Je plains un père de famille obligé d'aller chercher au loin la fortune ; car pour le vrai bonheur de la vie, il en a la source auprès de lui.

Vous me parliez du logement auquel vous aviez eu la bonté de songer pour moi. Vous avez bien, monsieur, tout ce qu'il faut pour ne pas me laisser renoncer sans regret à l'espoir d'être votre voisin : et pourquoi y renoncer ? qu'est-ce qui empêcherait que, dans une saison plus douce, je n'allasse vous voir, et voir avec vous les habitations qui pourraient me convenir ? S'il s'en trouvait une assez voisine de la vôtre pour me procurer l'agrément de votre société, il y aurait là de quoi racheter bien des inconvéniens, et, pourvu que je trouvasse à peu près le plus nécessaire, de quoi me consoler de n'avoir pas ce qui le serait moins.

Vous me parliez de littérature, et précisément cet article, le plus plein de choses et le plus digne d'être retenu, est celui que j'ai totalement oublié. Ce sujet qui ne me rappelle que des idées tristes, et que l'instinct éloigne de ma mémoire, a fait tort à l'esprit avec lequel vous l'avez traité : je me suis souvenu seulement que vous étiez très aimable, même en traitant un sujet que je n'aimais plus.

Vous me parliez de botanique et d'herborisations. C'est un objet sur lequel il me reste un peu plus de mémoire ; encore ai-je grand'peur que bientôt elle ne s'en aille de même avec le goût de la chose, et qu'on ne parvienne à me rendre désagréable jusqu'à cet innocent amusement. Quelque ignorant que je sois en botanique, je ne le suis pas au point d'aller, comme on vous l'a dit, chercher en Europe une plante qui empoisonne par son odeur ; et je pense, au contraire, qu'il y a beaucoup à rabattre des qualités prodigieuses, tant en bien qu'en mal, que l'ignorance, la charlatanerie, la crédulité, et quelquefois la méchanceté prêtent aux plantes, et qui, bien examinées, se réduisent pour l'ordinaire à très peu de chose, souvent tout-à-fait à rien. J'allais à Pila faire avec trois messieurs, qui faisaient semblant d'aimer la botanique, une herborisation dont le principal objet était un commencement d'herbier pour l'un des trois, à qui j'avais tâché d'inspirer le goût de cette douce et aimable étude. Tout en marchant, M. le médecin M*** m'appela pour me montrer, disait-il, une très belle ancolie. Comment, monsieur, une ancolie ! lui dis-je en voyant sa plante ; c'est le napel. Là-dessus je leur racontai les fables que le peuple débite en Suisse sur le napel ; et j'avoue qu'en avançant et nous trouvant comme ensevelis dans une forêt de napels, je crus un moment sentir un peu de mal de tête, dont je reconnus la chimère et ris avec ces messieurs presque au même instant.

Mais au lieu d'une plante à laquelle je n'avais pas songé, j'ai vraiment et vainement cherché à Pila une fontaine glaçante qui tuait, à ce qu'on nous dit, quiconque en buvait. Je déclarai que j'en voulais faire l'essai sur moi-même, non pas pour me tuer, je vous jure, mais pour désabuser ces pauvres gens sur la foi de ceux qui se plaisent à calomnier la nature, craignant jusqu'au lait de leur mère, et ne voyant partout que les périls de la mort. J'aurais bu de l'eau de cette fontaine comme M. Storck a mangé du napel. Mais au lieu de cette fontaine homicide qui ne s'est point trouvée, nous trouvâmes une fontaine très bonne, très fraîche, dont nous bûmes tous avec grand plaisir, et qui ne tua personne.

Au reste, mes voyages pédestres ayant été jusqu'ici tous très gais, faits avec des camarades d'aussi bonne humeur que moi, j'avais espéré que ce serait ici la même chose. Je voulus d'abord bannir toutes les petites façons de ville ; pour mettre en train ces messieurs, je leur dis des canons : je voulus leur en apprendre ; je m'imaginais que nous allions chanter, criailler, folâtrer toute la journée ; je leur fis même une chanson (l'air s'entend) que je notai, tout en marchant par la pluie, avec des chiffres de mon invention. Mais quand ma chanson fut faite il n'en fut plus question, ni d'amusemens, ni de gaîté, ni de familiarité ; voulant être badin tout seul, je ne me trouvai que grossier ; toujours le grand cérémonial, et toujours monsieur don Japhet : à la fin je me le tins pour dit ; et, m'amusant avec mes plantes, je laissai ces messieurs s'amuser à me faire des façons. Je ne sais pas trop si mes longues rabâcheries vous amusent : je sais seulement que si je les prolongeais encore, elles vous ennuieraient certainement à la fin. Voilà, monsieur, l'histoire exacte de ce tant célèbre pélerinage, qui court déjà les quatre coins de la

France, et qui remplira bientôt l'Europe entière de son risible fracas. Je vous salue, monsieur, et vous embrasse.

A MADAME B.

Monquin, le 28 octobre 1769.

Si je n'avais été garde-malade, madame, et si je ne l'étais encore, j'aurais été moins bref à vous remercier du plaisir que m'a fait votre lettre, et du désir que j'ai de mériter et cultiver la correspondance que vous daignez m'offrir. Votre caractère aimable et vos bons sentiments m'étaient déjà assez connus pour me donner du regret de n'avoir pu leur rendre mon hommage en personne lorsque je fus un instant votre voisin. Maintenant vous m'offrez, madame, dans la douceur de m'entretenir quelquefois avec vous, un dédommagement dont je sens déjà le prix, mais qui ne peut pourtant, qu'à l'aide d'une imagination qui vous cherche, suppléer au charme de voir animer vos yeux et vos traits par ces sentiments vivifiants et honnêtes dont votre cœur me paraît pénétré. Ne craignez point que le mien repousse la confiance dont vous voulez bien m'honorer, et dont je ne suis pas indigne.

Adieu, madame; soyez sûre, je vous supplie, que mon cœur répond très bien au vôtre, et que c'est pour cela que ma plume n'ajoute rien.

A M. DE SAINT-GERMAIN.

A Monquin, le mardi 31 octobre 1769.

Il me reste, monsieur, un seul plaisir dans la vie, et qui m'est aussi doux que rare, celui de voir la face d'un honnête homme Jugez de l'empressement avec lequel vous serez reçu quand vous voudrez bien faire l'obligeante course que vous me promettez. Les cadeaux que veut me faire M.... ont l'air d'une plaisanterie. Je vous prie de vouloir lui faire bien des salutations de ma part, quand vous lui écrirez.

Permettez, monsieur, que j'assure ici madame de Saint-Germain de mon respect; que je vous salue et vous embrasse de tout mon cœur.

A M. DU PEYROU.

Monquin, le 15 novembre 1769.

Vous voilà, mon cher hôte, grâce à la rechute dont vous êtes délivré, dans un de ces intervalles heureux durant lesquels, n'entrevoyant que de loin le retour des atteintes de goutte, vous pouvez jouir de la santé, et même la prolonger; et je suis bien sûr que le plus doux emploi que vous en pourrez faire sera de rendre la vie heureuse à cette aimable Henriette qui verse tant de douceurs et de consolations dans la vôtre. Les détails que vous me faites de la manière dont vous cultivez le fonds de sentiments et de raison que vous avez trouvé en elle, me font juger de l'agrément que vous devez trouver dans une occupation si chérie, et me font désirer bien des fois dans la journée d'avoir la douceur d'en être le témoin : mais appelé par de grands et tristes devoirs à des soins plus nécessaires, je ne vois aucune apparence à me flatter de finir mes jours auprès de vous. J'en sens le désir, je l'exécuterais même s'il ne tenait qu'à ma volonté : la chose n'est peut-être pas absolument impossible; mais je suis si accoutumé de voir tous mes vœux éconduits en toute chose, que j'ai tout-à-fait cessé d'en faire, et me borne à tâcher de supporter le reste de mon sort en homme, tel qu'il plaise au ciel de me l'envoyer.

Ne parlons plus de botanique, mon cher hôte; quoique la passion que j'avais pour elle n'ait fait qu'augmenter jusqu'ici, quoique cette innocente et aimable distraction me fût bien nécessaire dans mon état, je la quitte, il le faut; n'en parlons plus. Depuis que j'ai commencé de m'en occuper j'ai fait une assez considérable collection de livres de botanique, parmi lesquels il y en a de rares et de recherchés par les botanophiles, qui peuvent donner quelque prix à cette collection. Outre cela, j'ai fait sur la plupart de ces livres un grand travail par rapport à la synonymie, en ajoutant à la plupart des descriptions et des figures le nom de Linnæus. Il faut s'être essayé sur ces sortes de concordances pour comprendre la peine qu'elles coûtent, et combien celle que j'ai prise peut en éviter à ceux à qui passeront ces mêmes livres, s'ils en veulent faire usage. Je cherche à me défaire de cette collection qui me devient inutile et difficile à transporter. Je voudrais qu'elle pût vous convenir; et je ne désespère pas, quand vous aurez un jardin de plantes, que vous ne repreniez le goût de la botanique, qui, selon moi, vous serait très avantageux. En ce cas, vous auriez une collection toute faite, qui pourrait vous suffire, et que vous formeriez difficilement aussi complète en détail; ainsi j'ai cru devoir vous la proposer avant que d'en parler à personne; j'en fais faire le catalogue; voulez-vous que je vous le fasse passer?

Je ne suis point surpris des soins, des longueurs, des frais inattendus, des embarras de toute espèce que vous cause votre bâtiment : vous avez dû vous y attendre, et vous pouvez vous rappeler ce que je vous ai écrit et dit à ce sujet quand vous en avez formé l'entreprise. Cependant vous devez être à la fin de la grosse besogne, et ce qui vous reste à faire n'est qu'un amusement en comparaison de ce qui est fait : à moins pourtant que vous ne donniez dans la manie de défaire et refaire; car, en ce cas, vous en avez pour la vie, et vous ne jouirez jamais. Refusez-vous totalement à cette tentation dangereuse, ou je vous prédis que vous vous en trouverez très mal.

A M. LALIAUD.

Monquin, le 30 novembre 1769.

J'apprends avec plaisir, monsieur, que vous jouissez, en bonne santé et avec agrément, du beau climat que vous habitez, et que vous êtes content à la fois de votre séjour et de votre récolte. Vous avez deviné bien juste que, tandis que l'ardeur du soleil vous forçait encore quelquefois à chercher l'ombre, j'étais réduit à garder mes tisons; et nous avions eu déjà de fortes gelées et des neiges durables longtemps avant la réception de votre lettre. Cela, monsieur, me chagrine en une chose, c'est de ne pouvoir plus, pour cette année, exécuter votre petite commission des rosiers à feuilles odorantes, puisque ayant depuis longtemps perdu toutes leurs feuilles, ils seraient à présent impossibles à distinguer, et difficiles même à trouver. Je suis donc forcé de remettre cette recherche à l'année prochaine; et je vous assure que vous me fournissez l'occasion d'une petite herborisation très agréable, en songeant que je la fais pour votre jardin.

Je vous dois et vous fais, monsieur, bien des remerciments des lauriers que vous avez la bonne intention de m'envoyer pour mon herbier, quoique je ne me rappelle point du tout qu'il en ait été question entre nous : ils ne laisseront pas de trouver leur place, et de me rappeler votre obligeant souvenir aussi longtemps que je resterai possesseur de mon herbier; car il pourrait dans peu changer de maître, ainsi que mes livres de plantes, dont je cherche à me défaire, étant sur le point de quitter totalement la botanique.

J'ai fait votre commission auprès de madame Delessert, et je ne doute pas que dans sa première lettre, elle ne me charge de ses remerciments et salutations pour vous : elle a eu la bonté de me pourvoir d'une bonne épinette pour cet hiver : cet instrument me fait plaisir encore, et me donne quelques moments d'amusement; mais il ne me fournit plus de nouvelles idées de musique et je me suis vainement efforcé d'en jeter quelques-unes sur le papier; rien n'est venu, et je sens qu'il faut renoncer désormais à la composition comme à tout le reste : cela n'est pas surprenant.

Bonjour, monsieur; le beau soleil qu'il fait ici dans ce moment me fait imaginer des promenades délicieuses en cette saison, dans le pays où vous êtes; et, si j'y étais aussi, j'aimerais bien à les faire avec vous.

Bonjour derechef; portez-vous bien, amusez-vous, et donnez-moi quelquefois de vos nouvelles.

A MADAME B.

Monquin, le 7 décembre 1769.

Je présume, madame, que vous voilà heureusement arrivée à Paris, et peut-être déjà dans le tourbillon de ces plaisirs bruyants dont vous pressentiez le vide, en vous proposant de les chercher. Je ne crains pas que vous les trouviez, à l'épreuve, plus substantiels pour un cœur tel que le vôtre me paraît être, que vous ne les avez estimés; mais il pourrait résulter de leur habitude une chose bien cruelle, c'est qu'ils devinssent pour vous des besoins, sans être des aliments; et vous voyez dans quel état cruel cela jette quand on est forcé de chercher son existence là où l'on sent bien qu'on ne trouvera jamais le bonheur. Pour prévenir un pareil malheur, quand on est dans le train d'en courir le risque, je ne vois guère qu'une chose à faire, c'est de veiller sévèrement sur soi-même, et de rompre cette habitude, ou du moins de l'interrompre avant de s'en laisser subjuguer. Le mal est que, dans ce cas comme dans un autre plus grave, on ne commence guère à craindre le joug que quand on le porte, et qu'il n'est plus temps de le secouer; mais j'avoue aussi que quiconque a pu faire cet acte de vigueur dans le cas le plus difficile, peut bien compter sur soi-même aussi dans l'autre; il suffit de prévoir qu'on en aura besoin. La conclusion de ma morale sera donc moins austère que le début. Je ne blâme assurément pas que vous vous livriez, avec la modération que vous y voulez mettre, aux amusements du grand monde où vous vous trouvez : votre âge, madame, vos sentiments, vos résolutions, vous donnent tout le droit d'en goûter les innocents plaisirs sans alarmes; et tout ce que je vois de plus à craindre dans les sociétés où vous allez briller, est que vous ne rendiez beaucoup plus difficile à suivre pour d'autres l'avis que je prends la liberté de vous donner.

Je crains bien, madame, que l'intérêt peut-être un peu trop vif que vous m'inspirez ne m'ait fait vous prendre un peu trop légèrement au mot sur ce ton de pédagogue que vous m'invitez en quelque façon de prendre avec vous. Si vous trouvez mon radotage impertinent ou maussade, ce sera ma vengeance de la petite malice avec laquelle vous êtes venue agacer un pauvre barbon qui se dépêche d'être sermonneur, pour éviter la tentation d'être encore plus ridicule : je suis même un peu tenté, je vous l'avoue, de m'en tenir là : l'état où vous m'apprenez que vous êtes actuellement, et le vide du cœur, accompagné d'une tristesse habituelle que laisse dans le vôtre ce tumulte qu'on appelle société, me donnent, madame, un vif désir de rechercher avec vous s'il n'y aurait pas moyen de faire servir une de ces deux choses de remède à l'autre; mais cela me mènerait à des discussions si déplacées dans le train d'amusements où je vous suppose, et que le carnaval dont nous approchons va probablement rendre plus vifs, qu'il me faudrait de votre part plus qu'une permission pour oser entamer cette matière dans un moment aussi désavantageux : si vous m'entendez d'avance, comme je puis l'espérer ou le craindre, dites-moi de grâce, si je dois parler ou me taire, et soyez sûre, madame, que dans l'un ou l'autre cas je vous obéirai, non pas avec le même plaisir peut-être, mais avec la même fidélité.

A M. DU PEYROU.

A Monquin, 7 janvier 1770.

Excusez, mon cher hôte, le retard de ma réponse. Je ne vous ai jamais promis de l'exactitude, encore moins de la diligence; et j'ai maintenant une inertie plus grande qu'à l'ordinaire par la rigueur de la saison et par le froid excessif de ma chambre, où, le nez sur un feu presque aussi ardent que ceux que vous faisiez faire à Trye, je ne puis garantir mes doigts de l'onglée.

J'ai prévu et je vous ai prédit tout ce qui vous arrive au sujet de votre bâtiment, et dans le fond autant vaut qu'il vous occupe qu'autre chose; si c'est un tracas, c'est aussi un amusement. C'est d'ailleurs la charge de votre état : il faut opter dans la vie entre être pauvre ou être affairé; trop heureux d'éviter un troisième état que je connais bien, c'est d'être à la fois l'un et l'autre.

Grand merci, mon cher hôte, de la subite velléité qui vous prend de m'avoir auprès de vous. J'ai vu le temps que l'exécution de ce projet eût fait le bonheur de ma vie; et si ce temps n'est plus, ce n'est assurément pas ma faute. Vous m'exhortez à vous traiter tout-à-fait en étranger ou tout-à-fait en ami; l'alternative me paraît dure, car votre exemple ne m'a pas laissé le choix, et votre cachet m'avertit sans cesse que nos deux âmes ne sauraient jamais se monter au même ton. Vous voulez que nous fassions un saut en arrière de trois ou quatre ans; vous voilà bien leste avec votre goutte : pour moi, je ne me sens pas aussi dispos que cela; et quand je pourrais me résoudre à faire ce saut une fois, je voudrais du moins être sûr de n'en avoir pas dans trois ou quatre ans un second à faire. Je vous avoue naturellement que si ce saut était en mon pouvoir, je ne le ferais pas seulement de trois, mais de huit.

Tout cela dit, je ne vous dissimulerai point que j'effacerai difficilement de mes souvenirs la douce idée que je m'étais faite d'achever paisiblement mes jours près de vous. J'avoue même que l'aimable hôtesse que vous m'avez donnée me rend cette idée infiniment plus riante. Si je pouvais lui faire ma cour, au point de vous rendre jaloux du pauvre barbon, cela me paraîtrait fort plaisant et surtout fort agréable; et croyez-moi, mon cher hôte, vous aurez beau vous vanter d'en vouloir courir les risques, je vous connais, votre mine stoïque est admirable, mais seulement tant que vous êtes loin du danger.

Votre conseil de ne point renoncer subitement et absolument à la botanique me paraît de fort bon sens, et je prends le parti de le suivre. Il est contre la nature de la chose de se prescrire ou de s'interdire d'avance un choix dans ses amusements. Quand le dégoût viendra, je cesserai d'herboriser; quand le goût reviendra, je recommencerai jusqu'à ce qu'il me quitte derechef. Il est déjà revenu. Des plantes qu'on m'a envoyées et des correspondances de botanique me l'ont rendu, et je doute qu'il s'éteigne jamais tout-à-fait. Cela n'empêchera pourtant pas que je ne me défasse de mes livres et même de mon herbier; et, si vous voulez tout de bon vous accommoder de l'un et de l'autre, je serai charmé qu'ils tombent entre vos mains, qui, quoi que vous en disiez, ne seront jamais pour moi des mains tout-à-fait étrangères. Le désir que j'avais de vous envoyer le catalogue est une des causes qui ont retardé cette lettre. Le grand froid ne me permet pas, quant à présent, ce bouquinage; et, puisque vous ne voulez pas encore avoir ces livres, rien ne presse. Mais vous ne serez pas oublié, et vous aurez la préférence que vous avez l'honnêteté de me demander, et qui en devient réellement une, car depuis ma dernière lettre on m'a demandé cette collection.

A M. MOULTOU.

Monquin, le 9 janvier 1770.

Je comprends, mon cher Moultou, qu'une caisse de confitures que j'ai reçue de Montpellier est le cadeau que vous m'aviez annoncé cet été, et auquel je ne songeais plus quand il est venu me surprendre en guet-apens. Que voulez-vous que je fasse d'un si grand magasin? voulez-vous que je me mette marchand de sucre? il me semble que je n'étais pas trop appelé à ce métier : voulez-vous que je le mange? il en faudrait beaucoup, je l'avoue, pour adoucir les fleuves d'amertume qu'on me fait avaler depuis tant d'années; mais c'est une amertume mielleuse et traîtresse, qui ne saurait s'allier avec la franche douceur du sucre. Votre envoi, cher Moultou, n'est raisonnable qu'au cas que vous vouliez venir m'aider à le consommer; j'en goûterais alors la douceur dans toute sa pureté. Il faudrait attendre, il est vrai, que la saison fût plus douce elle-même; car, quant à présent, la campagne n'est pas tenable; il y fait presque aussi froid que dans ma chambre, où, près d'un grand feu, je gèle en me rôtissant, et l'onglée me fait tomber la plume des doigts.

A MADAME B.
Monquin, le 17 janvier 1770.

Votre lettre, madame, exigerait une longue réponse; mais je crains que le trouble passager où je suis ne me permette pas de la faire comme il faudrait. Il m'est difficile de m'accoutumer assez aux outrages et à l'imposture, même la plus comique, pour ne pas sentir, à chaque fois qu'on les renouvelle, les bouillonnements d'un cœur fier qui s'indigne précéder le ris moqueur qui doit être ma seule réponse à tout cela. Je crois pourtant avoir gagné beaucoup : j'espère gagner davantage; et je crois voir le moment assez proche où je me ferai un amusement de suivre dans leurs manœuvres souterraines ces troupes de noires taupes qui se fatiguent à me jeter de la terre sur les pieds. En attendant, nature pâtit encore un peu, je l'avoue; mais le mal est court, bientôt il sera nul. Je viens à vous.

J'eus toujours le cœur un peu romanesque, et j'ai peur d'être encore mal guéri de ce penchant en vous écrivant. Excusez donc, madame, s'il se mêle un peu de visions à mes idées; et s'il s'y mêle aussi un peu de raison, ne la dédaignez pas sous quelque forme et avec quelque cortége qu'elle se présente. Votre correspondance a commencé d'une manière à me la rendre à jamais intéressante, un acte de vertu dont je connais bien tout le prix, un besoin de nourriture à votre âme qui me fait présumer de la vigueur pour la digérer, et la santé qui en est la source. Ce vide interne dont vous vous plaignez ne se fait sentir qu'aux cœurs faits pour être remplis : les cœurs étroits ne sentent jamais de vide, parce qu'ils sont toujours pleins de rien; il en est, au contraire, dont la capacité vorace est si grande, que les chétifs êtres qui nous entourent ne la peuvent remplir. Si la nature vous a fait le rare et funeste présent d'un cœur trop sensible au besoin d'être heureux, ne cherchez rien au dehors qui lui puisse suffire; ce n'est que de sa propre substance qu'il doit se nourrir. Madame, tout le bonheur que nous voulons tirer de ce qui nous est étranger est un bonheur faux : les gens qui ne sont susceptibles d'aucun autre font bien de s'en contenter : mais si vous êtes celle que je suppose, vous ne serez jamais heureuse que par vous-même; n'attendez rien pour cela que de vous. Ce sens moral, parmi les hommes, ce sentiment exquis du beau, du vrai, du juste, qui réfléchit toujours sur nous-même, tient l'âme de quiconque en est doué dans un ravissement continuel qui est la plus délicieuse des jouissances : la rigueur du sort, la méchanceté des hommes, les maux imprévus, les calamités de toute espèce peuvent l'engourdir pour quelques moments, mais jamais l'éteindre; et, presque étouffé sous le faix des noirceurs humaines, quelquefois une explosion subite peut lui rendre son premier éclat. On croit que ce n'est pas à une femme de votre âge qu'il faut dire ces choses-là; et moi, je crois, au contraire, que ce n'est qu'à votre âge qu'elles sont utiles, et que le cœur s'y peut ouvrir; plus tôt, il ne saurait les entendre; plus tard, son habitude est déjà prise, il ne saurait les goûter.

Comment s'y prendre ? me direz-vous; que faire pour cultiver et développer ce sens moral ? Voilà, madame, à quoi j'en voulais venir : le goût de la vertu ne se prend point par des préceptes, il est l'effet d'une vie simple et saine : on parvient bientôt à aimer ce qu'on fait, quand on ne fait que ce qui est bien. Mais pour prendre cette habitude, qu'on ne commence à goûter qu'après l'avoir prise, il faut un motif : je vous en offre un que votre état me suggère; nourrissez votre enfant. J'entends les clameurs, les objections; tout haut, les embarras, point de lait, un mari qu'on importune... tout bas, une femme qui se gêne, l'ennui de la vie domestique, les soins ignobles, l'abstinence des plaisirs... Des plaisirs? Je vous en promets, et qui rempliront vraiment votre âme. Ce n'est point par des plaisirs entassés qu'on est heureux, mais par un état permanent qui n'est point composé d'actes distincts: si le bonheur n'entre, pour ainsi dire, en dissolution dans notre âme, s'il ne fait que la toucher, l'effleurer par quelques points, il n'est qu'apparent, il n'est rien pour elle.

L'habitude la plus douce qui puisse exister est celle de la vie domestique qui nous tient plus près de nous qu'aucune autre : rien ne s'identifie plus fortement, plus constamment avec nous que notre famille et nos enfants; les sentiments que nous acquérons ou que nous renforçons dans ce commerce intime sont les plus vrais, les plus durables, les plus solides qui puissent nous attacher aux êtres périssables, puisque la mort seule peut les éteindre; au lieu que l'amour et l'amitié vivent rarement autant que nous; ils sont aussi les plus purs, puisqu'ils tiennent de plus près à la nature, à l'ordre, et, par leur seule force, nous éloignent du vice et des goûts dépravés. J'ai beau chercher où l'on peut trouver le vrai bonheur, s'il en est sur la terre, ma raison ne me le montre que là... Les comtesses ne vont pas d'ordinaire l'y chercher, je le sais : elles ne se font pas nourrices et gouvernantes; mais il faut aussi qu'elles sachent se passer d'être heureuses; il faut que, substituant leurs bruyants plaisirs au vrai bonheur, elles usent leur vie dans un travail de forçat pour échapper à l'ennui qui les étouffe aussitôt qu'elles respirent : et il faut que celles que la nature doua de ce divin sens moral qui charme quand on s'y livre, et qui pèse quand on l'élude, se résolvent à sentir incessamment gémir et soupirer leur cœur, tandis que leurs sens s'amusent.

Mais moi qui parle de familles, d'enfants.... Madame, plaignez ceux qu'un sort de fer prive d'un pareil bonheur; plaignez-les s'ils ne sont que malheureux; plaignez-les beaucoup plus s'ils sont coupables. Pour moi, jamais on ne me verra, prévaricateur de la vérité, plier dans mes égarements mes maximes à ma conduite; jamais on ne me verra falsifier les saintes lois de la nature et du devoir pour atténuer mes fautes. J'aime mieux les expier que les excuser : quand ma raison me dit que j'ai fait dans ma situation ce que j'ai dû faire, je l'en crois moins que mon cœur qui gémit et qui la dément. Condamnez-moi donc, madame, mais écoutez-moi : vous trouverez un homme ami de la vérité jusque dans ses fautes, et qui ne craint point d'en rappeler lui-même le souvenir lorsqu'il en peut résulter quelque bien. Néanmoins je rends grâces au ciel de n'avoir abreuvé que moi des amertumes de ma vie, et d'en avoir garanti mes enfants : j'aime mieux qu'ils vivent dans un état obscur sans me connaître, que de les voir, dans mes malheurs, bassement nourris par la traîtresse générosité de mes ennemis, ardents à les instruire à haïr, et peut-être à trahir leur père; et j'aime mieux cent fois être ce père infortuné qui négligea son devoir par faiblesse, et qui pleure sa faute, que d'être l'ami perfide qui trahit la confiance de son ami, et divulgue, pour le diffamer, le secret qu'il a versé dans son sein.

Jeune femme, voulez-vous travailler à vous rendre heureuse, commencez d'abord par nourrir votre enfant : ne mettez pas votre fille dans un couvent, élevez-la vous-même; votre mari est jeune, il est d'un bon naturel; voilà ce qu'il nous faut. Vous ne me dites point comment il vit avec vous : n'importe, fût-il livré à tous les goûts de son âge et de son temps, vous l'en arracherez par les vôtres sans lui rien dire; vos enfants vous aideront à le retenir par des liens aussi forts et plus constants que ceux de l'amour : vous passerez la vie la plus simple, il est vrai, mais aussi la plus douce et la plus heureuse dont j'aie l'idée. Mais encore une fois, si celle d'un ménage bourgeois vous dégoûte, et si l'opinion vous subjugue, guérissez-vous de la soif du bonheur qui vous tourmente; car vous ne l'étancherez jamais.

Voilà mes idées : si elles sont fausses ou ridicules, pardonnez l'erreur à l'intention; je me trompe peut-être, mais il est sûr que je ne veux pas vous tromper. Bonjour, madame; l'intérêt que vous prenez à moi me touche, et je vous jure que je vous le rends bien.

Toutes mes lettres sont ouvertes; la dernière l'a été, celle-ci le sera; rien n'est plus certain. Je vous en dirais bien la raison, mais ma lettre ne vous parviendrait pas; comme ce n'est pas à vous qu'on en veut, et que ce ne sont pas vos secrets qu'on y cherche, je ne crois pas que ce que vous pourriez avoir à me dire fût exposé à beaucoup d'indiscrétion; mais encore faut-il que vous soyez avertie.

A LA MÊME.

Monquin, le 2 février 1770.

Si votre dessein, madame, lorsque vous commençâtes de m'écrire, était de me circonvenir et de m'abuser par des cajoleries, vous avez parfaitement réussi. Touché de vos avances, je prêtais à votre âme la candeur de votre âge; dans l'attendrissement de mon cœur, je vous regardais déjà comme l'aimable consolatrice de mes malheurs et de ma vieillesse, et l'idée charmante que je me faisais de vous effaçait l'idée horrible des auteurs des trames dont je suis enlacé. Me voilà désabusé; c'est l'ouvrage de votre dernière lettre : son tortillage ne peut être ni la réponse que la mienne a dû naturellement vous suggérer, ni le langage ouvert et franc de la droiture. Pour moi, ce langage ne cessera jamais d'être le mien : je vois que vous avez respiré l'air de votre voisinage. Eh! mon Dieu, madame, vous voilà, bien jeune, initiée à des mystères bien noirs! J'en suis fâché pour moi, j'en suis affligé pour vous... à vingt-deux ans...! Adieu, madame.

ROUSSEAU.

P. S. En reprenant avec plus de sang-froid votre lettre je trouve la mienne dure et même injuste; car je vois que ce qui rend vos phrases embarrassées est qu'une involontaire sincérité s'y mêle à la dissimulation que vous voulez avoir. En blâmant mon premier mouvement je ne veux pourtant pas vous le cacher; non, madame, vous ne voulez pas me tromper, je le sens; c'est vous qu'on trompe et bien cruellement. Mais, cela posé, il me reste une question à vous faire : Dans le jugement que vous portez de moi, pourquoi m'écrire? pourquoi me rechercher? que me voulez-vous? recherche-t-on quelqu'un qu'on n'estime pas? Eh! je fuirais jusqu'au bout du monde un homme que je verrais comme vous paraissez me voir. Je suis environné, je le sais, d'espions empressés et d'ardents satellites qui me flattent pour me poignarder; mais ce sont des traîtres, ils font leur métier. Mais vous, madame, que je veux honorer autant que je méprise ces misérables, de grâce, que me voulez-vous? je vous demande sur ce point une réponse précise, et pour Dieu, suivez, en la faisant, le mouvement de votre cœur et non pas l'impulsion d'autrui. Je veux répondre en détail à votre lettre, et j'espère avoir longtemps la douceur de vous parler de vous : mais, pour ce moment, commençons par moi; commençons par nous mettre en règle sur ce que nous devons penser l'un de l'autre. Quand nous saurons bien à qui nous parlons, nous en saurons mieux ce que nous aurons à nous dire.

Je vous prie, madame, de ne plus m'écrire sous un autre nom que celui que je signe, et que je n'aurais jamais dû quitter.

A M. L'ABBÉ M.

Monquin, par Bourgoin, 9 février 1770.

> Pauvres aveugles que nous sommes!
> Ciel, démasque les imposteurs,
> Et force leurs barbares cœurs
> A s'ouvrir aux regards des hommes.

En vérité, monsieur, votre lettre n'est point d'une jeune homme qui a besoin de conseil, elle est d'un sage très capable d'en donner. Je ne puis vous dire à quel point cette lettre m'a frappé : si vous avez en effet l'étoffe qu'elle annonce, il est à désirer pour le bien de votre élève que ses parents sentent le prix de l'homme qu'ils ont mis auprès de lui.

Je suis, et depuis si longtemps, si loin des idées sur lesquelles vous me remettez, qu'elles me sont devenues absolument étrangères : toutefois je remplirai, selon ma portée, le devoir que vous m'imposez; mais je suis bien persuadé que vous ferez mieux de vous en rapporter à vous qu'à moi sur la meilleure manière de vous conduire dans le cas difficile où vous vous trouvez.

Sitôt qu'on s'est dévoyé de la droite route de la nature, rien n'est plus difficile que d'y rentrer. Votre enfant a pris un pli d'autant moins facile à corriger que nécessairement tout ce qui l'environne doit empêcher l'effet de vos soins pour y parvenir : c'est ordinairement le premier pli que les enfants de qualité contractent, et c'est le dernier qu'on peut leur faire perdre, parce qu'il faut pour cela le concours de la raison qui leur vient plus tard qu'à tous les autres enfants. Ne vous effrayez donc pas trop que l'effet de vos soins ne réponde pas d'abord à la chaleur de votre zèle; vous devez vous attendre à peu de succès jusqu'à ce que vous ayez la prise qui peut l'amener; mais ce n'est pas une raison pour vous relâcher en attendant. Vous voilà dans un bateau qu'un courant très rapide entraîne en arrière, il faut beaucoup de travail pour ne pas reculer.

La voie que vous avez prise, et que vous craignez n'être pas la meilleure, ne le sera pas toujours sans doute; mais elle me paraît la meilleure en attendant. Il n'y a que trois instruments pour agir sur les âmes humaines, la raison, le sentiment et la nécessité. Vous avez inutilement employé le premier; il n'est pas vraisemblable que le second eût plus d'effet; reste le troisième; et mon avis est que, pour quelque temps, vous devez vous y tenir, d'autant plus que la première et la plus importante philosophie de l'homme de tout état et de tout âge est d'apprendre à fléchir sous le dur joug de la nécessité : *Clavos trabales et cuneos manu gestans ahena.*

Il est clair que l'opinion, ce monstre qui dévore le genre humain, a déjà farci de ses préjugés la tête du petit bonhomme : il vous regarde comme un homme à ses gages, une espèce de domestique fait pour lui obéir, pour complaire à ses caprices; et, dans son petit jugement, il lui paraît fort étrange que ce soit vous qui prétendiez l'asservir aux vôtres; car c'est ainsi qu'il voit tout ce que vous lui prescrivez : toute sa conduite avec vous n'est qu'une conséquence de cette maxime, qui n'est pas injuste, mais qu'il applique mal, que *c'est à celui qui paie de commander.* D'après cela qu'importe qu'il ait tort ou raison ? c'est lui qui paie.

Essayez, chemin faisant, d'effacer cette opinion par des opinions plus justes, de redresser ses erreurs par des jugements plus sensés : tâchez de lui faire comprendre qu'il y a des choses plus estimables que la naissance et que les richesses; et pour le lui faire comprendre il ne faut pas le lui dire, il faut le lui faire sentir. Forcez sa petite âme vaine à respecter la justice et le courage, à se mettre à genoux devant la vertu, et n'allez pas pour cela lui chercher des livres; les hommes des livres ne seront jamais pour lui que des hommes d'un autre monde. Je ne sache qu'un seul modèle qui puisse avoir à ses yeux de la réalité; et ce modèle, c'est vous, monsieur; le poste que vous remplissez est à mes yeux le plus noble et le plus grand qui soit sur la terre. Que le vil peuple en pense ce qu'il voudra, pour moi je vous vois à la place de Dieu, vous faites un homme. Si vous vous voyez du même œil que moi, que cette idée doit vous élever en dedans de vous-même! qu'elle peut vous rendre grand en effet! et c'est ce qu'il faut; car, si vous ne l'étiez qu'en apparence et que vous ne fissiez que jouer la vertu, le petit bonhomme vous pénétrerait infailliblement, et tout serait perdu. Mais si cette image sublime du grand et du beau le frappe une fois en vous; si votre désintéressement lui apprend que la richesse ne peut pas tout; s'il voit en vous combien il est plus grand de commander à soi-même qu'à des valets; si vous le forcez, en un mot, à vous respecter, dès cet instant vous l'aurez subjugué; et je vous réponds que, quelque semblant qu'il fasse, il ne trouvera plus égal que vous soyez d'accord avec lui ou non, surtout si, en le forçant de vous honorer dans le fond de son petit cœur, vous lui marquez en même temps faire peu de cas de ce qu'il pense lui-même, et ne vouloir plus vous fatiguer à le faire convenir de ses torts. Il me semble qu'avec une certaine façon grave et soutenue d'exercer sur lui votre autorité, vous parviendrez à la fin à demander froidement à votre tour : *Qu'est-ce que cela fait que nous soyons d'accord ou non ?* et qu'il trouvera, lui, que cela fait quelque chose. Il faudra seulement éviter de joindre à ce sangfroid la dureté qui vous rendrait haïssable : sans entrer en explication avec lui vous pourrez dire à d'autres en sa présence : « J'aurais fait « mes délices de rendre son enfance heureuse, mais il ne l'a pas voulu, et « j'aime encore mieux qu'il soit malheureux étant enfant que méprisable étant « homme. » A l'égard des punitions, je pense qu'il n'en faut jamais venir aux coups que dans le seul cas où il aurait commencé lui-même ; ses châtiments ne doivent jamais être que des abstinences, et tirées, autant qu'il se peut, de la nature du délit ; je voudrais même que vous vous y soumissiez toujours avec lui quand cela serait possible, et cela sans affectation, sans que cela parût vous coûter, et de façon qu'il pût en quelque sorte lire dans votre cœur, sans que vous le lui dissiez, que vous sentez si bien la privation que vous lui imposez que c'est sans y songer que vous vous y soumettez vous-même. En un mot, pour réussir il faudrait vous rendre presque impassible, et ne sentir que par votre élève ou pour lui. Voilà, je l'avoue, une terrible tâche ; mais je ne vois nul autre moyen de succès : et ce succès me paraît assuré de part ou d'autre ; car, quand avec tant de soins vous n'auriez pas le bonheur d'avoir fait un homme, n'est-ce rien que de l'être devenu ?

Tout ceci suppose que la dédaigneuse hauteur de l'enfant n'est que la petite vanité de la petite grandeur dont ses bonnes auront boursoufflé sa petite âme ; mais il pourrait arriver aussi que ce fût l'effet de l'âpreté d'un caractère indomptable et fier qui ne veut céder qu'à lui-même. Cette dureté, propre aux seuls naturels qui ont beaucoup d'étoffe, et qui ne se trouve guère au pays où vous vivez, n'est pas probablement celle de votre élève : si cependant cela se trouvait (et c'est un discernement facile à faire), il faudrait bien vous garder de suivre avec lui la méthode dont je viens de parler, et de heurter la rudesse avec la rudesse. Les ouvriers en bois n'emploient jamais fer sur fer ; ainsi faut-il faire avec les esprits raides qui résistent toujours à la force ; il n'y a sur eux qu'une prise, mais aimable et sûre, c'est l'attachement et la bienveillance : il faut les apprivoiser comme les lions par les caresses. On risque peu de gâter de pareils enfants ; tout consiste à s'en faire aimer une fois, après cela vous les feriez marcher sur des fers rouges.

Pardonnez, monsieur, tout ce radotage à ma pauvre tête qui diverge, bat la campagne, et se perd à la suite de la moindre idée : je n'ai pas le courage de relire ma lettre, de peur d'être forcé de la recommencer. J'ai voulu vous montrer le vrai désir que j'aurais de vous complaire et d'applaudir à vos respectables soins ; mais je suis très persuadé qu'avec les talents que vous me paraissez avoir et le zèle qui les anime, vous n'avez besoin que de vous-même pour conduire, aussi sagement qu'il est possible, le sujet que la Providence a mis entre vos mains. Je vous honore, monsieur, et vous salue de tout mon cœur.

A M. MOULTOU.

Monquin, le 9 février 1770.

Pauvres aveugles que nous sommes! etc.

Cher Moultou, quoique vous paraissiez m'oublier, je vous aime toujours, et je n'ai pas voulu m'éloigner de ce pays sans vous en donner avis et vous dire encore un adieu. Je compte y rester quinze jours ou trois semaines avant de me rendre à Lyon : ces trois semaines me seraient bien précieuses pour l'herborisation des mousses et des lichens, si la neige n'y portait obstacle; car probablement l'occasion n'en reviendra plus pour moi. Le temps, qui paraît vouloir se remettre, peut permettre un essai; et, après avoir été longtemps bien malingre, je compte tenter aujourd'hui l'analyse de quelques troncs d'arbres. Faites comme moi. Adieu, je vous embrasse tendrement, et je vous exhorte à m'aimer, car je le mérite.

J.-J. ROUSSEAU.

Je reprends un nom que je n'aurais jamais dû quitter : n'en employez plus d'autre pour m'écrire.

A MADAME GONCERU,
née Rousseau.

Monquin, le 9 février 1770.

Pauvres aveugles que nous sommes! etc.

Ma bonne, ma chère, ma respectable tante, né mourant, je vous pardonne de m'avoir fait vivre, et je m'afflige de ne pouvoir vous rendre à la fin de vos jours les tendres soins que vous m'avez prodigués au commencement des miens. A la première lueur d'une meilleure fortune je songeai à vous faire une petite part de ma subsistance qui pût rendre la vôtre un peu plus commode : je vous en fis aussitôt donner avis, et votre petite pension commença de courir en même temps, savoir à la fin de mars 1767. Il n'y a pas encore de cela trois ans révolus, et ces trois ans vous ont été payés d'avance année par année : ainsi, quand vous ne recevriez rien d'un an d'ici, tout serait encore en règle, et il n'y aurait encore rien d'arriéré. Mon intention est bien pourtant de continuer à vous payer d'avance et l'année qui commencera bientôt de courir et les suivantes, autant que mes moyens me le permettront; mais, ma chère tante, je ne puis pas vous dissimuler que la dureté présente et future de ma situation me met dans la nécessité de compter avec moi-même, sans quoi je ne me résoudrais jamais à compter avec vous. Veuillez donc prendre un peu de patience dans la certitude de n'être pas oubliée; et s'il arrivait dans la suite que votre pension tardât à venir, ce qui ne sera pas, autant qu'il me sera possible, dites-vous alors à vous-même : « Je connais le « cœur de mon neveu ; et sûre qu'il ne m'oublie pas, je le plains de n'être « pas en état de mieux faire. » Adieu, ma bonne et respectable tante : je vous recommande à la Providence ; faites la même chose pour moi, car j'en ai grand besoin, et recevez avec bonté mes plus tendres et respectueuses salutations.

AU MARQUIS DE CONDORCET.

Monquin, le 16 février 1770.

Pauvres aveugles que nous sommes! etc.

Je suis pénétré, monsieur, de l'honneur que vous me faites de m'envoyer vos *Essais d'Analyse*, et je m'en sens digne par ma sensibilité, quoique je le sois si peu par mon intelligence, trop bornée pour me mettre en état de lire cet ouvrage, que ma tête affaiblie ne me permettrait même plus de suivre quand j'aurais les connaissances nécessaires pour cela. Que je vous envie de cultiver de profondes études qui mènent à des vérités qu'un homme isolé peut dire impunément à ses semblables, sans avoir besoin de tenir à des partis et de se donner des appuis! Si j'avais à renaître, je tâcherais d'être votre disciple pour mériter l'honneur d'être un jour votre émule et votre ami ; mais ne pouvant, dans mon ignorance, être que votre stupide admirateur, je vous remercie au moins du moment de véritable douceur que votre obligeante attention jette sur ma triste existence. Je vous salue, monsieur, et vous honore de tout mon cœur.

A M. DE BELLOY.

Monquin, par Bourgoin, le 18 février 1770.

Pauvres aveugles que nous sommes! etc.

J'honorais vos talents, monsieur, encore plus le digne usage que vous en faites, et j'admirais comment le même esprit patriotique nous avait conduits par la même route à des destins si contraires, vous à l'acquisition d'une nouvelle patrie et à des honneurs distingués, moi à la perte de la mienne et à des opprobres inouïs.

Vous m'avez ressemblé, dites-vous, par le malheur; vous me feriez pleurer sur vous, si je pouvais vous en croire. Etes-vous seul en terre étrangère, isolé, séquestré, trompé, trahi, diffamé par tout ce qui vous environne, enlacé de trames horribles dont vous sentiez l'effet, sans pouvoir parvenir à les connaître, à les démêler? Etes-vous à la merci de la puissance, de la ruse, de l'iniquité, réunies pour vous traîner dans la fange, pour élever autour de vous une impénétrable œuvre de ténèbres, pour vous enfoncer tout vivant dans un cercueil! Si tel est ou fut votre sort, venez, gémissons ensemble, mais en tout autre cas, ne vous vantez point de faire avec moi société de malheurs.

Je lisais votre Bayard, fier que vous eussiez trouvé mon Edouard digne de lui servir de modèle en quelque chose : et vous me faisiez vénérer ces antiques Français auxquels ceux d'aujourd'hui ressemblent si peu, mais que vous faites trop bien agir et parler pour ne pas leur ressembler vous-mêmes. A ma seconde lecture je suis tombé sur un vers qui m'avait échappé dans la première, et qui par réflexion m'a déchiré. J'y ai reconnu, non, grâces au ciel, le cœur de Jean-Jacques, mais les gens à qui j'ai affaire, et que, pour mon malheur, je connais trop bien. J'ai compris, j'ai pensé du moins qu'on vous avait suggéré ce vers-là : Misère humaine! me suis-je dit. Que les méchants diffament les bons, ils font leur œuvre; mais comment les trompent-ils les uns à l'égard des autres? leurs âmes n'ont-elles pas pour se reconnaître des marques plus sûres que tous les prestiges des imposteurs? J'ai pu douter quelques instants, je l'avoue, si vous n'étiez point séduit plutôt que trompé par mes ennemis.

Dans ce même temps j'ai reçu votre lettre et votre Gabrielle, que j'ai lue et relue aussi, mais avec un plaisir bien plus doux que celui que m'avait donné le guerrier Bayard; car l'héroïsme de la valeur m'a toujours moins touché que le charme du sentiment dans les âmes bien nées. L'attachement que cette pièce m'inspire pour son auteur est un de ces mouvements, peut-être aveugles, mais auxquels mon cœur n'a jamais résisté. Ceci me mène à l'aveu d'une autre folie à laquelle il ne résiste pas mieux, c'est de faire de mon Héloïse le *criterium* sur lequel je juge du rapport des autres cœurs avec le mien. Je conviens volontiers qu'on peut être plein d'honnêteté, de vertu, de sens, de raison, de goût, et trouver ce roman détestable; quiconque ne l'aimera pas peut bien avoir part à mon estime, mais jamais à mon amitié; quiconque n'idolâtre pas ma Julie ne sent pas ce qu'il faut aimer; quiconque n'est pas l'ami de Saint-Preux, ne saurait être le mien; d'après cet entêtement, jugez du plaisir que j'ai pris, en lisant votre Gabrielle, d'y retrouver ma Julie un peu plus héroïquement requinquée, mais gardant son même naturel, animée peut-être d'un peu plus de chaleur, plus énergique dans les situations tragiques, mais moins enivrante aussi, selon moi, dans le calme. Frappé de voir dans des multitudes de vers à quel point il faut que vous ayez contemplé cette image si tendre dont je suis le Pygmalion, j'ai cru, sur ma règle ou sur ma manie, que la nature nous avait faits amis, et, revenant avec plus d'incertitude aux vers de votre Bayard, j'ai résolu d'en parler avec ma franchise ordinaire, sauf à vous de me répondre ce qu'il vous plaira

Monsieur de Belloy, je ne pense pas de l'honneur, comme vous de la vertu, qu'il soit possible d'en bien parler, d'y revenir souvent par goût, par choix, et d'en parler toujours d'un ton qui touche et remue ceux qui en ont, sans l'aimer et sans en avoir soi-même : ainsi, sans vous connaître autrement que par vos pièces, je vous crois dans le cœur l'honneur d'un ancien chevalier ; et je vous demande de vouloir me dire sans détour s'il y a quelques vers dans votre Bayard dont en l'écrivant vous m'ayez voulu faire l'application ; dites-moi simplement oui ou non, et je vous crois.

Quant au projet de réchauffer les cœurs de vos compatriotes par l'image des antiques vertus de leurs pères, il est beau mais il est vain : l'on peut tenter de guérir des malades, mais non pas de ressusciter des morts. Vous venez soixante-dix ans trop tard. Contemporain du grand Catinat, du brillant Villars, du vertueux Fénelon, vous auriez pu dire : Voilà encore des Français dont je vous parle, leur race n'est pas éteinte; mais aujourd'hui vous n'êtes plus que *vox clamans in deserto*. Vous ne mettez pas seulement sur la scène des gens d'un autre siècle, mais d'un autre monde; ils n'ont plus rien de commun avec celui-ci. Il ne reste à votre nation, pour se consoler de n'avoir plus de vertu, que de n'y plus croire et de la diffamer dans les autres. Oh ! s'il était encore des Bayard en France, avec quelle noble colère, avec quelle vive indignation.....! Croyez-moi, de Belloy, ne faites plus de ces beaux vers à la gloire des anciens Français, de peur qu'on ne soit tenté, par la justesse de la parodie, de l'appliquer à ceux d'aujourd'hui.

Adieu, monsieur. Si cette lettre vous parvient, je vous prie de m'en donner avis, afin que je ne sois pas injuste : je vous salue de tout mon cœur.

A M. DE SAINT-GERMAIN.

(Cette lettre était incluse dans celle qui suit.)

A Monquin, le 26 février 1770.

Pauvres aveugles que nous sommes! etc.

Vous verrez, monsieur, que la lettre ci-jointe était commencée avant votre retour de Grenoble, et que, par conséquent, j'ai bien eu le temps de la mettre en meilleur état; mais je vous avoue que l'angoisse et les serrements de cœur que j'éprouvais en l'écrivant ne m'ont pas permis d'en faire une autre copie plus au net. L'indignation qui m'arrêtait à chaque ligne m'a trop fait sentir que le rôle d'accusé n'était pas fait pour moi. Malgré le désordre qui règne dans cette lettre, elle contient des éclaircissements dont j'ai cru que vous ne dédaigneriez pas d'être le dépositaire, et qui peuvent importer un jour au triomphe de la vérité. Je ne vous demande point, monsieur, de secret sur cette lettre; j'ose prévoir qu'un jour elle sera dans votre famille un monument non méprisable de vos bontés pour celui qui l'a écrite et de l'honneur qu'il sut rendre à vos vertus.

Mon état ne me permet point de tenter le voyage de Bourgoin par le temps qu'il fait, et je m'oppose absolument à tout désir que vous pourriez avoir de renouveler pour moi cette œuvre de miséricorde; au lieu du plaisir que me donne toujours votre présence, vous ne m'apporteriez que des alarmes pour votre santé et pour votre retour. Cependant, avant de nous séparer vraisemblablement pour toujours, que j'aie au moins, s'il m'est possible, la douceur d'embrasser encore une fois mon consolateur. Je compte, monsieur, sur ce que vous me dites dernièrement, que vous aviez encore au moins huit à dix jours à rester à Bourgoin, et je tâcherai d'en prendre un, s'il m'est possible, pour me rendre auprès de vous. Si malheureusement votre départ était accéléré, je vous prierais de vouloir bien me le faire dire, afin que je ne fisse pas un voyage inutile.

Monsieur, veuille le ciel vous payer en prospérités tant sur vous que sur madame de Saint-Germain et sur votre aimable et florissante famille, le prix des bontés dont vous m'avez comblé! Souvenez-vous quelquefois d'un infortuné qui ne mérite point ses malheurs, qui vous prouva sa vénération pour vous par sa confiance, et qui, par le droit qu'il se sent à votre estime, se glorifiera toujours d'y avoir part.

AU MÊME.

Monquin, le 26 février 1770.

Pauvres aveugles que nous sommes! etc.

Où êtes-vous, brave Saint-Germain? Quand pourrai-je vous embrasser, et réchauffer au feu de votre courage celui dont j'ai besoin pour supporter les rigueurs de ma destinée? Qu'il est cruel, qu'il est déchirant pour le plus aimant des hommes de se voir devenir l'horreur de ses semblables en retour de son tendre attachement pour eux, et sans pouvoir imaginer la cause de cette frénésie, ni par conséquent la guérir! Quoi! l'implacable animosité des méchants peut-elle donc ainsi renverser les têtes et changer les cœurs de toute une nation, de toute une génération? lui montrer noir ce qui est blanc; lui rendre odieux ce qu'elle doit aimer; lui faire estimer l'iniquité, justice; la trahison, générosité? Ah! c'est aussi trop accorder à la puissance que de lui soumettre ainsi le jugement, le sentiment, la raison, et de se dépouiller pour elle de tout ce qui nous fait hommes.

Quels sont mes torts envers M. de Choiseul? Un seul, mais grand, celui d'avoir pu l'estimer. Dans ma retraite je ne connaissais de lui que son ministère : son pacte de famille me prévint en faveur de ses talents. Il avait paru bien disposé pour moi : cette bienveillance m'en avait inspiré. Je ne savais rien de son naturel, de ses goûts, de ses inclinations, de son caractère; et, dans les ténèbres où je suis plongé depuis tant d'années, j'ai longtemps ignoré cela. Jugeant du reste par ce qui m'était connu, je lui donnai des louanges qu'il méritait trop peu pour les prendre au pied de la lettre. Il se crut insulté; de là, sa haine et tous mes malheurs. En me punissant de mon tort, il m'en a corrigé. S'il me punit maintenant de lui rendre justice, il ne peut être trop sévère; car assurément je la lui rends bien.

Pour mieux assouvir sa vengeance, il n'a voulu ni ma mort, qui finissait mes malheurs, ni ma captivité, qui m'eût du moins donné le repos. Il a conçu que le plus grand supplice d'une âme fière et brûlante d'amour pour la gloire était le mépris et l'opprobre, et qu'il n'y avait point pour moi de pire tourment que celui d'être haï; c'est sur ce double objet qu'il a dirigé son plan. Il s'est appliqué à me travestir en monstre effroyable; il a concerté dans le secret l'œuvre de ma diffamation; il m'a fait enlacer de toutes part par ses satellites; il m'a fait traîner par eux dans la fange; il m'a rendu la fable du peuple et le jouet de la canaille. Pour m'accabler encore mieux de la haine publique, il a pris soin de la faire sortir par les moqueuses caresses des fourbes dont il me faisait entourer; et, pour dernier raffinement, il a fait en sorte que partout les égards et les attentions parussent me suivre, afin que, quand, trop sensible aux outrages, j'exhalerais quelques plaintes, j'eusse l'air d'un homme qui n'est pas à son aise avec lui-même, et qui se plaint des autres parce qu'il est mécontent de lui.

Pour m'isoler et m'ôter tout appui, les moyens étaient simples. Tout cède à la puissance, et presque tout à l'intrigue. On connaissait mes amis; on a travaillé sur eux; aucun n'a résisté. On a éventé par la poste toutes les correspondances que je pouvais avoir. On m'a détaché de temps en temps de petits chercheurs de places, de petits imploreurs de recommandations, pour savoir par eux s'il ne restait personne qui eût pour moi de la bienveillance, et travailler aussitôt à me l'ôter. Je connais si bien ce manège, et j'en ai si bien senti le succès, que je ne serais pas sans crainte pour M. de Saint-Germain lui-même, si je le savais moins clairvoyant, et que je connusse moins sa sagesse et sa fermeté. Parmi les objets de tant de vigilance, mes papiers n'ont pas été oubliés. J'ai confié tous ceux que j'avais en des mains amies, ou que je crus telles : tous sont à la merci de mes ennemis. Enfin, on m'a lié moi-même par des engagements dont j'ai cru vainement acheter mon repos, et qui n'ont servi qu'à me livrer pieds et poings liés au sort qu'on voulait me faire. On ne m'a laissé pour défense que le ciel, dont on ne s'embarrasse guère, et mon innocence, qu'on n'a pu m'ôter.

Parvenu une fois à ce point, tout le reste va de lui-même et sans la moindre difficulté. Les gens chargés de disposer de moi ne trouvent plus d'obstacles. Les essaims d'espions malveillants et vigilants dont je suis entouré savent comment ils ont à faire leur cour. S'il y a du bien, ils se garderont de le travestir ; s'il y a du mal, ils l'aggraveront ; s'il n'y en a pas, ils l'inventeront. Ils peuvent me charger tout à leur aise ; ils n'ont pas peur de me trouver là pour les démentir. Chacun veut prendre part à la fête, et présenter le plus beau bouquet. Dès qu'il est convenu que je suis un homme noir, c'est à qui me controuvera le plus de crimes. Quiconque en a fait un, peut en faire cent, et vous verrez que bientôt j'irai violant, brûlant, empoisonnant, assassinant à droite et à gauche pour mes menus plaisirs, sans m'embarrasser des foules de surveillants qui me guettent, sans songer que les planchers, sous lesquels je suis, ont des yeux, que les murs qui m'entourent ont des oreilles, que je ne fais pas un pas qui ne soit compté, pas un mouvement de doigt qui ne soit noté, et sans que durant tout ce temps-là personne ait la charité de pourvoir à la sûreté publique en m'empêchant de continuer toutes ces horreurs, dont ils se contentent de tenir tranquillement le registre, tandis que je les fais tout aussi tranquillement sous leurs yeux, tant la haine est aveugle et bête dans sa méchanceté ! Mais n'importe, dès qu'il s'agira de m'imputer des forfaits, je vous réponds que le bon M. de Choiseul sera coulant sur les preuves, et qu'après ma mort toutes ces inepties deviendront autant de faits incontestables, parce que monsieur l'un, et monsieur l'autre, et madame celle-ci, et mademoiselle celle-là, tous gens de la plus haute probité, les auront attestés, et que je ne ressusciterai pas pour y répondre.

Encore une fois, tout devient facile, et désormais on va faire de moi tout ce qu'on voudra de mauvais. Si je reste en repos, c'est que je médite des crimes, et peut-être le pire de tous, celui de dire, où prendront grand soin de la vérité. Si, pour me distraire de mes maux, je m'amuse à l'étude des plantes, c'est pour y chercher des poisons. Mon Dieu ! quand quelque jour ceux qui sauront quel fut mon caractère, et qui liront mes écrits, apprendront qu'on a fait de Jean-Jacques Rousseau un empoisonneur, ils demanderont quelle sorte d'êtres existait de son temps, et ne pourront croire que ce fussent des hommes.

Mais comment en est-on venu là ? quel fut le premier forfait qui rendit les autres croyables ? Voilà ce qui me passe, voilà l'étonnante énigme. C'est ce premier pas qu'il faut expliquer, et qui n'offre à mes yeux qu'un abîme impénétrable. Monsieur de Saint-Germain, dans ce que vous connaissez de moi par vous-même, trouvez-vous de l'étoffe pour faire un scélérat ? Tel je parais à vos yeux depuis plus d'un an, tel je fus pendant près de soixante. Je n'eus jamais que des goûts honnêtes, que des passions douces ; je m'élevai, pour ainsi dire, moi-même ; je me livrai par choix aux meilleures idées ; je ne cultivai que des talents aimables. J'aimai toujours la retraite, la vie paisible et solitaire. J'ai passé la jeunesse et l'âge mûr, chéri de mes amis, bien voulu de mes connaissances, tranquille, heureux, content de mon sort, et sans avoir eu jamais qu'une seule querelle avec un extravagant, laquelle tourna tout à ma gloire. Malheureusement ayant déjà passé l'âge mûr, je me laissai tenter enfin de communiquer au public, dans des livres qui ne respirent que la vertu, des maximes que je crus utiles à mes semblables, ou de nouvelles idées pour le progrès des beaux-arts. Me voilà devenu depuis lors un homme noir ; de quelle façon ? je l'ignore. Eh ! quels sont ces malheureux dont les âmes sombres et concentrées couvent le crime ? Sont-ce des auteurs, des gens de lettres dévoués à la paisible occupation d'écrire des livres, des romans, de la musique, des opéras? Ont-ils des cœurs ouverts, confiants, faciles à s'épancher? Et où de pareils secrets se cacheraient-ils un moment dans le mien, transparent comme le cristal, et qui porte à l'instant dans mes yeux et sur mon visage chaque mouvement dont il est affecté? Seul, étranger, sans parti, livré dans ma retraite à de pareils goûts, quel avantage, quel moyen, quelle tentation pouvais-je avoir de malfaire? Quoi! lorsque l'amour, la raison, la vertu, prenaient sous ma plume leurs plus doux, leurs plus énergiques accents; lorsque je m'enivrais à torrents des plus délicieux sentiments qui jamais soient entrés dans un cœur d'homme; lorsque je planais dans l'empyrée au milieu des objets charmants et presque angéliques dont je m'étais entouré, c'était précisément alors, et pour la première fois, que ma noire et farouche âme méditait, digérait, commettait les forfaits atroces dont on ne me voila l'imputation que pour m'ôter les moyens de m'en défendre, et cela sans motif, sans raison, sans sujet, sans autre intérêt que celui de satisfaire la plus infernale férocité? Et l'on peut... Si jamais pareille contradiction, pareille extravagance, pareille absurdité, pouvait réellement trouver foi dans l'esprit d'un homme, oui, j'ose le dire sans crainte, il faudrait étouffer cet homme-là.

Les passions qui portent au crime sont analogues à leurs noirs effets. Où furent les miennes? Je n'ai connu jamais les passions haineuses; jamais l'envie, la méchanceté, la vengeance, n'entrèrent dans mon cœur. Je suis bouillant, emporté, quelquefois colère, jamais fourbe ni rancunier; et quand je cesse d'aimer quelqu'un, cela s'aperçoit bien vite. Je hais l'ennemi qui veut me nuire; mais, sitôt que je ne crains plus, je ne le hais plus. Que Diderot, que Grimm surtout, le premier, le plus caché, le plus ardent, le plus implacable, celui qui m'attira tous les autres, dise pourquoi il me hait. Est-ce pour le mal qu'il a reçu de moi? Non, c'est pour celui qu'il m'a fait, car souvent l'offensé pardonne, mais l'offenseur ne pardonne jamais. Dirai-je mes torts envers lui? j'en sais deux : le premier, je l'ai trop aimé, le second, « son cœur fut déchiré par la louange qui n'était pas pour lui. » Si lui, si Diderot, ont quelque autre grief, qu'ils le disent. Ils ont découvert, dira-t-on, que j'étais un monstre. Ah! c'est une autre affaire; mais toujours est-il sûr que ce monstre ne leur fit jamais de mal.

Madame la comtesse de Boufflers me hait, et en femme; c'est tout dire. Quels sont ses griefs? Les voici.

Le premier. J'ai dit dans l'*Héloïse* que la femme d'un charbonnier était plus respectable que la maîtresse d'un prince : mais, quand j'écrivis ce passage, je ne songeais ni à elle ni à aucune femme en particulier; je ne savais pas même alors qu'il existât une comtesse de Boufflers, encore moins qu'elle pût s'offenser de ce trait, et je n'ai fait que longtemps après connaissance avec elle.

Le second. Madame de Boufflers me consulta sur une tragédie en prose de sa façon, c'est-à-dire qu'elle me demanda des éloges. Je lui donnai ceux que je crus lui être dus; mais je l'avertis que sa pièce ressemblait beaucoup à une pièce anglaise que je lui nommai : j'eus le sort de Gil Blas auprès de l'évêque prédicateur.

Le troisième. Madame de Boufflers était aimable alors, et jeune encore. Les amitiés dont elle m'honora me touchèrent plus qu'il n'eût fallu peut-être: elle s'en aperçut. Quelque temps après j'appris ses liaisons, que dans ma bêtise je ne savais pas encore. Je ne crus pas qu'il convînt à Jean-Jacques Rousseau d'aller sur les brisées d'un prince du sang, et je me retirai. Je ne sais, monsieur, ce que vous penserez de ce crime; mais il serait singulier que tous les malheurs de ma vie fussent venus de trop de prudence, dans un homme qui en eut toujours si peu.

Madame la maréchale de Luxembourg me hait; elle a raison. J'ai commis envers elle des balourdises, bien innocentes assurément dans mon cœur, bien involontaires, mais que jamais femme ne pardonne, quoiqu'on n'ait pas eu l'intention de l'offenser. Cependant je ne puis la croire essentiellement méchante, ni perdre le souvenir des jours heureux que j'ai passés près d'elle et de M. de Luxembourg. De tous mes ennemis elle est la seule que je croie capable de retour, mais non pas de mon vivant. Je désire ardemment qu'elle me survive, sûr d'être regretté, peut-être pleuré d'elle après ma mort.

Ajoutez à cette courte liste M. de Choiseul, dont j'ai déjà parlé, et qui malheureusement à lui seul en vaut mille ; le docteur Tronchin, avec qui je n'eus d'autre tort que d'être Genevois comme lui, et d'avoir autant de célébrité, quoique j'eusse gagné moins d'argent ; enfin le baron d'Holbach, aux avances duquel j'ai résisté longtemps, par la seule raison qu'il était trop riche : raison que je lui dis pour réponse à ses instances, et qui malheureusement ne se trouva que trop juste dans la suite. Sur mes premiers écrits et sur le bruit qu'ils firent, il se prit pour moi d'une telle haine, et, comme je crois, par l'impulsion de Grimm, qu'il me traita, dans sa propre maison, et sans le moindre sujet, avec une brutalité sans exemple. Diderot, et M. de Margency, gentilhomme ordinaire du roi, furent témoins de la querelle ; et le dernier m'a souvent dit depuis lors qu'il avait admiré ma patience et ma résignation.

Ces détails, monsieur, sont dans la plus exacte vérité. Trouvez-vous là quelque méchanceté dans le pauvre Jean-Jacques? Voilà pourtant les seuls ennemis personnels que j'aie eus jamais. Tous les autres ne le sont que par jalousie, comme d'Alembert, avec lequel j'ai eu très peu de liaison ; ou sur parole, comme la foule ; ou parce qu'en général les lâches aiment à faire leur cour aux puissants, en achevant d'accabler ceux qu'ils oppriment. Que puis-je faire à cela?

Les naturels haineux, jaloux, méchants, ne se déguisent guère ; leurs propos, leurs écrits décèlent bientôt leurs penchants ; ils vont toujours se mêlant des affaires des autres ; les pointes de la satire lardent leurs discours et leurs ouvrages ; les mots couverts, les allusions malignes leur échappent malgré eux. Mes écrits sont dans les mains de tout le monde, et vous connaissez mon ton. Veuillez, monsieur, juger par vous-même, et voyez s'il y a de la malignité dans mon cœur.

Le jeu : je ne puis le souffrir. Je n'ai vraiment joué qu'une fois en ma vie au Redoute à Venise : je gagnai beaucoup, m'ennuyai, et ne jouai plus. Les échecs, où l'on ne joue rien, sont le seul jeu qui m'amuse. Je n'ai pas peur d'être un Béverley.

L'ambition, l'avidité, l'avarice : je suis trop paresseux, je déteste trop la gêne, j'aime trop mon indépendance pour avoir des goûts qui demandent un homme laborieux, vigilant, courtisan, souple, intrigant, les choses du monde les plus contraires à mon humeur. M'a-t-on vu souvent aux toilettes des femmes, ou dans les antichambres des grands? ce sont pourtant là les portes de la fortune. J'ai refusé beaucoup de places, et n'en recherchai jamais. C'est par paresse que je suis attaché à l'argent que j'ai, crainte de la peine d'en chercher quand je n'en ai plus : mais je ne crois pas qu'il me soit arrivé de ma vie, ayant le nécessaire du moment, de rien convoiter au-delà ; et, après avoir vécu dans une honnête aisance, je me vois prêt à manquer de pain sur mes vieux jours, sans en avoir grand souci. Combien j'ai laissé échapper de choses par ma nonchalance à les retenir ou à les saisir ! Citons un seul fait. Un receveur général des finances auquel j'étais attaché depuis longtemps m'offre sa caisse, je l'accepte : au bout de quinze jours l'embarras, l'assujettissement, l'inquiétude surtout de cette maudite caisse, me font tomber malade. Je finis par quitter la caisse, et me faire copiste de musique à six sous la page. M. de Francueil, à qui je marque ma résolution, me croit encore dans le transport de la fièvre, vient me voir, me parle, m'exhorte, ne m'ébranle pas : il attend inutilement ; et, voyant ma résolution bien prise et bien confirmée, il dispose enfin de sa caisse, et me donne un successeur. Ce fait seul prouve, ce me semble, que l'avidité de l'argent n'est pas mon défaut : et j'en pourrais donner des preuves récentes plus fortes que celle-là. Et de quoi me servirait l'opulence? Je déteste le luxe, j'aime la retraite, je n'ai que les goûts de la simplicité, je ne saurais souffrir autour de moi des domestiques; et quand j'aurais cent mille livres de rente, je ne voudrais être ni mieux vêtu, ni mieux logé, ni mieux nourri que je ne le suis. Je ne voudrais être riche que pour faire du bien, et l'on ne cherche pas à satisfaire un pareil goût par des crimes.

Les femmes !... Oh! voici le grand article ; car assurément le violateur de la chaste Vertier doit être un terrible homme auprès d'elles, et le plus difficile des travaux d'Hercule doit peu lui coûter après celui-là. Il y a quinze ans qu'on eût été étonné de m'entendre accuser de pareille infamie : mais laissez faire M. de Choiseul et madame de Boufflers, ils ont bien opéré d'autres métamorphoses, et je les vois en train de ne s'arrêter plus guère que par l'impossibilité d'en imaginer. Je doute qu'aucun homme ait eu une jeunesse plus chaste que la mienne. J'avais trente ans passés sans avoir eu qu'un seul attachement, ni fait à son objet qu'une seule infidélité ; c'était là tout. Le reste de ma vie a doublé cette licence, je n'ai pas été plus loin. Je ne fais point honneur de cette réserve à ma sagesse, elle est bien plus due à ma timidité ; et j'avoue avoir manqué par elle bien des bonnes fortunes que j'ai convoitées, et qui, si j'en avais tenté l'aventure, ne m'auraient peut-être pas réduit au même crime auquel, selon la Vertier, m'ont entraîné ses attraits.

Pour contenter les besoins de mon cœur encore plus que ceux de mes sens, je me donnai une compagne honnête et fidèle, dont, après vingt-cinq ans d'épreuve et d'estime, j'ai fait ma femme. Si c'est là ce qu'on appelle de la débauche, je m'en honore, et ce n'est pas du moins celle-là qui mène dans les lieux publics. L'exemple, la nécessité, l'honneur de celle qui m'était chère, d'autres puissantes raisons me firent confier mes enfants à l'établissement fait pour cela, et m'empêchèrent de remplir moi-même le premier, le plus saint des devoirs de la nature. En cela, loin de m'excuser, je m'accuse : et quand ma raison me dit que j'ai fait dans ma situation ce que j'ai dû faire, je l'en crois moins que mon cœur qui gémit et qui la dément. Je ne fis point un secret de ma conduite à mes amis, ne voulant pas passer à leurs yeux pour meilleur que je n'étais. Quel parti les barbares en ont tiré! Avec quel art ils l'ont mise dans le jour le plus odieux ! Comme ils se sont plus à me peindre en père dénaturé, parce que j'étais à plaindre! comme ils ont cherché à tirer du fond de mon caractère une faute qui fut l'ouvrage de mon malheur! Comme si pécher n'était pas de l'homme, et même de l'homme juste. Elle fut grave, sans doute, elle fut impardonnable; mais aussi ce fut la seule, et je l'ai bien expiée. A cela près, et des vices qui n'ont jamais fait de mal qu'à moi, je puis exposer à tous les yeux une vie irréprochable dans tout le secret de mon cœur. Ah! que ces hommes si sévères aux fautes d'autrui rentrent dans le fond de leur conscience, et que chacun d'eux se félicite s'il sent qu'au jour où tout sans exception sera manifesté, lui-même en sera quitte à meilleur compte!

La Providence a veillé sur mes enfants par le péché même de leur père. Eh Dieu! quelle eût été leur destinée s'ils avaient eu la mienne à partager? que seraient-ils devenus dans mes désastres? Ils seront ouvriers ou paysans; ils passeront dans l'obscurité des jours paisibles; que n'ai-je eu le même bonheur! Je rends au moins grâce au ciel de n'avoir abreuvé que moi des amertumes de ma vie, et de les en avoir préservés. J'aime mieux qu'ils vivent du travail de leurs mains sans me connaître, que de les voir avilis et nourris par la traîtresse générosité de mes ennemis, qui les instruiraient à haïr, peut-être à trahir leur père : et j'aime mieux cent fois être ce père infortuné qui commit la faute et qui la pleure, que d'être le méchant qui la révèle, l'étend, l'amplifie, l'aggrave avec la plus maligne joie, que d'être l'ami perfide qui trahit la confiance de son ami, et divulgue, pour le diffamer, le secret qu'il a versé dans son sein.

Mais des fautes, quelques grandes qu'elles soient, n'en supposent pas de contradictoires. Les débauchés sont peu dans le cas d'en commettre de pareilles, comme ceux qui s'occupent dans le port à charger des vaisseaux, que bientôt ils perdent de vue, ne songent guère à les assurer. Mes attachements me préservèrent du désordre ; et toujours, je le répète, je fus réglé dans mes mœurs. Je ne doute pas même que celles de ma jeunesse n'aient contribué dans la suite à répandre dans mes écrits cette vive chaleur que les gens qui ne sentent rien prennent pour de l'art, mais que l'art ne peut contrefaire, et que ne saurait fournir un sang appauvri par la débauche. Pour répondre à ces hommes vils qui m'osent accuser d'avoir gagné, dans des lieux que je ne connais point, des maux que je connais encore moins, je ne voudrais que la *Nouvelle Héloïse*. Est-ce ainsi qu'on apprend à parler dans la crapule? Qu'on prenne autant de débauchés qu'on voudra, tous doués d'autant d'esprit qu'il est possible, et je les défie entre eux tous de faire une seule page à mettre à côté d'une des lettres brûlantes dont ce roman n'abonde que trop. Non, non ; il est pour l'âme un prix aux bonnes mœurs, c'est de la vivifier. L'amour et la débauche ne sauraient aller ensemble ; il faut choisir. Ceux qui les confondent ne connaissent que la dernière ; c'est sur leur propre état qu'ils jugent du mien : mais ils se trompent ; adorer les femmes et les posséder sont deux choses très différentes : ils ont fait l'une, et j'ai fait l'autre. J'ai connu quelquefois leurs plaisirs, mais ils n'ont jamais connu les miens.

L'amour que je conçois, celui que j'ai pu sentir, s'enflamme à l'image illusoire de la perfection de l'objet aimé ; et cette illusion même le porte à l'enthousiasme de la vertu ; car cette idée entre toujours dans celle d'une femme parfaite. Si quelquefois l'amour peut porter au crime, c'est dans l'erreur d'un mauvais choix qui nous égare, ou dans les transports de la jalousie : mais ces deux états, dont aucun n'a jamais été le mien, sont momentanés et ne transforment point un cœur noble en une âme noire. Si l'amour m'eût fait faire un crime, il faudrait m'en punir et m'en plaindre ; mais il ne me rendrait pas l'honneur des honnêtes gens.

Voilà tout, ce me semble, à moins qu'on ne veuille ajouter l'amour de la solitude ; car cet amour fut la première marque à laquelle Diderot parut juger que j'étais un scélérat. Ses mystérieuses trames avec Grimm étaient commencées quand j'allai vivre à l'Ermitage ; il publia quelque temps après le *Fils naturel*, dans lequel il inséra cette sentence : *Il n'y a que le méchant qui soit seul*. Je lui écrivis avec tendresse pour me plaindre qu'il n'eût mis à ce passage aucun adoucissement. Il me répondit durement et sans aucune explication. Pour moi, quoique cette sentence ait quelque chose qui papillotte à l'oreille, je n'y trouve qu'une absurdité ; et il est si faux qu'il n'y ait que le méchant qui soit seul, qu'au contraire il est impossible qu'un homme qui sait vivre seul soit méchant, et qu'un méchant veuille vivre seul ; car à qui ferait-il du mal, avec qui formerait-il ses intrigues? La sentence en elle-même exigeait donc tout au moins une explication : elle l'exigeait bien plus encore, ce me semble, de la part d'un auteur qui, lorsqu'il parlait de la sorte au public, avait un ami retiré depuis un mois dans une solitude ; et il était également choquant et malhonnête de refuser, du moins en maxime générale, l'honorable et juste exception qu'il devait non-seulement à cet ami, mais à tant de sages respectés, qui dans tous les temps ont cherché le calme et la paix dans la retraite, et dont, pour la première fois depuis que le monde existe, un écrivain s'avise, avec un trait de plume, de faire autant de scélérats : mais Diderot avait ses vues, et ne s'embarrassait pas de déraisonner, pourvu qu'il préparât de loin les coups qu'il m'a portés dans la suite.

Je vais faire une remarque qui peut paraître légère, mais qui me paraît à moi des plus sûres pour juger de l'état interne et vrai d'un auteur. On sent, dans les ouvrages que j'écrivais à Paris, la bile d'un homme importuné du tracas de cette grande ville, et aigri par le spectacle continuel de ses vices (1). Ceux que j'écrivis depuis ma retraite à l'Ermitage respirent une tendresse de cœur, une douceur d'âme, qu'on ne trouve que dans les bocages, et qui prouvent l'effet que faisaient sur moi la retraite et la campagne, et qu'elles feront toujours sur quiconque en saura sentir le charme et y vivre aussi volontiers que moi. « Les pensées mâles de la vertu, dit le nerveux Young, les nobles élans du génie, les brûlants transports d'un cœur sensible, sont perdus pour l'homme qui croit qu'être seul est une solitude : le malheureux s'est condamné à ne les jamais sentir. Dieu et la raison! quelle immense société! que leurs entretiens sont sublimes! que leur commerce est plein de douceur! » Voilà MM. Young et Diderot d'avis un peu différents, sans ajouter celui de Virgile. Pour moi, je me fais honneur d'avoir imité le scélérat Descartes, quand il s'en alla méchamment philosopher dans sa solitude de Nord-Hollande.

Je viens de faire, ce me semble, une revue exacte, et je n'y vois rien encore qui m'ait pu donner des penchants pervers. Que reste-t-il donc enfin? L'amour de la gloire. Quoi! ce noble sentiment qui élève l'âme aux sublimes contemplations, qui l'élance dans les régions éthérées, qui l'étend pour ainsi dire sur toute la postérité, pourrait lui dicter des forfaits! Il prendrait, pour s'honorer, la route de l'infamie! Eh! qui ne sait que rien n'avilit, ne resserre et ne concentre l'âme comme le crime : que rien de grand et de généreux ne peut partir d'un intérieur corrompu? Non, non; cherchez des passions viles pour cause à des actions viles. On peut être un malhonnête homme et faire un bon livre; mais jamais les divins élans du génie n'honorent l'âme d'un malfaiteur; et si les soupçons de quelqu'un que j'estimerais pouvaient à ce point ravaler la mienne, je lui présenterais mon *Discours sur l'Inégalité* (2) pour toute réponse, et je lui dirais : Lis, et rougis (3).

Vous me citerez Erostrate. A cela voici ma réponse. L'histoire d'Erostrate est une fable : mais supposons-la vraie; Erostrate, sans génie et sans talent, eut un moment la fantaisie de la célébrité, à laquelle il n'avait aucun droit; il prit la seule et courte voie que son mauvais cœur et son esprit étroit pût lui suggérer : mais comptez que, s'il se fût senti capable de faire l'*Emile*, il n'eût point brûlé le temple d'Éphèse. Non, monsieur, on n'aspire point par le crime au prix qu'on peut obtenir par la vertu; et voilà ce qui rend plus ridicule l'imposture dont je suis l'objet. Qu'avais-je besoin de gloire et de célébrité? je l'avais déjà tout acquise, non par des noirceurs et des actes abominables, mais par des moyens vertueux, honnêtes, par des talents distingués, par des livres utiles, par une conduite estimable, par tout le bien que j'avais pu faire selon mon pouvoir : elle était belle, elle était sans tache : qu'y pouvais-je ajouter désormais, si ce n'est la persévérance dans l'honorable carrière dont

---

(1) Ajoutez les impulsions continuelles de Diderot, qui, soit qu'il ne pût oublier le donjon de Vincennes, soit avec le projet déjà formé de me rendre odieux, m'allait sans cesse excitant et stimulant aux sarcasmes. Sitôt que je fus à la campagne, et que ces impulsions cessèrent, le caractère et le ton de mes écrits changèrent, et je rentrai dans mon naturel.

(2) En retranchant quelques morceaux de la façon de Diderot, qu'il m'y fit insérer presque malgré moi. Il en avait ajouté de plus durs encore; mais je ne pus me résoudre à les employer.

(3) Que serait-ce si je lui présentais ma *Lettre à d'Alembert sur les Spectacles*, ouvrage où le plus tendre délire perce à travers la force du raisonnement, et rend cette lecture ravissante? Il n'y a point d'absurdité qu'on ne rende imaginable en supposant que des scélérats peuvent traiter ainsi de pareils sujets. Démocrite prouva aux Abdéritains qu'il n'était pas fou en leur lisant une de ses pièces; et moi, je défie tout homme sensé qui lira cette lettre de pouvoir croire que l'auteur soit un coquin.

je voyais déjà d'assez près le terme? Que dis-je? je l'avais atteint : je n'avais plus qu'à me reposer, et jouir. Peut-on concevoir que de gaîté de cœur et par des forfaits, j'aie cherché moi-même à ternir ma gloire, à la détruire, à laisser échapper de mes mains, ou plutôt à jeter, dans un transport de furie, le prix inestimable que j'avais légitimement acquis? Quoi! le sage, le brave Saint-Germain retournerait-il exprès à la guerre pour y flétrir par des lâchetés infâmes les lauriers sous lesquels il a blanchi? ne sait-on pas qu'une belle réputation est la plus noble et la plus douce récompense de la vertu sur la terre? Et l'on veut qu'un homme qui se l'est dignement procurée s'aille exprès plonger dans le crime pour la souiller! Non, cela n'est pas, parce que cela ne peut pas être; et il n'y a que des gens sans honneur qui puissent ne pas sentir cette impossibilité.

Mais quels sont enfin ces forfaits dont je me suis avisé si tard de souiller une réputation déjà tout acquise par mieux que des livres, par quarante ans d'honneur et d'intégrité? Oh! c'est ici le mystère profond qu'il ne faut jamais que je sache et qui ne doit être ouvertement publié qu'après ma mort, quoiqu'on fasse en sorte, pendant ma vie, que tout le monde en soit instruit, hors moi seul. Pour me forcer, en attendant, de boire la coupe amère de l'ignominie, on aura soin de la faire circuler sans cesse autour de moi dans l'obscurité, de la faire dégoutter, ruisseler sur ma tête, afin qu'elle m'abreuve, m'inonde, me suffoque, mais sans qu'aucun trait de lumière l'offre jamais à ma vue, et me laisse discerner ce qu'elle contient. On me séquestrera du commerce des hommes même en vivant avec eux; tout sera pour moi secret, mystère et mensonge; on me rendra étranger à la société, sans paraître m'en chasser; on élèvera autour de moi un impénétrable édifice de ténèbres, on m'ensevelira tout vivant dans un cercueil. C'est exactement ainsi que, sans prétexte et sans droit, on traite en France un homme libre, un étranger, qui n'est point sujet du roi, qui ne doit compte à personne de sa conduite, en continuant d'y respecter, comme il a toujours fait, le roi, les lois, les magistrats et la nation. Que s'il est coupable, qu'on l'accuse, qu'on le juge, et qu'on le punisse; s'il ne l'est pas, qu'on le laisse libre, non pas en apparence, mais réellement. Voilà, monsieur, ce qui est juste; tout ce qui est hors de là, de quelque prétexte qu'on l'habille, est trahison, fourberie, iniquité.

Non, je ne serai point accusé, point arrêté, point jugé, point puni en apparence; mais on s'attachera, sans qu'il y paraisse, à me rendre la vie odieuse, insupportable, pire cent fois que la mort : on me fera garder à vue; je ne ferai pas un pas sans être suivi; on m'ôtera tous moyens de rien savoir et de ce qui me regarde et de ce qui ne me regarde pas; les nouvelles publiques les plus indifférentes, les gazettes mêmes me seront interdites; on ne laissera courir mes lettres et paquets que pour ceux qui me trahissent, on coupera ma correspondance avec tout autre; la réponse universelle à toutes mes questions sera toujours qu'on ne sait pas; tout se taira dans toute assemblée à mon arrivée; les femmes n'auront plus de langue, les barbiers seront discrets et silencieux; je vivrai dans le sein de la nation la plus loquace comme chez un peuple de muets. Si je voyage, on préparera tout d'avance pour disposer de moi partout où je veux aller; on me consignera aux passagers, aux cochers, aux cabaretiers; à peine trouverai-je à manger avec quelqu'un dans les auberges, à peine y trouverai-je un logement qui ne soit pas isolé; enfin l'on aura soin de répandre une telle horreur de moi sur ma route, qu'à chaque pas que je ferai, à chaque objet que je verrai, mon âme soit déchirée : ce qui n'empêchera pas que, traité comme Sancho, je ne reçoive partout cent courbettes moqueuses, avec autant de compliments de respect et d'admiration : ce sont de ces politesses de tigres qui semblent vous sourire au moment qu'ils vont vous déchirer.

Imaginez, monsieur, s'il est possible, un traitement plus insultant, plus cruel, plus barbare, et dont le concert incroyablement unanime laisse, au sein d'une nation tout entière, un infortuné rigoureusement seul et sans consolation. Tel est le talent supérieur de M. de Choiseul pour les détails; tels sont les soins avec lesquels il est servi quand il est question de nuire; mais s'il s'agissait d'une œuvre de bonté, de générosité, de justice, trouverait-il la même fidélité dans ses créatures? j'en doute; aurait-il lui-même la même activité? j'en doute encore plus.

J'ai beau chercher des cas où il soit permis d'accuser, de juger, de diffamer un homme à son insu, sans vouloir l'entendre, sans souffrir qu'il réponde, et même qu'il parle; je ne trouve rien. Je veux supposer toutes les preuves possibles : mais quand, en plein midi, toute la ville verrait un homme en assassiner un autre sur la place publique, encore en jugeant l'accusé ne l'empêcherait-on pas de répondre; encore ne le jugerait-on pas sans l'avoir interrogé. A l'inquisition l'on cache à l'accusé son délateur, je l'avoue; mais au moins lui dit-on qu'il est accusé; au moins ne le condamne-t-on pas sans l'entendre; au moins ne l'empêche-t-on pas de parler. Un délateur secret accuse, il ne prouve pas; il ne peut prouver dans aucun cas possible : car comment prouverait-il? Par des témoins? mais l'accusé peut avoir contre ces témoins des moyens de récusation que les juges ignorent. Par des écritures? mais l'accusé peut y faire apercevoir des marques de fausseté que d'autres n'ont pu connaître. Un délateur qui se cache est toujours un lâche; s'il prend des mesures pour que l'accusé ne puisse répondre à l'accusation, ni même en être instruit, il est un fourbe; s'il prenait en même temps avec l'accusé le masque de l'amitié, il serait un traître. Or un traître qui prouve ne prouve jamais assez, ou ne prouve que contre lui-même : et quiconque est un traître peut bien être encore un imposteur. Eh! quel serait, grand Dieu! le sort des particuliers s'il était permis de leur faire à leur insu leur procès, et puis de les aller prendre chez eux pour les mener tout de suite au supplice, sous prétexte que les preuves sont si claires qu'il leur est inutile d'être entendus?

Remarquez, monsieur, je vous supplie, combien cette première accusation dut paraître extraordinaire, vu la réputation sans reproche dont je jouissais, et que soutenaient ma conduite et mes écrits. Assurément ceux qui vinrent apprendre pour la première fois aux chefs de la nation que j'étais un scélérat durent les étonner beaucoup, et rien ne devait manquer à la preuve d'une pareille accusation pour être admise. Il y manqua pourtant au moins une petite circonstance, savoir l'audition de l'accusé; on se cacha de lui très soigneusement, et il fut jugé. Messieurs! messieurs! quand il serait généralement permis de juger un accusé sans l'ouïr, il y a du moins des hommes qui mériteraient d'être exceptés, et Jean-Jacques pouvait espérer, ce me semble, d'être mis au nombre de ces hommes-là.

On ne vous a pas jugé, diront-ils. Et qu'avez-vous donc fait, misérables? En feignant d'épargner ma personne, vous m'ôtez l'honneur, vous m'accablez d'opprobres, vous me laissez la vie, mais vous me la rendez odieuse en y joignant la diffamation. Vous me traitez plus cruellement mille fois que si vous m'aviez fait mourir; et vous appelez cela ne m'avoir pas jugé! Les fourbes! il ne manquait plus à leur barbarie que le vernis de la générosité.

Non, jamais on ne vit des gens aussi fiers d'être des traîtres : prudemment enfoncés dans leurs tanières, ils s'applaudissent de leurs lâchetés, et insultent à ma franchise en la redoutant. Pour m'étouffer sans que je crie ils m'ont auparavant attaché un bâillon. A voir enfin leur bénigne contenance, on les prendrait pour les bourreaux de l'infortuné don Carlos, qui prétendaient qu'il leur fût encore redevable de la peine qu'ils prenaient de l'étrangler.

En vérité, monsieur, plus je médite sur cette étrange conduite, plus j'y trouve une complication de lâcheté, d'iniquité, de fourberie, qui la rend inimaginable. Ce qui me passe encore plus est que tout cela paraît se faire de l'aveu de la nation entière; que non-seulement mes prétendus amis, mais d'honnêtes gens réellement estimables y paraissent acquiescer; et que M. de

Saint-Germain lui-même ne m'en paraît pas encore assez scandalisé. Cependant, fussé-je coupable, fussé-je en effet tout ce qu'on m'accuse d'être, tant qu'on ne m'aura pas convaincu, cette conduite envers moi serait encore injuste, fausse, inexcusable. Que doit-elle me paraître à moi qui me sens innocent?

Soyons équitables toujours. Je ne crois pas que M. de Choiseul soit l'auteur de l'imposture; mais je ne doute point qu'il n'ait très bien vu que c'en était une, et que ce ne soit pour cela qu'il prend tant de mesures pour m'empêcher d'en être instruit : car autrement, avec la haine envenimée que tout décèle en lui contre moi, jamais il ne se refuserait le plaisir de me convaincre et de me confondre, dût-il s'ôter par là celui de me voir souffrir plus longtemps.

Quoique ma pénétration, naturellement très mousse, mais aiguisée à force de s'exercer dans les ténèbres, me fasse deviner assez juste des multitudes de choses qu'on s'applique à me cacher, ce noir mystère est encore enveloppé pour moi d'un voile impénétrable; mais à force d'indices combinés, comparés; à force de demi-mots échappés, et saisis à la volée; à force de souvenirs effacés, qui par hasard me reviennent, je présume Grimm et Diderot les premiers auteurs de toute la trame. Je leur ai vu commencer, il y a plus de dix-huit ans, des menées auxquelles je ne comprenais rien, mais que je voyais certainement couvrir quelque mystère, dont je ne m'inquiétais pas beaucoup, parce que, les aimant de tout mon cœur, je comptais qu'ils m'aimaient de même. A quoi ont abouti ces menées? autre énigme non moins obscure. Tout ce que je puis supposer le plus raisonnablement est qu'ils auront fabriqué quelques écrits abominables qu'ils m'auront attribués. Cependant, comme il est peu naturel qu'on les en ait crus sur leur parole, il aura fallu qu'ils aient accumulé des vraisemblances, sans oublier d'imiter le style et la main. Quant au style, un homme qui possède supérieurement le talent d'écrire imite aisément jusqu'à certain point le style d'un autre, quoique bien marqué : c'est ainsi que Boileau imita le style de Voiture et celui de Balzac à s'y tromper, et cette imitation du mien peut-être surtout facile à Diderot, dont j'étudiais particulièrement la diction quand je commençai d'écrire, et qui même a mis dans mes ouvrages plusieurs morceaux qui ne tranchent point avec le reste, et qu'on ne saurait distinguer, du moins quant au style (1). Il est certain que sa tournure et la mienne, surtout dans mes premiers ouvrages, dont la diction est, comme la sienne, un peu sautante et sentencieuse, sont, parmi celles de nos contemporains, les deux qui se ressemblent le plus. D'ailleurs, il y a si peu de juges en état de prononcer sur la différence ou l'identité des styles, et ceux même qui le sont peuvent si aisément s'y tromper, que chacun peut décider là-dessus comme il lui plaît, sans crainte d'être convaincu d'erreur.

La main est plus difficile à contrefaire; je crois moi-même cela presque impossible dans un ouvrage de longue haleine : c'est pourquoi je présume qu'on aura préféré des lettres, qui n'ont pas la même difficulté, et qui remplissent le même objet. Quant à l'écrivain chargé de cette contrefaction, il aura été plus facile à trouver à Diderot qu'à tout autre, parce que, étant chargé de la partie des arts dans l'*Encyclopédie*, il avait de grandes relations avec les artistes dans tous les genres. Au reste, quand la puissance s'en mêle, beaucoup de difficultés s'aplanissent; et quand il s'agirait, par exem-

(1) Quant aux pensées, celles qu'il a eu la bonté de me prêter, et que j'ai eu la bêtise d'adopter, sont bien faciles à distinguer des miennes, comme on peut le voir dans celle du philosophe qui s'argumente en enfonçant son bonnet sur ses oreilles (*Discours sur l'inégalité*); car ce morceau est de lui tout entier. Il est certain que M. Diderot abusa toujours de ma confiance et de ma facilité pour donner à mes écrits un ton dur et un air noir, qu'ils n'eurent plus sitôt qu'il cessa de me diriger et que je fus livré tout-à-fait à moi-même.

ple, de décider si une écriture est ou n'est pas contrefaite, je ne crois pas qu'on eût beaucoup de peine à trouver des experts prêts à être de l'avis qu'il plairait à M. de Choiseul.

Si ce n'est pas cela, ou de faux témoins, je n'imagine rien. Je pencherais même un peu pour cette dernière opinion, parce que assurément le bénin Thevenin, quoi qu'on en dise, ne fut pas aposté pour rien; et je ne puis imaginer d'autre objet à la fable de ce manant, et à l'adroite façon dont ceux qui l'avaient aposté l'ont accréditée (1), que de vouloir tâter d'avance comme je soutiendrais la confrontation d'un faux témoin.

Les holbachiens, qui croyaient m'avoir déjà coulé à fond, furieux de me voir bien au château de Montmorency et chez M. le prince de Conti, firent jouer leurs machines par d'Alembert; et, profitant des piques secrètes dont j'ai parlé, firent passer, par le Temple, leur complot à l'hôtel de Luxembourg. Il est aisé d'imaginer comment M. de Choiseul s'associa pour cette affaire particulière avec la ligue, et s'en fit le chef; ce qui rendit dès lors le succès immanquable, au moyen des manœuvres souterraines dont Grimm avait probablement fourni le plan. Ce complot a pu se tramer de toute autre manière; mais voilà celle où les indices, dans ce que j'ai vu, se rapportent le mieux. Il fallait, avant de rien tenter du côté du public, m'éloigner au préalable, sans quoi le complot risquait à chaque instant d'être découvert, et son auteur confondu. L'*Emile* en fournit les moyens, et l'on disposa tout pour m'effrayer par un décret comminatoire, auquel on n'en voulait cependant venir que quand j'aurais pris le parti de fuir. Mais voyant que, malgré tout le fracas dont on accompagnait la menace de ce décret, je restais tranquille et ne voulais pas démarrer, on s'avisa d'un expédient tout-puissant sur mon cœur. Madame de Boufflers, avec une grande éloquence, me fit voir l'alternative inévitable de compromettre madame de Luxembourg, si j'étais interrogé, ou de mentir, ce que j'étais bien résolu de ne pas faire. Sur ce motif, auquel je ne pus résister, je partis enfin, et l'on ne lâcha le décret que quand ma résolution fut bien prise et qu'on put le savoir. Il paraît que dès lors le projet était arrangé entre madame de Boufflers et M. Hume pour disposer de moi. Elle n'épargna rien pour m'envoyer en Angleterre. Je tins bon, et voulus passer en Suisse. Ce n'était pas là le compte de la ligue, qui, par ses manœuvres, parvint à m'en chasser. Nouvelles sollicitations plus vives pour l'Angleterre; nouvelles résistances de ma part. Je pars pour aller joindre mylord maréchal à Berlin. La ligue vit l'instant où j'allais lui échapper. Son complot s'en allait peut-être en fumée, si l'on ne m'eût tendu tant de piéges à Strasbourg, qu'enfin j'y tombai, me laissai livrer à Hume, et partis avec lui pour l'Angleterre, où j'étais attendu depuis si longtemps. Dès ce moment ils m'ont tenu; je ne leur échapperai plus.

Que je regrettai la France! avec quelle ardeur, avec quelle constance je surmontai tous les obstacles, tous les dangers même qu'on eut soin d'opposer à mon retour; et cela pour venir essuyer, dans ce pays si désiré, des traitements qui m'ont fait regretter l'Angleterre! Cependant les seize mois que j'y passai ne furent pas perdus pour la ligue. A mon retour, je trouvai la France et l'Europe totalement changées à mon égard; et ma prévention, ma stupidité, furent telles, que, trop frappé des manœuvres de David Hume et de ses associés, je m'obstinais à chercher à Londres la cause des indignités que j'essuyais à Trye. Me voilà bien désabusé depuis que je n'y suis plus, et je rends aux Anglais la justice qu'ils me refusent. Néanmoins, s'ils étaient

(1) Enfin, tant ont opéré les gens qui disposent de moi, qu'il reste clair comme le jour à Grenoble et ailleurs, que le galérien Thevenin m'a prêté neuf francs aux Vernières, tandis que j'étais à Montmorency; qu'il me les a prêtés par les mains du cabaretier Jeannet, notre commun hôte, chez qui je n'ai jamais logé, et à qui je ne parlerai de ma vie; et que je lui donnai, en reconnaissance, des lettres de recommandation pour MM. de Faugnes et Aldiman, que je ne connaissais pas.

ce qu'on les suppose, ils auraient dit : N'imitons pas la légèreté française; défions-nous des preuves d'accusation qu'on cache si soigneusement à l'accusé, et gardons-nous de juger, sans l'entendre, un homme qu'on cajole avec tant de fausseté, et qu'on charge avec tant d'animosité.

Enfin ce complot, conduit avec tant d'art et de mystère, est en pleine exécution. Que dis-je? il est déjà consommé : me voilà devenu le mépris, la dérision, l'horreur de cette même nation dont j'avais, il y a dix ans, l'estime, la bienveillance, j'oserais dire la considération; et ce changement prodigieux, quoique opéré sur un homme du peuple, sera pourtant la plus grande œuvre du ministère de M. de Choiseul, celle qu'il a eue le plus à cœur, celle à laquelle il a consacré le plus de temps et de soin. Elle prouvera, par un exemple flétrissant pour l'espèce humaine, combien est forte l'union des méchants pour mal faire, tandis que celle des bons, quand elle existe, est si lâche, si faible, et toujours si facile à rompre.

Rien n'a été omis pour l'exécution de cette noble entreprise; toute la puissance d'un grand royaume, tous les talents d'un ministre intrigant, toutes les ruses de ses satellites, toute la vigilance de ses espions, la plume des auteurs, la langue des clabaudeurs, la séduction de mes amis, l'encouragement de mes ennemis, les malignes recherches sur ma vie pour la souiller, sur mes propos pour les empoisonner, sur mes écrits pour les falsifier; l'art de dénaturer, si facile à la puissance, celui de me rendre odieux à tous les ordres, de me diffamer dans tous les pays. Les détails de tous ces faits seraient presque incroyables, s'il m'était possible d'exposer ici seulement ceux qui me sont connus. On m'a lâché des espions de toutes les espèces, aventuriers, gens de lettres, abbés, militaires, courtisans; on a envoyé des émissaires en divers pays pour m'y peindre sous les traits qu'on leur a marqués. J'avais en Savoie un témoin de ma jeunesse, un ami que j'estimais, et sur lequel je comptais; je vais le voir, je vois qu'il me trompe; je le trouve en correspondance avec M. de Choiseul. J'avais à Paris un vieux compatriote, un ami, très bon homme; on le met à la Bastille, j'ignore pourquoi, c'est-à-dire sous quel prétexte. Le long temps qu'il y a resté lui fait honneur; on l'aura trouvé moins docile qu'on n'avait cru; je veux espérer qu'on n'aura pas lassé sa patience, et qu'au bout de seize mois il sera sorti de la Bastille aussi honnête homme qu'il y est entré. Je désire la même chose du libraire Guy, qu'on y a mis de même, et détenu presque aussi longtemps. On disait avoir trouvé dans les papiers du premier un projet de moi pour l'établissement d'une pure démocratie à Genève; et j'ai toujours blâmé la pure démocratie à Genève et partout ailleurs : on disait y avoir trouvé des lettres par lesquelles j'excitais les brouilleries de Genève; et non-seulement j'ai toujours blâmé les brouilleries de Genève, mais je n'ai rien épargné pour porter les représentants à la paix. Mais qu'importe qu'on en impose et qu'on mente? un mensonge dit en l'air fait toujours son effet, surtout quand il vient des bureaux d'un ministre, et quand il tire sur moi.

En songeant au libraire de Paris, avec lequel j'eus si peu d'affaires, M. de Choiseul, qui n'oublia rien, a-t-il oublié mon libraire de Hollande? Je ne sais; mais dans un livre que celui-ci s'est obstiné à vouloir me dédier, quoique j'y sois maltraité, et dont il n'a pas voulu me communiquer d'avance l'épître dédicatoire, j'ai trouvé la tournure de cette épître si singulière et si peu naturelle, qu'il est difficile de n'y pas supposer un but caché qui tient à quelque fil de la grande trame.

Enfin nulle attention n'a été omise pour m'y défigurer de tout point, jusqu'à celle qu'on n'imaginerait pas, de faire disparaître les portraits de moi qui me ressemblent, et d'en répandre un à très grand bruit qui me donne un air farouche et une mine de Cyclope. A ce gracieux portrait on a mis pour pendant celui de David Hume (1), qui réellement a la tête d'un Cyclope, et à

(1) Quand il s'avisa de me faire peindre à Londres, je ne pus imaginer quel était son

qui l'on donne un air charmant. Comme ils peignent nos figures, ainsi peignent-ils nos âmes avec la même fidélité. En un mot, les détails qu'embrasse l'exécution du plan, qui me regarde sont immenses, inconcevables. Oh! si je savais tous ceux que j'ignore, si je voyais mieux ceux que je n'ai fait que conjecturer, si je pouvais embrasser d'un coup d'œil tous ceux dont je suis l'objet depuis dix années, ils pourraient me donner quelque orgueil, si mon cœur en était moins déchiré. Si M. de Choiseul eût employé à bien gouverner l'état la moitié du temps, des talents, de l'argent et des soins qu'il a mis à satisfaire sa haine, il eût été l'un des plus grands ministres qu'ait eus la France.

Ajoutez à tout cela l'expédition de la Corse, cette inique et ridicule expédition, qui choque toute justice, toute humanité, toute politique, toute raison; expédition que son succès rend encore plus ignominieuse, en ce que, n'ayant pu conquérir ce peuple infortuné par le fer, il l'a fallu conquérir par l'or. La France peut bien dire de cette inutile et coûteuse conquête ce que disait Pyrrhus de ses victoires : Encore une, et nous sommes perdus. Mais, hélas! l'Europe n'offrira plus à M. de Choiseul d'autre peuple naissant à détruire, ni d'aussi grand homme à noircir que son illustre et vertueux chef.

C'est ainsi que l'homme le plus fin se décèle en écoutant trop son animosité. M. de Choiseul connaissait bien la plaie la plus cruelle par laquelle il pût déchirer mon cœur, et il ne me l'a pas épargnée : mais il n'a pas vu combien cette barbare vengeance le démasquait et devait éventer son complot. Je le défie de pallier jamais cette expédition d'aucune raison ni d'aucun prétexte qui puisse contenter un homme sensé. On saura que je sus voir le premier un peuple disciplinable et libre, où toute l'Europe ne voyait encore qu'un tas de rebelles et de bandits; que je vis germer les palmes de cette nation naissante; qu'elle me choisit pour les arroser, que ce choix fit son infortune et la mienne; que ses premiers combats furent des victoires; que n'ayant pu la vaincre, il fallut l'acheter. Quant à la conclusion qui me regarde, on présumera quelque jour, je l'espère, malgré tous les artifices de M. de Choiseul, qu'il n'y avait qu'un homme estimable qu'il pût haïr avec tant de fureur.

Voilà, monsieur, ce qui me fait prendre mon parti avec plus de courage que n'en semblait annoncer l'accablement où vous m'avez vu; mais je découvrais alors, pour la première fois, des horreurs dont je n'avais pas la moindre idée, et auxquelles il n'est pas même permis à un honnête homme d'être préparé. Epouvanté des infernales trames dont je me sentais enlacé, je donnais trop de pouvoir à l'imposture, j'en prolongeais trop loin l'effet sur l'avenir : je voyais mon nom, qui doit me survivre, couvert par elle d'un opprobre éternel, au lieu de la gloire et des honneurs que je sens dans mon cœur m'être dus; je frémissais de douleur et d'indignation à cette cruelle image. Aujourd'hui que j'ai eu le temps de m'apprivoiser avec des idées qui m'étaient si nouvelles, de les peser, de les comparer, de mettre par ma raison les iniques œuvres des hommes à la coupelle du temps et de la vérité, je ne crains plus que le vil alliage y résiste : le soufre et le plomb s'en iront en fumée, et l'or pur demeurera tôt ou tard, quand mes ennemis, morts ainsi que moi, ne l'altèreront plus. Il est impossible que, de tant de trames ténébreuses, quelqu'une au moins ne soit pas enfin dévoilée au grand jour; et c'en est assez pour juger des autres. Les bons ont horreur des méchants et les fuient, mais ils ne brassent pas des complots contre eux. Il est impossible que, revenus de la haine aveugle qu'on leur inspire, mes semblables ne reconnaissent pas un jour dans mes ouvrages un homme qui parla d'après son cœur. Il est impossible qu'en blâmant et plaignant les erreurs où j'ai pu

but; car j'entrevoyais déjà de reste que ce n'était pas par amitié pour moi. Je vois maintenant très bien ce but; mais je ne me pardonnerais pas de l'avoir deviné.

tomber, ils ne louent pas mes intentions, qu'ils ne bénissent pas ma mémoire, qu'ils ne s'attendrissent pas sur mes malheurs.

Une seule considération suffit pour me rendre la tranquillité que m'ôtait l'effroi d'une ignominie éternelle; c'est celle de la route qu'ont prise ceux qui m'oppriment pour égarer à leur suite la génération présente, mais qui n'égarera sûrement pas la postérité, sur laquelle ils n'auront plus l'ascendant dont ils abusent. Ses ennemis, dira-t-on, se sont attachés, comme de vils corbeaux, sur son cadavre; mais jamais, de son vivant, aucun d'eux l'osa-t-il attaquer en face? Ils le prirent en traîtres; ils s'enfoncèrent dans des souterrains pour creuser des gouffres sous ses pas, tandis qu'il marchait à la lumière du soleil, et qu'il défiait le reproche du crime de soutenir ses regards. Quoi! la justice et la vérité rampent-elles ainsi dans les ténèbres? les hommes droits et vertueux se font-ils ainsi fourbes et traîtres, tandis que le coupable appelle à grands cris ses accusateurs? Si cette considération leur fait reprendre le même examen avec plus d'impartialité, je n'en veux pas davantage. Tranquillisé pour l'avenir sur la terre, j'aspire au séjour du repos, où les œuvres de l'iniquité ne pénètrent pas : en attendant, je me dois d'approfondir cet abominable complot, s'il m'est possible; c'est tout ce qui me reste à faire ici-bas, et je n'épargnerai pour cela rien de ce qui est en ma faible puissance. Je sais que mon naturel craintif, honteux, timide, ne me promet ni sang-froid, ni présence d'esprit, ni mémoire, quand il faudra payer de ma personne et confondre les imposteurs; j'avoue même que l'indigne rôle auquel je me vois ravalé, et pour lequel la nature m'avait si peu fait, me donne un frémissement et des serrements de cœur que je ne puis vaincre, et dont j'aurais été moins subjugué dans le plus heureux temps. Il y a dix ans que l'imputation d'un forfait m'aurait fait rire, et rien de plus; mais depuis que les cruels m'ont ainsi défiguré, sans me laisser même aucun moyen de me défendre, tout injurieux soupçon que je lis dans les cœurs plonge le mien dans un trouble inexprimable. Les scélérats endurcis au crime ont des fronts d'airain, mais l'innocence rougit et pleure en se voyant couvrir de fange. Une âme noble et fière a beau se raidir et s'élever, un tempérament timide ne peut se refondre. Dans toutes les situations de ma vie le mien me subjugue toujours : soit forcé de parler au milieu d'un cercle, soit tête à tête agacé par une femme railleuse, soit avili dans la confrontation d'un impudent, mon trouble est toujours le même, et le courage que je sens au fond de mon cœur refuse de se montrer sur ma contenance. Je ne sais ni parler ni répondre; je n'ai jamais su trouver qu'après coup la chose que j'avais à dire ou le mot qu'il fallait employer. Urbain Grandier, dans le même cas que moi, avait l'assurance et la facilité qui me manquent, et il périt : j'aurais tort d'espérer une meilleure destinée : mais ce n'est pas de cela qu'il s'agit. Que je sache à tout prix de quoi je suis coupable; que j'apprenne enfin quel est mon crime, qu'on m'en montre le témoignage et les preuves, ces invisibles preuves qui, bien qu'administrées si secrètement et par des mains si suspectes, n'ont laissé le moindre doute à personne, et sur lesquelles âme vivante n'a même imaginé qu'il fût pourtant bon de savoir si je n'avais rien à dire; enfin qu'on daigne, je ne dis pas me convaincre, mais m'accuser moi présent (1), et je meurs content.

Eh! que reste-t-il ici-bas pour me faire aimer à vivre? Déjà vieux, souffrant, sans ami, sans appui, sans consolation, sans ressource, voilà la pau-

---

(1) Je suis persuadé qu'il y a sous tout cela quelque équivoque, quelque malentendu, quelque adroit mensonge, sur lequel un mot peut-être serait un trait de lumière qui frapperait tout le monde, et démasquerait les imposteurs. Ils le sentent et le craignent sans doute; aussi paraît-il qu'ils ont mis toute l'adresse, toute la ruse, toute la sagacité de leur esprit à chercher des raisons plausibles et spécieuses pour prévenir toute explication. Cependant comment ont-ils pu couvrir l'iniquité de cette conduite jusqu'à tromper les gens de bon sens? Voilà ce qui me passe.

vreté prête à me talonner; et quand on m'aurait laissé même la liberté d'employer mes talents à gagner mon pain, de quoi jouirais-je en le mangeant? Quoi! voir toujours des hommes faux, haineux, malveillants! toujours des masques, toujours des traîtres! et loin de vous, pas un seul visage d'homme! plus d'épanchements dans le sein d'un ami, plus de ces doux sentiments qu'une longue habitude rend délicieux! Ah! la vie à ce prix m'est insupportable; et quand sa fin ne serait que celle de mes peines, je désirerais d'en sortir : mais elle sera le commencement de cette félicité pour laquelle je me sentais né, et que je cherchai vainement sur la terre. Que j'aspire à cette heureuse époque, et que j'aimerai quiconque m'y fera parvenir! J'étais homme, et j'ai péché; j'ai fait de grandes fautes que j'ai bien expiées, mais le crime jamais n'approcha de mon cœur. Je me sens juste, bon, vertueux, autant qu'homme qui soit sur la terre : voilà le motif de mon espérance et de ma sécurité. Quoique je paraisse absolument oublié de la Providence, je n'en désespérerai jamais. Que ses récompenses pour les bons doivent être belles, puisqu'elle les néglige à ce point ici-bas! J'avoue pourtant qu'en la voyant dormir si longtemps, il me prend des moments d'abattement : ils sont rares, ils ne durent guère, et ne changent rien à ma disposition. J'espère que la mort ne viendra pas dans un de ces tristes moments; mais quand elle y viendrait, elle me serait moins consolante, sans m'être plus redoutable. Je me dirais : Je ne serai rien, ou je serai bien ; cela vaut toujours mieux pour moi que cette vie.

La mort est douce aux malheureux; la souffrance est toujours cruelle. Par là je reste ici-bas à la merci des méchants; mais enfin que me peuvent-ils faire? Ils ne me feront pas plus souffrir que ne fit la néphrétique; et j'ai fait là-dessus l'essai de mes forces : si mes maux sont longs, ils exerceront mon âme à la patience, à la constance, au courage; ils lui feront mériter le prix destiné à la vertu; et au jour de ma mort, qu'il faudra bien enfin qui vienne, mes persécuteurs m'auront rendu service en dépit d'eux. Pour quiconque en est là, les hommes ne sont plus guère à craindre. Aussi M. de Choiseul peut jouer de son reste avec toute sa puissance. Tant qu'il ne changera pas la nature des choses, tant qu'il n'ôtera pas de ma poitrine le cœur de Jean-Jacques Rousseau pour y mettre celui d'un malhonnête homme, je le mets au pis.

Monsieur, j'ai vécu : je ne vois plus rien, même dans l'ordre des possibles, qui pût me donner encore sur la terre un moment de vrai plaisir. On m'offrirait ici-bas le choix de ce que j'y veux être, que je répondrais, mort. Rien de ce qui flattait mon cœur ne peut plus exister pour moi. S'il me reste un intervalle encore jusqu'à ce moment si lent à venir, je le dois à l'honneur de ma mémoire. Je veux tâcher que la fin de ma vie honore son cours et y réponde. Jusqu'ici j'ai supporté le malheur; il me reste à savoir supporter la captivité, la douleur, la mort : ce n'est pas le plus difficile; mais la dérision, le mépris, l'opprobre, apanage ordinaire de la vertu parmi les méchants, dans tous les points par où l'on pourra me les faire sentir. J'espère qu'un jour on jugera de ce que je fus par ce que j'ai su souffrir. Tout ce que vous m'avez dit pour me détourner, quoique plein de sens, de vérité, d'éloquence, n'a fait qu'enflammer mon courage : c'est un effet qu'il est naturel d'éprouver près de vous; et je n'ai pas peur que d'autres m'ébranlent quand vous ne m'avez pas ébranlé. Non, je ne trouve rien de si grand, de si beau, que de souffrir our la vérité. J'envie la gloire des martyrs. Si je n'ai pas en tout la même foi qu'eux, j'ai la même innocence et le même zèle, et mon cœur se sent digne du même prix.

Adieu, monsieur. Ce n'est pas sans un vrai regret que je me vois à la veille de m'éloigner de vous. Avant de vous quitter j'ai voulu du moins goûter la douceur d'épancher mon cœur dans celui d'un homme vertueux. C'est, selon toute apparence, un avantage que je ne retrouverai de longtemps.

Note oubliée dans ma lettre à M. de Saint-Germain.

Je me souviens d'avoir, étant jeune, employé le vers suivant dans une comédie :

C'est en le trahissant qu'il faut punir un traître.

Mais, outre que c'était dans un cas très excusable, et où il ne s'agissait point d'une véritable trahison, ce vers, échappé dans la rapidité de la composition, dans une pièce non publique et non corrigée, ne prouve point que l'auteur pense ce qu'il fait dire à une femme jalouse, et ne fait autorité pour personne. S'il est permis de trahir les traîtres, ce n'est qu'aux gens qui leur ressemblent; mais jamais les armes des méchants ne souillèrent les mains d'un honnête homme. Comme il n'est pas permis de mentir à un menteur, il est encore moins permis de trahir un traître: sans cela, toute la morale serait subvertie, et la vertu ne serait plus qu'un vain nom, car le nombre des malhonnêtes gens étant malheureusement le plus grand sur la terre, si l'on se permettait d'adopter vis-à-vis d'eux leurs propres maximes, on serait le plus souvent malhonnête homme soi-même, et l'on en viendrait bientôt à supposer toujours que l'on a affaire à des coquins, afin de s'autoriser à l'être.

A M. L'ABBÉ M.

Monquin, 28 février 1770.

Pauvres aveugles que nous sommes ! etc.

Votre précédente lettre, monsieur, m'en promettait si bien une seconde, et j'étais si sûr qu'elle viendrait, que, quoique je me crusse obligé de vous tirer de l'erreur où je vous voyais, j'aimai mieux tarder de remplir ce devoir que de vous ôter ce plaisir si doux aux cœurs honnêtes de réparer leur tort de leur propre mouvement.

La bizarre manière de dater qui vous a scandalisé est une formule générale dont depuis quelque temps j'use indifféremment avec tout le monde, qui n'a ni ne peut avoir aucun trait aux personnes à qui j'écris, puisque ceux qu'elle regarde ne sont pas faits pour être honorés de mes lettres, et ne le seront sûrement jamais. Comment m'avez-vous pu croire assez brutal, assez féroce, pour vouloir insulter ainsi de gaîté de cœur quelqu'un que je ne connaissais que par une lettre pleine de témoignages d'estime pour moi, et si propre à m'en inspirer pour lui? Cette erreur est là-dessus tout ce dont je peux me plaindre; car, si ce n'en eût pas été une, votre ressentiment devenait très légitime, et votre quatrain très-mérité : si même j'avais quelque autre reproche à vous faire, ce serait sur le ton de votre lettre qui cadrait si mal avec celui de votre quatrain. Quoique dans votre opinion je vous en eusse donné l'exemple, deviez-vous jamais l'imiter? ne deviez-vous pas au contraire être encore plus indigné de l'ironie et de la fausseté détestable que cette contradiction mettait dans ma lettre? et la vertu doit-elle jamais souiller ses mains innocentes avec les armes des méchants, même pour repousser leurs atteintes ? Je vous avoue franchement que je vous ai bien plus aisément pardonné le quatrain que le corps de la lettre; je passe les injures dans la colère, mais j'ai peine à passer les cajoleries. Pardon, monsieur, à mon tour : j'use peut-être un peu durement des droits de mon âge, mais je vous dois la vérité depuis que vous m'avez inspiré de l'estime; c'est un bien dont je fais trop de cas pour laisser passer en silence rien de ce qui peut l'altérer. A présent, oublions pour jamais ce petit démêlé, je vous en prie, et ne nous souvenons que de ce qui peut nous rendre plus intéressants l'un à l'autre par la manière dont il a fini.

Revenons à votre emploi. S'il est vrai que vous ayez adopté le plan que j'ai tâché de tracer dans l'*Emile*, j'admire votre courage ; car vous avez trop de lumières pour ne pas voir que, dans un pareil système, il faut tout ou rien, et qu'il vaudrait cent fois mieux reprendre le train des éducations ordinaires, et faire un petit talon rouge, que de suivre à demi celle-là pour ne faire qu'un homme manqué. Ce que j'appelle tout, n'est pas de suivre servilement mes idées; au contraire, c'est souvent de les corriger, mais de s'attacher aux principes, et d'en suivre exactement les conséquences avec les modifications qu'exige nécessairement toute application particulière. Vous ne pouvez ignorer quelle tâche immense vous vous donnez : vous voilà pendant dix ans au moins nul pour vous-même, et livré tout entier avec toutes vos facultés à votre élève; vigilance, patience, fermeté, voilà surtout trois qualités sur lesquelles vous ne sauriez vous relâcher un seul instant sans risquer de tout perdre; oui, de tout perdre, entièrement tout : un moment d'impatience, de négligence ou d'oubli, peut vous ôter le fruit de six ans de travaux, sans qu'il vous en reste rien du tout, pas même la possibilité de le recouvrer par le travail de dix autres. Certainement s'il y a quelque chose qui mérite le nom d'héroïque et de grand parmi les hommes, c'est le succès des entreprises pareilles à la vôtre; car le succès est toujours proportionné à la dépense de talents et de vertus dont on l'a acheté : mais aussi quel don vous aurez fait à vos semblables, et quel prix pour vous-même de vos grands et pénibles travaux! Vous vous serez fait un ami, car c'est là le terme nécessaire du respect, de l'estime et de la reconnaissance dont vous l'aurez pénétré. Voyez, monsieur.... dix ans de travaux immenses, et toutes les plus douces jouissances de la vie pour le reste de vos jours et au-delà : voilà les avances que vous avez faites, et voilà le prix qui doit les payer. Si vous avez besoin d'encouragement dans cette entreprise, vous me trouverez toujours prêt; si vous avez besoin de conseils, ils sont désormais au-dessus de mes forces. Je ne puis vous promettre que de la bonne volonté; mais vous la trouverez toujours pleine et sincère : soit dit une fois pour toutes, et, lorsque vous me croirez bon à quelque chose, ne craignez pas de m'importuner. Je vous salue de tout mon cœur.

A M. DE SAINT-GERMAIN.

Monquin, le 28 février 1770.

Pauvres aveugles que nous sommes! etc.

Votre lettre, monsieur, m'attendrit et me touche; je croyais n'être plus susceptible de plaisir, et vous venez de m'en donner un moment bien pur. Il n'est troublé que par le regret de ne pas pouvoir me rendre à vos généreuses et obligeantes sollicitations; mais mon parti est pris. Je connais trop les gens à qui j'ai affaire pour croire qu'ils me laisseront exécuter mon projet; je ne me dois pas le succès, il est dans les mains de la Providence; mais je me dois la tentative et l'emploi de mes forces : rien ne m'empêchera de remplir ce devoir.

Je ne suis point encore dans la situation que vos offres généreuses vous font prévenir, ni même près d'y tomber, je prévois seulement que si j'avançais dans la vieillesse, elle me deviendrait dure à plus d'un égard, et c'est moins là pour moi un sujet d'alarme qu'une consolation de n'y pas parvenir : je crois si bien connaître votre âme noble, que dans la situation supposée, je vous aurais de moi-même prouvé la vérité de mes sentiments pour vous en vous mettant dans le cas d'exercer les vôtres.

Si la crainte de contrister votre bon cœur m'empêche, monsieur, de suivre les mouvements du mien dans les adieux que je désirais vous aller faire, je sens ce que me coûtera cette déférence; mais je sens aussi dans la résolution que j'ai prise, le danger de l'exposer à des attaques d'autant plus redoutables, que mon penchant ne seconderait que trop bien vos efforts. Adieu donc, homme respectable; je partirai sans vous voir, puisqu'il le faut, mais vous laissant la meilleure partie de moi-même dans les sentiments d'un cœur toujours plein de vous.

A M. DU PEYROU.

Monquin, le 28 février 1770.

Pauvres aveugles que nous sommes! etc.

Vous me marquez, mon cher hôte, que votre rôle est passif vis-à-vis de moi, que l'habitude a dû vous le rendre familier, et que ma réponse vous prouve cette vérité affligeante pour l'humanité, que les battus payent l'amende; ce qui veut dire que c'est vous qui payez l'amende.

Qu'entre nous votre rôle soit passif et le mien actif, voilà, je vous avoue, ce qui me passe. Je ne vous propose jamais rien, je ne vous demande jamais rien, je ne fais jamais que vous répondre, je ne me mêle en aucune sorte de vos affaires, je n'ai avec personne aucune relation, ni secrète ni publique, qui vous regarde, je ne dispose de rien qui vous appartienne; enfin, excepté un sentiment d'affection qui ne peut s'éteindre, je suis pour vous comme n'existant pas. En quel sens donc puis-je être actif vis-à-vis de vous? Je le fus une fois, et bien vous en prit. Depuis lors je résolus de ne plus l'être. Je crois avoir tenu jusqu'ici cette résolution, et ne la tiendrai pas moins dans la suite. Expliquez-moi donc, je vous prie, comment vous êtes passif vis-à-vis de moi; car cela me paraît curieux à savoir.

Dans votre précédente lettre, vous m'exhortez à un épanchement de cœur, en me disant de vous traiter tout-à-fait en ami ou tout-à-fait en étranger. Votre devise sur le cachet de cette même lettre m'avertissait que vous vous faisiez gloire de n'avoir vous-même aucun de ces épanchements de cœur auxquels vous m'exhortiez. Or il me paraissait injuste d'exiger dans l'amitié des conditions qu'on n'y veut pas mettre soi-même; et me dire que c'est traiter un homme en étranger que de ne pas s'ouvrir avec lui, c'étoit me dire assez clairement, ce me semble, en quel rang j'étais auprès de vous. Si vous êtes le battu dans cette affaire, convenez au moins que je n'ai fait que vous rendre les coups que vous m'aviez donnés le premier.

Je n'avais pas besoin, mon cher hôte, de la note que vous m'avez envoyée pour être convaincu de votre exactitude dans les comptes. Cette note me fait plaisir, en ce que j'y vois approcher le temps où nous serons tout-à-fait quittes, et vous me faites désirer de vivre au moins jusque-là. Il n'est pas temps encore de parler des arrangements ultérieurs, et tant de prévoyance n'entre pas dans mon tour d'esprit. Mais, en attendant, je suis sensible à vos offres, et il entre bien dans mon cœur, je vous assure, d'en être reconnaissant.

Comme je me propose de déloger d'ici dans peu, mon dessein n'est pas d'y laisser après moi mon herbier et mes livres de botanique; je compte prendre une charrette pour faire conduire le tout à Lyon, chez madame Boy de La Tour, où tout cela sera plus à portée de vous parvenir sans embarras. En emballant lesdits livres, j'en ferai le catalogue, et vous l'enverrai. Que ne puis-je les suivre auprès de vous! Je vous jure qu'il n'y a point de jour où l'idée d'aller être l'intendant de votre jardin des plantes et l'hôte de mon hôtesse, ne vienne encore chatouiller mon cœur. Mais je suis pourtant un peu scandalisé de ne point voir venir de petits hôtes qui lui aident un jour à me faire ses honneurs. Adieu, mon cher hôte, ma femme et moi vous saluons et embrassons l'un et l'autre. Elle est presque percluse de rhumatismes. Notre demeure est ouverte à tous les vents, nous sommes presque ensevelis dans la neige, et nous ne savons plus comment ni quand cela finira. Adieu, derechef.

Je signe, afin que vous sachiez désormais sous quel nom vous avez à m'écrire. Je n'ai pas besoin de vous avertir que le quatrain joint à la date est une formule générale qui n'a nul trait aux personnes à qui j'écris.

A M. DE BELLOY.

Monquin, le 12 mars 1770.

Pauvres aveugles que nous sommes ! etc.

Il faut, monsieur, vous résoudre à bien de l'ennui, car j'ai grand'peur de vous écrire une longue lettre.

Que vous m'avez rafraîchi le sang, et que j'aime votre colère! J'y vois bien le sceau de la vérité dans une âme fière, que le patelinage des gens qui m'entourent marque encore plus fortement à mes yeux. Vous avez daigné me faire sentir mon tort; c'est une indulgence dont je sens le prix, et que je n'aurais peut-être pas eue à votre place : il ne m'en reste que le désir de vous le faire oublier. Je fus quarante ans le plus confiant des hommes, sans que durant tout ce temps jamais une seule fois cette confiance ait été trompée. Sitôt que j'eus pris la plume, je me trouvai dans un autre univers, parmi de tout autres êtres, auxquels je continuai de donner la même confiance, et qui m'en ont si terriblement corrigé qu'ils m'ont jeté dans l'autre extrémité. Rien ne m'épouvanta jamais au grand jour, mais tout m'effarouche dans les ténèbres qui m'environnent, et je ne vois que du noir dans l'obscurité. Jamais l'objet le plus hideux ne me fit peur dans mon enfance, mais une figure cachée sous un drap blanc me donnait des convulsions : sur ce point, comme sur beaucoup d'autres, je resterai enfant jusqu'à la mort. Ma défiance est d'autant plus déplorable, que, presque toujours fondée (et je n'ajoute *presque* qu'à cause de vous), elle est toujours sans bornes, parce que tout ce qui est hors de la nature n'en connaît plus. Voilà, monsieur, non l'excuse, mais la cause de ma faute, que d'autres circonstances ont amenée, et même aggravée, et qu'il faut bien que je vous déclare pour ne pas vous tromper. Persuadé qu'un homme puissant vous avait fait entrer dans ses vues à mon égard, je répondis selon cette idée à quelqu'un qui m'avait parlé de vous, et je répondis avec tant d'imprudence que je nommai même l'homme en question. Né avec un caractère bouillant dont rien n'a pu calmer l'effervescence, mes premiers mouvements sont toujours marqués par une étourderie audacieuse, que je prends alors pour de l'intrépidité, et que j'ai tout le temps de pleurer dans la suite, surtout quand elle est injuste, comme dans cette occasion. Fiez-vous à mes ennemis du soin de m'en punir. Mon repentir anticipa même sur leurs soins à la réception de votre lettre; un jour plus tôt elle m'eût épargné beaucoup de sottises; mais puisqu'elles sont faites, il ne me reste qu'à les expier et à tâcher d'en obtenir le pardon, que je vous demande par la commisération due à mon état.

Ce que vous me dites des imputations dont vous m'avez entendu charger, et du peu d'effet qu'elles ont fait sur vous, ne m'étonne que par l'imbécillité de ceux qui pensaient vous surprendre par cette voie. Ce n'est pas sur des hommes tels que vous que des discours en l'air ont quelque prise, mais les frivoles clameurs de la calomnie, qui n'excitent guère d'attention, sont bien différentes dans leurs effets, des complots tramés et concertés durant longues années dans un profond silence, et dont les développements successifs se font lentement, sourdement, et avec méthode. Vous parlez d'évidence : quand vous la verrez contre moi, jugez-moi, c'est votre droit; mais n'oubliez pas de juger aussi mes accusateurs; examinez quel motif leur inspire tant de zèle. J'ai toujours vu que les méchants inspiraient de l'horreur, mais point d'animosité. On les punit, ou on les fuit : mais on ne se tourmente pas d'eux sans cesse; on ne s'occupe pas sans cesse à les circonvenir, à les tromper, à les trahir; ce n'est point à eux que l'on fait ces choses-là, ce sont eux qui les font aux autres. Dites donc à ces honnêtes gens si zélés, si vertueux, si fiers surtout d'être des traîtres, et qui se masquent avec tant de soin pour me démasquer : « Messieurs, j'admire votre zèle, et vos preuves me paraissent sans réplique; mais pourquoi donc craindre si fort que l'accusé ne les sache et n'y réponde? Permettez que je l'en instruise et que je vous nomme.

Il n'est pas généreux, il n'est pas même juste de diffamer un homme quel qu'il soit, en se cachant de lui. C'est, dites-vous, par ménagement pour lui que vous ne voulez pas le confondre; mais il serait moins cruel, ce me semble, de le confondre que de le diffamer, et de lui ôter la vie que de la lui rendre insupportable. Tout hypocrite de vertu doit être publiquement confondu; c'est là son vrai châtiment; et l'évidence elle-même est suspecte quand elle élude la conviction de l'accusé. » En leur parlant de la sorte, examinez leur contenance, pesez leur réponse; suivez, en la jugeant, les mouvements de votre cœur et les lumières de votre raison : voilà, monsieur, tout ce que je vous demande, et je me tiens alors pour bien jugé.

Vous me tancez, avec grande raison, sur la manière dont je vous parais juger votre nation : ce n'est pas ainsi que je la juge de sang-froid, et je suis bien éloigné, je vous jure, de lui rendre l'injustice dont elle use envers moi. Ce jugement trop dur était l'ouvrage d'un moment de dépit et de colère, qui même ne se rapportait pas à moi, mais au grand homme qu'on vient de chasser de sa naissante patrie, qu'il illustrait déjà dans son berceau, et dont on ose encore souiller les vertus avec tant d'artifice et d'injustice. S'il restait, me disais-je, de ces Français célébrés par du Belloy, pourquoi leur indignation ne réclamerait-elle point contre ces manœuvres si peu dignes d'eux?

C'est à cette occasion que Bayard me revint en mémoire, bien sûr de ce qu'il dirait ou ferait s'il vivait aujourd'hui. Je ne sentais pas assez que tous les hommes, même vertueux, ne sont pas des Bayards; qu'on peut être timide sans cesser d'être juste; et qu'en pensant à ceux qui machinent et crient, j'avais tort d'oublier ceux qui gémissent et se taisent. J'ai toujours aimé votre nation, elle est même celle de l'Europe que j'honore le plus; non que j'y croie apercevoir plus de vertus que dans les autres, mais par un précieux reste de leur amour qui s'y est conservé, et que vous réveillez quand il était prêt à s'éteindre. Il ne faut jamais désespérer d'un peuple qui aime encore ce qui est juste et honnête, quoiqu'il ne le pratique plus. Les Français auront beau applaudir aux traits héroïques que vous leur présentez, je doute qu'ils les imitent; mais ils s'en transporteront dans vos pièces, et les aimeront dans les autres hommes, quand on ne les empêchera pas de les y voir. On est encore forcé de les tromper pour les rendre injustes; précaution dont je n'ai pas vu qu'on eût grand besoin pour d'autres peuples. Voilà, monsieur, comment je pense constamment à l'égard des Français, quoique je n'attende plus de leur part qu'injustice, outrages, et persécution : mais ce n'est pas à la nation que je les impute, et tout cela n'empêche pas que plusieurs de ses membres n'aient toute mon estime et ne la méritent, même dans l'erreur où on les tient. D'ailleurs, mon cœur s'enflamme bien plus aux injustices dont je suis témoin qu'à celles dont je suis la victime : il lui manque, pour ces dernières, l'énergie et la vigueur d'un généreux désintéressement. Il me semble que ce n'est pas la peine de m'échauffer pour une cause qui n'intéresse que moi. Je regarde mes malheurs comme liés à mon état d'homme et d'ami de la vérité. Je vois le méchant qui me persécute et me diffame comme je verrais un rocher se détacher d'une montagne et venir m'écraser; je le repousserais, si j'en avais la force, mais sans colère, et puis je le laisserais là sans y plus songer. J'avoue pourtant que ces mêmes malheurs m'ont d'abord pris au dépourvu, parce qu'il en est auxquels il n'est pas même permis à un honnête homme d'être préparé : j'en ai été cependant plus abattu qu'irrité; et, maintenant que me voilà prêt, j'espère me laisser un peu moins accabler, mais pas plus émouvoir de ceux qui m'attendent. A mon âge et dans mon état ce n'est plus la peine de s'en tourmenter, et j'en vois le terme de trop près pour m'inquiéter beaucoup de l'espace qui reste. Mais je n'entends rien à ce que vous me dites de ceux que vous avez essuyés : assurément je suis fait pour les plaindre; mais que peuvent-ils avoir de commun avec les miens? Ma situation est unique, elle est inouïe depuis que le monde existe, et je ne puis présumer qu'il s'en retrouve jamais de pareille. Je ne comprends donc point quel rapport il peut y avoir dans nos destinées, et j'aime à croire que vous vous abusez sur ce point. Adieu, monsieur : vivez heureux, jouissez en paix de votre gloire, et souvenez-vous quelquefois d'un homme qui vous honorera toujours.

A M. L'ABBÉ M.

Monquin, le 14 mars 1770.

Pauvres aveugles que nous sommes! etc.

Je voudrais, monsieur, pour l'amour de vous, que l'application qu'il vous plaît de faire de votre quatrain fût assez naturelle pour être croyable : mais puisque vous aimez mieux vous excuser que vous accuser d'une promptitude que j'aurais pu moi-même avoir à votre place, soit; je n'épiloguerai pas là-dessus.

Depuis l'impression de l'*Emile* je ne l'ai relu qu'une fois, il y a six ans, pour corriger un exemplaire; et le trouble continuel où l'on aime à me faire vivre a tellement gagné ma pauvre tête, que j'ai perdu le peu de mémoire qui me restait, et que je garde à peine une idée générale du contenu de mes écrits. Je me rappelle pourtant fort bien qu'il doit y avoir dans l'*Emile* un passage relatif à celui que vous me citez; mais je suis parfaitement sûr qu'il n'est pas le même, parce qu'il présente, ainsi défiguré, un sens trop différent de celui dont j'étais plein en l'écrivant. J'ai bien pu ne pas songer à éviter dans ce passage le sens qu'on eût pu lui donner s'il eût été écrit par Cartouche ou par Raffia; mais je n'ai jamais pu m'exprimer aussi incorrectement dans le sens que je lui donnais moi-même. Vous serez peut-être bien aise d'apprendre l'anecdote qui me conduit à cette idée.

Le feu roi de Prusse, déjà grand amateur de la discipline militaire, passant en revue un de ses régiments, fut si mécontent de la manœuvre, qu'au lieu d'imiter le noble usage que Louis XIV en colère avait fait de sa canne, il s'oublia jusqu'à frapper de la sienne le major qui commandait. L'officier outragé recule deux pas, porte la main à l'un de ses pistolets, le tire aux pieds du cheval du roi, et de l'autre se casse la tête. Ce trait, auquel je ne pense jamais sans tressaillir d'admiration, me revint fortement en écrivant l'*Emile*, et j'en fis l'application de moi-même au cas d'un particulier qui en déshonore un autre, mais en modifiant l'acte par la différence des personnages. Vous sentez, monsieur, qu'autant le major bâtonné est grand et sublime quand, prêt à s'ôter la vie, maître par conséquent de celle de l'offenseur, et le lui prouvant, il la respecte pourtant en sujet vertueux, s'élève par là même au-dessus de son souverain, et meurt en lui faisant grâce, autant la même clémence vis-à-vis un brutal obscur serait inepte : le major employant son premier coup de pistolet n'eût été qu'un forcené; le particulier perdant le sien ne serait qu'un sot.

Mais un homme vertueux, un croyant, peut avoir le scrupule de disposer de sa propre vie sans cependant pouvoir se résoudre à survivre à son déshonneur, dont la perte, même injuste, entraîne des malheurs civils pires cent fois que la mort. Sur ce chapitre de l'honneur l'insuffisance des lois nous laisse toujours dans l'état de nature : je crois cela prouvé dans ma *Lettre à M. d'Alembert sur les Spectacles*. L'honneur d'un homme ne peut avoir de vrai défenseur ni de vrai vengeur que lui-même. Loin qu'ici la clémence, qu'en tout autre cas prescrit la vertu, soit permise, elle est défendue; et laisser impuni son déshonneur, c'est y consentir : on lui doit sa vengeance, on se la doit à soi-même; on la doit même à la société et aux autres gens d'honneur qui la composent : et c'est ici l'une des fortes raisons qui rendent le duel extravagant, moins parce qu'il expose l'innocent à périr, que parce qu'il l'expose à périr sans vengeance et à laisser le coupable triomphant. Et vous remarquerez que ce qui rend le trait du major vraiment héroïque est moins la mort qu'il se donne que la fière et noble vengeance qu'il sait tirer de son roi. C'est son premier coup de pistolet qui fait valoir le second : quel sujet il lui ôte, et quels remords il lui laisse! Encore une fois, le cas entre particuliers est tout différent. Cependant si l'honneur prescrit la vengeance, il la prescrit courageuse : celui qui se venge en lâche, au lieu d'effacer son infamie, y met le comble; mais celui qui se venge et meurt est bien réhabilité. Si donc un homme indignement, injustement flétri par un autre, va le chercher un pistolet à la main dans l'amphithéâtre de l'Opéra, lui casse la tête devant tout le monde; et puis se laissant tranquillement mener devant les juges, leur dit : « Je viens de faire un acte de justice que je me devais, et qui n'appartenait qu'à moi; faites-moi pendre, si vous l'osez; » il se pourra bien qu'ils le fassent pendre en effet, parce qu'enfin quiconque a donné la mort la mérite, qu'il a dû même y compter; mais je réponds qu'il ira au supplice avec l'estime de tout homme équitable et sensé, comme avec la mienne; et si cet exemple intimide un peu les tâteurs d'hommes, et fait marcher les gens d'honneur, qui ne ferraillent pas, la tête un peu plus levée, je dis que la mort de cet homme de courage ne sera pas inutile à la société. La conclusion tant de ce détail que de ce que j'ai dit à ce sujet dans l'*Emile*, et que je répétai souvent, quand ce livre parut, à ceux qui me parlèrent de cet article, est *qu'on ne déshonore point un homme qui sait mourir*. Je ne dirai pas ici si j'ai tort; cela pourra se discuter à loisir dans la suite : mais, tort ou non, si cette doctrine me trompe, vous permettrez néanmoins, n'en déplaise à votre illustre prôneur d'oracles, que je ne me tienne pas pour déshonoré.

Je viens, monsieur, à la question que vous me proposez sur votre élève. Mon sentiment est qu'on ne doit forcer un enfant à manger de rien. Il y a des répugnances qui ont leur cause dans la constitution particulière de l'individu, et celles-là sont invincibles; les autres, qui ne sont que des fantaisies, ne sont pas durables, à moins qu'on ne les rende telles à force d'y faire attention. Il pourrait y avoir quelque chose de vrai dans le cas de prévoyance qu'on vous allègue, si (chose presque inouïe) il s'agissait d'aliments de première nécessité, comme le pain, le lait, les fruits. Il faudrait du moins tâcher de vaincre cette répugnance sans que l'enfant s'en aperçût et sans le contrarier, ce qui, par exemple, pourrait se faire en l'exposant à avoir grand'faim, et à ne trouver comme par hasard que l'aliment auquel il répugne. Mais si cet essai ne réussit pas, je ne serais pas d'avis de s'y obstiner. Que s'il s'agit de mets composés tels qu'on en sert sur les tables des grands, la précaution paraît d'abord assez superflue; car il est peu apparent que le petit bonhomme se trouve un jour réduit, dans les bois ou ailleurs, à des ragoûts de truffes ou à des profiteroles au chocolat pour toute nourriture. Mais peut-être a-t-on un autre objet qu'on ne vous dit pas, et qui n'est pas sans fondement. Votre élève est fait pour avoir un jour place aux petits soupers des rois et des princes; il doit aimer tout ce qu'ils aimeront, il doit préférer tout ce qu'ils préféreront; il doit en toute chose avoir les goûts qu'ils auront; et il n'est pas d'un bon courtisan d'en avoir d'exclusifs. Vous devez comprendre par là et par beaucoup d'autres choses que ce n'est pas un Emile que vous avez à élever : ainsi gardez-vous bien d'être un Jean-Jacques; car, comme vous voyez, cela ne réussit pas pour le bonheur de cette vie.

Prêt à quitter cette demeure, je n'ai plus d'adresse assez fixe à vous donner pour y recevoir de vos lettres. Adieu, monsieur.

A MADAME B.

Monquin, le 16 mars 1770.

Rose, je vous crois, et je vous croirais avec plus de plaisir encore si vous eussiez moins insisté. La vérité ne s'exprime pas toujours avec simplicité, mais quand cela lui arrive, elle brille alors de tout son éclat. Je vais quitter cette habitation : je sais ce que je veux et dois faire; j'ignore encore ce que je ferai : je suis entre les mains des hommes; ces hommes ont leurs raisons pour craindre la vérité, et ils n'ignorent pas que je me dois de la mettre en évidence, ou du moins de faire tous mes efforts pour cela. Seul et à leur merci, je ne puis rien; ils peuvent tout, hors de changer la nature des choses et de faire que la poitrine de J.-J. Rousseau vivant cesse de renfermer le cœur d'un homme de bien. Ignorant dans cette situation en quel lieu je trouverai, soit une pierre pour y poser ma tête, soit une terre pour y poser mon corps, je ne puis vous donner aucune adresse assurée : mais si jamais je retrouve un moment tranquille, c'est un soin que je n'oublierai pas; Rose, ne m'oubliez pas non plus. Vous m'avez accordé de l'estime sur mes écrits; vous m'en accorderiez encore plus sur ma vie si elle vous était connue; et davantage encore sur mon cœur, s'il était ouvert à vos yeux : il n'en fut jamais un plus tendre, un meilleur, un plus juste; la méchanceté ni la haine n'en approchèrent jamais. J'ai de grands vices, sans doute, mais qui n'ont jamais fait de mal qu'à moi; et tous mes malheurs ne me viennent que de mes vertus. Je n'ai pu, malgré tous mes efforts, percer le mystère affreux des trames dont je suis enlacé; elles sont si ténébreuses, on me les cache avec tant de soin, que je n'en aperçois que la noirceur. Mais les maximes communes que vous m'alléguez sur la calomnie et l'imposture ne sauraient convenir à celle-là; et les frivoles clameurs de la calomnie sont bien différentes dans leurs effets, des complots tramés et concertés durant longues années dans un profond silence, et dont les développements successifs, dirigés par la ruse, opérés par la puissance, se font lentement, sourdement, et avec méthode. Ma situation est unique; mon cas est inouï depuis que le monde existe. Selon toutes les règles de la prévoyance humaine je dois succomber; et toutes les mesures sont tellement prises, qu'il n'y a qu'un miracle de la Providence qui puisse confondre les imposteurs. Pourtant une certaine confiance soutient encore mon courage. Jeune femme, écoutez-moi; quoi qu'il arrive, et quelque sort qu'on me prépare, quand on vous aura fait l'énumération de mes crimes, quand on vous en aura montré les frappants témoignages, les preuves sans réplique, la démonstration, l'évidence, souvenez-vous des trois mots par lesquels ont fini mes adieux : JE SUIS INNOCENT.

ROUSSEAU.

Vous approchez d'un terme intéressant pour mon cœur : je désire d'en savoir l'heureux événement aussitôt qu'il sera possible. Pour cela, si vous n'avez pas avant ce temps-là de mes nouvelles, préparez d'avance un petit billet, que vous ferez mettre à la poste aussitôt que vous serez délivrée, sous une enveloppe à l'adresse suivante :

A madame Boy de La Tour, née Roguin, à Lyon.

A M. MOULTOU.

Monquin, le 28 mars 1770.

Je tardais, cher Moultou, pour répondre à votre dernière lettre, de pouvoir vous donner quelque avis certain de ma marche; mais les neiges qui sont revenues m'assiéger rendent les chemins de cette montagne tellement impraticables, que je ne sais plus quand j'en pourrai partir. Ce sera, dans mon projet, pour me rendre à Lyon, d'où je sais bien ce que je veux faire, mais j'ignore ce que je ferai.

J'avais eu le projet que vous me suggérez d'aller m'établir en Savoie; je demandai et obtins, durant mon séjour à Bourgoin, un passeport pour cela, dont, sur des lumières qui me vinrent en même temps, je ne voulus point faire usage : j'ai résolu d'achever mes jours dans ce royaume, et d'y laisser à ceux qui disposent de moi le plaisir d'assouvir leur fantaisie jusqu'à mon dernier soupir.

Je ne suis point dans le cas d'avoir besoin de la bourse d'autrui, du moins pour le présent, et dans la position où je suis, je ne dépense guère moins en place qu'en voyage; mais je suis fâché que l'offre de votre bourse m'ait ôté la ressource d'y recourir au besoin : ma maxime la plus chérie est de ne jamais rien demander à ceux qui m'offrent; je les punis de m'avoir ôté un plaisir en les privant d'un autre; et quand je me ferai des amis à mon goût, je ne les irai pas choisir au Monomotapa, quoi qu'en dise La Fontaine. Cela tient à mon tour d'esprit particulier, dont je n'excuse pas la bizarrerie, mais que je dois consulter quand il s'agit d'être obligé. Car autant je suis touché de tout ce qu'on m'accorde, autant je le suis peu de ce qu'on me fait accepter : aussi je n'accepte jamais rien qu'en rechignant et vaincu par la tyrannie des importunités; mais l'ami qui veut bien m'obliger à ma mode, et non pas à la sienne, sera toujours content de mon cœur. J'avoue pourtant que l'à propos de votre offre mérite une exception; et je la fais en tâchant de l'oublier, afin de ne pas ôter à notre amitié l'un des droits que l'inégalité de fortune y doit mettre.

Il faut assurément que vous soyez peu difficile en ressemblance pour trouver la mienne dans cette figure de Cyclope qu'on débite à si grand bruit sous mon nom. Quand il plut à l'honnête M. Hume de me faire peindre en Angleterre, je ne pus jamais deviner son motif, quoique dès lors je visse assez que ce n'était pas l'amitié. Je ne l'ai compris qu'en voyant l'estampe, et surtout en apprenant qu'on lui en donnait pour pendant une autre représentant ledit M. Hume, qui réellement a la figure d'un Cyclope, et à qui l'on donne un air charmant. Comme ils peignent nos visages, ainsi peignent-ils nos âmes avec la même fidélité. Je comprends que les bruyants éloges qu'on vous a faits de ce portrait vous ont subjugué; mais regardez-y mieux, et ôtez-moi de votre chambre cette mine farouche qui n'est pas la mienne assurément. Les gravures faites sur le portrait peint par La Tour me font plus jeune, à la vérité, mais beaucoup plus ressemblant : remarquez qu'on les a fait disparaître ou contrefaire hideusement. Comment ne sentez-vous pas d'où tout cela vient, et ce que tout cela signifie?

Voici deux actes d'honnêteté, de justice et d'amitié à faire : c'est à vous que j'en donne la commission.

1° Rey vient de faire une édition de mes écrits, à laquelle, et à d'autres marques, j'ai reconnu que mon homme était enrôlé. J'aurais dû prévoir, et que des gens si attentifs ne l'oublieraient pas, et qu'il ne serait pas à l'épreuve. Entre autres remarques que j'ai faites sur cette édition, j'y ai trouvé, avec autant d'indignation que de surprise, trois ou quatre lettres de M. le comte de Tressan, avec les réponses qui furent écrites il y a une quinzaine d'années au sujet d'une tracasserie de Palissot. Je n'ai jamais communiqué ces lettres qu'au seul Vernes, auquel j'avais alors, et bien malheureusement, la même confiance que celle que j'ai maintenant en vous : depuis lors je ne les ai montrées à qui que ce soit, et ne me rappelle pas même en avoir parlé; voilà pourtant Rey qui les imprime : d'où les a-t-il eues? ce n'est certainement pas de moi; et il ne m'a pas dit un mot de ces lettres en me parlant de cette édition. Je comprends aisément qu'il n'a pas mieux rempli le devoir d'obtenir l'agrément de M. de Tressan, qui probablement ne l'aurait pas donné non plus que moi. Du cercueil où l'on me tient enfermé tout vivant, je ne puis pas écrire à M. de Tressan, dont je ne sais pas l'adresse, et à qui ma lettre ne parviendrait certainement pas. Je vous prie de remplir ce devoir pour moi. Dites-lui que ce ne serait pas envers lui, que j'honore, que j'aurais enfreint un devoir dont j'ai porté l'observation jusqu'à un scrupule peut-être inouï envers Voltaire, que j'ai laissé falsifier et défigurer mes lettres et taire les siennes, sans que j'aie voulu jusqu'ici montrer ni les unes ni les autres à personne. Ce n'est sûrement pas pour me faire honneur que ces lettres ont été imprimées; c'est uniquement pour m'attirer l'inimitié de M. de Tressan.

2° J'ai fait, il y a quelques mois, à madame la duchesse douairière de Portland un envoi de plantes que j'avais été herboriser pour elle au mont Pila, et que j'avais préparées avec beaucoup de soin, de même qu'un assortiment de graines que j'y avais joint. Je n'ai aucune nouvelle de madame de Portland ni de cet envoi, quoique j'aie écrit et à elle et à son commisionnaire : mes lettres sont restées sans réponse; et je comprends qu'elles ont été supprimées, ainsi que l'envoi, par des motifs qui ne vous seront pas difficiles à pénétrer. Les manœuvres qu'on emploie sont très assorties à l'objet qu'on se propose. Ayez, cher Moultou, la complaisance d'écrire à madame de Portland ce que j'ai fait, et combien j'ai de regret qu'on ne me laisse pas remplir les fonctions du titre qu'elle m'avait permis de prendre auprès d'elle, et que je me faisais un honneur de mériter. Vous sentez que je ne peux pas entretenir des correspondances malgré ceux qui les interceptent. Ainsi là-dessus, comme sur toute chose où la nécessité commande, je me soumets. Je voudrais seulement que mes anciens correspondants sussent qu'il n'y a pas de ma faute, et que je ne les ai pas négligés. La même chose m'est arrivée avec M. Gouan, de Montpellier, à qui j'ai fait un envoi sous l'adresse de M. de Saint-Priest. La même chose m'arrivera peut-être avec vous. Accusez-moi du moins, je vous prie, la réception de cette lettre, si elle vous parvient encore : la vôtre, si vous l'écrivez à la réception de la mienne, pourra me parvenir encore ici. Le papier me manque. Mes respects et ceux de ma femme à madame Moultou. Nous vous embrassons conjointement de tout notre cœur. Adieu, cher Moultou.

A M. LALIAUD.

Monquin, le 4 avril 1770.

C'est par oubli, monsieur, que je n'avais pas répondu à votre précédente lettre ; car, quoique je ne promette de l'exactitude à personne, je me ferai un plaisir d'en avoir avec vous. La description de votre vie tranquille et champêtre me fait grand plaisir, ainsi que celle du climat que vous habitez, aux vents près qui ne sont point de mon goût. Cette douce vie, pour laquelle j'étais né, eût été celle dans laquelle j'aurais achevé mes jours, si on m'avait laissé faire ; mais quand l'honneur, le devoir et la nécessité commandent, il faut obéir. Ne m'écrivez plus ici, monsieur, votre lettre ne m'y trouverait vraisemblablement plus, et je ne puis vous donner d'adresse assurée, parce que, quoique je sache très bien ce que je veux faire, j'ignore absolument ce que je ferai. Je suis fâché de quitter ce pays sans vous envoyer des rosiers ; mais la nature, tardive en ces cantons, n'est pas encore éveillée; à peine avons-nous déjà quelques violettes, et je ne dois plus espérer de recueillir des roses. Adieu, mon cher M. Laliaud ; souvenez-vous de moi quelquefois. Je vous salue et vous embrasse de tout mon cœur.

A M. MOULTOU.

Monquin, le 6 avril 1770.

Pauvres aveugles que nous sommes! etc.

Votre lettre, cher Moultou, m'afflige sur votre santé. Vous m'aviez parlé dans la précédente de votre mal de gorge comme d'une chose passée, et je le regardais comme un de ceux auxquels j'ai moi-même été si sujet, qui sont vifs, courts et ne laissent aucune trace; mais si c'est une humeur de goutte, il sera difficile que vous ne vous en ressentiez pas de temps en temps : mais surtout n'allez pas vous mettre dans la tête d'en vouloir guérir, car ce serait vouloir guérir de la vie, mal que les bons doivent supporter tant qu'il leur reste quelque bien à faire. Du Peyrou, pour avoir voulu droguer la sienne, l'effaroucha, la fit remonter, et ce ne fut pas sans beaucoup de peines que nous parvînmes à la rappeler aux extrémités. Vous savez sans doute ce qu'il faut faire pour cela : j'ai vu l'effet grand et prompt de la moutarde à la plante des pieds; je vous la recommande en pareille occurrence, dont veuille le ciel vous préserver. Si jeune, déjà la goutte! que je vous plains! Si vous eussiez toujours suivi le régime que je vous faisais faire à Motiers, surtout quant à l'exercice, vous ne seriez point atteint de cette cruelle maladie. Point de soupers, peu de cabinet, et beaucoup de marches dans vos relâches; voilà ce qu'il me reste à vous recommander.

Ce que vous m'apprenez qui s'est passé dernièrement dans votre ville me fâche encore, mais ne me surprend plus. Comment! votre Conseil souverain se met à rendre des jugements criminels! Les rois, plus sages que lui, n'en rendent point. Voilà ces pauvres gens prenant à grands pas le train des Athéniens, et courant chercher la même destinée, qu'ils trouveront, hélas! assez tôt sans tant courir. Mais,

« Quos vult perdere Jupiter dementat. »

Je ne doute point que les natifs ne missent à leurs prétentions l'insolence de gens qui se sentent soufflés et qui se croient soutenus; mais je doute encore moins que, si ces pauvres citoyens ne se laissent aveugler par la prospérité, et séduire par un vil intérêt, ils n'eussent été les premiers à leur offrir le partage, dans le fond très juste, très raisonnable, et très avantageux à tous, que les autres leur demandaient. Les voilà aussi durs aristocrates avec les habitants que les magistrats furent jadis avec eux. De ces deux aristocraties j'aimerais encore mieux la première.

Je suis sensible à la bonté que vous avez de vouloir bien écrire à madame de Portland et à M. de Tressan: l'équité, l'amitié, dicteront vos lettres; je ne suis pas en peine de ce que vous direz. Ce que vous me dites de l'antérieure impression des lettres du dernier disculpe absolument Rey sur cet article, mais n'infirme point, au reste, les fortes raisons que j'ai de le tenir tout au moins pour suspect; et je connais trop bien les gens à qui j'ai affaire, pour pouvoir croire que, songeant à tant de monde et à tant de choses, ils aient oublié cet homme-là. Ce que vous a dit M. Garcin du bruit qu'il fait de son amitié pour moi n'est pas propre à m'y donner plus de confiance. Cette affectation est singulièrement dans le plan de ceux qui disposent de moi. Coindet y brillait par excellence, et jamais il ne parlait de moi sans verser des larmes de tendresse. Ceux qui m'aiment véritablement se gardent bien, dans les circonstances présentes, de se mettre en avant avec tant d'emphase; ils gémissent tout bas, au contraire, observent et se taisent jusqu'à ce que le temps soit venu de parler.

Voilà, mon cher Moultou, ce que je vous prie et vous conseille de faire. Vous compromettre ne serait pas me servir. Il y a quinze ans qu'on travaille sous terre; les mains qui se prêtent à cette œuvre de ténèbres la rendent trop redoutable pour qu'il soit permis à nul honnête homme d'en approcher pour l'examiner. Il faut, pour monter sur la mine, attendre qu'elle ait fait son explosion; et ce n'est plus ma personne qu'il faut songer à défendre, c'est ma mémoire. Voilà, cher Moultou, ce que j'ai toujours attendu de vous. Ne croyez pas que j'ignore vos liaisons; ma confiance n'est pas celle d'un sot, mais celle, au contraire, de quelqu'un qui se connaît en hommes, en diversité d'étoffes d'âmes, qui n'attend rien des Coindet, qui attend tout des Moultou. Je ne puis douter qu'on n'ait voulu vous séduire; je suis persuadé qu'on n'a fait tout au plus que vous tromper, mais, avec votre pénétration, vous avez vu trop de choses, et vous en verrez trop encore pour pouvoir être trompé longtemps. Quand vous verrez la vérité, il ne sera pas pour cela temps de la dire: il faut attendre les révolutions qui lui seront favorables, et qui viendront tôt ou tard. C'est alors que le nom de mon ami, dont il faut maintenant se cacher, honorera ceux qui l'auront porté, et qui rempliront les devoirs qu'il leur impose. Voilà la tâche, ô Moultou! elle est grande, elle est belle, elle est digne de toi, et depuis bien des années mon cœur t'a choisi pour la remplir.

Voici peut-être la dernière fois que je vous écrirai. Vous devez comprendre combien il me serait intéressant de vous voir : mais ne parlons plus de Chambéri ; ce n'est pas là où je suis appelé. L'honneur et le devoir crient ; je n'entends plus que leur voix. Adieu : recevez l'embrassement que mon cœur vous envoie. Toutes mes lettres sont ouvertes; ce n'est pas là ce qui me fâche, mais plusieurs ne parviennent pas. Faites en sorte que je sache si celle-ci aura été plus heureuse. Vous n'ignorerez pas où je serai, mais je dois vous prévenir qu'après avoir été ouvertes à la poste, mes lettres le seront encore dans la maison où je vais loger. Adieu derechef. Nous vous embrassons l'un et l'autre avec toute la tendresse de notre cœur. Nos hommages et respects les plus tendres à madame.

Il est vrai que j'ai cherché à me défaire de mes livres de botanique, et même de mon herbier. Cependant comme l'herbier est un présent, quoique non tout-à-fait gratuit, je ne m'en déferai qu'à la dernière extrémité, et mon intention est de le laisser, si je puis, à celui qui me l'a donné, augmenté de plus de trois cents plantes que j'y ai ajoutées.

A M. DE CÉSARGES.

Monquin, fin d'avril 1770.

Je vous avoue, monsieur, que, vous connaissant pour un gentilhomme plein d'honneur et de probité, je n'apprends pas sans surprise la tranquillité avec laquelle vous avez souffert en mon absence les outrages atroces que ma femme a reçus du bandit en cotillon auquel madame de Césarges a jugé à propos de nous livrer, après nous avoir ôté les gens qu'elle nous avait tant vantés elle-même, et avec qui nous vivions en paix.

Je sais bien, monsieur, qu'on vous taxe d'avoir peu d'autorité chez vous, et que le capitaine Vertier vous a subjugué, dit-on, comme les autres ; mais je ne vous aurais jamais cru dénué de crédit dans votre propre maison, au point de n'y pouvoir procurer la sûreté aux hôtes que vous y avez placés vous-même. Puisqu'en cela toutefois je me suis trompé, puisque vous ne pouvez vous délivrer des mains des susdits bandits en cotillon, et puisque madame de Césarges elle-même ne voit d'autre remède aux mauvais traitements que je puis recevoir des gens qui dépendent d'elle que d'en être désolée, ne trouvez pas mauvais, jusqu'à ce que je puisse me procurer une autre demeure, que, réduit à moi seul pour toute ressource, je tâche de me faire la justice que je ne puis obtenir, en pourvoyant de mon mieux à ma propre défense et à la protection que je dois à ma femme. Que s'il en arrive du scandale dans votre maison, je vous prends vous-même à témoin qu'il n'y aura pas de ma faute, puisque, ne pouvant, sans manquer à moi-même et à ma femme, éviter d'en venir là, je ne l'ai fait cependant qu'à la dernière extrémité, et après vous en avoir prévenu.

A M. DE SAINT-GERMAIN.

Quoique je me sois résigné, monsieur, à la privation que vous m'avez imposée pour épargner à votre bon cœur l'émotion d'un dernier adieu, je sens pourtant que si vous fussiez resté quelques jours de plus, je n'aurais pû résister au désir de vous revoir encore une fois, et de vous communiquer beaucoup de nouvelles idées qui m'étaient venues à force de rêver au triste sujet dont vous m'avez permis de vous parler, et qui toutes confirment mes conjectures sur les causes de mes malheurs. Puisque la consolation de vous revoir ne m'est pas donnée, je ne vous ennuierai pas de nouveau de mes longues écritures, et je me flatte que ce qui vous en est déjà connu suffira pour mettre un jour, avec votre généreuse assistance, les amis de la justice sur la voie de la vérité.

Mon libraire de Hollande vient de faire une édition générale de tous mes écrits imprimés, dont il m'a envoyé deux exemplaires, qui malheureusement ont encore en feuilles : j'ai pris la liberté de faire porter le paquet chez vous.

L'un de ces exemplaires vous est destiné, et je me flatte, monsieur, que vous ne dédaignerez pas cet hommage de mon attachement et de ma reconnaissance. L'autre est pour moi, et mon intention est de ne vous offrir le vôtre qu'après les avoir fait relier tous les deux. Comme les embarras où je me trouve ne me permettent pas, quant à présent, de m'occuper de ce soin, je vous prie, en attendant que je le remplisse, de vouloir bien permettre que le paquet reste chez vous en dépôt. Si les événements m'empêchent, dans la suite, d'exécuter là-dessus mes intentions, je vous prie d'y suppléer en disposant des deux exemplaires de façon que le mien serve à payer la reliure du vôtre.

J'ai eu la curiosité de chercher dans les feuilles de ce paquet un barbouillage dont M. Fréron a été le premier éditeur, et qui m'a été volé parmi mes papiers, je ne sais comment, ni par qui, et d'où. Sur cette édition furtive, Rey a jugé à propos d'augmenter la sienne. C'est un discours sur un sujet proposé par M. de Cursay, dans le temps qu'il pacifiait la Corse, et qu'il y faisait refleurir les lettres. Le dépositaire de mes papiers, qui ne m'avait rien dit de ce larcin, voyant que j'en étais instruit, m'apprit que ce discours avait été mutilé à l'impression, et qu'on en avait retranché un article tout entier, supposant que c'était une omission d'inadvertance par la hâte où le voleur avait transcrit le discours; mais il ne voulut point me dire quel était cet article oublié ou retranché. J'ai donc vérifié la chose dans l'édition de Rey, et j'ai trouvé que cet article omis était un très bel éloge du peuple de Corse, et un éloge encore plus beau des troupes françaises et de leur général. Il ne m'en a pas fallu davantage pour comprendre tout le reste. Si jamais vous prenez la peine de parcourir ce recueil, vous connaîtrez à plus d'une enseigne en quelles mains l'auteur est tombé.

En ce moment, monsieur, il me revient sur les matières dont j'ai eu l'honneur de vous entretenir un petit fait bien minutieux en apparence, mais que je ne puis m'empêcher de vous dire à cause de ses conséquences et de la facilité que vous avez de le vérifier. Depuis notre dernière entrevue, je parlais par hasard une fois de l'*Émile* avec un officier de notre connaissance. Il me dit que, causant un jour avec M. Diderot, lorsqu'on parlait de ce livre longtemps avant sa publication, M. Diderot lui avait dit qu'il le connaissait, que je le lui avais montré, que c'était un projet pour élever chaque homme pour l'état dans lequel il devait vivre. « Par exemple, ajoutait-il, s'il devait vivre dans une monarchie, on lui apprendra de bonne heure à être un fripon, etc... » Pourquoi M. Diderot mentait-il avec tant d'impudence? Je ne lui avais certainement pas montré ce livre, puisqu'il n'était pas encore commencé quand je rompis avec lui, et que le plan qu'il me prêtait est exactement contraire au mien, comme il est aisé de le voir dans l'ouvrage.

Je suis, monsieur, dans un cas embarrassant vis-à-vis de M. de Tonnerre. Je voudrais, et de tout mon cœur, lui témoigner combien je suis pénétré des bontés dont il m'a comblé durant mon séjour dans cette province, mais c'est ce que je ne saurais faire sans laisser parler en même temps mon indignation de l'astuce avec laquelle on l'a fait agir, sans qu'il s'en aperçût lui-même, dans la ridicule affaire du galérien Thevenin, digne instrument des gens qui l'ont employé. Je connais et j'honore la droiture de M. de Tonnerre; j'ai autant de respect pour sa personne que pour son illustre naissance : je le plains d'être quelquefois surpris par des fourbes; mais quand cette surprise tombe sur moi, je me manquerais à moi-même en la passant sous silence, et je trouve trop difficile, en lui écrivant, de me faire entendre sans l'offenser, ce qu'assurément je serais au désespoir de faire. S'il n'y avait pas trop d'indiscrétion, monsieur, à vous supplier de vouloir être auprès de lui l'organe de mes sentiments, vous les feriez si bien valoir, et vous me tireriez d'un si grand embarras, que ce serait une œuvre digne de votre bienfaisance. Je ne compte partir que dans quelques jours; ainsi je puis recevoir encore ici de vos nouvelles, si vous voulez bien m'en donner. Je ne désire qu'un mot. Adieu, monsieur, je ne vous parlerai plus de mes sentiments pour vous ; vous les voyez dans ma confiance qui en est le fruit ; mais je finirai ce dernier adieu par un mot que je vous prie de graver dans votre âme vertueuse : Je suis innocent.

AU MÊME.

A Lyon, 1 juin 1770.

Pauvres aveugles que nous sommes! etc.

Après avoir prolongé mon séjour dans Lyon, plus que je ne m'y étais attendu, je n'en veux point partir sans vous réitérer mes adieux et me recommander à votre souvenir. Je prends aussi la liberté de vous envoyer une lettre et un vieux mémoire que m'a envoyé par la poste M. Granger, de Monquin, par lequel il prétend que je suis parti de là sans lui payer les dernières fournitures que sa femme m'a faites en œufs, beurre et fromages : comme je ne me sens pas le bras assez bon pour lui payer ce mémoire dans la monnaie qu'il mérite, je veux au moins que vous connaissiez la manière dont on a dressé et stylé cet homme par rapport à moi ; et pour cet effet, j'ai joint à ce mémoire une feuille contenant des observations sur chaque article, par lesquelles vous pourrez juger de sa bonne foi et de ceux qui le mettent en œuvre. Vous êtes à portée, monsieur, de vérifier tous ces faits. J'ai cru, sur votre amour pour l'équité, que vous ne dédaigneriez pas d'en prendre la peine. Je comprends qu'on a voulu renouveler la scène de... Mais il n'est plus temps, et j'ai trop bien pris mon parti sur tout le reste pour m'affecter encore de ces choses-là. Ainsi je mets désormais au pis les fourbes, les fripons, les méchants, et tous les gens qui, pour me décrier, les emploient. J'espère, avant de partir d'ici, y recevoir encore des nouvelles de votre santé et de celle de madame de Saint-Germain, à qui je vous supplie de faire agréer mon respect. Ma femme vous prie, monsieur, d'agréer le sien, et nous emportons l'un et l'autre le plus tendre et le plus durable souvenir des bontés dont vous nous avez honorés.

AU MÊME.

A Lyon, 19 avril 1770.

J'ai reçu, monsieur, avec la lettre dont vous m'avez honoré le 16 du mois dernier, celle que vous avez eu la bonté de me faire parvenir d'envoi de M. de T....., à qui, selon vos intentions, j'en accuse la réception. C'est une réponse de madame de Portland, qui me donne avis de la réception des plantes que je lui ai envoyées il y a près de six mois. Après un voyage assez désagréable, je suis arrivé ici en assez bonne santé, de même que ma femme, qui, pénétrée de vos bontés, me charge de vous en marquer sa très humble reconnaissance. Je vous prie aussi, monsieur, de vouloir témoigner la mienne à madame de Saint-Germain, en lui faisant agréer mon respect. Vous connaissez, monsieur, toute ma confiance en votre bienveillance, et je me flatte que vous connaissez aussi combien j'y suis sensible et disposé à m'en prévaloir en toute occasion, sans crainte de vous déplaire. Des inconvénients que j'aurais dû prévoir retardent ma marche, sans rien changer à mes résolutions. Je prends la liberté de me recommander à votre souvenir, et de vous assurer que rien n'affaiblira jamais les sentiments immortels que vous m'avez inspirés.

A MADAME B...

Paris, le 7 juillet 1770.

Deux raisons, madame, outre le tracas d'un débarquement, m'ont empêché d'aller vous voir à mon arrivée : la première, que vous m'avez écrit vous-même que, quand même nous serions rapprochés, nous ne pourrions pas nous voir ; l'autre, que je suis déterminé à n'avoir aucune relation avec quiconque en a avec madame de ***. C'est à vous, madame, à m'instruire si ces deux obstacles existent ou non : s'ils n'existent pas, j'irai avec le plus vif empressement contenter le besoin de vous voir, que me donna la première lettre que vous me fîtes l'honneur de m'écrire, et qu'ont augmenté toutes les autres. Un rendez-vous au spectacle ne saurait me convenir, parce que, bien éloigné de vouloir me cacher, je ne veux pas non plus me donner en spectacle moi-même; mais s'il arrivait que le hasard nous y conduisît en même jour, et que je le susse, ne doutez pas que je ne profitasse avec transport du plaisir de vous y voir, et même que je ne me présentasse à votre loge, si j'étais sûr que cela ne vous déplût pas. Je suis affligé d'apprendre votre prochain départ. Est-ce pour augmenter mon respect que vous me proposez de vous suivre en Nivernois? Bonjour, madame : donnez-moi de vos nouvelles et vos ordres durant le séjour qui vous reste à faire à Paris; donnez-moi votre adresse en province, et souvenez-vous de moi quelquefois.

Pas un mot du prétendu opéra qu'on dit que je vais donner. J'espère que de sa vie J.-J. Rousseau n'aura plus rien à démêler avec le public. Quand quelque bruit court de moi, croyez toujours exactement le contraire, vous vous tromperez rarement.

A LA MÊME.

Paris, le 13 juillet 1770.

Je ne puis, madame, vous aller voir que la semaine prochaine, puisque nous sommes à la fin de celle-ci : je tâcherai que ce soit mardi, mais je ne m'y engage pas, encore moins pour le dîner; il faut que tout cela se prenne impromptu : car tous les engagements pris d'avance m'ôtent tout le plaisir de les remplir. Je déjeune toujours en me levant; mais cela ne m'empêchera pas, si vous prenez du café ou du chocolat, d'en prendre encore avec vous. Ne m'envoyez point de voiture, j'aime mieux aller à pied; et, si je ne suis pas chez vous à dix heures, ne m'attendez plus.

Je vous sais gré de me reprocher mon air gauche et embarrassé; mais si vous voulez que je m'en défasse, il faut que ce soit votre ouvrage. Avec une âme assez peu craintive, un naturel d'une insupportable timidité, surtout auprès des femmes, me rend toujours d'autant plus maussade que je voudrais me rendre plus agréable : de plus, je n'ai jamais su parler, surtout quand j'aurais voulu bien dire; et si vous avez la préférence de tous mes embarras, vous n'avez pas trop à vous en plaindre. Bonjour, madame : voilà votre laquais; à mardi, s'il fait beau, mais sans promesse. Je sens qu'ayant à vous perdre si vite, il ne faut pas me faire un besoin de vous voir.

A M. DE SAINT-GERMAIN.

14 août 1770.

Me voici à Paris, monsieur. Depuis trois semaines j'y ai repris mon ancienne habitation, j'y revois mes anciennes connaissances, j'y suis mon ancienne manière de vivre, j'y exerce mon ancien métier de copiste, et jusqu'à présent je m'y retrouve à peu près dans la même situation où j'étais avant de partir. Si on m'y laisse tranquille, j'y resterai; si l'on m'y tracasse, je l'endurerai : ma volonté n'est soumise qu'à la loi du devoir, mais ma personne l'est au joug de la nécessité, que j'ai appris à porter sans murmure. Les hommes peuvent sur ce point se satisfaire, je les mets bien à la portée de s'en donner le plaisir. Je n'ai pu, monsieur, vous écrire à mon arrivée, quelque désir que j'en eusse, à cause de l'affluence des oisifs et des embarras du débarquement. J'ai eu plusieurs fois ce plaisir à Lyon, d'où l'on me mande qu'il m'est venu plusieurs lettres depuis mon départ. J'espère trouver dans quelqu'une de ces lettres des marques de votre souvenir, et de bonnes nouvelles de votre santé et de celle de madame de Saint-Germain.

J'ai eu le plaisir de parler ici de vous avec des personnes de votre connaissance et qui partagent les sentiments que vous m'avez inspirés. Je mets à leur tête M. l'archevêque... avec lequel j'ai eu l'honneur de dîner il y a deux jours. Nous parlâmes aussi, mais différemment, d'une personne dont vous savez les procédés à mon égard et qu'il connaît bien. Vous avez fait la conquête de trois voyageurs très aimables qui vous demandèrent de mes nouvelles à Bourgoin et qui m'ont ici beaucoup demandé des vôtres. Je me propose, aussitôt qu'on me laissera respirer, d'aller rappeler à M. D..... une connaissance faite sous vos auspices et lui demander de vos nouvelles, en attendant le plaisir d'en recevoir directement. Donnez-m'en, monsieur, aussi promptement qu'il se pourra, je les recevrai avec la joie que me donnent toujours tous les témoignages de vos bontés pour moi. Je vous supplie de faire agréer mon respect à madame de Saint-Germain : ma femme vous prie d'agréer le sien.

A MADAME LATOUR.

Paris, 4 septembre 1770.

Je n'accepte point, madame, l'honneur que vous voulez me faire. Je ne suis pas logé de manière à pouvoir recevoir des visites de dames, et les vôtres ne pourraient manquer d'être aussi gênantes pour ma femme et pour moi, qu'ennuyeuses pour vous.

L'inconvénient que vous trouvez vous-même à recevoir les miennes suffirait pour m'engager à m'en abstenir, et tout autre détail serait superflu. Agréez, madame, je vous supplie, mes salutations et mon respect.

A M. DE SAINT-GERMAIN.

Paris, le 17 septembre 1770.

J'ai bien reçu, monsieur, et votre dernière lettre du 5 septembre, et la précédente réponse dont vous m'avez honoré, de même depuis quelque temps celles que vous aviez eu la bonté de m'écrire à Lyon au sujet du fermier de Monquin, et où j'ai vu avec bien de la reconnaissance les soins que vous avez bien voulu prendre pour confondre ce misérable : je suis pénétré, monsieur, je vous assure, de retrouver toujours en vous les mêmes bontés; et l'assurance qu'elles sont à l'épreuve du temps et de l'éloignement et de l'astuce des hommes, me rendra toujours cher le séjour de Bourgoin qui m'a valu un bonheur dont je sens bien le prix, et que je cultiverai autant qu'il dépendra de moi. Il est vrai, monsieur, que je tâche insensiblement de reprendre la vie retirée et solitaire qui convient à mon humeur. Mais je n'ai pas été jusqu'ici assez heureux pour pouvoir souvent satisfaire au jardin du roi l'ardeur qui ne s'est jamais attiédie en moi d'en connaître les richesses; je n'ai pu encore y aller que deux fois, tant à cause du grand éloignement, que de mes occupations qui me retiennent chez moi les matinées, à quoi se joint depuis quelque temps une fluxion assez douloureuse qui m'empêche absolument de sortir : ma femme en a eu dans le même temps une toute semblable, et nous nous sommes gardés mutuellement. Elle est mieux à présent, et nous réunissons nos actions de grâces pour l'obligeant souvenir de madame de Saint-Germain, à qui nous vous supplions l'un et l'autre de faire agréer nos respects.

Vous connaissez, monsieur, les sentiments que nous vous avons voués; ils sont inaltérables comme vos vertus; et je voudrais bien que vous me prouvassiez combien vous y comptez, en me donnant ici quelque commission par laquelle je pusse vous prouver à mon tour mon zèle à vous obéir et vous complaire.

A MADAME DE CRÉQUI.

Ce dimanche matin (septembre 1770).

Vous m'affligez, madame, en désirant de moi une chose qui m'est devenue impossible. Elle peut un jour cesser de l'être. Tous les obscurs complots des hommes, leurs longs succès, leurs ténébreux triomphes, ne me feront jamais désespérer de la Providence; et, si son œuvre se fait de mon vivant, je n'oublierai pas votre demande, ni le plaisir que j'aurai d'y acquiescer. Jusque-là, permettez, madame, que je vous conjure de ne m'en plus reparler.

Ma femme est comblée de l'honneur que vous lui faites de penser à elle, et de votre obligeante invitation. Si elle était un peu plus allante, elle en profiterait bien vite, moins pour voir le jardin que pour faire sa révérence à la maîtresse; mais elle est d'une paresse incroyable à sortir de sa chambre, et j'ai toutes les peines du monde à obtenir, cinq ou six fois l'année, qu'elle veuille bien venir promener avec moi : au reste, elle partage tous mes sentiments, madame, et surtout ceux de respect et d'attachement dont mon cœur est et sera pénétré pour vous jusqu'à mon dernier soupir.

Je me proposais de vous porter ma réponse moi-même, mais des contrariétés me font prendre le parti d'envoyer toujours ce mot devant.

A LA MÊME.

Paris, 1770.

Je reçois votre lettre, madame, en arrivant d'une course, et j'y réponds à la hâte, en repartant pour une autre. L'air malsain pour moi de mon habitation, et l'importunité des désœuvrés de tous les coins du monde, me forcent à chercher le soulagement et la solitude dans des pèlerinages continuels.

A LA MÊME.

Ce vendredi matin (Paris 1770).

Vous ne m'imposez pas, madame, une tâche aisée en m'ordonnant de vous montrer Emile dans cette île où l'on est vertueux sans témoins et courageux sans ostentation. Tout ce que j'ai pu savoir de cette île étrangère, est qu'avant d'y aborder on n'y voit jamais personne; qu'en y arrivant on est encore fort sujet à s'y trouver seul; mais qu'alors on se console aussi sans peine du petit malheur de n'y être vu de qui que ce soit. En vérité, madame, je crois que pour voir les habitantes de cette île il faut les chercher soi-même, et ne s'en rapporter jamais qu'à soi. Je vous ai montré mon Emile en chemin pour y arriver; le reste de la route vous sera bien moins difficile à faire seule, qu'à moi de vous y guider.

Je vous remercie, madame, de la chanson que vous avez eu la bonté de m'envoyer, et je vous demande pardon de ne l'avoir pas trouvée, à ma propre lecture, aussi jolie que quand vous nous la lisiez ; la versification m'en paraît contrainte; je n'y trouve ni douceur ni chaleur ; le pénultième couplet est le seul où je trouve du naturel et du sentiment ; dans le premier couplet, le premier vers est gâté par le second ; les deux premiers vers du quatrième couplet sont tout-à-fait louches; il fallait dire : *Si l'on ne parle d'elle à tout moment, on parle une langue qui m'est étrangère.* S'il faut être clair quand on parle, il faut être lumineux quand on chante. La lenteur du chant efface les liaisons du sens, à moins qu'elles ne soient très marquées. Je ne renonce pourtant pas à faire l'air que vous désirez; mais, madame, je voudrais que vous eussiez la bonté de faire quelques corrections aux paroles, car pour moi cela m'est impossible; et même, si vous ne trouvez pas mes observations justes, je les abandonne, et ferai l'air sur la chanson telle qu'elle est. Ordonnez, j'obéirai.

A M. DUSAULX.

Paris (*post tenebras lux*), 7 novembre 1770.

Toutes vos bontés pour moi, monsieur, me trouveront toujours sensible et reconnaissant, parce que je suis sûr de leur principe. Quelque tentant que fût pour moi à bien des égards l'appartement auquel vous avez bien voulu songer, je ne prévois pas qu'il puisse me convenir, parce qu'il me faut chambre garnie, et même d'un prix modique, et que personne ne prendra le bon marché dans sa poche dans toute affaire qui me regardera, et dont voudra bien se mêler M. Dusaulx : d'ailleurs je suis en quelque sorte arrangé ici pour cet hiver, et il n'est pas agréable de déloger dans cette saison. J'irais avec empressement manger votre soupe et ce que vous appelez votre *rogaton*,

si je n'allais dîner chez madame de Chenonceaux, qui est malade et qui m'a
errhé depuis deux jours. Le mauvais temps m'empêcha hier de sortir et d'aller
rendre mes devoirs à madame Dusaulx, comme je l'avais résolu. Mille très
humbles salutations.

A M. DUTENS.

Paris (*post tenebras lux*), 8 novembre 1770.

Je suis aussi touché, monsieur, de vos soins obligeants que surpris du
singulier procédé de M. le colonel Roguin. Comme il m'avait mis plusieurs
fois sur le chapitre de la pension dont m'honora le roi d'Angleterre, je lui
racontai historiquement les raisons qui m'avaient fait renoncer à cette pension. Il me parut disposé à agir pour faire cesser ces raisons, je m'y opposai;
il insista, je le refusai plus fortement, et je lui déclarai que s'il faisait là-
dessus la moindre démarche, soit en mon nom, soit au sien, il pouvait être
sûr d'être désavoué, comme le sera toujours quiconque voudra se mêler
d'une affaire sur laquelle j'ai depuis longtemps pris mon parti. Soyez persuadé, monsieur, qu'il a pris sous son bonnet la prière qu'il vous a faite d'engager le comte de Rochfort à me faire réponse, de même que celle de
prendre des mesures pour le payement de la pension. Je me soucie fort peu,
je vous assure, que le comte de Rochfort me réponde ou non; et quant à la
pension, j'y ai renoncé, je vous proteste, avec autant d'indifférence que je
l'avais acceptée avec reconnaissance. Je trouve très bizarre qu'on s'inquiète
si fort de ma situation, dont je ne me plains point, et que je trouverais très
heureuse si l'on ne se mêlait pas plus de mes affaires que je ne me mêle de
celles d'autrui. Je suis, monsieur, très sensible aux soins que vous voulez
bien prendre en ma faveur, et à la bienveillance dont ils sont le gage; et je
m'en prévaudrais avec confiance en toute autre occasion, mais dans celle-ci
je ne puis les accepter; je vous prie de ne vous en donner aucuns pour cette
affaire, et de faire en sorte que ce que vous avez déjà fait soit comme non
avenu. Agréez, je vous supplie, mes actions de grâces, et soyez persuadé,
monsieur, de tout mon attachement.

A M. DU PEYROU.

Paris (*post tenebras lux*), 15 novembre 1770.

Vous avez raison, mon cher hôte; j'ai été bien négligent; mais je n'imaginais pas, je l'avoue, que vous ignorassiez si parfaitement mon séjour
et mon adresse, qu'il vous fallût un voyage de Lyon pour vous en informer.
Je ne savais pas non plus que vous fussiez malade; je voyais ici des gens de
ma connaissance et de vos amis, qui me donnaient assez souvent de vos
nouvelles, et m'assuraient toujours que vous vous portiez bien. Il n'y a qu'un
guignon pareil au mien qui, tenant toujours sur ma piste mes ennemis, les
inconnus et tout le public, laisse mes amis seuls dans une si profonde ignorance sur cet article. Enfin, grâce à votre voyage et à vos perquisitions, vous
êtes instruit et vous me donnez signe de vie; je vous en remercie, et je
m'en réjouis, ainsi que de votre rétablissement.

J'ai apporté mes livres et mon herbier par votre conseil même, et parce
qu'en effet ils m'ont fait tant de bien dans mes malheurs, que j'ai résolu de
ne m'en détacher qu'à la dernière extrémité; votre intention, en les achetant,
était de m'en laisser l'usage; c'est un procédé très noble, mais dont il n'était
pas dans mon tour d'esprit de me prévaloir. Du reste, leur destination n'est
point changée; et, puisque vous m'avez demandé la préférence, selon toute
apparence, ils ne tarderont pas beaucoup à vous revenir.

Si vous vous plaignez de mon peu d'exactitude, j'ai à me plaindre de l'excès de la vôtre. Pourquoi voulez-vous prendre des arrangements positifs sur
des suppositions, et m'envoyer un mandat sur vos banquiers sans savoir si
je suis équitablement dans le cas de m'en prévaloir? Attendez du moins que,
de retour chez vous, vous puissiez vérifier par vous-même l'état des choses,

et ne m'exposiez pas à recevoir des payements avant l'échéance, à redevenir votre débiteur sans en rien savoir. Il me semble aussi qu'il y aurait une sorte de bienséance à énoncer dans l'ordre à vos banquiers d'où me vient la rente dont il m'assigne le payement, et qu'il ne suffit pas qu'on sache de moi quel est le donateur, si l'on ne le sait aussi de vous-même. J'espère, mon cher hôte, que vous ne verrez dans mes objections rien que de raisonnable, et que vous ne m'accuserez pas de chercher de mauvaises difficultés en vous renvoyant votre billet. Ainsi je le joins ici sans scrupule.

Je suis plus fâché que vous de n'être pas à portée de profiter de la bienveillance et des bontés de ma chère hôtesse; mon éloignement de vos contrées n'est pas, comme vous le savez, une affaire de choix, mais de nécessité; et je ne la crois pas assez injuste pour me faire, ainsi que vous, un crime de mon malheur. Mais vous qui parlez, pourquoi, venant à Lyon, ne l'y avez-vous pas amenée? Vous me mettez loin de mon compte, moi qu'on flattait de vous voir tous deux cet hiver à Paris. Avec quel plaisir j'aurais renouvelé ma connaissance avec elle, et peut-être mon amitié avec vous! car, quoi que vous en disiez, elle n'est point si bien éteinte qu'elle n'eût pu renaître encore, et votre Henriette, sage et bonne, comme je me la représente, eût été bien digne d'être le *medium junctionis*. Ma femme vous remercie, vous salue et vous embrasse. Comme votre souvenir la rend contente d'elle, et que je suis dans le même cas, nous ne cesserons jamais l'un et l'autre de penser à vous avec plaisir.

FRAGMENT D'UNE LETTRE A M. L. D. M.

Paris, le 23 novembre 1770.

..... Oui, le cruel moment où cette lettre fut écrite fut celui où, pour la première et l'unique fois, je crus percer le sombre voile du complot inouï dont je suis enveloppé; complot dont, malgré mes efforts pour en pénétrer le mystère, il ne m'était venu jusqu'alors la moindre idée, et dont la trace s'effaça bientôt dans mon esprit au milieu des absurdités sans nombre dont je le vis environné. La violence de mes idées, et le trouble où elles me plongèrent à cette découverte, m'ont plutôt laissé le souvenir de leur impression que celui de leur tissu. Pour en bien juger, il faudrait avoir présents à l'esprit tous les détails de la situation où j'étais pour lors, et toutes les circonstances qui la rendaient accablante : seul, sans appui, sans conseil, sans guide, à la merci des gens chargés de disposer de moi; livré par leurs soins à la haine publique que je voyais, que je sentais en frémissant, sans qu'il me fût possible d'en apercevoir, d'en conjecturer au moins la cause, pas même, ce qui paraît incroyable, de savoir les nouvelles publiques et de lire les gazettes; environné des plus noires ténèbres, à travers lesquelles je n'apercevais que de sinistres objets; confiné pour tout asile, aux approches de l'hiver, dans un méchant cabaret; et d'autant plus effrayé de ce qui venait de m'arriver à Trye, que j'en voyais la suite et l'effet à Grenoble.

L'aventure de Thevenin, que j'attribuais aux intrigues des Anglais et des gens de lettres, m'apprit que ces intrigues venaient de plus près et de plus haut. J'avais cru ce Thevenin aposté seulement par le sieur Bovier; j'appris par hasard que Bovier n'agissait dans cette affaire que par l'ordre de M. l'intendant; ce qui ne me donna pas peu à penser. M. de Tonnerre, après m'avoir hautement promis toute la protection dont j'avais besoin pour approfondir cette affaire, me pressa de la suivre, et me proposa le voyage de Grenoble pour m'aboucher avec ledit Thevenin. La proposition me parut bizarre après les preuves péremptoires que j'avais données. J'y consentis néanmoins. Quand j'eus fait ce voyage, et que, malgré mon ineptie, son imposture fut parvenue au plus haut degré d'évidence, M. de Tonnerre, oubliant l'assurance qu'il m'avait donnée, m'offrit de punir ce malheureux par quelques jours de prison, ajoutant qu'il ne pouvait rien de plus. Je n'acceptai point cette offre, et l'affaire en demeura là. Mais il resta clair, par l'expérience, qu'un imposteur adroit pourrait m'embarrasser, et que je manquais souvent du sang-froid et de la présence d'esprit nécessaires pour me démêler de ses ruses. Je crus aussi m'apercevoir que c'était là ce qu'on avait voulu savoir, et que cette connaissance influait sur les intrigues dont j'étais l'objet. Cette idée m'en rappela d'autres auxquelles jusqu'alors j'avais fait peu d'attention, et des multitudes d'observations que j'avais rejetées comme les vaines inquiétudes d'une imagination effarouchée par mes malheurs.

Pour remonter à un événement qui n'est pas sans mystère, l'époque du décret contre ma personne me parut avoir été celle d'une sourde trame contre ma réputation, qui, d'année en année, étendit doucement ses menées, jusqu'à ce que mon départ pour l'Angleterre, les manœuvres de M. Hume, et la lettre de M. Walpole, les mirent plus à découvert, jusqu'à ce qu'ayant écarté de moi tout le monde, hors les fauteurs du complot, on put me traîner dans la fange ouvertement et impunément.

C'est ainsi que peu à peu tout changeait autour de moi. Le langage même de mes connaissances changeait très sensiblement : il régnait jusque dans leurs éloges une affectation de réserve, d'équivoque et d'obscurité, qu'ils n'avaient jamais eue auparavant; et M. de Mirabeau, m'ayant écrit à Wootton pour m'offrir un asile en France, prit un ton si bizarre, et se servait de tournures si singulières, qu'il me fallait toute la sécurité de l'innocence et toute ma confiance en ses avances d'amitié pour n'être pas choqué d'un pareil langage. J'y fis pour lors si peu d'attention que je n'en vins pas moins en France à son invitation; mais j'y trouvai un tel changement par rapport à moi, et une telle impossibilité d'en découvrir la cause, que ma tête, déjà altérée par l'air sombre de l'Angleterre, s'affectait davantage de plus en plus. Je m'aperçus qu'on cherchait à m'ôter la connaissance de tout ce qui se passait autour de moi. Il n'y avait pas là de quoi me tranquilliser; encore moins dans les traitements dont, à l'insu de M. le prince de Conti (du moins je le croyais ainsi), l'on m'accablait au château de Trye. Le bruit en étant parvenu jusqu'à S. A. S., elle n'épargna rien pour y mettre ordre, quoique toujours sans succès, sans doute parce que l'impulsion secrète en venait à la fois du dedans et du dehors. Enfin, poussé à bout, je pris le parti de m'adresser à madame de Luxembourg qui, pour toute assistance, me fit faire de bouche une réponse assez sèche, très peu consolante, et qui ne répondait guère aux bontés dont ce prince paraissait m'acccabler.

Depuis très longtemps, et longtemps même avant le décret, j'avais remarqué dans cette dame un grand changement de ton et de manières envers moi. J'en attribuais la cause à un refroidissement assez naturel de la part d'une grande dame, qui, d'abord s'étant trop engouée de moi sur mes écrits, s'en était ensuite ennuyée par ma bêtise dans la conversation, et par ma gaucherie dans la société. Mais il y avait plus, et j'avais trop d'indice de sa secrète haine pour pouvoir raisonnablement en douter. Je jugeais même que cette haine était fondée sur des balourdises de ma part, bien innocentes assurément dans mon cœur, bien involontaires, mais que jamais les femmes ne pardonnent, quoiqu'on n'ait eu nulle intention de les offenser. Je flottais pourtant toujours dans cette opinion, ne pouvant me persuader qu'une femme de ce rang, qui m'avait connu, qui m'avait marqué tant de bienveillance et même d'empressement, la veuve d'un seigneur qui m'honorait d'une amitié particulière, pût jamais se résoudre à me haïr assez cruellement pour vouloir travailler à ma perte. Une seule chose m'avait paru toujours inexplicable. En partant de Montmorency, j'avais laissé à M. de Luxembourg tous mes papiers, les uns déjà triés; les autres qu'il se chargeait de trier lui-même pour me les renvoyer avec les premiers, et brûler ce qui m'était inutile. En recevant cet envoi, je trouvai qu'il manquait dans le triage plusieurs manuscrits que j'y avais mis, et nombre de lettres, indifférentes en elles-mêmes, mais qui faisaient lacune dans la suite que j'avais voulu conserver, ayant déjà formé le projet d'écrire un jour mes mémoires. Cette infidélité me frappa. Je ne pouvais l'attribuer à M. le maréchal, dont je connaissais la droiture invariable et la vérité de son amitié pour moi : je n'osais non plus en soupçonner madame la maréchale, sachant surtout qu'on ne pouvait tirer de ces papiers aucun usage qui pût me nuire, à moins de les falsifier. Je présumai que M. d'Alembert, qui depuis quelque temps s'était introduit auprès d'elle, avait trouvé le moyen de fureter ces papiers et d'en enlever ce qu'il lui avait plu, soit pour tirer de ces papiers ce qui lui pouvait convenir, soit pour tâcher de me susciter quelque tracasserie. Comme j'étais déjà déterminé à quitter tout-à-fait la littérature, je m'inquiétai peu de ces larcins, qui n'étaient pas les premiers de la même main que j'avais endurés sans m'en plaindre (1).

Par trait de temps, et malgré quelques démonstrations affectées et toujours plus rares, les sentiments secrets de madame de Luxembourg se manifestaient davantage de jour en jour : cependant, craignant toujours d'être injuste, je ne cessai point de me confier à elle dans mes malheurs, quoique toujours sans réponse et sans succès. Enfin, en dernier lieu, ayant écrit à M. de Choiseul pour lui demander, dans l'extrémité où j'étais, un passe-port pour sortir du royaume, et n'ayant point de réponse, j'écrivis encore à madame de Luxembourg, qui ne me fit aucune réponse non plus. Ce silence, dans la circonstance, me parut décisif, et j'en conclus que si cette dame n'entrait pas directement dans le complot, du moins elle en était instruite, et ne voulait m'aider ni à le connaître ni à m'en tirer. Je reçus le passe-port lorsque j'avais cessé de l'attendre. M. de Choiseul l'accompagna d'une lettre d'un style obscur, ambigu, choquant même, et assez semblable à celui des lettres de M. de Mirabeau. Je jugeai qu'on ne m'avait fait attendre ainsi le passeport que pour se donner le temps de machiner à son aise dans les lieux où l'on savait que j'avais dessein d'aller. Cette idée me fit changer sur le champ toutes mes résolutions, et prendre celle de retourner en Angleterre, où, pour le coup, j'avais tout lieu de croire que je n'étais pas attendu. J'écrivis à l'ambassadeur. J'écrivis à M. Davenport; mais, tandis que j'attendais mes réponses, j'aperçus autour de moi une agitation si marquée, j'entendis rebattre à mes oreilles des propos si mystérieux; Bovier m'écrivait de Grenoble des lettres si inquiétantes, qu'il fut clair qu'on cherchait à m'alarmer et me troubler tout-à-fait; et l'on réussit. Ma tête s'affecta de tant d'effrayants mystères, dont on s'efforçait d'augmenter l'horreur par l'obscurité. Précisément dans le même temps, on arrêta, dit-on, sur la frontière du Dauphiné, un homme qu'on disait complice d'un attentat exécrable : on m'assura que cet homme passait pour Bourgoin (1). La rumeur fut grande, les propos mystérieux allèrent leur train, avec l'affectation la plus marquée. Enfin, quand on aurait formé le projet d'achever de me rendre tout à fait frénétique, on n'aurait pas pu mieux s'y prendre; et si la plus noire fureur ne s'empara pas alors de mon âme, c'est que les mouvements de cette espèce ne sont pas dans sa nature. Vous sentez du moins que, dans l'émotion successive qu'on m'avait donnée, il n'y avait pas là de quoi me tranquilliser, et que tant de noires idées, qu'on avait soin de renouveler et d'entretenir sans cesse, n'étaient pas propres à rendre aux miennes leur sérénité. Continuant cependant à me disposer au prochain départ pour l'Angleterre, je visitais à loisir les papiers qui m'étaient restés, et que j'avais dessein de brûler, comme un embarras inutile que je traînais après moi. Je commençais cette opération sur un recueil

---

(1) Sans parler ici de ses *Eléments de Musique*, je venais de parcourir un *Dictionnaire des Beaux-Arts* portant le nom d'un M. Lacombe, dans lequel je trouvai beaucoup d'articles tout entiers de ceux que j'avais faits en 1749 pour l'*Encyclopédie*, et qui depuis nombre d'années étaient dans les mains de M. d'Alembert.

(2) Comme on n'a plus entendu parler, que je sache, de ce prétendu prisonnier, je ne doute point que tout cela ne fût un jeu barbare et digne de mes persécuteurs.

transcrit de lettres, que j'avais discontinué depuis longtemps, et j'en feuilletais machinalement le premier volume, quand je tombai par hasard sur la lacune dont j'ai parlé, et qui m'avait toujours paru difficile à comprendre. Que devins-je en remarquant que cette lacune tombait précisément sur le temps de l'époque dont le prisonnier qui venait de passer m'avait rappelé l'idée, et à laquelle, sans cet événement, je n'aurais pas plus songé qu'auparavant! Cette découverte me bouleversa; j'y trouvai la clef de tous les mystères qui m'environnaient. Je compris que cet enlèvement de lettres avait certainement rapport au temps où elles avaient été écrites, et que quelque innocentes que fussent ces lettres, ce n'était pas pour rien qu'on s'en était emparé. Je conclus de là que depuis plus de six ans ma perte était jurée, et que ces lettres, inutiles à tout autre usage, servaient à fournir les points fixes des temps et des lieux pour bâtir le système d'impostures dont on voulait me rendre la victime.

Dès l'instant même je renonçai au projet d'aller en Angleterre, et, sans balancer un moment, je résolus de m'exposer, armé de ma seule innocence, à tous les complots que la puissance, la ruse et l'injustice pouvaient tramer contre elle (1). La nuit même où je fis cette affreuse découverte, je songeais, sachant bien que toutes mes lettres étaient ouvertes à la poste, à profiter du retour de M. Pepin de Belle-Isle (2), qui, m'étant venu voir la veille, m'accablait des plus pressantes offres de service; et je lui remis le matin une lettre pour madame de Brionne, qui en contenait une autre pour M. le prince de Conti, l'une et l'autre écrites si à la hâte, qu'ayant été contraint d'en transcrire une, j'envoyai le brouillon au lieu de la copie.

Tels sont, autant que je puis me le rappeler, le sujet et l'occasion desdites lettres : car, encore une fois, l'agitation où j'étais en les écrivant ne m'a pas permis de garder un souvenir bien distinct de tout ce qui s'y rapporte.

A M....

Paris, le 24 novembre 1770.

Soyez content, monsieur, vous et ceux qui vous dirigent. Il vous fallait absolument une lettre de moi : vous m'avez voulu forcer à l'écrire, et vous avez réussi : car on sait bien que quand quelqu'un nous dit qu'il veut se tuer, on est obligé, en conscience, à l'exhorter de n'en rien faire.

Je ne vous connais point, monsieur, et n'ai nul désir de vous connaître; mais je vous trouve très à plaindre, et bien plus encore que vous ne pensez : néanmoins, dans tout le détail de vos malheurs, je ne vois pas de quoi fonder la terrible résolution que vous m'assurez avoir prise. Je connais l'indigence et son poids aussi bien que vous, tout au moins; mais jamais elle n'a suffi seule pour déterminer un homme de bon sens à s'ôter la vie. Car enfin le pis qu'il puisse arriver est de mourir de faim, et l'on ne gagne pas grand'chose à se tuer pour éviter la mort. Il est pourtant des cas où la misère est terrible, insupportable; mais il en est où elle est moins dure à souffrir : c'est le vôtre. Comment, monsieur, à vingt ans, seul, sans famille, avec de la santé, de l'esprit, des bras et un bon ami, vous ne voyez d'autre asile contre la misère que le tombeau? sûrement vous n'y avez pas bien regardé.

Mais l'opprobre..... La mort est à préférer, j'en conviens; mais encore faut-il commencer par s'assurer que cet opprobre est bien réel. Un homme injuste et dur vous persécute; il menace d'attenter à votre liberté : eh bien! monsieur, je suppose qu'il exécute sa barbare menace, serez-vous déshonoré pour cela? Des fers déshonorent-ils l'innocent qui les porte? Socrate mourut-il dans l'ignominie? Et où est donc, monsieur, cette superbe morale que vous étalez si pompeusement dans vos lettres? et comment, avec des maximes si

---

(1) Ce fut par une suite de cette même résolution que je conservai mon recueil de lettres, dont heureusement je n'avais encore déchiré et brûlé que quelques feuillets.
(2) Il venait d'accompagner en Piémont madame la princesse de Carignan.

sublimes, se rend-on ainsi l'esclave de l'opinion? Ce n'est pas tout : on dirait, à vous entendre, que vous n'avez d'autre alternative que de mourir ou de vivre en captivité. Et point du tout, vous avez l'expédient tout simple de sortir de Paris : cela vaut encore mieux que de sortir de la vie. Plus je relis votre lettre, plus j'y trouve de colère et d'animosité. Vous vous complaisez à l'image de votre sang jaillissant sur votre cruel parent, vous vous tuez plutôt par vengeance que par désespoir, et vous songez moins à vous tirer d'affaire qu'à punir votre ennemi. Quand je lis les réprimandes plus que sévères dont il vous plaît d'accabler fièrement le pauvre Saint-Preux, je ne puis m'empêcher de croire que, s'il était là pour vous répondre, il pourrait, avec un peu plus de justice, vous en rendre quelques-unes à son tour.

Je conviens pourtant, monsieur, que votre lettre est très bien faite, et je vous trouve fort disert pour un désespéré. Je voudrais vous pouvoir féliciter sur votre bonne foi comme sur votre éloquence ; mais la manière dont vous narrez notre entrevue ne me le permet pas trop. Il est certain que je me serais, il y a dix ans, jeté à votre tête, que j'aurais pris votre affaire avec chaleur ; et il est probable que, comme dans tant d'affaires semblables dont j'ai eu le malheur de me mêler, la pétulance de mon zèle m'eût plus nui qu'il ne vous aurait servi. Les plus terribles expériences m'ont rendu plus réservé; j'ai appris à n'accueillir qu'avec circonspection les nouveaux visages, et, dans l'impossibilité de remplir à la fois tous les nombreux devoirs qu'on m'impose, à ne me mêler que des gens que je connais. Je ne vous ai pourtant point refusé le conseil que vous m'avez demandé. Je n'ai point approuvé le ton de votre lettre à M. de M....; je vous ai dit ce que j'y trouvais à reprendre; et la preuve que vous entendîtes bien ce que je vous disais, est que vous y répondîtes plusieurs fois. Cependant vous venez me dire aujourd'hui que le chagrin que je vous montrai ne vous permit pas d'entendre ce que je vous dis, et vous ajoutez qu'après de mûres délibérations il vous sembla d'apercevoir que je vous blâmais de vous être un peu trop abandonné à votre haine ; mais vraiment il ne fallait pas de bien mûres délibérations pour apercevoir cela, car je vous l'avais bien articulé, et je m'étais assuré que vous m'entendiez fort bien. Vous m'avez demandé conseil, je ne vous l'ai point refusé, j'ai fait plus : je vous ai offert, je vous offre encore d'alléger, en ce qui dépend de moi, la dureté de votre situation. Je ne vois pas, je vous l'avoue, en quoi vous pouvez vous plaindre de mon accueil; et si je ne vous ai point accordé de confiance, c'est que vous ne m'en avez point inspiré.

Vous ne voulez point, monsieur, faire part de l'état de votre âme et de votre dernière résolution à votre bienfaiteur, à votre consolateur, dans la crainte que, voulant prendre votre défense, il ne se compromît inutilement avec un ennemi puissant qui ne lui pardonnerait jamais; c'est à moi que vous vous adressez pour cela, sans doute à cause de mon grand crédit et des moyens que j'ai de vous servir, et qu'un ennemi de plus ne vous paraît pas une grande affaire pour quelqu'un dans ma situation. Je vous suis obligé de la préférence, j'en userais si j'étais sûr de pouvoir vous servir ; mais, certain que l'intérêt qu'on me verrait prendre à vous ne ferait que vous nuire, je me tiens dans les bornes que vous m'avez demandées.

A l'égard du jugement que je porterai de la résolution que vous me marquez avoir prise, quand j'en apprendrai l'exécution, ce ne sera sûrement pas de penser que *c'était là le but, la fin, l'objet moral de la vie ;* mais au contraire que *c'était le comble de l'égarement, du délire et de la fureur.* S'il était quelque cas où l'homme eût le droit de se délivrer de sa propre vie, ce serait pour des maux intolérables et sans remède, mais non pas pour une situation dure, mais passagère, ni pour des maux qu'une meilleure fortune peut finir dès demain. La misère n'est jamais un état sans ressources, surtout à votre âge; elle laisse toujours l'espoir bien fondé de la voir finir quand on y travaille avec courage, et qu'on a des moyens pour cela. Si vous craignez que votre ennemi n'exécute sa menace, et que vous ne vous sentiez pas la constance de supporter ce malheur, cédez à l'orage et quittez Paris : qui vous en empêche ? Si vous aimez mieux le braver, vous le pouvez, non sans danger, mais sans opprobre. Croyez-vous être le seul qui ait des ennemis puissants, qui soit en péril dans Paris, et qui ne laisse pas d'y vivre tranquille en mettant les hommes au pis, content de se dire à lui même : Je reste au pouvoir de mes ennemis dont je connais la ruse et la puissance, mais j'ai fait en sorte qu'ils ne puissent jamais me faire de mal justement ? Monsieur, celui qui se parle ainsi peut vivre tranquille au milieu d'eux, et n'est point tenté de se tuer.

A M. DUSAULX.

Paris, 4 janvier 1771.

Pauvres aveugles que nous sommes ! etc.

Si M. Dusaulx faisait quelquefois collation sur le bout du banc, pour être au lit à dix heures, je lui proposerais aujourd'hui un petit souper, non d'Apicius, mais d'Épicure, et tel qu'on n'en fait guère à Paris. Ce souper, j'y ai pourvu, serait animé d'une bouteille de son vin d'Espagne, surtout de sa présence et de son entretien. S'il consent, je lui demande un petit *oui*, afin que le plaisir de le voir soit précédé de celui de l'attendre, à moins qu'il n'aime mieux croire que ce soit pour faire d'avance les préparatifs du festin.

Les respects de ma femme et les miens à madame Dusaulx.

AU MÊME.

8 février 1771.

Pauvres aveugles que nous sommes ! etc.

Monsieur,

Je suis toujours frappé de l'idée que vous avez eue de me mettre, dans le livre que vous faites, en pendant avec un scélérat abominable qui fait du masque de la vertu l'instrument du crime, et qui, selon vous, la rend aussi touchante dans ses discours qu'elle l'est dans mes écrits. J'ai toujours cru, je crois encore qu'il faut sincèrement aimer la vertu pour savoir la rendre aimable aux autres, et que quiconque y croit de bonne foi distingue aisément dans son cœur le langage de l'hypocrisie d'avec celui que le cœur a dicté. Vous me dites pour excuse que vous portiez ce jugement à l'âge de dix-sept ans ; mais, monsieur, vous n'aviez pas lu mes écrits : c'est à l'âge où vous êtes, c'est au moment que vous écrivez que vous identifiez l'impression que vous fait leur lecture avec celle des discours du fourbe dont il s'agit. Si c'est là la seule ou la plus honorable mention que vous faites dans votre ouvrage d'un homme à qui vous marquez, entre vous et lui, tant d'estime et d'empressement, le tour, si c'est un éloge, est neuf et bizarre ; si c'est un art employé pour appuyer ouvertement l'imposture, il est infernal. Vous paraissez disposé à changer dans le passage ce qui peut m'y déplaire : je vous l'ai déjà dit, monsieur, n'y changez rien ; s'il a pu vous plaire un moment, il ne me déplaira jamais. Je suis bien aise que tout le monde sache quelle place vous donnez dans vos écrits à un homme qu'en même temps vous recherchez avec tant de zèle, et à qui vous paraissez, du moins en parlant à lui, en donner une si belle dans votre estime et dans votre cœur. Cette remarque m'en rappelle d'autres trop petites pour être citées, mais sur l'effet desquelles je veux vous ouvrir le mien.

Après m'avoir dit si souvent en si beaux termes que vous me connaissiez, m'aimiez, m'estimiez, m'honoriez parfaitement, il est constant, et je le dis de tout mon cœur, que les prévenances et les honnêtetés dont vous m'avez comblé, adressées, dans votre intention comme dans la vérité, à un homme de bien et d'honneur, ont à ma reconnaissance et à mon attachement un droit que je serai toujours empressé d'acquitter.

Mais, s'il était possible, au contraire, que, m'ayant pris pour un hypocrite et un scélérat, vous eussiez cependant prodigué tant d'avances, de caresses et de cajoleries de toute espèce pour capter ma confiance et mon amitié, soit parce que mon caractère supposé conviendrait au vôtre, soit pour aller par astuce à des fins que vous me cacheriez avec soin; dans ce cas, il n'en est pas moins sûr qu'en tout état de choses possibles vous ne seriez vous-même qu'un vil fourbe et un malhonnête homme, digne de tout le mépris que vous auriez eu pour moi.

J'aurais bien quelque chose encore à vous dire; mais je m'en tiens là quant à présent. Voilà, monsieur, un doute que j'ai senti naître avec douleur, et qui s'augmente au point d'être intolérable. Je vous le déclare avec ma franchise ordinaire, dont, quelque mal qu'elle m'ait fait et qu'elle me fasse, je ne me départirai jamais. Je vous montre bien mes sentiments; montrez-moi si bien les vôtres que je sache avec certitude ce que vous pensez de moi. Je me souviens de vous avoir dit que si jamais je me défiais de vous, ce serait votre faute. Vous voilà dans le cas; c'est à vous d'y pourvoir, au moins si vous donnez quelque prix à mon estime. En y pourvoyant, n'en faites pas à deux fois, car je vous avertis qu'à la seconde vous n'y seriez plus à temps.

Je me suis confié à vous, monsieur, et à d'autres que je ne connaissais pas plus que vous. Le témoignage intérieur de l'innocence et de la vérité m'a fait croire qu'il suffisait d'épancher mon cœur dans des cœurs d'hommes pour y verser le sentiment dont il était plein. J'espère ne m'être pas trompé dans mon choix; mais quand cet espoir m'abuserait, je n'en serais point abattu. La vérité, le temps, triompheront enfin de l'imposture, et de mon vivant même elle n'oserait soutenir mes regards. Son plus grand soin, son plus grand art est de s'y dérober; mais cet art même la décèle. Jamais on n'a vu, jamais on ne verra le mensonge marcher fièrement à la face du soleil en interpellant à grands cris la vérité, et celle-ci devenir cauteleuse, craintive et traîtresse, se masquer devant lui, fuir sa présence, n'oser l'accuser qu'en secret, et se cacher dans les ténèbres.

Je vous fais monsieur, mes très humbles salutations.

AU MÊME.

10 février 1771.

Pauvres aveugles que nous sommes! etc.

En lisant, monsieur, et relisant votre lettre, je sens qu'il me faut du temps pour y penser. Permettez que j'attende le retour du sangfroid. Un homme comme vous mérite bien qu'on délibère quand il s'agit de s'en détacher. Je vous salue très humblement.

ROUSSEAU.

AU MÊME.

16 février 1771.

Pauvres aveugles que nous sommes! etc.

J'ai voulu, monsieur, mettre un intervalle entre votre dernière lettre et celle-ci pour laisser calmer mes premiers mouvements et agir ma raison seule. Votre lettre est bien plus employée à me dire ce que je dois penser de vous que ce que vous pensez de moi, quoique je vous eusse prévenu que ce dernier jugement dépendait absolument l'autre. Il faut pourtant que je me décide et que je vous juge en ce qui me regarde, quoique j'aie renoncé, comme vous me le conseillez, à juger des hommes, bien convaincu que l'obscur labyrinthe de leurs cœurs m'est impénétrable, à moi dont le cœur transparent comme le cristal ne peut cacher aucun de ses mouvements, et qui, jugeant si longtemps des autres par moi, n'ai cessé depuis vingt ans d'être leur jouet et leur victime.

A force de m'environner de ténèbres, on m'a cependant rendu quelquefois plus clairvoyant, et l'expérience et la nécessité me font apercevoir bien des choses par le soin même qu'on prend pour me les cacher. J'ai vu dans votre conduite avec moi les honnêtetés les plus marquées, les attentions les plus obligeantes, et des fins secrètes à tout cela : j'y ai même démêlé des signes de peu d'estime en bien des points, et surtout dans les fréquents petits cadeaux auxquels vous m'avez apparemment cru très sensible, au lieu qu'ils me sont indifférents ou suspects : *Timeo Danaos, et dona ferentes*. C'est précisément par le peu de cas que j'en fais que je ne les refuse plus, lassé des tracasseries et des ridicules que m'attirèrent longtemps ces refus, par la malignité des donneurs qui avaient leurs vues, et bien sûrs, en recevant tout et oubliant tout, d'écarter enfin plus sûrement toutes ces petites amorces. Je cherchais un logement; vous avez voulu m'avoir pour voisin et presque pour hôte : cela était bon et amical; mais j'ai vu que vous vouliez trop, et que vous cherchiez à m'attirer : vous avez fait tout le contraire. Vous avez cru que j'aimais les dîners; vous avez cru que j'aimais les louanges. Tout, à travers la pompe de vos paroles, m'a prouvé que j'étais mal connu de vous. Les je ne sais quoi, trop longs à dire, mais frappants à remarquer, m'ont averti qu'il y avait quelque mystère caché sous vos caresses, et tout a confirmé mes premières observations.

L'article que vous m'avez lu a achevé de m'éclairer. Plus j'y ai réfléchi, moins je l'ai trouvé naturel, dans ma situation présente, de la part d'un bienveillant. Vous me faites trop valoir le soin que vous avez pris de me lire cet article. Vous avez prévu que je le verrais un jour, et vous sentiez ce que j'en aurais pu penser et dire si vous me l'eussiez tu jusqu'à la publication. Vous avez cru me leurrer par ce mot d'illustre. Ah! vous êtes trop loin de voir combien la réputation d'homme bon, juste et vrai, que je gardai quarante ans, et que je n'ai jamais mérité de perdre, m'est plus chère que vos glorioles littéraires, dont j'ai si bien senti le néant. Ne changeons point, monsieur, l'état de la question. Il ne s'agit pas de savoir comment vous vous y êtes pris pour faire passer un article aussi captieux, mais comment il vous est venu dans l'esprit de l'écrire, de me mettre gracieusement en parallèle avec un exécrable scélérat, et cela précisément au moment où l'imposture n'épargne aucune ruse pour me noircir. Mes écrits respirent l'amour de la vertu dont le cœur de l'auteur était embrasé. Quoi que mes ennemis puissent faire, cela se sent et les désole. Dites-moi si, pour énerver ce sentiment honorable et juste, aucun d'eux s'y prit plus adroitement que vous.

Et maintenant, au lieu de me dire nettement quel jugement vous portez de moi, de mes sentiments, de mes mœurs, de mon caractère, comme vous le deviez dans la circonstance, et comme je vous en avais conjuré, vous me parlez de larmes d'attendrissement et d'un intérêt de commisération; comme si c'était assez pour moi d'exciter votre pitié, sans prétendre à des sentiments plus honorables! Je vous estime encore, me dites-vous, mais je vous plains. Moi, je vous réponds : Quiconque ne m'estimera que par grâce trouvera difficilement en moi la même générosité.

Je voudrais, monsieur, entendre un peu plus clairement quel est ce grand intérêt que vous dites prendre en moi. Le premier, le plus grand intérêt d'un homme est son honneur. Vous auriez, dites-vous, donné un bras pour m'en sauver un! C'est beaucoup, et c'est même trop : je n'aurais pas donné mon bras pour sauver le vôtre, mais je l'aurais donné, je le jure, pour la défense de votre honneur. Entouré de tous ces preneurs d'intérêt qui ne cherchent qu'à me donner, comme faisait aux passants ce Romain, un écu et un soufflet à chaque rencontre, je ne prends pas le change sur cet intérêt prétendu : je sais qu'ils n'ont d'autre but dans leur fausse bienveillance que d'ajouter à leurs noirceurs, quand je m'en plains, le reproche d'ingratitude.

« Le généreux, le vertueux Jean-Jacques Rousseau, inquiet et méfiant « comme un lâche criminel! » Monsieur Dusaulx, si, vous sentant poignarder par derrière par des assassins masqués, vous poussiez, en vous retournant, les cris de la douleur et de l'indignation, que diriez-vous de celui qui pour cela vous reprocherait froidement d'être inquiet et méfiant comme un lâche criminel?

Il n'y aura jamais que des cœurs capables du crime qui puissent en soupçonner le mien; et quant à la lâcheté, malgré tout l'effroi qu'on a voulu me donner, me voici dans Paris, seul, étranger, sans appui, sans amis, sans parents, sans conseil, armé de ma seule innocence et de mon courage, à la merci des adroits et puissants persécuteurs qui me diffament en se cachant, les provoquant, et leur criant: Parlez haut, me voilà. Ma foi, monsieur, si quelqu'un fait lâchement le plongeon dans cette affaire, il me semble que ce n'est pas moi.

Je veux être juste toujours. S'il n'y a contre moi nulle œuvre de ténèbres, votre reproche est fondé, j'en conviens; mais s'il existe une pareille œuvre, et que vous le sachiez très bien, convenez aussi que ce même reproche est bien barbare. Je prends là-dessus votre conscience pour juge entre vous et moi.

Vous me trompez, monsieur: j'ignore à quelle fin, mais vous me trompez. C'est assurément tromper un homme à qui l'on marque la plus tendre affection, que de lui cacher les choses qui le regardent et qu'il lui importe le plus de savoir. Encore une fois, j'ignore vos motifs; mais je sais qu'on ne trompe personne pour son bien. Je n'attaque à tout autre égard ni votre droiture, ni vos vertus; je n'explique point cette inconséquence. Je ne sais qu'une seule chose, mais je la sais très bien, c'est que vous me trompez.

Je veux que tout le monde lise dans mon cœur, et que ceux avec qui je vis sachent comme moi-même ce que je pense d'eux, quoiqu'une malheureuse honte, que je ne puis vaincre, m'empêche de le leur dire en face. C'est afin que vous n'ignoriez pas mes sentiments que je vous écris. Du reste, mon intention n'est de rompre avec vous qu'autant que cela vous conviendra: je vous laisse le choix. Si je connaissais un seul homme à ma portée dont le cœur fût ouvert comme le mien, qui eût autant en horreur la dissimulation, le mensonge, qui dédaignât, qui refusât de hanter ceux auxquels il n'oserait dire ce qu'il pense d'eux, j'irais à cet homme, et, très sûr d'en faire mon ami, je renoncerais à tous les autres; il serait pour moi le genre humain: mais, après dix ans de recherches inutiles, je me lasse, et j'éteins ma lanterne. Environné de gens qui, sous un air d'intérêt grossièrement affecté, me flattent pour me surprendre, je les laisse faire, parce qu'il faut bien vivre avec quelqu'un, et qu'en quittant ceux-là pour d'autres, je ne trouverais pas mieux. Du reste, s'ils ne voient pas ce que je pense d'eux, c'est assurément leur faute. Je suis toujours surpris, je l'avoue, de les voir m'étaler pompeusement et leurs vertus et leur amitié pour moi; je cherche inutilement comment on peut être vertueux et faux tout à la fois, comment on peut se faire un honneur de tromper les gens qu'on aime. Non, je n'aurais jamais cru qu'on pût être aussi fiers d'être des traîtres.

Livré depuis long-temps à ces gens-là, j'aurais tort assurément d'être difficile en liaisons, et bien plus de me refuser à la vôtre, puisque votre société me paraît très-agréable, et que, sans vous confondre avec tous les empressés qui m'entourent, je vous compte parmi ceux *que j'estime le plus*.

Ainsi je vous laisse le maître de me voir ou de ne pas me voir, comme il vous conviendra. Pour de l'intimité, je n'en veux plus avec personne, à moins que, contre toute apparence, je ne trouve fortuitement l'homme juste et vrai que j'ai cessé de chercher. Quiconque aspire à ma confiance doit commencer par me donner la sienne; et du reste, *malade* ou non, pauvre ou riche, je trouverai toujours très mauvais que, sous prétexte d'un zèle que je n'accepte point, qui que ce soit veuille malgré moi se mêler de mes affaires.

Je viens de vous ouvrir mon cœur sans réserve, c'est à vous maintenant de consulter le vôtre, et de prendre le parti qui vous conviendra.

A M. DU PEYROU.

A Paris, le 23 mars 1771.

Jamais, mon cher hôte, un homme sage et ami de la justice, quelque preuve qu'il croie avoir, ne condamne un autre homme sans l'entendre, ou sans le mettre à portée d'être entendu. Sans cette loi, la première et la plus sacrée de tout le droit naturel, la société, sapée par ses fondements, ne serait qu'un brigandage affreux, où l'innocence et la vérité sans défense seraient en proie à l'erreur et à l'imposture. Quoiqu'en cette occasion le sujet soit un peu moins grave, j'ai cependant à me plaindre que pour quelqu'un qui dit tant croire à la vertu, vous me jugiez si légèrement à votre ordinaire.

1° Il n'y a que peu de jours que j'ai reçu votre lettre du 15 novembre, avec le billet sur vos banquiers qu'elle contenait. Par une fraude des facteurs qui s'entendaient avec je ne sais qui, mes lettres ont resté plusieurs mois sans cours à la poste; et ce n'est qu'après un entretien avec un de ces messieurs qui me vint voir, que l'affaire fut éclaircie, que le grief fut redressé, et qu'on me promit que pareille chose n'arriverait plus à l'avenir. En conséquence de ce redressement, on m'apporta toutes mes lettres, dont, vu l'énormité des ports, je ne retirai que la vôtre seule que je reconnus à l'écriture et au cachet. Il eût été malhonnête de faire usage de votre ordre sur vos banquiers avant de vous en accuser la réception, et mes occupations ne m'ayant pas laissé, depuis huit jours, le temps de vous écrire, avant d'avoir répondu à cette première lettre j'ai reçu la seconde du 19 mars avec le *duplicata* de votre billet, et cela m'a fait prendre le parti, toute chose cessante, de répondre sur le champ à l'une et à l'autre.

2° La lettre que vous marquez m'avoir écrite par madame Boy de La Tour, ni par conséquent l'autre *duplicata* de votre ordre à vos banquiers, ne me sont point parvenus, ni aucune nouvelle de cette dame depuis très longtemps. J'ignore la raison de ce silence, car elle savait qu'il ne fallait pas m'écrire par la poste, et les voies sûres ne lui manquaient assurément pas.

3° J'en pensais autant de vous, et je jugeai qu'ayant bien su me faire parvenir une lettre de M. Junet, sans un seul mot de votre part, ni verbal, ni par écrit, vous sauriez bien, quand vous le voudriez, employer, comme vous avez fait, la même voie pour vous-même. Voyant que vous n'en faisiez rien, je jugeais que vous n'aviez pas là-dessus beaucoup d'empressement, et un galant homme comme vous sentira bien qu'en cette occasion ce n'était pas à moi d'en avoir davantage.

4° Je parlai toutefois de votre silence à M. d'Escherny, et de l'obstacle de la poste qui pouvait être cause que je ne recevais point de vos lettres. J'ajoutai que la seule voie sûre et simple que vous aviez pour m'écrire était d'adresser votre lettre sous enveloppe à quelqu'un résidant à Paris, pour me la faire tenir; mais je ne parlai de lui en aucune manière; et, s'il s'est mis en avant, comme vous le marquez, il a pris le surplus sous son bonnet.

Voilà, mon cher hôte, l'exacte vérité; si vous trouvez en tout cela quelque tort à me reprocher, vous m'obligerez de vouloir bien me l'indiquer. Pour moi je ne vous en reproche ici d'autre que celui auquel je suis tout accoutumé, savoir, la précipitation de vos jugements avant d'avoir pris les mesures nécessaires pour savoir la vérité. Voilà cependant comment il faut que toutes mes lettres s'emploient en apologies, attendu que toutes les vôtres s'emploient en injustes griefs. C'est l'histoire abrégée de nos liaisons depuis plusieurs années. Je suis le lésé, et vous êtes le plaignant.

Votre compte, que vous m'avez envoyé tant de fois, me paraît très et trop en règle; le mandat sur vos banquiers est aussi fort bien, et j'en ferai usage.

Je vous embrasse cordialement. Vous me proposez l'oubli de ce que vous appelez nos enfantillages. Je ne demande pas mieux, mais ce n'est pas de moi que la chose dépend; le souvenir fut votre ouvrage, il faut que l'oubli le soit aussi; mais jusqu'ici vous ne vous y êtes assurément pas bien pris pour opérer cet effet.

A M. DE SAINT-GERMAIN.

A Paris, 2 avril 1771.

C'est avec bien du regret, monsieur, que j'ai demeuré si longtemps privé de vos nouvelles; une tracasserie qu'on m'avait faite à la poste m'avait fait renoncer à recevoir ni écrire aucune lettre par cette voie. Ce n'est que depuis quelques jours qu'une visite d'un de ces messieurs m'a donné l'éclaircissement de ce malentendu : et après la promesse qui m'a été faite que rien de pareil n'arriverait à l'avenir, je reprends la même voie pour donner de mes nouvelles, et en demander aux personnes qui m'intéressent, parmi lesquelles vous savez bien, monsieur, que vous tenez et tiendrez toujours le premier rang. Veuillez, monsieur, m'informer de l'état présent de votre santé et de celle de madame de Saint-Germain, et de toute votre brillante famille. Je vous connais trop invariable dans vos sentiments pour douter que je ne retrouve toujours en vous les bontés et la bienveillance dont vous m'avez honoré ci-devant; comme je ne cesserai jamais, non plus, d'avoir le cœur plein de l'attachement et de la reconnaissance que je vous ai voués.

Je n'ai rien à vous dire de nouveau sur ma situation, elle est la même que ci-devant : mes incommodités ordinaires m'ont retenu chez moi une partie de l'hiver, sans pourtant m'avoir trop maltraité. Ma femme a eu des rhumes et des rhumatismes, et le froid qui continue avec beaucoup de rigueur ne nous a pas encore rendu à l'un et à l'autre notre santé d'été. Nous avons passé d'agréables soirées au coin de nos tisons à parler des avantages que nous a procurés l'honneur de vous connaître, et des heures si douces que vous nous avez données : nous vous prions de vous rappeler quelquefois d'anciens voisins qui sentiront toute leur vie le regret d'avoir été forcés de s'éloigner de vous.

Veuillez, monsieur, faire agréer nos respects à madame de Saint-Germain, et recevoir avec votre bonté accoutumée nos plus humbles salutations.

A MADAME DE T***.

Le 6 avril 1771.

Un violent rhume, madame, qui me met hors d'état de parler sans fatiguer extrêmement, me fait prendre le parti de vous écrire mon sentiment sur votre enfant, pour ne pas le laisser plus longtemps dans l'état de suspension où je sens bien que vous le tenez avec peine, quoiqu'il n'y ait point, selon moi, d'inconvénient. Je vous avouerai d'abord que plus je pense à l'exposition lumineuse que vous m'avez faite, moins je puis me persuader que cette raideur de caractère qu'il manifeste dans un âge si tendre soit l'ouvrage de la nature. Cette mutinerie, ou, si vous voulez, madame, cette fermeté n'est pas si rare que vous croyez parmi les enfants élevés comme lui dans l'opulence; et j'en sais dans ce moment même à Paris un autre exemple tout semblable dont la conformité m'a beaucoup frappé, tandis que parmi les autres enfants élevés avec moins de sollicitude apparente, et à qui l'on a moins fait sentir par là leur importance, je n'ai vu de ma vie un exemple pareil. Mais laissons, quant à présent, cette observation qui nous mènerait trop loin, et, quoi qu'il en soit de la cause du mal, parlons du remède.

Vous voilà, madame, à mon avis, dans une circonstance favorable d'où vous pouvez tirer grand parti : l'enfant commence à s'impatienter dans sa pension, il désire ardemment de revenir; mais sa fierté, qui ne lui permet jamais de s'abaisser aux prières, l'empêche de vous manifester pleinement son désir. Suivez cette indication pour prendre sur lui un ascendant dont il ne lui soit pas aisé dans la suite d'éluder l'effet. S'il n'y avait pas un peu de cruauté d'augmenter ses alarmes, je voudrais qu'on commençât par lui faire la peur tout entière, et que, sans que personne lui dît précisément qu'il restera, ni qu'il reviendra, il vît quelque espèce de préparatifs comme pour lui faire quitter tout-à-fait la maison paternelle, et qu'on évitât de s'expliquer avec lui sur ces préparatifs. Quand vous l'en verriez le plus inquiet, vous prendriez alors votre moment pour lui parler, et cela d'un air si sérieux et si ferme qu'il fût bien persuadé que c'est tout de bon.

« Mon fils, il m'en coûte tant de vous tenir éloigné de moi, que, si je n'écoutais que mon penchant, je vous retiendrais ici dès ce moment; mais c'est ma trop grande tendresse pour vous qui m'empêche de m'y livrer : tandis que vous avez été ici j'ai vu avec la plus vive douleur qu'au lieu de répondre à l'attachement de votre mère et de lui rendre en toute chose la complaisance qu'elle aimait avoir pour vous, vous ne vous appliquiez qu'à lui faire éprouver des contradictions, qui la déchirent trop de votre part pour qu'elle les puisse endurer davantage, etc.

« J'ai donc pris la résolution de vous placer loin de moi pour m'épargner l'affliction d'être à tout moment l'objet et le témoin de votre désobéissance. Puisque vous ne voulez pas répondre aux tendres soins que j'ai voulu prendre de votre éducation, j'aime mieux que vous alliez devenir un mauvais sujet loin de mes yeux, que de voir mon fils chéri manquer à chaque instant à ce qu'il doit à sa mère; et d'ailleurs je ne désespère pas que des gens fermes et sensés, qui n'auront pas pour vous le même faible que moi, ne viennent à bout de dompter vos mutineries par des traitements nécessaires que votre mère n'aurait jamais le courage de vous faire endurer, etc.

« Voilà, mon fils, les raisons du parti que j'ai pris à votre égard, et le seul que vous me laissiez à prendre pour ne pas vous livrer à tous vos défauts et me rendre tout-à-fait malheureuse. Je ne vous laisse point à Paris, pour ne pas avoir à combattre sans cesse, en vous voyant trop souvent, le désir de vous rapprocher de moi; mais je ne vous tiendrai pas non plus si éloigné que, si l'on est content de vous, je ne puisse vous faire venir ici quelquefois, etc. »

Je suis fort trompé, madame, si toute sa hauteur tient à ce coup inattendu, dont il sentira toute la conséquence, vu surtout le tendre attachement que vous lui connaissez pour vous, et qui, dans ce moment, fera taire tout autre penchant. Il pleurera, il gémira, il poussera des cris auxquels vous ne serez ni ne paraîtrez insensible; mais, lui parlant toujours de son départ comme d'une chose arrangée, vous lui montrerez du regret qu'il ait laissé venir cet arrangement au point de ne pouvoir plus être révoqué. Voilà, selon moi, la route par laquelle vous l'amènerez sans peine à une capitulation, qu'il acceptera avec des transports de joie, et dont vous réglerez tous les articles sans qu'il regimbe contre aucun : encore avec tout cela ne paraîtrez-vous pas compter extrêmement sur la solidité de ce traité; vous le recevrez plutôt dans votre maison comme par essai que par une réunion constante, et son voyage paraîtra plutôt différé que rompu, l'assurant cependant que, s'il tient réellement ses engagements, il fera le bonheur de votre vie en vous dispensant de l'éloigner de vous.

Il me semble que voilà le moyen de faire avec lui l'accord le plus solide qu'il soit possible de faire avec un enfant; et il aura des raisons de tenir cet accord si puissant et tellement à sa portée, que, selon toute apparence, il reviendra souple et docile pour longtemps.

Voilà, madame, ce qui m'a paru le mieux à faire dans la circonstance. Il y a une continuité de régime à observer qu'on ne peut détailler dans une lettre, et qui ne peut se déterminer que par l'examen du sujet; et d'ailleurs ce n'est pas une mère aussi tendre que vous, ce n'est pas un esprit aussi clairvoyant que le vôtre qu'il faut guider dans tous ses détails. Je vous l'ai dit, madame, je m'en suis pénétré dans notre unique conversation; vous n'avez besoin des conseils de personne dans la grande et respectable tâche dont vous êtes chargée, et que vous remplissez si bien. J'ai dû cependant m'acquitter de celle que votre modestie m'a imposée, je l'ai fait par obéissance et par devoir, mais bien persuadé que pour savoir ce qu'il y a de mieux à faire il suffisait d'observer ce que vous ferez.

A MADAME DE CRÉQUI.

Ce mardi 7 (1771).

Rousseau peut assurer madame la marquise de Créqui que, tant qu'il croira trouver chez elle les sentiments qu'il y porte, et dont le retour lui est dû, loin de compter et regretter ses pas pour avoir l'honneur de la voir, il se croira bien dédommagé de cent courses inutiles par le succès d'une seule. Mais, en tout autre cas, il déclare qu'il regarderait un seul pas comme indignement perdu, et ses visites reçues comme une fraude et un vol, puisque l'estime réciproque est la condition sacrée et indispensable sans laquelle, hors la nécessité des affaires, il est bien déterminé à n'en jamais honorer volontairement qui que ce soit.

Je reçois chez moi, j'en conviens, des gens pour qui je n'ai nulle estime; mais je les reçois par force : je ne leur cache point mon dédain, et comme ils sont accommodants, ils le supportent pour aller à leurs fins. Pour moi, qui ne veux tromper ni trahir personne, quand je fais tant que d'aller chez quelqu'un, c'est pour l'honorer et en être honoré. Je lui témoigne mon estime en y allant; il me témoigne la sienne en me recevant : s'il a le malheur de me la refuser, et qu'il ait de la droiture, il sera bientôt désabusé ou bientôt délivré de moi. Voilà mes sentiments : s'ils s'accordent avec ceux de madame la marquise de Créqui, j'en serai comblé de joie; s'ils en diffèrent, j'espère qu'elle voudra bien me dire en quoi. Si elle aime mieux ne me rien dire, ce sera parler très clairement. Je la supplie d'agréer ici mes sentiments et mon respect.

ROUSSEAU.

N. B. Ce billet fut écrit à la réception de celui que madame la marquise de Créqui m'a fait écrire, mais, ne voulant pas le confier à la petite poste, j'ai attendu que je fusse en état de le porter moi-même.

A MADAME LATOUR.

Paris, 11 avril 1771.

Je n'ai eu l'honneur de vous voir, madame, qu'une seule fois en ma vie, j'ai eu souvent celui de vous répondre; et, sans prévoir que mes lettres seraient un jour exposées à être imprimées, je me suis livré pleinement aux diverses impressions que me faisaient les vôtres. Vous avez pris ma défense contre les trames de mes persécuteurs durant mon séjour en Angleterre : cette générosité m'a transporté, vous avez dû voir combien j'y étais sensible. Depuis lors, ma situation se dévoilant davantage à mes yeux, j'ai trouvé qu'avec autant de franchise et même d'étourderie, il ne me convenait de rester en commerce avec personne dont je ne connusse bien le caractère et les liaisons; j'ai vu que l'ostentation des services qu'on s'empressait de me rendre n'était souvent qu'un piège plus ou moins adroit pour me circonvenir, ou pour m'exposer au blâme, si je l'évitais. De toutes mes correspondances vous étiez en même temps la plus exigeante, celle que je connaissais le moins, et celle qui m'éclairait le moins sur les choses qu'il m'importait de savoir et que *vous n'ignoriez pas.* Cela m'a déterminé à cesser un commerce qui me devenait onéreux, et dont le vrai motif de votre part pouvait m'échapper. J'ai toujours cru que rien n'était plus libre que les liaisons d'amitié, surtout des liaisons purement épistolaires, et qu'il était toujours permis de les rompre, quand elles cessaient de nous convenir, pourvu que cela se fît franchement, sans tracasserie, sans malice, et sans éclat, tant que cet éclat n'était pas indispensable. J'ai voulu, madame, user avec vous de ce droit, avec tous ces ménagements. Vous m'en avez fait un crime excécrable, et, dans votre dernière lettre, vous appelez cela *enfoncer d'une main sûre un fer empoisonné dans le sein de l'amitié*. Sans vous dire, madame, ce que je pense de cette phrase, je vous dirai seulement que je suis déterminé à n'avoir de mes jours de liaisons d'aucune espèce avec quiconque a pu l'employer en pareille occasion.

A M. DU PEYROU.

Paris, 2 juillet 1771.

J'ai été hier, mon cher hôte, chez vos banquiers recevoir l'année échue de ma pension de mylord maréchal : ce n'est pourtant pas uniquement pour vous donner cet avis que je vous écris aujourd'hui, mais pour vous dire qu'il y a longtemps que je n'ai reçu directement de vos nouvelles; heureusement le libraire Rey, qui vous a vu à Neuchâtel, m'en a donné de vous et de madame Du Peyrou, d'assez bonnes pour m'ôter toute autre inquiétude que celle de votre oubli. Êtes-vous enfin dans votre maison? est-elle entièrement achevée, et y êtes-vous bien arrangé? Si, comme je le désire, son habitation vous donne autant d'agrément que son bâtiment vous a causé d'embarras, vous y devez mener une vie bien douce. Je me suis logé aussi l'automne dernier, moins au large et à un cinquième, mais assez agréablement selon mon goût, et en grand et bon air; ce qui n'est pas trop facile dans le cœur de Paris. Si vous me donnez quelque signe de vie, je serais bien aise que vous me donnassiez des nouvelles de M. Roguin, mon bon et ancien ami, dont je sais que les incommodités sont fort augmentées depuis un an ou deux, et dont je n'ai aucunes nouvelles depuis longtemps. Nous vous prions, ma femme et moi, de nous rappeler au souvenir de madame Du Peyrou, qui ne perdra jamais la place qu'elle s'est acquise dans la nôtre, ni les sentiments qui en sont inséparables. Le silence qu'en me parlant d'elle Rey a gardé sur sa santé me fait espérer qu'elle est bien raffermie, ainsi que la vôtre. Pour moi, j'ai eu de grands maux de reins qui m'ont fait prendre le parti de travailler debout. Ma femme a eu de très grands rhumes successifs; aux queues près de tout cela, nous nous portons maintenant assez bien l'un et l'autre, et nous vous saluons, mon cher hôte, de tout notre cœur.

A MADAME LATOUR.

Le 7 juillet 1771.

Voici le manuscrit dont madame de L*** a paru en peine, et que je ne tardais à lui renvoyer que parce qu'elle m'avait écrit de le garder. Je l'ai trouvé digne de sa plume et d'un cœur ami de la justice. J'ai pourtant été plus touché, je l'avoue, de l'écrit qui a été lu de tout le monde, que de celui qui n'a été vu que de moi.

Madame, je ne reçois pas votre adieu pour jamais, je n'ai point songé à vous en faire un semblable; les temps peuvent changer, et quoi que fassent les hommes, je ne désespérerai jamais de la Providence. Mais en attendant, je crois porter bien plus de respect à nos anciennes liaisons en les interrompant jusqu'à de plus grandes lumières, que de les entretenir avec une confiance altérée et des réserves indignes de vous et de moi.

A M. LE CHEVALIER DE COSSÉ.

Paris, le 25 juillet 1771.

Je suis, monsieur le chevalier, touché de vos bontés et des soins qu'elles vous suggèrent en ma faveur. Très persuadé que ces soins de votre part sont des fruits de votre bon naturel et de votre bienveillance envers moi, après vous en avoir remercié de tout mon cœur, je prendrai la liberté d'y correspondre par un conseil qui part de la même source, et que la différence de nos âges autorise de ma part; c'est, monsieur, de ne vous mêler d'aucune affaire que vous n'en soyez préalablement bien instruit.

La pension que vous dites m'avoir été retirée, et que vous offrez de me rendre, m'a été apportée avec les arrérages, ici dans ma chambre, il n'y a pas quatre mois, en une lettre de change de six mille francs, qu'on offrait de me payer comptant sur-le-champ; et je vous assure que les plus vives sollicitations ne furent pas épargnées pour me faire recevoir cet argent. En voilà, ce me semble, assez pour vous faire comprendre que ceux qui ont prétendu vous mettre au fait de cette affaire ne vous ont pas fait un rapport fidèle, et que la difficulté n'est pas où vous la croyez voir.

Je vous réitère, monsieur, mes actions de grâces de l'intérêt que vous voulez bien prendre à moi, et qui m'est plus précieux que toutes les pensions du monde; mais comme j'ai pris mon parti sur celle-là, je vous prie de ne m'en reparler jamais. Agréez mes humbles salutations.

A M. LINNÉ.

Paris, le 21 septembre 1771.

Recevez avec bonté, monsieur, l'hommage d'un très ignare, mais très zélé disciple de vos disciples, qui doit en grande partie, à la méditation de vos écrits, la tranquillité dont il jouit, au milieu d'une persécution d'autant plus cruelle qu'elle est plus cachée, et qu'elle couvre du masque de la bienveillance et de l'amitié la plus terrible haine que l'enfer excita jamais. Seul, avec la nature et vous, je passe dans mes promenades champêtres des heures délicieuses, et je tire un profit plus réel de votre *Philosophie botanique* que de tous les livres de morale. J'apprends avec joie que je ne vous suis pas tout-à-fait inconnu, et que vous voulez bien me destiner quelques-unes de vos productions. Soyez persuadé, monsieur, qu'elles feront ma lecture chérie, et que ce plaisir deviendra plus vif encore par celui de le tenir de vous. J'amuse une vieille enfance à faire une petite collection de fruits et de graines : si parmi vos trésors en ce genre il se trouvait quelques rebuts dont vous voulussiez faire un heureux, daignez songer à moi. Je les recevrais même avec reconnaissance, seul retour que je puisse vous offrir, mais que le cœur dont elle part ne rend pas indigne de vous.

Adieu, monsieur; continuez d'ouvrir et d'interpréter aux hommes le livre de la nature. Pour moi, content d'en déchiffrer quelques mots à votre suite, dans le feuillet du règne végétal, je vous lis, je vous étudie, je vous médite, je vous honore, et je vous aime de tout mon cœur.

A M. DE SAINT-GERMAIN.

7 janvier 1772.

Moi, vous oublier, monsieur! pourriez-vous penser ainsi de vous et de moi! non, les sentiments que vous m'avez inspirés ne peuvent non plus s'altérer que vos vertus, et dureront autant que ma vie. Mes occupations, mon goût, ma paresse, m'ont forcé de renoncer à toute correspondance. Je m'étais pourtant proposé de vous faire passer un petit signe de vie par M. le marquis de ***, qui m'a promis de me revenir voir avant son départ, et de vouloir bien s'en charger. Je suis touché que votre bonté m'ait forcé, pour ainsi dire, à prévenir cet arrangement.

Je ne puis, monsieur, vous promettre en fait de lettres une exactitude qui passe mes forces; mais je vous promets, avec toute la confiance d'un cœur qui vous est dévoué, un attachement inaltérable et digne de vous. Ainsi, quand je ne vous écrirai point, daignez interpréter mon silence par tous les sentiments que je vous ai fait connaître, et vous ne vous tromperez jamais.

Ma femme, pénétrée des attentions dont vous l'honorez, me charge de vous témoigner combien elle y est sensible, et c'est conjointement que nous réunissons les vœux de nos cœurs pour vous, monsieur, pour madame de Saint-Germain, à qui nous vous prions de faire agréer nos respects, et pour tous vos aimables enfants, dont la brillante espérance annonce de quel prix le ciel veut payer les vertus de ceux qui leur ont donné l'être.

A M. DE SARTINE.

Paris, le 15 janvier 1772.

Monsieur,

Je sais de quel prix sont vos moments, je sais qu'on les doit respecter; mais je sais aussi que les plus précieux sont ceux que vous consacrez à protéger les opprimés, et si j'ose en réclamer quelques-uns, ce n'est pas sans titre pour cela.

Après tant de vains efforts pour faire percer quelque rayon de lumière à travers les ténèbres dont on m'environne depuis dix ans, j'y renonce. J'ai de grands vices, mais qui n'ont jamais fait de mal qu'à moi; j'ai commis de grandes fautes, mais que je n'ai point tues à mes amis, et ce n'est que par moi qu'elles sont connues, quoiqu'elles aient été publiées par d'autres qui sont quelquefois plus discrets. A cela près, si quelqu'un m'impute quelque sentiment vicieux, quelque discours blâmable, ou quelque acte injuste, qu'il se montre et qu'il parle; je l'attends et ne me cache pas; mais tant qu'il se cachera, lui, de moi, pour me diffamer, il n'aura diffamé que lui-même aux yeux de tout homme équitable et sensé. L'évidence et les ténèbres sont incompatibles : les preuves administrées par de malhonnêtes gens sont toujours suspectes, et celui qui, commençant par fouler aux pieds la plus inviolable loi du droit naturel et de la justice, se déclare par là déjà lâche et méchant, peut bien être encore imposteur et fourbe. Et comment donnerait-il à son témoignage, et, si l'on veut, à ses preuves, la force que l'équité n'accorde même à nulle évidence, de disposer de l'honneur d'un homme, plus précieux que la vie, sans l'avoir mis préalablement en état de se défendre et d'être entendu? Que celui donc qui s'obstine à me juger ainsi reste dans le stupide aveuglement qu'il aime; son erreur est de son propre fait; c'est lui seul qu'elle déshonore; après m'être offert pour l'en tirer, je l'y laisse, puisqu'il le veut, et qu'il m'est impossible de l'en guérir malgré lui. Grâces au ciel, tout l'art humain ne changera pas la nature des choses; il ne fera pas que le mensonge devienne la vérité, ni que de mon vivant la poitrine de Jean-Jacques Rousseau renferme le cœur d'un malhonnête homme : cela me suffit et je vis en paix, en attendant que mon moment et celui de la vérité vienne; car il viendra, j'en suis très sûr, et je l'attends avec un témoignage qui me dédommage de celui d'autrui.

Tranquille donc sur tout ce qu'on me cache avec tant de soin, et même sur ce qui me parvient par hasard, j'ai laissé débiter, parmi cent autres bruits non moins ineptes, que j'avais cessé de voir madame de Luxembourg après lui avoir emporté trois cents louis; que je ne copiais de la musique que par grimace; que j'avais de quoi vivre fort à mon aise; que j'avais six bonnes mille livres de rentes; que la veuve Duchesne faisait une pension de six cents livres à ma femme, qu'elle m'en faisait une autre à moi de mille écus pour une édition nouvelle de mes écrits que j'avais dirigée. J'ai laissé débiter tous ces mensonges; je n'ai fait qu'en rire quand ils me sont revenus, et je n'ai pas même été tenté de vous importuner, monsieur, de mes plaintes à ce sujet, quoique je sentisse parfaitement le coup que cette opinion de mon opulence devait porter aux ressources que mon travail me procure pour suppléer à l'insuffisance de mon revenu. Une petite circonstance de plus a passé la mesure, et m'a causé quelque émotion, parce que l'imposture, marchant toujours sous le masque de la trahison, a pris jusqu'ici grand soin de faire le plongeon devant moi, et ne m'avait pas encore accoutumé à l'effronterie. Mais en voici une qui m'a, je l'avoue, affecté.

J'avais prié un de ceux qui m'ont averti des bruits dont je viens de parler, de tâcher d'apprendre si madame Duchesne et le sieur Guy y avaient quelque part. De chez eux, où il n'a trouvé que des garçons, il est allé chez Simon, qu'on lui disait avoir imprimé la nouvelle édition qui m'avait été si bien payée. Simon lui a dit qu'en effet il venait d'imprimer quelques-uns de mes écrits sous mes yeux, que j'en avais revu les épreuves, et que j'étais même allé chez lui il n'y avait pas longtemps. Quoique je sois par moi-même le moins important des hommes, je le suis assez devenu par ma singulière position pour être assuré que rien de ce que je fais et de ce que je ne fais pas ne vous échappe : c'est une de mes plus douces consolations, et je vous avoue, monsieur, que l'avantage de vivre sous les yeux d'un magistrat intègre et vigilant, auquel on n'en impose pas aisément, est un des motifs qui m'ont arraché des campagnes, où, livré sans ressource aux manœuvres des gens qui disposent de moi, je me voyais en proie à leurs satellites et à toutes les illusions par lesquelles les gens puissants et intrigants abusent si aisément le public sur le compte d'un étranger isolé à qui l'on est venu à bout de faire un inviolable secret de tout ce qui le regarde, et qui par conséquent n'a pas la moindre défense contre les mensonges les plus extravagants.

J'ai donc peu besoin, monsieur, de vous dire que cette opulence dont on me gratifie si libéralement dans les cercles, que toutes ces pensions si fièrement spécifiées (1), cette édition qu'on me prête, sont autant de fictions; mais je n'ai pu m'empêcher de mettre sous vos yeux l'impudence incroyable dudit Simon, que je ne vis de mes jours, que je sache, chez qui je n'ai jamais mis le pied, dont je ne sais pas la demeure, et que j'ignorais même, avant ces bruits, avoir imprimé aucun de mes écrits. Comme je n'attends plus aucune justice de la part des hommes, je m'épargne désormais la peine inutile de la demander, et je ne vous demande à vous-même que la patience de me lire, quoique je fasse l'exception qui est due à votre intégrité et à la générosité qui vous intéresse aux infortunés. Mais ne voyant plus rien qui puisse me flatter dans cette vie, les restes m'en sont devenus indifférents. La seule douceur qui peut m'y toucher encore est que l'œil clairvoyant d'un homme juste pénètre au vrai ma situation, qu'il la connaisse, et me plaigne en lui-même, sans se commettre pour ma défense avec mes dangereux ennemis. Je vous aurais choisi pour cela, monsieur, quand vous ne rempliriez point la place où vous êtes; mais j'y vois, je l'avoue, un avantage de plus, puisque, par cette place même, vous avez été à portée de vérifier assez d'impostures pour en présumer beaucoup d'autres que vous pouvez vérifier de même un jour. Peut-être vous écrirai-je quelquefois encore, mais je ne vous demanderai jamais rien, et si ma confiance devient importune à l'homme occupé, je réponds du moins qu'elle ne sera jamais à charge au magistrat. Veuillez ne la pas dédaigner; veuillez, monsieur, vous rappeler qu'elle ne tient pas seulement au respect que vous m'avez inspiré, mais encore aux témoignages de bonté dont vous m'avez honoré quelquefois, et que je veux mériter toute ma vie.

Il n'est peut-être pas inutile d'observer que le sieur Guy vient très fré-

---

(1) Celles en particulier de madame Duchesne se réduisent toutes à une rente de trois cents francs, stipulée dans le marché de mon *Dictionnaire de musique*. J'en ai une de six cents francs, de mylord Maréchal, dont je jouis par l'attention de celui qu'il en a chargé à ma prière, mais sans autre sûreté que son bon plaisir, n'ayant aucun acte valable pour la réclamer de mon chef. J'ai une rente de dix livres sterling, pour mes livres que j'ai vendus en Angleterre, sur la tête de l'acheteur et sur la mienne, en sorte que cette rente doit s'éteindre au premier mourant. Tout cela fait ensemble onze cents francs de viager, dont il n'y a que trois cents de solides. Ajoutez à cela quelque argent comptant, dernier reste du petit capital que j'ai consumé dans mes voyages, et que je m'étais réservé pour avoir quelque avance en faisant ici mon établissement.

quemment chez moi sans avoir rien à me dire, et sans que je puisse trouver aucun motif à ses visites, vu que toutes les affaires que nous avons ensemble n'exigent qu'une entrevue de deux minutes par an, et qu'il n'y a point de liaison d'amitié entre lui et moi. Il m'a prié de lui faire un triage de chansons dans les anciens recueils pour en faire un nouveau. Je l'ai prié, de mon côté, de me prêter quelques romans pour amuser ma femme durant les soirées d'hiver. Il est parti de là pour me faire apporter en pompe d'immenses paquets de brochures, qui, avec ses allées et venues, lui donnent l'air d'avoir avec moi beaucoup d'affaires. Tout cela, joint aux bruits dont j'ai parlé, commence à me faire soupçonner que ces fréquentes visites, que je ne prenais que pour un petit espionnage assez commun aux gens qui m'entourent, et très indifférent pour moi, pourraient bien avoir un objet plus méthodique et dirigé de plus loin. Il y a dans tout cela de petites manœuvres adroites, dont le but me paraîtrait pourtant facile à découvrir dans toute autre position que la mienne, pour peu qu'on y mît de soin.

A MYLORD HARCOURT.

Paris, le 16 juin 1772.

J'ai reçu, mylord, avec plaisir et reconnaissance, des témoignages de la continuation de votre souvenir et de vos bontés par madame la duchesse de Portland, et je suis encore plus sensible à la peine que vous prenez de m'en donner par vous-même. J'avais espéré que l'ambassade de mylord Harcourt pourrait vous attirer dans ce pays, et c'eût été pour moi une véritable douceur de vous y voir. Je me dédommage autant qu'il se peut de cette attente frustrée, en nourrissant dans mon cœur et dans ma mémoire les sentiments que vous m'avez inspirés, et qui sont par leur nature à l'épreuve du temps, de l'éloignement et de l'interruption du commerce. Je n'entretiens plus de correspondance, je n'écris plus que pour l'absolue nécessité; mais je n'oublie point tout ce qui m'a paru mériter mon estime et mon attachement; et c'est dans cet asile de difficile accès, mais par là plus digne de vous, et où rien n'entre sans le passe-port de la vertu, que vous occuperez toujours une place distinguée.

Je suis sensible, mylord, à vos offres obligeantes; et si j'étais dans le cas de m'en prévaloir je le ferais avec confiance, et même avec joie, pour vous montrer combien je compte sur vos bontés : mais, grâces au ciel, je n'ai nulle affaire, et tout sur la terre m'est devenu si indifférent, que je ne me donnerais pas même la peine de former un désir pour l'accomplir. Ma femme vous prie d'agréer ses remercîments très humbles de l'honneur de votre souvenir, et nous vous offrons, mylord, de tout notre cœur, l'un et l'autre, nos salutations et nos respects.

A MADAME LATOUR.

Ce mercredi 24 juin 1772.

Voici, madame, votre partition; je vous demande pardon de mon étourderie et du *quiproquo*. N'ayant pas en ce moment le temps d'examiner la *Reine fantasque*, et ne voulant pas abuser de la complaisance que vous avez de me la laisser, je vous la renvoie avec mes remercîments. Je vous en dois de plus grands pour l'offre que vous m'avez bien voulu faire de comparer avec les bonnes éditions les éditions que l'on fait ici de mes écrits, et que je dois croire frauduleuses, puisqu'on me les cache avec tant de soin. Je sens le prix de cette offre, et j'y suis sensible; mais la dépense et la peine que vous coûterait son exécution ne me permettent pas d'y consentir.

J'ai eu l'honneur, madame, de vous voir hier pour la troisième fois de ma vie; j'ai réfléchi sur l'entretien où vous m'avez engagé et sur les choses que vous m'y avez dites; le résultat de ces réflexions est de me confirmer pleinement dans la résolution dont je vous ai fait part ci-devant, et à laquelle vous vous devez, selon moi, de ne plus porter d'obstacle, à moins que vous n'ayez pour cela des raisons particulières que je ne sais pas, et auxquelles, par cette raison, je suis dispensé de céder.

A MADAME LA MARQUISE DE MESME.

Paris, le 29 juillet 1772.

Je suis affligé, madame, que vous vous y preniez un peu trop tard, car en vérité, je vous aurais demandé de tout mon cœur l'entrevue que vous avez la bonté de m'offrir; mais je ne vais plus chez personne, ni à la ville ni à la campagne : la résolution en est prise, et il faut bien qu'elle soit sans exception, puisque je ne la fais pas pour vous. J'ai même tant de confiance aux sentiments que j'ai su vous connaître, que je ne refuserais pas, madame, de discuter avec vous mes raisons, si j'étais à portée, quoique je sache bien que ce serait me préparer de nouveaux regrets.

Adieu donc, madame, daignez penser quelquefois à un homme dont vous ne serez jamais oubliée, et qui se consolerait difficilement d'être si mal connu de ses contemporains, si leurs sentiments sur son compte l'intéressaient autant que feront toujours ceux de madame la marquise de Mesme.

A MADAME....

Paris, le 14 août 1772.

Il est, madame, des situations auxquelles il n'est pas permis à un honnête homme d'être préparé, et celle où je me trouve depuis dix ans est la plus inconcevable et la plus étrange dont on puisse avoir l'idée. J'en ai senti l'horreur sans en pouvoir percer les ténèbres. J'ai provoqué les imposteurs et les traîtres par tous les moyens permis et justes qui pouvaient avoir prise sur des cœurs humains : tout a été inutile; ils ont fait le plongeon; et, continuant leurs manœuvres souterraines, ils se sont cachés de moi avec le plus grand soin. Cela était naturel, et j'aurais dû m'y attendre. Mais ce qui l'est moins est qu'ils ont rendu le public entier complice de leurs trames et de leur fausseté; qu'avec un succès qui tient du prodige on m'a ôté toute connaissance des complots dont je suis la victime, en m'en faisant seulement bien sentir l'effet, et que tous ont marqué le même empressement à me faire boire la coupe de l'ignominie, et à me cacher la bénigne main qui prit soin de la préparer. La colère et l'indignation m'ont jeté d'abord dans des transports qui m'ont fait faire beaucoup de sottises, sur lesquelles on avait compté. Comme je trouvais injuste d'envelopper tout mon siècle dans le mépris qu'on doit à quiconque se cache d'un homme pour le diffamer, j'ai cherché quelqu'un qui eût assez de droiture et de justice pour m'éclairer sur ma situation, ou pour se refuser au moins aux intrigues des fourbes : j'ai porté partout ma lanterne inutilement, je n'ai point trouvé d'homme, ni d'âme humaine. J'ai vu avec dédain la grossière fausseté de ceux qui voulaient m'abuser par des caresses, si maladroites et si peu dictées par la bienveillance et l'estime, qu'elles cachaient même, et assez mal, une secrète animosité. Je pardonne l'horreur, mais non la trahison. A peine, dans ce délire universel, ai-je trouvé dans tout Paris quelqu'un qui ne s'avilît pas à cajoler fadement un homme qu'ils voulaient tromper, comme on cajole un oiseau niais qu'on veut prendre. S'ils m'eussent fui, s'ils m'eussent ouvertement maltraité, j'aurais pu, les plaignant et me plaignant, du moins les estimer encore; ils n'ont pas voulu me laisser cette consolation. Cependant il est parmi eux des personnes d'ailleurs si dignes d'estime, qu'il paraît injuste de les mépriser. Comment expliquer ces contradictions? J'ai fait mille efforts pour y parvenir; j'ai fait toutes les suppositions possibles, j'ai supposé l'imposture armée de tous les flambeaux de l'évidence; je me suis dit : ils sont trompés, leur erreur est invincible. Mais, me suis-je répondu, non-seulement ils sont trompés, mais, loin de déplorer leur erreur, ils l'aiment, ils la chérissent. Tout leur plaisir est de me croire vil, hypocrite et coupable; ils craindraient comme un malheur affreux de me retrouver innocent et digne d'estime. Coupable ou non, tous leurs soins sont de m'ôter l'exercice de ce droit si naturel, si sacré de la défense de soi-même. Hélas! toute leur peur est d'être forcés de voir leur injustice, tout leur désir est de l'aggraver. Ils sont trompés? eh bien! supposons; mais, trompés, doivent-ils se conduire comme ils font! d'honnêtes gens peuvent-ils se conduire ainsi? me conduirais-je ainsi moi-même à leur place? Jamais, jamais : je fuirais le scélérat ou confondrais l'hypocrite; mais le flatter pour le circonvenir serait me mettre au-dessous de lui. Non, si j'abordais jamais un coquin que je croirais tel, ce ne serait que pour le confondre et lui cracher au visage.

Après mille vains efforts inutiles pour expliquer ce qui m'arrive dans toutes les suppositions, j'ai donc cessé mes recherches, et je me suis dit : Je vis dans une génération qui m'est inexplicable. La conduite de mes contemporains à mon égard ne permet à ma raison de leur accorder aucune estime. La haine n'entra jamais dans mon cœur. Le mépris est encore un sentiment trop tourmentant. Je ne les estime donc, ni ne les hais, ni ne les méprise; ils sont nuls à mes yeux; ce sont pour moi des habitants de la lune : je n'ai pas la moindre idée de leur être moral; la seule chose que je sais est qu'il n'a point de rapport au mien, et que nous ne sommes pas de la même espèce. J'ai donc renoncé avec eux à cette seule société qui pouvait m'être douce, et que j'ai si vainement cherchée, savoir, à celle des cœurs. Je ne les cherche ni ne les fuis. A moins d'affaires, je n'irai plus chez personne : mes visites sont un honneur que je ne dois plus à qui que ce soit désormais; un pareil témoignage d'estime serait trompeur de ma part, et je ne suis pas homme à imiter ceux dont je me détache. A l'égard des gens qui pleuvent chez moi, je ferme autant que je puis ma porte aux quidams et aux brutaux; mais ceux dont au moins le nom m'est connu, et qui peuvent s'abstenir de m'insulter chez moi, je les reçois avec indifférence, mais sans dédain. Comme je n'ai plus ni humeur ni dépit contre les pagodes au milieu desquelles je vis, je ne refuse pas même, quand l'occasion s'en présente, de m'amuser d'elles et avec elles autant que cela leur convient et à moi aussi. Je laisserai aller les choses comme elles s'arrangeront d'elles-mêmes, mais je n'irai pas au delà; et, à moins que je ne retrouve enfin, contre toute attente, ce que j'ai cessé de chercher, je ne ferai de ma vie plus un seul pas sans nécessité pour rechercher qui que ce soit. J'ai du regret, madame, à ne pouvoir faire exception pour vous, car vous m'avez paru bien aimable : mais cela n'empêche pas que vous ne soyez de votre siècle, et qu'à ce titre je ne puisse vous excepter. Je sens bien ma perte en cette occasion, je sens même aussi la vôtre, du moins si, comme je dois le croire, vous recherchez dans la société des choses d'un plus grand prix que l'élégance des manières et l'agrément de la conversation.

Voilà mes résolutions, madame, et en voilà les motifs. Je vous supplie d'agréer mon respect.

A M. DE MALESHERBES.

Paris, le 11 novembre 177...

Je serais, monsieur, bien mortifié que vous me privassiez du plaisir dont vous m'aviez flatté de m'occuper d'un soin qui pût vous être agréable, et de préparer des plantes pour compléter vos herbiers. Ne pouvant subsister sans l'aide de mon travail, je n'ai jamais pensé, malgré le plaisir que celui-là pouvait me faire, à vous offrir gratuitement l'emploi de mon temps. Je vous avoue même que j'aurais fort désiré d'entremêler le travail sédentaire et ennuyeux de ma copie d'une occupation plus de mon goût, et meilleure à ma santé, en travaillant à des herbiers pour tant de cabinets d'histoire naturelle qu'on fait à Paris, et où, selon moi, ce troisième règne, qu'on y compte pour rien, n'est pas moins nécessaire que les autres. Plusieurs herbiers à faire à la fois m'auraient été plus lucratifs, et m'auraient mieux dédommagé des menus frais qu'exigent quelquefois les courses éloignées et l'entrée des jardins curieux. Mais les Français, en général, ont de si fausses idées de la botanique et si peu de goût pour l'étude de la nature, qu'il ne faut pas espérer que cette charmante partie leur donne jamais la tentation de faire des collections en ce genre : ainsi je renonce à cette ressource. Pour vous, monsieur, qui joignez aux connaissances de tous les genres la passion de les augmenter sans cesse, ne m'ôtez pas le plaisir de contribuer à vos amusements. Envoyez-moi la note de ce que vous désirez; j'en rassemblerai tout ce qui me sera possible, et je recevrai, sans aucune difficulté, le paiement de ce que je vous aurai fourni. A l'égard du petit échantillon que je vous ai envoyé, c'est tout autre chose : c'étaient des plantes qui vous appartenaient. Ce que j'ai substitué à celles qui se sont gâtées n'a point été ramassé pour vous : je n'ai eu d'autre peine que de le tirer de ce que j'avais rassemblé pour moi-même : et comme je n'ai point offert d'entrer dans la dépense que vous a coûté l'herborisation que j'ai faite à votre suite, il me semble, monsieur, que vous ne devez pas non plus m'offrir le paiement de ce que nous avons ramassé ensemble, ni du petit arrangement que je me suis amusé à y mettre pour vous l'envoyer.

Malgré le bien que vous m'avez dit de votre santé actuelle, on m'assure qu'elle n'est pas encore parfaitement rétablie; et malheureusement la saison où nous entrons n'est pas favorable à l'exercice pédestre, que je crois aussi bon pour vous que pour moi. L'hiver a aussi, comme vous savez, monsieur, ses herborisations qui lui sont propres, savoir, les *mousses* et les *lichens*. Il doit y avoir dans vos parcs des choses curieuses en ce genre, et je vous exhorte fort, quand le temps vous le permettra, d'aller examiner cette partie sur les lieux et dans la saison.

Vos résolutions, monsieur, étant telles que vous me le marquez, je ne suis assurément pas homme à les désapprouver; c'est s'être procuré bien honorablement des loisirs bien agréables. Remplir de grands devoirs dans de grandes places, c'est la tâche des hommes de votre état et doués de vos talents; mais quand, après avoir offert à son pays le tribut de son zèle, on le voit inutile, il est bien permis alors de vivre pour soi-même et de se contenter d'être heureux.

A M. DE SARTINE.

Juin 1774.

Je crois remplir un devoir indispensable en vous envoyant la lettre ci-jointe, qui m'a été adressée vraisemblablement par quiproquo, puisqu'elle répond à une lettre que je n'ai point eu l'honneur de vous écrire; non que je n'acquiesce aux félicitations que vous recevez, mais parce que ce n'est pas mon usage d'écrire en pareil cas. Je vous supplie, monsieur, d'agréer mon respect.

A M. LE PRINCE DE BELOSELSKI.

Paris, 27 mai 1775.

Je suis vraiment bien aise, monsieur le prince, d'avoir votre estime et votre confiance. Les cœurs droits se sentent et se répondent; et j'ai dit, en relisant votre lettre de Genève : *Peu d'hommes m'en inspireront autant.*

Vous plaignez mes anciens compatriotes de n'avoir pas pris ma défense, quand leurs ministres assassinaient, pour ainsi dire, mon âme. Les lâches! je leur pardonne les injustices, c'est à la postérité peut-être à m'en venger

À l'heure qu'il est, je suis plus à plaindre qu'eux : ils ont perdu, dites-vous, un citoyen qui faisait leur gloire ; mais qu'est-ce que la perte de ce brillant fantôme, en comparaison de celle qu'ils m'ont forcé de faire ? Je pleure quand je pense que je n'ai plus ni parents, ni amis, ni patrie libre et florissante.

Ô lac sur les bords duquel j'ai passé les douces heures de mon enfance ! Charmants paysages où j'ai vu pour la première fois le majestueux et touchant lever du soleil, où j'ai senti les premières émotions du cœur, les premiers élans d'un génie devenu depuis trop impérieux et trop célèbre ; hélas ! je ne vous verrai plus. Ces clochers qui s'élèvent au milieu des chênes et des sapins, ces troupeaux bêlants, ces ateliers, ces fabriques, bizarrement épars sur des torrens, dans des précipices, au haut des rochers ; ces arbres vénérables, ces sources, ces prairies, ces montagnes qui m'ont vu naître, elles ne me reverront plus.

Brûlez cette lettre, je vous supplie : on pourrait encore mal interpréter mes sentiments. Vous me demandez si je copie encore de la musique. Et pourquoi non ? Serait-il honteux de gagner sa vie en travaillant ? Vous voulez que j'écrive encore ; non, je ne le ferai plus. J'ai dit des vérités aux hommes ; ils les ont mal prises : je ne dirai plus rien.

Vous voulez rire en me demandant des nouvelles de Paris. Je ne sors que pour me promener, et toujours du même côté. Quelques beaux esprits me font trop d'honneur en m'envoyant leurs livres : je ne lis plus. On m'a apporté ces jours-ci un nouvel opéra comique : la musique est de Grétry, que vous aimez tant, et les paroles sont assurément d'un homme d'esprit ; mais c'est encore des grands seigneurs qu'on vient de mettre sur la scène lyrique. Je vous demande pardon, monsieur le prince ; mais ces gens-là n'ont pas d'accent, et ce sont de bons paysans qu'il faut.

Ma femme est bien sensible à votre souvenir. Mes disgrâces ne lui affectent pas moins le cœur qu'à moi : mais ma tête s'affaiblit davantage. Il ne me reste de vie que pour souffrir, et je n'en ai pas même assez pour sentir vos bontés comme je le dois. Ne m'écrivez donc plus, monsieur le prince ; il me serait impossible de vous répondre une seconde fois. Quand vous serez de retour à Paris, venez me voir, et nous parlerons.

Agréez, monsieur le prince, je vous prie, les assurances de mon respect.

A MADAME LA COMTESSE DE SAINT ***.

Je suis fâché de ne pouvoir complaire à madame la comtesse ; mais je ne fais point les honneurs de l'homme qu'elle est curieuse de voir, et jamais il n'a logé chez moi : le seul moyen d'y être admis de mon aveu, pour quiconque m'est inconnu, c'est une réponse catégorique à ce billet.

A LA MÊME.

Jeudi, 23 mai 1776.

J'ai eu d'autant plus de tort, madame, d'employer un mot qui vous était inconnu, que je vois, par la réponse dont vous m'avez honoré, que, même à l'aide d'un dictionnaire, vous n'avez pas entendu ce mot. Il faut tâcher de l'expliquer.

La phrase du billet à laquelle il s'agit de répondre est celle-ci : « Mais ce que je veux, et ce qui m'est dû tout au moins après une condamnation si cruelle et si infamante, c'est qu'on m'apprenne enfin quels sont mes crimes, et comment et par qui j'ai été jugé. »

Tout ce que je désire ici est une réponse à cet article. C'est mal à propos que je la demandais *catégorique*, car telle qu'elle soit, elle le sera toujours pour moi ; ma demeure et mon cœur sont ouverts pour le reste de ma vie à quiconque me dévoilera ce mystère abominable. S'il m'impose le secret, je promets, je jure de le lui garder inviolablement jusqu'à la mort, et je me conduirai exactement, s'il l'exige, comme s'il ne m'eût rien appris. Voilà la réponse que j'attends, ou plutôt que je désire, car depuis longtemps j'ai cessé de l'espérer.

Celle que j'aurai vraisemblablement sera la feinte d'ignorer un secret qui, par le plus étonnant prodige, n'en est un que pour moi seul dans l'Europe entière. Cette réponse sera moins franche assurément, mais non moins claire que la première; enfin le refus même de répondre n'aura pas pour moi plus d'obscurité. De grâce, madame, ne vous offensez pas de trouver ici quelques traces de défiance : c'est bien à tort que le public m'en accuse; car la défiance suppose du doute, et il ne m'en reste plus à son égard. Vous voyez, par les explications dans lesquelles j'ose entrer ici, que je procède aux vôtres avec plus de réserve, et cette différence n'est pas désobligeante pour vous. Cependant vous avez commencé avec moi comme tout le monde, et les louanges *hyperboliques* (1) et outrées dont vos deux lettres sont remplies, semblent être le cachet particulier de mes plus ardents persécuteurs : mais, loin de sentir en les lisant ces mouvements de mépris et d'indignation que les leurs me causent, je n'ai pu me défendre d'un vif désir que vous ne leur ressemblassiez pas : et, malgré tant d'expériences cruelles, un désir aussi vif entraîne toujours un peu d'espérance. Au reste, ce que vous me dites, madame, du prix que je mets au bonheur de me voir, ne me fera pas prendre le change : je serais touché de l'honneur de votre visite, faite avec les sentiments dont je me sens digne; mais quiconque ne veut voir que les rhinocéros doit aller, s'il veut, à la Foire, et non pas chez moi; et tout le persiflage dont on assaisonne cette insultante curiosité n'est qu'un outrage de plus qui n'exige pas de ma part une grande déférence. Voulez-vous donc, madame, être distinguée de la foule? c'est à vous de faire ce qu'il faut pour cela.

Il est vrai que je copie de la musique : je ne refuse point de copier la vôtre, si c'est tout de bon que vous me le dites; mais cette vieille musique a tout l'air d'un prétexte, et je ne m'y prête pas volontiers là-dessus. Néanmoins votre volonté soit faite. Je vous supplie, madame la comtesse, d'agréer mon respect.

A M. LE COMTE DUPRAT.

Paris, le 31 décembre 1777.

J'accepte, monsieur, avec empressement et reconnaissance l'asile paisible et solitaire que vous avez la bonté de m'offrir, dans la supposition que vous voudrez bien vous prêter aux arrangements que la raison demande, et que peut permettre ma situation qui vous est connue. L'aménité du sol et les agréments du paysage ne sont plus pour moi des objets à mettre en balance avec un séjour tranquille et la bienveillante hospitalité. Je suis touché des soins de M. le commandeur de Menou, sans en être surpris; j'ai le plus grand regret de n'en pouvoir profiter; mais on a pris tant de peine à me rendre le séjour des villes insupportable, qu'on a pleinement réussi. J'étais trop fait pour aimer les hommes pour pouvoir supporter le spectacle de leur haine. Ce douloureux aspect me déchire ici le cœur tous les jours; je ne dois pas aller chercher à Lyon de nouvelles plaies. Ils m'ont réduit à la triste alternative de les fuir ou de les haïr. Je m'en tiens au premier parti pour éviter l'autre. Quand je ne les verrai plus, j'oublierai bientôt leur haine, et cet oubli m'est nécessaire pour vivre et mourir en paix.

Je ne vois qu'un obstacle à l'exécution de votre obligeant projet; c'est l'infirmité de ma femme et la longueur du voyage, qu'il est douteux qu'elle puisse supporter. Cette idée me fait trembler. Il n'y faut pas songer durant la saison où nous sommes. L'hiver jusqu'ici ne l'a pas affectée autant que je

---

(1) Voici encore un mot pour le dictionnaire. Hélas! pour parler de ma destinée, il faudrait un vocabulaire tout nouveau qui n'eût été composé que pour moi.

l'aurais craint. Peut-être aux approches d'un temps plus doux sera-t-elle en état de faire cette entreprise sans risque. Hélas! pourquoi faut-il que j'aille si loin chercher la paix, moi qui ne troublai jamais celle de personne! Si ma femme pouvait obtenir ici, du moins à prix d'argent, le service et les soins qu'on ne refuse à personne parmi les humains, et que je suis hors d'état de lui rendre, nous ne songerions point à nous transplanter; mais dans l'universel abandon où l'on se concerte pour la réduire, il faut bien qu'elle risque sa vie pour tâcher d'en conserver les restes à l'aide des soins secourables que vous avez la charité de lui procurer. Ah! monsieur le comte, en ne vous rebutant pas de mes misères et n'abandonnant pas notre vieillesse, j'ose vous prédire que vous vous ménagez de loin pour la vôtre des souvenirs dont vous ne prévoyez pas encore toute la douceur.

Je souhaite ardemment que, sans nuire à vos affaires, vous puissiez en voir assez promptement la fin, pour arriver ici avant celle de l'hiver. Si vous aviez pour compagnon de voyage le digne ami qui partage vos bontés pour moi, rien ne manquerait à ma joie en vous voyant arriver. Ma femme, qui partage ma reconnaissance, est très sensible à l'honneur de votre souvenir, et nous vous supplions l'un et l'autre, monsieur le comte, d'agréer nos très humbles salutations.

A MADAME DE C.

Paris, le 9 janvier 1778.

J'ai lu, madame, dans le numéro 5 des feuilles que vous avez la bonté de m'envoyer, que l'un de messieurs vos correspondants, qui se nomme le *Jardinier d'Auteuil*, avait élevé des hirondelles. Je désirerais fort de savoir comment il s'y est pris, et quelle contenance ces hirondelles, qu'il a élevées, ont faite chez lui pendant l'hiver. Après des peines infinies, j'étais parvenu, à Monquin, à en faire nicher dans ma chambre. J'ai même eu souvent le plaisir de les voir s'y tenir, les fenêtres fermées, assez tranquilles pour gazouiller, jouer et folâtrer ensemble à leur aise, en attendant qu'il me plût de leur ouvrir, bien sûres (1) que cela ne tarderait pas d'arriver. En effet, je me levais même, pour cela, tous les jours avant quatre heures; mais il ne m'est jamais venu dans l'esprit, je l'avoue, de tenter d'élever aucuns de leurs petits, persuadé que la chose était non-seulement inutile, mais impossible. Je suis charmé d'apprendre qu'elle ne l'est pas, et je serai très obligé, pour ma part, au jardinier d'Auteuil s'il veut communiquer son secret au public. Agréez, madame, je vous supplie, mes remercîments et mon respect.

A M. LE COMTE DUPRAT.

Paris, le 3 février 1778.

Vous rallumez, monsieur, un lumignon presque éteint; mais il n'y a pas d'huile à la lampe, et le moindre air de vent peut l'éteindre sans retour. Autant que je puis désirer quelque chose encore dans ce monde, je désire d'aller finir mes jours dans l'asile aimable que vous voulez bien me destiner; tous les vœux de mon cœur sont pour y être; le mal est qu'il faut s'y transporter. En ce moment je suis demi perclus de rhumatismes; ma femme n'est pas en meilleur état que moi; vieux, infirme, je sens à chaque instant le découragement qui me gagne : tout soin, toute peine à prendre, toute fatigue à soutenir, effarouche mon indolence; il faudrait que toutes les choses dont

---

(1) L'hirondelle est naturellement familière et confiante; mais c'est une sottise dont on la punit trop bien pour ne l'en pas corriger. Avec de la patience on l'accoutume encore à vivre dans des appartements fermés, tant qu'elle n'aperçoit pas l'intention de l'y tenir captive : mais sitôt qu'on abuse de cette confiance (à quoi l'on ne manque jamais), elle la perd pour toujours. Dès lors elle ne mange plus, elle ne cesse de se débattre et finit par se tuer.

j'ai besoin se rapprochassent; car je ne me sens plus assez de vigueur pour les aller chercher; et c'est précisément dans cet état d'anéantissement que, privé de tout service et de toute assistance dans tout ce qui m'entoure, je n'ai plus rien à espérer que de moi. Vous, monsieur le comte, le seul qui ne m'ayez pas délaissé dans ma misère, voyez, de grâce, ce que votre générosité pourra faire pour me rendre l'activité dont j'ai besoin. Vous m'offrez quelqu'un de votre choix pour veiller à mes effets et prendre des soins dont je suis incapable; oh! je l'accepte, et il n'en faut pas moins pour m'évertuer un peu; car si, par moi-même, je puis rassembler deux bonnets de nuit et cinq ou six chemises, ce sera beaucoup.

Il n'y a plus que ma femme et mon herbier dans le monde qui puissent me rendre un peu d'activité. Si nous nous embarquons seuls sous notre propre conduite, au premier embarras, au moindre obstacle, je suis arrêté tout court, je n'arriverai jamais. J'aime à me bercer, dans mes châteaux en Espagne, de l'idée que vous seriez ici, monsieur, avec M. le commandeur; que vous daigneriez aiguillonner un peu ma paresse; que mes petits arrangements s'en feraient plus vite et mieux sous vos yeux; que si vous poussiez l'œuvre de miséricorde jusqu'à permettre ensuite que nous fissions route à la suite de l'un ou de l'autre, et peut-être de tous les deux, alors, comme tout serait aplani! comme tout irait bien! Mais c'est un château en Espagne, et de tous ceux que j'ai faits en ma vie, je n'en vis jamais réaliser aucun. Dieu veuille qu'il n'en soit pas ainsi de l'espoir d'arriver au vôtre!

Au reste, je n'ai nul éloignement pour les précautions qui vous paraissent convenables pour éviter trop de sensation. Je n'ai nulle répugnance à aller à la messe : au contraire, dans quelque religion que ce soit, je me croirai toujours avec mes frères, parmi ceux qui s'assemblent pour servir Dieu. Mais ce n'est pas non plus un devoir que je veuille m'imposer, encore moins de laisser croire dans le pays que je suis catholique. Je désire assurément fort de ne pas scandaliser les hommes, mais je désire encore plus de ne jamais les tromper. Quant au changement de nom, après avoir repris hautement le mien, malgré tout le monde, pour revenir à Paris, et l'y avoir porté huit ans, je puis bien maintenant le quitter pour en sortir, et je ne m'y refuse pas; mais l'expérience du passé m'apprend que c'est une précaution très inutile, et même nuisible, par l'air de mystère qui s'y joint, et que le peuple interprète toujours en mal. Vous déciderez de cela, connaissant le pays comme vous faites; là-dessus, comme sur tout le reste, je m'en remets à votre prudence et à votre amitié. Agréez, monsieur le comte, mes très humbles salutations.

AU MÊME.

Paris, le 15 mars 1778.

Je vois, monsieur, que malgré toutes vos bontés, qui me sont chères et dont je voudrais profiter, le seul vrai remède à mes maux, qui reste à ma portée, est la patience. L'état de ma femme, empiré depuis quelque temps, et qui rend le mien de jour en jour plus embarrassant et plus triste, m'ôte presque l'espoir d'achever et le courage de tenter le long voyage qu'il faudrait faire pour atteindre l'asile que vous nous avez bien voulu destiner. Ce qu'il y a du moins déjà de bien sûr, est qu'il nous est impossible de le faire seuls; ma femme, abattue par son mal, se souvient, pour surcroît, des gîtes où l'on nous a fourrés, et des traitements qu'on nous y a faits dans nos autres voyages, lorsque, plus jeunes et mieux portants, nous avions plus de courage et de force pour supporter la fatigue et les angoisses. Elle aime mieux mourir ici que de s'exposer à nouveau à toutes ces indignités; et nous croyons l'un et l'autre que la présence d'un tiers, ne fût-ce qu'un domestique, nous en sauverait assez pour que nous puissions, armés de douceur et de résignation, supporter le reste. Cette délibération, monsieur, sur laquelle nous n'avons encore eu que des explications très vagues, est la première et la plus importante, sans quoi toutes les autres sont inutiles. Je sais que votre généreuse bienveillance prodiguera ses soins pour nous faciliter ce transport; mais il s'agit encore de savoir ce qu'elle pourra faire pour nous le rendre praticable, et cela consiste essentiellement à trouver quelqu'un de connaissance, qui, ayant le même voyage à faire, veuille bien nous souffrir à sa suite, nous procurer des gîtes supportables, et nous garantir, autant que cela se pourra, des obstacles et des outrages qui, sous un faux air d'attentions et de soins, nous attendront dans la route. Si cette occasion ne se trouve pas, comme j'ai lieu de le craindre, le seul parti qui me reste à prendre est d'attendre ici votre arrivée ou celle de M. le commandeur, et de prendre patience, en attendant, comme j'espère faire jusqu'à la fin, à moins qu'il ne se présente quelque ressource imprévue, sur laquelle j'aurais grand tort de compter.

Quant aux soins qui regardent ici les guenilles que j'y puis laisser, c'est un article trop peu important pour que vous daigniez vous en occuper ainsi d'avance; nous ne manquerons pas de gens empressés à recevoir ce petit dépôt. Mon silence au sujet de M. de Neuville me paraissait une réponse très claire; mais vous en voulez une expresse, il faut obéir. De l'humeur dont je me connais, il lui faudrait toujours bien moins de peine pour me faire oublier ses dispositions à mon égard, qu'il n'en a pris à me les faire connaître; mais, en attendant, prêt à lui rendre avec le plus vrai zèle tous les services qui pourraient dépendre de moi, je me sens peu porté à lui en demander. Il semblait, au tour de votre précédente lettre, que vous aviez quelqu'un en vue pour cet effet; et je puis vous assurer, à cet égard, d'une confiance entière en quiconque viendrait à moi de votre part.

A l'égard de la messe et de l'incognito, vous connaissez là-dessus mes principes et mes sentiments; ils seront toujours les mêmes. L'expérience m'a fait connaître l'inutilité et les inconvénients de ces petits mystères, qui ne sont qu'un jeu mal joué. Vous dites, monsieur, qu'on ne m'interrogera pas; on saura donc qu'il ne faut pas m'interroger : car d'ailleurs c'est un droit qu'avec peu d'égard pour mon âge s'arrogent avec moi sans façon petits et grands. Je mettrai, je vous le proteste, une grande partie de mon bonheur à vous complaire en toute chose convenable et raisonnable; mais je ne veux point là-dessus contracter d'obligation. Adieu, monsieur; quel que soit le succès des soins que vous daignez prendre pour moi, j'en suis touché comme je dois l'être, et leur souvenir ne s'effacera jamais de mon cœur. Ma femme partage ma reconnaissance, et nous vous supplions l'un et l'autre d'agréer nos très humbles salutations.

FIN DU DOUZIÈME ET DERNIER VOLUME.

Paris, imp. Gaittet et Cie, rue Gît-le-Cœur, 7.

COLLECTION J. BRY AÎNÉ

— 1 FRANC LE VOLUME ILLUSTRÉ —

VOLTAIRE

Le Siècle de Louis XIV.	1 vol.
Précis du Siècle de Louis XV. — Histoire du Parlement de Paris.	1 vol.
La Henriade. — Essai sur la Poésie épique.	1 vol.
Dictionnaire philosophique.	5 vol.

J.-J. ROUSSEAU

Les Confessions. — Les Rêveries. — Lettres à M. Vernes — Dictionnaire de Botanique. — Pièces inédites. . .	2 vol.
La Nouvelle Héloïse. — Les Amours de Mylord Edouard. — Lettres à Sara. — Contes et Poésies diverses. . .	2 vol.
Emile. — Lettre à M. de Beaumont. — Pièces diverses. .	2 vol.
Politique.	1 vol.
Théâtre. — Ecrits sur la Musique.	1 vol.

LA FONTAINE

Fables — Poèmes divers.	1 vol.

MOLIÈRE

Les dix premières livraisons sont en vente.

Typ. Gaittet et Ce, rue Gît-le-Cœur, 7, à Paris.

www.ingramcontent.com/pod-product-compliance
Lightning Source LLC
Chambersburg PA
CBHW071135160426
43196CB00011B/1902